Bilingual Dictionary

English-Twi
Twi-English
Dictionary

Compiled by
Nathaniel Alonsi Apadu

© Publishers

ISBN : 978 1 912826 49 0

All rights reserved with the Publishers. No part of this publication may be reproduced or transmitted in any form or by any means, electronic, mechanical, photocopying, recording or otherwise, without the prior written permission of the Publishers.

First Edition : 2023

Published by
STAR Foreign Language BOOKS
a unit of
Star Books
56, Langland Crescent
Stanmore HA7 1NG, U.K.
info@starbooksuk.com
www.bilingualbooks.co.uk

Printed in India at
Star Print-O-Bind, New Delhi-110 020

About this Dictionary

Developments in science and technology today have narrowed down distances between countries, and have made the world a small place. A person living thousands of miles away can learn and understand the culture and lifestyle of another country with ease and without travelling to that country. Languages play an important role as facilitators of communication in this respect.

To promote such an understanding, **STAR Foreign Language BOOKS** has planned to bring out a series of bilingual dictionaries in which important English words have been translated into other languages, with Roman transliteration in case of languages that have different scripts. This is a humble attempt to bring people of the word closer through the medium of language, thus making communication easy and convenient.

Under this series of *one-to-one dictionaries*, we have published almost 59 languages, the list of which has been given in the opening pages. These have all been compiled and edited by teachers and scholars of the relative languages.

Publishers

Bilingual Dictionaries in this Series

English-Afrikaans / Afrikaans-English	Abraham Venter
English-Albanian / Albanian-English	Theodhora Blushi
English-Amharic / Amharic-English	Girun Asanke
English-Arabic / Arabic-English	Rania-al-Qass
English-Bengali / Bengali-English	Amit Majumdar
English-Bosnian / Bosnian-English	Boris Kazanegra
English-Bulgarian / Bulgarian-English	Vladka Kocheshkova
English-Burmese (Myanmar) / Burmese (Myanmar)-English	Kyaw Swar Aung
English-Cambodian / Cambodian-English	Engly Sok
English-Cantonese / Cantonese-English	Nisa Yang
English-Chinese (Mandarin) / Chinese (Mandarin)-Eng	Y. Shang & R. Yao
English-Croatian / Croatain-English	Vesna Kazanegra
English-Czech / Czech-English	Jindriska Poulova
English-Danish / Danish-English	Rikke Wend Hartung
English-Dari / Dari-English	Amir Khan
English-Dutch / Dutch-English	Lisanne Vogel
English-Estonian / Estonian-English	Lana Haleta
English-Farsi / Farsi-English	Maryam Zaman Khani
English-French / French-English	Aurélie Colin
English-Georgian / Georgina-English	Eka Goderdzishvili
English-Gujarati / Gujarati-English	Sujata Basaria
English-German / German-English	Bicskei Hedwig
English-Greek / Greek-English	Lina Stergiou
English-Hindi / Hindi-English	Sudhakar Chaturvedi
English-Hungarian / Hungarian-English	Lucy Mallows
English-Italian / Italian-English	Eni Lamllari
English-Japanese / Japanese-English	Miruka Arai & Hiroko Nishimura
English-Korean / Korean-English	Mihee Song
English-Latvian / Latvian-English	Julija Baranovska
English-Levantine Arabic / Levantine Arabic-English	Ayman Khalaf
English-Lithuanian / Lithuanian-English	Regina Kazakeviciute
English-Malay / Malay-English	Azimah Husna
English-Malayalam - Malayalam-English	Anjumol Babu
English-Nepali / Nepali-English	Anil Mandal
English-Norwegian / Norwegian-English	Samuele Narcisi
English-Pashto / Pashto-English	Amir Khan
English-Polish / Polish-English	Magdalena Herok
English-Portuguese / Portuguese-English	Dina Teresa
English-Punjabi / Punjabi-English	Teja Singh Chatwal
English-Romanian / Romanian-English	Georgeta Laura Dutulescu
English-Russian / Russian-English	Katerina Volobuyeva
English-Serbian / Serbian-English	Vesna Kazanegra
English-Sinhalese / Sinhalese-English	Naseer Salahudeen
English-Slovak / Slovak-English	Zuzana Horvathova
English-Slovenian / Slovenian-English	Tanja Turk
English-Somali / Somali-English	Ali Mohamud Omer
English-Spanish / Spanish-English	Cristina Rodriguez
English-Swahili / Swahili-English	Abdul Rauf Hassan Kinga
English-Swedish / Swedish-English	Madelene Axelsson
English-Tagalog / Tagalog-English	Jefferson Bantayan
English-Tamil / Tamil-English	Sandhya Mahadevan
English-Thai / Thai-English	Suwan Kaewkongpan
English-Tigrigna / Tigrigna-English	Tsegazeab Hailegebriel
English-Turkish / Turkish-English	Nagme Yazgin
English-Twi / Twi-English	Nathaniel Alonsi Apadu
English-Ukrainian / Ukrainian-English	Katerina Volobuyeva
English-Urdu / Urdu-English	S. A. Rahman
English-Vietnamese / Vietnamese-English	Hoa Hoang
English-Yoruba / Yoruba-English	O. A. Temitope

STAR Foreign Language BOOKS

English-Twi

A

a *(art.)* bi
aback *(adv.)* akyiri
abactor *(n.)* owifoɔ
abacus *(n.)* abakɔso
abandon *(v.)* gyae
abandoned *(adj.)* agyeegyeemu
abase *(v.)* boto
abashed *(adj.)* ani awu
abate *(v.)* dwo
abatement *(n.)* dwodwo
abbey *(n.)* asoredan
abbot *(n.)* asorepanin
abbreviate *(v.)* twa
abbreviation *(n.)* tiatwa
abdicate *(v.)* gyae
abdication *(n.)* gyae
abdomen *(n.)* yafunu
abdominal *(adj.)* yafunu
abduct *(v.)* kyere
abductee *(n.)* nea woakyere no
abduction *(n.)* kyere
abductor *(n.)* kyerefoɔ
aberrant *(adj.)* fom
aberration *(n.)* mfomsoɔ
abet *(v.)* boa
abettor *(n.)* boafoɔ
abeyance *(n.)* konkɔn
abhor *(v.)* kyiri
abhorrent *(adj.)* kyiri
abide *(v.)* tena
abiding *(adj.)* atenaeɛ
ability *(n.)* tumi
abiotic *(adj.)* awuo
abject *(adj.)* fitaa
abjure *(v.)* paw
abjurer *(n.)* ɔpawfoɔ
ablactate *(v.)* twa nufoɔ
ablactation *(n.)* twa
ablate *(v.)* nane
ablation *(n.)* nane
ablative *(adj.)* nane
ablaze *(adv.)* sɔ
able *(adj.)* tumi
abled *(adj.)* tumi

ablution *(n.)* hohoro
ably *(adv.)* tumi
abnegate *(v.)* twa so
abnegation *(n.)* twa so
abnormal *(adj.)* nwanwasoɔ
abnormality *(n.)* nwanwaa
abnormally *(adv.)* nwanwasoɔ
aboard *(adv.)* mu
abode *(n.)* tenabea
abolish *(v.)* twam
abolition *(n.)* ntwamu
abominable *(adj.)* akyiwadeɛ
abominate *(v.)* kyiri
abomination *(n.)* akyiwadeɛ
aboriginal *(adj.)* kuromanii
aborigine *(n.)* kuromanii
abort *(v.)* sɛe
abortion *(n.)* sɛeɛ
abortionist *(n.)* sɛefoɔ
abortive *(adv.)* sɛe
abound *(v. & prep.)* wɔ pii
about-turn *(n.)* kyirisane
above *(prep. & adv.)* soro
abrasion *(n.)* twitwiri
abrasive *(adj.)* wesrawesra
abreast *(adv.)* hunu
abridge *(v.)* tɔfa
abridgement *(n.)* tɔfabɔ
abroad *(adv.)* abrokyire
abrogate *(v.)* twaso
abrogation *(n.)* ntwasoɔ
abrupt *(adj.)* ntɛm
abruptly *(adv.)* ntɛmsoɔ
abscess *(n.)* pɔmpɔ
abscond *(v.)* dwane
abseil *(v.)* sane
absence *(n.)* nni (hɔ)
absent *(adj.)* nni (hɔ)
absentee *(n.)* nni hɔ
absolute *(adj.)* paa
absolutely *(adv.)* paa ara
absolution *(n.)* paa
absolutism *(n.)* tumidie
absolve *(v.)* sane
absorb *(v.)* nonom
absorbable *(adj.)* twetwe
absorbent *(adj.)* duru
absorption *(n.)* nonom
abstain *(v.)* firi

abstinence *(n.)* firi
abstract *(adj.)* nsusuiɛ
abstraction *(n.)* nsusuiɛ
abstruse *(adj.)* ngongorann
absurd *(adj.)* nsɛmhunu
absurdity *(n.)* nsɛmhunu
absurdly *(adv.)* basaa
abundance *(n.)* mmoroso
abundant *(adj.)* mmoroso
abundantly *(adv.)* mmoroso
abuse *(v.)* sɛe
abusive *(adj.)* sɛefoɔ
abusively *(adv.)* ɔsɛeɛ
abut *(v.)* bɔ hyeɛ
abyss *(n.)* amena
acacia *(n.)* akahyia
academia *(n.)* nwomasua
academic *(adj.)* nwomasua mu
academically *(adv.)* nwomasua mu
academician *(n.)* nwomanimfoɔ
academy *(n.)* sukuu
acausal *(adj.)* acausal
accede *(v.)* gye tom
accelerate *(v.)* kɔ
acceleration *(n.)* mmirika
accelerator *(n.)* asɛlɛreta
accend *(v.)* hye
accent *(n.)* nyegyeɛ
accent *(v.)* nyegyeɛ
accentor *(n.)* nyegyeɛ
accentuate *(v.)* tiso
accept *(v.)* pene
acceptability *(n.)* penee
acceptable *(adj.)* ewom
acceptant *(adj.)* penee
accepted *(adj.)* penee
access *(n.)* nya
accessibility *(n.)* nya
accessible *(adj.)* nya
accession *(n.)* nya
accessory *(n.)* boafoɔ
accidence *(n.)* nkwanhyia
accident *(n.)* nkwanhyia
accidental *(adj.)* nkwanhyia
accidentally *(adv.)* nkwanhyia
acclaim *(v.)* edin
acclamation *(n.)* abodin
acclimatise *(v.)* kokwa
accolade *(n.)* abodin

accommodate *(v.)* gye
accommodating *(adj.)* animteɛ
accommodation *(n.)* dabrɛ
accompaniment *(n.)* nkaho
accompanist *(n.)* gyamfoɔ
accompany *(v.)* gyam
accomplice *(n.)* boneboafoɔ
accomplish *(v.)* yɔ
accomplished *(adj.)* okunini
accomplishment *(n.)* nnwumapa
accord *(v.)* adwenkorɔ
accord *(n.)* adwenkorɔ
accordance *(n.)* nnisoɔ
according *(adv.)* sɛdeɛ
accordingly *(adv.)* nnisoɔ
accost *(v.)* ti
accouchement *(n.)* awoɔ
accoucheur *(n.)* ɔgyeawoɔ barima
account *(n.)* bu
accountability *(n.)* nkontabuo
accountable *(adj.)* sodie
accountancy *(n.)* nkontabuo
accountant *(n.)* akantant
accounting *(n.)* nkontabuo
accoutre *(v.)* ahofa
accoutrement *(n.)* nnoɔma
accredited *(adj.)* tumi
accrete *(v.)* boa ano
accretion *(n.)* anoboa
accrue *(v.)* boa ano
accumulate *(v.)* boa ano
accumulation *(n.)* mmoano
accumulator *(n.)* mmoano
accuracy *(n.)* pɛpɛɛpɛyɛ
accurate *(adj.)* pɛpɛɛpɛ
accurately *(adv.)* pɛpɛɛpɛ
accusal *(n.)* kwaadu
accusation *(n.)* kwaadu
accusative *(n.)* kwaadu
accuse *(v.)* bɔ kwaadu
accused *(n.)* nea wɔabɔnokwaadu
accuser *(n.)* kwaadubɔfoɔ
accusing *(adj.)* kwaadu bɔ
accustom *(v.)* kokwa
ace *(n.)* okukudam
acellular *(adj.)* acellular
acene *(n.)* acene
acentric *(adj.)* acentric
acer *(n.)* akyee

acerbic *(adj.)* acerbic
acetate *(n.)* acetate
acetic *(adj.)* acetic
acetic acid *(n.)* acetic acid
acetone *(n.)* acetone
acetylene *(n.)* acetylene
ache *(n.)* yaw
ache *(v.)* yaw
achieve *(v.)* nya
achievement *(n.)* nnwumapa
achiever *(n.)* nkunimdifoɔ
achromat *(n.)* akromat
achromatic *(adj.)* akromateke
acid *(n.)* asid
acid rain *(n.)* asid nsuo
acid test *(n.)* asid test
acidic *(adj.)* acid
acknowledge *(v.)* gye tom
acknowledgement *(n.)* penee
acme *(n.)* mudie
acne *(n.)* pimpos
acolyte *(n.)* boafoɔ
acorn *(n.)* sinapi
acoustic *(adj.)* akosteke
acoustics *(n.)* akosteke
acquaint *(v.)* hunu
acquaintance *(n.)* yɔnkoɔ
acquest *(n.)* brɛnyadeɛ
acquiesce *(v.)* pene
acquire *(v.)* nya
acquisition *(n.)* nya
acquisitive *(adj.)* nya
acquit *(v.)* yi
acquittal *(n.)* yi
acratic *(adj.)* akratieke
acre *(n.)* eka
acreage *(n.)* eka
acrid *(adj.)* nwono
acrimonious *(adj.)* wantwiwantwi
acrimony *(n.)* wantwiwantwi
acritical *(adj.)* ahuhu
acrobat *(n.)* akrobat
acrobatic *(adj.)* akrobateke
acrobatics *(n.)* akrobatese
acronym *(n.)* nyinahɔma
acrophobia *(n.)* akrofobia
acropolis *(n.)* abansoro
across *(prep.)* twam
acrostic *(n.)* akrosteke

acrylate *(n.)* acrylate
acrylic *(adj.)* akreleke
act *(v.)* yi
acting *(n.)* sinitwa
action *(n.)* adeyɔ
actionable *(adj.)* aniɛmonsɛm
activate *(v.)* kanyan
activation *(n.)* nkanyan
active *(adj.)* ahokeka
actively *(adv.)* ntɛmtɛn
activist *(n.)* kasamafoɔ
activity *(n.)* dwumadie
actor *(n.)* sinitwani
actress *(n.)* sinitwani
actual *(adj.)* ankasa
actually *(adv.)* nokwasɛm
acumen *(n.)* tumi
acupressure *(n.)* akupresa
acupuncture *(n.)* akupɔnkya
acupuncturist *(n.)* akupɔnkya dɔkota
acute *(adj.)* mprenpren
ad hoc *(adj.)* ɔhyewso
ad hoc *(adj.)* ɔhyewso
adage *(n.)* abɛbuo
adamant *(adj.)* asoɔden
adapt *(v.)* sesa
adaptable *(adj.)* sesa
adaptation *(n.)* sesa
adaptor *(n.)* adapta
add *(v.)* kabom
addendum *(n.)* nkaeɛ
adder *(n.)* kyerebene
addict *(n.)* sadweam
addict *(v.)* sadweam
addicted *(adj.)* dɔmum
addiction *(n.)* dɔmum
addictive *(adj.)* nnɔmum
add-in *(n.)* nkaho
addition *(n.)* nkabɔmu
additional *(adj.)* nkaeɛ
additive *(n.)* nkaho
addled *(adj.)* aporɛ
address *(n.)* adrɛs
addressee *(n.)* adrɛse
addresser *(n.)* kasafoɔ
adduce *(v.)* nya
adept *(n.)* kwadare
adept *(adj.)* nhunumu
adequacy *(n.)* bebrebe

adequate *(adj.)* bebree
adequately *(adv.)* bebree
adhere *(v.)* tie
adherence *(n.)* sotie
adherent *(n.)* sotiefoɔ
adhesion *(n.)* tare
adhesive *(n.)* taretare
adieu *(exclam.)* bye
adipose *(adj.)* adipos
adjacent *(adj.)* nkyɛn
adjective *(n.)* nkyerɛkyerɛmu
adjoin *(v.)* bom
adjourn *(v.)* tu hyɛ da
adjournment *(n.)* ntunhy3da
adjudge *(v.)* bua
adjudicate *(v.)* di
adjunct *(n.)* mmataho
adjuration *(n.)* adesrɛdeɛ
adjure *(v.)* srɛ
adjust *(v.)* sesa
adjustment *(n.)* nsesae3
administer *(v.)* bu
administrate *(v.)* bu
administration *(n.)* buo
administrative *(adj.)* akannisɛm
administrator *(n.)* ɔhw3foc
admirable *(adj.)* onimuonyanfoɔ
admiral *(n.)* admiral
admiralty *(n.)* admiralty
admiration *(n.)* anika
admire *(v.)* anika
admissible *(adj.)* nyetomu
admission *(n.)* nyetomu
admit *(v.)* gye
admittance *(n.)* gye
admittedly *(adv.)* emmom
admonish *(v.)* tu fo
admonition *(n.)* afutuo
ado *(n.)* yɔ
adobe *(n.)* ntwoma
adolescence *(n.)* mmeranteberɛ
adolescent *(adj.)* ɔbabunu
adopt *(v.)* fa
adoption *(n.)* fa
adoptive *(adj.)* hwɛfoɔ
adorable *(adj.)* fɛ
adoration *(n.)* ayeyie
adore *(v.)* kamfo
adorn *(v.)* siesie

adrenal *(adj.)* adrenal
adrift *(adj.)* anii
adroit *(adj.)* ɔbenfo
adscititious *(adj.)* nkyɛn
adscript *(adj.)* akyire asɛm
adsorb *(n.)* nonom
adulate *(v.)* yi ayɛ
adulation *(n.)* abasobɔ
adult *(n.)* panin
adulterate *(v.)* fram
adulteration *(n.)* ɔfra
adulterer *(n.)* ɔwaresɛefo
adultery *(n.)* awaresɛeɛ
advance *(v.)* nkankɔ
advanced *(adj.)* kan
advantage *(n.)* mmoa
advantageous *(adj.)* mmoa
advent *(n.)* mmasoɔ
adventure *(n.)* ahudwuma
adventurous *(adj.)* okokodurufoc
adverb *(n.)* nkyerɛkyerɛmu
adverbial *(adj.)* nkyerɛkyerɛmu
adversary *(n.)* tamfo
adverse *(adj.)* ɔkwansie
adversity *(n.)* ɔyaw
advertise *(v.)* nkaebɔ
advertisement *(n.)* nkaebɔ
advice *(n.)* afotuo
advisability *(n.)* afotupa
advisable *(adj.)* fanyinam
advise *(v.)* tu fo
advisory *(adj.)* fotuo
advocacy *(n.)* kasama
aegis *(n.)* mmoa
aeon *(n.)* berɛ tenten
aerate *(v.)* mframa
aerial *(n.)* wiem
aerobatics *(n.)* ɛrobatis
aerobics *(n.)* ɛrobis
aerodrome *(n.)* ɛɛpɔt
aerodynamics *(n.)* aerodynamics
aerofoil *(n)* aerofoil
aeronautics *(n.)* aeronautics
aeroplane *(n.)* adupre
aerosol *(n.)* aerosol
aerospace *(n.)* wiem
aerostatics *(n.)* aerostatics
aesthete *(n.)* fɛɛfɛ
aesthetic *(adj)* fɛɛfɛ

afar *(adv.)* dohoaa
affable *(adj.)* animte
affair *(n.)* nkitahodie
affect *(v.)* ka
affectation *(n.)* nsunsuansoɔ
affected *(adj.)* ka
affection *(n.)* ɔdɔ
affection *(n.)* ɔdɔ
affectionate *(adj.)* ɔdɔ
affidavit *(n.)* afidewit
affiliate *(v.)* yɔnkoɔ
affiliation *(n.)* ayɔnkofa
affinity *(n.)* ayɔnkofa
affirm *(v.)* sipi
affirmation *(n.)* pi
affirmative *(adj.)* penee
affix *(v.)* hyɛ
afflict *(v.)* pira
affliction *(n.)* ɔhaw
affluence *(n.)* ahonya
affluent *(adj.)* ɔdefoɔ
affluential *(n.)* ahonya
afford *(v.)* tua
affordability *(n.)* ahoɔden
afforest *(v.)* dua(nnua)
affray *(n.)* basabasayɛ
affront *(n.)* akwansideɛ
afield *(adv.)* paakyeso
aflame *(adv.)* sɔ
afloat *(adv.)* ani
afoot *(adv.)* aseɛ
afore *(prep.)* animu
aforementioned *(adj.)* animu
afraid *(adj.)* suro
afresh *(adv.)* foforɔ
aft *(n.)* akyire
after *(prep.)* akyire
afterbirth *(n.)* akyireadeɛ
aftercare *(n.)* aftercare
after-effect *(n.)* nsunsuansoɔ
aftermath *(n.)* akyire
afternoon *(n.)* awia
after-party *(n.)* after-party
aftersales *(adj.)* aftersales
aftershave *(n.)* aftershave
afterthought *(n.)* adwene foforɔ
afterwards *(adv.)* akyiri
again *(adv.)* bio
against *(prep.)* tia

agar *(n.)* agar
agate *(n.)* agate
agaze *(adj.)* hwɛ
age *(n.)* mfeɛ
aged *(adj.)* mfeɛ
ageing *(n.)* nyini
ageism *(n.)* nyini
ageless *(adj.)* ageless
agency *(n.)* asoeeɛ
agenda *(n.)* nhyehyeɛɛ
agent *(n.)* ananmusini
agglomerate *(n.)* nkabom
agglomerate *(v.)* kabom
aggradation *(n.)* aggradation
aggrandize *(v.)* hoahoa
aggravate *(v.)* hyɛ kena
aggravation *(n.)* hyɛ kena
aggregate *(v.)* sese
aggression *(n.)* aniɛden
aggressive *(adj.)* oniɛdenfoɔ
aggressor *(n.)* oniɛdenfoɔ
aggrieve *(v.)* ka
aghast *(adj.)* pusa
agile *(adj.)* ahoɔden
agility *(n.)* ahoɔden
agitate *(v.)* mansotwe
agitation *(n.)* apereapere
aglare *(adj.)* hyerɛn
aglow *(adv.)* hyer3n
agnostic *(n.)* wiasenii
agnosticsm *(n.)* wiases3m
ago *(adv.)* akyi
agog *(adj.)* ahodwiri
agonize *(v.)* yawdie
agony *(n.)* ɔyaw
agoraphobia *(n.)* agoraphobia
agrarian *(adj.)* kuayɔ
agree *(v.)* penee
agreeable *(adj.)* pene
agreement *(n.)* penee
agricultural *(adj.)* kuayɔ
agriculture *(n.)* kuayɔ
agriculturist *(n.)* okuani
agriproduct *(n.)* mfude3
agro *(adj.)* kua
agrochemical *(n.)* aduro
agro-industry *(n.)* kuayɔ-adwuma
agrology *(n.)* kua
agronomy *(n.)* kua

ague *(n.)* ahoɔhyɛɛ
ahead *(adv.)* anim
ahoy *(interj.)* hey
aid *(n.& v.)* mmoa
aide *(n.)* boafoɔ
AIDS *(n.)* AIDS
ail *(v.)* yare
ailing *(adj.)* yare
ailment *(n.)* yadeɛ
aim *(v.)* botaeɛ
aimless *(adj.)* ɔnni botaeɛ
air *(n.)* mframa
air conditioning *(n.)* ɛkondihyɛn
air freight *(n.)* wiem nnoɔma
air freshner *(n.)* ɛfrɛhya
air hostess *(n.)* air hostess
airbag *(n.)* ɛɛbag
airband *(n.)* airband
airbase *(n.)* airbase
airbed *(n.)* mframa mpa
airborne *(n.)* mframamu
airbrake *(n.)* airbrake
airbus *(n.)* airbus
aircraft *(n.)* wiemhyɛn
aircrew *(n.)* aircrew
airdrop *(n.)* airdrop
airfare *(n.)* airfare
airfield *(n.)* ɛɛpɔt
airgun *(n.)* airgun
airlift *(n.)* airgun
airy *(adj.)* mframa
aisle *(n.)* ael
ajar *(adv.)* bue
akin *(adj.)* sɛ
akinesia *(n.)* akinesia
alabaster *(n.)* aduhwam
alacrious *(adj.)* ahokeka
alacrity *(n.)* ahopeprɛ
alarm *(n.)* alaam
alarming *(adj.)* ehu
alarmist *(n.)* hufoɔ
alas *(interj.)* ampaneampaa
albatross *(n.)* adesoa
albeit *(conj.)* nanso
albino *(n.)* abino
album *(n.)* abɔm
albumen *(n.)* kosua fitaa
alchemist *(n.)* alchemist
alchemy *(n.)* alchemy

alcohol *(n.)* nsaden
alcoholic *(n.)* kowensanii
alcoholism *(n.)* nsanom
alcove *(n.)* alcove
alder *(n.)* alder
ale *(n.)* nsamerɛ
alegar *(n.)* alegar
alert *(adj.)* krado
alertness *(n.)* anidahɔ
alfa *(n.)* alfa
algae *(n.)* algae
algebra *(n.)* ɔgebra
algorithm *(n.)* algorithm
alias *(adv.)* alias
alibi *(n.)* alibi
alien *(adj.)* hɔhoɔ
alienate *(v.)* samu
aliferous *(adj.)* ntaban
alight *(v.)* si
align *(v.)* tene
alignment *(n.)* tenee
alike *(adj.)* sɛ
aliment *(n.)* aduane
alimony *(n.)* sumsika
alive *(adj.)* tease
alkali *(n.)* alkali
alkaline *(adj.)* alkali
all *(adj.)* nyinaa
allay *(v.)* yi
allegation *(n.)* kwaadu
allege *(v.)* kwaadubɔ
allegiance *(n.)* ayɔnkofa
allegory *(n.)* ananses3m
allergic *(adj.)* kyiri
allergy *(n.)* akyiwade3
alleviate *(v.)* bra
alleviation *(n.)* bra
alley *(n.)* alley
alliance *(n.)* nkabom
allied *(adj.)* nkabom
alligator *(n.)* kyekye
alliterate *(v.)* alliterate
alliteration *(n.)* alliteration
allocate *(v.)* hyehyɛ
allocation *(n.)* nhyehyɛeɛ
allot *(v.)* ma
allotment *(n.)* ɔma
allow *(v.)* makwan
allowance *(n.)* alawanse

alloy *(n.)* aloy
allude *(v.)* kae
allure *(v.)* frɛfrɛ
alluring *(adj.)* akɔnnɔ
allusion *(n.)* nkaeɛ
allusive *(adj.)* nkaeɛ
ally *(n.)* yɔnkoɔ
almanac *(n.)* almanak
almighty *(adj.)* okokroko
almirah *(n.)* almirah
almond *(n.)* abrofonkateɛ
almost *(adv.)* kakra
alms *(n.)* mmoa
aloe *(n.)* aloe
aloft *(adv.)* sorosoro
alone *(adj.)* nkoaa
along *(prep. &adv.)* nkaho
alongside *(prep.)* nkaho
aloof *(adv.)* tenten
aloud *(adv.)* nyegyeɛ
alp *(n.)* alp
alpha *(n.)* alfa
alphabet *(n.)* alfabet
alphabetical *(adj.)* alfabet
alpine *(adj.)* alp
already *(adv.)* deda
also *(adv.)* bio
altar *(n.)* aforebukyia
alteration *(n.)* nsesaeɛ
altercation *(n.)* basabasa
alternate *(v.)* foforɔ
alternative *(adj.)* foforɔ
alternatively *(adv.)* anaasɛ
although *(conj.)* ewom
altimeter *(n.)* altimeter
altitude *(n.)* altitude
alto *(n.)* alto
altogether *(adv.)* nyinaa
altruism *(n.)* tuhoaky3
altruist *(n.)* tuhoakyɛ
altruistic *(adj.)* tuhoakyɛ
aluminate *(v.)* alomi
aluminium *(n.)* alominio
always *(adv.)* daa
Alzheimer's disease *(n.)* Alzheimer yareɛ
am *(abbr.)* re
amalgam *(n.)* nkabom
amalgamate *(v.)* kabom
amalgamation *(n.)* nkabomu

amass *(v.)* boanoo
amateur *(n.)* osuani
amatory *(adj.)* ɔdɔ
amaze *(v.)* nwanwa
amazement *(n.)* nwanwa
ambassador *(n.)* ambasada
amber *(n.)* amba
amberite *(n.)* amba
ambidexter *(n.)* ambidexter
ambience *(n.)* tebea
ambient *(adj.)* tebea
ambiguity *(n.)* naa
ambiguous *(adj.)* naa
ambit *(n.)* tumi
ambition *(n.)* anisoadehunu
ambitious *(adj.)* ɔpaɛadeɛ
ambivalence *(n.)* kokoasa
ambivalent *(adj.)* kokoasa
amble *(v.)* brɛɛo
ambulance *(n.)* ambulans
ambulant *(adj.)* ambulans
ambush *(n.)* sianim
ameliorate *(v.)* siesie
amelioration *(n.)* siesie
amen *(interj.)* amen
amenable *(adj.)* tiefoɔ
amend *(v.)* siesie
amendment *(n.)* nsiesie
amenity *(n.)* amenity
amiability *(n.)* animteɛ
amiable *(adj.)* animteɛ
amicable *(adj.)* bɛnkorɔ
amid *(prep.)* wɔ
amiss *(adj.)* kyima
amity *(n.)* ayɔnkofa
ammonia *(n.)* amonia
ammunition *(n.)* akodeɛ
amnesia *(n.)* amnesia
amnesty *(n.)* bonefafiri
among *(prep.)* ka ho
amongst *(prep.)* ka ho
amoral *(adj.)* boneyɔ
amorous *(adj.)* akɔnnɔ
amorphous *(adj.)* basaa
amount *(n.)* dodoɔ
amour *(n.)* ɔdɔ
ampere *(n.)* ampɛɛ
amphibian *(n.)* amfibia
amphibious *(adj.)* amphibious

amphitheatre *(n.)* agodibea
ample *(adj.)* dodoɔ
amplification *(n.)* amplification
amplifier *(n.)* amp
amplify *(v.)* amplify
amplitude *(n.)* nyegyeɛ
amputate *(v.)* twa
amputation *(n.)* twa
amputee *(n.)* amputii
amuck *(adv.)* ahopeprɛ
amulet *(n.)* bansere
amuse *(v.)* anika
amusement *(n.)* anika
an *(art.)* bi
An *(adj.)* bi
anabolic *(n.)* anabolic
anachronism *(n.)* atwam
anaemia *(n.)* anemia
anaesthesia *(n.)* anestesia
anaesthetic *(n.)* anestesia
anal *(adj.)* trumu
analgestic *(n.)* analgestic
analogous *(adj.)* sɛ
analogy *(n.)* mfatoho
analyse *(v.)* booboo
analysis *(n.)* abooboo
analyst *(n.)* nimdefoɔ
analytical *(adj.)* abooboo
anamnesis *(n.)* nkaeɛ
anamorphosis *(adj.)* anamorphosis
anarchism *(n.)* anarchism
anarchist *(n.)* anarchist
anarchy *(n.)* anarchy
anatomy *(n.)* anatomi
ancestor *(n.)* csaman
ancestral *(adj.)* nananom
ancestry *(n.)* nkyi
anchor *(n.)* ankɔ
anchorage *(n.)* ankɔ
ancient *(adj.)* tete
ancillary *(adj.)* boafoɔ
and *(conj.)* ne
android *(n.)* android
anecdote *(n.)* asɛmka
anemometer *(n.)* anemomiita
anew *(adv.)* foforɔ
angel *(n.)* ɔbɔfoɔ
anger *(n.)* abufuo
angina *(n.)* akomayadeɛ

angiogram *(n.)* angiogram
angle *(n.)* akorɛ
angry *(adj.)* bo fo
angst *(n.)* abufuo
anguish *(n.)* ɔyaw
angular *(adj.)* akorɛ
animal *(n.)* amoa
animal husbandry *(n.)* mmoayɛn
animate *(v.)* kanyan
animation *(n.)* amnimahyɛn
animosity *(n.)* ɔtan
animus *(n.)* ɔtan
aniseed *(n.)* aniseed
ankle *(n.)* nantini
anklet *(n.)* patia
annalist *(n.)* ɔtwerɛfoɔ
annals *(n.pl.)* abakɔsɛm
annex *(v.)* nkorabata
annexation *(n.)* annexation
annihilate *(v.)* sɛe
annihilation *(n.)* ɔsɛeɛ
anniversary *(n.)* afeda
annotate *(v.)* sensan
announce *(v.)* bɔ nkaeɛ
announcement *(n.)* nkaebɔ
announcer *(n.)* ɔkasafoɔ
annoy *(v.)* ahohoraa
annoyance *(n.)* ahohoraa
annoying *(adj.)* ha
annual *(adj.)* afe
annuity *(n.)* sikatua
annul *(v.)* twam
annulment *(n.)* twam
anoint *(v.)* sra
anomalous *(adj.)* soronko
anomaly *(n.)* soronko
anon *(adv.)* onnidin
anonymity *(n.)* onnidin
anonymosity *(n.)* onnidin
anonymous *(adj.)* onnidin
anorak *(n.)* anorak
anorexia *(n.)* anorexia
anorexic *(adj.)* anorexia
another *(adj.)* ɔbaako
answer *(n.)* mmuaeɛ
answerable *(adj.)* soboɔ
answering machine *(n.)* afidie
ant *(n.)* ntatia
antacid *(adj.)* antacid

antagonism *(n.)* ɔtan
antagonist *(n.)* ɔtanfo
antagonize *(v.)* tan
antarctic *(adj.)* antaktik
antecardium *(n.)* antecardium
antecede *(v.)* nnianim
antecedent *(n.)* nnianim
antedate *(n.)* nnianim
antelope *(n.)* wansane
antenatal *(adj.)* awoɔanim
antenna *(n.)* antena
anterior *(adj.)* dwom
anthem *(n.)* antem
anthology *(n.)* antologyi
anthrax *(n.)* anthrax
anthropoid *(adj.)* anthropoid
anthropology *(n.)* antropologyi
anti *(pref.)* anti
anti-ageing *(adj.)* annyini
anti-aircraft *(adj.)* anti-aircraft
antibacterial *(adj.)* antibacterial
antibiotic *(n.)* mmoaduro
antibody *(n.)* nkwammoa
antic *(n.)* ayesɛm
anticipate *(v.)* twɛn
anticipation *(n.)* ɔtwɛn
anticlimax *(n.)* mmoguo
anticlockwise *(adv.)* akyisane
antidote *(n.)* nsianodeɛ
antifreeze *(n.)* antifreeze
antigen *(n.)* nkwammoa
antinomy *(n.)* abirabɔ
antioxidant *(n.)* antioxidant
antipathy *(n.)* ɔtan
antiphony *(n.)* nnyegyesoɔ
antipodes *(n.)* abirabɔ
antiquarian *(adj.)* tete
antiquary *(n.)* dadaa
antiquated *(adj.)* dadaa
antique *(adj.)* tete
antiquity *(n.)* nnoɔma dadaa
antiseptic *(n.)* antiseptic
antiseptic *(adj.)* antiseptic
antisocial *(adj.)* nipabɔnefo
antithesis *(n.)* abirabɔdeɛ
antler *(n.)* mmɛn
antonym *(n.)* abirabɔdeɛ
anus *(n.)* trumu
anvil *(n.)* anvil

anxiety *(n.)* suro
anxious *(adj.)* suro
anxiously *(adv.)* suro
any *(adj.)* biara
anybody *(pron.)* obiara
anyhow *(adv.)* biarabiara
anyone *(pron.)* obiara
anyplace *(pron.)* baabiara
anything *(pron.)* biribiara
anytime *(adv.)* berɛbiara
anyway *(adv.)* kwan biara
anywhere *(adv.)* baabiara
aorta *(n.)* ntini
apace *(adv.)* ntɛmso
apart *(adv.)* ntamu
apartheid *(n.)* apaatai
apartment *(n.)* fie
apathy *(n.)* aniha
ape *(n.)* adoe
aperture *(n.)* tokuro
apex *(n.)* atifi
aphasia *(n.)* mum
aphorism *(n.)* abɛbuo
apiary *(n.)* wowa korabea
apiculture *(n.)* wowa yɛn
apiece *(adv.)* fa
aplenty *(adj.)* bebree
aplogetic *(adj.)* nnuho
apnoea *(n.)* homesi
apologize *(v.)* pata
apology *(n.)* mpata
apostle *(n.)* osuani
apostrophe *(n.)* nsanhɔ
apotheosis *(n.)* mpɔnmpɔnsoɔ
app *(n.)* aapo
appal *(v.)* hyɛ abufuo
apparatus *(n.)* afidie
apparel *(n.)* ntama
apparent *(adj.)* pefee
appeal *(v.)* dwaatoa
appear *(v.)* pue
appearance *(n.)* ahosuo
appease *(v.)* pata
appellant *(n.)* dwaatoafoɔ
append *(v.)* nhyɛaseɛ
appendage *(n.)* nhyɛaseɛ
appendicitis *(n.)* appendicitis
appendix *(n.)* appendis
appetite *(n.)* anumteɛ

appetizer *(n.)* anumtedeɛ
applaud *(v.)* nsambɔ
applause *(n.)* nsambɔ
apple *(n.)* apro
appliance *(n.)* afidie
applicable *(adj.)* ɛfata
applicant *(n.)* ɔtwerɛfoɔ
application *(n.)* krataa
applied *(adj.)* dwumadie
apply *(v.)* fa
appoint *(v.)* paw
appointment *(n.)* paw
apportion *(v.)* kyɛ
apposite *(adj.)* fata
appraise *(v.)* kari
appreciable *(adj.)* mmapa
appreciate *(v.)* yi ayɛ
appreciation *(n.)* ayɛyie
apprehend *(v.)* kyere
apprehension *(n.)* kyere
apprehensive *(adj.)* ayɛmhyehyeɛ
apprentice *(n.)* osuafoɔ
apprise *(v.)* bɔ
approach *(v.)* pinkyɛn
approachable *(adj.)* animte
approbation *(n.)* nkamfoɔ
appropriate *(adj.)* ɛfata
appropriation *(n.)* fata
approval *(n.)* mfoasoɔ
approve *(v.)* foa
approximate *(adj.)* bɛn
approximately *(adv.)* bɛyɛ
apricot *(n.)* apricot
April *(n.)* Oforisuo
apron *(n.)* nkataanim
apt *(adj.)* fata
aptitude *(n.)* nimdeɛ
aptitude test *(n.)* sɔhwɛ
aquarium *(n.)* aquarium
aquarius *(n.)* aquarius
aquatic *(adj.)* nsuom
aquatint *(n.)* aquatint
aqueduct *(n.)* sukwan
Arab *(n.)* Arabinii
arable *(adj.)* arable
arbiter *(n.)* ɔsɛnnifoɔ
arbitrary *(adj.)* kɛkɛ
arbitrate *(v.)* asɛnnie
arbitration *(n.)* asɛnnie

arbitrator *(n.)* ɔtɛmmufoɔ
arbour *(n.)* arbour
arc *(n.)* kankofa
arcade *(n.)* agodibea
arcane *(adj.)* ahintadeɛ
arch *(n.)* kɛse
archaeologist *(n.)* akeɔlɔgyis
archaeology *(n.)* akeɔlɔgyi
archaic *(adj.)* atwam
archbishop *(n.)* sofopɔn
archer *(n.)* gyantofoɔ
archery *(n.)* gyantoɔ
architect *(n.)* ɔdansifoɔ
architecture *(n.)* adansie
archive *(n.)* koradeɛ
Arctic *(adj.)* Arctic
ardent *(adj.)* denden
ardour *(n.)* denden
arduous *(adj.)* den
area *(n.)* mpɔtam
arena *(n.)* agodibea
argil *(n.)* ntwomma
arguable *(adj.)* dawerɛtwesɛm
argue *(v.)* gye akyinnye
argument *(n.)* akyinnye
arid *(adj.)* wesee
aries *(n.)* aries
aright *(adv.)* kama
arise *(v.)* sɔre
aristocracy *(n.)* aristocracy
aristocrat *(n.)* aristocrat
arithmetic *(n.)* nkontabuo
ark *(n.)* adaka
arm *(n.)* nsa
armada *(n.)* dɔmpem
armament *(n.)* akodeɛ
armature *(n.)* armature
armchair *(n.)* akonnwa
armed *(adj.)* akodeɛ
armed forces *(n.)* asraa
armhole *(n.)* nsa
armistice *(n.)* asomdwoe
armlet *(adj.)* kawa
armour *(n.)* akodeɛ
armoury *(n.)* akodeɛ korabea
armpit *(n.)* amɔtoamu
armrest *(n.)* akonnwa nsa
army *(n.)* asraa
aroma *(n.)* hwa

aromatherapy *(n.)* aromatherapy
around *(adv.&prep.)* mpotam
arouse *(v.)* kanyan
arrabbiata *(adj.)* frɔeɛ
arraign *(v.)* saman
arrange *(v.)* hyehyɛ
arrangement *(n.)* nhyehyɛeɛ
arrant *(adj.)* koraa
array *(n.)* nhyehyɛe
arrears *(n.pl.)* ka
arrest *(v.)* kyere
arrival *(n.)* mmaeɛ
arrive *(v.)* duru
arrogance *(n.)* ahomasoɔ
arrogant *(adj.)* ahomaso
arrow *(n.)* piaa
arrowroot *(n.)* nhini
arsenal *(n.)* akodeɛ
arsenic *(n.)* arsenic
arson *(n.)* gyahyehyeɛ
art *(n.)* adwini
art direction *(n.)* adwini nkyerɛkyerɛ
art form *(n.)* adwinniɛ
artefact *(n.)* adwinneɛ
artery *(n.)* ntini
artesian *(adj.)* artesian
artful *(adj.)* onitefo
arthritis *(n.)* sasabrɔ
artichoke *(n.)* artichoke
article *(n.)* adeɛ
articulate *(adj.)* anoteɛ
artifice *(n.)* aniteɛ
artificial *(adj.)* adwinneɛ
artificial intelligence *(n.)* artificial intelligence
artillery *(n.)* akodeɛ
artisan *(n.)* odwinfoɔ
artist *(n.)* odwinfoɔ
artistic *(adj.)* adwini
artless *(adj.)* pefee
as *(adv.)* sɛ
asafoetida *(n.)* asafoetida
asbestos *(n.)* asbestos
ascend *(v.)* foro
ascendancy *(n.)* kɔ soro
ascent *(n.)* soro kɔ
ascertain *(v.)* hunu
ascetic *(n.)* ascetic
ascetic *(adj.)* ascetic

ascribe *(v.)* hyɛ
aseptic *(adj.)* asceptic
asexual *(adj.)* asexual
ash *(n.)* nsoo
ashamed *(adj.)* fɛre
ashen *(adj.)* hoyaa
ashore *(adv.)* mpoano
aside *(adv.)* nkyɛn
asinine *(adj.)* gyimisɛm
ask *(v.)* bisa
asleep *(adv.)* ada
asparagus *(n.)* asparagus
aspect *(n.)* ɛfa baabi
aspersion *(n.)* mmɔtoso
asphyxia *(n.)* homesi
asphyxiate *(v.)* si homee
aspirant *(n.)* ɔpɛfoɔ
aspiration *(n.)* ɔpɛ
aspire *(v.)* pɛ
ass *(n.)* afunumuba
assail *(v.)* boro
assassin *(n.)* kum
assassinate *(v.)* kum
assassination *(n.)* kum
assault *(n.)* boro
assemble *(v.)* hyia
assembly *(n.)* nhyiamudie
assent *(n.)* penee
assert *(v.)* twe
assertive *(adj.)* aniɛden
assess *(v.)* susu
assessment *(n.)* nsusuiɛ
asset *(n.)* agyapadeɛ
assibilate *(v.)* assibilate
assign *(v.)* ma
assignee *(n.)* ananmusinii
assignment *(n.)* dwumadie
assimilate *(v.)* sɛ
assimilation *(n.)* pɛpɛ
assist *(v.)* boa
assistance *(n.)* mmoa
assistant *(n.)* abediakyire
associate *(v.)* bɛn
association *(n.)* kuo
assort *(v.)* yiyi
assorted *(adj.)* nyiyimu
assortment *(n.)* nyiyimu
assuage *(v.)* bra
assume *(v.)* fa

assumption *(n.)* nsusuiɛ
assurance *(n.)* nkuranhyɛ
assure *(v.)* hyɛ nkuran
astatic *(adj.)* astatic
asterisk *(n.)* asteris
asterism *(n.)* asterism
asteroid *(v.)* astero
asthma *(n.)* ntehyeewa
astigmatism *(n.)* astigmatism
astonish *(v.)* nwanwa
astonishment *(n.)* nwanwa
astound *(v.)* nwanwa
astral *(adj.)* astral
astray *(adv.)* bɔ asesa
astride *(prep.& adv.)* apɔnkɔnan
astringent *(adj.)* astringent
astrolabe *(n.)* astrolabe
astrologer *(n.)* nsoromanimfoɔ
astrology *(n.)* nsoromasɛm
astronaut *(n.)* astronɔt
astronomer *(n.)* wiemnimfoɔ
astronomy *(n.)* wiem adesua
astute *(adj.)* onitefoɔ
asylum *(n.)* dwankɔbea
asymmetrical *(adj.)* asymmetrical
asymmetry *(n.)* asymmetry
at *(prep.)* wɔ
atheism *(n.)* anyeannie
atheist *(n.)* anyeannie
athirst *(adj.)* sukɔm
athlete *(n.)* atlete
athletic *(adj.)* atletik
athwart *(prep.)* afaafa
atlas *(n.)* atlas
atmosphere *(n.)* wiem
atmospheric *(adj.)* wiem
atoll *(n.)* bepɔso
atom *(n.)* atom
atomic *(adj.)* atomiki
atone *(v.)* tua
atonement *(n.)* tua
atopic *(adj.)* atopic
atrium *(n.)* pie
atrocious *(adj.)* atirimuɔden
atrocity *(n.)* atirimuɔden
atrophy *(v.)* trofe
attach *(v.)* bata
attache *(n.)* hokani
attachment *(n.)* mmataho

attack *(v.)* boro
attain *(v.)* nya
attainment *(n.)* nya
attaint *(v.)* saa
attempt *(v.)* bɔ mmɔden
attend *(v.)* som
attendance *(n.)* ɔsom
attendant *(n.)* boafoɔ
attention *(n.)* komm
attentive *(adj.)* komm
attenuance *(n.)* attenuance
attest *(v.)* di adanse
attic *(n.)* abansoro
attire *(n.)* ataade
attitude *(n.)* yɛbea
attorney *(n.)* lɔɔya
attract *(v.)* twetwe
attraction *(n.)* twetwe
attractive *(adj.)* akɔnnɔ
attribute *(v.)* susu
atypic *(adj.)* soronko
aubergine *(n.)* ankaa
auburn *(adj.)* kɔkɔɔ
auction *(n.)* donkomi
audacious *(adj.)* akokoduro
audacity *(n.)* anoɔden
audible *(adj.)* gyegye
audience *(n.)* atiefoɔ
audio *(n.)* nyegyeɛ
audiovisual *(adj.)* audiovisual
audit *(n.)* nhwehwɛmu
audition *(n.)* ɔɔdihyɛn
auditive *(adj.)* ɔɔdihyɛn
auditor *(n.)* ɔɔdita
auditorium *(n.)* dan kɛseɛm
auger *(n.)* kɔ
aught *(n.)* biribi ara
augment *(v.)* siesie
augmentation *(n.)* nsiesie
August *(n.)* Ɔsanaa
august *(adj.)* kɛseɛ
aunt *(n.)* sewaa
aura *(n.)* han
auriform *(adj.)* aso tebea
aurilave *(n.)* aso popadeɛ
aurora *(n.)* hann
auspicate *(v.)* auspicate
auspice *(n.)* aduro
auspicious *(adj.)* nkunimdie

austere *(adj.)* ahokyerɛ
authentic *(adj.)* papapaa
authenticate *(v.)* di adanseɛ
authentication *(n.)* adansedie
author *(n.)* ɔtwerɛfoɔ
authoritative *(adj.)* tumiso
authority *(n.)* tumi
authorize *(v.)* hyɛ
autism *(n.)* ɔtisim
autistic *(adj.)* ɔtisim yareni
autobiography *(n.)* autobiography
autocorrect *(n.)* autocorrect
autocracy *(n.)* nhyɛsoɔ
autocrat *(n.)* kaankabi
autocratic *(adj.)* nhyɛsoɔ
autofocus *(n.)* otofokɔs
autograph *(n.)* ɔɔtograf
automate *(v.)* otomatik
automatic *(adj.)* otomatik
automatically *(adv.)* otomatik
automation *(n.)* prɛko
automobile *(n.)* ɛhyɛn
autonomous *(adj.)* ahodeɛ
autopilot *(n.)* otopailot
autopsy *(n.)* otopsi
autumn *(n.)* ɔpɛ berɛ
auxiliary *(adj.)* boafoɔ
avail *(v.)* wɔ hɔ
available *(adj.)* wɔ hɔ
avalanche *(n.)* avalanche
avarice *(n.)* dufurpɛ
avenge *(v.)* tua ka
avenue *(n.)* beaeɛ
average *(n.)* average
averse *(adj.)* kyiri
aversion *(n.)* ampɛ
avert *(v.)* si ano
aviary *(n.)* pirebuo
aviation *(n.)* wiemhyɛn
avid *(adj.)* ɔpɛ
avidly *(adv.)* ɔpɛso
avocado *(n.)* paya
avoid *(v.)* kwati
avoidance *(n.)* kwati
avow *(v.)* agyinasie
avulsion *(n.)* fikyiri
await *(v.)* twɛn
awake *(v.)* sɔre
awakening *(n.)* nyanee

award *(v.)* abasobɔ
award *(n.)* abasobɔdeɛ
aware *(adj.)* nim
awareness *(n.)* anidahɔ
away *(adv.)* dohoaa
awesome *(adj.)* fɛ
awful *(adj.)* yaaya
awhile *(adv.)* berɛ kakra
awkward *(adj.)* kyea
axe *(n.)* akuma
axial *(adj.)* aksi
axillary *(adj.)* amɔatoam
axis *(n.)* aksis
axle *(n.)* axle
Ayurveda *(n.)* Ayurveda
azote *(n.)* azote

babble *(n.)* babble
babble *(v.)* babble
babe *(n.)* abɔfra
babel *(n.)* babel
baboon *(n.)* kontromfi
babtist *(n.)* osuboni
baby *(n.)* abɔfra
baby bump *(n.)* nyinsɛn
baby carriage *(n.)* abɔfra kaa
baby corn *(n.)* abɔfra aburo
baby food *(n.)* abɔfraaduane
babyface *(n.)* akwadaa anim
babyproof *(babyproof)* babyproof
babysit *(v.)* abɔfrahwɛ
babysitting *(n.)* abɔfrahwɛ
baccalaureate *(baccalaureate)* baccalaureate
bacchanal *(n.)* nsaborɔ
bacchanal *(adj.)* nsaborɔ
bachelor *(n.)* sugyani
bachelor party *(n.)* asogyafoɔ paati
bachelorette *(n.)* sugyani baa
back *(n.)* akyiri
backbencher *(n.)* akyiri
backbiting *(n.)* nsiakyire
backbone *(n.)* akyiri kasɛɛ
backdate *(v.)* backdate
backdrop *(v.)* akyi

backfire *(v.)* anyɛyie
background *(n.)* akyi
backhand *(n.)* nsakyiri
backing *(n.)* mmoa
backlash *(n.)* sopa
backlash *(n.)* sopa
backlight *(n.)* akyirikanea
backlog *(n.)* mmoano
backpack *(n.)* baage
backpacker *(n.)* ɔkwantuni
backslide *(v.)* akyirisane
backstage *(adv.)* ɛpaakyi
backstairs *(n.)* akyiri
backtrack *(v.)* kɔ akyi
backup *(n.)* kyidom
backward *(adj.)* akyi
backward *(adv.)* akyi
backwash *(n.)* kyirisane
bacon *(n.)* prakonam
bacteria *(n.)* baktiria
bad *(adj.)* bɔne
badge *(n.)* ahyɛnsodeɛ
badger *(n.)* badger
badly *(adv.)* bɔne so
badminton *(n.)* badminton
baffle *(v.)* boroso
bag *(n.)* baage
bag *(v.)* baage
bagel *(n.)* paanoo
baggage *(n.)* nnoɔma
bagpiper *(n.)* bagpiper
baguette *(n.)* baguette
bail *(n.)* bail
bailable *(adj.)* bailable
bailey *(n.)* bailey
bailiff *(n.)* bailiff
bailout *(n.)* yi
bait *(n.)* fidisum
bake *(v.)* to
baker *(n.)* ɔtofoɔ
bakery *(n.)* atoeɛ
balaclava *(n.)* duku
balafon *(n.)* balafon
balance *(n.)* pɛpɛɛpɛ
balance *(v.)* pɛpɛɛpɛ
balance sheet *(n.)* balance sheet
balanced *(adj.)* pɛpɛɛpɛ
balcony *(n.)* abranaa
bald *(adj.)* tipa

bale *(n.)* bale
baleen *(n.)* bonsu kasɛɛ
ball *(n.)* bɔɔlo
ball bearing *(n.)* bongres
ballad *(n.)* nwonkorɔ
ballerina *(n.)* ballet safoɔ
ballet *(n.)* asa
ballistics *(n.)* ballistics
balloon *(n.)* bɛɛluu
ballot *(n.)* abatoɔ
ballot paper *(n.)* abatoɔ krataa
ballroom *(n.)* hyiadanmu
balm *(n.)* nku
balsam *(n.)* balsam
bamboo *(n.)* pampuro
ban *(v.)* bra
banal *(adj.)* wεɛ
banana *(n.)* kwadu
band *(n.)* band
bandage *(n.)* bandage
Band-Aid *(n.)* Band-Aid
bandana *(n.)* abotire
bandit *(n.)* korɔmfoɔ
bandwagon *(n.)* dodoɔ adeyɔ
bandwidth *(n.)* bandwidth
bane *(n.)* adesoa
bang *(n.)* nyegyeɛ
bangle *(n.)* kawa
banish *(v.)* twa asu
banishment *(n.)* asutwa
banjo *(n.)* banjo
bank *(v.)* kora
bank holiday *(n.)* sikakorabea
banker *(n.)* bankinii
banknote *(n.)* sika
bankrupt *(adj.)* bankrupt
bankruptcy *(n.)* bankrupt
banner *(n.)* bana
bannister *(n.)* bannister
banquet *(n.)* apontoɔ
bantam *(n.)* akokɔba
banter *(n.)* nyiyiano
bantling *(n.)* bantling
banyan *(n.)* banyan
baptism *(n.)* asubɔ
baptize *(v.)* bɔ asu
bar *(n.)* baa
barb *(n.)* kasɛɛ
barbarian *(n.)* kurasinii

barbaric *(adj.)* nkurasesɛm	**basin** *(n.)* pan
barbarism *(n.)* nkurasesɛm	**basis** *(n.)* nnyinasoɔ
barbarity *(n.)* nkurasesɛm	**bask** *(v.)* to
barbarous *(adj.)* nkurasesɛm	**basket** *(n.)* kɛntɛn
barbecue *(n.)* bɔsoa	**basketball** *(n.)* basketball
barbed *(adj.)* nkasɛɛnkasɛɛ	**bass** *(n.)* bees
barbed wire *(n.)* barbed wire	**bastard** *(n.)* adwamanba
barber *(n.)* tiyifoɔ	**bastion** *(n.)* abankɛse
barcode *(n.)* barcode	**bat** *(n.)* nankwansere
bard *(n.)* bard	**batch** *(n.)* kuo
bare *(adj.)* petee	**bath** *(n.)* adwareɛ
barefoot *(adj.)* daade	**bathe** *(v.)* dware
barely *(adv.)* kakraa	**bathrobe** *(n.)* adwareɛ ntoma
bargain *(n.)* anodie	**baton** *(n.)* abaa
barge *(n.)* hyɛn	**batsman** *(n.)* batsman
baritone *(n.)* baritone	**battalion** *(n.)* battalion
barium *(n.)* barium	**batten** *(n.)* batten
bark *(n.)* mmena	**batter** *(n.)* boro
bark *(v.)* po	**battery** *(n.)* batere
barley *(n.)* barley	**battle** *(n.)* ɔko
barman *(n.)* baaman	**battlefield** *(n.)* akono
barn *(n.)* aduankorabea	**battlefront** *(n.)* akono
barnacle *(n.)* abebeɛ	**baulk** *(n.)* amemenemfe
barometer *(n.)* baromiita	**bawl** *(v.)* tea
baron *(n.)* owura	**bay** *(n.)* mpoano
baroness *(n.)* owurayere	**bayonet** *(n.)* tuosekan
baroque *(adj.)* baroque	**bayside** *(adj.)* bakaano
barouche *(n.)* barouche	**bazaar** *(n.)* ntoboa dwadie
barrack *(n.)* barrack	**bazooka** *(n.)* bazuka
barrage *(n.)* pii	**be** *(v.)* yɛ
barrel *(n.)* ankorɛ	**beach** *(n.)* mpoano
barren *(adj.)* obonini	**beach ball** *(n.)* mpoano bɔɔlo
barricade *(n.)* akwansie	**beachfront** *(adj.)* mpoano
barrier *(n.)* bɛliya	**beachside** *(adj.)* mpoano
barring *(prep.)* aanyɛ	**beacon** *(n.)* han
barrister *(n.)* lɔya	**bead** *(n.)* toma
bartender *(n.)* bartender	**beadle** *(n.)* ɔsomfoɔ
barter *(v.)* nsesa	**beady** *(adj.)* nketenkete
basal *(adj.)* aseɛ	**beak** *(n.)* ano
base *(n.)* bea	**beaker** *(n.)* beaker
base camp *(n.)* bea	**beam** *(beam)* beam
baseless *(adj.)* ɛnni nnyinasoɔ	**bean** *(n.)* adua
basement *(n.)* aseɛ	**bear** *(n.)* sisire
bash *(n.)* bɔ	**bear** *(v.)* fa
bash *(v.)* bɔ akyi	**beard** *(n.)* abɔdwesɛ
bashful *(adj.)* fɛre	**bearing** *(bearing)* bearing
basic *(adj.)* titriw	**beast** *(n.)* aboa
basically *(adv.)* titriw	**beastly** *(adj.)* mmoasɛm
basil *(n.)* basil	**beat** *(v.)* boro

beatific *(adj.)* anigye mmoroso
beatification *(n.)* anigye mmoroso
beatitude *(n.)* nhyira mmoroso
beautiful *(adj.)* fɛ
beautify *(v.)* siesie
beauty *(n.)* ahoɔfɛ
beaver *(n.)* amoakua
beaverskin *(n.)* amoakua honam
becalm *(v.)* ka
because *(conj.)* efirisɛ
beck *(n.)* beck
beckon *(v.)* frɛ
become *(v.)* yɛ
bed *(n.)* mpa
bed sheet *(n.)* mpa nkatasoɔ
bedcover *(n.)* katasoɔ
bedding *(n.)* mpa
bedevil *(v.)* teetee
bedridden *(adj.)* da mpam
bedrobe *(n.)* atade
bedroom *(n.)* pie
bedsore *(n.)* mpasokuro
bee *(n.)* wowa
beech *(n.)* abotan
beef *(n.)* nantwinam
beefy *(adj.)* ahoɔden
beehive *(n.)* wowadan
beekeeper *(n.)* wowa hwɛfoɔ
beep *(n.)* bɔ abɛn
beer *(n.)* bia
beet *(n.)* beet
beetle *(n.)* toonoo
beetroot *(n.)* beetroot
befall *(v.)* to
befit *(v.)* fata
before *(prep. & adv.)* ansa
beforehand *(adv.)* ansa
befriend *(v.)* fa adamfoɔ
beg *(v.)* srɛ
beget *(v.)* wo
beggar *(n.)* ɔsrɛfoɔ
begin *(v.)* fiti asɛɛ
beginner *(n.)* osuani
beginning *(n.)* mfitiaseɛ
begrudge *(v.)* ahi
beguile *(v.)* dɛɛdɛɛ
behalf *(n.)* anan mu
behave *(v.)* yɛ
behaviour *(n.)* nneyɔeɛ

behead *(v.)* twa tire
behest *(n.)* ɔhyɛ
behind *(prep. & adv.)* akyiri
behold *(v.)* hwɛ
being *(n.)* ɛyɛ
belabour *(v.)* boro
belated *(adj.)* atwam
belch *(v.)* kesiw
beleaguered *(adj.)* taataa
belie *(v.)* nnaadaa
belief *(n.)* gyedie
believe *(v.)* gye di
belittle *(v.)* animtiabuo
bell *(n.)* adɔma
bellboy *(n.)* dɔn bɔfoɔ
belle *(n.)* ababaawa
bellhop *(n.)* dɔn bɔfoɔ
bellicose *(adj.)* aniɛden
belligerent *(adj.)* oniɛdenfo
bellow *(v.)* team
bellowing *(n.)* nteamu
bellows *(n.)* nteamu
belly *(n.)* afuru
belong *(v.)* wɔ
belongings *(n.)* agyapadeɛ
beloved *(adj.)* ɔdɔfoɔ
belt *(n.)* bɛlɛt
belvedere *(n.)* dan fɛɛfɛ
bemoan *(v.)* si apene
bemused *(adj.)* nwanwa
bench *(n.)* bɛnkye
bend *(v.)* kyea
beneath *(adv.)* aseɛ
benediction *(n.)* nhyira
benefaction *(n.)* mmoa
benefactor *(n.)* boafoɔ
benefic *(adj.)* benefic
benefice *(n.)* ɔsɔfo dwumadibea
beneficial *(adj.)* mfasodeɛ
beneficiary *(n.)* mfasonyafoɔ
benefit *(v.)* mfasoɔ
benevolence *(n.)* adɔeɛ
benevolent *(adj.)* boafoɔ
benight *(v.)* sum
benign *(adj.)* ɔnnyɛ bɔne
bent *(n.)* kyea
benzene *(n.)* benzene
bequeath *(v.)* gya
bequest *(n.)* awugya

berate *(v.)* bɔ akyi
bereaved *(adj.)* nya ayie
bereavement *(n.)* nya ayie
bereft *(adj.)* bɔ
beseech *(v.)* srɛ
beseeching *(n.)* ɔsrɛ
beserk *(adj.)* abufuhyew
beserker *(n.)* berserker
beshame *(v.)* gu anim ase
beside *(prep.)* nkyɛn
besiege *(v.)* twa ho
beslaver *(v.)* beslaver
besmirch *(v.)* sɛɛ (obi din)
besotted *(adj.)* hyɛ ma
bespeak *(v.)* di adansee
bespectacled *(adj.)* ahwehwɛ
bespoke *(adj.)* bespoke
best *(adj.)* papapaa
bestial *(adj.)* mmoasɛm
bestow *(v.)* de ma
bestride *(v.)* tena
bestseller *(n.)* sen biara
bet *(v.)* to kyakya
beta *(adj.)* beta
betide *(v.)* bɛ si
betray *(v.)* paw
betrayal *(n.)* nyima
betroth *(v.)* asiwa
betrothal *(n.)* asiwa
betrothed *(adj.)* asiwa
better *(adj.)* yie
betterment *(n.)* yieyɔ
betting *(adj.)* kyakyatoɔ
bettor *(n.)* kyakyani
between *(prep.)* ntamu
betwixt *(prep.)* ntamu
beverage *(n.)* nsa
bevy *(n.)* mmaa
bewail *(v.)* su
beware *(v.)* hwɛ yie
bewilder *(v.)* bɔ pusa
bewilderment *(n.)* ahodwiri
bewind *(v.)* kyinkyim
bewitch *(v.)* yɛ
beyond *(prep. & adj.)* nohoa
bi *(adj.)* mmienu
biangular *(adj.)* biangular
biannual *(adj.)* afenu
biannually *(adv.)* afenu

biantennary *(adj.)* mfeɛ ɔha
bias *(n.)* nyiyimu
biased *(adj.)* nyiyimu
biaxial *(adj.)* kwan abiɛn
bib *(n.)* nkatasoɔ
bibber *(n.)* ɔsadweam
bible *(n.)* twerɛ kronkron
bibliographer *(n.)* nwoma
bibliography *(n.)* nwoma
bibliophile *(n.)* nwomapɛfoɔ
bicentenary *(adj.)* mfeɛ ahannu
biceps *(n.)* abasa
bicker *(v.)* nwiinwii
bicycle *(n.)* dadepɔnkɔ
bid *(n.)* ka
bid *(v.)* se
bidder *(n.)* ɔtɔfoɔ
bide *(v.)* tena
bidet *(n.)* bidet
bidimensional *(adj.)* bidimension
biennial *(adj)* afenu
bier *(n.)* bamma
bifacial *(adj.)* animu mmienu
biff *(n.)* twɛdeɛ
biff *(v.)* bɔ
bifocal *(adj.)* bifocal
biformity *(n.)* 0
bifurcate *(v.)* pae mmienu
bifurcation *(n.)* pae
big *(adj.)* kɛse
bigamist *(n.)* ɔware mmienu
bigamous *(adj.)* mmienu awareɛ
bigamy *(n.)* mmienu awareɛ
bighead *(n.)* ahommasoni
bighearted *(adj.)* ɔyamuyɛni
bight *(n.)* bight
bigot *(n.)* kurasenii
bigotry *(n.)* nkurasesɛm
bike *(n.)* sakere
biker *(n.)* sakere twifoɔ
bikini *(n.)* bikini
bilateral *(adj.)* afanu
bile *(n.)* bɔnwono
bilingual *(adj.)* kasa mmienu
bill *(n.)* ɛka
billable *(adj.)* ɛka
billboard *(n.)* billboard
billiard table *(n.)* billiard table
billiards *(n.)* billiard

billion *(n.)* ɔpepepe
billionaire *(n.)* billionaire
billow *(v.)* asɔkye
bimonthly *(adj.)* mprenu bosome
bin *(n.)* bɔɔla adeɛ
binary *(adj.)* mmienu
bind *(v.)* kyekyere
binding *(n.)* nkyekyereɛ
binge *(n.)* mmoroso
bingo *(n.)* bingo
binocular *(adj.)* binocular
binoculars *(n.)* binoculars
bioactivity *(n.)* bioactivity
bioagent *(n.)* bioagent
biochemical *(adj.)* biochemical
biochemistry *(n.)* biochemistry
bioclimate *(n.)* bioclimate
biodegradation *(n.)* biodegradable
bioengineering *(n.)* bioengineering
biofuel *(n.)* biofuel
biogas *(n.)* biogas
biographer *(n.)* ɔtwerɛfoɔ
biography *(n.)* abrabɔmu asɛm
biohazardous *(adj.)* biohazardous
biological *(adj.)* biological
biologically *(adv.)* biologically
biologist *(n.)* biologist
biology *(n.)* biology
biomass *(n.)* biomass
biometric *(adj.)* biometric
bionic *(adj.)* bionic
biopic *(n.)* biopic
biopsy *(n.)* biopsy
biorhythm *(n.)* biorhythm
bioscope *(n.)* bioscope
bioscopy *(n.)* bioscopy
bipartisan *(adj.)* akuo mmienu
bipolar *(adj.)* bipola
biracial *(adj.)* biracial
birch *(n.)* dua
bird *(n.)* anomaa
birdlime *(n.)* aman
birth *(n.)* awoɔ
birthdate *(n.)* awoda
birthday *(n.)* awoda
birthmark *(n.)* ahyɛnsodeɛ
biscuit *(n.)* bisket
bisect *(v.)* pae mu
bisexual *(adj.)* bisexual

bishop *(n.)* bishop
bison *(n.)* bison
bisque *(n.)* bisque
bistro *(n.)* adidibea
bit *(n.)* trɔmoa
bitch *(n.)* kraman baa
bitcoin *(n.)* bitcoin
bite *(v.)* ka
biting *(adj.)* wɛmfoɔ
bitter *(adj.)* nwono
bitterness *(n.)* yaw
bi-weekly *(adj.)* mprenu nawɔtwe
bizarre *(adj.)* nwonwa
blab *(v.)* kasa
blabber *(n.)* ntoatoa
black *(adj.)* tuntum
blackbird *(n.)* anomaa tuntum
blackboard *(n.)* ɛpa tuntum
blacken *(v.)* ka tuntum
blacklist *(n.)* si kwan
blackmail *(n.)* din sɛeɛ
blackmailer *(n.)* din sɛefoɔ
blackout *(n.)* esum
blacksmith *(n.)* ɔtomfoɔ
bladder *(n.)* dwonsɔ twaa
blade *(n.)* blade
blame *(v.)* bɔ sobɔɔ
blanch *(v.)* pa ani
bland *(adj.)* weɛ
blank *(adj.)* hoeɛ
blanket *(n.)* kuntu
blare *(v.)* dede
blaspheme *(n.)* ka abususɛm
blasphemy *(n.)* abususɛm
blast *(n.)* pae
blatant *(adj.)* anidaho
blaze *(n.)* ogya
blazer *(n.)* blazer
blazing *(adj.)* hyew
blazon *(v.)* blazon
bleach *(v.)* pɔ
bleak *(adj.)* bosaa
bleary *(adj.)* sann
bleat *(v.)* su
bleb *(n.)* mpunpunya
bleed *(v.)* mogyatu
blemish *(n.)* nkekaawa
blench *(v.)* pitri
blend *(v.)* fra

blender *(n.)* blender
bless *(v.)* hyira
blessed *(adj.)* nhyira
blessing *(n.)* nhyira
blight *(n.)* sintɔ
blind *(adj.)* anifra
blindage *(n.)* anifra
blindfold *(n.)* mua ani
blindness *(n.)* anifra
bling *(n.)* hyerɛn
blink *(v.)* bɔ ani
blip *(n.)* blip
bliss *(n.)* anigye
blister *(n.)* mpunpunya
blithe *(adj.)* anigye mmoroso
blitz *(n.)* ntohyɛso
blizzard *(n.)* blizzard
bloat *(v.)* huhuru
blob *(n.)* toa
bloc *(n.)* nkabom kuo
block *(n.)* blɔgo
blockage *(n.)* si
blockbuster *(n.)* blockbuster
blockhead *(n.)* ɔkwasea
blog *(n.)* blog
blogger *(n.)* blogger
blogging *(v.)* blog
blood *(n.)* mogya
bloodshed *(n.)* mogyahwiegu
bloody *(adj.)* mogyasɛm
bloom *(v.)* fefɛ
bloomer *(n.)* mfomsoɔ
blot *(n.)* nkekaawa
blotted *(adj.)* keka
blouse *(n.)* kaba
blow *(v.)* hu
blowout *(n.)* pae
blowsy *(adj.)* anisoɔhyeɛ
blue *(n.)* bru
bluetooth *(n.)* bluetooth
bluff *(v.)* kasa bebree
blunder *(n.)* mfomsoɔ
blundering *(adj.)* mfomsoɔ
blunt *(adj.)* ano awu
bluntly *(adv.)* kwa
blur *(v.)* dum
blurb *(n.)* blurb
blurt *(v.)* ka
blush *(v.)* fɛre

blusher *(n.)* blusher
bluster *(v.)* blusher
boa *(n.)* onini
boar *(n.)* prako-nini
board *(n.)* ɛpa
board game *(n.)* ɛpaso agorɔ
boarding *(n.)* bɔɔden
boarding school *(n.)* bɔɔden sukuu
boast *(v.)* hoahoa
boat *(n.)* ahyɛmma
boathouse *(n.)* ɔhyɛnsibea
boatman *(n.)* ɔhyɛnkafoɔ
bob *(v.)* bob
bobbin *(n.)* bobbin
bobble *(n.)* bobble
bodice *(n.)* bɔdis
bodily *(adv.)* honam mu
body *(n.)* nipadua
bodyguard *(n.)* ɔbanbɔfoɔ
bog *(n.)* afrɔmu
bogland *(n.)* afrɔmu
boglet *(n.)* boglet
bogus *(adj.)* hunu
bohemian *(adj.)* bohemian
boil *(v.)* noa
boiler *(n.)* dadesɛn
boist *(n.)* kekaho
boisterous *(adj.)* ahokeka
bold *(adj.)* kokodurufoɔ
boldly *(adv.)* kokoduru
boldness *(n.)* akokoduro
bolero *(n.)* bolero
bollard *(n.)* bollard
bollocks *(n.)* nsɛmhunu
bolt *(n.)* agyan
bomb *(n.)* topaeɛ
bombard *(v.)* taataa
bombardier *(n.)* bombardier
bombardment *(n.)* ntaataa
bomber *(n.)* bomber
bonafide *(adj.)* mmapa
bonanza *(n.)* sikapuduo
bond *(n.)* nkabom
bondage *(n.)* nkoasom
bonds *(n.pl.)* nkɔnsɔnkɔnsɔn
bone *(n.)* dompe
boneless *(adj.)* kasɛɛ nnim
bonfire *(n.)* ogya
bonnet *(n.)* ɛkyɛ

bonus *(n.)* ntosoɔ
book *(n.)* nwoma
book *(v.)* twerɛ
bookie *(n.)* nwomayɛfoɔ
bookish *(adj.)* nwomapɛ
bookish *(n.)* nwomapɛfoɔ
book-keeper *(n.)* twerɛtwerɛfoɔ
booklet *(n.)* nwoma
bookmaker *(n.)* nwomayɛfoɔ
bookmark *(n.)* ahyɛnsodeɛ
bookseller *(n.)* nwomatɔnfoɔ
bookshop *(n.)* nwomatɔnbea
bookstall *(n.)* nwonasibea
bookworm *(n.)* nwomapɛfoɔ
boom *(n.)* bum
boon *(n.)* mfasodeɛ
boor *(n.)* boor
boost *(n.)* boa
boost *(v.)* boa
booster *(n.)* boafoɔ
boot *(n.)* mpaboa
booth *(n.)* buutu
booty *(n.)* awiadeɛ
booze *(v.)* boro
border *(n.)* hyeɛ
bore *(v.)* tu tokuro
born *(adj.)* wo
borne *(adj.)* kita
borough *(n.)* brɔnoo
borrow *(v.)* mɔkwaa
bosom *(n.)* koko mu
boss *(n.)* owura
bossy *(adj.)* bossy
botanical *(adj.)* botanika
botany *(n.)* botany
botch *(v.)* sɛe
both *(adj & pron.)* mmienu
bother *(v.)* ha
botheration *(n.)* ɔhaw
bottle *(n.)* toa
bottom *(n.)* aseɛ
bough *(n.)* mman
boulder *(n.)* botan
boulevard *(n.)* boulevard
bounce *(v.)* huri
bouncer *(n.)* bouncer
bound *(v.)* kyekyere
boundary *(n.)* hyeɛ
bountiful *(adj.)* pii

bounty *(n.)* nnoɔma
bouquet *(n.)* bouquet
bourgeois *(adj.)* bourgeois
bourgeoise *(n.)* bourgeois
bout *(n.)* bout
boutique *(n.)* butik
bow *(n.)* peaa
bowel *(n.)* yafunu
bower *(n.)* bower
bowl *(n.)* kyɛnsee
bowler *(n.)* bowler
box *(n.)* adaka
boxer *(n)* akuturukubɔni
boxing *(n.)* akuturukubɔ
boy *(n.)* abarimaa
boycott *(v.)* paw
boyhood *(n.)* mmeranteberɛ
boyish *(adj.)* mmarimasɛm
bra *(n.)* bra
brace *(n.)* si
bracelet *(n.)* kawa
braces *(n.)* braces
bracing *(adj.)* bracing
bracken *(n.)* bracken
bracket *(n.)* nkahyemde
brackish *(adj.)* brackish
brag *(v.)* dwa anum
braggart *(n.)* onumdwafoɔ
braid *(n.)* nwenneɛ
braille *(n.)* braille
brain *(n.)* adwene
brainchild *(n.)* adwenemupɔ
brainstorm *(n.)* toatoa adwene
brainy *(adj.)* nimdefo
braise *(v.)* braise
brake *(n.)* brake
brake *(v.)* brake
bran *(n.)* ntɛtɛ
branch *(n.)* mpaepaemu
brand *(n.)* ahyɛnsode
branding *(n.)* ahyɛnsode
brandish *(v.)* kyerɛ
brandy *(n.)* nsaden
brangle *(v.)* anobaebae
brash *(adj.)* ani3mɔnho
brass *(n.)* kɔbere
brasserie *(n.)* bra
brat *(n.)* akwadaa bɔne
bravado *(n.)* akakabensɛm

brave *(adj.)* akokoduro	**brigadier** *(n.)* brigadier
bravery *(n.)* akokoduro	**brigand** *(n.)* brigand
brawl *(n.)* ntɔkwa	**bright** *(adj.)* hyerɛn
brawn *(n.)* ahoɔden	**brighten** *(v.)* hyerɛn
bray *(n.)* afunumu suu	**brightness** *(n.)* hyerɛn
braze *(v.)* braze	**brilliance** *(n.)* nimdeɛ
breach *(v.)* bu	**brilliant** *(adj.)* nimdefo
bread *(n.)* brodo	**brim** *(n.)* ma
breadcrumb *(n.)* mproprowa	**brine** *(n.)* nkyene nsuo
breaded *(adj.)* paano	**bring** *(v.)* fa bra
breadth *(n.)* tɛtrɛtɛ	**brinjal** *(n.)* ntropo
breadwinner *(n.)* hw3foc	**brink** *(n.)* anoo
break *(v.)* bu	**briquet** *(n.)* briquet
break point *(n.)* awieɛ	**brisk** *(adj.)* ahokeka
breakage *(n.)* bu	**bristle** *(n.)* bristle
breakdown *(n.)* bubu	**british** *(adj.)* enyirisi
breakfast *(n.)* anɔpa aduane	**brittle** *(adj.)* brittle
breakfront *(n.)* breakfront	**broad** *(adj.)* bae
breaking *(n.)* bu	**broadband** *(n.)* broadband
break-off *(n.)* bu	**broadcast** *(v.)* dawubɔ
breakout *(n.)* breakout	**broadway** *(n.)* kwan kɛse
breaktime *(n.)* ahomegye mmere	**brocade** *(n.)* brocade
breakup *(n.)* gyae	**broccoli** *(n.)* broccoli
breakup *(n.)* gyae	**brochure** *(n.)* krataa
breast *(v.)* foro	**broke** *(adj.)* ahokyerɛ
breast *(n.)* nufo	**broken** *(v.)* abu
breastfeed *(v.)* num	**broker** *(n.)* broker
breath *(n.)* homee	**brokerage** *(n.)* brokerage
breathe *(v.)* home	**bromide** *(n.)* bromide
breathtaking *(adj.)* anisɔ	**bronchial** *(adj.)* bronchial
breech *(n.)* breech	**bronchitis** *(n.)* bronchitis
breed *(v.)* breed	**bronze** *(n.)* bronze
breeze *(n.)* mframa	**brooch** *(n.)* ahyensodeɛ
breviary *(n.)* breviary	**brood** *(n.)* mma
brevity *(n.)* tiawa	**brook** *(n.)* nsutene
brew *(v.)* noa	**broom** *(n.)* praeɛ
brewery *(n.)* brewery	**broth** *(n.)* nkwan
bribe *(v.)* bribe	**brothel** *(n.)* baasibea
brick *(n.)* boɔ	**brother** *(n.)* onua barima
bridal *(adj.)* ayefobaa	**brotherhood** *(n.)* anuanom
bride *(n.)* ayefobaa	**brouge** *(n.)* brouge
bridegroom *(n.)* ayefobarima	**brow** *(n.)* anintɔn
bridesmaid *(n.)* ayeforɛ abaawa	**brown** *(adj.)* brcn
bridge *(n.)* nsamsoɔ	**browse** *(v.)* hwehwɛ
bridle *(n.)* bridle	**browser** *(n.)* browser
brief *(adj.)* tiawa	**bruise** *(n.)* pira
briefcase *(n.)* briefcase	**brunch** *(n.)* brunch
briefing *(n.)* toa bɔ	**brunette** *(n.)* brunette
brigade *(n.)* brigade	**brunt** *(n.)* nsunsuansoɔ

brush *(n.)* brush
brusque *(adj.)* prɛkopɛ
brustle *(v.)* brustle
brutal *(adj.)* wɛmfoɔ
brutalize *(v.)* di awu
brute *(n.)* awudie
brutify *(v.)* kum
brutish *(adj.)* awudie
bubble *(n.)* ahuro
bubble wrap *(n.)* bubble wrap
bubblegum *(n.)* gum
buck *(n.)* ɔtwe barima
bucket *(n.)* bokiti
bucket list *(n.)* bucket list
buckle *(n.)* kyekyere
bud *(n.)* mfefɛeɛ
budding *(adj.)* mfefɛeɛ
buddy *(n.)* yɔnkoɔ
budge *(v.)* pusu
budget *(n.)* budget
buff *(n.)* buff
buffalo *(n.)* ɛkoɔ
buffer *(n.)* buffer
buffer zone *(n.)* buffer zone
buffet *(n.)* buffet
buffoon *(n.)* ɔkwasea
bug *(n.)* aboawa
buggy *(n.)* dokro
bugle *(n.)* bugle
build *(v.)* hyehyɛ
builder *(n.)* dansifoɔ
building *(n.)* adansie
bulb *(n.)* bɔɔbo
bulbous *(adj.)* bɔɔbo
bulge *(n.)* kufuu
bulimia *(n.)* bulimia
bulk *(n.)* dodoɔ
bulky *(adj.)* dodoɔ
bull *(n.)* nantwinini
bull's eye *(n.)* nantwinini ani
bulldog *(n.)* bulldog
bulldozer *(n.)* awiabo
bullet *(n.)* koraboɔ
bullet train *(n.)* bullet train
bulletin *(n.)* kaseɛbɔ
bulletproof *(adj.)* bulletproof
bullion *(n.)* bullion
bullish *(adj.)* namyɛ
bullock *(n.)* nantwinini

bully *(n.)* dwoodwoo
bulwark *(n.)* banbɔ
bumble *(v.)* twawoho
bump *(n.)* pem
bumper *(n.)* pii
bumpkin *(n.)* kuraseni
bun *(n.)* bun
bunch *(n.)* boa
bundle *(n.)* boa
bungalow *(n.)* bangalo
bungee jumping *(n.)* bungee
bungle *(v.)* sɛe
bungle *(n.)* sɛe
bunk *(n.)* mpa
bunk bed *(n.)* mpa
bunker *(n.)* ankorɛ
buoy *(n.)* ahyɛnsodeɛ
buoyant *(adj.)* edi mu
burble *(v.)* bisibisi
burden *(n.)* adesoa
burdensome *(adj.)* duru
bureaucracy *(n.)* bureaucracy
bureau *(n.)* asoeɛ
bureaucrat *(n.)* bureaucrat
burgeon *(v.)* nyini
burger *(n.)* bɔga
burglar *(n.)* owifoɔ
burglar alarm *(n.)* alaam
burglary *(n.)* korɔnobɔ
burial *(n.)* amusie
burke *(v.)* yɛ komm
burlesque *(n.)* aseresɛm
burn *(v.)* hye
burner *(n.)* bukyia
burning *(adj.)* hye
burp *(v.)* kesiw
burrow *(n.)* bɔn
bursary *(n.)* fotoɔ
burst *(v.)* pae
bursur *(n.)* kotokuo
bury *(v.)* sie
bus *(n.)* bɔɔs
bus shelter *(n.)* bɔɔs apata
bus stop *(n.)* bɔɔs gyinabea
bush *(n.)* wuram
bushy *(adj.)* afu
business *(n.)* dwumadie
business card *(n.)* dwumadie krataa
business class *(n.)* business class

business plan *(n.)* business plan
businessman *(n.)* business man
bustle *(v.)* ahokeka
busy *(adj.)* busy
but *(conj.)* nanso
butcher *(n.)* nankwaaseni
butler *(n.)* akoa
butt *(v.)* pem
butter *(n.)* nku
butterfly *(n.)* afafantɔ
butterhead *(n.)* butterhead
buttermilk *(n.)* buttermilk
buttock *(n.)* ɛtoɔ
button *(n.)* batɔn
buy *(v.)* tɔ
buyer *(n.)* tɔfoɔ
buzz *(n.)* dede
buzzer *(n.)* buzzer
by *(prep.)* by
bye *(interj.)* bae
by-election *(n.)* abatoɔ
bygone *(adj.)* atwam
bylaw, bye-law *(n.)* mmara
bypass *(n.)* twam
by-product *(n.)* akyideɛ
byre *(n.)* nantwibuo
byte *(n.)* byte
byway *(n.)* kwan
byword *(n.)* asɛmfua

cab *(n.)* taazii
cabana *(n.)* apata
cabaret *(n.)* anigyebea
cabbage *(n.)* kabegyi
cabby *(n.)* taazii drɔba
cabin *(n.)* danmu
cabinet *(n.)* kabinet
cable *(n.)* kebro
cable car *(n.)* cable car
cable television *(n.)* kabro kasafonin
cabuncle *(n.)* pɔmpɔ
cache *(n.)* ahintadeɛ
cachet *(n.)* mudie
cackle *(v.)* sere
cactus *(n.)* cactus

cad *(n.)* ɔkwaadonto
cadaver *(n.)* amu
cadaverous *(adj.)* amu
cadence *(n.)* nyegyeɛ
cadet *(n.)* kadɛt
cadge *(v.)* srɛ
cadmium *(n.)* cadmium
cafe *(n.)* kafee
cafeteria *(n.)* kafe
caffeine *(n.)* kaffein
cage *(n.)* buo
cajole *(v.)* daadaa
cake *(n.)* cake
cakewalk *(v.)* cakewalk
calamity *(n.)* atoyerɛnkyɛm
calamity *(n.)* atoyerɛnkyɛm
calcium *(n.)* calcium
calculate *(v.)* sese
calculation *(n.)* nkontabuo
calculator *(n.)* calculator
calendar *(n.)* kalanda
calf *(n.)* nantwiba
calibrate *(v.)* susu
calibration *(n.)* ntwerɛwyɛ
calibre *(n.)* mudie
call *(v.)* frɛ
call *(n.)* ɔfrɛ
call centre *(n.)* frɛbea
caller *(n.)* frɛfoɔ
calligraphy *(n.)* atwerɛ
calling *(n.)* ɔfrɛ
callous *(adj.)* den
callow *(adj.)* nnim hwee
callow *(adj.)* nnim hwee
calm *(adj.)* dinn
calmative *(adj.)* calmative
calmness *(n.)* dinn
calorie *(n.)* kalori
calorific *(adj.)* calorific
calumniate *(v.)* di atorɔ
calumny *(n.)* atorɔdie
camel *(n.)* yoma
cameo *(n.)* cameo
camera *(n.)* camera
camlet *(n.)* camlet
camouflage *(n.)* camouflage
camp *(n.)* kampo
campaign *(n.)* kampee
camper *(n.)* camper

campfire *(n.)* kampo gya
camphor *(n.)* kanfa
campsite *(n.)* kampo bea
campus *(n.)* sukuu mu
can *(v.)* tumi
can *(n.)* tontraa
canal *(n.)* bɔn
canard *(n.)* canard
canary *(n.)* canary
canary *(v.)* canary
cancel *(v.)* twam
cancellation *(n.)* twa
cancer *(n.)* kansa
candid *(adj.)* nokware
candidacy *(n.)* candidacy
candidate *(n.)* candidate
candle *(n.)* kɛnere
candlelight *(n.)* kɛnere han
candour *(n.)* nokware
candy *(n.)* tɔfe
cane *(n.)* abaa
canine *(adj.)* canine
canister *(n.)* ankorɛ
cannabis *()* wee
cannibal *(n.)* cannibal
cannibalise *(v.)* cannibalise
cannon *(n.)* prɛmoo
cannonade *(v.)* atutoɔ
canny *(adj.)* aniteɛ
canon *(n.)* mmara
canonize *(v.)* hyɛ mmara
canopy *(n.)* apata
canteen *(n.)* kɛntii
canter *(n.)* mmirika
canton *(n.)* brɔno
cantonment *(n.)* asraafo tenabea
canvas *(n.)* ntoma
canvass *(v.)* pere aba
canyon *(n.)* amena
cap *(v.)* kata
cap *(n.)* ɛkyɛ
capability *(n.)* tumi
capable *(adj.)* tumi
capacious *(adj.)* kɛse
capacity *(n.)* kɛse
cape *(n.)* cape
capillary *(n.)* ntini
capital *(n.)* pumpuni
capitalism *(n.)* capitalism

capitalist *(n.)* capitalist
capitalize *(v.)* nya kwan
capitation *(n.)* sikaboten
capitulate *(v.)* ma kwan
cappuccino *(n.)* cappuccino
caprice *(n.)* caprice
capricious *(adj.)* capricious
capricorn *(n.)* capricorn
capsicum *(n.)* capsicum
capsize *(v.)* dane
capsular *(adj.)* topaeɛ
capsule *(n.)* aduro
captain *(n.)* opanin
captaincy *(n.)* akannie
captcha *(n.)* captcha
caption *(n.)* atifi asɛm
captivate *(v.)* kyere adwen
captive *(adj.)* deduani
captive *(n.)* dea wɔakyere no
captivity *(n.)* deduani
capture *(n.)* nea wɔakyere
capture *(v.)* kyere
car *(n.)* teaseɛnam
carabine *(v.)* tea bɔɔferɛ
caracass *(n.)* funu
caramel *(n.)* asikyire
carat *(n.)* karat
caravan *(n.)* trɔko
carbide *(n.)* carbide
carbon *(n.)* kaabɔn
carbon copy *(n.)* carbon copy
carbonate *(n.)* carbonate
carbonization *(n.)* carbonization
carbonize *(v.)* carbonize
card *(n.)* krataa
card reader *(n.)* card reader
cardamom *(n.)* cardamom
cardboard *(n.)* krataa
cardholder *(n.)* krataa wura
cardiac *(adj.)* akomamu
cardiac arrest *(n.)* cardiac arrest
cardigan *(n.)* cardigan
cardinal *(n.)* kɛse
cardiograph *(n.)* cardiograph
cardiology *(n.)* akoma mu nhwehwɛmu
care *(v.)* hwɛ
care *(n.)* ɔhwɛ
career *(n.)* adwuma
carefree *(adj.)* basaa

careful *(adj.)* ahwɛyie
careless *(adj.)* hatuhatu
carer *(n.)* ɔhwɛfoɔ
caress *(v.)* fefa
caretaker *(n.)* hwɛsofoɔ
cargo *(n.)* nnooma
caricature *(n.)* mfonini
carious *(adj.)* prɔ
carlock *(n.)* akoa
carnage *(n.)* nkwanhyia
carnal *(adj.)* honam mu
carnival *(n.)* afahyɛ
carnivore *(n.)* Nam wefo
carol *(n.)* dwom
carouse *(v.)* nom
carousel *(n.)* ntwaho
carp *(n.)* nsuomnam
carpel *(n.)* mmadwoa kotoku
carpenter *(n.)* kapenta
carpentry *(n.)* kapentadwuma
carpet *(n.)* kapɛte
carpool *(n.)* carpool
carrack *(n.)* suhyɛn
carriage *(n.)* teaseɛbam
carrier *(n.)* carrier
carrot *(n.)* carrot
carry *(v.)* soa
carsick *(adj.)* carsick
cart *(n.)* kaate
cartage *(n.)* cartage
cartel *(n.)* bɔne kuo
cartilage *(n.)* gregre
cartographer *(n.)* cartograph
carton *(n.)* carton
cartoon *(n.)* kaatuu
cartoonist *(n.)* odwifoɔ
cartridge *(n.)* cartridge
carve *(v.)* sene
carving *(n.)* resene
cascade *(n.)* hwie
case *(n.)* asɛm
casern *(n.)* casern
cash *(n.)* sika
cashback *(n.)* cashback
cashew *(n.)* atea
cashier *(n.)* cashier
cashmere *(n.)* cashmere
casing *(n.)* nnuraho
casino *(n.)* kasino

cask *(n.)* ankorɛ
casket *(n.)* adaka
casserole *(n.)* casserole
cassette *(n.)* apaawa
cast *(v.)* to
cast *(n.)* yi
caste *(n.)* kuo
castellan *(n.)* abanhwɛfo
caster *(n.)* ɔtofoɔ
castigate *(v.)* ka anim
casting *(n.)* casting
castle *(n.)* ahenfie
castor *(n.)* castor
castor oil *(n.)* castor oil
casual *(adj.)* casual
casualty *(n.)* opirafoɔ
cat *(n.)* ɔkra
cataclysm *(n.)* basabasayɔ
catacomb *(n.)* catacomb
catagorize *(v.)* hyehyɛ
catalogue *(n.)* catalogue
catalyse *(v.)* ma ɛnyɛ
catalyst *(n.)* kɔfabae
catalyzer *(n.)* kɔfabae
catapult *(n.)* taya
cataract *(n.)* ɛtɛ
catastrophe *(n.)* atoyerɛnkyɛm
catastrophic *(adj.)* atoyerɛnkyɛm
catch *(v.)* kyere
catching *(adj.)* kyere
categorical *(adj.)* pefee
category *(n.)* nkyekyɛmu
cater *(v.)* hwɛ
caterer *(n.)* aduane noafoɔ
caterpillar *(n.)* sonsono
catfight *(n.)* mmaa ntɔkwa
catfish *(n.)* adwene
catharsis *(n.)* catharsis
cathedral *(n.)* asɔredan
catholic *(adj.)* roman
catholicism *(n.)* romafoɔ
cattle *(n.)* anantwie
catwalk *(n.)* akyea
caudal *(adj.)* akyiri
cauldron *(n.)* dadesɛn
cauliflower *(n.)* cauliflower
causal *(adj.)* kɔfabae
causality *(n.)* causality
causation *(n.)* causation

cause *(v.)* ma
cause *(n.)* kɔfabae
causeway *(n.)* causeway
caustic *(adj.)* caustic
caution *(n.)* ahwɛyie
cautionary *(adj.)* ahwɛyie
cautious *(adj.)* ahwɛyie
cavalry *(n.)* apɔnkɔsotenafoɔ
cave *(n.)* bɔnhwa
caveat *(n.)* kɔkɔbɔ
cavern *(n.)* bɔnhwa
caviar *(n.)* caviar
cavil *(v.)* nwiinwii
cavity *(n.)* tokuro
cavort *(v.)* di ahurisie
cavorting *(n.)* ahurisie
caw *(v.)* kwaakwaa
cease *(v.)* si kwan
ceasefire *(n.)* asomdwoe
ceaseless *(adj.)* ntoasoɔ
cedar *(n.)* sida
cede *(v.)* pa aba
ceiling *(n.)* nkatasoɔ
celebrate *(v.)* di nkaeɛ
celebration *(n.)* nkaedie
celebrity *(n.)* ɔmama
celerity *(n.)* ntɛmso
celery *(n.)* celery
celestial *(adj.)* ɔsoro
celibacy *(n.)* ahohyɛsoɔ
celibate *(adj.)* ahohyɛsoɔ
cell *(n.)* afiase
cell phone *(n.)* kasanoma
cellar *(n.)* korabea
cello *(n.)* cello
cellophane *(n.)* cellophane
cellular *(adj.)* cellular
cellulite *(n.)* cellulite
celluloid *(n.)* celluloid
Celsius *(adj.)* celsius
cement *(n.)* simɛnti
cemetery *(n.)* amusieɛ
cense *(v.)* punu
censer *(n.)* censer
censor *(n.)* samu
censorious *(adj.)* animka
censorship *(n.)* censorship
censure *(v.)* censure
census *(n.)* nnipakan

cent *(n.)* ɔha nkyekyɛmu
centaur *(n.)* centaur
centenarian *(n.)* mfeɛ ɔha
centenary *(n.)* ɔha
centennial *(n.)* mfeɛ ɔha
center *(n.)* mfinfin
centigrade *(adj.)* ɔha nkyekyɛmu
centimetre *(n.)* centimita
centipede *(n.)* nkanka
central *(adj.)* mfinfin
central locking *(n.)* central locking
centralize *(v.)* boa ano
centre *(n.)* mfimfin
centrical *(adj.)* centrical
centrifugal *(adj.)* centrifugal
centuple *(adj.)* mmɔho ɔha
century *(n.)* mfeɛ ɔha
cephaloid *(adj.)* etire
ceramics *(n.)* dɔte kukuo
cerated *(adj.)* cerated
cereal *(n.)* cereal
cerebellum *(n.)* adwen
cerebral *(adj.)* adwene mu
ceremonial *(adj.)* dwumadie
ceremonious *(adj.)* afahyɛ
ceremony *(n.)* dwumadie
certain *(adj.)* ahotɔsoɔ
certainly *(adv.)* ahotɔsoɔ mu
certainty *(n.)* ahotɔsoɔ
certificate *(n.)* adanseɛ krataa
certify *(v.)* di adanseɛ
certitude *(n.)* ahotɔsoɔ
cerumen *(n.)* asomfi
cervical *(adj.)* awodeɛ ano
cesarean *(n.)* cesarean
cesarean *(adj.)* cesarean
cessation *(n.)* gyae
cesspool *(n.)* bɔnka
cetin *(n.)* cetin
cetylic *(adj.)* cetylic
chain *(n.)* nkɔnsɔnkɔnsɔn
chair *(n.)* akonnwa
chairman *(n.)* titenani
chaise *(n.)* teaseɛnam
chalet *(n.)* ahɔhodan
chalice *(n.)* chalice
chalk *(n.)* hyire
chalk *(v.)* twerɛ
chalkdust *(n.)* mfuturo

challenge *(n.)* akansie
chamber *(n.)* pie
chamberlain *(n.)* togyefoɔ
champagne *(n.)* hyampee
champion *(n.)* nkunimdifoɔ
chance *(n.)* akwannya
chancellor *(n.)* panin
chancery *(n.)* chancery
chandelier *(n.)* kanea
change *(n.)* nsakyeraeɛ
change *(v.)* sesa
channel *(n.)* sukwan
chant *(n.)* team
chaos *(n.)* butubutu
chaotic *(adv.)* butubutu
chapel *(n.)* chapre
chaperone *(n.)* hwɛsofoɔ
chaplain *(n.)* asɔrepanin
chapter *(n.)* tire
character *(n.)* nipaban
charade *(n.)* agodie
charcoal *(n.)* bidie
charge *(n.)* boɔ
charge *(v.)* twa boɔ
charger *(n.)* charger
chariot *(n.)* teaseɛnam
charisma *(n.)* animuonyam
charismatic *(adj.)* animuonyam
charitable *(adj.)* ayɛmuyɛ
charity *(n.)* ayɛyesɛm
charm *(n.)* ahoɔfɛ
charm *(v.)* kyere adwene
charming *(adj.)* ahoɔfɛ
chart *(v.)* mfonini
chartbuster *(n.)* chartbuster
charter *(n.)* hain
chartered *(adj.)* chartered
chase *(v.)* ti
chaser *(n.)* otifoɔ
chasis *(n.)* chasis
chaste *(adj.)* ahohyɛsoɔ
chasten *(v.)* twe aso
chastise *(v.)* ka anim
chastity *(n.)* ahohyɛsoɔ
chat *(v.)* di nkɔmmɔ
chat room *(n.)* nkɔmmɔdibea
chat show *(n.)* nkɔmmɔ dwumadie
chateau *(n.)* abankɛse
chatter *(v.)* kasakasa

chauffeur *(n.)* ɔhyɛnkafoɔ
chauvinism *(n.)* gyedie
chauvinist *(adj. & n.)* gyedie
cheap *(adj.)* fo
cheapen *(v.)* teso
cheat *(n.)* sisifoɔ
cheat *(v.)* sisi
cheater *(n.)* sisifoɔ
check *(n.)* kyɛɛke
check *(v.)* kyɛɛke
checker *(n.)* ɔhwɛfoɔ
check-in *(n.)* kyɛɛke
checklist *(n.)* checklist
checkmate *(n.)* checkmate
checkout *(n.)* checkout
checkpoint *(n.)* checkpoint
cheddar *(n.)* cheddar
cheek *(n.)* afono
cheep *(v.)* kyee
cheer *(v.)* bɔ gyeso
cheerful *(adj.)* anika
cheerleader *(n.)* cheerleader
cheerless *(adj.)* awerɛhoɔ
cheese *(n.)* cheese
cheesecake *(n.)* cheese
cheesy *(adj.)* cheesy
cheetah *(n.)* ɔsebɔ
chef *(n.)* shɛf
chemical *(n.)* aduro
chemical *(adj.)* aduro
chemise *(n.)* ataadeɛ
chemist *(n.)* oduyɛfoɔ
chemistry *(n.)* aduyɛ
chemotherapy *(n.)* chemotherapy
cheque *(n.)* kyɛɛke
cherish *(v.)* kura
cheroot *(n.)* cheroot
cherry *(n.)* cherry
chess *(n.)* chess
chessboard *(n.)* chessboard
chest *(n.)* kokoɔ
chestnut *(n.)* chestnut
chew *(v.)* wesa
chic *(adj.)* ɔbaa
chick *(n.)* akokɔba
chicken *(n.)* akokɔ
chickpea *(n.)* chickpea
chide *(v.)* ka anim
chief *(adj.)* ɔhene

chiefly *(adv.)* titriw
chieftain *(n.)* ɔhene
child *(n.)* abɔfra
childbirth *(n.)* awoɔ
childcare *(n.)* abahwɛ
childhood *(n.)* mmɔtra berɛ
childish *(adj.)* nkwadaasɛm
chill *(n.)* awɔ
chilli *(n.)* shitɔ
chilly *(adj.)* nwunu
chime *(n.)* dɔnbɔ
chimera *(n.)* kakae
chimney *(n.)* wisikwan
chimpanzee *(n.)* akaatia
chin *(n.)* abɔdweɛ
china *(n.)* china
chink *(n.)* tokuro
chip *(n.)* sini
chipping *(n.)* chipping
chirp *(v.)* su
chirpy *(adj.)* dede
chisel *(n.)* kyesere
chit *(n.)* krataasini
chivalrous *(adj.)* mmɛnsɛm
chivalry *(n.)* mmɛnsɛm
chlorine *(n.)* klɔrin
chloroform *(n.)* chloroform
chocolate *(n.)* chocolate
choice *(n.)* ɔpɛ
choir *(n.)* adwontofoɔ
choke *(v.)* si
cholera *(n.)* kɔlera
choleric *(adj.)* choleric
cholesterol *(n.)* cholesterol
choose *(v.)* tu
choosy *(adj.)* nyiyimu
chop *(v.)* twa
chopper *(n.)* alucopta
chopstick *(n.)* chopstick
chord *(n.)* chord
choreograph *(v.)* choreograph
choreography *(n.)* choreography
chorus *(n.)* nnyesoɔ
Christ *(n.)* Kristo
Christendom *(n.)* Kristosom
Christian *(adj.)* Kristoni
Christianity *(n.)* Kristosom
Christmas *(n.)* Bronya
chrome *(n.)* chrome

chromosome *(n.)* chromosome
chronic *(adj.)* koankɔ
chronicle *(n.)* abakɔsɛm
chronological *(adj.)* nnidisoɔ
chronology *(n.)* nnidisoɔ
chrysalis *(n.)* afafantɔ kosua
chubby *(adj.)* kɛse
chuckle *(v.)* sere
chum *(n.)* yɔnkoɔ
chunk *(n.)* fa
church *(n.)* asɔre
churchyard *(n.)* asɔrefie
churlish *(adj.)* nkurasesɛm
churn *(v.)* yam
cicada *(n.)* cicada
cider *(n.)* cider
cigar *(n.)* sigaa
cigarette *(n.)* sigretti
cinema *(n.)* sinihwɛbea
cinematic *(adj.)* sini
cinematography *(n.)* sinitwa
cineplex *(n.)* cineplex
cinnamon *(n.)* sinamɔn
cipher(or cypher) *(n.)* hwee
circle *(n.)* kanko
circuit *(n.)* twahyia
circular *(adj.)* kurukuruwa
circulate *(v.)* bɔ aprɔ
circulation *(n.)* aprɔbɔ
circumcise *(v.)* twa dua
circumference *(n.)* kankohyia
circumstance *(n.)* tebea
circumstantial *(adj.)* tebea
circumvent *(v.)* bɔ aprɔ
circus *(n.)* agodibea
cirrhosis *(n.)* cirrhosis
cirrus *(n.)* cirrus
cisco *(n.)* cisco
cist *(n.)* amusiebea
cistern *(n.)* cistern
citadel *(n.)* abankɛse
citation *(n.)* citation
cite *(v.)* cite
citizen *(n.)* ɔmanba
citizenship *(n.)* amansɛm
citric *(adj.)* citric
citrine *(n.)* citrine
citrus *(n.)* akutu
city *(n.)* kuro kɛse

civic *(adj.)* kuro mu
civics *(n.)* amanyɔsɛm
civil *(adj.)* temanmusɛm
civilian *(n.)* temanmuni
civilization *(n.)* anibue
civilize *(v.)* bue ani
clack *(v.)* klak
clad *(adj.)* fira
cladding *(n.)* nkatasoɔ
claim *(v.)* gye
claimant *(n.)* ɔgyefoɔ
clam *(n.)* abebeɛ
clamber *(v.)* foro
clammy *(adj.)* nyan
clamour *(n.)* butubutu
clamp *(n.)* clamp
clan *(n.)* ntɔn
clandestine *(adj.)* sumase
clap *(v.)* bɔ
clapper *(n.)* bɔfoɔ
claque *(n.)* claque
clarification *(n.)* nkyerɛkyerɛmu
clarify *(v.)* kyerɛkyerɛmu
clarinet *(n.)* abɛn
clarity *(n.)* pefee
clash *(v.)* hyia
clasp *(v.)* yere
class *(n.)* gyinapɛn
classic *(adj.)* di mu
classical *(adj.)* tete
classification *(n.)* nkyekyɛmu
classified *(adj.)* nkyekyɛmu
classify *(v.)* kyekyɛmu
classmate *(n.)* classmate
classroom *(n.)* suadan
clatter *(n.)* bɔm
clatter *(v.)* gyegyeegye
clause *(n.)* kasamufa
claustrophobia *(n.)* claustrophobia
clave *(n.)* bataa
claw *(n.)* mɔwerɛ
clay *(n.)* dɔteɛ
clean *(v.)* te (ho)
clean *(adj.)* ho te
cleaner *(n.)* hote fo
cleanliness *(n.)* ahonidie
cleanse *(v.)* te (ho)
clear *(adj.)* wann
clearance *(n.)* akwannya

clearly *(adv.)* pefee
cleat *(n.)* cleat
cleavage *(n.)* mpaemu
cleave *(v.)* pae
cleft *(n.)* apae
clemency *(n.)* mɔbrɔhunu
clement *(adj.)* ahumɔbrɔ
clementine *(n.)* clementine
clench *(v.)* moa
clergy *(n.)* asɔfoɔ
clerical *(adj.)* krakye
clerk *(n.)* krakye
clever *(adj.)* badwemma
clew *(n.)* clew
cliché *(n.)* mmɔguo
click *(n.)* kleke
client *(n.)* ɔdanfo
cliff *(n.)* boanim
climate *(n.)* wiem
climate change *(n.)* wiem nsakyeraeɛ
climate control *(n.)* wiem
climax *(n.)* awieɛ
climb *(v.)* foro
climber *(n.)* ɔforofoɔ
clinch *(v.)* nya
cling *(v.)* fam
clingy *(adj.)* mmataho
clinic *(n.)* ayaresabea
clinical *(adj.)* ayaresa
clink *(n.)* clink
clip *(n.)* mfonini
clipper *(n.)* clipper
clipping *(n.)* asinasini
clive *(n.)* bepɔ
clive *(v.)* kyɛmu
cloak *(n.)* ntoma
cloakroom *(n.)* ntomadan
clobber *(n.)* nnooma
clock *(n.)* ɔdɔn
clockwise *(adv.)* anim
clod *(n.)* dɔteɛ
cloister *(n.)* cloister
clone *(n.)* clone
close *(adj.)* bɛn
close *(n.)* tum
closet *(n.)* dan mu
closure *(n.)* awieɛ
clot *(n.)* toa
cloth *(n.)* ntama

clothe *(v.)* hyɛ
clothes *(n.)* ntaade
clothing *(n.)* ntaade
cloud *(n.)* mununkum
cloudburst *(n.)* nsukɛse
cloudy *(adj.)* nsumuna
clove *(n.)* hwintia
clown *(n.)* nsɛnkwaayifoɔ
club *(n.)* feku
clue *(n.)* nteho
clueless *(adj.)* nnim
clumsy *(adj.)* tantan
cluster *(n.)* mmoano
clutch *(n.)* klɔkye
clutch *(v.)* som
clutter *(v.)* nnoɔma sakatuu
coach *(n.)* ɔtenetenefoɔ
coal *(n.)* bidie
coalition *(n.)* nkabomu
coarse *(adj.)* wesrawesra
coastguard *(n.)* mpoano banbɔfoɔ
coast *(n.)* mpoano
coastal *(adj.)* mpoano
coaster *(n.)* coaster
coastline *(n.)* mpoano
coat *(n.)* ataade
coating *(n.)* nkataho
coax *(v.)* dɛfɛdɛfɛ
coaxial *(n.)* coaxial
cobalt *(n.)* kobalt
cobble *(n.)* pam
cobbler *(n.)* ɔpamfoɔ
cobblestone *(n.)* abosea
cobra *(n.)* ɔpramire
cobweb *(n.)* ntentan
cocaine *(n.)* cocaine
cock *(n.)* akokɔnini
cockade *(n.)* ahyɛnsodeɛ
cocker *(v.)* cocker
cockle *(v.)* cockle
cockpit *(n.)* cockpit
cockroach *(n.)* tɛfrɛ
cocktail *(n.)* afrafra
cocoa *(n.)* kookoo
coconut *(n.)* kube
cocoon *(n.)* cocoon
cod *(n.)* apataa
code *(n.)* code
coding *(n.)* coding

co-education *(n.)* coeducation
coefficient *(n.)* coefficient
coerce *(v.)* kyɛ
coexist *(v.)* tenabom
coexistence *(n.)* tenabomu
coffee *(n.)* kɔfe
coffee bean *(n.)* kɔfe aba
coffee break *(n.)* kɔfe ahomegyeɛ
coffee maker *(n.)* kɔfe afidie
coffer *(n.)* adaka
coffin *(n.)* funu adaka
cog *(n.)* cog
cogent *(adj.)* tɔ asom
cognate *(adj.)* bɛn
cognition *(n.)* adwene
cognitive *(adj.)* adwene mu
cognizance *(n.)* nkaeɛ
cohabit *(v.)* tena bom
cohere *(v.)* bom
coherent *(adj.)* emu da hɔ
cohesion *(n.)* nkabom
cohort *(n.)* feku
coiffure *(n.)* tiyɛfo
coil *(n.)* mankyere
coin *(n.)* sika
coinage *(n.)* sika
coincide *(v.)* hyia
coincidence *(n.)* hyia
coir *(n.)* kube hono
coke *(v.)* coke
cold *(adj.)* awɔ
coleslaw *(n.)* coleslaw
colic *(n.)* ayamtim
collaborate *(v.)* ka bom
collaboration *(n.)* di nsawɔsoɔ
collagen *(n.)* collagen
collapse *(v.)* dwiri
collar *(n.)* kɔla
collate *(v.)* sese
collateral *(n.)* awowa
colleague *(n.)* fɛfo
collect *(v.)* gye
collection *(n.)* mmoano
collective *(adj.)* nyinaa
collector *(n.)* nea ɔboa ano
college *(n.)* sukuupɔn
collide *(v.)* pem
collision *(n.)* pem
colloquial *(adj.)* daadaa

colloquialism *(n.)* daadaa
collude *(v.)* bɔ pɔ
collusion *(n.)* pɔbɔ
cologne *(n.)* hwehwamde
colon *(n.)* osiprenu
colonel *(n.)* colonel
colonial *(adj.)* colonial
colony *(n.)* colony
colossal *(adj.)* kakraa
colour *(n.)* ahosu
colour-blind *(adj.)* nnim ahosuo
colourful *(adj.)* fɛ
column *(n.)* column
columnist *(n.)* ɔtwerɛfoɔ
coma *(n.)* koma
comatose *(adj.)* comatose
comb *(n.)* afee
combat *(n.)* si ano
combatant *(n.)* ɔkofo
combative *(adj.)* nsiano
combination *(n.)* nkabom
combine *(v.)* ka bom
combust *(v.)* hye
combustible *(adj.)* hye
combustion *(n.)* hye
come *(v.)* bra
comedian *(n.)* nsɛmkwaayifo
comedy *(n.)* nsɛmkwaa
comely *(adj.)* fɛ
comet *(n.)* comet
comfit *(n.)* comfit
comfort *(n.)* awerɛkyekye
comfortable *(adj.)* ahotɔ
comfy *(adj.)* ahotɔ
comic *(n.)* aseresɛm
comic *(adj.)* aseresɛm
comical *(adj.)* aseresɛm
comma *(n.)* nsanhɔ
command *(v.)* hyɛ
commandant *(n.)* ɔsraani panin
commander *(n.)* ɔsraani panin
commandment *(n.)* mmara
commando *(n.)* asraafoɔ
commemorate *(v.)* yɛ nkaeɛ
commemoration *(n.)* nkaeɛ
commence *(v.)* hyɛ aseɛ
commencement *(n.)* ahyɛaseɛ
commend *(v.)* kamfo
commendable *(adj.)* abasobɔ

commendation *(n.)* abasobɔ
comment *(n.)* adwenkyerɛ
commentary *(n.)* kasankyerɛmu
commentator *(n.)* ɔkasafoɔ
commerce *(n.)* dwadie
commercial *(adj.)* dwadie
commiserate *(v.)* kyekyewerɛ
commission *(n.)* ahyɛdeɛ
commissioner *(n.)* ɔkwankyerɛfoɔ panin
commissure *(n.)* commissure
commit *(v.)* fa hyɛ
commitment *(n.)* ahofama
committee *(n.)* kɔmɛtii
commode *(n.)* commode
commodity *(n.)* nneɛma
common *(adj.)* abu
commoner *(n.)* temanmunii
commonplace *(adj.)* ɛtaa si
commonwealth *(n.)* commonwealth
commotion *(n.)* basabasayɛ
communal *(adj.)* kwasafo
commune *(n.)* nkabom
communicate *(v.)* di nkitaho
communication *(n.)* nkitahodie
communion *(n.)* adidie
communique *(n.)* nkrato
communism *(n.)* communism
communist *(n.)* communist
community *(n.)* kuo
commute *(v.)* tu mpasa
compact *(adj.)* compact
companion *(n.)* hokafo
company *(n.)* adwumakuo
comparative *(adj.)* mfatoho
compare *(v.)* toto ho
comparison *(n.)* ntoho
compartment *(n.)* nkyekyɛmu
compass *(n.)* kɔmpass
compassion *(n.)* ahumɔbrɔ
compatible *(adj.)* nsɛsoɔ
compel *(v.)* hyɛ
compendious *(adj.)* tɔfabɔ
compensate *(v.)* pata
compensation *(n.)* mpata
compete *(v.)* si akan
competence *(n.)* yɛpa
competent *(adj.)* yɛpa
competition *(n.)* akansie
competitive *(adj.)* akansie

competitor *(n.)* ɔkansifoɔ
compilation *(n.)* nkabom
compile *(v.)* kabom
complacent *(adj.)* abotɔyamu
complain *(v.)* kwaadubɔ
complaint *(n.)* kwaadu
complaisance *(n.)* nteaseɛ
complaisant *(adj.)* teasefoɔ
complement *(n.)* nkaho
complementary *(adj.)* nkaho
complete *(adj.)* wie
completion *(n.)* awieɛ
complex *(adj.)* nwonwonan
complexion *(n.)* ahosu
compliance *(n.)* nnisoɔ
compliant *(adj.)* nnisoɔ
complicate *(v.)* afuntumfra
complication *(n.)* bisibasaa
complicity *(n.)* fɔdie
compliment *(n.)* kamfo
complimentary *(adj.)* nkamfoɔ
comply *(v.)* diso
component *(adj.)* fa
compose *(v.)* hyehyɛ
composite *(adj.)* wɔabom
composition *(n.)* nhyehyɛeɛ
compositor *(n.)* nea ɔhyehyɛ
compost *(n.)* compost
composure *(n.)* abodwo
comprehend *(v.)* teaseɛ
comprehension *(n.)* nteaseɛ
comprehensive *(adj.)* mmoano
compress *(v.)* mia
compressor *(n.)* nea emia
comprise *(v.)* ka ho
compromise *(n.)* bu so
compulsion *(n.)* ɔhyɛ
compulsory *(adj.)* ɔhyɛ
compunction *(n.)* fɔbuo
computation *(n.)* nkontabuo
compute *(v.)* sese
computer *(n.)* kɔmpuuta
computerize *(v.)* kɔmpuuta
comrade *(n.)* yɔnko
concave *(adj.)* nea ekurum
conceal *(v.)* sie
concealer *(n.)* nkatasoɔ
concede *(v.)* gye tom
conceit *(n.)* ahohoahoa

conceive *(v.)* nyem
concentrate *(v.)* hwɛ so
concentration *(n.)* nhwɛsoɔ
concentric *(adj.)* concentric
concept *(n.)* botae
conception *(n.)* nyinsɛn
concern *(v.)* ahohia
concerned *(adj.)* ahohia
concerning *(prep.)* faho
concert *(n.)* nhyiamudie
concerted *(adj.)* mmoano
concession *(n.)* nyetomu
conch *(n.)* conch
conciliate *(v.)* pata
concise *(adj.)* tiawa
conclude *(v.)* wie
conclusion *(n.)* awieɛ
conclusive *(adj.)* anopem
concoct *(v.)* fra
concoction *(n.)* afrafra
concord *(n.)* biakoyɛ
concordance *(n.)* kwankyerɛfoɔ
concourse *(n.)* kwan
concrete *(n.)* concrete
concubine *(n.)* mpena
concur *(v.)* gye tom
concurrent *(adj.)* berɛko
concussion *(n.)* adwene yare
condemn *(v.)* bu fɔ
condemnation *(n.)* fɔbuo
condensate *(n.)* noa
condense *(v.)* noa
condition *(n.)* tebea
conditional *(adj.)* mmara
condole *(v.)* ma due
condolence *(n.)* hyɛden
condonation *(n.)* bɔne mfoasoɔ
condone *(v.)* foa bɔne
condor *(n.)* ɔpɛtɛ
conduce *(v.)* kɔfabae
conduct *(n.)* nneyɔe
conduction *(n.)* conduction
conductor *(n.)* ɔkwankyerɛfoɔ
cone *(n.)* cone
confection *(n.)* afrafra
confectionery *(n.)* annonodeɛ
confederation *(n.)* kuo
confer *(v.)* di nkitaho
conference *(n.)* nhyiamu

confess *(v.)* pae mu ka
confession *(n.)* bɔneka
confidant *(n.)* yɔnkoɔ
confide *(v.)* twere
confidence *(n.)* ahotɔsoɔ
confident *(adj.)* nnam
confidential *(adj.)* atirimusɛm
configuration *(n.)* configuration
configure *(v.)* configure
confine *(v.)* kame
confinement *(n.)* nkahyɛmu
confirm *(v.)* foa
confirmation *(n.)* mfoaso
confiscate *(v.)* gye
confiscation *(n.)* gye
conflict *(n.)* ntɔkwa
confluence *(n.)* abɔeɛ
confluent *(adj.)* nhyiaeɛ
conform *(v.)* diso
conformist *(n.)* nea odi so
conformity *(n.)* penee
confound *(v.)* kyere adwene
confront *(v.)* bɔ anim
confuse *(v.)* biri ani so
confusion *(n.)* anisobiri
confute *(v.)* confute
congeal *(v.)* da
congenial *(adj.)* abodwo
congested *(adj.)* hwanyann
congestion *(n.)* hwanyann
conglomerate *(n.)* akuokuo
congratulate *(v.)* ma amo
congratulation *(n.)* amo
congregate *(v.)* hyia
congregation *(n.)* nhyiamu
congress *(n.)* nhyiamu
congruent *(adj.)* congruent
conical *(adj.)* conical
conjecture *(n. & v.)* bɔsremka
conjoin *(v.)* ka bom
conjugal *(adj.)* awareɛ
conjugate *(v.)* nnanmu
conjunct *(adj.)* mmataho
conjunction *(n.)* nkabomdeɛ
conjunctivitis *(n.)* conjunctivitis
conjure *(v.)* yi nkonyaa
connect *(v.)* ka bom
connection *(n.)* nkabomu
connivance *(n.)* bɔne pɔ

connive *(v.)* boa bɔne
conniving *(adj.)* bɔne pɔ
connoisseur *(n.)* onimdefo
connote *(v.)* gyinahɔ ma
conquer *(v.)* tu so sa
conquerer *(n.)* nkonimdifoɔ
conquest *(n.)* nkunimdie
conscience *(n.)* tibua
conscious *(adj.)* nkaeɛ
consecrate *(v.)* hyira
consecutive *(adj.)* nnidisoɔ
consensual *(adj.)* mpenesoɔ
consensus *(n.)* bɛnkorɔ
consent *(n.)* mpenesoɔ
consequence *(n.)* akyire
consequent *(adj.)* akyire
conservation *(n.)* ahobanbɔ
conservative *(adj.)* kora
conservator *(n.)* korafoɔ
conservatory *(n.)* korabea
conserve *(v.)* kora
consider *(v.)* dwene ho
considerable *(adj.)* di mu
considerate *(adj.)* ahummɔbrɔ
consideration *(n.)* adwenwene
considering *(prep.)* mfatoho
consign *(v.)* mane
consignment *(n.)* amadeɛ
consist *(v.)* wɔ
consistency *(n.)* pɛpɛɛpɛyɛ
consistent *(adj.)* yɛ pɛ
consolation *(n.)* awerɛkyekyerɛ
console *(v.)* kyekyewerɛ
consolidate *(v.)* hyɛ mu den
consolidation *(n.)* wɔahyɛ no den
consonance *(n.)* nyegyeɛ
consonant *(n.)* nyegyeɛ
consort *(n.)* hokani
conspectus *(n.)* tɔfa
conspicuous *(adj.)* pefee
conspiracy *(n.)* pɔ bɔ
conspirator *(n.)* pɔbɔfoɔ
conspire *(v.)* bɔ pɔ
constable *(n.)* constable
constant *(adj.)* ɛnsesa
constellation *(n.)* nsoroma kuo
consternation *(n.)* ahopepre
constipation *(n.)* ayamtim
constituency *(n.)* mpasua

constituent *(adj.)* ɛka ho
constitute *(v.)* constitute
constitution *(n.)* mmara nhoma
constrain *(v.)* si kwan
constraint *(n.)* akwansideɛ
constrict *(v.)* si kwan
construct *(v.)* hyehyɛ
construction *(n.)* si
constructive *(adj.)* nhyehyɛeɛ
construe *(v.)* teaseɛ
consul *(n.)* ananmusinii
consular *(adj.)* ananmusi
consulate *(n.)* ananmusi adwumayɛbea
consult *(v.)* toa
consultant *(n.)* ɔboafo
consultation *(n.)* toa
consume *(v.)* di
consumer *(n.)* tɔfoɔ
consumption *(n.)* die
contact *(n.)* ka
contact *(v.)* ka
contact lens *(n.)* contact lens
contagion *(n.)* san
contagious *(adj.)* etumi san
contain *(v.)* kura
container *(n.)* adekoradeɛ
containment *(n.)* kora
contaminate *(v.)* gu fi
contemplate *(v.)* dwene
contemplation *(n.)* adwene
contemporary *(adj.)* abɛɛfo
contempt *(n.)* animtia
contemptuous *(adj.)* animtiabuo
contend *(v.)* twe
contender *(n.)* nea ɔretwe
content *(adj.)* anisɔ
contention *(n.)* akyinnyi
contentment *(n.)* anisɔ
contest *(n.)* akansie
contestant *(n.)* ɔkansifoɔ
context *(n.)* nkyerɛkyerɛmu
contiguous *(adj.)* bata
continent *(n.)* amankuo
continental *(adj.)* amankuo
contingency *(n.)* dabi asɛm
contingent *(n.)* contingent
continual *(adj.)* ntoasoɔ
continuation *(n.)* ntoaso
continue *(v.)* toa so

continuous *(adj.)* nnidisoɔ
continuum *(n.)* nsakyeraeɛ
contour *(n.)* contour
contra *(pref.)* contra
contraband *(n.)* contraband
contraception *(n.)* contraception
contraceptive *(n.)* contraceptive
contract *(n.)* contraagye
contraction *(n.)* moa
contractor *(n.)* contrata
contradict *(v.)* bɔ abira
contradiction *(n.)* abirabɔ
contrary *(adj.)* abirabɔ
contrast *(n.)* abirabɔ
contribute *(v.)* boa
contribution *(n.)* ntoboa
contributor *(n.)* ɔboafoɔ
contrive *(v.)* kanana
control *(n.)* so die
controller *(n.)* sodifoɔ
controversial *(adj.)* ho wɔ asɛm
controversy *(n.)* asɛm sɛbɛ
contuse *(v.)* contuse
contusion *(n.)* contusion
conundrum *(n.)* asɛm sɛbɛ
convalesce *(v.)* ho tɔ
convalescence *(n.)* ahotɔ
convalescent *(adj.)* ahotɔ
convection *(n.)* convection
convene *(v.)* hyia
convener *(n.)* kɔfabae
convenience *(n.)* ahobaa
convenient *(adj.)* ho baa
convent *(n.)* convent
convention *(n.)* amanneɛ
conventional *(adj.)* convention
converge *(v.)* hyia
convergence *(n.)* nhyiaeɛ
convergent *(adj.)* nhyiaeɛ
conversant *(adj.)* conversant
conversation *(n.)* nkɔmmɔdie
converse *(v.)* di nkɔmmɔ
conversion *(n.)* nsakyeraeɛ
convert *(v.)* sesa
convertible *(n.)* wɔtumi sesa
convertible *(adj.)* wɔtumi sesa
convey *(v.)* soa
conveyance *(n.)* soa
conveyor *(n.)* soafoɔ

convict *(v.)* bu fɔ
conviction *(n.)* fɔbuo
convince *(v.)* convince
convivial *(adj.)* ayɔnkofa
convocation *(n.)* nhyiamu
convoke *(v.)* hyia
convolve *(v.)* mankyere
convoy *(n.)* kuo
convulse *(v.)* ho popo
convulsion *(n.)* ahopopoɔ
cook *(v.)* noa
cook *(n.)* ɔnoafoɔ
cooker *(n.)* kuka
cookie *(n.)* cookie
cool *(adj.)* nwunu
coolant *(n.)* coolant
cooler *(n.)* kula
cooperate *(v.)* ma kwan
cooperation *(n.)* kwamma
cooperative *(adj.)* mmoa
coordinate *(v.)* boa ano
coordination *(n.)* mmoano
coot *(n.)* dabodabo
cope *(v.)* cope
copier *(n.)* copier
coping *(n.)* coping
copious *(adj.)* mmoroso
copper *(n.)* kupa
coppice *(n.)* coppice
copulate *(v.)* nhyiamu
copy *(n.)* hwɛso
copy *(v.)* hwɛso
copyright *(n.)* copyright
coquette *(n.)* dwamanfoɔ
coral *(n.)* coral
corbel *(n.)* corbel
cord *(n.)* ahoma
cordial *(adj.)* abodwoɔ
cordless *(adj.)* cordless
cordon *(n.)* ban
corduroy *(n.)* kɔdrɔ
core *(n.)* titriw
coriander *(n.)* coriander
cork *(n.)* ti
cormorant *(n.)* cormorant
corn *(n.)* aburo
cornea *(n.)* aniwa
corner *(n.)* tokuro
cornet *(n.)* cornet

cornicle *(n.)* cornicle
corollary *(n.)* nnisoɔ
coronation *(n.)* akonnwasie
coronet *(n.)* ahenkyɛ
corporal *(adj.)* kɔpora
corporate *(adj.)* adwumakuo
corporation *(n.)* adwumakuo
corps *(n.)* asraafoɔ kuo
corpse *(n.)* funu
correct *(adj.)* nokware
correct *(v.)* tene
correction *(n.)* nsiesie
correlate *(v.)* correlate
correlation *(n.)* correlation
correspond *(v.)* bɔ atipɛn
correspondence *(n.)* nkitahodie
correspondent *(n.)* amanebɔni
corridor *(n.)* paso
corroborate *(v.)* foa
corroborative *(adj.)* mfoasoɔ
corrosive *(adj.)* corrosive
corrugated *(adj.)* corrugated
corrupt *(adj.)* prɔ
corruption *(n.)* prɔeɛ
cortege *(n.)* ayiyɔ
cortisone *(n.)* cortisone
cosmetic *(adj.)* kɔsmeteke
cosmetic *(n.)* kɔsmɛteke
cosmic *(adj.)* ewiase
cosmopolitan *(adj.)* amanfrafoɔ
cosmos *(n.)* ewiase
cost *(v.)* boɔ
costal *(adj.)* mpoano
costly *(adj.)* aboɔden
costume *(n.)* ahofade
cosy *(adj.)* ahodwo
cot *(n.)* abɔfra dabrɛ
cotemporal *(adj.)* brɛkorɔ
cottage *(n.)* akuraa
cotton *(n.)* asaawa
couch *(n.)* akonnwa
cough *(v.)* bɔwa
could *(v.)* bɛtumi
council *(n.)* mpanimfoɔ
councillor *(n.)* panin
counsel *(n.)* lɔyani
counsellor *(n.)* futufoɔ
count *(v.)* kan
countable *(adj.)* wɔtumi kan

countdown *(n.)* ɔkan
countenance *(n.)* animu
counter *(n.)* ɔkanne
counter *(v.)* counter
counteract *(v.)* nya nsunsuansoɔ
counter-attack *(n.)* counter-attack
counterfeit *(adj.)* counterfeit
counterfeiter *(n.)* counterfeit
counterfoil *(n.)* counterfoil
countermand *(v.)* twam
counterpart *(n.)* yɔnkoɔ
countersign *(v.)* countersign
countess *(n.)* countess
countless *(adj.)* pii
country *(n.)* ɔman
county *(n.)* mantam
coup *(n.)* abantuguo
couple *(n.)* awarefo
couple *(v.)* ntaa
couplet *(n.)* mmienu
coupon *(n.)* kupɔn
courage *(n.)* akokodro
courageous *(adj.)* akokoduro
courier *(n.)* somafoɔ
course *(n.)* kwan
court *(n.)* asɛnnibea
court *(v.)* pɛ
courteous *(adj.)* bu adeɛ
courtesan *(n.)* gyantranii
courtesy *(n.)* obuo
courtier *(n.)* ogyamfo
courtship *(n.)* mpenatwe
courtyard *(n.)* abɔnten
cousin *(n.)* wɔfa ba
couture *(n.)* adepam
cove *(n.)* cove
covenant *(n.)* apam
cover *(v.)* kataso
cover *(n.)* nkatasoɔ
coverage *(n.)* twa
coverlet *(n.)* nkatasoɔ
covert *(adj.)* kokoam
covet *(v.)* anibre
cow *(n.)* nantwie
coward *(n.)* ohufo
cowardice *(n.)* ohu
cower *(v.)* moa
co-worker *(n.)* adwumamu yɔnkoɔ
coy *(adj.)* fɛre

cozy *(adj.)* abodwoɔ
crab *(n.)* kɔtɔ
crack *(n.)* kwan
crack *(v.)* pae
crackdown *(n.)* crackdown
cracker *(n.)* ɛpae
crackle *(v.)* crackle
cradle *(n.)* abɔfra mpa
craft *(n.)* adwinnie
craftsman *(n.)* odwinfoɔ
crafty *(adj.)* onitefoɔ
cram *(v.)* kekabɔso
cramp *(n.)* ɔyaw
crane *(n.)* kɔntenten
crankle *(v.)* crankle
crash *(v.)* sɛe
crasis *(n.)* crasis
crass *(adj.)* nkwasea
crate *(n.)* crate
crater *(n.)* crater
crave *(v.)* akɔnnɔ
craven *(adj.)* ohu
craving *(n.)* akɔnnɔ
craw *(n.)* craw
crawl *(v.)* wea
crayfish *(n.)* crayfish
crayon *(n.)* crayon
craze *(n.)* dammɔ
crazy *(adj.)* abɔdam
creak *(v.)* creak
cream *(n.)* nku
crease *(n.)* moa
create *(v.)* yɔ
creation *(n.)* adebɔ
creative *(adj.)* nhunumu
creator *(n.)* ɔyɛfoɔ
creature *(n.)* abɔdeɛ
credential *(n.)* abodin
credible *(adj.)* nokwafoɔ
credit *(n.)* bosea
credit card *(n.)* credit card
creditable *(adj.)* creditable
creditor *(n.)* boseabɔfo
credulity *(n.)* credulity
credulous *(adj.)* credulous
creed *(n.)* gyedie
creek *(n.)* nsutene
creep *(v.)* hunahuna
creeper *(n.)* creeper

creepy *(adj.)* huhu
cremate *(v.)* hye
cremation *(n.)* hye
crematorium *(n.)* crematorium
creole *(n.)* kasafoforɔ
crepe *(n.)* crepe
crepitate *(v.)* paepae
crepitation *(n.)* pae
crescent *(n.)* ɔsranee
crest *(n.)* ahyɛnsodeɛ
cretin *(n.)* cretin
crevet *(n.)* crevet
crew *(n.)* kuo
crib *(n.)* abɔfra dabrɛ
cricket *(n.)* akatakyire
crime *(n.)* bɔne
criminal *(n.)* bɔneyɛfoɔ
crimp *(n.)* crimp
crimple *(v.)* moamoa
crimson *(n.)* kɔkɔɔ
cringe *(v.)* moa
crinkle *(v.)* muamua
cripple *(n.)* obubuafo
crisis *(n.)* nkwanhyia
crisp *(adj.)* bawee
crispen *(v.)* toto
criterion *(n.)* nhyehyɛeɛ
critic *(n.)* tenetenefoɔ
critical *(adj.)* asɛmhia
criticism *(n.)* atenetene
criticize *(v.)* ka anim
critique *(n.)* tenetene
croak *(n.)* mmobɔmu
crochet *(n.)* crochet
crockery *(n.)* nkukuo
crocodile *(n.)* dɛnkyɛm
croft *(n.)* afuo
croissant *(n.)* croissant
crome *(n.)* crome
crone *(n.)* abrewa
crook *(n.)* kontomponi
crooked *(adj.)* akoakoa
croon *(v.)* to dwom
crop *(n.)* mfudeɛ
cross *(v.)* twam
cross *(n.)* memudua
cross *(adj.)* twam
crossbar *(n.)* crossbar
crossfire *(n.)* atutotoɔ

crossing *(n.)* ntwam
crossroads *(n.)* nkwantanan
crotch *(n.)* ahanmu
crotchet *(n.)* crotchet
crouch *(v.)* weawea
crow *(n.)* kwaakwaadabi
crowbar *(n.)* crowbar
crowd *(n.)* dɔm
crowded *(adj.)* nipadɔm
crowdfunding *(n.)* ntoboa
crown *(n.)* ahenkyɛ
crowned *(adj.)* sihene
crucial *(adj.)* ahohia
crucified *(adj.)* asennua
crucifix *(n.)* memudua
crucify *(v.)* bɔ asennua
crude *(adj.)* ahono
cruel *(adj.)* atirimuɔden
cruelty *(n.)* tirimuden
cruise *(v.)* cruise
cruiser *(n.)* cruiser
crumb *(n.)* mproprowa
crumble *(v.)* bubugu
crump *(v.)* bɔ
crumple *(v.)* moamoa
crunch *(v.)* yam
crusade *(n.)* crusade
crusader *(n.)* crusader
crush *(v.)* yam
crust *(n.)* crust
crutch *(n.)* poma
cry *(v.)* su
cryogenics *(n.)* cryogenics
cryptic *(adj.)* kasabɛbuo
cryptography *(n.)* cryptography
crystal *(n.)* kyene
crystalize *(v.)* kyene
cub *(n.)* aboa kumaa
cube *(n.)* adaka
cubical *(adj.)* adaka
cubicle *(n.)* dan kumaa
cubit *(n.)* cubit
cuckold *(n.)* ɔkwaadonto
cuckoo *(n.)* cuckoo
cucumber *(n.)* cucumber
cuddle *(v.)* fenfam
cudgel *(n.)* kontibaa
cue *(n.)* nkaeɛ
cuff *(n.)* nkɔnsɔnkɔnsɔn

cuisine *(n.)* nnuane
culinary *(adj.)* nnuanenoa
cullet *(n.)* cullet
culminate *(v.)* kɔsi
culpable *(adj.)* fɔdie
culprit *(n.)* omumuyɛfoɔ
cult *(n.)* kuo
cultivate *(v.)* twa
cultivation *(n.)* kuayɛ
cultural *(adj.)* amamerɛ
culture *(n.)* amamerɛ
culvert *(n.)* nsukwan
cumulative *(adj.)* mmoano
cunning *(adj.)* onitefoɔ
cup *(n.)* kuruwa
cupboard *(n.)* pono
cupid *(n.)* cupid
cupidity *(n.)* sikanibre
cupon *(n.)* kupɔn
curable *(adj.)* wɔtumi sa
curator *(n.)* ɔsamufoɔ
curb *(v.)* bra so
curcumin *(n.)* curcumin
curd *(n.)* ntoantoa
curdle *(v.)* bobɔ ntoa
cure *(v.)* sa
curfew *(n.)* curfew
curiosity *(n.)* mfeefeemu
curious *(adj.)* pɛsɛhunu
curl *(v.)* koa
curly *(adj.)* mpɛsɛmpɛsɛ
currant *(n.)* bobewoeɛ
currency *(n.)* sika
current *(n.)* ahooden
current *(adj.)* mprenpren
current account *(n.)* current account
curriculum *(n.)* adekyerɛdeɛ
curse *(n.)* dome
cursive *(adj.)* ntwerɛeɛ
cursor *(n.)* cursor
cursory *(adj.)* aniani
curt *(adj.)* tiawa
curtail *(v.)* te so
curtain *(n.)* curtain
curvature *(n.)* nkyeaeɛ
curve *(n.)* nkyeaɛ
curve *(v.)* kyea
cushion *(n.)* cushion
cusp *(n.)* ano

custard *(n.)* custard
custodian *(n.)* hwɛsofoɔ
custody *(n.)* aban mu
custom *(n.)* amammerɛ
customary *(adj.)* ammaneɛ
customer *(n.)* kɔstɔma
cut *(n.)* twa
cute *(adj.)* fɛ
cutlery *(n.)* cutlery
cutlet *(n.)* ntwitwawa
cut-off *(n.)* nsiano
cutter *(n.)* cutter
cutting *(n.)* ntwitwawa
cuvette *(n.)* cuvette
cyan *(n.)* cyan
cyanide *(n.)* cyanide
cyber *(adj.)* sabre
cyberbullying *(n.)* cyberbullying
cybercafé *(n.)* kafee
cyberchat *(n.)* cyberchat
cybercrime *(n.)* cybercrime
cycle *(n.)* kanko
cyclic *(adj.)* kanko
cyclist *(n.)* sakere twifoɔ
cyclone *(n.)* mframa denden
cyclops *(n.)* cyclops
cyclostyle *(n.)* cyclostyle
cylinder *(n.)* ankorɛ
cylindrical *(adj.)* ankorɛ tebea
cynic *(n.)* anyeanie
cynical *(adj.)* anyeanie
cypher *(n.)* cypher
cypress *(n.)* cypress
cyst *(n.)* pɔmpɔ

D

dabble *(v.)* dwira
dacoit *(n.)* owifo
dacoity *(n.)* korɔno
dad (or daddy) *(n.)* paapa
daffodil *(n.)* daffodil
daft *(adj.)* bɔn
dagger *(n.)* sekanmaa
daily *(adj. & adv.)* dabiara
dainty *(adj.)* fɛ
dairy *(n.)* nufukyibea

dairy product *(n.)* nufunsuadeɛ
dais *(n.)* ɛpa
daisy *(n.)* ababa
dale *(n.)* obon
dally *(v.)* brɛo
dam *(n.)* nsuano
damage *(n.)* sɛe
damage control *(n.)* nsiesie
damaging *(adj.)* edi tia
damask *(n.)* ntoma
dame *(n.)* maame
damn *(v.)* dome
damnable *(adj.)* aniɛmɔnsɛm
damnation *(n.)* ɔsɛe
damned *(adj.)* asɛe
damp *(adj.)* kusukusu
dampen *(v.)* fɔ
damsel *(n.)* ababa
dance *(n.)* sa
dancer *(n.)* ɔsafoɔ
dancing *(adj.)* resa
dandelion *(n.)* dandelion
dandle *(v.)* kura mu
dandruff *(n.)* ɛhoa
dandy *(n.)* barima pireman
danger *(n.)* asiane
dangerous *(adj.)* hu
dangle *(v.)* sɛn hɔ
dangling *(adj.)* sensɛn
dank *(adj.)* afɔ
dap *(v.)* dap
dapper *(adj.)* kama
dapple *(v.)* twerɛ
dare *(v.)* to nkyea
daredevil *(n.)* ɔkokodurufoɔ
daring *(n.)* aniɛden
daring *(adj.)* akokoduru
dark *(adj.)* tuntum
dark *(n.)* tuntum
darken *(v.)* dum
darkle *(v.)* yɛ tumm
darkness *(n.)* sum
darling *(n.)* dɔba
darling *(adj.)* dɔba
dart *(n.)* agyan
dartboard *(n.)* dartboard
darting *(n.)* mmirikatɛntɛ
dash *(v.)* dwira
dashboard *(n.)* dashboard

dashing *(adj.)* ahoɔdenso
data *(n.)* data
databank *(n.)* datakorabea
database *(n.)* database
date *(n.)* bere
date *(v.)* deeti
dated *(adj.)* atwam
daub *(n.)* daub
daughter *(n.)* ɔbabaa
daunt *(v.)* yihu
daunting *(adj.)* abamubuo
dauntless *(adj.)* akokoduro
dawdle *(v.)* sɛe mmerɛ
dawdler *(n.)* mmeresɛefo
dawn *(n.)* ahemadakye
dawn *(v.)* adeɛ akye
dawnlight *(n.)* ahemakyekanea
day *(n.)* da
daybreak *(n.)* adekyee
daylight *(n.)* adekyekanea
daze *(v.)* krakra
dazed *(adj.)* anisobiri
daziness *(n.)* krakrayɛ
dazzle *(v.)* nyinam
dazzling *(adj.)* hyerɛn
dazzlingly *(adv.)* hyerɛnn
deacon *(n.)* ɔsɔfokuma
deactivate *(v.)* twam
deactivation *(n.)* ntwam
deactivator *(n.)* deactivator
dead *(adj.)* nea wawu
dead *(n.)* owufo
deadbolt *(n.)* deadbolt
deadline *(n.)* deadline
deadlock *(n.)* mfeesoɔ
deadly *(adj.)* owuyareɛ
deaf *(adj.)* asosi
deafen *(v.)* si aso
deafening *(adj.)* asosi
deal *(n.)* dodo
deal *(v.)* di
dealer *(n.)* odwadifoɔ
dealership *(n.)* dwadi
dealings *(n.)* nkitahodie
dealmaker *(n.)* ntamgyinafoɔ
dean *(n.)* ɔpanin
dear *(adj.)* aboɔden
dearest *(adj.)* da akomaso
dearth *(n.)* ohia

death *(n.)* owuo
deathly *(adj.)* owuo adeɛ
debacle *(n.)* amanneɛ
debar *(v.)* pem
debase *(v.)* berɛ ase
debate *(n.)* di asɛm
debauch *(v.)* ahohwi
debauch *(n.)* ahohwibo
debauchee *(n.)* ɔhohwini
debauchery *(n.)* odufudepɛni
debenture *(n.)* apam
debile *(adj.)* mmerɛyɛ
debilitant *(n.)* biribi a etumi
debilitate *(v.)* atumi
debilitating *(adj.)* etumi
debilitation *(n.)* mmerɛyɛ
debility *(n.)* mmerɛyɛ
debit *(n.)* ɛka
debit card *(n.)* debit card
debonaire *(adj.)* onimonyamfoɔ
debrief *(v.)* bisa
debris *(n.)* nwura
debt *(n.)* ɛka
debt-free *(adj.)* nne ka
debtor *(n.)* ɔdefrini
debuff *(n.)* yɛ
debug *(v.)* debugg
debunk *(v.)* sɛe
debut *(n.)* edi kan
debutante *(n.)* debutante
decade *(n.)* edu
decadent *(adj.)* ɛso rete
decalcification *(n.)* mmerɛw
decalcifiy *(v.)* decalcify
decalibrate *(v.)* decalibrate
decamp *(v.)* bu ban
decapitate *(v.)* twa tire
decay *(v.)* porɔ
decay *(n.)* mprɔɛ
decease *(n.)* owu
deceased *(adj.)* owu
deceit *(n.)* nsisi
deceitful *(adj.)* nnaadaa
deceive *(v.)* sisi
decelerate *(v.)* teso
deceleration *(n.)* nteso
december *(n.)* ɔpɛnimaa
decency *(n.)* anisɔ
decennary *(n.)* mfedu

decent *(adj.)* ahotee
decentralize *(v.)* terɛmu
decentre *(v.)* hwete
deception *(n.)* nnaadaa
deceptive *(adj.)* nnaadaa
decibel *(n.)* decibel
decide *(v.)* si adwenpi
decided *(adj.)* adwenpɔ
decidedly *(adv.)* pefee
decimal *(adj.)* dunkyem
decimal point *(n.)* osiwieɛ
decimate *(v.)* sɛe
decimation *(v.)* ɔsɛe
decipher *(v.)* nkyerɛkyerɛmu
decision *(n.)* gyinaeɛ
decisive *(adj.)* gyinaesi
deck *(n.)* deck
declaration *(n.)* paemuka
declare *(v.)* paemuka
declassify *(v.)* declassify
decline *(v.)* sohuan
declivity *(n.)* saneɛ so
declutter *(v.)* hyehyɛ
decoction *(n.)* dudo
decode *(v.)* te ase
decoder *(n.)* decoder
decolonization *(n.)* faahodi
decolonize *(v.)* ma faahodi
decommission *(v.)* yi firim
decompose *(v.)* porɔ
decomposition *(n.)* mprɔɛ
decompress *(v.)* gogo mu
decompression *(n.)* gogo
decongest *(v.)* decongest
deconstruct *(v.)* baebae
deconstruction *(n.)* baebaeɛ
deconstructively *(adv.)* baebaeɛ
decontrol *(v.)* decontrol
decor *(n.)* nsiesie
decorate *(v.)* siesie
decoration *(n.)* nsiesie
decorative *(adj.)* nsiesie
decorum *(n.)* asomdwoe
decoy *(n.)* ɔdaadaafoɔ
decoy *(v.)* nnaadaa
decrease *(v.)* teso
decreasingly *(adv.)* nteso
decree *(n.)* ahyɛdeɛ
decree *(v.)* sɔ hwɛ

decrement *(n.)* ntesoɔ
decrepitate *(v.)* yɛ mmerɛ
decrepitation *(n.)* paepae
decriminalization *(n.)* kwamma
decriminalize *(v.)* ma kwan
decry *(v.)* kasa tia
decrypt *(v.)* hini ano
decrypt *(n.)* hini
decryption *(n.)* hini
dedicate *(v.)* yima
dedication *(n.)* nyima
deduce *(v.)* te frimu
deduct *(v.)* ntefrimu
deduction *(n.)* ntefrimu
deed *(n.)* nneyɛe
deem *(v.)* susu
deep *(adj.)* mudɔ
deepen *(v.)* ma mu nnɔ
deeply *(adv.)* mudɔ
deer *(n.)* afrote
deface *(v.)* sɛe
defamation *(n.)* dinsɛe
defamatory *(adj.)* dinsɛe
defame *(v.)* sɛe din
defame *(v.)* sɛe din
default *(n.)* sintɔ
defeat *(v.)* dintwo
defecate *(v.)* gyanan
defect *(n.)* dɛm
defective *(adj.)* mfomsoɔ
defence *(n.)* anoyi
defenceless *(adj.)* mmerɛ
defend *(v.)* gye
defendant *(n.)* nea w'asamanno
defensive *(adj.)* banbɔ
defer *(v.)* tu hyɛda
deference *(n.)* obu
defiance *(n.)* animtia
defiant *(adj.)* onsuro hwee
deficiency *(n.)* deɛ ɛnso
deficient *(adj.)* ennu
deficit *(n.)* ɛka
defile *(n.)* sɛe
define *(v.)* kyerɛ
definite *(adj.)* ɔkaprɛko
definition *(n.)* nkyerɛkyerɛmu
definitive *(adj.)* etwa toɔ
deflate *(v.)* dwo
deflation *(n.)* dwo

deflect *(v.)* mane
deflection *(n.)* mmaneɛ
deflesh *(v.)* deflesh
deflower *(v.)* deflower
defoliant *(n.)* defoliant
defoliate *(v.)* tete
deforest *(v.)* bu nnua
deforestation *(n.)* nnuabu
deforestation *(n.)* nnuabu
deform *(v.)* didɛm
deformity *(n.)* dɛmdi
defragment *(v.)* defragment
defragmentation *(n.)* defragmentation
defrost *(v.)* nan
deft *(adj.)* hare
defunct *(adj.)* nea wawu
defuse *(v.)* defuse
defy *(v.)* twa poa
degenerate *(v.)* to ape
deglutination *(n.)* deglutination
degrade *(v.)* gu animase
degrading *(adj.)* animguaseɛ
degree *(n.)* dibea
degustation *(n.)* degustation
dehort *(v.)* korɔkorɔ
dehumidify *(v.)* hata
dehydrate *(v.)* kyi mu
dehydration *(n.)* nsuo nnimu
deify *(v.)* som
deign *(v.)* brɛ ase
deism *(n.)* ɔsom
deist *(n.)* ɔsomfoɔ
deity *(n.)* nyame
deject *(v.)* hyɛ awerɛhoɔ
dejection *(n.)* ahofom
delay *(v.)* kyɛre
delay *(n.)* ɔtwɛn
delectability *(n.)* dɛw
delectable *(adj.)* du
delegacy *(n.)* delegate kuo
delegalize *(v.)* bra
delegate *(n.)* delegate
delegate *(v.)* delegate
delegation *(n.)* bɔfoɔ
delegator *(n.)* delegator
deletable *(adj.)* tumi popa
delete *(v.)* popa
deliberate *(adj.)* boapayɔ
deliberation *(n.)* adwene fa

delicacy *(n.)* mmapa
delicate *(adj.)* mmerɛ
delicatessen *(n.)* delicatessen
delicious *(adj.)* dɛ
delight *(v.)* gye ani
delightedly *(adv.)* anigye so
delightful *(adj.)* anika
delimit *(v.)* gye ho ban
delimitate *(v.)* gye ho ban
delimitation *(n.)* nea ekosie
delineate *(v.)* kyerɛ pefee
delinquency *(n.)* nsɛmmɔne
delinquent *(adj.)* nnebɔnyɛ
delinquent *(n.)* ɔdebɔnyɛfo
delipidate *(adj.)* delipidate
delipidate *(v.)* delipidate
delipidation *(n.)* delipidation
deliriant *(n.)* deliriant
delirium *(n.)* adwenemuka
deliver *(v.)* gye nkwa
deliverance *(n.)* ɔgyeɛ
delivery *(n.)* awoɔ
delta *(n.)* suhyia
deltoid *(n.)* deltoid
delude *(v.)* daadaa
deluge *(n.)* nsuyiri
delusion *(n.)* nnaadaa
delusional *(adj.)* nnaadaa
deluxe *(adj.)* di mu
delve *(v.)* dɔ asukɔ
demagnetize *(v.)* demagnetize
demagogue *(n.)* ɔman asotifo
demagogy *(n.)* demagogy
demand *(n.)* bisa
demanding *(adj.)* den
demarcate *(v.)* kyekyɛ
demarcation *(n.)* nkyekyɛmu
demasculinization *(n.)* ɔbarima no sɛɛ
dematerialisation *(n.)* nneɛma sɛɛ
dematerialize *(v.)* sɛɛ nneɛma
demean *(v.)* bu animtia
demean *(v.)* bu animtia
demeaning *(adj.)* brɛ ase
dement *(v.)* dam bɔ
demented *(adj.)* awerɛfireyareɛ
dementia *(n.)* adwenemuka
demerit *(n.)* ɔhaw
demicircle *(n.)* kurukuruwa
demilitarized *(adj.)* demilitarized

demise *(n.)* owu
demobilization *(n.)* wɔagyae sraadi
demobilize *(v.)* sɛɛ wɔn
democracy *(n.)* kabimamenkabi
democrat *(n.)* kwamanmanpefo
democratic *(adj.)* kabimamenkabi
demographic *(adj.)* nnipa dodoɔ
demolish *(v.)* dwiri
demolition *(n.)* ndwiriɛ
demon *(n.)* ɔbonsam
demonetize *(v.)* sɛɛ sika
demonize *(v.)* sɛɛ no
demonstrate *(v.)* yi kyerɛ
demonstration *(n.)* nyikyerɛ
demoralize *(v.)* hyɛ prɔɛ
demote *(v.)* te dibea so
demur *(n.)* demur
demure *(adj.)* ahobrɛaseɛ
demurrage *(n.)* adansedie
demystify *(v.)* ma wonhu
den *(n.)* amoa
denationalize *(v.)* ɔman sɛɛ
dengue *(n.)* dengue
denial *(n.)* ɔkame
denominate *(v.)* frɛ
denomination *(n.)* din
denote *(v.)* kyerɛ
denounce *(v.)* fatwa
dense *(adj.)* kusu
density *(n.)* mmuduru
dentist *(n.)* sehwɛfoɔ
denude *(v.)* bɔ adagya
denunciation *(n.)* kasatia
deny *(v.)* paw
deodorant *(n.)* honam aduhwam
deodrize *(v.)* hohoro
deontology *(n.)* abrabɔ ho mmara
deoxidation *(n.)* deoxidation
depart *(v.)* tu kwan
department *(n.)* dwumadibea
departmentalization *(n.)* nkyekyɛmu
departure *(n.)* emufi
depauperate *(v.)* ahokyerɛ
depend *(v.)* dan
dependant *(n.)* ahotosoɔ
dependence *(n.)* ahotosoɔ
dependent *(adj.)* ho to so
depict *(v.)* kyerɛ
depiction *(n.)* mfonini

depilatory *(adj.)* aduaba
deplete *(v.)* tu asee
depleted *(adj.)* ayɛ mmerɛw
depletion *(n.)* seɛ
deplorable *(adj.)* ɛyɛ awerɛhoɔ
deplore *(v.)* gyam obi
deploy *(v.)* bue
depolarize *(v.)* depolarize
deponent *(n.)* ho to so
deport *(v.)* pamo
depose *(v.)* di adanseɛ
deposit *(n.)* adekorade
deposition *(n.)* adansedie
depository *(n.)* adekorabea
depot *(n.)* korabea
depravation *(n.)* ɔbraseɛ
deprave *(v.)* seɛ
deprecate *(v.)* seɛ
depreciate *(v.)* ɛso te
depreciating *(adj.)* ɛkɔ fam
depreciatory *(adj.)* ɛso te
depredate *(v.)* sɛee
depress *(v.)* mia so
depression *(n.)* hahaahayɔ
deprive *(v.)* gye nsam
depth *(n.)* emudɔ
deputation *(n.)* ananmusifoɔ
depute *(v.)* si w'ananmu
deputy *(n.)* abadakyiri
derail *(v.)* hwe ase
derailment *(n.)* ahweaseɛ
deranged *(adj.)* basabasa
deregulate *(v.)* sɛe mmara
deride *(v.)* sere
derivative *(adj.)* nea efi mu
derive *(v.)* kyere
dermabrasion *(n.)* dermabrasion
dermatology *(n.)* honam yare aduryɛ
derogatory *(adj.)* deɛ egu fi
derrick *(n.)* derrick
desalt *(v.)* wɔsesa
descale *(v.)* sɛe
descend *(v.)* si fam
descendant *(n.)* aseni
descent *(n.)* awo
descrete *(adj.)* descrete
describe *(v.)* kyerɛkyerɛ
description *(n.)* nkyerɛmu
descriptive *(adj.)* nkyerɛkyerɛmu

desert *(v.)* gya
desert *(n.)* sareso
deserve *(v.)* fata
design *(n.)* bɔ
designate *(v.)* tu hyɛ nsa
designated *(adj.)* wɔayi
designer *(n.)* adwinnifo
designing *(adj.)* nhyehyɛe a wɔyɛ
desirable *(adj.)* nea wɔpɛ
desire *(n.)* apɛde
desire *(v.)* pɛ
desirous *(adj.)* akɔnnɔ
desist *(v.)* gyae
desk *(n.)* twerɛpono
desktop *(n.)* desktop
desocialization *(n.)* ɔmpɛ nnipa
desolate *(adj.)* amamfo so
desolvate *(v.)* sɛe
despair *(n.)* ahomete
desperate *(adj.)* hoyera
despicable *(adj.)* animtiabuo
despise *(v.)* bu animtia
despiteful *(adj.)* animtiabuo
despondent *(adj.)* awerɛhoɔ
despot *(n.)* tirimudenfoɔ
dessert *(n.)* akyiriaduane
destabilization *(n.)* nnyina pintinn
destabilize *(v.)* entumi nnyina
destination *(n.)* kɔbea
destiny *(n.)* hyɛbrɛ
destitute *(adj.)* ahiafoɔ
destress *(v.)* ahoyera
destroy *(v.)* sɛe
destroyer *(n.)* ɔsɛefoɔ
destruction *(n.)* ɔsɛe
detach *(v.)* te
detachment *(n.)* sɛe
detail *(n.)* nkyerɛkyerɛmu
detain *(v.)* si kwan
detect *(v.)* hu
detective *(n.)* opolisini tetɛfoɔ
detention *(n.)* nneduaban
detergent *(n.)* samina pɔɔda
deteriorate *(v.)* sɛe koraa
deteriorate *(v.)* sɛe koraa
determination *(n.)* nwetasoɔ
determine *(v.)* kyerɛ
detest *(v.)* tan
dethrone *(v.)* tu ade

detonate *(v.)* ma ɛnsɔre
detoxication *(n.)* aduroyɛ
detract *(v.)* so tew
detractor *(n.)* ɔkasatiafo
detriment *(n.)* ɔsɛe
deturpation *(n.)* nneɛma sɛe
devalue *(v.)* teso
devastate *(v.)* ɔsɛe ade
develop *(v.)* yi adi
developer *(n.)* mpuntufo
development *(n.)* mpuntuo
deviate *(v.)* man
deviation *(n.)* nkontompo
device *(n.)* tirimpɔ
devil *(n.)* bonsam
devilry *(n.)* ɔbonsam
devise *(v.)* susu
devoid *(adj.)* nni
devote *(v.)* atuhoakye
devotee *(n.)* atuhoakyɛfo
devotion *(n.)* ahofama
devour *(v.)* mene
devout *(adj.)* nyamefrɛ
dew *(n.)* bosu
diabetes *(n.)* asikyiriyare
diagnose *(v.)* hwehwɛ
diagnosis *(n.)* nhwehwɛmu
diagonal *(adj.)* ahinanan
diagram *(n.)* mfonini
dial *(n.)* owiadon
dialect *(n.)* kasa
dialogue *(n.)* nkɔmmɔdi
dialysis *(n.)* dialysis
diameter *(n.)* dantaban
diamond *(n.)* adamantibo
diaper *(n.)* amoase
diarrhea *(n.)* ayamtu
diary *(n.)* dadwumadiho nhoma
diaspora *(n.)* aman foforo so
dibble *(n.)* ahoro
dibble *(v.)* no guu
dice *(n.)* nsɛso
dicey *(adj.)* dicey
dictate *(v.)* hyɛ
dictation *(n.)* ɔkakyerɛw
dictator *(n.)* ɔhyɛfo
diction *(n.)* nsɛm
dictionary *(n.)* nsɛmasekyerɛ nhoma
dictum *(n.)* asɛm

didactic *(adj.)* nkyerɛkyerɛ
die *(v.)* wu
diehard *(n.)* ɔyɛ den
diesel *(n.)* fangoo
diet *(n.)* aduane
diet *(v.)* adidie
dietician *(n.)* aduan ho ɔbenfo
differ *(v.)* ɛsono
difference *(n.)* nsonsonoeɛ
different *(adj.)* ahodoɔ
difficult *(adj.)* den
difficulty *(n.)* akwanside
diffident *(adj.)* ɔfɛre adeɛ
diffuse *(v.)* ɛtrɛw
dig *(v.)* tutu
digest *(v.)* yam
digestion *(n.)* adidi
digit *(n.)* nkyerɛde
digital *(adj.)* dijitaal
digitalize *(v.)* ayɛ dijitaal
dignify *(v.)* hyɛ annuonyam
dignitary *(n.)* anuonyamfo
dignity *(n.)* nidie
digress *(v.)* kwan
digression *(n.)* akonkwan
dilaceration *(n.)* nkɔnsɔnkɔnsɔn
dilapidation *(n.)* deɛ asɛe
dilate *(v.)* ma ɛtrɛ
dilemma *(n.)* asɛnkɛsɛe
diligence *(n.)* nsiyɛ
diligent *(adj.)* mmɔdenmɔ
dilute *(v.)* fra mu
dilution *(n.)* tew mu
dim *(adj.)* kusuu
dimension *(n.)* kɛseyɛ
diminish *(v.)* te so
diminution *(n.)* so tew
diminutive *(adj.)* ketewa
dimly *(adv.)* ɛreyɛ sum
dimness *(n.)* kusuu
din *(n.)* din
dine *(v.)* didi
diner *(n.)* adidibea
dingy *(adj.)* ahoro
dinner *(n.)* awiadidi
diocese *(n.)* diocese
dioxide *(n.)* dioxide
dip *(v.)* bomu
diploma *(n.)* adesuade

diplomacy *(n.)* amansɛm
diplomat *(n.)* ɔman nanmuaifo
diplomatic *(adj.)* amanyɔsɛm
dire *(adj.)* ɛyɛ hu
direct *(adj.)* edidiso
direction *(n.)* akwankyerɛ
directive *(n.)* akwankyerɛ
director *(n.)* ɔkwankyerɛfo
directory *(n.)* nhomawa
dirt *(n.)* efi
dirty *(adj.)* efi
disability *(n.)* dɛmdi
disable *(v.)* di dɛm
disabled *(adj.)* dɛmdi
disadvantage *(n.)* adehwere
disagree *(v.)* ano nhyia
disagreeable *(adj.)* wɔmpene so
disallow *(v.)* si kwan
disappear *(v.)* yera
disappearance *(n.)* ayera
disappoint *(v.)* dihwamɔ
disapprove *(v.)* ampene so
disarm *(v.)* sɛe akode
disarmament *(n.)* akode gyae
disarrange *(v.)* sɛe nneɛma
disarray *(n.)* ahokyere
disaster *(n.)* amane
disastrous *(adj.)* asiane
disband *(v.)* sɛe
disbelief *(n.)* wonni gyidi
disbelieve *(v.)* gye akyinnye
disburse *(v.)* tua sika
disc *(n.)* disk
discard *(v.)* to twene
discharge *(v.)* bu bem
disciple *(n.)* osuani
discipline *(n.)* nniso
disclaim *(v.)* yi ma
disclose *(v.)* yi adi
discolour *(v.)* sesa ahosuo
discomfit *(v.)* adwenemhaw
discomfort *(n.)* ɛyaw
disconnect *(v.)* te ntam
discontent *(n.)* ani nnye ho
discontinue *(v.)* gyae
discord *(n.)* atutu
discotheque *(n.)* disko
discount *(n.)* ntosoɔ
discourage *(v.)* tubo

discourse *(n.)* ɔkasa
discourteous *(adj.)* animtiaabu
discover *(v.)* pɛhunu
discovery *(n.)* adeyie
discredit *(v.)* animtiaabu
discreet *(adj.)* ɔyɛ ahwɛyie
discrepancy *(n.)* abirabɔ
discretion *(n.)* adwempa
discriminate *(v.)* yiyimu
discrimination *(n.)* nyiyimu
discuss *(v.)* susu ho
disdain *(v.)* animtiabuo
disease *(n.)* yare
disembody *(v.)* nipadua niho
disenchant *(v.)* ahodwiriw
disengage *(v.)* san
disfigure *(v.)* sɛe ani
disgrace *(n.)* ahohora
disgrace *(n.)* animguase
disgruntled *(adj.)* n'anni nnye
disguise *(v.)* hunta
disgust *(n.)* fono
dish *(n.)* asanka
dishearten *(v.)* tu bo
dishonest *(adj.)* twa nkontompo
dishonesty *(n.)* nkontompo
dishonour *(n.)* animguase
disillusion *(v.)* abasamtu
disinclined *(adj.)* ɔmpe
disinfect *(v.)* te ho
disjunction *(n.)* npaapae mu
dislike *(n.)* amemenemfe
dislocate *(v.)* huan
dislodge *(v.)* pam
disloyal *(adj.)* onni nokware
dismal *(adj.)* awerɛhow
dismantle *(v.)* bubuu mu
dismay *(n.)* huyi
dismiss *(v.)* pam
dismissal *(n.)* adiyi
disobey *(v.)* buso
disorder *(n.)* sakasakayɛ
disorganize *(v.)* sɛe nhyehyɛe
disorient *(v.)* adwene sɛe
disown *(v.)* pow no
disparate *(adj.)* nsonsonoe
disparity *(n.)* nsonsonoe
dispatch *(v.)* soma
dispensary *(n.)* nnuruyɛbea

dispense *(v.)* yimu
disperse *(v.)* hwete
displace *(v.)* kɔ
display *(n.)* adiyi
displease *(v.)* ɛnyɛ anigye
displeasure *(n.)* anibere
disposal *(n.)* otuhye
dispose *(v.)* tu
disproportion *(n.)* nea ɛnsɛ
disprove *(v.)* ɛnyɛ nokware
disputation *(n.)* akyinnyegye
dispute *(v.)* yiyiano
disqualification *(n.)* ɔmfata
disqualify *(v.)* yi firi mu
disquiet *(n.)* haw
disregard *(v.)* aninsɔ
disrepute *(n.)* animguase
disrespect *(n.)* mmu
disrupt *(v.)* sɛe
dissatisfaction *(n.)* ahodwiriw
dissatisfy *(v.)* yi ahi
dissect *(v.)* pae mu
dissection *(n.)* mpaemu
dissimilar *(adj.)* nsɛ
dissipate *(v.)* sɛe
dissolve *(v.)* nan
dissuade *(v.)* sɛe
distance *(n.)* ntamkwan
distant *(adj.)* akyirikyiri
distil *(v.)* so gu
distillery *(n.)* nsadan
distinct *(adj.)* pɛpɛ
distinction *(n.)* nsonsonoe
distinctive *(adj.)* soronko
distinguish *(v.)* yiyi
distort *(v.)* kyim
distraction *(n.)* ɔsɛe
distraught *(adj.)* wɔahaw
distress *(n.)* amane
distress *(v.)* ahohiahia
distribute *(v.)* kyekyɛ
distribution *(n.)* nkyekyɛmu
district *(n.)* ɔmansin
distrust *(n.)* wonni ahotoso
distrust *(v.)* ngye ndi
disturb *(v.)* haw
ditch *(n.)* nsuka
ditto *(n.)* ɛnɛ koroara
dive *(v.)* dɔ asukɔ

dive *(n.)* dɔ sukɔ
diverse *(adj.)* ahodoɔ
diversify *(v.)* wɔbɛsakra
divert *(v.)* man
divide *(v.)* kyemu
dividend *(n.)* nkyemade
divine *(adj.)* ɔsoro
divinity *(n.)* nyamesu
division *(n.)* nkyekyemu
divorce *(n.)* awaregu
divorce *(v.)* gu aware
divulge *(v.)* da no adi
do *(v.)* yɛ
doable *(adj.)* bɛyɛ yiye
doating *(v.)* yɛ
dob *(v.)* bɛbɔ amanneɛ
dob *(n.)* bɔ amanneɛ
doc *(n.)* ɔbenfo
docent *(n.)* ɔkyerɛkyerɛfo
docent *(adj.)* ɔkyerɛkyerɛfo
docile *(adj.)* asoɔmmerɛ
dock *(n.)* hyɛn gyinabea
dock *(v.)* sii hyɛn gyinabea
docket *(n.)* adansedi
dockmaster *(n.)* hyɛn gyinabea hwɛfo
dockworker *(n.)* hyɛn gyinabea dwumayɛfo
dockyard *(n.)* hyɛn gyinabea
doctor *(n.)* oduruyɛfo
doctor *(v.)* sesa
doctorate *(n.)* adesuade
doctored *(adj.)* yɛno foforo
doctrine *(n.)* ɔkyerɛ
document *(n.)* nwoma
documentary *(adj.)* kyerɛwtohɔ
documentary *(n.)* kyerɛwtohɔ
dodge *(v.)* bɔ asiane
dodge *(n.)* asianebɔ
dodo *(n.)* dodo
doe *(n.)* akraman ɔbaa
doer *(n.)* ɔyɛfo
doeskin *(n.)* akraman nhoma
dog *(n.)* ɔkraman
dog *(v.)* bɛkyere
dogbreath *(n.)* ɔkraman ahome
dogfight *(n.)* nkraman ako
dogfight *(v.)* akraman ntɔkwaw
doghole *(n.)* kraman tokuru
doghouse *(n.)* ɔkramandan

dogma *(n.)* nkyerɛkyerɛ
dogmatic *(adj.)* nkyerɛkyerɛmu
dole *(n.)* yiyedi
dole *(v.)* bɛkykyɛ
doll *(n.)* abaduaba
dollar *(n.)* dare
dolman *(n.)* dolman
dolmen *(n.)* dolmen
dolorous *(adj.)* ɛyɛ yaw
dolphin *(n.)* dolphin
domain *(n.)* ɔfa
dome *(n.)* kurukuruwa
domestic *(adj.)* afiboa
domestic *(n.)* ofie
domestical *(adj.)* ofie nneɛma
domesticate *(v.)* afieboa
domesticator *(n.)* ofiehwɛfo
domicile *(n.)* tenabea
domiciled *(adj.)* wɔte hɔ
domiciliary *(adj.)* ofie
dominant *(adj.)* di so
dominate *(v.)* di tumi
domination *(n.)* tumidi
dominion *(n.)* tumidi
domino *(n.)* domino
donate *(v.)* kyɛade
donation *(n.)* akyɛde
donkey *(n.)* afurum
donor *(n.)* ɔdemafo
doodle *(v.)* wɔbɛtwetwe
doom *(n.)* atemmu
doom *(v.)* ɔsɛe
doomed *(adj.)* wɔasɛe no
doomsday *(adj.)* ɔsɛe
doomsday *(n.)* ɔsɛeda
door *(n.)* ɔpon
doorbell *(n.)* pon ano dɔn
doorknob *(n.)* aponkɛse
doormat *(n.)* pon ano ntama
dope *(n.)* kama
dope *(v.)* nnubɔne
dope *(adj.)* yɛ kama
doped *(adj.)* wɔde nnubɔne
dopey *(adj.)* nkwaseasɛm
dorky *(adj.)* nkwaseafo
dormant *(adj.)* ɛda faako
dormitory *(n.)* dodoɔ daberɛ
dorsal *(adj.)* akyi berɛmo
dosage *(n.)* dodow

dose *(n.)* dodow
dot *(n.)* nsensanee
dot *(v.)* hyehyɛɛ
double *(adj.)* mmienu
double *(n.)* mmɔho
double *(v.)* ka bɔho
doubt *(n.)* akyinnye
doubt *(v.)* gye akyini
doubtful *(adj.)* emu nte
doubtless *(adj.)* akyinnye nni ho
dough *(n.)* mmɔre
doughnut *(n.)* doughnut
dour *(adj.)* dwur
douse *(v.)* kɔtɔ
dove *(n.)* abubro
dowery *(n.)* tiade
down *(v.)* boto
down *(adv.)* ase
down *(prep.)* fam
down and out *(adj.)* ne fam
downfall *(n.)* fambɔ
download *(v.)* twe
downpour *(n.)* osu tɔe
downright *(adv.)* ampa ara
downright *(adj.)* animtiaabu
downstairs *(adj.)* wɔ fam
downward *(adj.)* kɔ fam
downward *(adv.)* fam
downwards *(adv.)* ɛkɔ fam
doze *(n.)* nkotɔ
doze *(v.)* tɔ nko
dozen *(n.)* dummienu
drab *(n.)* kusuu
drab *(adj.)* kusuu
drab *(v.)* yɛ kusuu
draconic *(adj.)* katee
draft *(v.)* kyerɛw
draft *(n.)* atwerɛkwan
draftsman *(adj.)* mfoniniyɛfo
drafty *(adj.)* hyew
drag *(n.)* ase twe
drag *(v.)* twe ase
dragon *(n.)* ɔtweasɛɛ
dragonfly *(n.)* dragonfly
drain *(n.)* nsuka
drain *(v.)* sɔn
drainage *(n.)* sɔn
drainpipe *(n.)* ɔsɔn paipu
dram *(n.)* dram

drama *(n.)* ahwɛgorɔ
dramatic *(adj.)* ahwɛgorɔ mu
dramatist *(n.)* ahwɛgorɔ kyerɛwfo
drape *(n.)* ntama
drape *(v.)* akata
draper *(n.)* ntomatɔnfoɔ
drapery *(adj.)* ntama
drastic *(n.)* ɛyɛ katee
draught *(n.)* atwerɛkan
draw *(n.)* yi
draw *(v.)* twe
drawback *(n.)* ɔhaw
drawbridge *(n.)* ɔfasu
drawer *(n.)* korabea
drawing *(n.)* nsamfoni
drawing-room *(n.)* dan a wɔtwetwe
dread *(n.)* ehu
dread *(v.)* suro
dread *(adj.)* ehu
dreadful *(adj.)* ɛyɛ hu
dreadful *(n.)* ehu
dreadfully *(adv.)* ɛyɛ hu
dreadlock *(n.)* mpɛsɛmpɛsɛ
dreadlock *(v.)* mpɛsɛmpɛsɛ
dream *(n.)* dae
dream *(v.)* daeso
dreamcatcher *(n.)* kyere adaeso
dreamer *(n.)* daesoni
dreamily *(adv.)* adaeso mu
dreamworld *(n.)* daesowiase
dreamy *(adj.)* adaeso
drench *(v.)* dɔn
dress *(n.)* ataade
dress *(v.)* siesie
dressing *(n.)* nsiesie
dressing table *(n.)* ataadepon
dressmaker *(n.)* ataadepamni
drib *(n.)* tɔ gu
dribble *(n.)* ɛreworo
dribble *(v.)* sosɔ
dried *(adj.)* awo
drift *(n.)* ɛfaa
drift *(v.)* sene nyaa
drill *(n.)* tu
drill *(v.)* teetee
drink *(n.)* anonne
drink *(v.)* nom
drinking chocolate *(n.)* wɔnom kyokolate
drinking water *(n.)* wɔnom nsu

drip *(n.)* nsubɔ
drip *(v.)* sosɔ
drive *(n.)* twi
drive *(v.)* ka
driver *(n.)* ɔkafo
drizzle *(n.)* pete
drizzle *(v.)* osu pete
droid *(n.)* drɔd
drone *(n.)* onihafo
drool *(v.)* tow nsu
drool *(n)* nsu
droop *(v.)* hwee ase
droop *(n.)* kɔ fam
droopy *(adj.)* ahwease
drop *(v.)* so huan
drop *(n.)* ko
drop box *(n.)* adaka
drop-in *(adj.)* kɔ
drop-off *(n.)* sɛe
dropout *(n.)* wɔagyae
dropzone *(n.)* ɔfa a wɔtowgu
drought *(n.)* osukɔm
drown *(v.)* mem
drug *(n.)* aduru
drug addict *(n.)* ɔnom nnubɔne
druggist *(n.)* nnuruyɛfo
druid *(n.)* adefo
drum *(n.)* kyene
drum *(v.)* yan kyene
drum kit *(n.)* kyene afiri
drumbeat *(n.)* abɛn
drumfish *(n.)* asukɔnkɔn
drunk *(adj.)* nea wabo
drunkard *(n.)* ɔsabofo
dry *(adj.)* nea awo
dry *(v.)* wo
dry-clean *(v.)* ɛho tew
dryer *(n.)* dryer
dual *(adj.)* abɔnta
duality *(n.)* abien
dual-purpose *(adj.)* atirimpɔw abien
dub *(n.)* abodin
dub *(v.)* to abodin
dubious *(adj.)* adwenem
ducat *(n.)* ducat
duchess *(n.)* ɔhemmaa
duck *(n.)* dabodabo
duck *(v.)* dɔ asukɔ
duct *(n.)* kwan

duct *(v.)* kyerɛ kwan
duct tape *(n.)* duct tape
dude *(n.)* adamfo
due *(adj.)* ɛsɛ sɛ
due *(n.)* ɛsɛ sɛ
due *(adv.)* bere a ɛse
duel *(n.)* ɔko
duel *(v.)* ako
duet *(n.)* nnwom mmienu
duet *(v.)* duet
duffel bag *(n.)* nneɛma bag
duke *(n.)* ɔheneba
dull *(adj.)* ano akum
dull *(v.)* botee
duly *(adv.)* sɛnea ɛfata
dumb *(adj.)* mum
dum-bell *(n.)* ɔkwasea
dumbfound *(v.)* ho adwiri
dumbfounded *(adj.)* aho dwiri
dumbo *(n.)* kwasea
dummy *(n.)* kwasea
dummy *(v.)* bu kwasea
dump *(n.)* borla
dump *(v.)* to gu
dumpster *(n.)* atɛkye
dunce *(n.)* nkwaseafo
dune *(n.)* dune
dung *(n.)* sɛbe
dungeon *(n.)* afiase dan
dunk *(n.)* nsadwean
dunk *(v.)* aboro
duo *(n.)* abien
dup *(v.)* dup
dupe *(v.)* bu
dupe *(n.)* ɔdaadaafo
duplex *(n.)* abien
duplicate *(adj.)* sɛso
duplicate *(n.)* sɛso
duplicate *(v.)* yɛ biribi sɛso
duplicity *(n.)* nkontompo
durability *(n.)* kyɛ
durable *(adj.)* ɔkyɛ
duration *(n.)* bere
during *(prep.)* emuhɔ ara
dusk *(n.)* adesae
dust *(n.)* mfuturo
dust *(v.)* popa ho
duster *(n.)* daseta
dutiful *(adj.)* ɔbrɛfo

duty *(n.)* asɛde
duty-free *(adj.)* wonnye tow
duty-free *(adv.)* wontua tow
duvet *(n.)* dabua
dwarf *(n.)* mmotia
dwarf *(v.)* ketewaa
dwarf *(adj.)* nketewa
dwell *(v.)* te
dwelling *(n.)* atenae
dwindle *(v.)* so tew
dye *(v.)* hyɛ aduru
dye *(n.)* kɔla
dynamic *(adj.)* ɛsesa
dynamics *(n.)* nkɔso
dynamite *(n.)* dynamite
dynamo *(n.)* dynamo
dynasty *(n.)* adedie
dysentery *(n.)* yamtu
dystopia *(n.)* ɛyaw

E

each *(pron.)* ebiara
each *(adj.)* biara
each *(adv.)* biara
eager *(adj.)* ahopere
eagle *(n.)* kɔdeɛ
ear *(n.)* aso
earbud *(n.)* yi'asum
early *(adv.)* ntɛm
early *(adj.)* ntɛm
earn *(v.)* nya
earnest *(adj.)* aniberesɛm
earth *(n.)* asaase
earthen *(adj.)* dɔte
earthenware *(n.)* ayowa
earthly *(adj.)* asaaseso
earthquake *(n.)* asaasewosoɔ
ease *(n.)* abotɔyam
ease *(v.)* dwodwo
east *(adv.)* apueɛ
east *(n.)* apueeɛ
east *(adj.)* apueɛ
easter *(n.)* easter
eastern *(adj.)* apueɛ
easy *(adj.)* fo
easy-to-use *(adj.)* ɛyɛfo

eat *(v.)* di
eatable *(n.)* nnuane
eatable *(adj.)* wɔtumidi
eave *(n.)* eave
eavesdrop *(v.)* tetɛ tie
eavesdrop *(n.)* ntetɛtie
ebb *(n.)* ebb
ebb *(v.)* ebb
ebony *(n.)* okisibiri
e-book *(n.)* e-book
ebulliate *(v.)* ebulliate
ebullience *(n.)* ebullience
ebullient *(adj.)* ebullient
eccentric *(adj.)* nwanwa
ecclesiast *(n.)* ɔsɛnkafo
ecclesiastical *(adj.)* ɔsɛnkafo
echinid *(n.)* echinid
echo *(n.)* nnyegyeɛ
echo *(v.)* gyegye
echocardiogram *(n.)* echocardio
eclampsia *(n.)* eclampsia
eclectic *(adj.)* ɛtrɛ
eclectic *(n.)* tɛtrɛtɛ
eclipse *(n.)* owiatɔe
eclipse *(v.)* wiatɔ
eclipsis *(n.)* owiatɔe
ecological *(adj.)* abɔde
ecologist *(n.)* abɔdeɛmu hwehwɛfoɔ
ecology *(n.)* abɔdea adesua
e-commerce *(n.)* e-commerc
economic *(adj.)* sikasɛm
economical *(adj.)* sikasɛm
economics *(n.)* sikasɛm
economy *(n.)* sikasɛm
ecosystem *(n.)* ecosystem
ecoterrorism *(n.)* amammɔsɛm
ecstasy *(n.)* anigye
ecstatic *(adj.)* anigyekɛse
ectopia *(n.)* ectopia
ectoplasm *(n.)* ectoplasm
ecumenic *(adj.)* ecumenic
ecumenical *(adj.)* ecumenical
eczema *(n.)* ɛkorɔ
edema *(n.)* nsoae
edge *(n.)* ano
edible *(adj.)* wɔdi
edict *(n.)* ahyɛde
edificant *(adj.)* ɛkyerɛkyerɛ
edification *(n.)* nimdepɛ

edifice *(n.)* adansie
edify *(v.)* kyekye
edit *(v.)* siesie
edition *(n.)* ɔfa
editor *(n.)* samufoɔ
editorial *(adj.)* samufoɔ asɛm
editorial *(n.)* samufoɔ asɛm
educate *(v.)* kyerɛkyerɛ
education *(n.)* adesua
eel *(n.)* oyoyo
eerie *(adj.)* ɛhunahuna
effable *(adj.)* effable
effably *(adv.)* effably
efface *(v.)* popa
effect *(n.)* nsusuanso
effect *(v.)* ma ɛsi
effective *(adj.)* yɛ adwuma
effeminate *(adj.)* ɔhodomfo
efficacy *(n.)* tatahwe
efficiency *(n.)* mmɔdenmmɔ
efficient *(adj.)* yiye
effigy *(n.)* abaduaba
effort *(n.)* mmɔden
effortless *(adj.)* fo
effusive *(adj.)* ayeyi
egg *(n.)* kosua
ego *(n.)* ahopɛ
egocentric *(adj.)* pɛsɛmenkomenya
egotism *(n.)* ahomaso
eight *(n.)* nwɔtwe
eighteen *(n.)* dɔnwɔtwe
eighty *(n.)* aduɔwɔtwe
either *(pron.)* anaa sɛ
either *(adv.)* sɛ anaa
ejaculate *(v.)* pe
ejaculate *(n.)* ahobaa
ejaculation *(n.)* ahosane
ejaculatory *(adj.)* ahosane
eject *(v.)* tu
elaborate *(v.)* kyerɛkyerɛm
elaborate *(adj.)* emudahɔ
elapse *(v.)* twam
elastic *(adj.)* twann
elasticity *(n.)* twentwann
elate *(v.)* gye ani
elate *(adj.)* anigyeɛ
elated *(adj.)* anigye
elation *(n.)* anigyeɛ
elbow *(n.)* abatwɛ

elder *(adj.)* panin
elder *(n.)* ɔpanin
elderly *(adj.)* mpanin
elect *(v.)* paw
election *(n.)* abatoɔ
electorate *(n.)* abatofo
electric *(adj.)* anyinamhoɔden
electricity *(n.)* anyinamhoɔden
electrify *(v.)* kayan
electrocute *(v.)* bɔ piti
electrocution *(n.)* pitibɔ
electrolyte *(n.)* electrolyte
electron *(n.)* electron
electronic *(adj.)* ɛlɛctronik
elegance *(n.)* fɛfɛɛfɛ
elegant *(adj.)* ɛyɛ fɛ
elegy *(n.)* elegy
element *(n.)* adeɛ
elemental *(adj.)* nnyinasoɔ
elementary *(adj.)* titire
elephant *(n.)* ɔsono
elephantine *(adj.)* kokroko
elevate *(v.)* pagya
elevation *(n.)* mpagya
elevator *(n.)* pagya fidie
eleven *(n.)* dubaako
elf *(n.)* elf
elicitate *(v.)* twe firimu
eligibility *(n.)* fata
eligible *(adj.)* sɛ fata
eliminate *(v.)* yi firim
elimination *(n.)* nyifirimu
eliminator *(n.)* nyifirimufoɔ
eliminatory *(adj.)* nyifirimu
elision *(n.)* elision
elite *(adj.)* nnipa titriw
elite *(n.)* ɔdefoɔ
elitism *(n.)* adefoɔ kuo
elitist *(n.)* akandifoɔ
elixir *(n.)* dudo
elk *(n.)* ɔforote
ellipse *(n.)* ellipse
ellipse *(v.)* ellipse
elliptic *(adj.)* nyankanko
elocution *(n.)* ɔkasa
elope *(v.)* dwane
eloquence *(n.)* anoteɛ
eloquent *(adj.)* anoteewa
else *(adj.)* nnyɛ saa

else *(adv.)* foforɔ
elucidate *(v.)* kyerɛkyerɛmu
elude *(v.)* yera
elusion *(n.)* fa sie
elusive *(adj.)* wontumi nhu
emaciate *(v.)* fɔn
emaciated *(adj.)* afɔn
email *(n.)* email
emanate *(v.)* fiti aseɛ
emanation *(n.)* nfitiaseɛ
emancipate *(v.)* nya faahodie
emancipation *(n.)* faahodie
emasculate *(v.)* sa
emasculation *(n.)* ɔbarima
embalm *(v.)* kora
embalming *(n.)* nkorakora
embank *(v.)* si
embankment *(n.)* boɔ
embargo *(n.)* osiakwanmmra
embark *(v.)* foro
embarrass *(v.)* aniwu
embarrassing *(adj.)* aniwusɛm
embarrassment *(n.)* aniwu
embassy *(n.)* ananmunsini
embellish *(v.)* siesie
embitter *(v.)* hyɛ abufuo
emblem *(n.)* ahyɛnsodeɛ
embodiment *(n.)* embodiment
embody *(v.)* ma
embolden *(v.)* y'akokuduro
embrace *(v.)* bam
embrace *(n.)* atuu
embroidery *(n.)* embroidery
embryo *(n.)* mogyatoa
embryonic *(adj.)* awotwaa
embush *(v.)* tohyɛso
emend *(v.)* sesamu
emendate *(v.)* siesie
emerald *(n.)* hyerɛmmoɔ
emerge *(v.)* pue
emergency *(n.)* putupuru
emigrate *(v.)* tu
emigration *(n.)* ntukɔ
eminence *(n.)* ɛkurɔn
eminent *(adj.)* okunini
emissary *(n.)* ɔsomafo
emission *(n.)* wisie
emit *(v.)* pu
emittance *(n.)* emittance

emmet *(n.)* emmet
emoji *(n.)* emoji
emolument *(n.)* akatua
emote *(v.)* di kyerɛ
emoticon *(n.)* emoticon
emotion *(n.)* atenka
emotional *(adj.)* mmɔbɔ
emotive *(adj.)* denden
empath *(n.)* tema
empathic *(adj.)* tema
empathy *(n.)* ɛhummɔbɔ
emperor *(n.)* ɔhenpon
emphasis *(n.)* nnyinasoɔ
emphasize *(v.)* sisu dua
emphatic *(adj.)* denneennen
empire *(n.)* ahemann
empirical *(adj.)* adanse
empiricism *(n.)* nhwehwɛmu
empiricist *(n.)* osuahu nimdefo
employ *(v.)* ma adwuma
employee *(n.)* adwumayɛni
employer *(n.)* adwumawura
employment *(n.)* adwuma
empower *(v.)* ma tumi
empress *(n.)* ɔhemmaa
empty *(v.)* yi
empty *(adj.)* hwee
empty-handed *(adj.)* nsapan
emulate *(v.)* suasua
emulation *(n.)* nsuasua
emulsifier *(n.)* emulsifier
emulsify *(v.)* fra
en route *(adv.)* ɔkwanso
enable *(v.)* makwan
enact *(v.)* hyɛ mmra
enamel *(n.)* enamel
enamour *(v.)* dɔ
enamoured *(adj.)* ɔdɔ
enamourment *(n.)* ɔdɔ
encage *(v.)* hyɛ mu
encapsulate *(v.)* encapsulate
encase *(v.)* kora
enchant *(v.)* kyere adwene
encircle *(v.)* twaho
enclose *(v.)* faho
enclosure *(n.)* nkataho
encompass *(v.)* twa hyia
encounter *(n.)* nhyiamu
encounter *(v.)* hyia

encourage *(v.)* hyɛ nkuran
encouragement *(n.)* nkuranhyɛ
encroach *(v.)* didi wura
encrust *(v.)* nuraho
encrusted *(adj.)* nkataho
encrypt *(v.)* bɔ akyidɔm
encrypted *(adj.)* akyidɔm
encryption *(n.)* akyidɔm
encumber *(v.)* hyɛso
encyclopedia *(n.)* encycloped
end *(v.)* wei
end *(n.)* awiei
endanger *(v.)* asiane
endangered *(adj.)* hu
endear *(v.)* wɔdɔ
endearment *(n.)* ɔdɔ
endeavour *(n.)* mmɔdenmmɔ
endeavour *(v.)* bɔ mmɔden
endemic *(adj.)* yareɛ
endemic *(n.)* yareɛ
endemiology *(n.)* yaredom nimdefo
endless *(adj.)* enni awieɛ
endorse *(v.)* foa so
endorsement *(n.)* nfoaso
endorser *(n.)* dea w'foaso
endoscopic *(adj.)* endoscopy
endoscopy *(n.)* endoscopy
endow *(v.)* ma
endowed *(adj.)* ɔma
endowment *(n.)* agyapadeɛ
endurable *(adj.)* gyina ano
endurance *(n.)* tirimudie
endure *(v.)* gyina ano
enemy *(n.)* tamfo
energetic *(adj.)* ahooden
energize *(v.)* ma ahooden
energy *(n.)* ahooden
enervate *(v.)* ma ɔbrɛ
enervated *(adj.)* mabrɛ
enfeeble *(v.)* yɛ mmerɛ
enforce *(v.)* hyɛ den
enfranchise *(v.)* enfranchis
engage *(v.)* hunu no
engagement *(n.)* kɔkɔɔkɔbɔ
engaging *(adj.)* hyɛ mu
engine *(n.)* afidie
engineer *(n.)* mfididwumayɛfoɔ
engineering *(n.)* mfididwuma
enginous *(adj.)* enginous

English *(n.)* borɔfo
englobe *(v.)* englobe
engorge *(v.)* hunu
engrave *(v.)* kurukyire
engross *(v.)* hyɛ mu
engulf *(v.)* mene
enhance *(v.)* pagyamu
enhancement *(n.)* nkɔsuoɔ
enigma *(n.)* hwanyann
enigmatic *(adj.)* kyenkyerɛnn
enigmatical *(adj.)* kyenkyerekyen
enigmatically *(adv.)* kyenkyerɛn
enjoy *(v.)* sɛpɛ
enjoyability *(n.)* nsɛpɛɛ
enjoyable *(adj.)* anigyede
enjoyment *(n.)* anigyeɛ
enlarge *(v.)* yɛ kɛseɛ
enlighten *(v.)* te ani
enlist *(v.)* dɔm
enliven *(v.)* enliven
enmity *(n.)* ɔtan
ennoble *(v.)* hyɛ animuonyam
enormous *(adj.)* kakraa
enough *(adv.)* dɔɔso
enough *(adj.)* ɛyɛ
enquiry *(n.)* nhwehwɛmu
enrage *(v.)* hyɛ abufuo
enrapture *(v.)* ma ahosɛpɛ
enrich *(v.)* y'ahonyade
enrichment *(n.)* ahonyade
enrol *(v.)* kyerɛ din
ensemble *(n.)* kuo
enshrine *(v.)* kora
enslave *(v.)* nkoa
ensue *(v.)* si akyire
ensure *(v.)* hwɛ sɛ
entangle *(v.)* fomfam
enter *(v.)* wuram
enterprise *(n.)* adwumayɛkuo
entertain *(v.)* gye ani
entertainment *(n.)* anigyedeɛ
enthral *(v.)* kyere adwene
enthrone *(v.)* si hene
enthusiasm *(n.)* ahokeka
enthusiastic *(adj.)* ɛho pere
entice *(v.)* gyegye
enticement *(n.)* nnaadaa
enticer *(n.)* daadaafo
enticing *(adj.)* gyegyeɛ

entire *(adj.)* nyinaa
entirely *(adv.)* koraa
entitle *(v.)* m'akwannya
entity *(n.)* adeɛ bi
entomb *(v.)* sei
entomology *(n.)* mmoawa adesua
entrails *(n.)* nsono
entrance *(n.)* ɛkwanno
entrap *(v.)* sum afidie
entrapment *(n.)* nfidiesum
entreat *(v.)* srɛsrɛ
entreaty *(n.)* adesrɛ
entrench *(v.)* hyɛmu den
entrenchment *(n.)* hyɛmu den
entrepreneur *(n.)* dwadini
entropic *(adj.)* entropic
entropy *(n.)* entropy
entrust *(v.)* dehyɛ nsa
entry *(n.)* nwuramu
entry form *(n.)* kratasin
entry-level *(adj.)* entry-level
enumerable *(adj.)* wɔtumi kan
enumerate *(v.)* bobɔ
enumerative *(adj.)* akontahyɛdeɛ
enunciate *(v.)* ka
enunciation *(n.)* hyɛ
enunciatory *(adj.)* emudaho
envelop *(v.)* duraho
envelope *(n.)* aduradeɛ
envelopment *(n.)* nduradeɛ
enviable *(adj.)* aniberesɛm
envious *(adj.)* anibere
environment *(n.)* atenaeɛ
environmental *(adj.)* tenabia
environmentalism *(n.)* atenaeɛ
environmentalist *(n.)* atenaeɛ
envisage *(v.)* hwɛɛ anim
envision *(v.)* hwɛ anim
envoy *(n.)* ɔnanmusifo
envy *(v.)* anibere
enzyme *(n.)* enzyme
enzymic *(adj.)* enzymic
eon *(n.)* afebɔɔ
ephemera *(n.)* ntietia
ephemeral *(adj.)* tiawa
ephemeric *(adj.)* tiawa
epic *(n.)* mpɔnpɔnsoɔ
epical *(adj.)* epical
epicene *(adj.)* epicene

epicentre *(n.)* epicentre
epicure *(n.)* epicure
epicurean *(adj.)* epikurofo
epicurean *(n.)* epikurofo
epidemic *(n.)* nsanyareɛ
epidural *(n.)* epidural
epiglottis *(n.)* menemu
epigram *(n.)* nsɛmfua
epilate *(v.)* epilate
epilepsy *(n.)* etwerɛ
epileptic *(adj.)* akisikuru
epileptic *(n.)* nkisikuru
epilogue *(n.)* awieɛ
epiphany *(n.)* epiphany
episode *(n.)* ɔfa
epitaph *(n.)* epitaph
epitome *(n.)* nnipasu
epoch *(n.)* mmerɛ
epoxy *(n.)* epoxy
equal *(n.)* tipɛn
equal *(adj.)* pɛ
equal *(v.)* yɛ
equality *(n.)* pɛpɛɛpɛ
equalize *(v.)* yɛ pɛ
equate *(v.)* yɛ pɛ
equation *(n.)* pɛyɔ
equator *(n.)* ntemtie
equilateral *(adj.)* afanyinaa yɛpɛ
equinox *(n.)* equinox
equip *(v.)* siesie
equipment *(n.)* akadeɛ
equitable *(adj.)* pɛpɛɛpɛ
equivalent *(adj.)* sɛso
equivocal *(adj.)* nteasepem
era *(n.)* bere
eradicate *(v.)* tu ase
eradication *(n.)* ntuaseɛ
eradicator *(n.)* ɔseifoɔ
erase *(v.)* pepa
eraser *(n.)* apepadeɛ
erect *(v.)* berem
erect *(adj.)* potii
erectile *(adj.)* sɔreɛ
erection *(n.)* nsɔreɛ
erode *(v.)* wewe
erosion *(n.)* nweweɛ
erosive *(adj.)* nwewe
erotic *(adj.)* mpagya
erotica *(n.)* akɔnnɔ

eroticism *(n.)* akɔnnɔ
eroticize *(v.)* akɔnnɔ
err *(v.)* fom
errand *(n.)* ɔsoma
erroneous *(adj.)* mfomso
error *(n.)* mfomsoɔ
erupt *(v.)* to
eruption *(n.)* ɛpae
escalate *(v.)* ka
escalator *(n.)* antweri
escapability *(n.)* wotumi guan
escapable *(adj.)* tumi guan
escape *(n.)* firimu
escape *(v.)* dwane
escapee *(n.)* oguanfo
escapism *(n.)* guankɔ
escapist *(n.)* guankɔbea
escapology *(n.)* guankɔbea adesua
escargot *(n.)* escargot
eschew *(v.)* kwati
eschewment *(n.)* nkwati
escort *(n.)* ɔhobammɔfoɔ
escort *(v.)* gya kwan
escorted *(adj.)* gyaakwan
escrow *(n.)* escrow
escrow *(v.)* escrow
esophageal *(adj.)* esophageal
esoteric *(adj.)* ahintasɛm
esoterism *(n.)* hintasɛm
espace *(n.)* espace
especial *(adj.)* titiriw
especially *(adv.)* ɛnkankan
espouse *(v.)* fa
essay *(n.)* susutwerɛ
essay *(v.)* susu twerɛ
essayist *(n.)* susutwerɛni
essence *(n.)* emuba
essential *(adj.)* hia
establish *(v.)* kyerɛ
establishment *(n.)* enfiriaseɛ
estate *(n.)* adan
estate agent *(n.)* adanntemgyinafoɔ
esteem *(n.)* obuo
esteem *(v.)* bu
estimate *(n.)* nseseɛ
estimate *(v.)* sese
estimation *(n.)* akontabuo
estimative *(adj.)* ɛsese
estragon *(n.)* estragon

estrange *(v.)* ntamte
estranged *(adj.)* akyiri apa
estrogen *(n.)* estrogen
estuary *(n.)* estuary
etcetera *(adv.)* deɛkeka ho
etch *(v.)* kurutwerɛ
etched *(adj.)* akurutwerɛ
etching *(adj.)* kurutwerɛ
eternal *(adj.)* afebɔɔ
eternalize *(v.)* ma afebɔɔ
eternally *(adv.)* afebɔɔ
eternity *(n.)* afebɔɔ
ether *(n.)* ewiem
ethical *(adj.)* nneyɛ pa
ethics *(n.)* mmra
ethnic *(adj.)* mmusuakuo
ethnicity *(n.)* nnipaban
ethos *(n.)* abrabɔpa
etiquette *(n.)* yɔbea
etymology *(n.)* ase
eucalypt *(n.)* eucalypt
eunuch *(n.)* eunuch
euphemistic *(adj.)* abotɔyam
euphoria *(n.)* euphoria
eureka *(int.)* eureka
euthanize *(v.)* kum
evacuate *(v.)* tu
evacuation *(n.)* ntuo
evade *(v.)* dwane
evaluate *(v.)* sese
evangel *(n.)* aseɛm pa
evangelic *(adj.)* sɛmpaka
evaporate *(v.)* nwini
evasion *(n.)* kwati
evasive *(adj.)* kwati
even *(adj.)* traa
even *(v.)* yɛpɛ
even *(adv.)* mpo
evening *(n.)* anwummerɛ
evenly *(adv.)* pɛpɛɛpɛ
event *(n.)* dwumadie
eventually *(adv.)* awieeɛ
ever *(adv.)* dabiara
everglade *(n.)* everglade
evergreen *(adj.)* frɔmfrɔm
evergreen *(n.)* mmono
everlasting *(adj.)* afebɔɔ
ever-ready *(adj.)* wɔhɔ dada
evert *(v.)* butu

every *(adj.)* biara
everybody *(pron.)* nnipa biara
everyday *(adj.)* daadaa
everyone *(pron.)* obiara
everything *(pron.)* biribiara
everywhere *(pron.)* baabiara
eve-teasing *(n.)* eve-teasing
evict *(v.)* pamo
eviction *(n.)* otuo
evictor *(n.)* otufoɔ
evidence *(n.)* adanseɛ
evident *(adj.)* ɛda adi
evil *(adj.)* bɔne
evil *(n.)* bɔne
evince *(v.)* yi kyerɛ
eviscerate *(v.)* yi
evisceration *(n.)* yiyi
evitability *(n.)* nkwati
evocate *(v.)* kayan
evocation *(n.)* nkayan
evocative *(adj.)* nkayandeɛ
evoke *(v.)* twe ba
evolution *(n.)* ndanee
evolutionary *(adv.)* adannandi
evolve *(v.)* dane
ewe *(n.)* odwan bedeɛ
exact *(adj.)* pɛpɛɛpɛ
exactly *(adv.)* pɛyɔ
exaggerate *(v.)* ɛboroso
exaggeration *(n.)* mboroso
exalt *(v.)* hoahoa
examination *(n.)* mfeefeemu
examine *(v.)* pɛnsɛnpɛnsɛn
examinee *(n.)* mfeefemu ni
examiner *(n.)* nhwehwɛmufo
example *(n.)* nhwɛsoɔ
excavate *(v.)* tu fɔm
excavation *(n.)* amenatuo
exceed *(v.)* twa
excel *(v.)* hyerɛn
excellence *(n.)* ɛkyɛn so
excellency *(n.)* ɛkyɛnso
excellent *(adj.)* ɛtwa yie
except *(v.)* gye
except *(prep.)* gye sɛ
exception *(n.)* enka ho
exceptional *(adj.)* soronko
excerpt *(n.)* nyifirim
excess *(n.)* mboroso

excess *(adj.)* aboro so
excess baggage *(n.)* nneɛma ɛboroso
excessive *(adj.)* mborosoɔ
exchange *(n.)* nsesa
exchange *(v.)* sesa
exchange rate *(n.)* nsesa dodoɔ
excise *(n.)* excise
excite *(v.)* kanyan
exclaim *(v.)* tea mu
exclamation *(n.)* nteamu
exclude *(v.)* gya
exclusive *(adj.)* nko ara
excommunicate *(v.)* pamo
excursion *(n.)* nsrahwɛ
excuse *(v.)* ma kwan
excuse *(n.)* nkatasoɔ
execute *(v.)* di dwuma
execution *(n.)* nipakom
executioner *(n.)* nipakomfo
executive *(adj.)* nipakonkom
executive *(n.)* mpanin
exemplar *(n.)* nhwɛsoɔ
exempt *(v.)* yifirimu
exempt *(adj.)* ɛyifirimu
exercise *(n.)* dwumadie
exercise *(v.)* tenetene apɔmu
exfoliate *(v.)* yiyi
exhaust *(v.)* ma ɛsa
exhibit *(n.)* yikyerɛ
exhibit *(v.)* da no adi
exhibition *(n.)* oyikyerɛ
exile *(n.)* nkoasom
exile *(v.)* pamo
exist *(v.)* te ase
existence *(n.)* nkwa
existential *(adj.)* ɔwɔhɔ
existentialism *(n.)* ɛwɔhɔ
exit *(n.)* ɛkwan
exit *(v.)* pue
exotic *(adj.)* soronko
expand *(v.)* trɛ/bie
expansion *(n.)* tɛtrɛtɛ
ex-parte *(adj.)* ex parte
ex-parte *(adv.)* ex parte
expect *(v.)* hwɛ kwan
expectation *(n.)* ahwehwɛdeɛ
expedient *(adj.)* ɛfata
expedite *(v.)* hare/ntɛmtɛm
expedition *(n.)* akwantuo

expel *(v.)* yi adi
expend *(v.)* kahwɛ
expenditure *(n.)* sikasese
expense *(n.)* ɛboɔ
expensive *(adj.)* aboɔden
experience *(n.)* suahunu
experience *(v.)* fa mu
experiment *(n.)* nsɔhwɛ
expert *(adj.)* ɔbenfoɔ
expert *(n.)* onimdefo
expire *(v.)* twa mu
expiry *(n.)* twam
explain *(v.)* kyerɛ mu
explanation *(n.)* nkyerɛkyerɛmu
explicit *(adj.)* fann
explode *(v.)* pae
exploit *(n.)* mmaninsɛm
exploit *(v.)* nom bi
exploration *(n.)* nhwehwɛmu
explore *(v.)* hwehwɛ mu
explosion *(n.)* apaeɛ
explosive *(n.)* a apaeɛ
explosive *(adj.)* paeɛ
exponent *(n.)* tumi
export *(v.)* de kɔ
export *(n.)* amanɔdeɛ
expose *(v.)* pa ntoma
express *(v.)* ka wadwene
express *(adj.)* nkyerɛkyerɛmu
express *(n.)* adwenkyerɛ
expression *(n.)* nkasaeɛ
expressive *(adj.)* nkyerɛmu
expulsion *(n.)* nyifirimu
exquisite *(adj.)* fɛfɛɛfɛ
exquisitive *(adj.)* deɛ ɛyɛfɛ
extend *(v.)* twe mu
extent *(n.)* akɔduru
external *(adj.)* abɔnten
extinct *(adj.)* aseɛ ahye
extinguish *(v.)* dum
extol *(v.)* kamfo
extortion *(n.)* adamugyeɛ
extra *(adj.)* ɛka ho
extra *(adv.)* nkaho
extract *(n.)* tweŋ
extract *(v.)* yi firim
extrajudicial *(adj.)* extrajudicia
extramarital *(adj.)* akyifa
extranet *(n.)* extranet

extraordinary *(adj.)* adutwam
extrapolate *(v.)* twe mu
extrapolation *(n.)* ntwemu
extraspecial *(adj.)* soronko
extraterrestrial *(n.)* ɛnfi asaseso
extraterrestrial *(adj.)* ɛnfi asaseso
extravagance *(n.)* sikaseɛfoɔ
extravagant *(adj.)* sikaseɛɛ
extreme *(adj.)* denden
extreme *(n.)* boroso
extremist *(n.)* ɔsomtrafoɔ
extremity *(n.)* anohyeto
extricate *(v.)* de ho
extrinsic *(adj.)* akyire
extrinsically *(adv.)* abɔnten
extrovert *(n.)* fekubɔfoɔ
exude *(v.)* exude
exult *(v.)* anigye
exultant *(adj.)* anigyede
eye *(n.)* ani
eyeball *(n.)* anikosua
eyebrow *(n.)* annitɔn nwi
eyecatcher *(n.)* adwenetwetwe
eye-catching *(adj.)* ɛtwetwe adwene
eyeglass *(n.)* ahwehwɛniwa
eyelash *(n.)* anisoatɛtɛ
eyelet *(n.)* eyelet
eyelid *(n.)* anintɔn
eyeliner *(n.)* eyeliner
eye-opener *(n.)* anibueɛ
eyespot *(n.)* nsensanee
eyewash *(n.)* aniwa hohoro

F

fable *(n.)* anansesɛm
fabric *(n.)* ntoma
fabricate *(v.)* bɔ srɛmka
fabrication *(n.)* ntorɔ
fabulous *(adj.)* kukuruoo
facade *(n.)* anim
face *(n.)* anim
face *(v.)* gye tom
Face cream *(n.)* anim sradeɛ
face mask *(n.)* nkataanim
facelift *(n.)* anim foforo
facelift *(v.)* yɛ foforo

facet *(n.)* aniani
facet *(v.)* bɔ anianii
facial *(adj.)* anim
facile *(adj.)* ani-ani
facilitate *(v.)* boa
facilitation *(n.)* mboa
facility *(n.)* akadeɛ
facsimile *(n.)* sɛso
fact *(n.)* nokwasɛm
faction *(n.)* ekuo
factious *(adj.)* ekuo
factor *(n.)* sɛnti
factory *(n.)* adwinnidan
faculty *(n.)* faculty
fad *(n.)* fad
fade *(v.)* pa
faggot *(n.)* adintrumu
Fahrenheit *(adj.)* Fahrenheit
fail *(n.)* nkoguo
fail *(v.)* di nkoguo
failure *(n.)* ntwo
faint *(adj.)* mmerɛ
faint *(v.)* twa hwe
fair *(n.)* adwabɔ
fair *(adj.)* pɛrepɛre
fair game *(n.)* agodie ɛfata
fair trade *(n.)* aguadi ɛfata
fairground *(n.)* fairground
fairly *(adv.)* pɛpɛepɛ
fairy *(n.)* maame wata
faith *(n.)* gyedie
faithful *(adj.)* nokwafo
fake *(adj.)* enyɛ papa
fake *(n.)* ndaadaa
fake *(v.)* daadaa
falcon *(n.)* falcon
fall *(v.)* tɔ fam
fall *(n.)* ahwease
fallacy *(n.)* atosɛm
fallen *(n.)* ahwease
fallen *(adj.)* ahweaseɛ
fallout *(n.)* akyire asɛm
fallow *(v.)* gyae
fallow *(n.)* asase kwae
falls *(n.)* ahweaseɛ
false *(adj.)* ntorɔ
falsehood *(n.)* atosɛm
falsetto *(n.)* ɛnne
falsification *(n.)* atorɔdie

falsify *(v.)* di atorɔ
falter *(v.)* twentwɛn so
fame *(n.)* dingyeɛ
familiar *(adj.)* deɛ wonim
family *(n.)* abusua
famine *(n.)* ɛkɔm
famous *(adj.)* gye din
fan *(n.)* papa
fanatic *(adj.)* nsiyɛfoɔ
fanatic *(n.)* nsiyɛ
fanciful *(adj.)* nsusuwii hunu
fancy *(n.)* pɛ
fancy *(v.)* pɛ
fancy *(adj.)* pɛ
fantastic *(adj.)* papapaara
fantasy *(n.)* nsusuwii hunu
far *(adv.)* akyiri
far *(adj.)* akyirikyiri
faraway *(adj.)* akyirikyiri
farce *(n.)* nsɛnkwaa
fare *(n.)* boɔ
farewell *(n.)* ntetemu
farewell *(interj.)* nkyirioo
farm *(n.)* afuo
farmaceutical *(adj.)* farmaceutical
farmer *(n.)* okuani
farmhouse *(n.)* afuw dan
fascinate *(v.)* kyere adwene
fascination *(n.)* anigyeɛ
fashion *(n.)* ɛfene
fashionable *(adj.)* afadeɛ
fast *(adj.)* ntɛm
fast *(adv.)* ahoɔhareso
fast *(n.)* ntɛmtɛm
fast *(v.)* kyere kɔm
fast food *(n.)* fast food
fasten *(v.)* mia mu
fat *(adj.)* kakraa
fat *(n.)* ɔkɛseɛ
fatal *(adj.)* asiane
fatalism *(n.)* asiane asɛm
fatality *(n.)* owuo
fate *(v.)* nkrabea
fate *(n.)* nkrabea
father *(n.)* agya
father *(v.)* wo
fathom *(n.)* nteaseɛ
fathom *(v.)* te aseɛ
fatigue *(n.)* ɔbrɛ

fatigue *(v.)* ɔbrɛ
faucet *(n.)* ntwe
fault *(n.)* mfomsoɔ
faulty *(adj.)* aseɛ
fauna *(n.)* fauna
favour *(n.)* adoeɛ
favour *(v.)* dom
favourable *(adj.)* papa
favourite *(adj.)* apɛdeɛ
favourite *(n.)* apɛdeɛ
fax *(n.)* pɛpɛɛpɛ
fax *(v.)* mane
fealty *(n.)* nokwaredi
fear *(n.)* ehu
fear *(v.)* suro
fearful *(adj.)* ohufoɔ
feasible *(adj.)* wobetumi ayɛ
feast *(n.)* apontoɔ
feast *(v.)* to pono
feat *(n.)* feat
feather *(n.)* takra
feature *(n.)* su
feature *(v.)* su
febrile *(adj.)* atiridinnini
February *(n.)* Ɔgyefuo
fecal *(adj.)* ebin
feces *(n.)* bini
fecund *(adj.)* papa
fecundation *(n.)* pa
federal *(adj.)* ɔmanpanin
federation *(n.)* nkabom
fee *(n.)* sikatua
feeble *(adj.)* mmerɛ
feed *(v.)* ma aduane
feed *(n.)* didi
feel *(v.)* te nka
feeling *(n.)* atenka
feign *(v.)* patu
felicitate *(v.)* ma amo
felicitations *(int.)* nkamfo
felicity *(n.)* anigyeɛ
feline *(adj.)* feline
felinity *(n.)* felinity
fell *(v.)* bɔ fam
fellatio *(n.)* kɔtefeɛ
fellow *(n.)* yɔnkoɔ
fellowship *(n.)* fekubɔ
felony *(n.)* nsɛmmɔnedi
female *(adj.)* ɔbaa

female *(n.)* ɔbaa
feminine *(adj.)* abea asɛm
feminism *(n.)* ɔbea asɛm
feminist *(adj.)* agyinatemfoɔ
feminist *(n.)* mmaa asɛmpakafoɔ
femur *(n.)* serɛ dompe
fence *(v.)* to ban
fence *(n.)* ɛban
fencer *(n.)* ɛbantofoɔ
fencing *(n.)* banto
fend *(v.)* hwɛ hu
fengshui *(n.)* fengshui
fennel *(n.)* fennel
ferment *(n.)* aburu
ferment *(v.)* buru
fermentation *(n.)* aburu
fern *(n.)* fern
ferocious *(adj.)* atirimɔdensɛm
ferret *(n.)* aboa
ferret *(v.)* hwete
ferry *(n.)* atwareɛ
ferry *(v.)* twa asuo
ferryboat *(n.)* hyɛmma
fertile *(adj.)* adɔre
fertility *(n.)* tumi wo
fertilize *(v.)* fa nyinsɛn
fertilizer *(n.)* fertilizer
fervent *(adj.)* aniberesɛm
fervour *(n.)* ani ku
fester *(v.)* fester
festival *(n.)* afahyɛ
festive *(adj.)* afahyɛ mu
festivity *(n.)* afahyɛ
festoon *(n.)* festoon
fetal *(adj.)* awotwaa
fetch *(v.)* sa
fetish *(n.)* ɔbosom
fetishism *(n.)* bosomsom
fetter *(n.)* nkɔnsɔnkɔnsɔn
fetter *(v.)* to nkɔnsɔnkɔnsɔn
feud *(v.)* twe manso
feud *(n.)* manso
feudal *(adj.)* akyekye
feudalism *(n.)* feudalism
fever *(n.)* huraeɛ
feverish *(adj.)* atiridiinini
few *(adj.)* kakra
fiancé *(n.)* mpena
fiasco *(n.)* nkoguo

fibre *(n.)* ntɛtɛ
fibreglass *(n.)* fibreglass
fibre-optic *(adj.)* fibre-optic
fibrillate *(v.)* fibrillate
fibroid *(adj.)* fibroid
fibromuscular *(adj.)* fibromuscular
fibrosis *(n.)* fibrosis
fibrosity *(n.)* fibrosity
fibrous *(adj.)* fibrous
fickle *(adj.)* nsakrae
fiction *(n.)* ayɛsɛm
fictional *(adj.)* ayɛsɛm
fictitious *(adj.)* atorɔ
fiddle *(v.)* sosɔ mu
fiddle *(n.)* sankuo
fidelity *(n.)* nokorɛdie
fidget *(n.)* adaneɛadane
fidget *(v.)* danedane
fie *(interj.)* fie
field *(n.)* prama
fiend *(n.)* fiend
fierce *(adj.)* dennen
fiery *(adj.)* ogya
fifteen *(n.)* adunnum
fifty *(n.)* aduonum
fig *(n.)* fig
fight *(n.)* ntɔkwa
fight *(v.)* ko
figment *(n.)* ntorɔ
figurative *(adj.)* sɛnkyerɛnin
figure *(v.)* susu
figure *(n.)* mfonin
filament *(n.)* nhama
filamentation *(n.)* nhama
filamented *(adj.)* nhama ayɛ
file *(n.)* nkrataa
file *(v.)* de to
fillet *(v.)* yi dompe
fillet *(n.)* nampa
film *(n.)* sinii
film *(v.)* yi sini
filmmaker *(n.)* siniyɛfo
filter *(n.)* nsɔni
filter *(v.)* sɔni
filth *(n.)* efi
filthy *(adj.)* efi
fin *(n.)* fin
final *(adj.)* aweiɛ
finale *(n.)* awiei

finance *(n.)* sikasɛm
finance *(v.)* ma sika
financial *(adj.)* sikasɛm
financier *(n.)* sikasɛm benfo
find *(v.)* hwehwɛ
fine *(n.)* kama
fine *(v.)* twe aso
fine *(adj.)* papa
finger *(n.)* nsateaa
finger *(v.)* fahyehyɛ
fingernail *(n.)* bowerɛ
fingerpaint *(n.)* fingerpaint
fingerprint *(n.)* nsateaa nkyerɛwee
fingerstick *(n.)* fingerstick
finish *(n.)* awieeɛ
finish *(v.)* wie
finite *(adj.)* anohyetoɔ
fir *(n.)* fir
fire *(n.)* ogya
fire *(v.)* sɔ gya
fire engine *(n.)* odumgyafoɔ afiri
fire exit *(n.)* abɔntenfiri
fire extinguisher *(n.)* odumgya
fire station *(n.)* odumgyafo bea
fireball *(n.)* fireball
firefight *(n.)* ogyadum
firefighter *(n.)* odumgyafo
firehose *(n.)* ogya dorobɛn
firehouse *(n.)* ogya dan
firepit *(n.)* ogya amena
fireproof *(adj.)* ogya nka
fireproof *(v.)* fireproof
fire-resistant *(adj.)* mpɛ gya
firesuit *(n.)* odumgyafoɔ ataare
firetruck *(n.)* odumgyafoɔ lɔre
fireworks *(n.)* ogyadwuma
firm *(n.)* denden
firm *(adj.)* deɛ ɛden
firmament *(n.)* ewiem
firmness *(n.)* pintinnyɛ
first *(adj.)* ede kan
first *(n.)* kan
first *(adv.)* kane
first aid *(n.)* mmoa ntɛm
fiscal *(adj.)* sikasɛm
fish *(n.)* nsunam
fish *(v.)* hwehwɛ
fisherman *(n.)* ɔfareni
fissure *(n.)* mpaapaemu

fist *(n.)* kuturuku
fist *(v.)* bɔ kuturuku
fistula *(n.)* fistula
fit *(adj.)* ɛfata
fit *(n.)* etwirɛ
fit *(v.)* fata
fitful *(adj.)* fitful
fitness test *(n.)* apɔmuden nsɔhwɛ
fitness tracker *(n.)* apɔmuden afiri
fitness training *(n.)* apɔmuden ntetee
fitter *(n.)* fitter
fitting room *(n.)* nseisei dan
five *(n.)* nnum
fix *(v.)* siesie
fix *(n.)* nsiesie
fixer-upper *(n.)* fixer-upper
fixture *(n.)* da
fizz *(n.)* nnyegyeeɛ
fizz *(v.)* ma ɛnyegye
fizzy *(adj.)* anonneɛ
flabbergast *(n.)* ahodwiri
flabbergast *(v.)* ma ahodwiiri
flabbergasted *(adj.)* ahodwiri
flabby *(adj.)* bɛtɛɛ
flag *(n.)* frankaa
flagrant *(adj.)* anidahɔ
flake *(n.)* mbubueɛ
flake *(v.)* bubu
flaking *(adj.)* bubu
flambé *(adj.)* flambé
flambé *(n.)* flambé
flambé *(v.)* flambé
flamboyance *(n.)* ɛboro so
flamboyant *(n.)* ɛboro so
flamboyant *(adj.)* akokoduru
flame *(n.)* ogyaframa
flame *(v.)* hye
flamenco *(n.)* flamenco
flank *(adj.)* nkyɛnnmu
flank *(n.)* nkyɛnnmu
flank *(v.)* di nkyɛnnmu
flannel *(n.)* flannel
flap *(v.)* him
flap *(n.)* ɛhimhim
flapper *(n.)* flapper
flapping *(adj.)* ɛrehimhim
flapping *(n.)* ɛhimhim
flapping *(v.)* himhim
flare *(n.)* nyerɛn

flare *(v.)* hyerɛn
flash *(n.)* yerɛwyerɛw
flash *(v.)* te yerɛwyerɛw
flashback *(n.)* akyie
flashbulb *(n.)* flashbulb
flashcard *(n.)* flashcard
flasher *(n.)* ɛhyerɛn
flashing *(n.)* ɛrehyerɛn
flashlight *(n.)* ogyatɛn
flask *(n.)* tumpan
flat *(adj.)* tratratra
flat *(n.)* tratra
flat screen *(n.)* flat screen
flatbed *(n.)* mpatrataa
flatbed *(adj.)* mpa traa
flatbread *(n.)* brodotraa
flatfoot *(n.)* nan trataa
flatland *(n.)* asaasepetee
flatter *(v.)* dɛfɛdɛfɛ
flattery *(n.)* adɛfɛdɛfɛ
flatulence *(n.)* ɛta
flatulent *(adj.)* ɛta
flaunt *(v.)* bu mmra
flaunter *(n.)* mmratonii
flavour *(n.)* ɛdɛ
flaw *(n.)* sintɔ
flawless *(adj.)* sintɔ nniho
flea *(n.)* ɔkramandwie
flea market *(n.)* flea market
flee *(v.)* dwane
fleece *(n.)* odwan nwi
fleece *(v.)* bu
fleet *(n.)* fleet
flesh *(n.)* nam
flexible *(adj.)* mrɛ
flicker *(n.)* anibɔ
flicker *(v.)* bɔ ani
flight *(n.)* weimhyɛn
flimsy *(adj.)* hare
fling *(v.)* to
flip *(n.)* adaneɛadaneɛ
flip *(v.)* dane
flip *(adj.)* adane
flippancy *(n.)* mmuade
flirt *(n.)* dɛɛdɛɛ
flirt *(v.)* dɛfɛdɛfɛ
float *(v.)* tɛ ani
flock *(n.)* kuo
flock *(v.)* te kuo

flog *(v.)* hwe
flood *(n.)* nsuyiri
flood *(v.)* yiri
flood gate *(n.)* nsuyiri pon
floodlight *(n.)* floodlight
floodlight *(v.)* floodlight
floor *(v.)* bɔ fam
floor *(n.)* fam
flop *(v.)* fom
flora *(n.)* afifide
florist *(n.)* nhwirentonfo
floss *(v.)* floss
flour *(n.)* esam
flourish *(v.)* yɛ frɔmfrɔm
flow *(n.)* kankorɔ
flow *(v.)* tene
flow chart *(n.)* flow chart
flower *(n.)* nhwiren
flowery *(adj.)* nhwiren
fluctuate *(v.)* hinhim
fluent *(adj.)* anoteeɛ
fluid *(n.)* nsuo
fluid *(adj.)* nsuonsuo
fluorescent *(adj.)* hann
flush *(v.)* hohoro
flush *(n.)* nyifirimu
flute *(n.)* abɛn
flute *(v.)* bɔ abɛn
flutter *(n.)* faafaa
flutter *(v.)* tu faafaa
fly *(n.)* nwansena
fly *(v.)* tu
flyer *(n.)* krataa
foal *(n.)* pɔnkɔ ba
foal *(v.)* wo
foam *(n.)* ahuro
foam *(v.)* twa ahuro
foamy *(adj.)* ahurututu
focal *(adj.)* mfimfini
focalization *(n.)* ani si
focalize *(v.)* si pi
focus *(n.)* pɔtee
focus *(v.)* si pi
focused *(adj.)* pɔtee
focusing *(adj.)* hwɛ anim
fodder *(n.)* aduane
foe *(n.)* ɔtamfo
foetus *(n.)* mogyatoa
fog *(n.)* ɛbɔ

fogbank *(n.)* fogbank
foggy *(adj.)* ɛbɔ
foil *(v.)* si ano
fold *(n.)* nnwan buo
fold *(v.)* moamoa
folder *(n.)* folda
folding *(adj.)* bobɔ
folding *(n.)* bobɔ
foldup *(adj.)* bobɔ
foliage *(n.)* nhaban
foliate *(adj.)* nhaban
foliate *(v.)* ɛsow ahaban
foliation *(n.)* nhaban
folic *(adj.)* folic
folio *(n.)* folio
folk *(adj.)* ɔmanfoɔ
folk *(n.)* ɔmanfoɔ
folklore *(n.)* anansesɛm
folkloric *(adj.)* anansesɛm
follies *(n.)* gyimisɛm
follow *(v.)* di akyire
follower *(n.)* akyidifoɔ
follow-up *(n.)* akyidie
folly *(n.)* nkwaseasɛm
foment *(v.)* gyegye
fond *(adj.)* ani gye
fondant *(n.)* fondant
fondle *(v.)* miamia
fondler *(n.)* omiamiafo
fondling *(n.)* amiamia
font *(n.)* font
food *(n.)* aduane
fool *(v.)* gyimi
fool *(n.)* gyimifoɔ
foolish *(adj.)* kwasea
foolscap *(n.)* nkwaseasɛm
foot *(n.)* nantabono
foot *(v.)* tua
footage *(n.)* mfonini ahorow
football *(n.)* bɔɔl
foothold *(n.)* gyinabea
footloose *(adj.)* footloose
footman *(n.)* akoa
footmark *(n.)* nanase agyiraehyɛde
footnote *(n.)* asehɔ asɛm
footnote *(v.)* footnote
footpath *(n.)* nantekwan
footprint *(n.)* anammɔn
footsore *(adj.)* nantɛm kuro

footwear *(n.)* mpaboa
footwork *(n.)* nanteɛ
for *(prep.)* ma
for *(conj.)* efisɛ
forage *(n.)* ɛserɛ
forage *(v.)* hwehwɛ
forager *(n.)* ɛserɛnyi
foraging *(n.)* nhwehwɛ
foray *(n.)* foray
foray *(v.)* foray
forbear *(v.)* gyae
forbearance *(n.)* boasetɔ
forbid *(v.)* bra
forbidden *(adj.)* akyiwadeɛ
force *(n.)* nhyɛsoɔ
force *(v.)* hyɛ
forceful *(adj.)* mmɔden
forceps *(n.)* forceps
forcible *(adj.)* tumi hyɛ
forearm *(n.)* abasa
forearm *(v.)* boa woho
forecast *(n.)* nkɔmhyɛ
forecast *(v.)* hyɛ nkɔm
forecourt *(n.)* anim abɔnten
forefather *(n.)* odikanfo
forefinger *(n.)* nsateaa
forehead *(n.)* moma
foreign *(adj.)* aburokyire
foreigner *(n.)* ɔhɔhoɔ
foreknowledge *(n.)* nhunu sie
foreleg *(n.)* anim nan
forelock *(n.)* forelock
foreman *(n.)* adwumasohwɛfoɔ
foremost *(adj.)* kan
forenoon *(n.)* awiabere
forensic *(adj.)* amumuyɛ
forensic *(n.)* amumuyɛ
forerunner *(n.)* ɔkannifo
foresee *(v.)* hwɛ kwan
foresight *(n.)* nhunumu
forest *(n.)* kwaeɛ
forestall *(v.)* si ano kwan
forester *(n.)* kwaeɛ ɔhwɛfo
forestry *(n.)* kwaeɛbirentuo
foretell *(v.)* hyɛ nkɔm
forethought *(n.)* ɛsusuho
forever *(adv.)* afebɔɔ
forewarn *(v.)* bɔ kɔkɔ
foreword *(n.)* nnianimu

forfeit *(v.)* hwere
forfeit *(n.)* ahwere
forfeiture *(n.)* forfeiture
forge *(v.)* sakyeramu
forge *(n.)* nsesa
forgery *(n.)* nkontompodeyɔ
forget *(v.)* werɛ firi
forgetful *(adj.)* awerɛfie
forgive *(v.)* fakyɛ
forgo *(v.)* gyae
forlorn *(adj.)* mɔbɔ
form *(v.)* te
form *(n.)* gyinapɛn
formal *(adj.)* ɛdi mu
formality *(n.)* kwan a wɔfaso
format *(n.)* format
formation *(n.)* nhyehyeɛ
former *(adj.)* dada
former *(pron.)* anim
formerly *(adv.)* kan no
formidable *(adj.)* ɛbɔ hu
formula *(n.)* formula
formulate *(v.)* yɛ
forsake *(v.)* paw
forswear *(v.)* ka ntam
fort *(n.)* abankɛse
forte *(n.)* forte
forth *(adv.)* anim
forthcoming *(adj.)* reba
forthwith *(adv.)* ntɛm ara
fortify *(v.)* hyɛ den
fortitude *(n.)* akokoɔduro
fortnight *(n.)* dapɛn abien
fortress *(n.)* abankeseɛ
fortunate *(adj.)* tiri yɛ
fortune *(n.)* sikanya
forty *(n.)* aduanan
forum *(n.)* forum
forward *(v.)* kɔ anim
forward *(adj.)* daakye
forward *(adv.)* anim
fossil *(n.)* fango
foster *(v.)* te abɔfra
foster care *(n.)* mmɔfra hwɛ
foul *(n.)* efi
foul *(adj.)* kankan
foul *(v.)* yɛ fi
foul play *(n.)* agurɔ fi
found *(v.)* hunu

foundation *(n.)* abɔaseɛ
founder *(n.)* ɔhyehyɛfoɔ
foundry *(n.)* foundry
fountain *(n.)* asubura
four *(n.)* anan
fourteen *(n.)* dunnan
fowl *(n.)* nnoma
fowler *(n.)* ɔbɔmmɔfoɔ
fox *(n.)* sakraman
fraction *(n.)* fraction
fracture *(n.)* akisikuro
fracture *(v.)* bu
fragile *(adj.)* mrɛ
fragment *(n.)* asiniasin
fragrance *(n.)* aduhwam
fragrant *(adj.)* hwam
frail *(adj.)* mmerɛ
frame *(v.)* twa to
frame *(n.)* ntwatosoɔ
framework *(n.)* framework
franchise *(n.)* abatoɔ tumi
frank *(adj.)* penpen
frankly *(adv.)* pen
frantic *(adj.)* deɛ ɛhu
fraternal *(adj.)* onuayɛ/ntaafoɔ
fraternity *(n.)* onua kuo
fratricide *(n.)* kum nnuanom
fraud *(n.)* bukata
fraudulent *(adj.)* nsisi
fraught *(adj.)* fraught
fray *(n.)* fray
freak *(adj.)* anwonwasɛm
freak *(n.)* anwonwasɛm
freak *(v.)* yɛ wonwa
freak-out *(n.)* freak-out
free *(adj.)* de ho
free *(v.)* de ho
freedom *(n.)* fawohoodie
freelancer *(n.)* freelancer
freewheel *(v.)* freewheel
freeze *(v.)* yɛ den
freight *(n.)* freight
French *(adj.)* French
French *(n.)* French
frenzy *(n.)* hatuhatu
frequency *(n.)* mpɛn dodoɔ
frequent *(adj.)* ntɛm
fresh *(adj.)* foforɔ
fret *(n.)* dwendwen

fret *(v.)* ha
friction *(n.)* ntwitwiho
Friday *(n.)* Fiada
fridge *(n.)* friigi
friend *(n.)* adamfoɔ
fright *(n.)* ahunahuna
frighten *(v.)* hunahuna
frigid *(adj.)* nwini
frill *(n.)* frill
fringe *(n.)* nkyɛnkyɛn
fringe *(v.)* nkyɛnkyɛn
frivolous *(adj.)* aserisɛm
frock *(n.)* atadeɛ
frog *(n.)* apɔtrɔ
frolic *(n.)* agorɔdie
frolic *(v.)* di agorɔ
from *(prep.)* firi
front *(n.)* anim
front *(adj.)* anim
front *(v.)* di anim
front page *(n.)* krataafa edikan
frontier *(n.)* ɛhyeɛ
frontside *(adj.)* animfa
frost *(n.)* kyene
frosting *(n.)* kyenkyene
frown *(n.)* amunamuna
frown *(v.)* muna
frozen *(adj.)* nsuboɔ
frugal *(adj.)* ahwɛyie
fruit *(n.)* aduaba
fruitful *(adj.)* wo mma
frustrate *(v.)* teetee
frustration *(n.)* ateetee
fry *(v.)* kye
fry *(n.)* nkye
fuel *(n.)* fango
fugitive *(adj.)* deɛ wadwane
fugitive *(n.)* odwanefoɔ
fulfil *(v.)* yɛ
fulfilment *(n.)* mma mu
full *(adj.)* ma
full *(adv.)* ɛyɛ ma
full moon *(n.)* ɔsram
full name *(n.)* din
full stop *(n.)* osiweiɛ
fullness *(n.)* mmama
fully *(adv.)* koraa
fumble *(v.)* pori
fun *(n.)* anigyeɛ

function *(n.)* dwumadie
function *(v.)* di dwuma
functionary *(n.)* adwumayɛfoɔ
fund *(n.)* sika
fundamental *(adj.)* nnyinasoɔ
fundraise *(v.)* gye sika
funeral *(n.)* ayiyɔ
fungus *(n.)* fungus
funny *(n.)* ɛyɛ sere
fur *(n.)* aboa wedeɛ
furious *(adj.)* bo afu
furl *(v.)* furl
furlong *(n.)* furlong
furnace *(n.)* furnance
furnish *(v.)* siesie
furniture *(n.)* akoonwa
furrow *(n.)* furrow
further *(adv.)* bio
further *(adj.)* kɔ anim
further *(v.)* toa so
fury *(n.)* abufuhyew
fuse *(v.)* fa hyɛ
fuse *(n.)* nhyɛmu
fusion *(n.)* nhyiamu
fuss *(n.)* basabasayɛ
fuss *(v.)* yɛ basabasa
futile *(adj.)* kwa
futility *(n.)* nni mfaso
future *(adj.)* daakye
future *(n.)* daakye
futuristic *(adj.)* daakye asɛm
futurology *(n.)* daakye adesua
fuzz *(n.)* fuzz
fuzz *(v.)* fuzz
fuzzy *(adj.)* wisiwisi

gabble *(v.)* toatoa
gadfly *(n.)* gadfly
gadget *(n.)* afidie
gaffe *(n.)* mfomsoɔ
gag *(v.)* mua
gag *(n.)* ntoma
gaiety *(n.)* anigyeɛ
gain *(n.)* mfasoɔ
gain *(v.)* nya

gainful *(adj.)* mfasoɔ
gainly *(adj.)* mfasoɔ
gainsay *(v.)* kasa tia
gait *(n.)* nantew
gala *(adj.)* agodie
gala *(n.)* agodie
galactic *(adj.)* galactic
galaxy *(n.)* nsoromma kuo
gale *(n.)* ahum
gallant *(adj.)* yɛduru
gallant *(n.)* ɔkatakyie
gallantry *(n.)* akokoduro
gallery *(n.)* mfonin krabea
gallon *(n.)* galɔn
gallop *(n.)* mmirika
gallop *(v.)* hurihuri
gallows *(n.)* asennua
galore *(adv.)* pii
galvanize *(v.)* galvanize
galvanometer *(n.)* galvanoment
galvanoscope *(n.)* galvanoscope
gambit *(n.)* gambit
gamble *(v.)* to kyakya
gamble *(n.)* kyakya
gambler *(n.)* kyakyatofoɔ
game *(n.)* agodie
game *(v.)* di agorɔ
game changer *(n.)* agodie nsakrae
game point *(n.)* agodie nsɛm
gamemaster *(v.)* agodie benfoɔ
gamepad *(n.)* gamepad
gameplayer *(n.)* agodie bɔfoɔ
gamespace *(n.)* agodie kwan
gamma *(n.)* gamma
gander *(n.)* gander
gang *(n.)* fekuo
gangrene *(n.)* gangrene
gangster *(n.)* mmratonii
gap *(n.)* ɛkwan
gap *(v.)* ma kwan
gape *(v.)* ma kwan
garage *(n.)* garaagye
garb *(n.)* ntade
garb *(v.)* hyɛ atade
garbage *(n.)* nwura
garden *(n.)* mfikyifuo
gardener *(n.)* turoyɛfo
gargle *(v.)* posu
garisson *(n.)* asraafoɔ beaeɛ

garisson *(v.)* garrison
garland *(n.)* nhwiren
garland *(v.)* siesie nhwiren
garlic *(n.)* galeke
garlicky *(adj.)* garlicky
garment *(n.)* atade
garnish *(v.)* siesie ho
garnish *(n.)* nsiesie
garnishment *(n.)* nsiesie
garrotte *(n.)* awudie
garrotte *(v.)* kum
garrotter *(n.)* kumfo
garter *(n.)* garter
gas *(n.)* gas
gasesous *(adj.)* gasesous
gash *(n.)* ntwa
gash *(v.)* twa
gashing *(adj.)* ɛtwa
gasification *(n.)* gasification
gasified *(adj.)* gasified
gasify *(v.)* gasify
gasket *(n.)* nsiano
gasmask *(n.)* gasmask
gasoline *(n.)* fangoo
gasp *(n.)* nteeso
gasp *(v.)* tee so
gassy *(adj.)* gassy
gastric *(adj.)* gastric
gastronomy *(n.)* didifo
gate *(n.)* pono
gatehouse *(n.)* aponkeseɛ dan
gatekeeper *(n.)* ponohwɛfo
gatepost *(n.)* gatepost
gateway *(n.)* kwan
gather *(v.)* boaboa
gaudy *(adj.)* gaudy
gauge *(n.)* susufidie
gaunt *(adj.)* tiatia
gauntlet *(n.)* gauntlet
gawk *(n.)* nhwɛ
gawk *(v.)* fii
gawky *(adj.)* nhwɛ
gay *(adj.)* deɛ ɔmfahweeho
gay *(n.)* adintrumu
gaze *(v.)* hwɛ haa
gaze *(n.)* nhwɛhann
gazelle *(n.)* gazelle
gazette *(n.)* gazette
gazillion *(n.)* gazillion

gear *(n.)* afadeɛ
gearbox *(n.)* adaka
gearset *(n.)* gearset
gearwheel *(n.)* gearwheel
geek *(n.)* geek
geek *(v.)* geek
geeksville *(n.)* geeksville
geekwear *(n.)* geekwear
geeky *(adj.)* geeky
geisha *(n.)* geisha
gel *(n.)* gel
gel *(v.)* gel
gelatin *(n.)* gelatin
gelatinize *(v.)* gelatinize
gelatinous *(adj.)* gelatinous
geld *(v.)* sa
gelded *(adj.)* asa
gelding *(n.)* resa
gem *(n.)* ɔbohene
geminal *(adj.)* geminal
geminate *(adj.)* mfefeɛ
geminate *(v.)* fefɛ
Gemini *(n.)* gemimi
gemmology *(n.)* ɔbohene adesua
gender *(n.)* bɔbea
gene *(n.)* su
genealogical *(adj.)* ntoatoasoɔ
genealogy *(n.)* ntoatoasoɔ
generable *(adj.)* generable
general *(adj.)* biribiara
generally *(adv.)* daa daa
generate *(v.)* yɛ
generation *(n.)* asefoɔ
generator *(n.)* anyinnam afidie
generosity *(n.)* papayɛ
generous *(adj.)* tirimuɔmmerɛ
genetic *(adj.)* awosu
geneticist *(n.)* awosu benfoɔ
genial *(adj.)* adamfofa
geniality *(n.)* ayamye
genie *(n.)* sunsum
genital *(adj.)* kɔteɛ
genitalia *(n.)* nkwaadɔm
genius *(n.)* onyansafo
genocide *(n.)* nnipadɔm kum
genome *(n.)* genome
genre *(n.)* ɔfa
genteel *(adj.)* genteel
gentility *(n.)* ahodwo

gentle *(adj.)* ahodwo
gentleman *(n.)* onimuonyamfo
gentry *(n.)* gentryfoɔ
genuine *(adj.)* nokware
geographer *(n.)* asaseho nimdefo
geographical *(adj.)* asasehoasɛm
geography *(n.)* asaase adesua
geological *(adj.)* geological
geologist *(n.)* asaseho ɔbenfo
geologist *(n.)* asaseho ɔbenfo
geology *(n.)* asaseho adesua
geometrical *(adj.)* geometrical
geometry *(n.)* geometry
geopolitical *(adj.)* geopolitical
geothermal *(adj.)* geothermal
geranium *(n.)* geranium
germ *(n.)* mmoawa
germicide *(n.)* ɛkumkum mmoawa
germin *(n.)* germin
germinate *(v.)* pue
germination *(n.)* efifi
gerund *(n.)* gerund
gesture *(n.)* nhwɛ
get *(v.)* nya
geyser *(n.)* geyser
ghastly *(adj.)* ɛbɔ hu
ghetto *(n.)* ghetto
ghost *(n.)* saman
ghost town *(n.)* nsaman kuro
ghostwriter *(n.)* ghostwriter
ghoul *(n.)* ghoul
ghoulish *(adj.)* ghoulish
giant *(n.)* gramo
giantess *(n.)* ɔbaa gramo
gib *(n.)* gib
gib *(v.)* gib
gibber *(n.)* ntoatoa
gibber *(v.)* toatoa
gibberish *(n.)* kwaseakeka
gibberish *(adj.)* kwaseasɛm
gibbon *(n.)* gibbon
gibe *(v.)* gibe
gibe *(n.)* gibe
giddy *(adj.)* anisobirie
gift *(n.)* akyɛdie
gift *(v.)* kyɛ
gifted *(adj.)* kyeɛ
giftwrap *(v.)* jura
gig *(n.)* gig

gig *(v.)* gig
gigabit *(n.)* gigabit
gigabyte *(n.)* gigabyte
gigantic *(adj.)* kakraa
giggle *(v.)* weenwee
gild *(v.)* gild
gilt *(adj.)* gilt
gimmick *(n.)* nnaadaa
gimmick *(v.)* daadaa
gimmickry *(n.)* nnaadaa
gimp *(n.)* ntɔgusoɔ
gimp *(v.)* ka wom
gimp *(adj.)* tɔgusoɔ
gin *(n.)* nsaden
ginger *(adj.)* kakaduro
ginger *(n.)* kakaduro
ginger ale *(n.)* ginger ale
gingerbread *(n.)* kakaduro paano
giraffe *(n.)* asukɔnkɔn
gird *(v.)* bɔso
girder *(n.)* girder
girdle *(n.)* abɔsoɔ
girdle *(v.)* bɔso
girl *(n.)* abaayewa
girlish *(adj.)* mmaasɛm
gist *(n.)* gist
give *(v.)* ma
gizmo *(n.)* gizmo
glacier *(n.)* glacier
glad *(adj.)* ani agye
gladden *(v.)* ma anigyeɛ
glade *(n.)* ɛkwan
gladiator *(n.)* gladiator
gladiatorial *(adj.)* gladiatorial
gladly *(adv.)* anigye
glam *(adj.)* ɛyɛ fɛ
glam *(n.)* fɛfɛɛfɛ
glamour *(n.)* ahoɔfɛ
glance *(n.)* hwɛ ntɛm
glance *(v.)* hwɛ
gland *(n.)* gland
glare *(n.)* ɛhann
glare *(v.)* hyerɛnn
glass *(n.)* glass
glasses *(n.)* ahwehwɛniwa
glasshouse *(n.)* ahwehwɛdan
glassify *(v.)* glassify
glassmaker *(n.)* ahwehwɛ yɛfoɔ
glaucoma *(n.)* aniyareɛ

glaze *(v.)* glaze
glaze *(n.)* glaze
glazier *(n.)* glazier
gleam *(n.)* ɛhyerɛnn
gleam *(v.)* te yerɛwyerɛw
gleaming *(adj.)* ɛte yerɛwyerɛw
glee *(n.)* anigyeɛ
gleeful *(adj.)* ani gye
gleefully *(adv.)* anigyeɛ
glide *(n.)* ɛsiane
glide *(v.)* siane
glider *(n.)* glider
glimmer *(n.)* ɛhyerɛnn
glimmer *(v.)* hyerɛnn
glimpse *(n.)* ɔhwɛ
glitch *(n.)* asɛi
glitch *(v.)* sɛi
glitter *(v.)* hyerɛnn
glitter *(n.)* hyɛnhyɛn
gloat *(v.)* gye ani
gloat *(n.)* anigyeɛ
gloatingly *(adv.)* anigye
global *(adj.)* amansan
global warming *(n.)* ewiem nsakyeraeɛ
globally *(adv.)* wiase
globe *(n.)* ewiase
globetrotter *(n.)* globetrotter
gloom *(n.)* kusuu
gloomy *(adj.)* kusuu
glorification *(n.)* anuonyam
glorify *(v.)* hyɛ anuonyam
glorious *(adj.)* anuonyam
glory *(n.)* anuonyam
gloss *(n.)* ɛhyerɛn
glossary *(n.)* nsɛmfua nkyerɛkyerɛmu
glossy *(adj.)* ɛhyerɛn
glove *(n.)* glove
glovebox *(n.)* glovebox
glow *(v.)* hyerɛn
glow *(n.)* ɛhyerɛn
glucose *(n.)* glucose
glue *(n.)* ataredeɛ
glue *(v.)* tare
glue stick *(n.)* atare dua
glut *(n.)* mmoroso
glut *(v.)* boroso
gluten-free *(adj.)* gluten nnim
glutton *(n.)* adidifo
gluttony *(n.)* adiditrasoɔ

glycerine *(n.)* glycerine	**gorge** *(v.)* didi fuufuu
gnarl *(n.)* akyinkyim	**gorge** *(adj.)* fuufuu
gnarl *(v.)* kyinkyim	**gorgeous** *(adj.)* ahoɔfɛ
gnaw *(v.)* ka	**gorilla** *(n.)* akaatia
gnome *(n.)* gnome	**gospel** *(n.)* asɛmpa
go *(v.)* kɔ	**gossip** *(n.)* kɔnkɔnsa
goad *(n.)* gyegye	**gossip** *(v.)* di kɔnkɔnsa
goal *(n.)* botaeɛ	**gothic** *(adj.)* gothic
goalkeeper *(n.)* atenamgyinafoɔ	**gothic** *(n.)* gothic
goalpost *(n.)* atena	**gouda** *(n.)* gouda
goalscoring *(n.)* rehyɛ	**gourd** *(n.)* ɛferɛ
goanna *(n.)* kɔ yɛ	**gout** *(n.)* gout
goat *(n.)* abirekyie	**govern** *(v.)* bu ɔman
gobble *(n.)* mene ntɛmtɛm	**governance** *(n.)* ammanmuo
goblet *(n.)* kuruwa	**governess** *(n.)* amerado
god *(n.)* nyame	**government** *(n.)* aban
goddess *(n.)* onyamewa	**governor** *(n.)* amerado
godfather *(n.)* agya	**gown** *(n.)* atade
godhead *(n.)* Onyankopɔn	**grab** *(v.)* kye
godly *(adj.)* onyamesom pa	**grace** *(n.)* adom
godown *(n.)* godown	**grace** *(v.)* dom
godsend *(n.)* onyame akyede	**graceful** *(adj.)* adom
goggles *(n.)* ahwehwɛniwa	**gracious** *(adj.)* adom mu
gold *(n.)* sikakɔkɔɔ	**gradation** *(n.)* kɔ anim
golden *(adj.)* ɛyɛ kɔkɔɔ	**grade** *(n.)* gyinapɛn
goldsmith *(n.)* sikadwinnifoɔ	**grade** *(v.)* gyina
golf *(n.)* golf	**gradual** *(adj.)* nkakrankra
golf cart *(n.)* golf cart	**graduate** *(v.)* wei
golf course *(n.)* golf course	**graduate** *(n.)* eweiɛ
gonads *(n.)* gonads	**graduation ceremony** *(n.)* adesua aweieɛ
gondola *(n.)* gondola	**graffiti** *(v.)* graffiti
gong *(n.)* dawuro	**graft** *(n.)* ntutim
goo *(n.)* mann	**graft** *(v.)* tu tim
goo *(v.)* yɛ mann	**grain** *(n.)* aburo
good *(adj.)* papa	**grammar** *(n.)* kasa mmra
good *(n.)* papa	**grammarian** *(n.)* kasa mmra
good-bye *(interj.)* nante yie	**gramme** *(n.)* gramme
goodness *(n.)* papaapa	**gramophone** *(n.)* gramofon
goodwill *(n.)* apɛde pa	**granary** *(n.)* granary
goof *(v.)* fom	**grand** *(adj.)* keseɛ
goof *(n.)* gyimifoɔ	**grand finale** *(n.)* aweieɛ koraa
goofy *(adj.)* gyimi	**grandeur** *(n.)* hotwa
google *(v.)* google	**grant** *(v.)* ma
gooney *(n.)* kwasea	**grant** *(n.)* akyɛdeɛ
goose *(n.)* awɔse	**grape** *(n.)* bobe aba
gooseberry *(n.)* gooseberry	**graph** *(n.)* graph
gore *(n.)* mogya hwieguo	**graphic** *(adj.)* graphic
gore *(v.)* hwie mogya	**grapple** *(n.)* nsusɔmu
gorge *(n.)* fuufuu	**grapple** *(v.)* tentam

grasp *(v.)* sɔ mu	**groom** *(n.)* ɔsomfo
grasp *(n.)* nteaseɛ	**groom** *(v.)* seisei
grass *(n.)* sare	**groove** *(n.)* groove
grassland *(n.)* sare asase	**groove** *(v.)* groove
grate *(n.)* twerɛ	**grope** *(v.)* amiamia
grate *(v.)* twi	**gross** *(n.)* mfasoɔ
grateful *(adj.)* ani sɔ	**gross** *(adj.)* obuo nnim
grater *(n.)* grater	**grotesque** *(adj.)* tantan
gratification *(n.)* abotɔyam	**ground** *(n.)* ɛfam
gratis *(adv.)* kwa	**ground** *(v.)* bɔ fam
gratitude *(n.)* anisɔ	**ground attack** *(n.)* ɔko
gratuity *(n.)* sika akyɛdeɛ	**ground clearance** *(n.)* fam aseisei
grave *(n.)* ɔdamena	**group** *(n.)* ekuo
grave *(adj.)* dea ɛyann	**group** *(v.)* te kuo
gravitate *(v.)* bɛn	**grow** *(v.)* nyini
gravitation *(n.)* duruduru	**grower** *(n.)* oduafo
gravity *(n.)* duru	**growl** *(v.)* woro so
graze *(v.)* we nwura	**growl** *(n.)* woroso
graze *(n.)* wɔtere	**growth** *(n.)* ɛnyini
grease *(n.)* sradeɛ	**grudge** *(v.)* ma abufuw
grease *(v.)* sra	**grudge** *(n.)* abufuw
greasy *(adj.)* srade wom	**grumble** *(v.)* nwiinwii
great *(adj.)* kɛseɛ	**grunt** *(n.)* prako su
greed *(n.)* anibere	**grunt** *(v.)* su
greedy *(adj.)* pɛsɛmenkomenya	**guarantee** *(v.)* hyɛ bɔ
Greek *(n.)* greek	**guarantee** *(n.)* agyinamudeɛ
Greek *(adj.)* greek	**guard** *(v.)* wɛn
green *(adj.)* ahabammono	**guard** *(n.)* ɔwɛnfoɔ
green *(n.)* ahabammono	**guardian** *(n.)* wɛnfoɔ
greenery *(n.)* ahabammono	**guava** *(n.)* guava
greenhouse *(n.)* greenhouse	**guerilla** *(n.)* guerilla
greet *(v.)* kyia	**guess** *(v.)* bɔsrɛmu ka
grenade *(n.)* grenade	**guess** *(n.)* bɔsrɛmuka
grey *(adj.)* nsonso	**guest** *(n.)* ɔhɔhoɔ
grey market *(n.)* grey market	**guest list** *(n.)* ahɔhoɔ dinn
greyhound *(n.)* greyhound	**guest room** *(n.)* ɔhɔhoɔ dan
grief *(n.)* awerɛhoɔ	**guidance** *(n.)* akwankyerɛ
grievance *(n.)* anwiinwii	**guide** *(v.)* tenetene
grieve *(v.)* di awerɛhoɔ	**guide** *(n.)* kwankyerɛfo
grievous *(adj.)* awerɛhoɔdi	**guideline** *(n.)* kwankyerɛ
grim *(adj.)* ɛyɛ hu	**guild** *(n.)* abusuakuo
grind *(v.)* pɔtɔ	**guile** *(n.)* nnaadaasɛm
grinder *(n.)* apɔtɔyewa	**guilt** *(n.)* ɛfɔ
grip *(v.)* kura mu	**guilt-free** *(adj.)* ɛfɔ-nim
grip *(n.)* nkuramu	**guilty** *(adj.)* fɔ
groan *(v.)* si apene	**guise** *(n.)* guise
groan *(n.)* apenesie	**guitar** *(n.)* sankuo
grocer *(n.)* aduanetɔnfoɔ	**gulf** *(n.)* gulf
grocery *(n.)* atonnuane	**gull** *(n.)* gull

gull *(v.)* gull
gulp *(n.)* menemene
gulp *(v.)* mene
gum *(n.)* gum
gumboot *(n.)* gumboot
gun *(n.)* tuo
gunpoint *(n.)* atuo ano
gust *(n.)* mframa
gutter *(n.)* gɔtter
guttural *(adj.)* guttural
gymnasium *(n.)* apɔmutene dan
gymnast *(n.)* apɔmutene ɔbenfoɔ
gymnastic *(adj.)* apɔmutenetene
gymnastics *(n.)* apɔmutenetene

habeas corpus *(n.)* habeas
habit *(n.)* suban
habitable *(adj.)* tenabea
habitat *(n.)* atenaeɛ
habitation *(n.)* atenaɛ
habituate *(v.)* fa su
hack *(v.)* twitwa
hacker *(n.)* hacker
haemoglobin *(n.)* mogya
hag *(n.)* tan
haggard *(adj.)* ɔbrɛ
haggle *(v.)* di ano
hail *(n.)* nkamfo
hail *(v.)* kamfo
hailstorm *(n.)* asukɔtweaa
hair *(n.)* nwi
hairbrush *(n.)* hairbrush
hairdryer *(n.)* hairdryer
hale *(adj.)* te apɔ
half *(n.)* fa
half *(adj.)* ɛfa
half-day *(n.)* ɛda-fa
half-hearted *(adj.)* akoma-fa
hall *(n.)* asa
hallmark *(n.)* agyiraehyɛde
hallow *(v.)* yɛ kronkron
hallucination *(n.)* nhunuyɛ hunu
halt *(v.)* gyina
halt *(n.)* gyina
halve *(v.)* kyɛ mu

hamlet *(n.)* akuraa
hammer *(n.)* hama
hammer *(v.)* bɔ
hand *(n.)* nsa
hand *(v.)* fa ma
hand baggage *(n.)* hand baggage
hand lotion *(n.)* nku
hand luggage *(n.)* akwantudeɛ
handbill *(n.)* nsaano krataa
handbook *(n.)* handbook
handbrake *(n.)* handbrake
handcuff *(n.)* abankaba
handcuff *(v.)* kye
handful *(n.)* nsa mu
handicap *(n.)* dɛm
handicap *(v.)* di dɛm
handicraft *(n.)* adwinnie
handiwork *(n.)* nsano adwuma
handkerchief *(n.)* handkerchief
handle *(n.)* nsa
handle *(v.)* kuta mu
handsome *(adj.)* ahoɔfɛ
handy *(adj.)* ɛbɛn
hang *(v.)* sensɛn
hanker *(v.)* pɛ
haphazard *(adj.)* basaabasaa
happen *(v.)* ma ɛsi
happening *(n.)* resi
happiness *(n.)* anigyeɛ
happy *(adj.)* ani agye
harass *(v.)* teetee
harassment *(n.)* ateetee
harbour *(n.)* suhyɛn gyinabea
harbour *(v.)* hyɛ mu
hard *(adj.)* denen
hard *(adv.)* den
harden *(v.)* yɛ den
hardihood *(n.)* hardihood
hardly *(adv.)* ntaa nsi
hardship *(n.)* ahokyerɛ
hardware *(n.)* hardware
hard-working *(adj.)* adwumayɛfoɔ
hardy *(adj.)* hardy
hare *(n.)* adanko
harm *(n.)* bone
harm *(v.)* pira
harmful *(adj.)* tumi pira
harmless *(adj.)* nnyɛ hu
harmonious *(adj.)* nkabom

harmonium *(n.)* harmonium	**hear** *(v.)* te
harmony *(n.)* nkabom	**hearsay** *(n.)* atesɛm
harness *(n.)* dwuma	**heart** *(n.)* akoma
harness *(v.)* di dwuma	**heartbeat** *(n.)* akomabɔ
harp *(n.)* sanku	**heartbreak** *(n.)* akomabubuw
harsh *(adj.)* ano denden	**hearth** *(n.)* asommurofi
harvest *(n.)* nnɔbaeɛ	**heartily** *(adv.)* fi komam
harvest *(v.)* twa	**heat** *(n.)* ɔhyew
harvester *(n.)* otwafo	**heat** *(v.)* yɛ hye
haste *(n.)* ahopere	**heat-resistant** *(adj.)* heat-resistant
hasten *(v.)* yɛ ntɛm	**heatstroke** *(n.)* ɔhyew yareɛ
hasty *(adj.)* ahoɔhare so	**heave** *(v.)* pagya
hat *(n.)* ɛkyɛ	**heaven** *(n.)* ɔsoro
hatch *(n.)* wiemhyɛn pono	**heavenly** *(adj.)* ɔsoro de
hatch *(v.)* hwane	**heavily** *(adv.)* drudrudru
hatchet *(n.)* akuma	**heavy** *(adj.)* yɛ duru
hate *(n.)* tan	**hedge** *(n.)* ɛban
hate *(v.)* tan	**hedge** *(v.)* bɔhoban
hat-trick *(n.)* hat-trick	**heed** *(v.)* tie
haughty *(adj.)* ahomaso	**heed** *(n.)* nnidiso
haunt *(v.)* hunahuna	**heel** *(n.)* nantini
haunt *(n.)* ahunahuna	**hefty** *(adj.)* kakrakaa
have *(v.)* nya	**height** *(n.)* tentene
haven *(n.)* dwanekɔbea	**heighten** *(v.)* pagya mu
havoc *(n.)* atoyerɛnkyɛm	**heinous** *(adj.)* keseɛ
hawk *(n.)* akorɔma	**heir** *(n.)* odideɛfo
hawker *(n.)* ɔditɔnfoɔ	**heiress** *(n.)* odidefo
hawthorn *(n.)* Hawthorn	**hell** *(n.)* bonsamgyam
hay *(n.)* nantwiha	**helm** *(n.)* helm
hazard *(n.)* akwanhyia	**helmet** *(n.)* ahobammɔkyɛ
hazard *(v.)* nya ɔhaw	**help** *(v.)* boa
haze *(n.)* mfutuma	**help** *(n.)* mmoa
hazy *(adj.)* mfutuma	**helpful** *(adj.)* boafo
he *(pron.)* ɔbarima	**helpless** *(adj.)* mmrɛ
head *(n.)* atere	**helpmate** *(n.)* boafoɔ
head *(v.)* da ano	**hemisphere** *(n.)* ntwahohyiafa
headache *(n.)* tipayɛ	**hemp** *(n.)* tampe
headband *(n.)* ti nhwi	**hen** *(n.)* akokɔ
heading *(n.)* nnaa no	**hence** *(adv.)* ɛno nti
headlight *(n.)* headlight	**henceforth** *(adv.)* firi nnɛ
headline *(n.)* asɛmti	**henceforward** *(adv.)* firi nnɛrekɔ
headlong *(adv.)* headlong	**henchman** *(n.)* okyidifo
headquarter *(v.)* headquarter	**henpeck** *(v.)* tetee
headstrong *(adj.)* ti den	**her** *(pron.)* no
heal *(v.)* sa	**her** *(adj.)* ne
health *(n.)* apomuden	**herald** *(n.)* ɔsomafoɔ
healthy *(adj.)* wɔ ahoɔden	**herald** *(v.)* kyerɛ
heap *(n.)* hyɛ ma	**herb** *(n.)* nhabannuro
heap *(v.)* hyɛ ma	**herculean** *(adj.)* herculean

herd *(n.)* mmoakuo
herdsman *(n.)* mmoakuo hwɛsofoɔ
here *(adv.)* ha
hereabouts *(adv.)* ɛha
hereafter *(n.)* wɔha akyi
hereafter *(adv.)* wɔha akyi
hereditary *(adj.)* adediɛ
heredity *(n.)* agyapadeɛ
heritable *(adj.)* agyapadeɛmu
heritage *(n.)* awugyadeɛ
hermit *(n.)* atew neho
hermitage *(n.)* dan
hernia *(n.)* nkwoe
hero *(n.)* ɔkokodurufoɔ
heroic *(adj.)* kukudurofo
heroine *(n.)* akukudurufoɔ
heroism *(n.)* akukuduru
herring *(n.)* ɛmane
hesitant *(adj.)* ntwentwɛnso
hesitate *(v.)* twentwɛn so
hesitation *(n.)* ntwentwɛnso
hew *(v.)* twitwa
heyday *(n.)* anigyeberɛ
hibernation *(n.)* hibernation
hiccup *(n.)* kɔterekɔ
hide *(n.)* ntetɛ
hide *(v.)* tetɛ
hideous *(adj.)* tantaantan
hierarchy *(n.)* nnidiso
high *(adj.)* ɛsoro
higher education *(n.)* nhomasua ɛkɔakyiri
highlight *(n.)* mpɛmpɛnso
highly *(adv.)* highly
Highness *(n.)* ɔtumfoɔ
highway *(n.)* ɛkwankeseɛ
hilarious *(adj.)* ɛyɛ anika
hilarity *(n.)* anikadeɛ
hill *(n.)* bebɔ
hillock *(n.)* bebɔso
him *(pron.)* ɔno
hinder *(v.)* si kwan
hindrance *(n.)* osiakwan
hint *(n.)* nsɛnnahɔ
hint *(v.)* yi apra
hip *(n.)* kyepe
hire *(n.)* ahan
hire *(v.)* bɔ paa
hireling *(n.)* hireling
his *(pron.)* ne dea

hiss *(n.)* hwerɛma
hiss *(v.)* bɔ hwerɛma
historian *(n.)* abakɔsɛm kyerɛfo
historic *(adj.)* abakɔsɛm
historical *(adj.)* abakɔsɛm
history *(n.)* abakɔsɛm
hit *(n.)* mbubɔ
hit *(v.)* bɔ
hitch *(n.)* ɔhaw
hither *(adv.)* aha
hitherto *(adv.)* saa bereyi
hive *(n.)* buo
hoarse *(adj.)* dea afa
hoax *(n.)* nnaadaa
hoax *(v.)* daadaa
hobby *(n.)* apedeɛ
hobbyhorse *(n.)* hobbyhors
hobnob *(v.)* fra
hockey *(n.)* hockey
hoist *(v.)* si frankaa
hold *(n.)* nkuramu
hold *(v.)* kuta
holdback *(n.)* ntwesane
hole *(n.)* tokuro
hole *(v.)* bɔ tokuro
holiday *(n.)* afoofida
hollow *(n.)* tokuro
hollow *(adj.)* hwee
hollow *(v.)* da mpan
holocaust *(n.)* ɔseeɛ
holograph *(n.)* holograph
holy *(adj.)* krɔnkrɔn
homage *(n.)* obuo
home *(n.)* efie
home-made *(adj.)* efiedeɛ
homeopath *(n.)* homeopath
homeopathy *(n.)* homeopath
homesick *(adj.)* ani agyina
homicide *(n.)* nipakum
homogeneous *(adj.)* ɛyɛ pɛ
honest *(adj.)* nokorɛ
honesty *(n.)* nokwaredi
honey *(n.)* ɛwoɔ
honeycomb *(n.)* honeycomb
honeymoon *(n.)* honeymoon
honorarium *(n.)* sikatua
honorary *(adj.)* nnidi mu
honour *(n.)* animuonyam
honour *(v.)* bu

honourable *(adj.)* onimuonyamfoɔ
hood *(n.)* mpɔtam
hoodwink *(v.)* daadaa
hoof *(n.)* tɔte
hook *(n.)* som
hooligan *(n.)* basabasayɔfoɔ
hoot *(n.)* atweetwee
hoot *(v.)* tweetwee
hop *(v.)* huri
hop *(n.)* ahuriahuri
hope *(v.)* hwɛ anim
hope *(n.)* anidasoɔ
hopeful *(adj.)* anidaso
hopeless *(adj.)* anidasoɔnim
horde *(n.)* horde
horizon *(n.)* horizon
horn *(n.)* abɛn
hornet *(n.)* hornet
horrible *(adj.)* huhuuhu
horrify *(v.)* hunahuna
horror *(n.)* ehu
horse *(n.)* pɔnkɔ
horseshoe *(n.)* horseshoe
horticulture *(n.)* horticulture
hose *(n.)* dorobɛn
hosiery *(n.)* nantabono bɔha
hospitable *(adj.)* ahɔhoyɛfo
hospital *(n.)* ayaresabea
hospitality *(n.)* ahɔhoɔgyeɛ
host *(n.)* ɔkasafoɔ
hostage *(n.)* nnommuom
hostel *(n.)* ahohoɔgyebea
hostile *(adj.)* abufuoshew
hostility *(n.)* ɔtan
hot *(adj.)* deɛ ɛhye
hotchpotch *(n.)* hotchpotch
hotel *(n.)* ahɔhofie
hound *(n.)* ɔkraman
hour *(n.)* dɔnhwere
house *(n.)* efie
house *(v.)* ma baabida
household *(n.)* fidua
how *(adv.)* sɛn
however *(adv.)* mmom
however *(conj.)* nanso
howl *(v.)* keka mu
howl *(n.)* nkekamu
hub *(n.)* akakye
hubbub *(n.)* basabasa

huge *(adj.)* keseɛ
hum *(v.)* hum
hum *(n.)* hum
human *(adj.)* nipa
humane *(adj.)* tema
humanitarian *(adj.)* ahummɔbrɔ
humanity *(n.)* ɔdaseni
humanize *(v.)* yɛ nnipa
humble *(adj.)* ahobreaseɛ
humdrum *(adj.)* bɔtee
humid *(adj.)* fɔsɔ
humidity *(n.)* fɔsɔ
humiliate *(v.)* gu animase
humiliation *(n.)* animguaseɛ
humility *(n.)* ahobreaseɛ
humorist *(n.)* nsɛnkwaayifoɔ
humorous *(adj.)* aseresɛm
humour *(n.)* aseresɛm
hunch *(n.)* atenka
hundred *(n.)* ɔha
hunger *(n.)* ɔkɔm
hungry *(adj.)* ɔkɔm
hunt *(v.)* yɛ ha
hunt *(n.)* ahayɔ
hunter *(n.)* ɔbɔmmɔfoɔ
huntsman *(n.)* ɔbɔmmɔfoɔ
hurdle *(v.)* si kwan
hurdle *(n.)* akwansideɛ
hurl *(v.)* to
hurrah *(interj.)* hurrah
hurricane *(n.)* ahum
hurry *(v.)* keka ho
hurry *(n.)* ntɛmpɛ
hurt *(v.)* pira
hurt *(n.)* ɛyɛ ya
husband *(n.)* kunu
husbandry *(n.)* kuayɔ
hush *(n.)* koom
hush *(v.)* yɛ koom
husk *(n.)* ntɛtɛ
husky *(adj.)* weserewesere
hustle *(v.)* tontɔn
hut *(n.)* apata
hyaena, hyena *(n.)* pataku
hybrid *(adj.)* afrafra
hybrid *(n.)* afrafra
hydrogen *(n.)* hydrogen
hygiene *(n.)* ahonidie
hygienic *(adj.)* ahotew

hymn *(n.)* nnwom
hyperbole *(n.)* anihanehane
hypnotism *(n.)* ndadaa aduru
hypnotize *(v.)* dadaa
hypocrisy *(n.)* nyaatwom
hypocrite *(n.)* nyaatwomfoɔ
hypocritical *(adj.)* nyaatwomfo
hypothesis *(n.)* hypothesis
hypothetical *(adj.)* hypothetical
hysteria *(n.)* hatuhatu
hysterical *(adj.)* deɛ hatuhatu

I *(pron.)* me
iambic *(adj.)* iambic
ice *(v.)* ice
ice *(n.)* asukɔkyea
ice bucket *(n.)* asukɔkyea bokiti
ice cream *(n.)* ice cream
iceberg *(n.)* iceberg
iceblock *(n.)* iceblock
icebreaker *(n.)* suhyɛn
icecap *(n.)* nsukyenee
ice-cold *(adj.)* nsu wini
iced *(adj.)* nwini
icicle *(n.)* nsukyenee
icon *(n.)* wagye din
iconic *(adj.)* wagye din
iconoclastic *(adj.)* iconoclastic
icy *(adj.)* nsukyenee
idea *(n.)* adwenmpɔ
ideal *(adj.)* papa
ideal *(n.)* ɛyɛ
idealism *(n.)* ɛyɛ papa
idealist *(n.)* ɛfata
idealistic *(adj.)* ɛyɛ papa
idealize *(v.)* dwene
ideate *(v.)* nya tirimupɔ
identical *(adj.)* ɛsɛ
identification *(n.)* nkyerɛkyerɛmu
identify *(v.)* hunu
identity *(n.)* adida
identity card *(n.)* adida krataa
idiocy *(n.)* nkwaseasɛm
idiom *(n.)* kasakoa
idiomatic *(adj.)* kasakoa

idiot *(n.)* gyimifoɔ
idiotic *(adj.)* nkwaseasɛm
idle *(adj.)* tehɔ kwa
idleness *(n.)* aniha
idler *(n.)* onihafoɔ
idol *(n.)* ohoni
idolater *(n.)* ɔbosonsomfoɔ
if *(conj.)* sɛ
igloo *(n.)* nsukyeneeɛ sese
ignite *(v.)* sɔ
ignition *(n.)* kenahyɛ
ignoble *(adj.)* ignoble
ignorance *(n.)* nnimdeɛ nnim
ignorant *(adj.)* kwasea
ignore *(v.)* yi ani
ill *(adj.)* yare
ill *(adv.)* yare
ill *(n.)* yareɛ
illegal *(adj.)* mmra tia
illegibility *(n.)* kusuu
illegible *(adj.)* kusuu
illegitimate *(adj.)* ɛnyɛ mmra
illicit *(adj.)* ɛnyɛ mmra
illiteracy *(n.)* nnim akenkan
illiterate *(adj.)* nnim akenkan
illness *(n.)* yareɛ
illogical *(adj.)* nyansa nnim
ill-treat *(v.)* yɛ ayayade
illuminate *(v.)* ma hann
illumination *(n.)* hann
illusion *(n.)* adwenemu nsusuiɛ
illustrate *(v.)* kyerɛ
illustration *(n.)* nkyerɛkyerɛmu
image *(n.)* mfoni
imagery *(n.)* mfoni ahorow
imaginary *(adj.)* adwene bu
imagination *(n.)* nsusueɛ
imaginative *(adj.)* nsusueɛ
imagine *(v.)* susu
imbalance *(n.)* ehimhim
imitate *(v.)* suasua
imitation *(n.)* asuasua
imitator *(n.)* asuasuafoɔ
immaterial *(adj.)* ho nhia
immature *(adj.)* nyineyɛ
immaturity *(n.)* wonyinii
immeasurable *(adj.)* tumi nsusu
immediate *(adj.)* ntɛmpaara
immemorial *(adj.)* tete

immense *(adj.)* kakraka
immensity *(n.)* kese
immerse *(v.)* wura
immersion *(n.)* nwuramu
immigrant *(n.)* atubrafoɔ
immigrate *(v.)* tu
immigration *(n.)* ntubra
imminent *(adj.)* abɛn
immodest *(adj.)* ahomasoɔ
immodesty *(n.)* ahantan
immoral *(adj.)* ɛnyɛ
immorality *(n.)* ɛnyɛ
immortal *(adj.)* ɛnwu
immortality *(n.)* nkwadaa
immortalize *(v.)* nya nkwa
immovable *(adj.)* wɔntumi mpiaa
immune *(adj.)* ahoɔdennuro
immunity *(n.)* ahoɔdennuro
immunize *(v.)* bɔ ban
impact *(n.)* nsunsuansoɔ
impart *(v.)* ma
impartial *(adj.)* nyɛ nyiyimu
impartiality *(n.)* nyɛ nyiyimu
impassable *(adj.)* kwan nnim
impasse *(n.)* osiakwan
impatience *(n.)* nni aboterɛ
impatient *(adj.)* nni aboterɛ
impeach *(v.)* bɔ nkuro
impeachment *(n.)* nkurobɔ
impeccable *(adj.)* mfomsoɔ nniho
impede *(v.)* si kwan
impediment *(n.)* akwansideɛ
impenetrable *(adj.)* kwan nnim
imperative *(adj.)* nhyɛ
imperfect *(adj.)* nyɛ pɛ
imperfection *(n.)* nyɛ pɛpɛɛpɛ
imperial *(adj.)* ahemman
imperialism *(n.)* ahemman nniso
imperil *(v.)* tɔ asainemu
imperishable *(adj.)* afibɔɔ
impermissible *(adj.)* mma kwan
impersonal *(adj.)* ɛnyɛ nipasu
impersonate *(v.)* suasua
impersonation *(n.)* asuasua
impertinence *(n.)* aniammɔn
impertinent *(adj.)* aniammɔn
impetuosity *(n.)* ahopere
impetuous *(adj.)* ntɛmntɛm
implement *(n.)* adwumayɛ

implement *(v.)* yɛ
implicate *(v.)* kyerɛ sɛ
implication *(n.)* nsunsuansoɔ
implicit *(adj.)* nsusueɛ
implore *(v.)* srɛ
imply *(v.)* kyerɛ sɛ
impolite *(adj.)* mmu adieɛ
import *(v.)* kra
import *(n.)* asekyerɛ
importance *(n.)* hia
important *(adj.)* ehia
impose *(v.)* hyɛ
imposing *(adj.)* rehyɛ
imposition *(n.)* nhyɛ
impossibility *(n.)* nyɛyie
impossible *(adj.)* nyɛyie
impostor *(n.)* ɔdaadaafoɔ
imposture *(n.)* atoro
impotence *(n.)* mmerɛwyɛ
impotent *(adj.)* mmerɛ
impoverish *(v.)* di hia
impracticability *(n.)* nni mfasoɔ
impracticable *(adj.)* mfasoɔnnim
impress *(v.)* sɔ ani
impression *(n.)* adwenekyerɛ
impressive *(adj.)* ɛyɛ anisɔ
imprint *(n.)* nkyerɛw
imprint *(v.)* timtim
imprison *(v.)* de tom
improper *(adj.)* ɛmfata
impropriety *(n.)* ɛmfata
improve *(v.)* tu mpɔn
improvement *(n.)* nkankɔ
imprudence *(n.)* adwenehono
imprudent *(adj.)* nnim nyansa
impulse *(n.)* atenka
impulsive *(adj.)* ɛma atenka
impunity *(n.)* asotwe
impure *(adj.)* eho nte
impurity *(n.)* ɛnte
impute *(v.)* impute
in *(prep.)* mu
inability *(n.)* ntumi
inaccurate *(adj.)* nyɛ nokware
inaction *(n.)* bɔtee
inactive *(adj.)* ɛnyɛ adwuma
inadequate *(adj.)* ɛnnɔɔso
inadmissible *(adj.)* nnye ntom
inanimate *(adj.)* nkwa nnim

inapplicable *(adj.)* nfaho
inattentive *(adj.)* wɔntei
inaudible *(adj.)* ɛnnahɔ
inaugural *(adj.)* nnyetomu
inauguration *(n.)* nnyetomu
inauspicious *(adj.)* tiri nyɛ
inborn *(adj.)* awosu
inbound *(adj.)* inbound
inbox *(n.)* inbox
incalculable *(adj.)* wɔnkan
incapable *(adj.)* nyɛyie
incapacity *(n.)* mmerɛ
incarnate *(adj.)* nsɛ
incarnate *(v.)* yɛ ne sɛ
incarnation *(n.)* nsɛ
incense *(v.)* hye wisihwam
incense *(n.)* wisihwam
incentive *(n.)* nnwanam
inception *(n.)* mfiase
inch *(n.)* inch
incharge *(n.)* ɔhwɛsofo
incharge *(adj.)* ɔhwɛsofo
incident *(n.)* deɛ asi
incidental *(adj.)* asideɛ
incite *(v.)* kanyan
inclination *(n.)* ahopere
incline *(v.)* taa
include *(v.)* fa kaho
inclusion *(n.)* ɛkaho
inclusive *(adj.)* ɛkaho
incoherent *(adj.)* ɛnsisi so
income *(n.)* mfasoɔ
incomparable *(adj.)* ɛnni sɛso
incompetent *(adj.)* wasa
incomplete *(adj.)* ensi pi
inconsiderate *(adj.)* wonsusuw
inconvenient *(adj.)* ha
incorporate *(v.)* ka bom
incorporate *(adj.)* kabom
incorporation *(n.)* nkabom
incorrect *(adj.)* ɛnyɛ
incorrigible *(adj.)* wontumi nsiesie
incorruptible *(adj.)* ɛnseɛ
increase *(n.)* mpagyamu
increase *(v.)* pagya mu
incredible *(adj.)* nwanwa
increment *(n.)* ntomu
incriminate *(v.)* mano difɔ
incubate *(v.)* hyɛ mu

inculcate *(v.)* kyerɛ
incumbent *(n.)* mprenpren
incumbent *(adj.)* prenpren
incur *(v.)* bɔ ka
incurable *(adj.)* wontumi nsa
indebted *(adj.)* de ka
indecency *(n.)* ɛmfata
indecent *(adj.)* ɛmfata
indecision *(n.)* nsi gyinae
indeed *(adv.)* ampa
indefensible *(adj.)* nni bambɔ
indefinite *(adj.)* afeboɔ
indemnity *(n.)* mpatadeɛ
independence *(n.)* de ho
independent *(adj.)* de ho
indescribable *(adj.)* ntumi nkyerɛmu
index *(n.)* index
Indian *(adj.)* indian
indicate *(v.)* kyerɛ
indication *(n.)* sɛnnahɔ
indicative *(adj.)* ɛkyerɛ sɛ
indicator *(n.)* kyerɛwtohɔ
indict *(v.)* sobo
indictment *(n.)* soboɔ
indifference *(n.)* adantam
indifferent *(adj.)* adantam
indigenous *(adj.)* ɔmanni
indigestible *(adj.)* ntumi nyam
indigestion *(n.)* aduanehyesoɔ
indignant *(adj.)* abufuo
indignation *(n.)* abufuo
indigo *(n.)* indigo
indirect *(adj.)* akyiaa
indiscipline *(n.)* nni nteteeɛ
indiscreet *(adj.)* anifere
indiscretion *(n.)* anhwɛyie
indiscriminate *(adj.)* wɔnyɛ nyiyimu
indispensable *(adj.)* ntumi nkwati
indisposed *(adj.)* ho mfa
indisputable *(adj.)* akyinnye nnim
indistinct *(adj.)* kosuu
individual *(adj.)* ankorɛankorɛ
individualism *(n.)* ankorɛankorɛ
individuality *(n.)* ankorɛankorɛ su
indivisible *(adj.)* ntumi kyekyɛmu
indolent *(adj.)* akwadworɔ
indomitable *(adj.)* ɔkokudurofoɔ
indoor *(adj.)* dan mu
indoors *(adv.)* ɛdanmu

induce *(v.)* induce
inducement *(n.)* inducement
induct *(v.)* fa nkorɔfo
induction *(n.)* nkorɔfofa
indulge *(v.)* ma kwan
indulgence *(n.)* akwanmma
indulgent *(adj.)* akwan ma
industrial *(adj.)* mfididwuma mu
industrious *(adj.)* nsiyɛfo
industry *(n.)* mfididwuma
ineffective *(adj.)* nyɛ adwuma
inert *(adj.)* ɛnsesa
inertia *(n.)* ɛnsakra
inevitable *(adj.)* ntumi sikwan
inexact *(adj.)* nyɛ pɛ
inexorable *(adj.)* ngyae
inexpensive *(adj.)* bo nyɛden
inexperience *(n.)* nni suahuno
inexplicable *(adj.)* nkyerɛkyerɛmu nnim
infallible *(adj.)* nni mfomsoɔ
infamous *(adj.)* din bɔne
infamy *(n.)* din bɔne
infancy *(n.)* mmɔfrabremu
infant *(n.)* akokoaa
infanticide *(n.)* nkokoaa kum
infantile *(adj.)* nkokoaa
infantry *(n.)* asraafo
infatuate *(v.)* dɔ beretiawa
infatuation *(n.)* beretiawa dɔ
infect *(v.)* ma yareɛ
infection *(n.)* yareɛ
infectious *(adj.)* nsaneyareɛ
infer *(v.)* si pɔ
inference *(n.)* agyinaeɛ
inferior *(adj.)* ɛnsɔ ani
inferiority *(n.)* ɛnyɛ papa
infernal *(adj.)* ogyatanaa
infertile *(adj.)* ntumi nwo
infest *(v.)* hyɛ so
infinite *(adj.)* dodoɔɔ
infinity *(n.)* afebɔɔ
infirm *(adj.)* ɔgo
infirmity *(n.)* mmerɛwyɛ
inflame *(v.)* kanyan
inflammable *(adj.)* tumi sɔ
inflammation *(n.)* mpumpunnya
inflammatory *(adj.)* mpumpunnya
inflation *(n.)* sorokɔ
inflexible *(adj.)* enyɛ mmerɛw

inflict *(v.)* ha
influence *(n.)* nsunsuansoɔ
influence *(v.)* nyaso tumi
influential *(adj.)* nkɛntɛnso
influenza *(n.)* papu
influx *(n.)* influx
inform *(v.)* bɔ amaneɛ
informal *(adj.)* ndidiso
information *(n.)* nsɛmfua
informative *(adj.)* ma nsɛm
informer *(n.)* amaneɛbɔfo
infringe *(v.)* hyɛ
infringement *(n.)* mmrasobuo
infuriate *(v.)* hyɛ abufoɔ
infuse *(v.)* dɔn
infusion *(n.)* ndɔnnon
ingrained *(adj.)* atim
ingratitude *(n.)* bonniayɛ
ingredient *(n.)* noɔmanoɔma
inhabit *(v.)* tena
inhabitable *(adj.)* tenabea
inhabitant *(n.)* kuromanni
inhale *(v.)* home
inherent *(adj.)* awosu
inherit *(v.)* nya
inheritance *(n.)* agyapadeɛ
inhibit *(v.)* si kwan
inhibition *(n.)* osiakwan
inhospitable *(adj.)* ngye ahohoɔ
inhuman *(adj.)* ɛnkyerɛ ɔdɔ
inimical *(adj.)* pra
inimitable *(adj.)* soronko
initial *(adj.)* mfitiase
initial *(n.)* ahyɛaseɛ
initial *(v.)* nsa wom
initiate *(v.)* hyɛ aseɛ
initiative *(n.)* ahyaseɛ
inject *(v.)* wɔ
injection *(n.)* injection
injudicious *(adj.)* ɛnteɛ
injunction *(n.)* ahyɛde
injure *(v.)* pira
injurious *(adj.)* tumi pira
injury *(n.)* opira
injustice *(n.)* ntɛnkyea
ink *(n.)* ink
inkling *(n.)* inkling
inland *(adv.)* inland
inland *(adj.)* asase mu

in-laws *(n.)* asewnom
inmate *(n.)* ɔdeduani
inmost *(adj.)* emu
inn *(n.)* ahɔhodan
innate *(adj.)* awosu mu
inner *(adj.)* wumu
innermost *(adj.)* emutɔnn
innings *(n.)* innings
innocence *(n.)* eho sɔnn
innocent *(adj.)* ɛhonniasɛm
innovate *(v.)* yɛ foforɔ
innovation *(n.)* nsakramu
innovator *(n.)* ɔyɛfoɔ
innumerable *(adj.)* wontumi nkan
inoculate *(v.)* wɔ
inoculation *(n.)* paneɛwɔ
inoperative *(adj.)* tim faako
inopportune *(adj.)* nni akwannya
input *(n.)* emu
inquest *(n.)* nhwehwɛmu
inquire *(v.)* bisa
inquiry *(n.)* abisa
inquisition *(n.)* atirimɔden asenni
inquisitive *(adj.)* mfeefeemu
insane *(adj.)* abɔdam
insanity *(n.)* dambɔ
insatiable *(adj.)* ɛnmee
inscribe *(v.)* kyerɛw
inscription *(n.)* nkyerɛew
insect *(n.)* aboawa
insecticide *(n.)* aboawannuro
insecure *(adj.)* nni bammɔ
insecurity *(n.)* ahobammɔ nim
insensibility *(n.)* nni atenka
insensible *(adj.)* nnim nyansa
insensitive *(adj.)* tema nnim
inseparable *(adj.)* wontumi ntetew
insert *(v.)* hyɛ
insertion *(n.)* nhyɛ mu
inside *(prep.)* mu
inside *(adj.)* emu
inside *(adv.)* emu
inside *(n.)* mu
insight *(n.)* nhunumu
insignificance *(n.)* ɛho hia
insignificant *(adj.)* ɛnhia
insincere *(adj.)* nokorɛ nim
insincerity *(n.)* nokowrɛdie nim
insinuate *(v.)* kyerɛ

insinuation *(n.)* ɛkyerɛ sɛ
insipid *(adj.)* ɛdɛ nim
insipidity *(n.)* ɔnwono
insist *(v.)* si so
insistence *(n.)* nhyɛsoɔ
insistent *(adj.)* hyɛsoɔ ketee
insolence *(n.)* mmu adeɛ
insolent *(adj.)* adebuo nim
insoluble *(n.)* tumi nhyɛ
insolvency *(n.)* deka
insolvent *(adj.)* deka
inspect *(v.)* hwehwɛ
inspection *(n.)* nhwehwɛmu
inspector *(n.)* ɔhwɛsofoɔ
inspiration *(n.)* nkuranhyɛ
inspire *(v.)* hyɛ nkuran
instability *(n.)* ɛhinhim
install *(v.)* si
installation *(n.)* adideɛ
instalment *(n.)* ɔfa
instance *(n.)* nhwɛsoɔ
instant *(n.)* mprenpren
instant *(adj.)* mprenpren
instantaneous *(adj.)* amonomhɔ
instantly *(adv.)* anim-anim
instigate *(v.)* hyɛ kutupa
instigation *(n.)* akutupa
instil *(v.)* si
instinct *(n.)* atenka
instinctive *(adj.)* atenka
institute *(n.)* asoeɛ ano
institution *(n.)* asoeɛ
instruct *(v.)* hyɛ
instruction *(n.)* nhyɛ
instructor *(n.)* ɔkyerɛkyerɛfoɔ
instrument *(n.)* afidie
instrumental *(adj.)* nnwinadeɛ
instrumentalist *(n.)* nnwinadeɛ
insubordinate *(adj.)* anniamɔnhofo
insubordination *(n.)* anniamɔnhofo
insufficient *(adj.)* deɛ ɛswa
insular *(adj.)* nsupɔw
insularity *(n.)* nsupɔw so
insulate *(v.)* dwura
insulation *(n.)* ndwuraho
insulator *(n.)* ndwuraho
insult *(n.)* adidiatɛm
insult *(v.)* di atɛm
insupportable *(adj.)* mmboa

insurance *(n.)* nsiakyibaa
insure *(v.)* nsiakyi
insurgent *(n.)* otuatefoɔ
insurgent *(adj.)* otuatefoɔ
insurmountable *(adj.)* insurmountable
insurrection *(n.)* atuateɛ
intact *(adj.)* mua
intangible *(adj.)* ɛnyɛyie
integral *(adj.)* titiriw
integrate *(v.)* ka bom
integrity *(n.)* nokorɛdie
intellect *(n.)* adwene
intellectual *(adj.)* ɔyansafoɔ
intellectual *(n.)* ɔyansafoɔ
intelligence *(n.)* nyansa
intelligent *(adj.)* nyansa
intelligentsia *(n.)* anyansafo
intelligible *(adj.)* te aseɛ
intend *(v.)* susu
intense *(adj.)* dennende
intensify *(v.)* hyɛ kena
intensity *(n.)* ahoɔden
intensive *(adj.)* emu
intent *(n.)* tirimpɔ
intent *(adj.)* nsusuieɛ
intention *(n.)* botaeɛ
intentional *(adj.)* boapayɔ
interactive *(adj.)* nkutahodie
intercept *(v.)* si kwan
interception *(n.)* akwansie
interchange *(n.)* nsesa
interchange *(v.)* di nsesa
intercourse *(n.)* ahyiadeɛ
interdependence *(n.)* ahofadi
interdependent *(adj.)* ahofadi
interest *(n.)* aniku
interested *(adj.)* anigye ho
interesting *(adj.)* annika
interfere *(v.)* wura mu
interference *(n.)* ntwitwananmu
interim *(n.)* bere tiawa
interior *(adj.)* emu
interior *(n.)* emu
interjection *(n.)* asɛm ka
interlock *(v.)* ka tom
interlude *(n.)* ntwaremu
intermediary *(n.)* ntamgyinafoɔ
intermediate *(adj.)* adantam
interminable *(adj.)* ɛtoɔ ntwa

intermingle *(v.)* frafra
intern *(n.)* intern
internal *(adj.)* emu
international *(adj.)* amanaman ntɛm
internet *(n.)* intanɛrt
interplay *(n.)* interplay
interpret *(v.)* kyerɛ mu
interpreter *(n.)* nkyerɛmuni
interrogate *(v.)* bisabisa
interrogation *(n.)* abisabisa
interrogative *(adj.)* nsɛmmisa
interrogative *(n.)* nsɛmmisa
interrupt *(v.)* twa ano
interruption *(n.)* ntwetwananmu
intersect *(v.)* pae mu
intersection *(n.)* nkwanta
interval *(n.)* ntɛm
intervene *(v.)* bra mu
intervention *(n.)* ngyinamuma
interview *(n.)* anototoɔ
interview *(v.)* toto ano
intestinal *(adj.)* nsono mu
intestine *(n.)* nsono
intimacy *(n.)* yɔnkoɔ brɛboɔ
intimate *(adj.)* brɛboɔ
intimate *(v.)* ka
intimation *(n.)* nkaebɔ
intimidate *(v.)* hunahuna
intimidation *(n.)* ahunahuna
into *(prep.)* kɔ mu
intolerable *(adj.)* ntumi gyinano
intolerance *(n.)* mpɛ
intolerant *(adj.)* kyenkyene
intoxicant *(n.)* nsa
intoxicate *(v.)* bow nsa
intoxication *(n.)* nsaborow
intransitive *(adj. (verb))* intransitive
intrepid *(adj.)* ɔkọkuodurofoɔ
intrepidity *(n.)* akokuoduro
intricate *(adj.)* nwonworran
intrigue *(v.)* ma aniku
intrigue *(n.)* aniku
intrinsic *(adj.)* nea ɛwɔm
introduce *(v.)* yikyerɛ
introduction *(n.)* oyikyerɛ
introductory *(adj.)* nnianim asɛm
introspect *(v.)* bɔ nkɔmpɔ
introspection *(n.)* nkɔmpɔ
introvert *(n.)* introvert

intrude *(v.)* wura mu
intrusion *(n.)* mmɔwuramu
intuition *(n.)* atenka
intuitive *(adj.)* nteaseɛ nnim
invade *(v.)* toa
invalid *(adj.)* ɛnyɛ
invalid *(n.)* ɛnyɛ
invalidate *(v.)* ɛnyɛ nokware
invaluable *(adj.)* ɛnsome bu
invasion *(n.)* ɔsatuo
invective *(n.)* kasa tia
invent *(v.)* yɛ foforɔ
invention *(n.)* ayɔdeɛ
inventive *(adj.)* tumi yɔ
inventor *(n.)* ɔyɛfoɔ
invert *(v.)* butu
invest *(v.)* bɔ ka
investigate *(v.)* hwehwɛ mu
investigation *(n.)* nhwehwɛmu
investment *(n.)* sikatua
invigilate *(v.)* hwɛ so
invigilation *(n.)* nhwɛsoɔ
invigilator *(n.)* ɔwɛmfo
invincible *(adj.)* nkonimdifoɔ
inviolable *(adj.)* timhɔ
invisible *(adj.)* deɛ ɛhinta
invitation *(n.)* nsatofrɛ
invite *(v.)* frɛ
invocation *(n.)* ɔfrɛ
invoice *(n.)* akano krataa
invoke *(v.)* kankye
involve *(v.)* ka ho
inward *(adj.)* emu
inwards *(adv.)* emu
irate *(adj.)* abufuo
ire *(n.)* bufuo
Irish *(adj.)* Irish
Irish *(n.)* Irish
irk *(v.)* teetee
irksome *(adj.)* ɛhi
iron *(n.)* dadeɛ
iron *(v.)* to nnoɔma
ironic *(adj.)* akutia
ironical *(adj.)* aseresɛm
irony *(n.)* aseresɛm
irradiate *(v.)* irradiate
irrational *(adj.)* nsisiso
irreconcilable *(adj.)* nkabomu nnim
irrecoverable *(adj.)* ntumi nyɛyie

irrefutable *(adj.)* nni ɛkyimgye
irregular *(adj.)* deɛ ɛtotosi
irregularity *(n.)* ɛdanedane
irrelevant *(adj.)* eho nhia
irresistible *(adj.)* wontumi ngyae
irrespective *(adj.)* ne nyinaakyi
irresponsible *(adj.)* hohwini
irrigate *(v.)* due
irrigation *(n.)* nsuodue
irritable *(adj.)* ɛyɛ ɛhi
irritant *(adj.)* ɛhyɛ abufuo
irritant *(n.)* ɛhyɛ abufuo
irritate *(v.)* hyɛ abufuo
irritation *(n.)* abufuohyɛ
irruption *(n.)* irruption
island *(n.)* supɔ
isle *(n.)* supɔ so
isobar *(n.)* isobar
isolate *(v.)* tew ho
isolation *(n.)* ankonam
issue *(v.)* nya asɛm
issue *(n.)* asɛm
it *(pron.)* ɛno
Italian *(adj.)* Italian
Italian *(n.)* Italian
italic *(adj.)* italic
italics *(n.)* italics
itch *(n.)* ɛkeka
itch *(v.)* keka
item *(n.)* nnoɔma
itinerary *(n.)* bata
ivory *(n.)* asonse
ivy *(n.)* ivy

J

jab *(v.)* pia
jabber *(v.)* kasa ntɛmtɛm
jack *(n.)* pagyadadeɛ
jack *(v.)* wia
jackal *(n.)* sakraman
jacket *(n.)* gyakɛte
jackpot *(n.)* abasobɔdeɛ
jade *(n.)* jade
jail *(v.)* da afiease
jail *(n.)* afiease
jailer *(n.)* afiasehwɛfoɔ

jam *(n.)* jam
jam *(v.)* jam
jam-packed *(adj.)* ayɛ ma
janitor *(n.)* ɛdan hwɛsofoɔ
January *(n.)* ɔpɛpɔn
jar *(n.)* aduane tɔmmɛ
jargon *(n.)* kasakoa
jasmine, jessamine *(n.)* nhwerɛn
jaundice *(n.)* huraeɛnini
jaundice *(v.)* nya huraeɛnini
javelin *(n.)* javelin
jaw *(n.)* apantan
jay *(n.)* anomaa
jealous *(adj.)* anibere
jealousy *(n.)* ahoɔyaw
jean *(n.)* jean
jeer *(v.)* huro
jelly *(n.)* jelly
jeopardize *(v.)* sɛe
jeopardy *(n.)* asianemu
jerk *(n.)* awosoawosoɔ
jerkin *(n.)* awosoɔ
jerky *(adj.)* ɛwoso
jersey *(n.)* jersey
jest *(n.)* nsɛnkwa
jest *(v.)* yi nsɛnkwa
jet *(n.)* jet
jet engine *(n.)* jet engine
jew *(n.)* jew
jewel *(n.)* ɔbohene
jewel *(v.)* hyɛ ɔbohene
jeweller *(n.)* agudeɛ adwumayɛfoɔ
jewellery *(n.)* agudeɛ
jiggle *(v.)* pempem
jigsaw *(n.)* jigsaw
jingle *(n.)* nwom
jingle *(v.)* to nwom
job *(n.)* adwuma
jobber *(n.)* adwumayɛni
jobbery *(n.)* kɛtɛasehyɛ
jobless *(adj.)* wonni adwuma
jockey *(n.)* pɔnkɔkafoɔ
jocular *(adj.)* nsɛnkwaa
jog *(v.)* jog
join *(v.)* ka bom
joiner *(n.)* nnua dwumayɛfoɔ
joint *(n.)* dwonku
joint *(adj.)* nkabom
joint effort *(n.)* mmɔdenbɔ nkabomu

jointly *(adv.)* wabom
joke *(n.)* nsɛnkwaa
joke *(v.)* gyimi
joker *(n.)* nsɛnkwayifo
jollity *(n.)* anigye
jolly *(adj.)* anigye
jolt *(n.)* awosuawosoɔ
jolt *(v.)* wosu
jostle *(n.)* apiapia
jostle *(v.)* piapia
jot *(n.)* jot
jot *(v.)* twerɛ
journal *(n.)* dawurobɔ krataa
journalism *(n.)* dawurobɔ
journalist *(n.)* nsɛmtwerɛni
journey *(n.)* akwantuo
journey *(v.)* tu kwan
jovial *(adj.)* agorɔ
joviality *(n.)* agorɔdie
joy *(n.)* anigye
joyful *(adj.)* anigye
joyous *(n.)* anigye
jubilant *(adj.)* ahurusie
jubilation *(n.)* ahurusie
jubilee *(n.)* mfedie
judge *(n.)* otemmuafoɔ
judge *(v.)* bu atɛn
judgement *(n.)* atɛnmuo
judicature *(n.)* atɛmmudwuma
judicial *(adj.)* atɛmmu
judiciary *(n.)* asɛnnibea
judicious *(adj.)* atɛmpa
jug *(n.)* kuruwa
juggle *(v.)* sesa
juggler *(n.)* nsesa
juice *(n.)* nsudeɛ
juicy *(adj.)* nsudeɛ
jukebox *(n.)* jukebox
jumble *(n.)* afrafra
jumble *(v.)* fumtumfra
jump *(n.)* ahuriahuri
jump *(v.)* hurihuri
junction *(n.)* nhyiamu
juncture *(n.)* ɔfa
jungle *(n.)* kwaemu
junior *(adj.)* kumaa
junior *(n.)* kumaa
junk *(n.)* mfasoɔ nniso
jupiter *(n.)* Jupiter

jurisdiction *(n.)* tumidi	**kick** *(n.)* rebɔ
jurisprudence *(n.)* jurisprudence	**kick** *(v.)* bɔ
jurist *(n.)* mmranimfoɔ	**kick-start** *(v.)* shɛaseɛ
juror *(n.)* apamfo	**kid** *(n.)* abɔfra
jury *(n.)* apamfo	**kidnap** *(v.)* wia
juryman *(n.)* asɛnni baguofoɔ	**kidney** *(n.)* sawa
just *(adj.)* pɛpɛɛpɛ	**kill** *(v.)* kum
justice *(n.)* atɛntenenee	**kill** *(n.)* awudie
justifiable *(adj.)* ɛfata	**kiln** *(n.)* kiln
justification *(n.)* nkyerɛaseɛ	**kilo** *(n.)* kilo
justified *(adj.)* ɛfata	**kilogram** *(n.)* kilogram
justify *(v.)* bu bem	**kilt** *(n.)* atade
justly *(adv.)* ɛfata	**kilt** *(v.)* kilt
jute *(n.)* jute	**kin** *(n.)* abusuani
juvenile *(adj.)* mmofra	**kind** *(n.)* su
juxtapose *(v.)* fa toto	**kind** *(adj.)* ɔyamyɛfoɔ
juxtaposed *(adj.)* mfatoho	**kindergarten** *(n.)* mmotafowa sukuu
juxtaposition *(n.)* mfatoho	**kind-hearted** *(adj.)* ayɛmyɛfoɔ
	kindle *(v.)* sɔ
	kindly *(adv.)* ayamye
	kindness *(n.)* papayɛ
	kinetic *(adj.)* kinetic

	king *(n.)* ɔhene
kaffir *(n.)* kaffir	**kingdom** *(n.)* ahennie
kaki *(n.)* kaki	**kinship** *(n.)* abusuakuo
kaleidoscope *(n.)* kaleidoscope	**kiosk** *(n.)* kiosk
kamikaze *(n.)* kamikaze	**kiss** *(n.)* anofeɛ
kangaroo *(n.)* aboa	**kiss** *(v.)* fe ano
karat *(n.)* karat	**kit** *(n.)* kit
keen *(adj.)* aniwɔsoɔ	**kitchen** *(n.)* mukaase
keenness *(n.)* aniku	**kite** *(n.)* adaman
keep *(v.)* kora	**kith** *(n.)* kith
keeper *(n.)* ɔwɛmfo	**kitten** *(n.)* ɔkra ba
keepsake *(n.)* nkaedeɛ	**knave** *(n.)* ɔdaadaafoɔ
kennel *(n.)* ɔkraman dan	**knavery** *(n.)* ɔdaadaa
kerchief *(n.)* duku	**knead** *(v.)* fete
kernel *(n.)* adwe	**knee** *(n.)* kotodwe
kerosene *(n.)* kerosene	**kneel** *(v.)* bu nkotodwe
ketchup *(n.)* ketchup	**knife** *(n.)* sekan
kettle *(n.)* kettle	**knight** *(n.)* ɔnioyamfoɔ
key *(n.)* safoa	**knight** *(v.)* hyɛ anioyam
key *(v.)* bɔ	**knit** *(v.)* pam
key *(adj.)* safoa	**knock** *(v.)* bɔ agoo
keyboard *(n.)* keyboard	**knockout** *(n.)* knockout
keyhole *(n.)* safe tokuro	**knot** *(n.)* pɔ
keypad *(n.)* keypad	**knot** *(v.)* bɔ pɔ
keysmith *(n.)* safoayɛfo	**know** *(v.)* nim
keystone *(n.)* keystone	**knowledge** *(n.)* nimdeɛ
keyword *(n.)* asɛmfua tiriw	**knowledgeable** *(adj.)* nimdeɛ

knuckle *(n.)* nsa pɔ
knuckle *(v.)* mia
koala *(n.)* koala
koi *(n.)* koi
krill *(n.)* krill

label *(n.)* ahyɛnsoɔ
label *(v.)* ahyɛnsoɔ
labial *(adj.)* labial
laboratory *(n.)* nhwehwɛmu bia
laborious *(adj.)* adwuma den
labour *(v.)* yɛ adwuma
labour *(n.)* adwuma
laboured *(adj.)* adwumaden
labourer *(n.)* odwumayɛni
labyrinth *(n.)* labyrinth
lac, lakh *(n.)* lac
lace *(v.)* ntama
lace *(n.)* kyekyere
lacerate *(v.)* twa mu
lachrymose *(adj.)* osi
lack *(v.)* hwere
lack *(n.)* nni
lackey *(n.)* abaawa
lacklustre *(adj.)* bɔtee
laconic *(adj.)* kasa kakra
lactate *(v.)* ma nufusuo
lactic *(adj.)* nufusuo
lactometer *(n.)* lactometer
lactose *(n.)* lactose
lacuna *(n.)* ayera
lacy *(adj.)* lacy
lad *(n.)* barima
ladder *(n.)* atwere
lade *(v.)* adesoa
ladle *(n.)* kwakora
ladle *(v.)* sa ade
lady *(n.)* ɔbea
lag *(v.)* di akyire
laggard *(n.)* bɔtee
lagoon *(n.)* baka
laid-back *(adj.)* ahomegye
lair *(n.)* aboa buo
lake *(n.)* sutadeɛ
lakefront *(n.)* ɔtare ano

lama *(n.)* lama
lamb *(n.)* oguanma
lambaste *(v.)* animka
lambkin *(n.)* aboa nhoma
lame *(adj.)* enni ahooden
lame *(v.)* enni ahooden
lament *(n.)* nwiinwii
lament *(v.)* nwiinwii
lamentable *(adj.)* anwinwii
lamentation *(n.)* kwadwom
laminate *(v.)* laminate
lamp *(n.)* kanea
lampoon *(n.)* animka
lampoon *(v.)* animka
lance *(n.)* sekammoa
lance *(v.)* twa honam
lancer *(n.)* lancer
lancet *(adj.)* lancet
land *(n.)* asase
land *(v.)* abeduru
landing *(n.)* abeduru
landline *(n.)* telefon ahoma
landlord *(n.)* afiewura
landmark *(n.)* agyinahyɛdeɛ
landscape *(n.)* asaase kesee
lane *(n.)* ɛkwan
language *(n.)* kasa
languish *(v.)* ɔbrɛ
languor *(n.)* ɔbrɛ
lank *(adj.)* ahwi
lantern *(n.)* kanea
lanugo *(n.)* ehwi
lap *(n.)* srɛ
lapse *(v.)* awiei
lapse *(n.)* mfomsoɔ
laptop *(n.)* kɔmputa
lard *(n.)* prɛko sradeɛ
large *(adj.)* kakraa
largesse *(n.)* adɔyɛ
lark *(n.)* anomaa
lascivious *(adj.)* akɔnnɔ
lash *(v.)* hwe
lash *(n.)* ahwi
lass *(n.)* abaayewa
last *(adj.)* awieɛ
last *(adv.)* etwa tow
last *(v.)* ewie
last *(n.)* awieɛ
lasting *(adj.)* hɔ daa

lastly *(adv.)* etwa tow
latch *(n.)* krɔkrɔ
late *(adj.)* wakyɛ
late *(adv.)* aka akyi
lately *(adv.)* nnansa yi
latent *(adj.)* ahintaw
lath *(n.)* dua
lathe *(n.)* afidie
lather *(n.)* ahoro
latitude *(n.)* latitude
latrine *(n.)* egyanabea
latter *(adj.)* ɛkɔ awieyɛ
lattice *(n.)* dua
laud *(v.)* abasobɔ
laud *(n.)* abasobɔdeɛ
laudable *(adj.)* anuonyam hyɛ
laugh *(n.)* sideɛ
laugh *(v.)* sideɛ
laughable *(adj.)* ɛyɛ sere
laughter *(n.)* sideɛ
launch *(v.)* hyɛ ase
launch *(n.)* bue ano
launder *(v.)* si nneɛma
laundress *(n.)* osi nneɛma
laundry *(n.)* nneɛma si
laureate *(adj.)* nhomasua
laureate *(n.)* nhomanimfo
laurel *(n.)* dua
lava *(n.)* lava
lavatory *(n.)* egyanabea
lavender *(n.)* dua huahuam
lavish *(adj.)* sɛɛ sika
lavish *(v.)* sɛɛ sika
law *(n.)* mmara
lawful *(adj.)* mmara kwanso
lawless *(adj.)* mmaratofo
lawn *(n.)* afifideɛ
lawyer *(n.)* mmaranimfoɔ
lax *(adj.)* lax
laxative *(n.)* aduru
laxative *(adj.)* aduru
laxity *(n.)* adwene nnihɔ
lay *(n.)* da hɔ
lay *(v.)* to hɔ
lay *(adj.)* nkokwaw
layer *(n.)* layer
layman *(n.)* nkokwaw
lay-off *(n.)* yi ade
layout *(n.)* wɔahyehyɛ

laze *(v.)* ahomegye
laziness *(n.)* akwadworɔ
lazy *(adj.)* akwadworɔ
lea *(n.)* asaase kesee
leach *(v.)* sɔ ne
lead *(n.)* di kan
lead *(v.)* di kan
leaden *(adj.)* tuntum
leader *(n.)* ɔkannifoɔ
leadership *(n.)* akandi
leaf *(n.)* ahaban
leaflet *(n.)* krataa
leafy *(adj.)* ahaban
league *(n.)* akuw
leak *(n.)* betue
leak *(v.)* tue
leakage *(n.)* tue
lean *(n.)* teatea
lean *(v.)* teatea
leap *(v.)* huri
leap *(n.)* nkɔanim
learn *(v.)* adesua
learned *(adj.)* sua
learner *(n.)* osuani
learning *(n.)* adesua
lease *(n.)* awowa
lease *(v.)* awowa
least *(adj.)* ketewa
least *(adv.)* ketewa
leather *(n.)* aboa nhoma
leave *(n.)* kɔ
leave *(v.)* kɔ
lecture *(n.)* ɔkasa
lecture *(v.)* ma ɔkasa
lecturer *(n.)* ɔkyerɛkyerɛni
ledger *(n.)* akontabuo nhoma
lee *(n.)* guankɔbea
leech *(n.)* sonsono
leek *(n.)* gyeene
left *(adj.)* wo benkum
left *(n.)* benkum
leftist *(n.)* benkum
leftover *(n.)* nkayɛ
leg *(n.)* ɛnan
legacy *(n.)* agyapadeɛ
legal *(adj.)* mmara mu
legal action *(n.)* mmara kwanso
legality *(n.)* mmara mu
legalize *(v.)* mmara mu

legend *(n.)* W'agye din
legendary *(adj.)* agye din
leghorn *(n.)* ɛkyɛ
legible *(adj.)* nkyerɛwde akɛseɛ
legibly *(adv.)* nkyerɛwde akɛseɛ
legion *(n.)* asafodɔm
legionary *(n.)* asafodɔm
legislate *(v.)* mmarahyɛ
legislation *(n.)* mmarahyɛ
legislative *(adj.)* mmarahyɛ badwa
legislator *(n.)* mmarahyɛfo
legislature *(n.)* mmarahyɛ bagua
legitimacy *(n.)* mmara mu
legitimate *(adj.)* mmara kwan so
leisure *(n.)* ahomegye
leisurely *(adj.)* ahomegye
leisurely *(adv.)* ahomegye
lemon *(n.)* ankaatwadeɛ
lemonade *(n.)* ankaatwadeɛ nsa
lend *(v.)* bosea
length *(n.)* tenten
lengthen *(v.)* twe mu
lengthy *(adj.)* tenten
lenience *(n.)* brɛoo
leniency *(n.)* brɛoo
lenient *(adj.)* mmɔborɔhunu
lens *(n.)* lens
lentil *(n.)* dua
Leo *(n.)* gyata
leonine *(adj.)* sɛ gyata
leopard *(n.)* ɔsebɔ
leper *(n.)* kwata
leprosy *(n.)* kwata
leprous *(adj.)* kwata
less *(adj.)* ketewa
less *(n.)* ketewa
less *(adv.)* kakra bi
less *(prep.)* ɛso ate
lessee *(n.)* afiewura
lessen *(v.)* ɛso ate
lesser *(adj.)* osua
lesson *(n.)* adesuadeɛ
lest *(conj.)* si akwan
let *(v.)* ma kwan
lethal *(adj.)* awuduro
lethargic *(adj.)* onni ahoɔden
lethargy *(n.)* onni ahoɔden
let-out *(n.)* bepue akɔ
letter *(n.)* krataa kyerɛw

letterhead *(n.)* asɛmti
level *(n.)* tenten
level *(adj.)* dodoɔ
level *(v.)* tenten
lever *(v.)* so nsa
lever *(n.)* nsa
leverage *(n.)* kura mu
levity *(n.)* nsɛnkwaa
levy *(v.)* tow
levy *(n.)* tow
lewd *(adj.)* abofono
lexicography *(n.)* nhoma kyerɛwfo
lexicon *(n.)* nhwehwɛmu nhoma
liability *(n.)* ɛka
liable *(adj.)* betumi asi
liaison *(n.)* ntamgyinafoɔ
liar *(n.)* ɔtorofo
libel *(n.)* dinseɛ
libel *(v.)* dinseɛ
liberal *(adj.)* obuo
liberalism *(n.)* ahofadi
liberality *(n.)* ahofadi
liberate *(v.)* ahofadi
liberation *(n.)* ahofadi
liberator *(n.)* agyenkwa
libertine *(n.)* ahofadi
liberty *(n.)* fahodi
librarian *(n.)* nhoma sohwɛfo
library *(n.)* nhomakorabea
licence *(n.)* tumi krataa
license *(v.)* tumi krataa
licensee *(n.)* tumi
licentious *(adj.)* ɔmfata
lick *(v.)* tafere
lick *(n.)* tafere
lid *(n.)* mmoasoɔ
lie *(n.)* torɔ
lie *(v.)* da hɔ
lien *(n.)* tumi krataa
lieu *(n.)* ananmu
lieutenant *(n.)* ɔsraani
life *(n.)* nkwa
life jacket *(n.)* Life jacket
life support *(n.)* afidie
lifeless *(adj.)* nkwa nnim
lifelong *(adj.)* nkwan na
lifestyle *(n.)* abrabɔ
lift *(n.)* pegya
lift *(v.)* pegya

ligament *(n.)* w'apɔso
light *(n.)* kanea
light *(adj.)* enyɛ duru
light *(v.)* hyerɛn
lighten *(v.)* hyerɛn
lightening *(n.)* ɛte gya
lighter *(n.)* ɛhann
lightly *(adv.)* bɔkɔɔ
lignite *(n.)* sɔ gya
like *(v.)* pɛ
like *(adj.)* te sɛ
like *(n.)* te sɛ
like *(prep.)* te sɛ
likelihood *(n.)* ɛbɛyɛ sɛ
likely *(adj.)* ɛbɛyɛ sɛ
liken *(v.)* ɔsɛ biribi
likeness *(n.)* nsɛsoɔ
likewise *(adv.)* ɛsɛ biribi
liking *(n.)* ɔdɔ
lilac *(n.)* dua
lily *(n.)* nhwiren
limb *(n.)* honam akwaa
limber *(v.)* ɛnyɛ bawee
limber *(adj.)* ɛnyɛ bawee
limber *(n.)* ɛnyɛ bawee
lime *(n.)* ankaatwadeɛ
lime *(v.)* lime
limelight *(n.)* limelight
limit *(n.)* anohyeto
limit *(v.)* anohyeto
limitation *(n.)* akwansideɛ
limited *(adj.)* anohyeto
limitless *(adj.)* limitless
line *(n.)* nsaneeɛ
line *(v.)* ɛkwan tee
lineage *(n.)* asefo
linen *(n.)* ntama
linger *(v.)* bɔtee
lingo *(n.)* amanman kasa
lingual *(adj.)* kasa
linguist *(n.)* ɔkyeame
linguistic *(adj.)* kasa
linguistics *(n.)* kasa
lining *(n.)* lining
link *(n.)* link
link *(v.)* link
linseed *(n.)* aba
lintel *(n.)* lintel
lion *(n.)* gyata

lioness *(n.)* gyata
lip *(n.)* ano
liquefy *(v.)* nsuo-nsuo
liquid *(adj.)* nsudeɛ
liquid *(n.)* nsudeɛ
liquidate *(v.)* gu biribi
liquidation *(n.)* gu biribi
liquor *(n.)* nsa
lisp *(v.)* ano ntotɔso
lisp *(n.)* ano ntotɔso
list *(n.)* ahodoɔ
list *(v.)* bobɔ
listen *(v.)* tie
listener *(n.)* otiefoɔ
listless *(adj.)* enni bobɔ
literacy *(n.)* nhoma sua
literal *(adj.)* sɛnea ɛteɛ
literary *(adj.)* sɛnea ɛteɛ
literate *(adj.)* nhomanimfo
literature *(n.)* nhoma
litigant *(n.)* mansotweni
litigate *(v.)* mansotwe
litigation *(n.)* mansotwe
litre *(n.)* lita
litter *(v.)* yɛ nwira
litter *(n.)* nwira
litterateur *(n.)* nhomanimfo
little *(n.)* ketewa
little *(adj.)* ketewa
little *(adv.)* ketewa bi
littoral *(adj.)* mpoano
liturgical *(adj.)* ɔsom nkyerɛkyerɛ
live *(v.)* nkwa mu
live *(adj.)* nkwa
live *(adv.)* nkwa
livelihood *(n.)* adwuma
lively *(adj.)* anika
liver *(n.)* asaabo
livery *(n.)* ataadeɛ
living *(adj.)* nkwa mu
living *(n.)* nkwa
lizard *(n.)* koterɛ
load *(n.)* adesoa
load *(v.)* adesoa
loadstar *(n.)* nsroma
loadstone *(n.)* ɛkye dade
loaf *(n.)* burodo
loaf *(v.)* burodo
loafer *(n.)* mpaboa

loan *(n.)* besea
loan *(v.)* bɔ besea
loath *(adj.)* akyide
loathe *(v.)* ɔtan
loathsome *(adj.)* ɛnhyɛ nkuran
lobby *(n.)* tenabea
lobe *(n.)* honam akwaa
lobster *(n.)* lobster
local *(adj.)* mpɔtam
locale *(n.)* mpɔtam
locality *(n.)* mpɔtam
localize *(v.)* mpɔtam hɔ
locate *(v.)* beaeɛ
location *(n.)* beaeɛ pɔtee
lock *(n.)* krɔkrɔ
lock *(v.)* tomu
locker *(n.)* adekoradan
locket *(n.)* kɔnmuade
locomotive *(n.)* keteke
locus *(n.)* beaeɛ titiriw
locust *(n.)* ntutummɛ
locution *(n.)* asɛmfua
lodge *(n.)* soboɔ
lodge *(v.)* soboɔ
lodging *(n.)* bɔ soboɔ
loft *(n.)* soro
lofty *(adj.)* ɔwɔ soro
log *(n.)* dua
log *(v.)* dua
logarithm *(n.)* logarithm
loggerhead *(n.)* mente-me-hoase
logic *(n.)* nteaseɛ
logical *(adj.)* nteaseɛ
logician *(n.)* ɔwɔ nteaseɛ
logout *(n.)* fi hɔ
loin *(n.)* barima dua
loiter *(v.)* yɛ efi
loll *(v.)* ogyina basaa
lollipop *(n.)* tɔfe
lone *(adj.)* ankonam
loneliness *(n.)* ankonam
lonely *(adj.)* ankonam
lonesome *(adj.)* ankonam yɛ
long *(adv.)* tenten
long *(v.)* tenten
long *(adj.)* tenten
longevity *(n.)* nyin kyɛ
longing *(n.)* hwɛ kwan
longitude *(n.)* longitude

long-term *(adj.)* bere tenten
look *(v.)* hwɛ
look *(n.)* hwɛ
loom *(n.)* nwinade
loom *(v.)* loom
loop *(n.)* loop
loop-hole *(n.)* loop-hole
loose *(adj.)* ɛnyɛ den
loose end *(n.)* enwie pɛyɛ
loosen *(v.)* sane
loot *(n.)* korɔnobɔ
loot *(v.)* wia
lop *(v.)* twa twene
lop *(n.)* twa twene
lord *(n.)* owura
lordly *(adj.)* awuradefo
lordship *(n.)* awuradeyɛ
lore *(n.)* amamerɛ
lorry *(n.)* ɛhyɛn
lose *(v.)* hwere
loss *(n.)* hwere
lost *(v.)* ayera
lot *(n.)* ekuw
lotion *(n.)* nku
lottery *(n.)* lotto twa
lotus *(n.)* nhwiren
loud *(adj.)* yɛ den
lounge *(v.)* ahomegye beaeɛ
lounge *(n.)* ahomegye beaeɛ
louse *(n.)* adwie
lovable *(adj.)* anika
love *(n.)* ɔdɔ
love *(v.)* ɔdɔ
lovely *(adj.)* anika
lover *(n.)* dɔfo
loving *(adj.)* ɔdɔ
low *(adv.)* fam
low *(adj.)* fam
low *(v.)* ɔwɔ fam
low *(n.)* fam
lower *(v.)* fam koraa
low-fat *(adj.)* srade
lowliness *(n.)* wɔ fam
lowly *(adj.)* fam
loyal *(adj.)* nokwaredifo
loyalist *(n.)* nokwaredie
loyalty *(n.)* nokwaredie
lubricant *(n.)* ngo
lubricate *(v.)* lubricate

lubrication *(n.)* lubrication
lucent *(adj.)* hyerɛn
lucerne *(n.)* lucerne
lucid *(adj.)* nteaseɛ
lucidity *(n.)* nteaseɛ
luck *(n.)* tiri yɛ
luckily *(adv.)* tiri yɛ
luckless *(adj.)* tiri nyɛ
lucky *(adj.)* tiri yɛ
lucrative *(adj.)* mfasoɔ
lucre *(n.)* sika
luggage *(n.)* adesoa
lukewarm *(adj.)* dedɛɛdedɛɛ
lull *(v.)* bɔkɔɔ
lull *(n.)* bɔkɔɔ
lullaby *(n.)* dwom
luminary *(n.)* hann
luminous *(adj.)* ɛhann
lump *(n.)* badwoa
lump *(v.)* badwoa
lump sum *(n.)* sika
lunacy *(n.)* adammɔ
lunar *(adj.)* ɔsram
lunatic *(n.)* bɔdamfoɔ
lunatic *(adj.)* dammɔ
lunch *(v.)* awiabere aduane
lunch *(n.)* awiabere aduane
lung *(n.)* ahrawa
lunge *(v.)* kɔ mpofirim
lurch *(n.)* kɔ mpofirim
lurch *(v.)* mpofirim
lure *(n.)* nnaadaa
lure *(v.)* daadaa
lurk *(v.)* te tɛ
luscious *(adj.)* ɛyɛ dɛ
lush *(adj.)* dua
lust *(n.)* akɔnnɔ
lustful *(adj.)* akɔnnɔ
lustre *(n.)* deɛ ɛhyerɛn
lustrous *(adj.)* ɛhyerɛn
lusty *(adj.)* ɛhyerɛn
lute *(n.)* senku
luxuriance *(n.)* ahonyadeɛ
luxuriant *(adj.)* ahonyadeɛ
luxurious *(adj.)* ahonya
luxury *(n.)* ahonyadeɛ
lynch *(v.)* boro
lyre *(n.)* senku
lyric *(n.)* dwom mu nsɛm

lyric *(adj.)* dwom nsɛm
lyrical *(adj.)* dwom nsɛm
lyricist *(n.)* dwomtoni

macadamia *(n.)* macadamia
macaroon *(n.)* bisket
mace *(n.)* poma
mace *(v.)* mace
machinate *(v.)* sum afidie
machination *(n.)* afidisum
machine *(n.)* afidie
machine-made *(adj.)* afidie adeɛ
machinery *(n.)* mfidie
machinist *(n.)* afidie ho nimdefo
mack *(n.)* mack
mack *(v.)* mack
macro *(adj.)* macro
macro *(n.)* macro
macrobiotic *(adj.)* macrobiotic
macrocephaly *(n.)* macrocephaly
macrofibre *(n.)* macrofibre
macrosphere *(n.)* macrosphere
maculate *(v.)* akeka
maculate *(adj.)* ɛnkekae
mad *(adj.)* abɔ dam
mad *(adv.)* abɔ dam
madam *(n.)* awuraba
madden *(v.)* hyɛ abufuo
maddening *(adj.)* hyɛ abufuo
madhouse *(n.)* sakasaka
madness *(n.)* abɔdamfo
mafia *(n.)* otirimuɔdenfo
magazine *(n.)* nhomawa
mage *(n.)* nkonyaayifo
maggot *(n.)* nnokommoa
magic *(n.)* nkonyaayi
magical *(adj.)* nwonwa
magician *(n.)* nkonyaayifo
magisterial *(adj.)* tumi so
magistracy *(n.)* atemmuadwuma
magistrate *(n.)* otemmuafo
magistratur e *(n.)* atemmuafo kuw
magma *(n.)* magma
magnanimity *(n.)* ayamyɛ kɛse
magnanimous *(adj.)* ɔyamyɛfoɔ

magnate *(n.)* magnate
magnet *(n.)* tweboɔ
magnetic *(adj.)* magnetic
magnetism *(n.)* magnetism
magnificent *(adj.)* kokuroko
magnify *(v.)* tomtom
magnitude *(n.)* kɛseyɛ
magpie *(n.)* magpie
mahogany *(n.)* dua
mahout *(n.)* ɔsono sohwɛfo
maid *(n.)* abaawa
maiden *(adj.)* edi kan
maiden *(n.)* ababaawa
mail *(n.)* mail
mail *(v.)* mena nkrataa
main *(adj.)* ne titiriw
main *(n.)* pɔtee
mainly *(adv.)* titiriw no
mainstay *(n.)* nnyinaso
maintain *(v.)* kora so
maintenance *(n.)* nsisie
maize *(n.)* aburo
majestic *(adj.)* anuonyam
majesty *(n.)* anuonyam
major *(adj.)* titire
major *(n.)* titire
majority *(n.)* dodoɔ
make *(v.)* yɛ
make *(n.)* adeyɛ
makeover *(n.)* nsakraeɛ
maker *(n.)* ɔyɛfoɔ
make-up *(n.)* nsiesie
maladjustment *(n.)* malaadjustment
maladministration *(n.)* maladministration
maladroit *(adj.)* bisi basaa
malady *(n.)* yareɛ
malaise *(n.)* ahommerɛ
malaria *(n.)* atiridii
malcontent *(adj.)* ɛnteɛ
malcontent *(n.)* aniamɔnho
male *(adj.)* barima
male *(n.)* ɔbarima
malediction *(n.)* nnome
malefactor *(n.)* ɔdebɔneyɛfo
maleficent *(adj.)* aduto
malfunction *(v.)* ɛnkɔ yiye
malice *(n.)* menasepɔw
malicious *(adj.)* adwene bɔne
malign *(v.)* bu animtia

malign *(adj.)* animtiabu
malignancy *(n.)* nyareɛ koankorɔ
malignant *(adj.)* yareɛ koankorɔ
malignity *(n.)* adwemmɔne
malleable *(adj.)* ɛyɛ mmerɛw
malmsey *(n.)* malmsey
malnourished *(adj.)* nni aduane pa
malnutrition *(n.)* nnidi yie
malpractice *(n.)* tia mmara
malt *(n.)* malt
mal-treatment *(n.)* ayaresa ɛnteɛ
mamma *(n.)* mamma
mammal *(n.)* ɔma nufusuo
mammary *(adj.)* nufuɔ
mammon *(n.)* ahonyadeɛ
mammoth *(n.)* tete sono
mammoth *(adj.)* ɛyɛ kɛseɛ
man *(v.)* yɛ
man *(n.)* barima
manage *(v.)* toto
manageable *(adj.)* tumi diho dwuma
management *(n.)* ntotoeɛ
manager *(n.)* adwuma sohwɛfo
managerial *(adj.)* adwuma so hwɛ
mandate *(n.)* ahyɛde
mandatory *(adj.)* ɔhyɛ
mane *(n.)* nhwi
manes *(n.)* manes
manful *(adj.)* akokoduru
manganese *(n.)* manganese
manger *(n.)* mmoa adididaka
mangle *(v.)* tetew pasaa
mango *(n.)* mango
manhandle *(v.)* fa nsa yɛ
manhole *(n.)* amena
manhood *(n.)* mmarimayɛ
mania *(n.)* adwenemu haw
maniac *(n.)* ɔkwasea
manicure *(n.)* manicure
manifest *(adj.)* da ne ho adi
manifest *(v.)* da no adi
manifestation *(n.)* ɛda adi
manifesto *(n.)* manifesto
manifold *(adj.)* ahorow
manipulate *(v.)* daadaa
manipulation *(n.)* danedane
mankind *(n.)* adasamma
manlike *(adj.)* te sɛ nipa
manliness *(n.)* mmarimayɛ

manly *(adj.)* te sɛ barima
manna *(n.)* manna
mannequin *(n.)* mannequin
manner *(n.)* yɛbea
mannerism *(n.)* nneyɛe
mannerly *(adj.)* suban pa
manoeuvre *(n.)* adaneadane
manoeuvre *(v.)* danedane
manor *(n.)* manor
manorial *(adj.)* manorial
mansion *(n.)* ofie kɛse
mantel *(n.)* mantel
mantle *(n.)* atade nguguso
mantle *(v.)* asodie
manual *(adj.)* wɔde nsa yɛ
manual *(n.)* akwankyerɛ nhoma
manufacture *(v.)* yɛ
manufacture *(n.)* nneɛma a wɔayɛ
manufacturer *(n.)* nea ɔyɛ
manumission *(n.)* nkoa ahofadi
manumit *(v.)* ma akoa ahofadi
manure *(n.)* ɔyɛ-asaase-yie
manure *(v.)* yɛ asaase yie
manuscript *(n.)* nsaano nkyerɛwee
many *(adj.)* bebree
map *(v.)* kyekyɛ mu
map *(n.)* map
mar *(v.)* sɛe
marathon *(n.)* mmirikatuo
maraud *(v.)* fow
marauder *(n.)* ɔfowfo
marble *(n.)* abohemaa
march *(n.)* anammɔntuo
March *(n.)* Ɔbɛnem
march *(v.)* tu anammɔn
mare *(n.)* ɔpɔnkɔbere
margarine *(n.)* margarine
margin *(n.)* ano
marginal *(adj.)* ano
marigold *(n.)* marigold
marine *(adj.)* ɛpo mu
mariner *(n.)* mariner
marionette *(n.)* aboduaba
marital *(adj.)* awareɛ mu
maritime *(adj.)* hyɛma mu
mark *(n.)* agyinahyɛdeɛ
mark *(v.)* hyɛ agyinaeɛ
marker *(n.)* agyiraehyɛde
market *(n.)* dwa

market *(v.)* di gua
market research *(n.)* dwaso nhwehwɛmu
market share *(n.)* dwaso kyɛfa
marketable *(adj.)* tumi tɔn
marksman *(n.)* tuo tufo
marl *(n.)* marl
marmalade *(n.)* marmalade
maroon *(v.)* maroon
maroon *(n.)* maroon
maroon *(adj.)* maroon
marriage *(n.)* awareɛ
marriageable *(adj.)* betumi aware
marrow *(n.)* hon
marry *(v.)* ware
Mars *(n.)* sɛe biribi
marsh *(n.)* marsh
marshal *(n.)* sogyanipanin
marshal *(v.)* sogyanipanin
marshy *(adj.)* marshy
marsupial *(n.)* marsupial
mart *(n.)* guaso
marten *(n.)* aboa
martial *(adj.)* ɔko
martinet *(n.)* katee nnipa
martyr *(n.)* mogya dansefo
martyrdom *(n.)* owuo yayaaya
marvel *(n.)* anwonwade
marvel *(v.)* anwonwade
marvellous *(adj.)* nwonwaso
mascot *(n.)* mascot
masculine *(adj.)* masculine
mash *(v.)* nyam
mash *(n.)* nyam
mask *(n.)* nkataanim
mask *(v.)* katananim
mason *(n.)* deɛ ɔsiadan
masonry *(n.)* ɔdansinimdefo
masquerade *(n.)* adaadaa
mass *(n.)* ɔdodoɔ
mass *(v.)* boano
massacre *(n.)* okunkɛse
massacre *(v.)* akumkumakumkum
massage *(n.)* nipadua twitwie
massage *(v.)* twitwi nipadua
masseur *(n.)* masseur
massive *(adj.)* kakrakaa
massy *(adj.)* drudrudu
mast *(n.)* dua tenten
master *(n.)* owura

master *(v.)* kokwaw
master class *(n.)* master adesuakuw
master copy *(n.)* master copy
masterly *(adj.)* ahokokwaw
masterpiece *(n.)* masterpiece
mastery *(n.)* mastery
masticate *(v.)* we
masturbate *(v.)* boasipem
mat *(n.)* kɛtɛ .
matador *(n.)* matador
match *(v.)* pɛ
match *(n.)* akansie
matchless *(adj.)* ɛnsɛ
matchmaker *(n.)* ɔhyehyɛ awareeɛ
mate *(n.)* yɔnkoɔ
mate *(v.)* adamfo
material *(adj.)* nneɛma
material *(n.)* ntoma
materialism *(n.)* wiasemu afɛɛfɛdeɛ dodowpɛ
materialize *(v.)* ɛda adi
maternal *(adj.)* ɛnanom de
maternity *(n.)* awo ho
mathematical *(adj.)* akontaabu nimdeɛ
mathematician *(n.)* akontaabu nimdeɛ
mathematics *(n.)* akontaabu adesua
matinee *(n.)* sini awiabere
matriarch *(n.)* matriarch
matricidal *(adj.)* maame kum
matricide *(n.)* maame awudie
matriculate *(v.)* matriculate
matriculation *(n.)* matriculation
matrimonial *(adj.)* aware mu nsɛm
matrimony *(n.)* aware ho nsɛm
matrix *(n.)* matrix
matron *(n.)* matron
matter *(n.)* asɛm
matter *(v.)* asɛm
mattock *(n.)* mattock
mattress *(n.)* kɛtɛ
mature *(adj.)* akokwaw
mature *(v.)* akokwaw
maturity *(n.)* onyini
maudlin *(adj.)* maudlin
maul *(n.)* borɔ denneennen
maul *(v.)* borɔ denneennen
maulstick *(n.)* dua kɛse
maunder *(v.)* kasa tenten
mausoleum *(n.)* nkaeada
mawkish *(adj.)* mawkish
maxilla *(n.)* aboa apantan
maxim *(n.)* mmebusɛm
maximize *(v.)* di dwuma
maximum *(n.)* atifi
maximum *(adj.)* wɔ soro
May *(n.)* Kotonima
may *(v.)* betumi
mayor *(n.)* amrado
maze *(n.)* maze
me *(pron.)* me
mead *(n.)* nsa
meadow *(n.)* asaase pradadaa
meagre *(adj.)* teatea
meal *(n.)* aduane
mealy *(adj.)* sɛ aduane
mean *(n.)* nteaseɛ
mean *(v.)* mfimfini
mean *(adj.)* mfimfini
meander *(v.)* nsuo kwan
meaning *(n.)* nteaseɛ
meaningful *(adj.)* ɔwɔ nteaseɛ
meaningless *(adj.)* enni nteaseɛ
meanness *(n.)* ɔnyɛ adɔyɛ
means *(n.)* ɔkwan
meanwhile *(adv.)* seisei de
measles *(n.)* ntoburo
measurable *(adj.)* susu deɛ
measure *(v.)* susu ade
measure *(n.)* susu
measureless *(adj.)* measureless
measurement *(n.)* nsusuiɛ
meat *(n.)* ɛnam
mechanic *(n.)* afidie nimdefo
mechanic *(adj.)* afidie nimdefo
mechanical *(adj.)* mechanical
mechanics *(n.)* mechanics
mechanism *(n.)* wɔyɛ biribi
medal *(n.)* anuonyamhyɛde
medallist *(n.)* anuonyam hyɛ
meddle *(v.)* wurawura mu
median *(adj.)* median
mediate *(v.)* ntamgyina
mediation *(n.)* ntamgyina
mediator *(n.)* ntamgyinafoɔ
medic *(n.)* dɔkota
medical *(adj.)* ayaresa
medicament *(n.)* aduro
medicinal *(adj.)* aduru

medicine *(n.)* aduru
medieval *(adj.)* tete
mediocre *(adj.)* ɛhɔ-ne-hɔ
mediocrity *(n.)* ɛhɔ-ne-hɔ
meditate *(v.)* adwindwin
meditation *(n.)* adwindwin
meditative *(adj.)* dwindwin ho
medium *(n.)* akwan
medium *(adj.)* akwan
meek *(adj.)* mmerew
meet *(n.)* hyia
meet *(v.)* behyia
meeting *(n.)* nhyiamu
megalith *(n.)* megalith
megalithic *(adj.)* megalithic
megaphone *(n.)* kasa afidie
megastore *(n.)* sotɔɔ kɛse
melancholia *(n.)* awerɛhow
melancholic *(adj.)* awerɛhow
melancholy *(n.)* awerɛhow
melancholy *(adj.)* awerɛhosɛm
melee *(n.)* ntɔkwaw
meliorate *(v.)* ɛyɛ kama
mellow *(adj.)* ɛyɛ dɛ
melodious *(adj.)* nne dɛdɛɛdɛ
melodrama *(n.)* melodrama
melodramatic *(adj.)* melodramatic
melody *(n.)* nne
melon *(n.)* ɛferɛ
melt *(v.)* nane
member *(n.)* ɔka ho
membership *(n.)* ekuo
membrane *(n.)* membrane
memento *(n.)* abasobɔdeɛ
memoir *(n.)* abakɔsɛm
memorable *(adj.)* nkaesɛm
memorandum *(n.)* nkra
memorial *(n.)* nkaedi
memorial *(adj.)* nkaedi
memory *(n.)* nkaeɛ
menace *(n.)* esiane
menace *(v.)* esiane
mend *(v.)* siesie
mendacious *(adj.)* atorɔ
menial *(adj.)* abaawa adwuma
menial *(n.)* abaawa adwuma
meningitis *(n.)* menigitis
menopause *(n.)* twa bra
menses *(n.)* bu nsa

menstrual *(adj.)* brayɛ
menstruation *(n.)* brayɛ
mental *(adj.)* adwenem
mentality *(n.)* adwenem
mention *(n.)* bɔ
mention *(v.)* bɔ biribi
mentor *(n.)* ofotufoɔ
menu *(n.)* meni
mercantile *(adj.)* agudie
mercenary *(adj.)* anibere
mercerise *(v.)* mercerise
merchandise *(n.)* nneɛma
merchant *(n.)* odwadini
merciful *(adj.)* mmɔborɔhunu
merciless *(adj.)* nni mmɔborɔhunu
mercurial *(adj.)* mercurial
mercury *(n.)* mercury
mercy *(n.)* mmɔbɔ
mere *(adj.)* kɛkɛ
merge *(v.)* ka bom
merger *(n.)* ɔka bom
meridian *(n.)* meridian
merit *(n.)* akwannya
merit *(v.)* akwannya
meritorious *(adj.)* akwannya kɛseɛ
mermaid *(n.)* maame wata
merman *(n.)* papa wata
merriment *(n.)* anigyedeɛ
merry *(adj.)* anigyedeɛ
mesh *(n.)* mesh
mesh *(v.)* mesh
mesmerism *(n.)* mesmerize
mesmerize *(v.)* mesmerize
mess *(n.)* efi
mess *(v.)* efi
message *(n.)* nkra
messenger *(n.)* ɔsomafo
messiah *(n.)* agyenkwa
Messrs *(n.)* abodin
metabolism *(n.)* metabolism
metal *(n.)* dade
metallic *(adj.)* dade
metallurgy *(n.)* metallurgy
metamorphosis *(n.)* adane-adane
metaphor *(n.)* nnyinahɔma
metaphysical *(adj.)* metaphysical
metaphysics *(n.)* metaphysics
mete *(v.)* asotwe
meteor *(n.)* nsorommatuadua

meteoric *(adj.)* nsorommatuadua
meteorologist *(n.)* weim nsakraeɛfo
meteorology *(n.)* wiem nsakraeɛ
meter *(n.)* susu fidie
method *(n.)* ɔkwan
methodical *(adj.)* ɔkwan
meticulous *(adj.)* fenenkyemm wɔanowɔano
metre *(n.)* mita
metric *(adj.)* mita
metrical *(adj.)* metrical
metro *(n.)* keteke kwan
metropolis *(n.)* kuro kɛseɛ
metropolitan *(adj.)* kuro kɛseɛ
metropolitan *(n.)* kuro kɛseɛ
mettle *(n.)* wɔ akokoduru
mettlesome *(adj.)* akokoduru
mew *(n.)* ɔkra su
mew *(v.)* ɔkra su
mezzanine *(n.)* abansoro
mica *(n.)* mica
microbrewery *(n.)* nsa yɛ
microfilm *(n.)* microfilm
micrology *(n.)* micrology
micrometer *(n.)* micrometer
microphone *(n.)* kasa afidie
microprint *(n.)* microprint
microprocessor *(n.)* microprocessor
microscope *(n.)* microscope
microscopic *(adj.)* biribi ketewa
microwave *(n.)* microwave
mid *(adj.)* biribi mfimfini
midday *(n.)* awiabere
middle *(n.)* mfimfini
middle *(adj.)* mfimfini
middleman *(n.)* ntamgyinafoɔ
middling *(adj.)* ɛhɔ-ne-hɔ
midget *(n.)* nnipa teateafo
midland *(n.)* ɔman mfimfini
midnight *(n.)* ahemanakye dummienu
mid-off *(n.)* mid-off
mid-on *(n.)* mid-on
midriff *(n.)* midriff
midst *(n.)* mfimfini
midsummer *(n.)* midsummer
midwife *(n.)* ɔgye awoɔ
miffed *(adj.)* abufuw
might *(n.)* betumi
mighty *(adj.)* tumi

migraine *(n.)* ti payɛ
migrant *(n.)* ɔkwantuni
migrate *(v.)* kwantuo
migration *(n.)* kwantuo
milch *(adj.)* nantwi
mild *(adj.)* ɛhɔ-ne-hɔ
mildew *(n.)* mildew
mile *(n.)* mile
mileage *(n.)* mileage
milestone *(n.)* milestone
milieu *(n.)* mpɔtam
militant *(adj.)* sogya
militant *(n.)* sogyani
military *(adj.)* sogyafoɔ
military *(n.)* sogyafoɔ
militate *(v.)* si kwan
militia *(n.)* sogya
milk *(v.)* nufusuo
milk *(n.)* nufusuo
milk powder *(n.)* nufusuo pɔɔda
milky *(adj.)* nufusuo
mill *(v.)* nyam ade
mill *(n.)* nyam
millennium *(n.)* mfe apem
miller *(n.)* miller
millet *(n.)* atoko
milliner *(n.)* ɔtɔn kyɛ
millinery *(n.)* mmea kyɛ
million *(n.)* ɔpepem
millionaire *(n.)* sikani
millipede *(n.)* kankabi
mime *(n.)* mile
mime *(v.)* mile
mimesis *(n.)* mimesis
mimic *(adj.)* suasua
mimic *(n.)* suasua
mimic *(v.)* suasua obi
mimicry *(n.)* suasua obi
minaret *(n.)* minaret
mince *(v.)* adwene
mind *(n.)* wɔ adwene
mind *(v.)* wɔ nyansa
mind-blowing *(adj.)* ɔyɛ nwonwa
mindful *(adj.)* dwene
mindless *(adj.)* ɔnni adwen
mindset *(n.)* w'adwene
mine *(n.)* medea
mine *(pron.)* medea
miner *(n.)* tutu fam

mineral *(adj.)* mineral
mineral *(n.)* asaase agudie
mineralogist *(n.)* mineralogist
mineralogy *(n.)* mineralogy
mingle *(v.)* fra
miniature *(adj.)* ketewa
miniature *(n.)* ketewa
minim *(n.)* minim
minimal *(adj.)* ketewa
minimize *(v.)* te so
minimum *(adj.)* ketewa
minimum *(n.)* ketewa
minion *(n.)* akyidifoɔ
minister *(v.)* abansoafo
minister *(n.)* abansoafo
ministrant *(adj.)* ministrant
ministry *(n.)* aban dwumayɛbea
mink *(n.)* aboa
minor *(n.)* abofra
minor *(adj.)* ketewa
minority *(n.)* nnipakuw ketewa
minster *(n.)* asɔredan kɛseɛ
mint *(n.)* mint
mint *(v.)* mint
minus *(adj.)* te firim
minus *(n.)* te firim
minus *(prep.)* yi firim
minuscule *(adj.)* biribi ketewa
minute *(adj.)* sima
minute *(n.)* sima
minutely *(adv.)* sima biara
minx *(n.)* minx
miracle *(n.)* anwanwade
miraculous *(adj.)* anwanwade
mirage *(n.)* mirage
mire *(v.)* atɛkyɛ
mire *(n.)* atɛkyɛ
mirror *(v.)* ahwehwɛ
mirror *(n.)* ahwehwɛ
mirror image *(n.)* mirror-image
mirth *(n.)* anigyedeɛ
mirthful *(adj.)* anigyedeɛ
misadventure *(n.)* asiane
misalliance *(n.)* misalliance
misanthrope *(n.)* ɔmpɛ nnipa
misapplication *(n.)* biribi basaa
misapprehend *(v.)* enni nteaseɛ
misapprehension *(n.)* enni nteaseɛ
misappropriate *(v.)* basaa

misappropriation *(n.)* basaa
misbehave *(v.)* suban bɔne
misbehaviour *(n.)* suban bɔne
misbelief *(n.)* atorɔsom
miscalculate *(v.)* mfomso
miscalculation *(n.)* mfomso
miscall *(v.)* miscall
miscarriage *(n.)* pɔn yafunu
miscarry *(v.)* pɔn
miscellaneous *(adj.)* ahorow-ahorow
miscellany *(n.)* ahorow-ahorow
mischance *(n.)* asiane
mischief *(n.)* amumɔyɔ
mischievous *(adj.)* amumɔyɔ
misconceive *(v.)* ɛnyɛ nokware
misconception *(n.)* ɛnyɛ nokware
misconduct *(n.)* suban bɔne
misconstrue *(v.)* w'anya nteaseɛ
miscreant *(n.)* nnipa bɔne
misdeed *(n.)* biribi bɔne
misdemeanour *(n.)* bɔne ketewa
misdiagnose *(v.)* mfomso
misdirect *(v.)* ɔkwan bɔne
misdirection *(n.)* ɔkwan bɔne
miser *(n.)* pɛpɛɛ
miserable *(adj.)* enni anigye
miserly *(adj.)* pɛpɛɛ
misery *(n.)* ɔhaw
misfire *(v.)* misfire
misfit *(n.)* abɔntenso ni
misfortune *(n.)* asiane
misgive *(v.)* akyinnyegyeɛ
misgiving *(n.)* akyinnye
misguide *(v.)* daadaa
mishap *(n.)* asiane
misjudge *(v.)* atɛnkyea
mislead *(v.)* daadaa
mismanagement *(n.)* mismanagement
mismatch *(v.)* ɛnfa
misnomer *(n.)* misnomer
misperception *(n.)* misperception
misplace *(v.)* ayera
misprint *(n.)* misprint
misprint *(v.)* misprint
misrepresent *(v.)* misrepresent
misrepsentation *(n.)* misrepresention
misrule *(n.)* misrule
miss *(v.)* hwere biribi
miss *(n.)* hwere

missile *(n.)* topaeɛ kɛseɛ
missing *(adj.)* ayera
mission *(n.)* dwumadie
missionary *(n.)* asempatrɛwfo
missis, missus *(n.)* obi yere
missive *(n.)* nkra
mist *(n.)* ɛbɔ
mistake *(v.)* mfomso
mistake *(n.)* mfomso
mister *(n.)* ɔbarima abodin
mistletoe *(n.)* mistletoe
mistreat *(v.)* ateetee
mistress *(n.)* mpena
mistrust *(v.)* ɔnni gyidie
mistrust *(n.)* ɔnni gyidie
misty *(adj.)* ɛbɔ
misunderstand *(v.)* akasakasa
misunderstanding *(n.)* akasakasa
misuse *(n.)* sɛe biribi
misuse *(v.)* sɛe biribi
mite *(n.)* nkraa
mithridate *(n.)* aduro
mitigate *(v.)* ɛbrafam
mitigation *(n.)* ɛbrafam
mitre *(n.)* mitre
mitten *(n.)* mitre
mix *(v.)* fra
mixture *(n.)* mixture
mnemonic *(adj.)* mnemonic
mnemonic *(n.)* mnemonic
mnemonization *(n.)* mnemonization
moan *(v.)* nne brɛo
moan *(n.)* nne brɛo
moat *(n.)* moat
moat *(v.)* moat
mob *(n.)* nnipakuw
mob *(v.)* nnipakuw
mobile *(adj.)* betumi akɔ
mobility *(n.)* betumi akɔ
mobilize *(v.)* kɔ
mock *(v.)* fɛwdie
mock *(adj.)* fɛwdie
mockery *(n.)* fɛwdie
mocktail *(n.)* nsa
modality *(n.)* modality
mode *(n.)* ɔkwan bi
model *(v.)* model
model *(n.)* model
moderate *(adj.)* ɛhɔ-ne-hɔ

moderate *(v.)* ɛhɔ-ne-hɔ
moderation *(n.)* ɛhɔ-ne-hɔ
modern *(adj.)* ne bere
modernity *(n.)* ne bere
modernization *(n.)* mprempren
modernize *(v.)* mprempren
modest *(adj.)* ahosiesie kama
modesty *(n.)* ahosiesie kama
modicum *(n.)* biribi ketewa
modification *(n.)* nkekaho
modify *(v.)* nkekaho
modular *(adj.)* modular
modulate *(v.)* tenetene
module *(n.)* module
moil *(v.)* adwumaden
moist *(adj.)* afɔ
moisten *(v.)* afɔ
moisture *(n.)* nsu
molar *(adj.)* ɛse kɛseɛ
molar *(n.)* ɛse kɛseɛ
molasses *(n.)* molasses
mole *(n.)* ɔtetɛfo
molecular *(adj.)* molecular
molecule *(n.)* molecule
molest *(v.)* mmonato
molestation *(n.)* mmonato
mollusc *(n.)* mollusc
molluscous *(adj.)* molluscous
molten *(adj.)* molten
moment *(n.)* anibu
momentary *(adj.)* anibu
momentous *(adj.)* anibu
momentum *(n.)* ano den
monarch *(n.)* ɔhemaa
monarchy *(n.)* ɔhemaa
monastery *(n.)* ahotefoɔ fie
monasticism *(n.)* ahotefoɔ
Monday *(n.)* dwoda
monetary *(adj.)* sikasɛm
money *(n.)* sika
money laundering *(n.)* money laundering
monger *(n.)* monger
mongoose *(n.)* mongoose
mongrel *(n.)* mongrel
monitor *(n.)* ɔhwɛfoɔ
monitor *(v.)* ɔhwɛfoɔ
monitory *(adj.)* ɔhwɛfoɔ
monk *(n.)* ahotefoɔ
monkey *(n.)* adoe

monochromatic *(adj.)* kɔla baako
monocle *(n.)* monocle
monocular *(adj.)* aniwa baako
monody *(n.)* awerɛhow dwom
monoestrous *(adj.)* monoestrous
monogamy *(n.)* ware baako
monogram *(n.)* monogram
monograph *(n.)* monograph
monogynous *(adj.)* ɔyere baako
monolatry *(n.)* nyame baako
monolith *(n.)* monolith
monologue *(n.)* ɔkasafo baako
monopolist *(n.)* baakofoɔ tumi
monopolize *(v.)* baakofoɔ tumi
monopoly *(n.)* baako tumi
monorail *(n.)* monorail
monosyllabic *(adj.)* monosyllabic
monosyllable *(n.)* monosyllable
monotheism *(n.)* nyame baako
monotheist *(n.)* nyame baako
monotonous *(adj.)* ɛnyɛ anika
monotony *(n.)* ɛnyɛ anika
monsoon *(n.)* monsoon
monster *(n.)* akekaboa
monstrous *(adj.)* ɛyɛ hu
month *(n.)* bosome
monthly *(adv.)* bosome
monthly *(n.)* bosome
monthly *(adj.)* bosome
monument *(n.)* monument
monumental *(adj.)* monumental
moo *(v.)* nantwi nne
mood *(n.)* atenka
moody *(adj.)* atenka
moon *(n.)* ɔsram
moonlight *(n.)* moonlight
moor *(v.)* moor
moor *(n.)* moor
moorings *(n.)* moorings
moot *(n.)* akasakasa
mop *(v.)* pepa
mop *(n.)* sapɔ
mope *(v.)* di awerɛhow
moral *(n.)* trenee
moral *(adj.)* nneyɛɛ pa
morale *(n.)* akokoduru
moralist *(n.)* treneeni
morality *(n.)* trenee yɛ
moralize *(v.)* trenee yɛ

morbid *(adj.)* morbid
morbidity *(n.)* morbidity
more *(adv.)* ka ho
more *(adj.)* dɔɔso
moreover *(adv.)* Afei nso
morganatic *(adj.)* morganatic
morgue *(n.)* morgue
moribund *(adj.)* ɔrewu
morning *(n.)* anɔpa
moron *(n.)* gyimifo
morose *(adj.)* bɔtee
morph *(n.)* sesa
morph *(v.)* sesa yɛ
morphia *(n.)* aduro
morphine *(n.)* aduro
morphology *(n.)* sesa biribi
morrow *(n.)* ɔkyena
morse *(n.)* morse
morsel *(n.)* morsel
mortal *(n.)* nnipa
mortal *(adj.)* nnipa
mortality *(n.)* nkwa
mortar *(v.)* woaduro
mortgage *(v.)* mortgage
mortgage *(n.)* mortgage
mortgagee *(n.)* mortgagee
mortgagor *(n.)* mortgagor
mortify *(v.)* aniwu
mortuary *(n.)* mortuary
mosaic *(n.)* mosaic
mosque *(n.)* masalakyi
mosquito *(n.)* ntontom
moss *(n.)* dua
most *(adj.)* kɛsee paa
most *(adv.)* kɛseɛ
most *(n.)* kɛseɛ
mostly *(adv.)* ɛkyɛn so
mote *(n.)* biribi ketewa
motel *(n.)* ahɔhodan
moth *(n.)* aboa
mother *(v.)* maame
mother *(n.)* maame
motherhood *(n.)* maame yɛ
motherlike *(adj.)* maame
motherly *(adj.)* maame
motif *(n.)* motif
motion *(v.)* anammɔntuo
motion *(n.)* anammɔntuo
motionless *(adj.)* gyina hɔ

motivate *(v.)* nkuranhyɛ	**mulatto** *(n.)* oburoni pɛtɛ
motivation *(n.)* nkuranhyɛ	**mulberry** *(n.)* dua
motive *(n.)* atirimpɔw	**mule** *(n.)* ɔpɔnkɔ ba
motley *(adj.)* ahorow-ahorow	**mulish** *(adj.)* asooden
motor *(v.)* afidie	**mull** *(n.)* dwene ho
motor *(n.)* afidie	**mull** *(v.)* dwene ho
motorist *(n.)* hyɛnkani	**mullah** *(n.)* mullah
mottle *(n.)* mottle	**mullion** *(n.)* mullion
motto *(n.)* asɛmpɔ	**multifarious** *(adj.)* ɛdɔɔso
mould *(v.)* apotobibire	**multiform** *(n.)* ɛdɔɔso
mould *(n.)* apotobibire	**multilateral** *(adj.)* multilateral
mouldy *(adj.)* apotobibire	**multilingual** *(adj.)* kasa horow
moult *(v.)* moult	**multiparous** *(adj.)* wo bebree
mound *(n.)* kofie	**multiped** *(n.)* multiped
mount *(v.)* gyina so	**multiple** *(n.)* mmɔho
mount *(n.)* gyina so	**multiple** *(adj.)* mmɔho
mountain *(n.)* bepɔw	**multiplex** *(adj.)* multiplex
mountaineer *(n.)* mountaineer	**multiplicand** *(n.)* multicand
mountainous *(adj.)* bepɔw	**multiplication** *(n.)* mmɔho
mourn *(v.)* awerɛhow	**multiplicity** *(n.)* multiplicity
mourner *(n.)* awerehowdifo	**multiply** *(v.)* mmɔho
mournful *(n.)* awerehow	**multitude** *(n.)* nnipa bebree
mourning *(n.)* awerɛhow	**mum** *(adj.)* maame
mouse *(n.)* akura	**mum** *(n.)* maame
moustache *(n.)* ano nwi	**mumble** *(v.)* kasa ketewa
mouth *(v.)* ano	**mummer** *(n.)* mummer
mouth *(n.)* ano	**mummy** *(n.)* maame
mouthful *(n.)* emum ma	**mumps** *(n.)* mumps
movable *(adj.)* betumi akɔ	**munch** *(v.)* wesa
movables *(n.)* betumi akɔ	**mundane** *(adj.)* ɛnyɛ anika
move *(n.)* kɔ	**municipal** *(adj.)* ɔmantam
move *(v.)* kɔ	**municipality** *(n.)* ɔmantam
movement *(n.)* kɔ w'anim	**munificent** *(adj.)* adɔyɛ
mover *(n.)* tumi kɔ	**munitions** *(n.)* akodeɛ
movies *(n.)* sini	**mural** *(n.)* mural
mow *(v.)* twetwa	**mural** *(adj.)* mural
much *(adv.)* ɛdɔɔso	**murder** *(n.)* awudie
much *(adj.)* dɔɔso	**murder** *(v.)* awudie
mucilage *(n.)* amamann	**murderer** *(n.)* awudifoɔ
muck *(n.)* muck	**murderous** *(adj.)* awudie
mucous *(adj.)* amamann	**murmur** *(v.)* nwiinwii
mucus *(n.)* amamai	**murmur** *(n.)* nwiinwii
mud *(n.)* atɛkyɛ	**muscle** *(n.)* muscle
muddle *(v.)* w'ahaw	**muscovite** *(n.)* muscovite
muddle *(n.)* w'ahaw	**muscular** *(adj.)* muscular
muffle *(v.)* ka ho	**muse** *(v.)* muse
muffler *(n.)* ɔka ho	**muse** *(n.)* muse
mug *(n.)* kuruwa	**museum** *(n.)* tete akoraeɛ
muggy *(adj.)* ɛyɛ hye	**mush** *(n.)* muse

mushroom *(n.)* emmire
music *(n.)* nnwom
musical *(adj.)* dwom
musician *(n.)* dwomtoni
musk *(n.)* hwan
musket *(n.)* musket
musketeer *(n.)* musketeer
muslim *(adj.)* kramuni
muslin *(n.)* muslin
must *(v.)* ɛwɔ sɛ
must *(n.)* wɔ sɛ
mustache *(n.)* ani nwi
mustang *(n.)* mustang
mustard *(n.)* mustard
muster *(n.)* boa ano
muster *(v.)* boa ano
musty *(adj.)* afɔ
mutation *(n.)* sɛe biribi
mutative *(adj.)* sɛe biribi
mute *(adj.)* yɛ komm
mute *(n.)* komm
mutidisciplinary *(adj.)* mutidisciplinary
mutilate *(v.)* sɛe biribi
mutilation *(n.)* sɛe biribi
mutinous *(adj.)* sɛe biribi
mutiny *(v.)* ɔsɔretia
mutiny *(n.)* ɔsɔretia
mutter *(v.)* kasa ketewa
mutton *(n.)* abɔnkyinam
mutual *(adj.)* nnipa ntam
muzzle *(v.)* muzzle
muzzle *(n.)* muzzle
my *(adj.)* me
myalgia *(n.)* myalgia
myopia *(n.)* myopia
myopic *(adj.)* myopic
myosis *(n.)* myosis
myriad *(adj.)* mpem du
myriad *(n.)* mpem du
myrrh *(n.)* kurobow
myrtle *(n.)* myrtle
myself *(pron.)* m'ankasa
mysterious *(adj.)* ahintasɛm
mystery *(n.)* ahintasɛm
mystic *(n.)* mystic
mystic *(adj.)* mystic
mysticism *(n.)* myticism
mystify *(v.)* mystify
mystique *(n.)* wɔ tumi

myth *(n.)* anasesɛm
mythical *(adj.)* anasesɛm
mythological *(adj.)* anasesɛm
mythology *(n.)* anasesɛm

N

nab *(v.)* kyeree
nabob *(n.)* nabob
nacho *(n.)* nacho
nack *(v.)* nack
nacre *(n.)* nacre
nadger *(n.)* nadger
nadir *(n.)* nadir
nag *(v.)* haw
nag *(n.)* agyirae
nagging *(adj.)* ɔhaw
nagging *(n.)* haw
nail *(v.)* nnadewa
nail *(n.)* dadewa
naive *(adj.)* nnim hwee
naivete *(n.)* naivete
naivety *(n.)* naivety
naked *(adj.)* adagya
name *(n.)* din
name *(v.)* to din
namely *(adv.)* ɛne
nameplate *(n.)* din krataa
namesake *(n.)* dinkorɔ
nanism *(n.)* nanism
nanite *(n.)* nanite
nanny *(n.)* nanny
nano *(n.)* nano
nanobiology *(n.)* nanobiology
nanobot *(n.)* nanobot
nanochip *(n.)* nanochip
nanocircuitry *(n.)* nanocircuit
nanocomponent *(n.)* nanocomponent
nanocomputer *(n.)* nanokɔmputa
nanoengineer *(n.)* nanaengineer
nanohertz *(n.)* nanohertz
nanomechanics *(n.)* nanomechanics
nanoparticle *(n.)* nanoparticle
nanoplasma *(n.)* nanoplasma
nanotransistor *(n.)* nanotransistor
nap *(v.)* da
nap *(n.)* nna

nape *(n.)* nape
naphthalene *(n.)* naphthalene
napkin *(n.)* ntama
narcissism *(n.)* narcissism
narcissus *(n.)* narcissus
narcosis *(n.)* narcosis
narcotic *(n.)* nnubɔne
narrate *(v.)* ka
narration *(n.)* asɛm
narrative *(adj.)* asɛnka
narrative *(n.)* asɛnka
narrator *(n.)* ɔkyerɛwfo
narrow *(v.)* teaa
narrow *(adj.)* teaa
nasal *(adj.)* hwene mu
nasal *(n.)* hwene
nascent *(adj.)* ɛferi ase
nasty *(adj.)* abofono
natal *(adj.)* awo
natant *(adj.)* natant
nation *(n.)* ɔman
national *(adj.)* ɔman
nationalism *(n.)* ɔmanpɛ
nationalist *(n.)* ɔmanpɛfo
nationality *(n.)* ɔman a wofiri mu
nationalization *(n.)* ɔman a wɔde bɛhyɛ mu
nationalize *(v.)* ɔman wɔde hyɛ ɔman mu
native *(n.)* mani
native *(adj.)* kurom
nativity *(n.)* awo ho asɛm
natural *(adj.)* ɛyɛ abɔdeɛ
naturalist *(n.)* abɔde nimdefo
naturalize *(v.)* bɛyɛ
naturally *(adv.)* wɔ awosu mu
nature *(n.)* abɔdeɛ
naughty *(adj.)* ɔkwasea
nausea *(n.)* abofono
nautic(al) *(adj.)* po so
naval *(adj.)* po so asraafo
nave *(n.)* nave
navigable *(adj.)* fa po so hyɛn mu
navigate *(v.)* kɔ baabiara
navigation *(n.)* de fa kwan so
navigator *(n.)* ɔkwankyerɛfo
navy *(n.)* po so asraafo
nay *(adv.)* dabi
neap *(adj.)* neap
near *(prep.)* bɛn

near *(adv.)* bɛn
near *(v.)* bɛn
near *(adj.)* ɛbɛn
nearly *(adv.)* ɛkaa dɛ
neat *(adj.)* di ni
nebula *(n.)* nebula
necessary *(adj.)* ho hia
necessary *(n.)* ɛhia
necessitate *(v.)* ɛho hia
necessity *(n.)* abohia
neck *(n.)* kɔn
necklace *(n.)* kɔnmuadeɛ
necklet *(n.)* kɔnmuadeɛ
necromancer *(n.)* necromancer
necropolis *(n.)* necropolis
nectar *(n.)* nsu dɛ
need *(v.)* ɛsɛ sɛ
need *(n.)* hia
needful *(adj.)* ɛho hia
needle *(n.)* ade
needless *(adj.)* ɛho nhia
needs *(adv.)* ahiade
needy *(adj.)* ahiafo
nefarious *(adj.)* abɔnefo
negate *(v.)* pow
negation *(n.)* asɛm a wɔpow
negative *(n.)* adwemmɔne
negative *(v.)* asɛmmɔne
negative *(adj.)* adwene a ɛnteɛ
neglect *(v.)* buu ani gu so
neglect *(n.)* yi ani ama
negligence *(n.)* anibiannaso
negligent *(adj.)* anibiannaso
negligible *(adj.)* mmu ani ngu so
negotiable *(adj.)* betumi asusuw ho
negotiate *(v.)* di ano
negotiation *(n.)* nkitahodi
negotiator *(n.)* nkitahodifo
negress *(n.)* negress
negro *(n.)* negro
neigh *(n.)* abɛn
neigh *(v.)* no abɛn
neighbour *(n.)* borɔno so ni
neighbourhood *(n.)* mpɔtam
neighbourly *(adj.)* adamfofa su
neither *(conj.)* ɛnyɛ biara
nemesis *(n.)* nemesis
neolithic *(adj.)* abɔɔden foforo
neon *(n.)* neon

nephew *(n.)* wɔfaase
nepotism *(n.)* nepotism
Neptune *(n.)* neptune
nerve *(n.)* ntini
nerveless *(adj.)* enni ntini
nervous *(adj.)* suro-fɛreɛ
nescience *(n.)* nescience
nest *(n.)* prebuo
nest *(v.)* berebuw
nestle *(v.)* too
nestling *(n.)* nestling
net *(v.)* asau bɛbɔ
net *(adj.)* sapɔ
net *(n.)* sapɔ
nether *(adj.)* nether
netizen *(n.)* intanɛt nyi
nettle *(n.)* yaw
nettle *(v.)* no yaw
network *(n.)* nɛtwɛke
neurologist *(n.)* ntini mu ɔyaresafo
neurology *(n.)* ntini yareho adesua
neurosis *(n.)* ntini yare
neuter *(adj.)* neuter
neuter *(n.)* neuter
neutral *(adj.)* damusa
neutralize *(v.)* neutralize
neutron *(n.)* neutron
never *(adv.)* da
never-ending *(adj.)* enni awiei da
nevertheless *(conj.)* ne nyinaa mu
new *(adj.)* foforɔ
newborn *(adj.)* abofra foforo
news *(n.)* kaseɛbɔ
newspaper *(n.)* atesɛm krataa
next *(adv.)* ɛreba no
next *(adj.)* deɛ ɛdi hɔ
nib *(n.)* nib
nibble *(n.)* kakra
nibble *(v.)* rewe
nice *(adj.)* kama
nicely *(adv.)* fɛfɛɛfɛ
nicety *(n.)* ɛyɛ fɛ
niche *(n.)* niche
nick *(n.)* nick
nickel *(n.)* nickel
nickname *(v.)* abodin too
nickname *(n.)* abodin
nicotine *(n.)* nicotine
niece *(n.)* wɔfaasewa

niggard *(n.)* niggard
niggardly *(adj.)* niggardly
nigger *(n.)* nigger
nigh *(adv.)* bɛn ho
nigh *(prep.)* bɛn
night *(n.)* anadwo
night shelter *(n.)* anadwo dabere
nightie *(n.)* anadwo atade
nightingale *(n.)* nightingale
nightly *(adv.)* anadwo biara
nightmare *(n.)* ehudeɛ
nihilism *(n.)* nihilism
nil *(n.)* nil
nimble *(adj.)* ɛyɛ nnam
nimbus *(n.)* nimbus
nine *(n.)* nkron
nineteen *(n.)* dunkron
nineteenth *(adj.)* ɛto so dunkron
ninetieth *(adj.)* ɛto so aduɔkron
ninety *(n.)* aduokron
ninth *(adj.)* ɛto so akron
nip *(v.)* nip
nipple *(n.)* nufusu
nitrogen *(n.)* nitrogen
no *(adj.)* nni hɔ
no *(adv.)* dabi
no *(n.)* daabi
nobility *(n.)* anuonyam
noble *(adj.)* amuonyam
noble *(n.)* anuonyam
nobleman *(n.)* ɔdehyeɛ
nobly *(adv.)* anuonyam mu
nobody *(pron.)* ɛnyɛ obiara
nocturnal *(adj.)* anadwo adeyɛ
nod *(v.)* bɔte nkon
nod *(n.)* te nkon
noddle *(v)* noodle
node *(n.)* node
noise *(n.)* dede
noiseless *(adj.)* dede enni mu
noisy *(adj.)* dede
nomad *(n.)* nomad
nomadic *(adj.)* atubrafo
nomenclature *(n.)* din a wɔde frɛ no
nominal *(adj.)* din mu de
nominate *(v.)* paw
nomination *(n.)* nomination
nominee *(n.)* wɔayi no
non-alcoholic *(adj.)* nsa nim

non-alignment *(n.)* ɛnhyia
nonchalance *(n.)* anibiannaso
nonchalant *(adj.)* wɔnyɛ hwee
non-disclosure *(n.)* wɔnda no adi
none *(adv.)* ɛnyɛ ebiara
none *(pron.)* hwee
nonentity *(n.)* ɛnyɛ nea ɛwɔ hɔ
nonetheless *(adv.)* ne nyinaa mu no
nonpareil *(n.)* nonpareil
nonpareil *(adj.)* nonpareil
nonplus *(v.)* ɛnboro so
non-profit *(adj.)* ɔnyi mfaso
nonsense *(n.)* nkwaseasɛm
nonsensical *(adj.)* ntease nnim
non-stick *(adj.)* ɛntaa ho
non-stop *(adj.)* ennyae
noodle *(n.)* noodle
nook *(n.)* nook
noon *(n.)* prɛmtoberɛ
noose *(n.)* hama
noose *(v.)* wɔde hama
nor *(conj.)* anaa
Nordic *(adj.)* nordic kasa mu
norm *(n.)* nea ɛwɔ ho
normal *(adj.)* daa daa
normalcy *(n.)* sɛnea ɛte daa
normalization *(n.)* nea ɛfata
normalize *(v.)* yɛ pɛ
north *(adj.)* atifi fam
north *(adv.)* atifi fam
north *(n.)* atifi
northerly *(adv.)* atifi fam
northerly *(adj.)* atifi fam
northern *(adj.)* atifi fam
nose *(v.)* hwia
nose *(n.)* hwene
nosegay *(n.)* nosegay
nosey *(adj.)* nosy
nostalgia *(n.)* nostalgia
nostril *(n.)* hwenem tokuru
nostrum *(n.)* nostrum
nosy *(adj.)* asɛm pɛ
not *(adv.)* ɛnyɛ
notability *(n.)* ɛda nsow
notable *(adj.)* ɛda nsow
notary *(n.)* ɔkyerɛwfo
notation *(n.)* nkyerɛwde
notch *(n.)* nkɔ soro
note *(v.)* kyerɛw

note *(n.)* hyɛ nso
noteworthy *(adj.)* hyɛ no nsow
nothing *(adv.)* ɛnyɛ hwee
nothing *(n.)* hwee
notice *(v.)* hyɛɛ no nsow
notice *(n.)* nkaebɔ
notification *(n.)* amanneɛbɔ
notify *(v.)* bɔ amanneɛ
notion *(n.)* nsusuiɛ
notional *(adj.)* adwene mu naayɛ
notoriety *(n.)* agye dimmɔne
notorious *(adj.)* agye dimmɔne
notwithstanding *(prep.)* ɛnfa ho
notwithstanding *(adv.)* ɛnfa ho sɛ
notwithstanding *(conj.)* ɛnfa ho
nought *(n.)* biribiara nni hɔ
noun *(n.)* edin
nourish *(v.)* ma aduannuru
nourishment *(n.)* aduannuru a wɔde ma
novel *(adj.)* akenkan
novel *(n.)* nwoma
novelette *(n.)* ayɛsɛm ketewaa bi
novelist *(n.)* ayɛsɛm kyerɛwfo
novelty *(n.)* ade foforo
November *(n.)* obubuo
novice *(n.)* foforo
now *(conj.)* seesei
now *(adv.)* seesei
nowhere *(adv.)* baabiara nni hɔ
noxious *(adj.)* atirimɔdensɛm
nozzle *(n.)* nozzle
nuance *(n.)* nuance
nubile *(adj.)* nubile
nuclear *(adj.)* nuklea
nuclear family *(n.)* abusua ketewa
nucleus *(n.)* nucleus
nude *(adj.)* adagyaw ho
nude *(n.)* adagyaw
nudge *(v.)* bɔɔ
nudity *(n.)* adagyaw
nugget *(n.)* nugget
nuisance *(n.)* ɛha adwene
null *(adj.)* hwee
nullification *(n.)* ntwamu
nullify *(v.)* yɛ hwee
numb *(adj.)* titiritii
number *(v.)* ma nɔma
number *(n.)* nɔma
numberless *(adj.)* dodow nni ano

numeral *(n.)* akontaahyɛde
numerator *(n.)* akontaabufo
numerical *(adj.)* akontaabu mu asɛm
numerous *(adj.)* ɛdɔɔso
nun *(n.)* kokorani
nunnery *(n.)* nkokorafo atrae
nuptial *(adj.)* ayeforohyia
nuptials *(n.)* ayeforohyia ahorow
nurse *(v.)* hwɛ
nurse *(n.)* nɛɛseni
nursery *(n.)* nkokoaa dan
nurture *(v.)* hwɛ
nurture *(n.)* nteteɛ
nut *(n.)* aba
nut *(v.)* aba
nutcase *(n.)* bodam
nuthouse *(n.)* bodam bia
nutmeg *(n.)* natmɛɛge
nutrient *(n.)* ɛma ahooden
nutrition *(n.)* nnuanennuro
nutritious *(adj.)* ɛma ahooden
nutritive *(adj.)* ɛma ahooden
nutty *(adj.)* nutty
nuzzle *(v.)* nuzze
nylon *(n.)* nylon
nymph *(n.)* nymph
nymphet *(n.)* nymphet
nymphomaniac *(adj.)* nymphomaniac
nymphomaniac *(n.)* nymphomaniac

oaf *(n.)* oaf
oafish *(adj.)* oafish
oak *(n.)* oak
oaktree *(n.)* dua
oar *(n.)* ahyɛmma
oarsman *(n.)* ahyɛmmakafo
oasis *(n.)* beae
oat *(n.)* oat
oath *(n.)* ntam
oathbreaker *(n.)* ntam bu
oathbreaking *(adj.)* ntam a wobu so
oatmeal *(adj.)* oat aduan ho
oatmeal *(n.)* oat aduan
obduct *(v.)* ɔkyerɛ
obduction *(n.)* kyerɛ nkurɔfo

obduracy *(n.)* atirimɔdensɛm
obdurate *(adj.)* ɛyɛ den
obedience *(n.)* osetie
obedient *(adj.)* osetiefo
obeisance *(n.)* kotow
obese *(adj.)* kɛseyɛ
obesity *(n.)* kɛse mmoroso
obey *(v.)* yɛ setie
obituary *(adj.)* wu ho krataa
object *(n.)* adeɛ
object *(v.)* kasa tia
objection *(n.)* ɔsɔretia
objectionable *(adj.)* wɔkasa tia
objective *(n.)* botaeɛ
objective *(adj.)* de botae
oblation *(n.)* afɔrebɔde
obligation *(n.)* asɛdeɛ
obligatory *(adj.)* ɛyɛ ahyɛde
oblige *(v.)* asɛyɛde
oblique *(adj.)* oblique
obliterate *(v.)* asɛɛ
obliteration *(n.)* sɛɛ
oblivion *(n.)* awerɛfi
oblivious *(adj.)* ne werɛ afi
oblong *(adj.)* ɛyɛ tenten
oblong *(n.)* tenten
obnoxious *(adj.)* ɛyɛ abofono
obscene *(adj.)* akyiwadeɛ
obscenity *(n.)* ahohwibra
obscure *(v.)* ɛkata
obscure *(adj.)* asuma
obscurity *(n.)* sum kabii
observance *(n.)* hyɛ
observant *(adj.)* ɔhwɛ
observation *(n.)* ahwɛeɛ
observatory *(n.)* ɔhwɛfo
observe *(v.)* hwɛ
obsess *(v.)* ahyɛ mu
obsession *(n.)* ani ku ho
obsessive *(adj.)* ɛhyɛ
obsolete *(adj.)* atwam
obstacle *(n.)* akwansideɛ
obstetric *(adj.)* awo nhwehwɛmu
obstetrician *(n.)* awo ho ɔyaresafo
obstinacy *(n.)* atirimɔdensɛm
obstinate *(adj.)* yɛ atirimɔdenfo
obstruct *(v.)* siw kwan
obstruction *(n.)* akwanside
obstructive *(adj.)* esiw kwan

obtain *(v.)* nya
obtainable *(adj.)* wobetumi anya
obtuse *(adj.)* obtuse
obvious *(adj.)* pefee
obviously *(adv.)* pefee
occasion *(v.)* no de
occasion *(n.)* adeyɛ
occasional *(adj.)* ɛtɔ mmere bi
occasionally *(adv.)* berɛ ano
occident *(n.)* atɔe fam
occidental *(adj.)* atɔe fam de
occipital *(adj.)* occipital
occipital *(n.)* occipital
occlude *(v.)* siw
occlusive *(adj.)* siw ano
occult *(v.)* bɛkata
occult *(n.)* asumansɛm
occult *(adj.)* asumansɛm ho
occupancy *(n.)* te mu
occupant *(n.)* ɔte hɔ
occupation *(n.)* adwuma
occupied *(adj.)* agye hɔ
occupier *(n.)* nea ɔte hɔ
occupy *(v.)* gye
occur *(v.)* ɛkɔ so
occurrence *(n.)* a ɛba
ocean *(n.)* po
oceanfront *(n.)* po anim
oceanfront *(adj.)* po anim ho
oceanic *(adj.)* po mu nneɛma
oceanographer *(n.)* po ho ɔbenfo
oceanographic *(adj.)* po so nhwehwɛmu
oceanologist *(n.)* po ho ɔbenfo
oceanology *(n.)* po ho adesua
octagon *(n.)* ahinanan
octane *(n.)* octane
octangular *(adj.)* ahinanan
octave *(n.)* octave
October *(n.)* ahinime
octogenarian *(adj.)* mfe aduɔwɔtwe
octogenarian *(n.)* mfe aduɔwɔtwe
octonionics *(n.)* octonionic
octopede *(n.)* octopede
octopus *(n.)* posinam
octopussy *(n.)* octopussy
octuple *(adj.)* mmɔho
octuple *(n.)* mmɔho
octuple *(v.)* mmɔho
octuplicate *(n.)* awotwe

octyne *(n.)* octyne
ocular *(adj.)* aniwa so
oculist *(n.)* aniwa ho ɔbenfo
odd *(adj.)* soronko
oddity *(n.)* nwonwa
odds *(n.)* asiane
ode *(n.)* ode
odious *(adj.)* akyide ɛyɛ abofono
odium *(n.)* akyide
odometer *(n.)* odometer
odontologist *(n.)* anom ɔyaresafo
odontology *(n.)* anom aduruyɛ
odorous *(adj.)* ɛyɛ huam
odour *(n.)* hua
of *(prep.)* firi
off *(prep.)* adum
off balance *(adj.)* ɛnkari pɛ
offbeat *(adj.)* offbeat
offence *(n.)* mfomso
offend *(v.)* abufuw
offender *(n.)* ɔdebɔneyɛfo
offensive *(n.)* ntɔkwapɛ
offensive *(adj.)* abufuw
offer *(n.)* ɔma
offer *(v.)* ma
offering *(n.)* afɔrebɔde
office *(n.)* ɔfese
officer *(n.)* ɔsraani panyin
official *(n.)* aban de
official *(adj.)* ɔfesa
officially *(adv.)* aban kwan so
officiate *(v.)* ɔyɛ adwuma no
officious *(adj.)* aban de
offing *(n.)* bɛyɛ
offline *(adj.)* nni intanɛt so
off-road *(adv.)* ɛnyɛ kwan so
offset *(n.)* siw
offset *(v.)* besiw
offshoot *(n.)* nkorabata
offspring *(n.)* asefo
oft *(adv.)* mpɛn pii no
often *(adv.)* mpen pii
ogle *(v.)* rehwɛ
ogle *(n.)* ogle
oil *(n.)* ngo
oil *(v.)* ngo regu
oil paint *(n.)* ngo paint
oil rig *(n.)* nso a wɔde yɛ adwuma
oily *(adj.)* srade wɔmu

oink *(v.)* oink
oink *(n.)* oink
oinker *(n.)* oinker
ointment *(n.)* atwiduro
okay *(n.)* yoo
okay *(v.)* ho ye
okay *(adj.)* ho ye
okay *(adv.)* yiye
okay *(int.)* ɛyɛ
okayish *(adj.)* na ɛyɛ
okra *(n.)* nkuruma
old *(n.)* dada
old *(adj.)* mfeɛ
old age *(n.)* mpanyinyɛ
oleaceous *(adj.)* oleaceous
oleaginous *(adj.)* oleaginous
oleochemical *(n.)* oleochemical
olfactic *(adj.)* hua mu
olfactics *(n.)* hua
olfactory *(adj.)* hua
olfaltive *(adj.)* hua
oligarch *(n.)* oligarch
oligarchal *(adj.)* oligarchal
oligarchy *(n.)* olugarchy
olive *(n.)* ngodua
olympiad *(n.)* olympiad
omega *(n.)* omega
omelette *(n.)* omelette
omen *(n.)* nkɔmhyɛ
ominous *(adj.)* ɛyɛ hu
omission *(n.)* afi mu
omit *(v.)* yi fi mu
omittance *(n.)* afi mu
omitter *(n.)* nea ɔyi fi mu
omnibenevolence *(n.)* baabiara ayamye
omnibenevolent *(adj.)* ɔyamyefo wo baabiara
omnibus *(n.)* biribiara
omnicompetence *(n.)* biribiara nimdeɛ
omnicompetent *(adj.)* obi a otumi yɛ biribiara
omnidirectional *(adj.)* ɔkwan biaraso
omnidirectionality *(n.)* ɔkwan biara
omniform *(adj.)* ade nyinaa mfonini
omniformity *(n.)* biribiara a wɔyɛ
omnilingual *(n.)* kasa nyinaa
omnilingual *(adj.)* kasa nyinaa mu
omnipotence *(n.)* tumi nyinaa
omnipotent *(adj.)* ade nyinaa tumidifo

omnipresence *(n.)* baabiara
omnipresent *(adj.)* ɛwɔ baabiara
omniscience *(n.)* nim biribiara
omniscient *(adj.)* nea onim biribiara
omnivore *(n.)* odi biribiara
omnivorous *(adj.)* nea odi biribiara
omophagia *(n.)* omophagia
on *(prep.)* so
on *(adj.)* so
on *(adv.)* so
once *(adv.)* prɛko
oncogene *(n.)* oncogene
oncogenic *(adj.)* oncogenic
oncologist *(n.)* kokoram ɔyaresafo
oncology *(n.)* oncology
one *(pron.)* baako
one *(adj.)* yi baako
oneness *(n.)* biakoyɛ
onerous *(adj.)* adesoa ɛyɛ den
one-sided *(adj.)* ɔfa biako
one-way *(adj.)* ɔkwan biako
ongoing *(adj.)* rekɔ so
onion *(n.)* gyeene
online *(adj.)* ntanɛte
on-looker *(n.)* ɔhwɛ no
only *(adv.)* nko ara
only *(conj.)* nkutoo
only *(adj.)* pɛ a
onology *(n.)* onology ho adesua
onomancy *(n.)* onomancy
onomast *(n)* onomast
onomastic *(adj.)* onomastic
onomatologist *(n.)* onomatologist ɔbenfo
onomatology *(n.)* onomatology adesua
onomatope *(n.)* onomatope
onomatopoeia *(n.)* onomatopoeia
on-road *(adj.)* wɔ kwan so
onrush *(n.)* wɔ ahopere so
on-screen *(adj.)* wɔ screen so
onset *(n.)* mfiase
onslaught *(n.)* ntua a wɔde hyɛ nkurɔfo so
ontogenic *(adj.)* ontogenic
ontogeny *(n.)* ontogeny
ontologic *(adj.)* ontologic ho asɛm
ontological *(adj.)* ontological
ontologism *(n.)* ontology ho nimdeɛ
ontologist *(n.)* ontologist ho ɔbenfo
ontology *(n.)* ontology ho adesua
onus *(n.)* asɛyɛde

onward *(adj.)* kɔ so
onwards *(adv.)* rekɔ
ooze *(v.)* nsuo a ɛyɛ den
ooze *(n.)* nsuo den
opacity *(n.)* opacity
opal *(n.)* hann
opaque *(adj.)* ɛnyɛ hann
open *(v.)* bue
open *(adj.)* ɛ bue
opening *(n.)* wobue
openly *(adv.)* pefee
opera *(n.)* opera
operability *(n.)* sɛnea wotumi yɛ
operable *(adj.)* tumi de di dwuma
operate *(v.)* yɛ adwuma
operation *(n.)* anamɔntuo
operative *(adj.)* adwumayɛfo no
operator *(n.)* ɔdwumayɛfo
operetta *(n.)* operetta
ophtalmic *(adj.)* aniwa nhwehwɛmu
ophtalmologic *(adj.)* aniwa aduruyɛ
ophtalmologist *(n.)* aniwa ɔyaresafo
ophtalmology *(n.)* aniwa aduruyɛ
ophtalmoscope *(n.)* aniwa so afiri
opiate *(adj.)* opiate
opiate *(n.)* opiate
opiate *(v.)* opiate
opinator *(n.)* opinator
opine *(v.)* ma adwene
opinion *(n.)* nsusuiɛ
opinionate *(v.)* ma adwene
opinionated *(adj.)* adwene ma
opinionless *(adj.)* adwene a wonni
opinionnaire *(n.)* adwenkyerɛ
opium *(n.)* opium
opponent *(n.)* ɔsɔretiafo
opportune *(adj.)* akwannya
opportunism *(n.)* hokwan ahorow
opportunity *(n.)* akwannya
oppose *(v.)* sɔre tia
opposite *(adj.)* abira
opposition *(n.)* ɔsɔretia
oppress *(v.)* nhyɛso
oppression *(n.)* nhyɛso
oppressive *(adj.)* nhyɛsofo
oppressor *(n.)* nhyɛsofo
opt *(v.)* paw
optic *(adj.)* aniwa
optician *(n.)* aniwa ɔbenfo

optimism *(n.)* anidaso
optimist *(n.)* anidaso ni
optimistic *(adj.)* wɔ awerehyɛmu
optimum *(adj.)* eye sen
optimum *(n.)* nea eye
option *(n.)* ɔpɛ
optional *(adj.)* ɛnyɛ ɔhyɛ
opulence *(n.)* ahonyade
opulent *(adj.)* ahonyade
oracle *(n.)* ɔkasafo
oracular *(adj.)* kasa mu
oral *(adj.)* wɔde ano ka
oral *(n.)* ano ka
orally *(adv.)* wɔde ano ka
orange *(adj.)* borɔdɔma
orange *(n.)* ankaa
oration *(n.)* kasa a wɔka
orator *(n.)* ɔkasafo
oratorical *(adj.)* kasa mu asɛm
oratory *(n.)* kasa mu nsɛm
orb *(n.)* kurukuruwa
orbit *(n.)* Twa ho
orbital *(adj.)* ɛtwa ho
orbital *(n.)* twa ho
orbituary *(n.)* orbituary
orca *(n.)* orca
orchard *(n.)* nnuaba turo
orchestra *(n.)* nnwontofo kuw
orchestral *(adj.)* nnwontofo kuw
ordain *(v.)* ahyɛde
ordained *(adj.)* wɔahyɛ no
ordeal *(n.)* amanehunu
order *(v.)* kra
order *(n.)* nnidiso
orderly *(n.)* nhyehyɛɛ
orderly *(adj.)* wɔahyehyɛ
ordinance *(n.)* ahyɛde
ordinarily *(adv.)* mpɛn pii
ordinary *(adj.)* kɛkɛ
ordinance *(n.)* ahyɛde
ore *(n.)* ore
organ *(n.)* akwaa
organic *(adj.)* wɔmfa nnuru
organism *(n.)* nkwa abɔde
organization *(n.)* adwumakuo
organize *(v.)* nhyehyɛe
organography *(n.)* organograph
organza *(n.)* ntama den
orgasm *(n.)* nna mu dɛ

orgasmic *(adj.)* anigyede
orgy *(n.)* di agoru
orient *(v.)* gyina
orient *(n.)* apuei fam
oriental *(n.)* apuei fam
oriental *(adj.)* fi apuei fam
orientate *(v.)* kyerɛ kwan
orientational *(adj.)* nhyemu
oriented *(adj.)* ani si
orifice *(n.)* orifice
orificial *(adj.)* orificial
origami *(n.)* origami
origin *(n.)* abɔseɛ
original *(n.)* ankasa
original *(adj.)* mfiase
originality *(n.)* mfitiasesɛm
originate *(v.)* fi ase
originator *(n.)* nea ɔhyehyɛɛ
orl *(n.)* orl
orn *(v.)* orn
ornament *(n.)* agude
ornament *(v.)* asiesie
ornamental *(adj.)* afɛfɛde
ornamentation *(n.)* ahosiesie
ornithologist *(n.)* nnomaa ɔbenfo
ornithology *(n.)* nnomaa adesua
ornithoscopy *(n.)* ornithoscopy
orogen *(n.)* orogen
orogenic *(adj.)* orogenic
orologist *(n.)* anom ɔbenfo
orphan *(v.)* ayɛ nyisaa
orphan *(n.)* agyanka
orphanage *(n.)* nyisaa atrae
orthodox *(adj.)* kwan katee
orthodoxy *(n.)* ɛyɛ katee
orthograph *(n.)* orthograph
orthographer *(n.)* orthographer
orthographic *(adj.)* orthographic
orthopaedia *(n.)* nnompe yare
orthopaedical *(adj.)* nnompe aduruyɛ
orthopaedics *(n.)* nnompe aduruyɛ
oscillate *(v.)* wosow
oscillation *(n.)* ɛwoso
oscillograph *(n.)* oscillograph
oscillometric *(adj.)* oscillometric
oscilloscope *(n.)* oscilloscope
osculant *(adj.)* osculant
oscular *(adj.)* oscular
osculate *(v.)* osculate

osmobiosis *(n.)* osmobiosis
osmobiotic *(adj.)* osmobiotic
osmose *(v.)* osmose
osmosis *(n.)* osmosis
ossify *(v.)* yɛ dompe
ostensibility *(n.)* te sɛ
ostensible *(adj.)* ɛte se
ostensibly *(adv.)* ɛte sɛ
ostension *(n.)* ostension
ostentation *(n.)* ahomaso
ostentatious *(adj.)* ahomaso
ostracize *(v.)* bɛpam
ostrich *(n.)* ostrich
other *(pron.)* afoforo
other *(adj.)* afoforo
otherwise *(conj.)* anyɛ saa
otherwise *(adv.)* anyɛ saa
otherworld *(n.)* wiase foforo
otherworldliness *(n.)* wiase foforo
otoscope *(n.)* otoscope
otoscopis *(adj.)* otoscopis
otoscopy *(n.)* otoscopy
otter *(n.)* otter
ottoman *(n.)* ottoman
ouch *(int.)* ouch
ouch *(n.)* ouch
ought *(v.)* ɛwɔ sɛ
ounce *(n.)* ounce
our *(pron.)* yɛn
oust *(v.)* yi
out *(adv.)* abɔntene
out *(adj.)* abɔntene
out *(prep.)* fii
outage *(n.)* atwa
outback *(n.)* kurotia
out-balance *(v.)* kari pɛ
outbid *(v.)* boro so
outbound *(adj.)* outbound
outbreak *(n.)* ɛpae
outburst *(n.)* ɛpaepae
outcast *(adj.)* wɔapow
outcast *(n.)* pow
outcome *(n.)* nsunsuansoɔ
outcry *(adj.)* nteɛm
outdated *(adj.)* atwam
outdo *(v.)* ɛboro so
outdoor *(adj.)* abɔnten
outer *(adj.)* akyi
outfit *(n.)* ataadeɛ

outfit *(v.)* ɔhyɛɛ	overact *(v.)* boro so
outgrow *(v.)* anyin asen	overall *(adj.)* ne nyinaa mu
outhouse *(n.)* abɔnten dan	overall *(n.)* atade
outing *(n.)* abɔnten	overawe *(v.)* suro
outlandish *(adj.)* ɛyɛ nwonwa	overboard *(adv.)* po no mu
outlaw *(v.)* wɔbɛbara	overburden *(v.)* adesoa pii
outlaw *(n.)* mmatofo	overcast *(adj.)* mununkum kusuu
outlet *(n.)* baabi	overcharge *(v.)* tra so
outline *(v.)* nhyehyɛɛ	overcharge *(n.)* boro so
outline *(n.)* nhyehyɛɛɛ	overcoat *(n.)* atade kata so
outlive *(v.)* nyin kyin	overcome *(v.)* bunkam fa so
outlook *(n.)* anidaso	overcrowd *(v.)* wɔdɔɔso dodo
outmoded *(adj.)* atwam	overdo *(v.)* boro so
outnumber *(v.)* boro so	overdose *(v.)* ɔfaa aduro mboroso
outpatient *(n.)* yarefo da abɔnten	overdose *(n.)* aduro mboroso
outpost *(n.)* beae	overdraft *(n.)* sika boro so
output *(n.)* efi mu	overdraw *(v.)* twetwe sika boroso
outrage *(n.)* abufuw	overdue *(adj.)* bere atwam
outrage *(v.)* hyɛɛ abufuw	overhaul *(n.)* nsakrae
outright *(adj.)* pefee	overhaul *(v.)* yɛ nsakrae
outright *(adv.)* pefee	overhear *(v.)* tie
outrun *(v.)* mmirikatu	overjoyed *(adj.)* anigye mboroso
outset *(n.)* mfiase	overlap *(n.)* ka bom
outshine *(v.)* hyerɛn sen	overlap *(v.)* ɛka bom
outside *(n.)* abɔnten	overleaf *(adv.)* kratafa
outside *(adv.)* abɔnten	overload *(n.)* ɛboro so
outside *(prep.)* akyi	overload *(v.)* boro so
outside *(adj.)* akyi	overlook *(v.)* yi ani
outsider *(n.)* abɔnten nyi	overnight *(adj.)* anadwo
outsize *(adj.)* ɛboro so	overnight *(adv.)* anadwo biako
outskirts *(n.)* abɔnten so	overpower *(v.)* nkonim tumi
outspoken *(adj.)* nsɛmka penpen	overrate *(v.)* ɛboro so
outstanding *(adj.)* boro so	overrule *(v.)* wobo so
outward *(adv.)* abɔnten	overrun *(v.)* dwane mboroso
outward *(adj.)* akyi	oversee *(v.)* hwɛ so
outwardly *(adv.)* akyi	overseer *(n.)* ɔhwɛsofoɔ
outwards *(adv.)* abɔnten	overshadow *(v.)* tu guso
outweigh *(v.)* ɛboro so	oversight *(n.)* anifasoɔ
outwit *(v.)* dii nkonim	oversleep *(v.)* da boroso
outworld *(n.)* wiase akyi	overt *(adj.)* adi pefee
ouzo *(n.)* ouzo	overtake *(v.)* twa
oval *(n.)* kurukuruwa	overthrow *(n.)* tu
oval *(adj.)* kurukuruwa	overthrow *(v.)* tutu gui
ovary *(n.)* ovary	overtime *(n.)* adwuma mboroso
ovation *(n.)* nsɛm bɔ	overtime *(adv.)* boro so
oven *(n.)* fononoo	overture *(n.)* nkuran
over *(adv.)* so	overweight *(adj.)* kesea mboroso
over *(n.)* no	overwhelm *(v.)* bɔ pusa
over *(prep.)* ho	overwork *(v.)* yɛ adwuma

overwork *(n.)* adwuma mmrosoɔ
oviferous *(adj.)* oviferous
ovular *(adj.)* ovular
ovulate *(v.)* to kosua
ovum *(n.)* ovum
owe *(v.)* de ka
owl *(n.)* patuo
owlery *(n.)* akɔre dan
owly *(adj.)* yɛ ɔkraman
own *(v.)* wɔ
own *(adj.)* deɛ
owner *(n.)* adewura
ownership *(n.)* owurayɛ
ox *(n.)* nantwibedeɛ
oxbird *(n.)* nantwinini anomaa
oxcart *(n.)* anantwi teaseɛnam
oxidant *(n.)* oxidant
oxidate *(n.)* oxidate
oxidate *(v.)* oxidate
oxidation *(n.)* oxidation
oxide *(n.)* oxide
oxidization *(n.)* oxidization
oxyacid *(n.)* oxyacid
oxygen *(n.)* mframa
oxygenate *(v.)* fa mframa
oxygenated *(adj.)* mframa
oxygenation *(n.)* mframa
oyster *(n.)* oyster
oyster *(adj.)* oyster
oyster *(v.)* oyster
oysterling *(n.)* oystering
oysterman *(n.)* oystetman
ozonate *(n.)* ozonate
ozonate *(v.)* ozonate
ozonation *(n.)* ozonation
ozone *(n.)* ozone
ozone layer *(n.)* ozone layer

pace *(v.)* nante
pace *(n.)* anamɔn
pacemaker *(n.)* anamɔtufo
pachidermatous *(adj.)* honam baree
pachyderm *(n.)* honam baree
pacific *(adj.)* asomdwoe
pacifier *(n.)* asomdwoe ni

pacifism *(n.)* asomdwee
pacifist *(n.)* asomdwoe nipa
pacify *(v.)* pata
pack *(n.)* pack
pack *(v.)* hyehyɛ
package *(n.)* boade
packet *(n.)* Kotoko
packing *(n.)* boade
pact *(n.)* bɔhyɛ
pad *(v.)* pad
pad *(n.)* pad
padding *(n.)* padding
paddle *(n.)* paddle
paddle *(v.)* paddle
paddy *(n.)* abufuw
paediatric *(adj.)* mmofra hwɛ
paedologist *(n.)* mmofra adesua
paedology *(n.)* mmofra adesua
paedophile *(n.)* awengaa
paedophilia *(n.)* awengaa
paedophiliac *(n.)* awengaa
paedophiliac *(adj.)* awengaa
pagan *(n.)* wiasefoɔ
pagan *(adj.)* ɔpaefo
paganism *(n.)* wiasefoɔ
paganistic *(adj.)* wiasefoɔ
page *(v.)* kratafa
page *(n.)* kratafa
pageant *(n.)* akansie
pageantry *(n.)* ankansie
pagoda *(n.)* asɔredan
pail *(n.)* bokiti
pain *(v.)* ɔyaw
pain *(n.)* yeaw
pain relief *(n.)* yaw yi
painful *(adj.)* ɛyɛ yaw
painstaking *(adj.)* ɔyaw mu
paint *(v.)* paint
paint *(n.)* paint
paintbrush *(n.)* paintbrush
painter *(n.)* ɔkwa danho
painting *(n.)* kaho aduro
pair *(n.)* nta
pair *(v.)* bɔho mmienu
pal *(n.)* adamfo
palace *(n.)* ahenfie
palanquin *(n.)* apaka
palatable *(adj.)* ɛyɛ dɛ
palatal *(adj.)* nne ngyegyee

palate *(n.)* w'anum
palatial *(adj.)* ahenfie sɛso
pale *(v.)* hoyaa
pale *(adj.)* hoyaa
pale *(n.)* fitaa
paleness *(n.)* hoyaa
paleobiological *(adj.)* paleobiological
paleobiologist *(n.)* paleobiologist
paleobiology *(n.)* paleobiology
paleoecologist *(n.)* paleoecologist
paleoecology *(n.)* paleoecology
paleolithic *(adj.)* paleolithic
paleolithic *(n.)* paleolithic
paleontologist *(n.)* paleontologist
paleontology *(n.)* paleontology
palette *(n.)* bɔde
palm *(n.)* nsa yem
palm *(v.)* palm
palmist *(n.)* ɔdehufo
palmistry *(n.)* adehu
palpable *(adj.)* atenka
palpitate *(v.)* akoma bɔ
palpitation *(n.)* akoma bɔ
palsy *(n.)* abubuafo
paltry *(adj.)* ketewa
pamper *(v.)* gyegye neso
pamphlet *(n.)* kratawaa
pamphleteer *(n.)* ɔkyerɛw kratawaa
panacea *(n.)* yare anoaduru
pandemonium *(n.)* gyegyeegye
pane *(n.)* mfɛnsere
panegyric *(n.)* baguam kasa
panel *(v.)* panel
panel *(n.)* agyinatukuo
pang *(n.)* ɔyaw
panic *(n.)* osuro
panic *(v.)* suro
panorama *(n.)* hwɛ beaeɛ
pant *(n.)* nteesoɔ
pant *(v.)* teetee
pantaloon *(n.)* trɔsa
pantheism *(n.)* nyamesom
pantheist *(n.)* nyamesomfo
panther *(n.)* ɔsebɔ
panting *(adj.)* painting
pantomime *(n.)* agodie
pantry *(n.)* mukaase
papacy *(n.)* pope
papal *(adj.)* pope

paper *(n.)* krataa
paper bag *(n.)* Kotoko
par *(n.)* pɛpɛɛpɛ
parable *(n.)* abɛbusɛm
parachute *(n.)* parachute
parachutist *(n.)* parachutist
parade *(v.)* bɔ nsra
parade *(n.)* nsrabɔ
paradise *(n.)* paradise
paradox *(n.)* abirabɔsɛm
paradoxical *(adj.)* abirabɔsɛm
paraffin *(n.)* ngo
paragon *(n.)* nhwɛsodeɛ
paragraph *(n.)* nkyekyɛm
parallel *(v.)* sa so
parallel *(adj.)* sa so
parallelism *(n.)* sa so
parallelogram *(n.)* nsanehina
paralyse *(v.)* abubu
paralysis *(n.)* abubuafo
paralytic *(adj.)* abubuo
paramount *(adj.)* ɛkorɔn
paramour *(n.)* ɔdɔfo
paraphernalia *(n. pl)* nneɛma bebree
paraphrase *(v.)* sesa nsemfua
paraphrase *(n.)* sesa nsemfua
parasite *(n.)* parasite
parcel *(v.)* kyɛ ade
parcel *(n.)* akyɛdeɛ
parch *(v.)* toto biribi
pardon *(n.)* kyɛpa
pardon *(v.)* pa kyɛw
pardonable *(adj.)* fakyɛ
parent *(n.)* ɔwofo
parentage *(n.)* awofo
parental *(adj.)* awofoɔ
parenthesis *(n.)* parenthesis
parish *(n.)* asɔredan
parity *(n.)* pɛpɛɛpɛ yɛ
park *(n.)* anigyebea
park *(v.)* gya sihɔ
parking ticket *(n.)* tekiti
parlance *(n.)* kasa
parley *(v.)* kasa kasa
parley *(n.)* ano baabae
parliament *(n.)* mmarahyɛ
parliamentarian *(n.)* mmarahyɛ baguafoɔ
parliamentary *(adj.)* mmarahyɛ bagua
parlour *(n.)* ahomegye beaeɛ

parody *(v.)* fɛwdie
parody *(n.)* fɛwdie
parole *(v.)* ahofadie
parole *(n.)* ahofadie
parricide *(n.)* awodie
parrot *(n.)* ako
parry *(n.)* pam
parry *(v.)* pam
parsley *(n.)* nhwiren
parson *(n.)* ɔsɔfo
part *(v.)* ɔfa
part *(n.)* ɔfa
partake *(v.)* ka ho
partial *(adj.)* fã bi
partiality *(n.)* animhwɛ
participant *(n.)* hyɛ mu
participate *(v.)* yɛ bi
participation *(n.)* yɛ bi
particle *(n.)* biribi ketewa
particular *(n.)* pɔtee
particular *(adj.)* pɔtee
particularly *(adv.)* titiriw
partisan *(adj.)* akyitaafoɔ
partisan *(n.)* akyitaafoɔ
partition *(v.)* nkyɛmu
partition *(n.)* kyɛ mu
partner *(n.)* boafo
partnership *(n.)* ɔboafoɔ
party *(n.)* afahyɛ
pass *(n.)* twa
pass *(v.)* twɛ mu
passage *(n.)* ɔkwan
passenger *(n.)* ɔkwantufo
passion *(n.)* ɔpɛ
passionate *(adj.)* anigye ho
passive *(adj.)* osetie
passport *(n.)* passport
past *(n.)* atwam
past *(prep.)* akyiri
past *(adj.)* atwam
paste *(v.)* tare
paste *(n.)* paste
pastel *(adj.)* hoyaa
pastel *(n.)* kɔla
pastime *(n.)* anigyeɛ dwumadie
pastoral *(adj.)* ɔsofodie
pastry *(n.)* biribi a w'ato
pasture *(v.)* mmoa adidie
pasture *(n.)* asaase

pat *(n.)* bɔ wonsa
pat *(adv.)* bɔ biribi
pat *(v.)* bɔ wonsa
patch *(n.)* ntama ketewa
patch *(v.)* ntama
patch test *(n.)* patch test
patent *(n.)* tumi krataa
patent *(v.)* patent
patent *(adj.)* tumi krataa
paternal *(adj.)* agyade
path *(n.)* ɛkwan
pathetic *(adj.)* mmɔbɔ
pathology *(n.)* nyarewa nhwehwɛmu
pathos *(n.)* nsɔhwɛ
patience *(n.)* abotare
patient *(n.)* ɔyarefo
patient *(adj.)* abotare
patricide *(n.)* agyakum
patrimony *(n.)* agyapadeɛ
patriot *(n.)* nokwaredifo
patriotic *(adj.)* nokwaredie
patriotism *(n.)* nokwaredie
patrol *(n.)* bɔ nsra
patrol *(v.)* bɔ nsra
patron *(n.)* ɔdetɔfo
patronage *(n.)* bɛtɔ
patronize *(v.)* tɔ ade
pattern *(n.)* adwinnie
paucity *(n.)* ɛyɛ na
pauper *(n.)* ohiani
pause *(v.)* gyina
pause *(n.)* gyina
pave *(v.)* ma kwan
pavement *(n.)* ɛkwan
pavilion *(n.)* agodiebea
paw *(v.)* paw
paw *(n.)* aboa nan
pay *(n.)* akatua
pay *(v.)* tua
payable *(adj.)* wotua
payee *(n.)* otua
payment *(n.)* sikatua
payout *(n.)* akatua
pea *(n.)* adua
peace *(n.)* asomdwea
peaceable *(adj.)* asomdwea mu
peaceful *(adj.)* asomdwoe
peach *(n.)* adua
peacock *(n.)* peacock

peahen *(n.)* peahen
peak *(n.)* atifi
pear *(n.)* paya
pearl *(n.)* egudie
peasant *(n.)* akuafo
peasantry *(n.)* akuafo
pebble *(n.)* abosea
peck *(v.)* anofeɛ
peck *(n.)* anofeɛ
peculiar *(adj.)* biribi pɔtee
peculiarity *(n.)* biribi pɔtee
pecuniary *(adj.)* sikasɛm
pedagogue *(n.)* ɔkyerɛkyerɛni
pedagogy *(n.)* ɔkyerɛkyerɛni
pedal *(n.)* nan ntiasoɔ
pedal *(v.)* nan ntiasoɔ
pedant *(n.)* pɛpɛɛpɛ yɛ
pedantic *(adj.)* pɛpɛɛpɛ yɛ
pedantry *(n.)* Pɛpɛɛpɛ yɛ
pedestal *(n.)* ɔnantefo
pedestrian *(n.)* ɔnantefo
pedigree *(n.)* abusua nkyi
peel *(n.)* yi ho
peel *(v.)* yi ho
peep *(n.)* hwɛ
peep *(v.)* hwɛ
peer *(n.)* atipɛnfo
peerless *(adj.)* nni atipɛnfo
peg *(v.)* tim
peg *(n.)* pɛɛwa
pelf *(n.)* sika
pell-mell *(adv.)* mmirika
pen *(v.)* twerɛdua
pen *(n.)* twerɛdua
penal *(adj.)* asotwe
penalize *(v.)* ma asotwe
penalty *(n.)* asotwe
pencil *(v.)* pɛnsere
pencil *(n.)* twerɛdua
pending *(prep.)* retwɛn
pending *(adj.)* retwɛn
pendulum *(n.)* pendulum
penetrate *(v.)* wura mu
penetration *(n.)* nwuramu
penis *(n.)* barima dua
penniless *(adj.)* onni sika
penny *(n.)* sika
pension *(v.)* ahomegye akatua
pension *(n.)* ahomegye akatua

pensioner *(n.)* ɔregye n'ahome
pensive *(adj.)* ahomegye
pentagon *(n.)* ahinnum
pentatonic *(adj.)* nnwom ngyegyee
penthouse *(n.)* ofi kɛseɛ
peon *(n.)* odwumayɛni
people *(v.)* nkrɔfoɔ
people *(n.)* nkrɔfoɔ
pepper *(n.)* moko
pepper *(v.)* moko
pepper-and-salt *(adj.)* moko-ne-nkyene
per *(prep.)* ebia boɔ
per annum *(adv.)* afe biara
per cent *(adv.)* nkyekyem ɔha
perambulator *(n.)* nantew bɔkɔɔ
perceive *(v.)* hunu
percentage *(n.)* ɔha nkyem
perceptible *(adj.)* nsonsonoeɛ
perception *(n.)* adwene
perceptive *(adj.)* nhumu
perch *(v.)* di moko
perch *(n.)* ahomegye beaeɛ
percussion *(n.)* pem biribi
perennial *(n.)* mmeresanten
perennial *(adj.)* wɔhɔ daa
perfect *(adj.)* ɔyɛ pɛ
perfect *(v.)* yɛ pɛ
perfection *(n.)* pɛyɛ
perfidy *(n.)* nwammɔdie
perforate *(v.)* tue
perforce *(adv.)* ɛho hia
perform *(v.)* di dwuma
performance *(n.)* dwumadie
performer *(n.)* odi dwuma
perfume *(n.)* aduhuam
perfume *(v.)* aduhuam
perhaps *(adv.)* ebia
peril *(v.)* hunu amaneɛ
peril *(n.)* amanehunu
perilous *(adj.)* amanehunu
period *(n.)* bere bi
periodical *(adj.)* bere
periodical *(n.)* bere ano
periphery *(n.)* nkyɛn nkyɛn
perish *(v.)* seɛ
perishable *(adj.)* asɛe
perjure *(v.)* ka ntanhunu
perjury *(n.)* ntanhunu ka
perk *(v.)* anigyeɛ

permanence *(n.)* daa
permanent *(adj.)* daa
permissible *(adj.)* akwan ma
permission *(n.)* ma kwan
permit *(v.)* ma kwan
permit *(n.)* ma kwan
permutation *(n.)* nhyehyɛe
pernicious *(adj.)* sɛɛ ade
perpendicular *(adj.)* gyina pintinn
perpendicular *(n.)* gyina pintinn
perpetual *(adj.)* mmeresanten
perpetuate *(v.)* hɔ daa
perplex *(v.)* yɛ hwanyan
perplexity *(n.)* yɛ basaa
persecute *(v.)* ɔtaa
persecution *(n.)* ɔtaa
perseverance *(n.)* animia
persevere *(v.)* kɔ w'anim
persist *(v.)* toa so
persistence *(n.)* nsiyɛ
persistent *(adj.)* nsiyɛ
person *(n.)* nnipa
personage *(n.)* nnipa ko
personal *(adj.)* onipa asɛm
personality *(n.)* su
personification *(n.)* nipasu
personify *(v.)* yɛ onipa
personnel *(n.)* adwumayɛfoɔ
perspective *(n.)* hunu ade
perspiration *(n.)* te mfifiri
perspire *(v.)* te mfifiri
persuade *(v.)* te w'asem
persuasion *(n.)* te w'asem
pertain *(v.)* fa ho
pertinent *(adj.)* ɛho hia
perturb *(v.)* abufuw
perusal *(n.)* nhwehwɛmu
peruse *(v.)* nhwehwɛmu
pervade *(v.)* trɛ mu
perverse *(adj.)* ɛmfa kwan
perversion *(n.)* ɛmfa kwan
perversity *(n.)* ɛmfa kwan
pervert *(v.)* hyɛ porɔeɛ
pessimism *(n.)* bɔne
pessimist *(n.)* ɔnni gyedi
pessimistic *(adj.)* ɔnni gyedi
pest *(n.)* ntummoa
pesticide *(n.)* owuduro
pestilence *(n.)* yaredɔm

pet *(v.)* yen mmoa
pet *(n.)* ayemmoa
petal *(n.)* ahaban
petite *(adj.)* esua
petition *(v.)* srɛ
petition *(n.)* adesrɛ
petitioner *(n.)* ɔsrɛ ade
petrify *(v.)* bɔ hu
petrol *(n.)* fango
petroleum *(n.)* fango
petticoat *(n.)* kot ketewa
petty *(adj.)* ɛho nhia
petulance *(n.)* onni abotare
petulant *(adj.)* onni abotare
phagic *(adj.)* phagic
phalange *(n.)* polisifoɔ
phalanx *(n.)* polisifoɔ
phallic *(adj.)* akɔnnɔ nsɛm
phallocentric *(adj.)* akɔnnɔ nsɛm
phallus *(n.)* barima dua ho
phantasmagoria *(n.)* dayɛ
phantasmal *(adj.)* ɔsaman
phantom *(n.)* ɔsaman
pharmaceutic *(adj.)* adufra
pharmaceutical *(n.)* aduru yɛ
pharmaceutical *(adj.)* adufra
pharmaceutist *(n.)* aduru yɛ
pharmacist *(n.)* ɔton aduru
pharmacy *(n.)* nnuro sotoɔ
phase *(n.)* bere
phenomenal *(adj.)* nwanwa
phenomenon *(n.)* nwanwa
phial *(n.)* toa
philalethist *(n.)* ɔpɛ nokwaredie
philander *(n.)* mmea pɛ
philander *(v.)* mmea pɛ
philanderer *(n.)* ɔpɛ mmea
philandry *(n.)* mmea pɛ
philanthropy *(n.)* ɔkyɛ ade
philological *(adj.)* philological
philologist *(n.)* philologist
philology *(n.)* philology
philosopher *(n.)* philosopher
philosophical *(adj.)* philosophical
philosophy *(n.)* philosophy
phone *(n.)* ahomatorofo
phonetic *(adj.)* nne ngyegyee
phonetics *(n.)* nne ngyegyee
phosphate *(n.)* phosphate

phosphorus *(n.)* phosphorus
photo *(n.)* mfonin
photocopy *(n.)* photocopy
photogenic *(adj.)* mfonin fɛfɛɛfɛ
photograph *(n.)* mfonin
photograph *(v.)* mfonin
photographer *(n.)* mfonin twafoɔ
photographic *(adj.)* mfonin twafoɔ
photography *(n.)* mfonin twa
phrase *(v.)* kasasin
phrase *(n.)* kasasin
phraseology *(n.)* kasasin adesua
physic *(v.)* physics
physic *(n.)* physics
physical *(adj.)* ɔhonam mu
physician *(n.)* ɔyaresafoɔ
physicist *(n.)* physicist
physics *(n.)* physics
physiognomy *(n.)* physiognomy
physique *(n.)* nipadua
pianist *(n.)* pianist
piano *(n.)* piano
pick *(n.)* fa ade
pick *(v.)* fa biribi
picket *(v.)* bɔ sesee
picket *(n.)* bɔ sesee
pickle *(v.)* bɔ hoban
pickle *(n.)* adua
picnic *(v.)* picnic
picnic *(n.)* piknik
pictorial *(adj.)* mfonin ɔyɛkyerɛ
picture *(v.)* twa mfonin
picture *(n.)* mfonin
picturesque *(adj.)* ɛyɛ fɛ
piece *(n.)* ɛfa bi
piece *(v.)* ɛfa
pier *(n.)* dadetea
pierce *(v.)* tue
piercing *(n.)* tue
piercing *(adj.)* etue
piety *(n.)* ɔsom gyidi
pig *(n.)* prɛko
pigeon *(n.)* aborɔnoma
piggy bank *(n.)* susu boɔs
pigment *(n.)* kɔla
pigmy *(n.)* nipa teateafo
pile *(v.)* boa ano
pile *(n.)* de sum hɔ
piles *(n.)* kookoo

pilfer *(v.)* bɔ korɔno
pilgrim *(n.)* akwantu
pilgrimage *(n.)* kronkronbea akwantu
pill *(n.)* aduro
pillar *(n.)* dadetea
pillow *(v.)* fa sumiiɛ
pillow *(n.)* sumiiɛ
pilot *(v.)* wiemhyɛn hyɛnkani
pilot *(n.)* wiemhyɛn hyɛnkani
pimple *(n.)* anim nsaa
pin *(v.)* panee
pin *(n.)* panee
pinch *(n.)* ntieɛ
pinch *(v.)* ti
pine *(v.)* dua
pine *(n.)* dua
pineapple *(n.)* aborɔbɛ
pink *(adj.)* memen
pink *(n.)* memen
pinkish *(adj.)* memen
pinnacle *(n.)* Atifi
pioneer *(v.)* ɔkwampaefo
pioneer *(n.)* ɔkwampaefo
pious *(adj.)* ɔsom
pipe *(n.)* dorobɛn
pipe *(v.)* abɛn
piquant *(adj.)* kad agorɔ
piracy *(n.)* ɛpo korɔnobɔ
pirate *(v.)* ɛpo korɔmfoɔ
pirate *(n.)* Ɛpo korɔmfoɔ
pistol *(n.)* etusini
piston *(n.)* piston
pit *(v.)* tɔ amenamu
pit *(n.)* amena
pitch *(n.)* agoprama so
pitch *(v.)* to
pitcher *(n.)* ɔto boɔl
piteous *(adj.)* mmɔbɔ
pitfall *(n.)* afidie
pitiable *(adj.)* ɛyɛ mmɔbɔ
pitiful *(adj.)* mmɔbɔ
pitiless *(adj.)* ɛnyɛ mmɔbɔ
pitman *(n.)* bidie dwumayɛni
pittance *(n.)* akatua ketewa
pity *(v.)* mmɔborɔhunu
pity *(n.)* mmɔborɔhunu
pivot *(n.)* mfimfini
pivot *(v.)* mfimfini
pixel *(n.)* pixel

pixelate *(v.)* pixelate
pizza *(n.)* pizza
pizzeria *(n.)* pizzeria
placable *(adj.)* bɔne kyɛ
placard *(n.)* ɔyɛkyerɛ taaboo
placate *(v.)* dwodwo akoma
placative *(adj.)* dwodwo akoma
placatory *(adj.)* dwodwo akoma
place *(v.)* beaeɛ
place *(n.)* beaeɛ
placebic *(adj.)* placebic
placebo *(n.)* placebo
placement *(n.)* wɔde biribi ato
placenta *(n.)* placenta
placid *(adj.)* da din
plague *(v.)* ɔhaw
plague *(adj.)* ɔhaw
plain *(adj.)* amuda hɔ
plain *(n.)* amuda hɔ
plaintiff *(n.)* sobɔfoɔ
plan *(v.)* yɛ nhyehyeɛ
plan *(n.)* tirimpɔw
plane *(v.)* foro wiemhyɛn
plane *(adj.)* wiemhyɛn
plane *(n.)* awiemhyɛn
planet *(n.)* okyinsromma
planetary *(adj.)* okyinsromma
plank *(v.)* taaboo
plank *(n.)* taaboo
plant *(n.)* dua
plant *(v.)* dua
plantain *(n.)* bɔɔdeɛ
plantation *(n.)* efuw
plaster *(v.)* de fam
plaster *(n.)* de sra ho
plastic *(n.)* rɔba
plastic *(adj.)* rɔba
plate *(n.)* prɛte
plate *(v.)* prɛte
plateau *(n.)* plateau
platform *(n.)* taaboo nnyinasoɔ
platinum *(n.)* dade
platinum *(adj.)* dade
platonic *(adj.)* ɔdɔ kann
platoon *(n.)* asogyafoɔ
play *(v.)* agorɔ
play *(n.)* agorɔ
playback *(n.)* san bɔ
playcard *(n.)* agorɔdie kaade

playdate *(n.)* playdate
player *(n.)* ɔyɛ bi
playfield *(n.)* agoprama so
playful *(adj.)* odi agorɔ
playground *(n.)* agodie beaeɛ
playhouse *(n.)* agodie beaeɛ
plea *(n.)* akyɛwpa
plead *(v.)* pa kyɛw
pleader *(n.)* ɔrepa kyɛw
pleasant *(adj.)* anika
pleasantry *(n.)* anika
please *(v.)* pa akyɛw
please *(adv.)* pa akyɛw
pleasure *(n.)* anigye
plebiscite *(n.)* abatoɔ
pledge *(v.)* hyɛ bɔ
pledge *(n.)* bɔhyɛ
plenty *(n.)* ɛdɔɔso
plight *(n.)* amanehunu
plod *(v.)* nantew brɛoo
plot *(v.)* atrimpɔw
plot *(n.)* asaase
plough *(v.)* futum asaase
plough *(n.)* tuntum
ploughman *(n.)* obi a ofuntum asaase
pluck *(n.)* te
pluck *(v.)* te
plug *(v.)* tua ano
plug *(n.)* tua ano
plum *(n.)* aduaba
plumber *(n.)* osiesie torobɛn
plunder *(n.)* wia
plunder *(v.)* wia ade
plunge *(n.)* tɔ mu
plunge *(v.)* tɔ mu
plural *(adj.)* dodoɔ
plurality *(n.)* dodoɔ
plus *(adj.)* ka ho
plus *(n.)* ka ho
plush *(adj.)* ateyie
plush *(n.)* asetena pa
plutocrat *(adj.)* sikani
plutonic *(adj.)* Yenya aboɔ
plutonium *(n.)* yenya aboɔ
pluvial *(adj.)* nsutɔ ho
pluvial *(n.)* nsutɔ ho
pluviometer *(n.)* afidie
ply *(n.)* ply
ply *(v.)* ply

plyer *(n.)* plyer
plywood *(n.)* taaboo traa
pneudraulics *(n.)* pneudralics
pneuma *(n.)* ɔkra
pneumatic *(n.)* ɔkra nsɛm
pneumatic *(adj.)* ɔkra nsɛm
pneumatological *(adj.)* pneumatological
pneumatology *(n.)* pneumatology
pneumogastric *(adj.)* pneumogastric
pneumology *(n.)* ɔkra adesua
pneumonia *(n.)* ahrawa yareaɛ
pneumoniac *(n.)* yareɛ
pneumonic *(adj.)* yareɛ
pneumotherapy *(n.)* pneumotherapy
poach *(v.)* wia obi
poached *(adj.)* twe odwumayɛni
poacher *(n.)* ɔtwe odwumayɛni
pocket *(v.)* Kotoko
pocket *(n.)* Kotoko
pod *(n.)* pod
pod *(v.)* pod
podcast *(n.)* podcast
podcast *(v.)* podcast
podcaster *(n.)* podcast
podge *(n.)* ɔso
podgy *(adj.)* onipa kɛseɛ
podiatric *(adj.)* ɔso
podiatrist *(n.)* ɔso
podium *(n.)* taaboo nnyinaso
podium *(v.)* taaboo nnyinaso
poem *(n.)* anwinnsɛm
poesy *(n.)* anwinnsɛm
poet *(n.)* anwinnsɛm
poetaster *(n.)* ɔnwini nsɛm
poetess *(n.)* ɔbea ɔnwininfo
poetic *(adj.)* anwinnsɛm
poetics *(n.)* anwinnsɛm
poetry *(n.)* anwinnsɛm
poignacy *(n.)* awerehow
poignant *(adj.)* awerehow
point *(n.)* ano
point *(v.)* tene nsakyerɛ
point blank *(adv.)* kasi m'anim
pointed *(adj.)* ano yɛnam
pointedly *(adv.)* ano yɛnam
pointedness *(n)* ano yɛ nam
pointerless *(adj.)* enni dua
pointful *(adj.)* ɛwɔ nteaseɛ
pointillism *(n.)* pointillism

pointillist *(n.)* pointillist
pointless *(adj.)* nyansa nnim
pointwork *(n.)* pointwork
poise *(n.)* anuonyam
poise *(v.)* yɛ krado
poison *(v.)* nom adurobɔne
poison *(n.)* aduru bɔne
poisonous *(adj.)* aduru bɔne
poke *(n.)* pia
poke *(v.)* pia hyɛ
poker *(n.)* opia biribi
polar *(adj.)* atififam
polarazing *(adj.)* kyɛ biribi
polarity *(n.)* bɔ bra
polarize *(v.)* kyɛ biribi
polaroid *(n.)* polaroid
polary *(adj.)* polary
pole *(v.)* dua tenten
pole *(n.)* dua tenten
pole dancer *(n.)* pole dancer
polearm *(n.)* polearm
polecat *(n.)* aboa
polemic *(adj.)* akasakasa
polemic *(n.)* akasakasa
polenta *(n.)* aburo esam
police *(n.)* polisini
police *(v.)* yɛ polisini
police beat *(n.)* police beat
policeboat *(n.)* polisifoɔ hyɛn
policeless *(adj.)* polisifoɔ nni
policeman *(n.)* polisini
policy *(n.)* nhyehyɛe
polish *(n.)* twe ho
polish *(v.)* twe ho
polite *(adj.)* obuo
politeness *(n.)* obuo
politic *(adj.)* amanyɔsɛm
political *(adj.)* amanyɔsɛm
politician *(n.)* amanyɔni
politics *(n.)* amanyɔsɛm
polity *(n.)* aban
poll *(v.)* abatoɔ
poll *(n.)* abatoɔ
pollen *(n.)* pollen
pollute *(v.)* seɛ
pollution *(n.)* seɛ biribi
polo *(n.)* pɔnkɔ akansie
polyacetylene *(n.)* polyacetylene
polyander *(n.)* dua

polyandrianism *(n.)* polyandrianis
polyandry *(n.)* aware dodow
polybutene *(n.)* polubutene
polybutylene *(n.)* polybutylene
polycarbonate *(n.)* polycarbonate
polycentric *(adj.)* mfimfini bebree
polycentrism *(n.)* mfimfini bebree
polychrome *(adj.)* kɔla bebrebe
polycracy *(n.)* tumi dɔɔso
polyene *(n.)* polyene
polyform *(n.)* polyform
polygamous *(adj.)* aware dodoɔ
polygamy *(n.)* aware dodoɔ
polyglot *(n.)* polyglot
polyglot *(adj.)* polyglot
polyloquent *(adj.)* ɔpɛ kasa
polymath *(n.)* nimdeɛ bebree
polymer *(n.)* polyene
polymerize *(v.)* polymerize
polymetallic *(adj.)* dade bebrebe
polymethine *(n.)* polymethine
polymethylene *(n.)* polymethylen
polymicrobial *(adj.)* polymicrobial
polymiotic *(adj.)* polymiotic
polymolecular *(adj.)* polymolecular
polymorph *(n.)* polymorph
polymorphic *(adj.)* polymorphic
polymorphism *(n.)* polymorphism
polymorphosis *(n.)* polymorphosis
polynucleate *(adj.)* polynucleate
polypharmacal *(adj.)* polypharmacal
polypropylene *(n.)* polypropylen
polyprotein *(n.)* polyprotein
polysemia *(n.)* nteaseɛ bebree
polytechnic *(adj.)* sukuupɔn
polytechnic *(n.)* sukuupɔn
polytheism *(n.)* nyame bebree
polytheist *(n.)* nyame bebree
polytheistic *(adj.)* nyame bebree
pomp *(n.)* afahyɛ
pomposity *(n.)* ahomasoɔ
pompous *(adj.)* ahomaso
pond *(n.)* nsuo ketewa
ponder *(v.)* dwene ho
pony *(n.)* pɔnkɔ ketewa
poor *(adj.)* ohia
pop *(v.)* pi biribi
pop *(n.)* pi biribi
pope *(n.)* ɔsofopanyin

poplar *(n.)* dua tenten
poplin *(n.)* ntama
populace *(n.)* agye din
popular *(adj.)* agye din
popularity *(n.)* agye din
popularize *(v.)* agye din
populate *(v.)* ayɛ ma
population *(n.)* ɔman nipa
populous *(adj.)* nnipa dodoɔ
porcelain *(n.)* porcelin
porch *(n.)* abrannaa
pore *(n.)* pore
pork *(n.)* prɛko nam
porridge *(n.)* koko
port *(n.)* suhyɛn gyinabea
portable *(adj.)* kokorowa
portage *(n.)* soa biribi
portal *(n.)* ɛkwan
portend *(v.)* bɔ kɔkɔ
porter *(n.)* ɔsoa nneɛma
portfolio *(n.)* portfolio
portico *(n.)* abanaa
portion *(n.)* fa bi
portion *(v.)* fa bi
portrait *(n.)* mfonin
portraiture *(n.)* twa mfonin
portray *(v.)* yɛsɛ obi
portrayal *(n.)* yɛsɛ obi
pose *(v.)* pegya biribi
pose *(n.)* ɛka ɔhaw
position *(n.)* dibea
position *(v.)* de to
positive *(adj.)* ɛyɛ nokware
possess *(v.)* wo dea
possession *(n.)* agyapadeɛ
possibility *(n.)* betumi ayɛ
possible *(adj.)* betumi abɛyɛ
post *(n.)* dua tenten
post *(v.)* w'atintim
post *(adv.)* ɛtare hɔ
postage *(n.)* krataa amane
postal *(adj.)* wɔde mane
post-date *(v.)* apa ho
poster *(n.)* wɔtɔn krataa
posterity *(n.)* nkɔsoɔ
postgraduate *(adj.)* adesua
posthumous *(adj.)* posthumous
postman *(n.)* ɔkyɛ krataa
postmaster *(n.)* ɔhwɛ nkrataatobea

post-mortem *(adj.)* afunumu nhwehwɛmu
post-mortem *(n.)* afunumu nhwehwɛmu
post-office *(n.)* nkratobea
postpone *(v.)* hyɛ da
postponement *(n.)* hyɛ da
postscript *(n.)* etwa to
posture *(n.)* bɔbea
pot *(n.)* dadesɛn
pot *(v.)* dadesɛn
potash *(n.)* potash
potassium *(n.)* potassium
potato *(n.)* atommo
potency *(n.)* tatahwe
potent *(adj.)* ano yɛnam
potential *(n.)* ebetumi esi
potential *(adj.)* ebetumi aba
potentiality *(n.)* ebetumi aba
potter *(n.)* okukudwinnifoɔ
pottery *(n.)* kukudwinni
pouch *(n.)* pouch
poultry *(n.)* nyɛn nkokɔ
pounce *(n.)* to hyɛ
pounce *(v.)* to hyɛ
pound *(n.)* sika
pound *(v.)* wɔ
pour *(v.)* hwie
poverty *(n.)* ohia
powder *(v.)* powder
powder *(n.)* pɔɔda
power *(n.)* tumi
powerful *(adj.)* tumi
practicability *(n.)* wotumiyɛ
practicable *(adj.)* wotumiyɛ
practical *(adj.)* wotumiyɛ
practically *(adv.)* wotumiyɛ
practice *(n.)* taa yɛ
practise *(v.)* taa yɛ
practitioner *(n.)* odwumayɛni
pragmatic *(adj.)* nyansa wom
pragmatism *(n.)* nyansa wom
praise *(n.)* ayeyie
praise *(v.)* yi ayɛ
praiseworthy *(adj.)* ɛfata ayeyie
pram *(n.)* pram
prank *(n.)* nnaadaa
prattle *(v.)* kasa tenten
prattle *(n.)* kasa tenten
pray *(v.)* mpaebɔ
prayer *(n.)* mpaebɔ

preach *(v.)* kyerɛkyerɛ
preacher *(n.)* kyerɛkyerɛni
preamble *(n.)* asem a edi kan
precaution *(n.)* ahweyiye
precautionary *(adj.)* ahweyiye
precede *(v.)* ba ansa
precedence *(n.)* edi kan
precedent *(n.)* edi kan
precept *(n.)* akwankyerɛ
preceptor *(n.)* akwankyerɛ
precious *(adj.)* ɛsom bo
precis *(n.)* bɔ mmua
precise *(adj.)* saa pɛpɛɛpɛ
precision *(n.)* saa pɛpɛɛpɛ
preclude *(v.)* si kwan
precursor *(n.)* adɔkotafo hamma
predator *(n.)* predator
predecessor *(n.)* hyɛ ananmu
predestination *(n.)* ɔsom nkyerɛkyerɛ
predetermine *(v.)* ka tohɔ
predicament *(n.)* Ɔhaw
predicate *(n.)* ɔhaw
predict *(v.)* hyɛ nkɔm
prediction *(n.)* nkɔm
predominance *(n.)* ɔwɔ tumi
predominant *(adj.)* dea edikan
predominate *(v.)* gye fa
pre-eminence *(n.)* wɔ tumi sene
pre-eminent *(adj.)* wɔ tumi
preemptive *(adj.)* si kwan
preen *(n.)* preen
preen *(v.)* preen
preexistence *(n.)* wɔ nkwa
preface *(n.)* nnianim
preface *(v.)* nnianim
prefect *(n.)* pɛ yɛ
prefer *(v.)* pɛ sene
preference *(n.)* wopɛ
preferential *(adj.)* pɛ sene
prefix *(n.)* nsiananmu
prefix *(v.)* si anan
pregnancy *(n.)* nyinsɛn
pregnant *(adj.)* nyim
prehistoric *(adj.)* tete
prejudice *(n.)* nnipakuw adwenemɔne
prelate *(n.)* ɔsɔfo panyin
preliminary *(adj.)* edi kan
preliminary *(n.)* edi kan
prelude *(n.)* edi kan

prelude *(v.)* edi kan
premarital *(adj.)* awareɛ anim
premature *(adj.)* ba ntɛm
premeditate *(v.)* dwene biribi
premeditation *(n.)* dwene biribi
premier *(adj.)* edi kan
premier *(n.)* edi kan
premiere *(n.)* dwumadie kan
premium *(n.)* premium
premonition *(n.)* anisoadehunu
preoccupation *(n.)* agye w'adwene
preoccupy *(v.)* agye w'adwene
preparation *(n.)* siesie kwan
preparatory *(adj.)* sukuu
prepare *(v.)* nsiesie
preponderance *(n.)* nnyɛ na
preponderate *(v.)* ɛtaa si
preposition *(n.)* adwinnsiananmu enim
prerequisite *(adj.)* nhoma anim
prerequisite *(n.)* edi anim
prerogative *(n.)* wɔ hokwan
prescience *(n.)* nhumu
prescribe *(v.)* kyɛre ase
prescription *(n.)* akwankyerɛ
presence *(n.)* ɛwɔ hɔ
present *(v.)* yi kyerɛ
present *(adj.)* ɛwɔ hɔ
present *(n.)* nkwa mu
presentation *(n.)* ɔyɛkyerɛ
presently *(adv.)* siesie
preservation *(n.)* ahobanbɔ
preservative *(n.)* ahobanbɔ
preservative *(adj.)* ahobanbɔ
preserve *(v.)* kora
preserve *(n.)* ahobanbɔ
preside *(v.)* tena ponoti
president *(n.)* ɔmanpanyin
presidential *(adj.)* ɔmanpanyin nneɛma
press *(v.)* mia
press *(n.)* amiamia
pressure *(n.)* nhyɛsoɔ
pressurize *(v.)* hyɛ
prestige *(n.)* gyinabea
prestigious *(adj.)* gyinabea titiriw
presume *(v.)* dwene biribi
presumption *(n.)* dwene biribi
presuppose *(v.)* wobɛkyerɛ sɛ
presupposition *(n.)* wobɛkyerɛ sɛ
pretence *(n.)* daa daa

pretend *(v.)* daadaa akra
pretension *(n.)* anisoadehunu
pretentious *(adj.)* hyɛ da
pretext *(n.)* anoyie
prettiness *(n.)* fɛfɛɛfɛ
pretty *(adj.)* fɛfɛɛfɛ
pretty *(adv.)* fɛfɛɛfɛ
prevail *(v.)* di nkonim
prevalence *(n.)* ɛnyɛ na
prevalent *(adj.)* abu so
prevent *(v.)* si akwan
prevention *(n.)* si akwan
preventive *(adj.)* ahobanbɔ
preview *(v.)* preview
previous *(adj.)* kan
prey *(v.)* wɔkyere no
prey *(n.)* wɔkyere no
price *(n.)* ɛboɔ
price *(v.)* ɛboɔ
price list *(n.)* nneɛma boɔ
priceless *(adj.)* enni boɔ
prick *(v.)* abɔ tokuro
prick *(n.)* abɔ tokuro
pride *(n.)* ahantan
pride *(v.)* ahantan
priest *(n.)* ɔsɔfo
priestess *(n.)* ɔsɔfo bea
priesthood *(n.)* asɔfodi
prima facie *(adv.)* prima facie
primarily *(adv.)* edi kan
primary *(adj.)* edi kan
prime *(n.)* titiriw
prime *(v.)* nea ehia
prime *(adj.)* titiriw
primer *(n.)* primer
primeval *(adj.)* kan tete
primitive *(adj.)* tete
prince *(n.)* ɔhene babarima
princely *(adj.)* ɔhene ba
princess *(n.)* ɔhene babea
principal *(n.)* opanyin
principal *(adj.)* titiriw
principle *(n.)* nnyinasosɛm
print *(n.)* atintim
print *(v.)* tintim
printer *(n.)* atintim fidie
printout *(n.)* printout
prior *(adj.)* kane
prior *(n.)* kane

prioress *(n.)* ɔbaa panyin
priority *(n.)* ɛho hia
prison *(n.)* afiase
prisoner *(n.)* afiasenii
privacy *(n.)* kukoam
private *(adj.)* kukoam
privation *(n.)* kukoam adeyɛ
privilege *(n.)* akwanya
prize *(n.)* abasobɔ
prize *(v.)* bɔ abaso
prize money *(n.)* abasobɔ sika
pro forma *(adj.)* obuo kɛseɛ
probability *(n.)* hwɛ kwan
probable *(adj.)* hwɛ kwan
probably *(adv.)* hwɛ kwan
probation *(n.)* sɔhwɛ
probationer *(n.)* sɔhwɛ
probe *(v.)* hwehwɛ mu
probe *(n.)* nhwehwɛmu
problem *(n.)* adwuma wɔho
problematic *(adj.)* adwuma wɔho
procedure *(n.)* akwankyerɛ
proceed *(v.)* di kan
proceeding *(n.)* hyɛ ase
proceeds *(n.)* sika
process *(n.)* wobɛfa so
procession *(n.)* procession
processor *(n.)* afidie
proclaim *(v.)* bɔ dawuro
proclamation *(n.)* dawurobɔ
proclivity *(n.)* proclivity
procrastinate *(v.)* hyɛ da
procrastination *(n.)* hyɛ da
proctor *(n.)* proctor
proctor *(v.)* proctor
procure *(v.)* tɔ nneɛma
procurement *(n.)* kɔtɔ nneɛma
prodigal *(adj.)* hohwini
prodigality *(n.)* hohwini
prodigy *(n.)* ohohwini
produce *(v.)* yɛ nnɔbae
produce *(n.)* yɛ nneɛma
product *(n.)* adwadeɛ
production *(n.)* yɛ biribi
productive *(adj.)* yɛ adwuma
productivity *(n.)* yɛ adwuma
profane *(v.)* abofonode
profane *(adj.)* abofonode
profess *(v.)* ka nokware

profession *(n.)* adwuma
professional *(adj.)* akokwaw
professor *(n.)* ɔkyerɛkyerɛni
proficiency *(n.)* nimdeɛ
proficient *(adj.)* nimdeɛ
profile *(n.)* nsɛm
profile *(v.)* nsɛm
profit *(n.)* mfasoɔ
profit *(v.)* mfasoɔ
profitable *(adj.)* mfasoɔ wɔ
profiteer *(n.)* sika kwammɔne
profiteer *(v.)* sika kwammɔne
profligacy *(n.)* sika sɛe
profligate *(adj.)* sika sɛe
profound *(adj.)* atenka
profundity *(n.)* nhumu
profuse *(adj.)* ɛboro so
profusion *(n.)* ɛboro so
progeny *(n.)* asefo
programme *(n.)* dwumadie
programme *(v.)* dwumadie
progress *(n.)* nkɔanim
progress *(v.)* kɔ w'anim
progressive *(adj.)* nkɔanim
prohibit *(v.)* si kwan
prohibition *(n.)* akwansideɛ
prohibitive *(adj.)* si akwan
prohibitory *(adj.)* besi kwan
project *(n.)* dwumadie
project *(v.)* susu
projectile *(n.)* projectile
projectile *(adj.)* projectile
projection *(n.)* w'ani bu
projector *(n.)* projector
proliferate *(v.)* enyini ntɛm
proliferation *(n.)* enyini ntɛm
prolific *(adj.)* yɛ nneɛma
prologue *(n.)* mfiase
prolong *(v.)* bere tenten
prolongation *(n.)* ɛgye bere
prominence *(n.)* biribi titiriw
prominent *(adj.)* onipa titiriw
promise *(v.)* bɔhyɛ
promise *(n.)* bɔhyɛ
promising *(adj.)* hyɛ bɔ
promissory *(adj.)* hyɛ bɔ
promote *(v.)* bɔ abaso
promotion *(n.)* abasobɔ
prompt *(adj.)* ntɛm

prompt *(v.)* bɔ nkaeɛ
prompter *(n.)* ɔboafoɔ
prone *(adj.)* ɔyɛ mmerew
pronoun *(n.)* adwinnsiananmu
pronounce *(v.)* bɔ asemfua
pronunciation *(n.)* bɔ asemfua
proof *(n.)* adanseɛ
proof *(adj.)* adanseɛ
prop *(n.)* dua
prop *(v.)* dua tenten
propaganda *(n.)* asɛm
propagandist *(n.)* asɛm trɛɛ
propagate *(v.)* bɔ dawuro
propagation *(n.)* ntrɛwmu
propel *(v.)* pia
proper *(adj.)* ne kwan
properly *(adv.)* ne kwan
property *(n.)* agyapade
prophecy *(n.)* nkɔmhyɛ
prophesy *(v.)* hyɛ nkɔm
prophet *(n.)* odiyifo
prophetic *(adj.)* nkɔmhyɛ mu
proportion *(n.)* ɛfa bi
proportion *(v.)* fa bi
proportional *(adj.)* ɛhyia
proportionate *(adj.)* ɛfa bi
proposal *(n.)* ɔpɛ
propose *(v.)* tirimpɔw
proposition *(n.)* adwenkyerɛ
propound *(v.)* ka w'asɛm
proprietary *(adj.)* ne wura
proprietor *(n.)* owura
propriety *(n.)* kwan so
prorogue *(v.)* twentwen so
prosaic *(adj.)* kwa
prose *(n.)* asem tiawa
prosecute *(v.)* ɔtaa
prosecution *(n.)* kwaadu
prosecutor *(n.)* kwaadubɔni
prosody *(n.)* anwinnsɛm ngyegyee
prospect *(n.)* anidasoɔ
prospective *(adj.)* hwɛ kwan
prospectus *(n.)* dwumadi kratawaa
prosper *(v.)* di yie
prosperity *(n.)* yiedie
prosperous *(adj.)* w'akɔ nkan
prosthetic *(adj.)* honam akwaa
prostitute *(n.)* tuutuuni
prostitute *(v.)* bɔ tuutuu

prostitution *(n.)* tuutuu
prostrate *(adj.)* da fam
prostrate *(v.)* obi da fam
prostration *(n.)* da fam
protagonist *(n.)* protagonist
protect *(v.)* bɔ ban
protection *(n.)* ahobanbɔ
protective *(adj.)* ahobanmmɔ
protector *(n.)* ɔbɔfoɔ
protein *(n.)* protein
protest *(n.)* ɔyɛkyerɛ
protest *(v.)* ɔyɛkyerɛ
protestation *(n.)* ɔyɛkyerɛ
protocol *(n.)* mmara kwan
prototype *(n.)* edi kan
proud *(adj.)* ahohoahoa
prove *(v.)* di adanseɛ
proverb *(n.)* abɛbusɛm
proverbial *(adj.)* abɛbusɛm
provide *(v.)* ma
providence *(n.)* ahobanbɔ
provident *(adj.)* nhumu
providential *(adj.)* nhumu
province *(n.)* beaeɛ
provincial *(adj.)* amantam
provincialism *(n.)* mantam
provision *(n.)* nhyehyɛe
provisional *(adj.)* nhyehyɛe
proviso *(n.)* proviso
provocation *(n.)* abufuokwanso
provocative *(adj.)* abufuw
provoke *(v.)* hyɛ abufuw
prowess *(n.)* nimdeɛ
proximate *(adj.)* biribi ntem
proximity *(n.)* biribi ntem
proxy *(n.)* anamusini
prude *(n.)* ɔtreneeni dodo
prudence *(n.)* nyansakwanso
prudent *(adj.)* nyansakwanso
prudential *(adj.)* nnim nyansa
prune *(v.)* prune
pry *(v.)* fifii mu
psalm *(n.)* dwom
pseudonym *(n.)* wonhwɛ kwan
psyche *(n.)* adwene
psychiatrist *(n.)* psychiatrist
psychiatry *(n.)* adwene nhwehwɛmu
psychic *(adj.)* ahonhonsɛmdifo
psychological *(adj.)* adwene mu

psychologist *(n.)* dɔkota
psychology *(n.)* adwene nhwehwɛmu
psychopath *(n.)* adwenemu yarefoɔ
psychosis *(n.)* adwene yare
psychotherapy *(n.)* adwenemu ayaresa
puberty *(n.)* mmabun bereɛ
public *(adj.)* badwam
public *(n.)* badwam
public transport *(n.)* trɔtrɔ
publication *(n.)* nhoma
publicity *(n.)* dawuro
publicize *(v.)* fato dwa
publish *(v.)* bɔho dawuro
publisher *(n.)* ɔdawurubɔfo
pudding *(n.)* pudding
puddle *(n.)* nsuo ketewa
puddle *(v.)* twe nsuo
puerile *(adj.)* mmofra nneɛma
puff *(n.)* mframa huu
puff *(v.)* mframa den
pull *(v.)* twe
pull *(n.)* ntwee
pulley *(n.)* pulley
pullover *(n.)* twe bra
pulp *(n.)* pulp
pulp *(v.)* pulb
pulpit *(adj.)* asɛnka agua
pulpy *(adj.)* biribi mmerew
pulsate *(v.)* akoma bɔ
pulsation *(n.)* akoma bɔ
pulse *(n.)* akoma ɛrebɔ
pulse *(v.)* akoma ɛrebɔ
pump *(n.)* afidie
pump *(v.)* twe
pumpkin *(n.)* aduaba
pun *(n.)* aseresɛm
pun *(v.)* yi nsɛnkwaa
punch *(n.)* abobɔabobɔ
punch *(v.)* bɔbɔ obi
punctual *(adj.)* ɔdi mmreɛso
punctuality *(n.)* ba ntɛm
punctuate *(v.)* kyerɛ agyinahyɛdeɛ
punctuation *(n.)* agyinahyɛdeɛ
puncture *(n.)* ntueho
puncture *(v.)* tue ho
pungency *(n.)* pungency
pungent *(adj.)* pungent
punish *(v.)* twe aso
punishment *(n.)* asotwe

punitive *(adj.)* asotwe yayaaya
puny *(adj.)* ketewa
pupil *(n.)* suani
puppet *(n.)* abaduaba
puppy *(n.)* kraman ba
purblind *(n.)* anifrae
purchase *(v.)* kɔ tɔ
purchase *(n.)* tɔ
pure *(adj.)* Kurɔgyenn
purgation *(n.)* tew ho
purgative *(n.)* afaseduro
purgative *(adj.)* afaseduro
purgatory *(n.)* wɔyɛ ayaayade
purge *(v.)* wate ho
purification *(n.)* wate ho
purify *(v.)* te ho
purist *(n.)* ntehoo
puritan *(n.)* ɔtreneeni dodo
puritanical *(adj.)* ɔtreneeni dodo
purity *(n.)* Kurɔgyenn
purple *(adj./n.)* beredum
purport *(n.)* daadaa akra
purport *(v.)* daadaa akra
purpose *(n.)* botae
purpose *(v.)* hyɛ da
purposely *(adv.)* hyɛ da
purr *(n.)* ɔkra nne
purr *(v.)* kɔ yɔɔ
purse *(v.)* Kotoko ketewa
purse *(n.)* Kotoko ketewa
pursuance *(n.)* ne yɛ
pursue *(v.)* di akyiri
pursuit *(n.)* akyidie
purview *(n.)* nsosoasoɔ
pus *(n.)* nsuo fi
push *(v.)* pia
push *(n.)* apiapia
put *(v.)* fa hyɛ
put *(n.)* fa to
puzzle *(n.)* hwanyan
puzzle *(v.)* yɛ hwanyan
pygmy *(n.)* nnipa teateafo
pyorrhoea *(n.)* pyorrhoea
pyramid *(n.)* pyramid
pyre *(n.)* wɔdehye afunu
pyromantic *(adj.)* pyromantic
pyromantic *(n.)* pyromantic
python *(n.)* onini

Q

quack *(n.)* ɔsisifoɔ
quack *(v.)* sisi
quackery *(n.)* adaadaa
quadrangle *(n.)* ahinanan
quadrangular *(adj.)* ahinanan
quadrilateral *(n.)* anan
quadrilateral *(adj.)* anan
quadruped *(n.)* mmɔho nan
quadruple *(v.)* bɔho anan
quadruple *(adj.)* mmɔho nan
quail *(n.)* aboko
quaint *(adj.)* ɛyɛfɛ
quake *(n.)* awosoɔ
quake *(v.)* woso
qualification *(n.)* abodinkrataa
qualify *(v.)* fata
qualitative *(adj.)* ne papa
quality *(n.)* papa
quandary *(n.)* ntanta
quantitative *(adj.)* beberee
quantity *(n.)* dodoɔ
quantum *(n.)* quantum
quarrel *(v.)* ko ntɔkwa
quarrel *(n.)* ntɔkwa
quarrelsome *(adj.)* pɛ akasakasa
quarry *(v.)* pae abuba
quarry *(n.)* abutobea
quarter *(v.)* kyemu anan
quarter *(n.)* asoeɛ
quarterly *(adj.)* nkyekyemu anan
queen *(n.)* ohema
queer *(adj.)* queer
queer *(v.)* queer
queer *(n.)* queer
quell *(v.)* twa so
quench *(v.)* dum
query *(v.)* bisa
query *(n.)* asɛmmisa
quest *(n.)* hwehwɛmu
quest *(v.)* hwehwɛ
question *(v.)* bisa nsɛm
question *(n.)* nsɛmmisa
questionable *(adj.)* ɛwɔ asɛm
questionnaire *(n.)* nsɛmfua
queue *(n.)* santene
queue *(v.)* to santene
quibble *(v.)* bɔ soboɔ
quibble *(n.)* soboɔhunu
quick *(n.)* ntɛmtɛm
quick *(adj.)* ntɛmtɛm
quick fix *(n.)* hyɛ ntɛm
quickly *(adv.)* ahoɔhare so
quicksand *(n.)* afrɔ
quicksilver *(n.)* quicksilver
quiet *(adj.)* kom
quiet *(n.)* komyɛ
quiet *(v.)* yɛ kom
quilt *(n.)* ntoma ntaataasoɔ
quinine *(n.)* quinine
quintessence *(n.)* quintessence
quintessential *(adj.)* quintessential
quirky *(adj.)* ɛyɛ sere
quit *(v.)* yɛ dinn
quite *(adv.)* dinn
quiver *(v.)* woso
quiver *(n.)* awosoɔ
quixotic *(adj.)* quixotic
quiz *(v.)* sɔ hwɛ
quiz *(n.)* nsɔhwɛ
quorum *(n.)* nnipa dodoɔ
quota *(n.)* kyɛfa
quotation *(n.)* asɛnka
quote *(v.)* si so
quotient *(n.)* quotient

R

rabbi *(n.)* rabbi
rabbit *(n.)* adanko
rabble *(n.)* akwasampafoɔ kuo
rabies *(n.)* rabies
race *(v.)* si akan
race *(n.)* akansie
racial *(adj.)* asefoɔ
racialism *(n.)* abusuanyinimu
racism *(n.)* nyiyim
racist *(adj.)* nyiyim
rack *(n.)* akoradeɛ
rack *(v.)* teetee
racket *(n.)* dede
radiance *(n.)* ɛhann

radiant *(adj.)* ɛhann
radiate *(v.)* kyerɛn
radiation *(n.)* mframa
radical *(adj.)* radical
radio *(n.)* akasafidie
radio *(v.)* kyim kasafidie
radioactive *(adj.)* radioactive
radiogram *(n.)* radiogram
radiography *(n.)* radiography
radiolocation *(n.)* radiolocation
radiology *(n.)* radiology
radiomercury *(n.)* radiomercury
radiommunology *(n.)* radiommunology
radion *(n.)* radion
radiophone *(n.)* radiophone
radioscan *(n.)* radioscan
radiotelegraphy *(n.)* radiotelegraphy
radious *(adj.)* radious
radish *(n.)* radish
radium *(n.)* radium
radius *(n.)* radius
rag *(v.)* si ntomago
rag *(n.)* ntomago
rage *(v.)* hyɛ abufuo
rage *(n.)* abufohyew
raid *(v.)* sa tuo
raid *(n.)* satuo
rail *(v.)* ko tia
rail *(n.)* nnadeɛ
railing *(n.)* fasuo
raillery *(n.)* atɛnnie
railway *(n.)* keteke kwan
rain *(n.)* osutɔ
rain *(v.)* osuo tɔ
rainbow *(n.)* nyankontɔn
rainy *(adj.)* osu tɔ
raise *(v.)* pagya
raisin *(n.)* raisin
rally *(n.)* nhyiemu keseɛ
rally *(v.)* ka bom
ram *(v.)* bɔ
ram *(n.)* odwannini
ramble *(n.)* akyiniakyenkyini
ramble *(v.)* kyini
rampage *(n.)* basabasayɔ
rampage *(v.)* yɛ basabasa
rampant *(adj.)* ahyeta
rampart *(n.)* ɔfasu
ranch *(n.)* nantwiyɛnbea

ranch *(v.)* yɛn nantwie
rancid *(adj.)* aporɔ
rancidify *(v.)* ma ɛproɔ
rancour *(n.)* anitan
random *(adj.)* biara-biara
randomise *(v.)* yɛ biarabiara
range *(n.)* ntentɛnso
range *(v.)* fiti
ranger *(n.)* hwɛsofoɔ
rank *(v.)* ma dibea
rank *(adj.)* dibea
rank *(n.)* dibea
ransack *(v.)* pansam
ransom *(v.)* twia sika
ransom *(n.)* mpatasika
rape *(v.)* to mmonaa
rape *(n.)* mmonaatoɔ
rapid *(adj.)* ntɛm so
rapidity *(n.)* ntɛmtɛm
rapier *(n.)* akofena
rapport *(n.)* ayɔnkofa
rapt *(adj.)* rapt
rapture *(n.)* anigye mmoroso
rare *(adj.)* ɛntaa nsi
rarefy *(v.)* sakra
rarely *(adv.)* ɛntaa nsi
rareness *(n.)* ɛna
rarity *(n.)* ɛho ɛna
rascal *(n.)* ɔsesafoɔ
rash *(adj.)* huuhuu
rash *(n.)* nsawa
rasp *(n.)* ntweiɛ
rasp *(v.)* twitwi
raspberry *(n.)* aduaba
raspberry *(adj.)* aduaba
raspy *(adj.)* ngyegyeɛ hunu
rasta *(n.)* rasta
rasure *(n.)* rasure
rat *(v.)* kasakasa
rat *(n.)* kusie
rate *(n.)* dodoɔ
rate *(v.)* susu
rather *(adv.)* mmom
ratify *(v.)* gye tom
ratio *(n.)* ratio
ration *(n.)* kyɛfa
rational *(adj.)* nyansafoɔ
rationale *(n.)* adwene
rationality *(n.)* nteaseɛ

rationalize *(v.)* kyerɛ mu
rattle *(n.)* akasakasa
rattle *(v.)* akasaa
raucous *(adj.)* dede
ravage *(v.)* seɛ
ravage *(n.)* ɔseɛ
rave *(v.)* kasa ntɛm
raven *(n.)* anene
ravine *(n.)* ravine
raw *(adj.)* mono
ray *(n.)* ray
raze *(v.)* dwiri gu
razor *(n.)* yiwan
reabsorb *(v.)* san twetwe
reabsorption *(n.)* wɔtwetwe
reaccept *(v.)* san gye
reach *(n.)* ahoɔden
reach *(v.)* duru
reachable *(adj.)* tumi duru
react *(v.)* yɛ biribi
reaction *(n.)* biribiyɔ
reactionary *(adj.)* reactionary
reactionist *(n.)* reactionist
reactivate *(v.)* hyɛmu kena
reactivation *(n.)* kenashyɛ
reactive *(adj.)* reactive
reactor *(n.)* reactor
read *(v.)* kenkan
reader *(n.)* ɔkenkanfo
readily *(adv.)* ntɛm ara
readiness *(n.)* ahoboa
readjust *(v.)* san siesie
ready *(adj.)* krado
ready-made *(adj.)* ayɛ dada
reak *(n.)* reak
real *(adj.)* ankasa
realism *(n.)* nokwasɛm
realist *(n.)* nokware
realistic *(adj.)* ɛyɛ nokware
reality *(n.)* ɛwɔhɔ
realization *(n.)* nhumu
realize *(v.)* hunu
reallocate *(v.)* tu anamom
reallocation *(n.)* nkyekyɛmu
really *(adv.)* nokwasɛm ni
really *(int.)* paara
realm *(n.)* ahemman
realtor *(n.)* realtor
realty *(n.)* realty

ream *(n.)* saka
ream *(v.)* fa saka
reamer *(n.)* reamer
reamplify *(v.)* pagya
reamputation *(n.)* san twa
reanimate *(v.)* kayan
reanimate *(adj.)* nkayan
reanimation *(n.)* nkanyan
reannex *(v.)* reannex
reannexation *(n.)* reannexation
reap *(n.)* akatua
reap *(v.)* twa
reaper *(n.)* twafoɔ
reappear *(v.)* bra bio
reappearance *(n.)* ababio
reapplication *(n.)* ɛfa
reapply *(v.)* yɛ
reappoint *(v.)* san fa
reappraisal *(n.)* nkamfo
reappraise *(v.)* san kamfo
reapproach *(v.)* san bɛnhɔ
reappropriate *(v.)* yɛ yie
reapproval *(n.)* gye tum
rear *(v.)* yɛn
rear *(adv.)* tete
rear *(n.)* akyire
rear *(adj.)* akyire
rearrange *(v.)* hyehyɛ foforɔ
rearticulate *(v.)* san kyim
rearview *(adj.)* akyi hwɛbea
reason *(v.)* dwene
reason *(n.)* deɛ nti
reasonable *(adj.)* ɛyɛ
reassign *(v.)* sakra mu
reassume *(v.)* twene sɛ
reassure *(v.)* ma awerɛkyekyerɛ
reattach *(v.)* ka bata
rebate *(n.)* tua
rebel *(v.)* te atua
rebel *(n.)* atuatefoɔ
rebellion *(n.)* atuateɛ
rebellious *(adj.)* atuatesɛm
rebirth *(n.)* awo foforɔ
rebound *(v.)* hurihuri
rebound *(n.)* ahuriahuri
rebuff *(v.)* to agyegyamu
rebuff *(n.)* agyegyamu
rebuild *(v.)* si foforɔ
rebuke *(n.)* animka

rebuke *(v.)* ka anim
recall *(n.)* nkaeɛ
recall *(v.)* kae
recede *(v.)* twe san
receipt *(n.)* adansidie krataa
receive *(v.)* gye
receiver *(n.)* gyefoɔ
recent *(adj.)* nnano yi
recently *(adv.)* nnano
reception *(n.)* ɔgyeɛ
receptive *(adj.)* wogye tom
recess *(n.)* mbere
recession *(n.)* mbere
recipe *(n.)* recipe
recipient *(n.)* ogyefo
reciprocal *(adj.)* adaneadene
reciprocate *(v.)* dane
recital *(n.)* akenkan
recitation *(n.)* nkankyeɛ
recite *(v.)* kenkan
reckless *(adj.)* nsɛnhunu
reckon *(v.)* susu
reclaim *(v.)* san gye
reclamation *(n.)* ngyeɛ foforɔ
recluse *(n.)* recluse
recognition *(n.)* gye tom
recognize *(v.)* hunu
recoil *(v.)* moamoa
recoil *(n.)* amoamoa
recollect *(v.)* san gye
recollection *(n.)* nkaeɛ
recommend *(v.)* bɔ kyerɛ
recommendation *(n.)* abɔdinkyerɛ
recompense *(n.)* mpata
recompense *(v.)* pata
reconcile *(v.)* siesie
reconciliation *(n.)* nsiesie
recondensation *(n.)* nsisaeɛ
recondense *(v.)* si sa
recondition *(v.)* ɔhaw foforɔ
reconductor *(n.)* reconductor
reconfigurate *(v.)* hyehyɛ
reconfiguration *(n.)* nshyeyeɛ
reconquer *(v.)* di nkonim
reconsider *(v.)* susu bio
reconsolidate *(v.)* hyɛ den
record *(v.)* twerɛ
record *(n.)* ntwerɛtohɔ
recorder *(n.)* ntwerɛtohɔ afiri

recount *(v.)* san kan
recoup *(v.)* nya ahotɔ
recourse *(n.)* anidasoɔ
recover *(v.)* nya ahotɔ
recovery *(n.)* ahotɔ
recreation *(n.)* ahomegyeɛ
recreational *(adj.)* ɛma ahotɔ
recreative *(adj.)* ahomegye nsɛm
recriminate *(v.)* bɔ suboɔ
recrimination *(n.)* suboɔbɔ
recrudency *(n.)* recrudency
recruit *(v.)* fa nkorɔfo
recruit *(n.)* nkorɔfofa
rectangle *(n.)* rectangle
rectangular *(adj.)* rectangular
rectification *(n.)* ahoteɛ
rectify *(v.)* te ho
rectum *(n.)* kɔkɔbo
recuperate *(v.)* ma ahosan
recur *(v.)* san ba
recurrence *(n.)* akyisan
recurrent *(adj.)* akyisan
recycle *(v.)* to gu
red *(n.)* kɔkɔɔ
red *(adj.)* gɔnn
redden *(v.)* yɛ gɔnn
reddish *(adj.)* yɛ gɔnn
redeem *(v.)* gye
redemption *(n.)* ɔgyeɛ
redouble *(v.)* yɛ mienu
redress *(n.)* san hyɛ
redress *(v.)* siesie
reduce *(v.)* te so
reduction *(n.)* ntesoɔ
redundance *(n.)* pamu
redundant *(adj.)* pamu
reel *(n.)* ɛhinhim
reel *(v.)* hinhim
refer *(v.)* bɔ din
referee *(n.)* referee
reference *(n.)* mmoa homa
referendum *(n.)* referendum
refine *(v.)* te ho
refinement *(n.)* nsisa
refinery *(n.)* foforɔ
reflect *(v.)* dwene
reflection *(n.)* sɛso
reflective *(adj.)* ɛsɛ
reflector *(n.)* reflector

reflex *(adj.)* reflex
reflex *(n.)* reflex
reflexive *(adj.)* reflexive
reform *(n.)* nsesamu
reform *(v.)* sesa mu
reformation *(n.)* nsesamu
reformatory *(n.)* fororɔ
reformatory *(adj.)* foforɔ
reformer *(n.)* ɔsesewfoɔ
refrain *(n.)* ntweho
refrain *(v.)* twe ho
refresh *(v.)* ma ahodwoɔ
refreshment *(n.)* ahomegye
refrigerate *(v.)* hyɛ firigyemu
refrigeration *(n.)* ɛnyunu
refrigerator *(n.)* asukɔtwiadaka
refuel *(v.)* bu fango
refuge *(n.)* dwankɔbea
refugee *(n.)* refugee
refulgence *(n.)* hann
refulgent *(adj.)* ɛshrɛnn
refund *(v.)* tua
refund *(n.)* adanema
refurbish *(v.)* si bio
refusal *(n.)* mpene
refuse *(v.)* mpene
refuse *(n.)* nwira
refutation *(n.)* ngyetom
refute *(v.)* twa bɔ
regal *(adj.)* dehyeɛ
regard *(n.)* obuo
regard *(v.)* bu
regenerate *(v.)* yɛ foforɔ
regeneration *(n.)* ɛfifi foforoɔ
regicide *(n.)* regicide
regime *(n.)* aban
regiment *(n.)* ekuo
regiment *(v.)* ti kuo
region *(n.)* mantam
regional *(adj.)* ɔmantam
register *(n.)* dinfrɛ homa
register *(v.)* twerɛ dinn
registrar *(n.)* ɔkwerɛfo
registration *(n.)* nkyerɛweɛ
registry *(n.)* kyerɛwtohɔ
regret *(n.)* nnuhoo
regret *(v.)* nu ho
regular *(adj.)* dada naa
regularity *(n.)* daadaa dwumadie

regulate *(v.)* tenetene
regulation *(n.)* akyimkyim
regulator *(n.)* mmarahyɛfoɔ
rehabilitate *(v.)* siesie
rehabilitation *(n.)* nsiesie
rehearsal *(n.)* ahosiesie
rehearse *(v.)* bobɔ so
reign *(v.)* te so
reign *(n.)* nnisoɔ
reimburse *(v.)* tua ka
reimbursement *(n.)* akatua
rein *(v.)* dan ka
rein *(n.)* nnarekahoma
reinforce *(v.)* hyɛmu den
reinforcement *(n.)* mmagum
reinstate *(v.)* ma dibea
reinstatement *(n.)* dibea
reiterate *(v.)* si so
reiteration *(n.)* nsisoɔ
reject *(v.)* po
rejection *(n.)* wɔpoɔ
rejoice *(v.)* di ahurusie
rejoin *(v.)* toa
rejoinder *(n.)* mmuayɛ
rejuvenate *(v.)* kanyan
rejuvenation *(n.)* nkanyan
relapse *(n.)* sanba
relapse *(v.)* san bra
relate *(v.)* bɔ abusua
relation *(n.)* abusuabɔ
relative *(n.)* abusuani
relative *(adj.)* pɛ
relax *(v.)* gye ahome
relaxation *(n.)* ahomegyeɛ
relay *(n.)* ammrika
relay *(v.)* tu ammrika
release *(n.)* ngyaemu
release *(v.)* gyae mu
relent *(v.)* gyae
relentless *(adj.)* ntoatoaso
relevance *(n.)* ehia
relevant *(adj.)* som bo
reliable *(adj.)* ahotɔsoɔ
reliance *(n.)* ahotɔsoɔ
relic *(n.)* relic
relief *(n.)* ahomatɔsoɔ
relieve *(v.)* yi adesua
religion *(n.)* ɔsom
religious *(adj.)* nyamesom

relinquish *(v.)* po
relish *(n.)* anigye
relish *(v.)* gye anim
reluctance *(n.)* wɔmpɛyɛ
reluctant *(adj.)* bɔtee
rely *(v.)* twere
remain *(v.)* ka
remainder *(n.)* nkaeɛ
remains *(n.)* yɛ saa
remand *(n.)* remand
remand *(v.)* da afiase
remark *(v.)* ka
remark *(n.)* nyeano
remarkable *(adj.)* anika
remedial *(adj.)* remedial
remedy *(n.)* ano aduro
remedy *(v.)* pɛ kwan
remember *(v.)* kae
remembrance *(n.)* nkaeɛ
remind *(v.)* kae
reminder *(n.)* nkaedeɛ
reminiscence *(n.)* nkaeɛ
reminiscent *(adj.)* ɛkakeɛ
remission *(n.)* bɔne fakyɛ
remit *(v.)* mane sika
remit *(n.)* sikamaneɛ
remittance *(n.)* sikamaneɛ
remorse *(n.)* nnuhoo
remote *(adj.)* remote
remould *(v.)* wene foforɔ
removable *(adj.)* nyifrimu
removal *(n.)* yifrimu
remove *(v.)* yi
remunerate *(v.)* tua ka
remuneration *(n.)* akatua
remunerative *(adj.)* akatua
renaissance *(n.)* renaissance
render *(v.)* yɛ
rendezvous *(n.)* nhyiamubea
renew *(v.)* sesa
renewal *(n.)* nsesaeɛ
renounce *(v.)* pa
renovate *(v.)* siesie
renovation *(n.)* nsiesie
renown *(n.)* agye din
renowned *(adj.)* agye din
rent *(v.)* han
rent *(n.)* ɛdan ka
renunciation *(n.)* ɔpo

repair *(n.)* nsiesie
repair *(v.)* siesie
repairable *(adj.)* tumi siesie
repartee *(n.)* repartee
repatriate *(v.)* pamo
repatriate *(n.)* ntusan
repatriation *(n.)* pamo
repay *(v.)* san tua
repayment *(n.)* wusantua
repeal *(n.)* ntwamu
repeal *(v.)* twa mu
repeat *(v.)* si so
repel *(v.)* pamo
repellent *(n.)* repellent
repellent *(adj.)* repellent
repent *(v.)* sakra
repentance *(n.)* nsakraeɛ
repentant *(adj.)* nsakra
repercussion *(n.)* awieeɛ
repertoire *(n.)* repertoire
repetition *(n.)* ntimu
replace *(v.)* sesa
replacement *(n.)* nsesa
replay *(v.)* san bɔ
replenish *(v.)* hyɛ ma
replete *(adj.)* mma
replica *(n.)* sɛso
reply *(v.)* ma mmuayɛ
reply *(n.)* mmuayɛ
report *(n.)* ammaneɛ
report *(v.)* bɔ ammaneɛ
reporter *(n.)* ammaneɛbɔfoɔ
repose *(v.)* da
repose *(n.)* nna
repository *(n.)* korabea
represent *(v.)* si anan
representation *(n.)* nsianamu
representative *(adj.)* ananmusifo
representative *(n.)* ananmusifo
repress *(v.)* hyɛ so
repression *(n.)* nhyɛsoɔ
reprimand *(v.)* ka anim
reprimand *(n.)* animka
reprint *(v.)* san timtim
reprint *(n.)* ntimtim
reproach *(n.)* soboɔbɔ
reproach *(v.)* bɔ soboɔ
reproduce *(v.)* wo
reproduction *(n.)* awoɔ

reproductive *(adj.)* awoɔ
reproof *(n.)* nkaanim
reptile *(n.)* mmoa
republic *(n.)* kwasafoman
republican *(n.)* ɔmanpayin
republican *(adj.)* ɔmanpayin
repudiate *(v.)* po
repudiation *(n.)* nnyetom
repugnance *(n.)* akyiwadeɛ
repugnant *(adj.)* akyiwadeɛ
repulse *(n.)* nnyetom
repulse *(v.)* pamo
repulsion *(n.)* aseɛ
repulsive *(adj.)* aseɛ
reputation *(n.)* dinn
repute *(n.)* suban
repute *(v.)* dwene
request *(n.)* abisadeɛ
request *(v.)* bisa
requiem *(n.)* nkaeɛ
require *(v.)* hia
requirement *(n.)* ahiadeɛ
requisite *(n.)* ahiadeɛ
requisite *(adj.)* hia
requisition *(n.)* adesradeɛ
requisition *(v.)* srɛ
requite *(v.)* tua ka
reschedule *(v.)* twe kɔ
rescue *(v.)* gye
rescue *(n.)* ɔgyeɛ
research *(v.)* yɛ nhwehwɛmu
research *(n.)* nhwehwɛmu
resemblance *(n.)* ɔsɛ
resemble *(v.)* sɛ
resent *(v.)* kyiri
resentment *(n.)* ɔtan
reservation *(n.)* asiedeɛ
reserve *(v.)* kora
reservoir *(n.)* akoradieɛ
reside *(v.)* tena
residence *(n.)* tenabea
resident *(adj.)* atenaeɛ
resident *(n.)* ɔmanfoɔ
residual *(adj.)* aseɛ
residue *(n.)* mfrofrowa
resign *(v.)* gyae adwuma
resignation *(n.)* adwuma gyaeɛ
resist *(v.)* si kwan
resistance *(n.)* osiakwan

resistant *(adj.)* ko tia
resolute *(adj.)* siesie
resolution *(n.)* nkabom
resolve *(v.)* siesie
resonance *(n.)* mu dɔ
resonant *(adj.)* ɛnne
resort *(v.)* toa
resort *(n.)* anigyebea
resound *(v.)* gyigye
resource *(n.)* fagudeɛ
resourceful *(adj.)* ɛboa
respect *(v.)* bu
respect *(n.)* obuo
respectful *(adj.)* obu
respective *(adj.)* biara
respiration *(n.)* ahome
respire *(v.)* home
resplendent *(adj.)* ɛhyerɛn
respond *(v.)* gye so
respondent *(n.)* mmuanefoɔ
response *(n.)* mmuaeɛ
responsibility *(n.)* asɛdeɛ
responsible *(adj.)* asodie
rest *(v.)* gye ahome
rest *(n.)* ahomegyeɛ
restaurant *(n.)* adidibea
restive *(adj.)* basabasa
restoration *(n.)* ahotɔ
restore *(v.)* kanyan
restrain *(v.)* sianka
restrict *(v.)* si kwan
restriction *(n.)* akwansie
restrictive *(adj.)* anohyɛto
result *(v.)* wie
result *(n.)* awieɛ
resume *(v.)* toa so
resume *(n.)* ntoasoɔ
resumption *(n.)* san bra
resurgence *(n.)* anyani
resurgent *(adj.)* sanba
retail *(v.)* si konko
retail *(n.)* konkosie
retail *(adv.)* wɔtɔn
retail *(adj.)* tɔtɔn
retailer *(n.)* adetɔnfo
retain *(v.)* kora
retaliate *(v.)* ko gye
retaliation *(n.)* ntɔkwa
retard *(v.)* twe sane

retardation *(n.)* ɔbɔdammni
retention *(n.)* wɔkae
retentive *(adj.)* sianka
reticence *(n.)* fɛreɛɛ
reticent *(adj.)* aniwuo
retina *(n.)* retina
retinue *(n.)* akyikɔ
retire *(v.)* kɔ ahomegyeɛ
retirement *(n.)* ahomegyeɛbrɛ
retort *(v.)* bua
retort *(n.)* anoyie
retouch *(v.)* yɛ yie
retrace *(v.)* kɔ akyi
retread *(v.)* siesie
retread *(n.)* nsiesie
retreat *(v.)* sane
retrench *(v.)* ti so
retrenchment *(n.)* ntisoɔ
retrieve *(v.)* gye
retrospect *(n.)* atwam
retrospection *(n.)* dada
retrospective *(adj.)* nea atwam
return *(n.)* ɔsan
return *(v.)* san
reuse *(v.)* san fa
revaluation *(n.)* ɛsombo
revamp *(v.)* sesa
reveal *(v.)* yikyerɛ
revel *(v.)* to pono
revel *(n.)* anigyeɛ
revelation *(n.)* adiyisɛm
reveller *(n.)* onigyefo
revelry *(n.)* anigyede
revenge *(v.)* tɔ werɛ
revenge *(n.)* aweretɔ
revengeful *(adj.)* aweretɔ
revenue *(n.)* mfasoɔ
revere *(v.)* bu
reverence *(n.)* obuo
reverend *(adj.)* ɔsɔfopani
reverent *(adj.)* obuo soronko
reverential *(adj.)* obuo
reverie *(n.)* daeɛ
reversal *(n.)* akyisane
reverse *(adj.)* sanakyi
reverse *(n.)* sanakyi
reverse *(v.)* butu
reversible *(adj.)* tumi sesa
revert *(v.)* dane

review *(n.)* nfeefeemu
review *(v.)* feefee mu
revise *(v.)* sakra mu
revision *(n.)* nsakramu
revisit *(v.)* sra foforɔ
revival *(n.)* nkanyan
revive *(v.)* kanyan
revocable *(adj.)* tumi twamu
revocation *(n.)* ntwamu
revoke *(v.)* twa mu
revolt *(v.)* te atua
revolt *(n.)* atuateɛ
revolution *(n.)* nsesaeɛ
revolutionary *(adj.)* nsesaeɛ
revolutionary *(n.)* nsesaeɛ
revolve *(v.)* sesa
revolver *(n.)* kɔdiawuo
reward *(n.)* akatua
reward *(v.)* nya akatua
rewrite *(v.)* san twerɛ
rhetoric *(n.)* kasakoa
rhetorical *(adj.)* kasakoa
rheumatic *(adj.)* ahotutuo
rheumatism *(n.)* ahotutuo
rhinoceros *(n.)* rhinoceros
rhyme *(n.)* rhyme
rhyme *(v.)* rhyme
rhymester *(n.)* rhymester
rhythm *(n.)* nnyegyeɛ
rhythmic *(adj.)* ngyegeɛ
rib *(n.)* mfe mpadeɛ
ribbon *(n.)* ribbon
rice *(n.)* ɛmo
rich *(adj.)* sikani
riches *(n.)* ahonyade
richness *(adj.)* ahonyade
rick *(n.)* adane
rickets *(n.)* ricket
rickety *(adj.)* adweadwe
rickshaw *(n.)* ɛhyɛn
rid *(v.)* te ho
riddle *(n.)* aborɔme
riddle *(v.)* tea aborɔme
ride *(n.)* ntwi
ride *(v.)* twi
rider *(n.)* ɔpɔnkɔsotefoɔ
ridge *(n.)* ridge
ridicule *(v.)* di fɛw
ridicule *(n.)* fɛwdie

ridiculous *(adj.)* nkwaseasɛm
rifle *(v.)* tu tuo
rifle *(n.)* etuo
rift *(n.)* apae
right *(adj.)* nokorɛ
right *(adv.)* nifa
right *(n.)* nifa so
right *(v.)* tene
righteous *(adj.)* treneefo
rigid *(adj.)* bawee
rigorous *(adj.)* dea dendenden
rigour *(n.)* dendenden
rim *(n.)* ano
ring *(n.)* kawa
ring *(v.)* hyɛ kawa
ringlet *(n.)* ringlet
ringworm *(n.)* sonsono
rinse *(v.)* hohoro
riot *(n.)* basabasa
riot *(v.)* yɛ basabasa
rip *(v.)* tete mu
ripe *(adj.)* dea abere
ripen *(v.)* bere
ripple *(n.)* amoamoa
ripple *(v.)* moa
rise *(v.)* sɔre
rise *(n.)* mpagya
risk *(v.)* sɔ hwɛ
risk *(n.)* kokoyere
risky *(adj.)* asiane wom
rite *(n.)* ammamrɛ
ritual *(n.)* afahyɛ
ritual *(adj.)* afahyɛ
rival *(n.)* kora
rival *(v.)* twe kora
rivalry *(n.)* akansie
river *(n.)* nsutene
rivet *(n.)* rivet
rivet *(v.)* rivet
rivulet *(n.)* asubɔnten ketewa
roach *(n.)* roach
road *(n.)* ɛkwan
road race *(n.)* kwanso mmirikatu
road rage *(n.)* basabasayɛ
roadblock *(n.)* okwansie
roadblock *(v.)* si kwan
roadhouse *(n.)* roadhouse
roadkill *(n.)* okwanso nnipakum
roadrunner *(n.)* mmrikatufoɔ

roadshow *(n.)* roadshow
roadster *(n.)* roadster
roam *(v.)* kyini
roar *(n.)* nbobomu
roar *(v.)* bobom
roast *(v.)* toto
roast *(adj.)* dea atoto
roast *(n.)* atoto
rob *(v.)* wia
robber *(n.)* ɔkuronfo
robbery *(n.)* kurɔno
robe *(n.)* batakari
robe *(v.)* hyɛ batakari
robot *(n.)* robot
robust *(adj.)* kuntann
rock *(v.)* yɛ den
rock *(n.)* ɔbotan
rock climber *(n.)* rock climber
rock-bottom *(v.)* rock-bottom
rocker *(n.)* ɔsafo
rocket *(n.)* topaeɛ
rocket scientist *(n.)* topaeɛ
rocketeer *(n.)* rocketeer
rocketman *(n.)* rocketman
rockfall *(n.)* rockfall
rockfish *(n.)* botanmu nam
rocking *(adj.)* wɔsow
rod *(n.)* abaa
rodent *(n.)* akura
roe *(n.)* roe
rogue *(n.)* ɔsatufoɔ
roguery *(n.)* otusa
roguish *(adj.)* ɔsatufoɔ
role *(n.)* dibea
role model *(n.)* hwɛsofoɔ
roll *(n.)* amuniamuni
roll *(v.)* muni
roll-call *(n.)* roll-call
roller *(n.)* roller
rollicking *(adj.)* ahomka
romance *(n.)* ɔdɔdie
romantic *(adj.)* anka
romp *(v.)* di agurɔ
romp *(n.)* agurɔdie
rood *(n.)* rood
roof *(n.)* ɛdan atifi
roof *(v.)* bɔ
rooftop *(n.)* nkyɛnsedan so
rook *(n.)* rook

rook *(v.)* rook
room *(n.)* ɛdan
room-mate *(n.)* yɔnko
roomy *(adj.)* dampan
roost *(n.)* roost
roost *(v.)* roost
root *(n.)* nhini
root *(v.)* twa nhini
rope *(n.)* ahoma
rope *(v.)* si ahoma
rosary *(n.)* rosary
rose *(n.)* rose
roseate *(adj.)* roseate
rostrum *(n.)* asɛnka agua
rosy *(adj.)* fɛɛfɛdeɛ
rot *(n.)* porɔ
rot *(v.)* ma ɛporɔ
rotary *(adj.)* ɛkyinkyini
rotate *(v.)* dane
rotation *(n.)* adaneadane
rote *(n.)* hyɛ tirimu
rotten *(adj.)* aporɔ
rouble *(n.)* rouble
rough *(adj.)* basaa
round *(adj.)* kurukuruwa
round *(adv.)* kurukuruwa
round *(n.)* kurukuruwa
round *(v.)* yɛ kurukuruwa
rouse *(v.)* nyane
rout *(v.)* sane
rout *(n.)* nkuguodie
route *(n.)* kwan
routine *(n.)* daadaa dwumadie
routine *(adj.)* nhyehyeɛ
rove *(v.)* tu kwan
rover *(n.)* ɔkwantufoɔ
row *(n.)* santene
row *(v.)* to santene
rowdy *(adj.)* basabasa
royal *(adj.)* ɔdehyeɛ
royalist *(n.)* ahemfoho benfo
royalty *(n.)* ahemfo
rub *(v.)* twi
rubber *(n.)* rubber
rubber bullet *(n.)* rubber bullet
rubber duck *(n.)* rubber duck
rubber tree *(n.)* rubber tree
rubberneck *(n.)* rubberneck
rubberneck *(v.)* rubberneck

rubbing *(n.)* otwitwi
rubbish *(n.)* nwira
rubble *(n.)* deɛ aseɛ
rubblework *(n.)* rubblework
rubeola *(n.)* ntɛnkyɛm
rubian *(n.)* rubian
rubican *(adj.)* rubican
rubicon *(n.)* rubicon
rubify *(v.)* rubify
rubric *(n.)* rubric
rubricate *(v.)* rubricate
ruby *(n.)* ruby
ruck *(n.)* amoamoa
ruck *(v.)* moamoa
rucksack *(n.)* kotokuo
ruckus *(n.)* basabasayɔ
rudder *(n.)* rudder
rudderpost *(n.)* rudderpost
ruddy *(adj.)* mua
rude *(adj.)* apɛko
rudiment *(n.)* mfitiaseɛ
rudimentary *(adj.)* mfitiasesɛm
rue *(v.)* nu ho
rue *(n.)* nnuho
rueful *(adj.)* awerɛhoɔ
ruffian *(n.)* ɔsesafoɔ
ruffle *(n.)* basabasa
ruffle *(v.)* yɛ basabasa
rug *(n.)* ntomago
rugged *(adj.)* den
ruin *(n.)* ɔsɛeɛ
ruin *(v.)* sɛe
rule *(n.)* mmra
rule *(v.)* di so
rulebook *(n.)* mmra homa
rulebound *(adj.)* wɔakyekyre mmra
rulebraker *(n.)* mmrasobunii
rulebreaking *(n.)* wubo mmraso
ruler *(n.)* tumidifoɔ
ruling *(n.)* tumidi
rum *(n.)* nsaden
rum *(adj.)* nsaden
rumble *(v.)* pɔ
rumble *(n.)* wenwene
ruminant *(adj.)* ruminant
ruminant *(n.)* ruminant
ruminate *(v.)* dwene
rumination *(n.)* adwendwene
rummage *(v.)* pɛnsen mu

rummage *(n.)* mpɛnsenpɛnsenmu
rummy *(n.)* rummy
rumour *(v.)* te nsɛm
rumour *(n.)* atetesɛm
run *(v.)* dwane
run *(n.)* ammirikatuo
runabout *(n.)* runabout
runaway *(n.)* aguanfo
runback *(n.)* dwanekɔ
runcation *(n.)* runcation
rundown *(n.)* rundown
rune *(n.)* rune
rung *(n.)* ɔbɔ
runner *(n.)* mirikatufoɔ
runs *(n.)* ɔtu mmrika
rupee *(n.)* rupee
rupture *(v.)* pae
rupture *(n.)* ɔpaeɛ
rural *(adj.)* akuraase
ruse *(n.)* nnaadaa
rush *(n.)* mpereho
rush *(v.)* pere
rust *(n.)* nnaakyene
rust *(v.)* we nnaakyene
rustic *(adj.)* pradade
rustic *(n.)* pradade
rusticate *(v.)* tu sɛn
rustication *(n.)* ntusɛn
rusticity *(n.)* rusticity
rustle *(v.)* wia
rusty *(adj.)* nnaakyene
rut *(adj.)* bɔtee
rut *(n.)* bɔtee
ruthless *(adj.)* ɔtirimuodenfoɔ
rye *(n.)* rye

S

sabbath *(n.)* homeda
sabbatical *(n.)* homeda berɛ
sabbatical *(adj.)* homeda berɛ
sabotage *(n.)* ɔseɛ
sabotage *(v.)* seɛ
sabre *(n.)* afena
sabre *(v.)* fa afena
saccharin *(n.)* dɛdɛɛdɛ
saccharine *(adj.)* dɛdɛɛdɛ

sachet *(n.)* sachet
sack *(n.)* bɔtɔ
sack *(v.)* pamo
sacrament *(n.)* kronkron
sacred *(adj.)* kronkron
sacrifice *(n.)* afɔreɛ
sacrifice *(v.)* bɔ afɔreɛ
sacrificial *(adj.)* afɔrebɔ
sacrilege *(n.)* gu fi
sacrilegious *(adj.)* ɛfi
sacrosanct *(adj.)* akronkronneɛ
sad *(adj.)* awerɛwho
sadden *(v.)* brɛ ase
saddle *(n.)* ɔpɔnkɔ atɛ
saddle *(v.)* tɛ
sadism *(n.)* sadism
sadist *(n.)* sadist
sadness *(n.)* awerɛhow
safari *(n.)* safari
safe *(adj.)* ɔhaw niho
safe *(n.)* akoradeɛ
safe harbour *(n.)* safe harbour
safebox *(n.)* akoradeɛ
safebraker *(n.)* safebraker
safe-conduct *(n.)* safe-conduct
safecracker *(n.)* safecracker
safe-deposit *(n.)* safe-deposit
safeguard *(n.)* ahobammɔ
safeguard *(v.)* bɔ hoban
safehouse *(n.)* ahobammɔ dan
safekeeping *(n.)* ahobammɔ
safely *(adv.)* ɛma ahobanbɔ
safety *(n.)* ahobanbɔ
saffron *(n.)* saffron
saffron *(adj.)* saffron
sag *(n.)* mmrɛwyɛ
sag *(v.)* mim
saga *(n.)* abakɔsɛm
sagacious *(adj.)* nimdeɛ
sagacity *(n.)* nimdesɛm
sage *(n.)* nhwehwɛmufoɔ
sage *(adj.)* ɔyansafo
sagebush *(n.)* sagebush
sage-green *(n.)* sage-green
sageness *(n.)* mmerɛwyɛ
saggy *(adj.)* hodwohodwo
sagittary *(n.)* agyan
sahib *(n.)* sahib
sail *(v.)* tɛ ani

sail *(n.)* nsusueɛ
sailboard *(n.)* sailboard
sailboard *(v.)* sailboard
sailboarder *(n.)* sailboarder
sailboat *(n.)* sailboat
sailboater *(n.)* sailboater
sailboating *(n.)* sailboating
sailcraft *(n.)* sailcraft
sailing *(adj.)* poso nanteɛ
sailing *(n.)* posonanteɛ
sailor *(n.)* hyɛnkafo
saint *(n.)* ɔkronkroni
saintly *(adj.)* kronkron
sake *(n.)* botaeɛ
salable *(adj.)* wɔtɔn
salad *(n.)* salad
salamander *(n.)* salamander
salamander *(v.)* salamander
salary *(n.)* akatua
sale *(n.)* adetɔn
salebrosity *(n.)* salebrosity
salesforce *(n.)* salesforce
salesman *(n.)* ɔdetɔnfo
salient *(adj.)* titire
saline *(adj.)* nkyene nsuo
salinity *(n.)* nkyininkyini
saliva *(n.)* ntasuo
sally *(n.)* aseresɛm
sally *(v.)* gye ani
Salon *(n.)* salon
saloon *(n.)* saloon
salt *(n.)* nkyene
salt *(v.)* di nkyene
salty *(adj.)* nkyenenkyene
salutary *(adj.)* ɛyɛ
salutation *(n.)* nkyia
salute *(n.)* purusenn
salute *(v.)* kyea
salvage *(v.)* gye
salvage *(n.)* ɔgyeɛ
salvation *(n.)* nkwagyeɛ
samaritan *(n.)* samariani
samba *(n.)* nwom
samba *(v.)* sa
sambuca *(n.)* sambuca
same *(adj.)* pɛɛ
samely *(adv.)* enoa
samite *(n.)* ntoma kɔkɔ
samovar *(n.)* samovar

sample *(n.)* nhwɛsoɔ
sample *(v.)* hwɛ so
sampler *(n.)* sampler
sampling *(n.)* nhwɛsodensɛm
samsonite *(n.)* samsonite
samurai *(n.)* samurai
sanability *(n.)* senability
sanatorium *(n.)* ayaresabea
sanctification *(n.)* kronkronyɛ
sanctify *(v.)* te ho
sanction *(n.)* asotwe
sanction *(v.)* twe aso
sanctity *(n.)* ahoteɛ
sanctuary *(n.)* kronkronbea
sand *(n.)* anwea
sand *(adj.)* anwea
sand *(v.)* sa anwea
sandal *(n.)* mpaboa
sandalwood *(n.)* sandalwood
sandbank *(n.)* sandbank
sandboard *(n.)* sandboard
sandboard *(v.)* sandboard
sandbox *(n.)* sandbox
sandcastle *(n.)* anwea abankɛse
sandfish *(n.)* sandfish
sandglass *(n.)* sandglass
sandhill *(n.)* sandhill
sandpaper *(n.)* sandpaper
sandpaper *(v.)* sandpaper
sandpit *(n.)* amina
sandscape *(n.)* sandscape
sandstone *(n.)* sandstone
sandstorm *(n.)* sandstorm
sandwich *(n.)* sandwich
sandwich *(v.)* sandwich
sandy *(adj.)* anweatɛm
sane *(adj.)* pɛɛpɛɛ
sanely *(adv.)* fann
sanguine *(adj.)* gyedie
sanitary *(adj.)* ahonidie
sanity *(n.)* anidahɔ
sap *(n.)* afifideɛ
sap *(v.)* fifi
sapidity *(n.)* hwem
sapience *(n.)* suahunu
sapiens *(n.)* onipa
sapient *(adj.)* ɔyansafo
sapling *(n.)* dua
sapphire *(n.)* hyerɛmmoɔ

sarcasm *(n.)* akutia
sarcastic *(adj.)* atweetwee
sardonic *(adj.)* kasatwie
satan *(n.)* bonsam
satanic *(adj.)* bonsamsɛm
satanically *(adv.)* bonsam kwanso
satchel *(n.)* sukuu baage
satellite *(n.)* satellite
satiable *(adj.)* ɛmee
satiate *(v.)* mee
satiety *(n.)* ɔmee
satin *(n.)* satin
satin *(adj.)* satin
satire *(n.)* akutia
satirical *(adj.)* aseresɛm
satirist *(n.)* akutiabɔfoɔ
satirize *(v.)* di fɛw
satisfaction *(n.)* anisɔ
satisfactory *(adj.)* anisɔ
satisfy *(v.)* sɔ ani
saturate *(v.)* dondɔn
saturation *(n.)* wadondɔn
Saturday *(n.)* memeneda
sauce *(n.)* abomu
sauce *(v.)* yɛ abomu
saucer *(n.)* saucer
saucy *(adj.)* saucy
sauna *(n.)* sauna
sauna *(v.)* sauna
saunter *(v.)* nante brɛoo
saunter *(n.)* nantie brɛobrɛoo
saunterer *(n.)* bɔteefoɔ
sausage *(n.)* sausage
saute *(v.)* kyi
savable *(adj.)* ɔgyeɛ
savage *(adj.)* krakra
savage *(n.)* ɔbɔpɔn
savage *(v.)* to hyɛ
savagely *(adv.)* atirimɔden so
savagery *(n.)* atirimɔdensɛm
savant *(n.)* onimdefo
save *(v.)* kora
save *(prep.)* akoradeɛ
saviour *(n.)* agyenkwa
savour *(v.)* hua
savour *(n.)* adwenkyerɛ
savoury *(adj.)* ɛyɛ dɛ
saw *(n.)* hunuu
saw *(v.)* hu

saw pit *(n.)* saw pit
sawbench *(n.)* sawbench
sawbill *(n.)* sawbill
sawbones *(n.)* sawbones
sawbuck *(n.)* sawbuck
sawdust *(n.)* mfuturo
sawfish *(n.)* sawfish
sawgrass *(n.)* sawgrass
sawhorse *(n.)* akonwa
sawmill *(n.)* sawmill
sawtooth *(n.)* sawtooth
sawyer *(n.)* kwaeɛbirituoni
saxophone *(n.)* saxophone
saxophonist *(n.)* saxophonist
say *(v.)* ka
say *(n.)* nseɛnkae
say *(adv.)* kasa
scab *(n.)* akisikuro
scab *(v.)* nya kuro
scabbard *(n.)* bɔha
scabies *(n.)* dwiibaadwiibaa
scaffold *(n.)* apa
scale *(n.)* nsania
scale *(v.)* dua
scalp *(n.)* apampam
scambling *(n.)* scambling
scamper *(v.)* scamper
scamper *(n.)* scamper
scan *(v.)* twa scan
scan *(n.)* scan
scandal *(n.)* aniwudeɛ
scandalize *(v.)* gu animase
scandalous *(adj.)* aniwusɛm
scandalously *(adv.)* aniwuo
scanner *(n.)* scanner
scant *(v.)* yɛ ketewa
scant *(n.)* ketewa
scant *(adj.)* esua
scanty *(adj.)* ketekete
scape *(n.)* agyeigyeimu
scape *(v.)* tu agyeigyeimu
scapegoat *(v.)* yɛ nshwɛsodeɛ
scapegoat *(n.)* nhwɛsodeɛ
scapeless *(adj.)* ntumi ndawne
scapula *(n.)* abatire
scapular *(n.)* abatire
scapular *(adj.)* abati
scar *(n.)* ɛkutwa
scar *(v.)* nya kutwa

scarab *(n.)* scarab
scarce *(adj.)* ɛkɔ atwee
scarcely *(adv.)* ɛna
scarcity *(n.)* ɛnna
scare *(n.)* ahunahuna
scare *(v.)* hunahuna
scarf *(n.)* duku
scary *(adj.)* dea ɛhu
scatter *(v.)* hwete
scatterbrain *(n.)* hwete adwene
scatterbrained *(adj.)* nsisiso
scattered *(adj.)* basaa
scattergun *(n.)* nnipadɔm
scatteringly *(adv.)* atwetewete
scattery *(adj.)* apete
scatty *(adj.)* nyansanim
scavenge *(v.)* hwehwɛ
scavenger *(n.)* kyinifoɔ
scenario *(n.)* nhyehyeɛ
scenarist *(n.)* sinitwerɛfo
scene *(v.)* nya beaeɛ
scene *(n.)* beaeɛ
scenery *(n.)* beaeɛ
scenic *(adj.)* fɛfɛɛfɛ
scent *(n.)* nka
scent *(v.)* yɛ hwam
sceptic *(n.)* okyinnegyefoɔ
sceptical *(adj.)* okyinnegye
scepticism *(n.)* ɛkyinnyeɛ
sceptre *(n.)* ahempoma
schedule *(n.)* nhyehyɛeɛ
schedule *(v.)* hyehyɛ
schematic *(n.)* tiawa
schematic *(adj.)* atwetwa so
schematically *(adv.)* schematically
schematist *(n.)* schematist
scheme *(n.)* nhyehyeɛ
scheme *(v.)* hyehyɛ
schemer *(n.)* nhyehyeɛfo
schism *(n.)* mpaapaemu
schizophrenia *(n.)* schizophrenia
schizophreniac *(adj.)* schizophrenia
schizophreniac *(n.)* schizophrenia
scholar *(n.)* benfo
scholarly *(adj.)* nhomanimfo
scholarship *(n.)* adesua
scholastic *(adj.)* nhomasua
school *(n.)* sukuu
school *(v.)* kɔ sukuu

schoolfellow *(n.)* schoolfellow
schoolhouse *(n.)* schoolfie
schoolmaster *(n.)* sukuu panin
schoolmate *(n.)* sukuuni yɔnkoɔ
schoolteacher *(n.)* kyerɛkyerɛnii
schoolyard *(n.)* sukuuafikyiri
schooner *(n.)* schooner
sciatic *(adj.)* ntini
sciatica *(n.)* ntinimuhaw
science *(n.)* abɔdeɛmu nyansapɛ
scientific *(adj.)* nyansahu
scientist *(n.)* abɔdeɛnhwehwɛmufo
scintillate *(v.)* te yerɛwyerɛw
scintillation *(n.)* yerɛwyerɛw
scissors *(n.)* apasoɔ
scoff *(n.)* atweetwee
scoff *(v.)* tweetwee
scold *(v.)* twi anim
scooter *(n.)* scooter
scope *(n.)* botaeɛ
scorch *(v.)* hye
scorch *(n.)* ɔhye
score *(n.)* aba
score *(v.)* hyɛ
scoreboard *(n.)* nkontabuo kyerɛwpɔn
scorebook *(n.)* nkontabuo nnwoma
scorebox *(n.)* nkontabuo adaka
scorecard *(n.)* nkontabuo krataa
scorekeeper *(n.)* nkontabuonii
scorekeeping *(n.)* nkontabuo
scorepad *(n.)* scorepad
scorer *(n.)* ɔhyɛfo
scorn *(n.)* animtia
scorn *(v.)* bu animtia
scorpion *(n.)* nyanyankyerɛ
Scot *(n.)* Scot
scot *(n.)* tuo
scotch *(adj.)* sei
scotch *(n.)* adesei
scot-free *(adj.)* sɔnn
scoundrel *(n.)* nipabɔnefoɔ
scourge *(n.)* duabɔ
scourge *(v.)* hwe
scout *(n.)* okandifo
scout *(v.)* hwehwɛ
scowl *(v.)* muna
scowl *(n.)* animmuna
scragged *(adj.)* kumkum
scraggy *(adj.)* affɔn

scramble *(v.)* fom
scramble *(n.)* apere
scrambled *(adj.)* apereapere
scrap *(v.)* twa mu
scrap *(n.)* ntwamu
scrapbook *(n.)* scrapbook
scrape *(n.)* awerɛwerɛ
scrape *(v.)* werɛ
scraper *(n.)* awerɛwerɛadeɛ
scratch *(n.)* twitwi
scratch *(v.)* ntwitwie
scratch *(adj.)* ntwitwie
scratchboard *(n.)* scratchboard
scratchbush *(n.)* scratchbush
scratched *(adj.)* etwitwiyɛ
scratchpad *(n.)* scratchpad
scratchy *(adj.)* basaa
scrawl *(n.)* ntwerɛntɛmtɛm
scrawl *(v.)* twerɛ ntɛm
scream *(n.)* nteamu
scream *(v.)* tea mu
screen *(v.)* bɔho ban
screen *(n.)* ani
screen name *(n.)* animu din
screenable *(adj.)* screenable
screencast *(n.)* screencast
screendoor *(n.)* screendoor
screenprint *(n.)* screenprint
screensaver *(n.)* screensaver
screenshot *(n.)* screenshot
screenwork *(n.)* screenwork
screw *(v.)* dwane
screw *(n.)* nkyekyere
scribble *(n.)* ntwerɛ
scribble *(v.)* twerɛ
script *(n.)* nsanonkyrɛw
scripture *(n.)* twerɛ kronkron
scroll *(n.)* mmobɔeɛ
scrooge *(n.)* pɛsɛmenkomenya
scrotum *(n.)* hwoa
scrub *(n.)* ntwie
scrub *(v.)* twitwi
scrub *(adj.)* ntwie
scrubby *(adj.)* ketewa
scruff *(n.)* ɛkɔn akyi
scruff *(v.)* yiri kɔn
scruffiness *(n.)* efi
scrumble *(n.)* scrumble
scrump *(v.)* wea

scrumptious *(adj.)* dɛdɛɛdɛ
scruple *(n.)* ntwentwɛnsoɔ
scruple *(v.)* twentwen so
scrupleless *(adj.)* ntwentwensoɔ nnim
scrupulous *(adj.)* ahwɛyie
scrupulously *(adv.)* ahwɛyie
scrutinize *(v.)* feefee mu
scrutiny *(n.)* mfeefeemu
scuffle *(v.)* ko ntɔkwa
scuffle *(n.)* ntɔkwa
sculpt *(v.)* susu
sculptor *(n.)* ɛboɔ dwomfoɔ
sculptural *(adj.)* nsusuwso
sculpture *(n.)* nsusuwso
sculpturist *(n.)* dwomfoɔ
scum *(n.)* ahuro
scum *(v.)* yɛ fi
scumbag *(n.)* scumbag
scurry *(v.)* pere
scutllebutt *(n.)* nkonkonsa
scuttle *(n.)* ahoprepre
scuttle *(v.)* pre
scythe *(v.)* kuturuku
scythe *(n.)* akuturuku
sea *(n.)* ɛpo
sea bass *(n.)* sea bass
sea boat *(n.)* suhyɛn
sea dog *(n.)* po kraman
seabeach *(n.)* mpoano
seabird *(n.)* pomu anomaa
seaborne *(adj.)* ɛnam pomu
seacliff *(n.)* pomu abotan
seafarer *(n.)* poso akwatufo
seafloor *(n.)* seafloor
seafoam *(n.)* seafoam
seafood *(n.)* pomu nnuane
seagull *(n.)* seagull
seahorse *(n.)* pomu pɔnkɔ
seajack *(v.)* seajack
seajack *(n.)* seajack
seajacker *(n.)* seajacker
seajacking *(n.)* seajacking
seak *(n.)* samina
seakeeping *(n.)* poso ahwɛyiye
seal *(v.)* sɔ ano
seal *(n.)* nsɔano
sealab *(n.)* sealab
sealability *(n.)* nsɔano
sealant *(n.)* sealant

sealed *(adj.)* wasɔw ano
sealion *(n.)* sealion
sealskin *(n.)* sealskin
seam *(v.)* pam
seam *(n.)* ntomapam
seamless *(adj.)* seamless
seamy *(adj.)* porɔeɛ
sear *(n.)* nhyenye
sear *(v.)* hye
search *(v.)* hwehwɛ
search *(n.)* adehwehwɛ
search warrant *(n.)* adehwehwɛ
searching *(n.)* wɔhwehwɛ
searching *(adj.)* wɔhwehwɛ
searchlight *(n.)* searchlight
seared *(adj.)* ntɛmso
seashore *(n.)* ɛpoano
season *(v.)* yɛ hwam
season *(n.)* berɛ
seasonable *(adj.)* bere
seasonal *(adj.)* ɛbrɛ ano
seat *(v.)* tena ase
seat *(n.)* adwa
seaweed *(n.)* pomu nwira
secede *(v.)* firi mu
secession *(n.)* ntetewmu
secessionist *(n.)* ɔpɛ
seclude *(v.)* te ho
secluded *(adj.)* te firi
seclusion *(n.)* kokoam
second *(adj.)* dea adihɔ
second *(n.)* anibɔ
second *(v.)* foa so
secondary *(adj.)* ɛtɔso mienu
seconder *(n.)* nfoasofoɔ
second-hand *(adj.)* second-hand
secondly *(adv.)* ɛtɔso mienu
secrecy *(n.)* kokoamsɛm
secret *(n.)* ahintasɛm
secret *(adj.)* ahintasɛm
secretariat *(n.)* kyerɛwfo dwumadie
secretary *(n.)* ɔkyerɛwfo
secrete *(v.)* yi
secretion *(n.)* nyipie
secretive *(adj.)* kokoamunsɛm
sect *(n.)* ɔfa
sectarian *(adj.)* ammansoafoɔ
section *(n.)* ɔfa
sector *(n.)* ɛfa

secularism *(n.)* wiasesɛm
secure *(adj.)* akyidɔm
secure *(v.)* bɔ ban
security *(n.)* ahobammɔ
sedan *(n.)* sedan
sedate *(v.)* brɛ ase
sedate *(adj.)* abreaseɛ
sedative *(n.)* anikum aduro
sedative *(adj.)* anikum
sedentary *(adj.)* bɔtee
sediment *(n.)* aseɛ
sedition *(n.)* atuateɛ
seditious *(adj.)* atuateɛ
seduce *(v.)* daadaa
seduction *(n.)* ndaadaa
seductive *(adj.)* adaadaa
see *(v.)* hwɛ
seed *(n.)* aba
seed *(v.)* so aba
seek *(v.)* hwehwɛ
seem *(v.)* yɛ sɛ
seemly *(adj.)* ɛtesɛ
seep *(v.)* fa mu
seer *(n.)* odiyifoɔ
seethe *(v.)* ma abufuo
segment *(v.)* kyɛ mu
segment *(n.)* nkyekyɛmu
segregate *(v.)* pae
segregation *(n.)* mpaepaemu
seismic *(adj.)* asaase wosoɔ
seismicity *(n.)* asase wosoɔ
seismogram *(n.)* seiesmogram
seismograph *(n.)* seismograph
seismography *(n.)* seismography
seismologist *(n.)* seismologist
seismology *(n.)* seismology
seismoscope *(n.)* seismoscope
seize *(v.)* kyere
seizure *(n.)* ɛtwerɛ
seldom *(adv.)* ntaa
select *(adj.)* nyiyimu
select *(v.)* yi
selection *(n.)* wɔpaw
selective *(adj.)* nyiyimu
self *(n.)* ankasa
self-abuse *(n.)* ankasa- teetee
self-appointed *(adj.)* yi ankasa
self-awareness *(n.)* ankasaho nimdeɛ
self-centered *(adj.)* nya ahotɔsoɔ

self-confident *(adj.)* ɔnoa ahotɔsoɔ
self-conscious *(adj.)* ankasa anidahoo
self-control *(n.)* nya ahohyɛsoɔ
self-destruct *(v.)* seɛ woho
self-doubt *(n.)* ankasa akyinnyege
self-employed *(adj.)* ankasa adwuma
self-esteem *(n.)* obuo
selfie *(n.)* selfie
self-imposed *(adj.)* ankasa nhyɛsoɔ
selfish *(adj.)* pɛsɛmenkomenya
selfless *(adj.)* tema
self-proclaimed *(adj.)* wɔankasa gua
self-service *(adj.)* wɔnankasa adwuma
sell *(v.)* tɔn
seller *(n.)* ɔditɔnfo
sell-out *(n.)* tɔn
semblance *(n.)* nsonsoneɛ
semen *(n.)* ahobaeɛ
semester *(n.)* semester
semi-amusing *(adj.)* semi-amusing
semi-finalist *(n.)* semi-finalist
semi-formal *(adj.)* semi-formal
seminal *(adj.)* ahiadeɛ
seminar *(n.)* ɔkyerɛsua
senate *(n.)* senate
senator *(n.)* ananmusini
senatorial *(adj.)* senatorial
send *(v.)* soma
senile *(adj.)* awirefireyareɛ
senility *(n.)* adwenemuka
senior *(n.)* ɔkandifoɔ
senior *(adj.)* panin
seniority *(n.)* panin
sensation *(n.)* atenka
sensational *(adj.)* ɛgye ntrɛha
sense *(v.)* te nka
sense *(n.)* nyansa
senseless *(adj.)* yansa nnim
sensibility *(n.)* atenka
sensible *(adj.)* nyansa wom
sensitive *(adj.)* wɔ atenka
sensitivity *(n.)* atenka
sensual *(adj.)* akɔnnɔ
sensualist *(n.)* anigyepɛfoɔ
sensuality *(n.)* ahomka
sensuous *(adj.)* ahosɛpɛ
sentence *(v.)* yi atɛn
sentence *(n.)* ɔkasamu
sentience *(n.)* anisɔ

sentient *(adj.)* nim
sentiment *(n.)* nkate
sentimental *(adj.)* atenka wom
sentinel *(n.)* hwɛsofoɔ
sentry *(n.)* nwhɛsoɔ
separable *(adj.)* tumi kyɛmu
separate *(v.)* te mu
separate *(adj.)* ntitimu
separation *(n.)* ntitimu
sepsis *(n.)* nsaneyareɛ
September *(n.)* ɛbɔ
septic *(adj.)* yareɛ
sepulchre *(n.)* sepulchre
sepulture *(n.)* ayie
sequel *(n.)* ntoaso
sequence *(n.)* nnidisoɔ
sequester *(v.)* seae
serendipitous *(adj.)* akwanhyea
serendipity *(n.)* akwanhyea
serene *(adj.)* dwoo
serenity *(n.)* dinndin
serf *(n.)* twate
serge *(n.)* serge
sergeant *(n.)* sergeant
serial *(n.)* ntoasoɔ-ntoasoɔ
serial *(adj.)* ntoasoɔ-ntoasoɔ
series *(n.)* ntoatoaso
serious *(adj.)* anibere
sermon *(n.)* asɛmpa
sermonize *(v.)* ka nsɛmpa
serpent *(n.)* ɔwɔ
serpentine *(n.)* serpentine
servant *(n.)* afena
serve *(n.)* nkyɛ
serve *(v.)* kyɛ
service *(v.)* som
service *(n.)* ɔsom
serviceable *(adj.)* adwumayɛ
servile *(adj.)* akoayɛ
servility *(n.)* atohoakyɛ
servitude *(n.)* akoa
sesame *(n.)* sesame
sesamin *(n.)* sesamin
session *(n.)* berɛ
sessional *(n.)* nhyiamu
sessional *(adj.)* nhyiamu
sessionless *(adj.)* berɛ nim
set *(adj.)* nhyehyeɛ
set *(n.)* nhyehyeɛ

set *(v.)* hyɛ
setback *(n.)* akyigyina
setlist *(n.)* setlist
settee *(n.)* sofa
settle *(v.)* siesie
settlement *(n.)* atenaseɛ
settler *(n.)* ɔtubrafoɔ
seven *(adj.)* nson
seven *(n.)* nson
seventeen *(n.)* dunson
seventeenth *(adj.)* ɛtɔso dunson
seventh *(adj.)* ɛtɔso ason
seventieth *(adj.)* ɛtɔso aduɔson
seventy *(n.)* aduɔson
sever *(v.)* twa te
several *(adj.)* ahodoɔ
severance *(n.)* ɔsɛeɛ
severe *(adj.)* dendenden
severity *(n.)* anoden
sew *(v.)* pam
sewage *(n.)* efi
sewer *(n.)* nsuka
sewerage *(n.)* ɛnsufi
sex *(v.)* di
sex *(n.)* edie
sexily *(adv.)* akonnɔ
sexual *(adj.)* nna nsɛm
sexuality *(n.)* nna nsɛm
sexy *(adj.)* dea akonnoɔ
shabby *(adj.)* tantan
shack *(n.)* apata
shack *(v.)* tena apatamu
shackle *(v.)* hyɛ abankaba
shackle *(n.)* abankaba
shade *(v.)* twi
shade *(n.)* onwunu
shadow *(v.)* hu sunsum
shadow *(n.)* sunsum
shadowy *(adj.)* sunsuma
shaft *(n.)* hunam
shake *(n.)* awosoɔ
shake *(v.)* woso
shaky *(adj.)* ɛhinhim
shallow *(adj.)* mu nnɔ
sham *(adj.)* nnaadaa
sham *(n.)* nnaadaa
sham *(v.)* daadaa
shaman *(n.)* shaman
shamble *(v.)* nante bɔkɔɔ

shambles *(n.)* ntɔgusoɔ
shambolic *(adj.)* basabasa
shame *(v.)* hyɛ aniwuo
shame *(n.)* aniwuo
shameful *(adj.)* animguasesɛm
shameless *(adj.)* anniwu nim
shampoo *(v.)* fa shampoo
shampoo *(n.)* shampoo
shanty *(adj.)* mpata dan
shape *(v.)* wo yɛbea
shape *(n.)* yɛbea
shape up *(v.)* yɛ kama
shapeless *(adj.)* anni yɛbea
shapely *(adj.)* wɔ yɛbea
shapeshift *(v.)* sesa
shard *(n)* nkyekyɛmu
shard *(v.)* kyekyɛmu
share *(n.)* kyɛfa
share *(v.)* kyɛ
share market *(n.)* bɔdwom dawuro
sharebeam *(n.)* sharebeam
sharecrop *(n.)* sharecrop
shareholder *(n.)* wɔwɔ kyɛfa
shareholding *(adj.)* kora kyɛfa
shareholding *(n.)* kora kyɛfa
shark *(n.)* oboodede
sharp *(adv.)* ɛnam
sharp *(adj.)* nam
sharpen *(v.)* siw
sharpener *(n.)* sharpener
sharper *(n.)* dea ɛnnam
shatter *(v.)* bobɔ
shave *(n.)* ayie
shave *(v.)* yi
shaven *(adj.)* woayi
shaving *(n.)* ɛyie
shavings *(n.)* ɛyie
shawarma *(n.)* shawarma
shawl *(n.)* akatakɔnmu
she *(pron.)* ɔno
sheading *(n.)* ɛyiyi
sheaf *(n.)* sheaf
shear *(v.)* twa
shears *(n.)* etwadeɛ
shearwall *(n.)* shearwall
sheat *(n.)* krataa
sheath *(n.)* bɔha
sheath *(v.)* bɔ ha
sheathe *(v.)* sheathe

shed *(n.)* apata
shed *(v.)* te
sheep *(n.)* odwan
sheepish *(adj.)* aniwuo
sheer *(adj.)* mua
sheet *(v.)* yi mpasotam
sheet *(n.)* krataa
shelf *(n.)* akoradeɛ
shell *(v.)* yi abena
shell *(n.)* abena
shelter *(v.)* bɔ ban
shelter *(n.)* dwanekɔbea
shelve *(v.)* kora
shepherd *(n.)* odwanhwɛfo
shide *(n.)* shide
shield *(v.)* bɔho ban
shield *(n.)* ahobanbɔ
shift *(n.)* ohiatorɔ
shift *(v.)* twe kɔ
shifty *(adj.)* ɔtorofo
shilly-shally *(v.)* twɛɛn
shilly-shally *(n.)* twentwenso
shin *(n.)* nanhini
shine *(n.)* ɛhyerɛn
shine *(v.)* hyerɛn
shiny *(adj.)* kyenkyen
ship *(v.)* tena suhyɛnso
ship *(n.)* suhyɛn
shipboard *(adj.)* hyɛn mu
shipboard *(n.)* hyɛn mu
shipborne *(adj.)* shipborne
shipbuilder *(n.)* suhyɛnsifoɔ
shiplap *(n.)* shiplap
shipload *(n.)* suhyɛnso neama
shipmaster *(n.)* suhyɛn panin
shipmate *(n.)* neama manɛɛ
shipment *(n.)* neamamanea
shipowner *(n.)* suhyɛn wura
shipped *(adj.)* wakra
shipping *(n.)* amanɛɛ
shipshape *(adj.)* shipshape
shipwreck *(n.)* suhyɛn sɛɛ
shipwreck *(v.)* seɛ suhyɛn
shipyard *(n.)* shipyard
shire *(n.)* shire
shirk *(v.)* firi mu
shirker *(n.)* ɔkwasea
shirt *(n.)* ataadeɛ
shive *(n.)* shive

shiver *(v.)* woso
shoal *(n.)* shoal
shock *(v.)* bɔ piti
shock *(n.)* pitibɔ
shoe *(v.)* hyɛ mpaboa
shoe *(n.)* mpaboa
shoot *(n.)* tuotoɔ
shoot *(v.)* to tuo
shooting *(n.)* tuototoɔ
shop *(v.)* tɔ neɛma
shop *(n.)* sotɔɔ
shopaholic *(n.)* adetɔnfoɔ
shopaholism *(n.)* adetɔfoɔ
shopbook *(n.)* shoopbook
shopfloor *(n.)* sotɔɔmu
shopfront *(n.)* abankɛsɛe
shopkeep *(n.)* adwumayɛfoɔ
shopkeeper *(n.)* sotɔɔmu hwɛsofoɔ
shoplift *(v.)* sotɔɔmu krɔnoo
shoplifter *(n.)* krɔnfoɔ
shopowner *(n.)* sotɔɔ wura
shopping *(n.)* dwadie
shopping cart *(n.)* shopping cart
shopping centre *(n.)* dwadibea
shopping list *(n.)* dwadie neama
shore *(n.)* mpoano
shore *(v.)* dware po
shorefront *(n.)* po anim
shoreline *(n.)* ɛpo ano
shoreward *(adv.)* shoreward
shoreward *(adj.)* shoreward
shoreweed *(n.)* mpoano wura
short *(adv.)* ntiatia
short *(adj.)* tiatia
short *(n.)* tiatia
shortbread *(n.)* shortbread
shortcake *(n.)* shortcake
shortcoming *(n.)* sintɔ ahorow
shortcut *(n.)* kwan tia
shorten *(v.)* yɛ tia
shortening *(n.)* ntiantiamu
shortfall *(n.)* sintɔ
shorthand *(n.)* nkyerewde tiawa
shortish *(adj.)* ntiantiamu
shortlist *(v.)* yi nkorɔfo
shortlisted *(adj.)* nkorɔfokuo
shortly *(adv.)* berɛ tiaa
shorts *(n. pl.)* ntaadeɛ tia
short-term *(adj.)* berɛ-tiawa

shot *(n.)* tuotoɔ
shot *(adj.)* to
shot *(int.)* totoɔ
shotgun *(n.)* shotgun
shotproof *(adj.)* shotproof
shottie *(n.)* tuo toɔ
should *(v.)* wɔ sɛ
shoulder *(v.)* gye to
shoulder *(n.)* abatire
shout *(v.)* tea mu
shout *(n.)* nkakamu
shove *(n.)* apiapia
shove *(v.)* pia
shovel *(v.)* fa sofi
shovel *(n.)* sofi
show *(n.)* nkyerɛkyerɛ
show *(v.)* kyerɛ
showcase *(n.)* oyikyerɛ
showdown *(n.)* si akan
shower *(v.)* dware
shower *(n.)* bosuo
showerhead *(n.)* bosuo ti
showerless *(adj.)* nsuo nim
showerproof *(adj.)* nsuoho ahobanbɔ
showery *(adj.)* nsuo gugu
showpiece *(n.)* adekyerɛdeɛ
showroom *(n.)* oyikyerɛdan
showstopper *(n.)* ɔyɛkyerɛfo
showup *(n.)* nyipue
shrapnel *(n.)* topaeɛ
shred *(n.)* ntwetwamu
shred *(v.)* twetwa
shredder *(n.)* adetwetwa fidie
shrew *(n.)* shrew
shrewd *(adj.)* shrewd
shriek *(v.)* tea mu
shriek *(n.)* nteamu
shrill *(adj.)* ɛwɔ soro
shrine *(n.)* abosomfie
shrink *(v.)* twimtwam
shrinkage *(n.)* amoamoa
shroud *(v.)* kata
shroud *(n.)* efuno ntoma
shrub *(n.)* duae
shrug *(n.)* mpagya
shrug *(v.)* pagya
shudder *(n.)* ahopopo
shudder *(v.)* popo
shuffle *(n.)* ntweaseɛ

shuffle *(v.)* dane
shun *(v.)* po
shunt *(v.)* pia
shut *(v.)* tom
shutter *(n.)* shutter
shuttle *(v.)* tw hyɛn
shuttle *(n.)* hyɛn
shuttlecock *(n.)* shuttlecock
shy *(v.)* fɛre
shy *(n.)* ɔfereɛ
siamese *(adj.)* ntaafoɔ
sibilant *(adj.)* sibilant
sibilate *(v.)* sibilate
sibilating *(n.)* sibilating
sibling *(n.)* nuanom
sich *(n.)* sich
sick *(adj.)* yareɛ
sickbag *(n.)* sickbag
sickbay *(n.)* ayere dan
sickbed *(n.)* yareɛmpaso
sicken *(v.)* bɔ huu
sickened *(adj.)* ɛbɔ yareɛ
sickle *(n.)* ahototuo
sickly *(adj.)* ɔnte apɔ
sickness *(n.)* yarewaa
side *(v.)* da afa
side *(n.)* nkyɛn
sidearm *(n.)* akodieɛ
sidearm *(v.)* to
sidearm *(adj.)* akodieɛ
sideband *(n.)* sideband
sidebar *(n.)* sidebar
sideboard *(n.)* sideboard
sidebox *(n.)* sidebox
sideburn *(n.)* hyehyeɛ
sideburns *(n.)* nkyɛn hyehyeɛ
sidecar *(n.)* nkyɛn hyɛn
sideline *(n.)* anigyie dwumadie
sideline *(v.)* yɛ foforɔ
sidereal *(adj.)* sidereal
side-saddle *(n.)* side-saddle
side-saddle *(adv.)* side-saddle
sideshow *(n.)* sideshow
side-stream *(n.)* nsuo nkorobata
sidestroke *(n.)* sidestroke
sidetrack *(n.)* nkyea
sidetrack *(v.)* kyea
sidewalk *(n.)* ɛkwan nantie
sidewall *(n.)* nkyɛn ɔfasu

sideway *(n.)* nkyɛnkyɛn	**simmer** *(v.)* horo bɔkɔɔ
sideway *(adj.)* nkyɛnmu	**simple** *(adj.)* ɛnyɛ den
sideway *(adv.)* nkyɛnmu	**simpleton** *(n.)* ɔkwasea
sidewind *(n.)* nkyen mframa	**simplicity** *(n.)* mmrewyɛ
siege *(n.)* ɔsatuo	**simplification** *(n.)* mmerɛw
siege *(v.)* to sa	**simplify** *(v.)* twa tiawa
siesta *(n.)* awia nna	**simultaneous** *(adj.)* berɛ korɔ
sieve *(v.)* sɔne so	**sin** *(v.)* yɛ bɔne
sieve *(n.)* sɔneeɛ	**sin** *(n.)* bɔne
sift *(v.)* huhu so	**since** *(conj.)* firi
sigh *(v.)* gu ahome	**since** *(adv.)* efiri
sigh *(n.)* ahomeguo	**since** *(prep.)* efiri
sight *(v.)* huhu	**sincere** *(adj.)* nokwaseɛm
sight *(n.)* anisoadehunu	**sincerity** *(n.)* nokwaredi
sightly *(adj.)* anihunu	**sinful** *(adj.)* bɔneseɛm
sign *(v.)* san	**sing** *(v.)* to
sign *(n.)* ahyɛnsodeɛ	**singe** *(n.)* nhyehyeɛ
signal *(adj.)* sɛnnahɔ	**singe** *(v.)* hye
signal *(v.)* bɔani kyerɛ	**singer** *(n.)* dwomtonii
signal *(n.)* sɛnnahɔ	**single** *(n.)* baako
signatory *(n.)* nsaahyɛ aseɛ	**single** *(v.)* yɛ baako
signature *(n.)* nsaanodinn	**single** *(adj.)* baako
significance *(n.)* ehia	**single-handedly** *(adv.)* baakofoɔ adwuma
significant *(adj.)* ho hia	**singular** *(adj.)* baako kabea
signification *(n.)* agyinahɔma	**singularity** *(n.)* baako pɛ
signify *(v.)* kyerɛ	**singularly** *(adv.)* baako baako
signing *(n.)* wɔto dwom	**sinister** *(adj.)* sinister
silence *(v.)* yɛ kom	**sink** *(n.)* nsahohoroadeɛ
silence *(n.)* komyɛ	**sink** *(v.)* mem
silencer *(n.)* komyɛ afidie	**sinner** *(n.)* ɔdebɔneyɛfoɔ
silent *(adj.)* dinn	**sinuous** *(adj.)* sinous
silently *(adv.)* komyɛ	**sip** *(n.)* nomnom
silhouette *(n.)* sunsum	**sip** *(v.)* nom
silica *(n.)* silica	**sir** *(n.)* sir
silicene *(n.)* silicene	**siren** *(n.)* abɛn
silicon *(n.)* silicon	**sister** *(n.)* nuabaa
silk *(n.)* serekye	**sisterhood** *(n.)* anuanom mma
silken *(adj.)* mmrɛ	**sisterly** *(adj.)* onuawa
silky *(adj.)* serekyee	**sit** *(v.)* tina ase
silly *(adj.)* gyimisɛm	**site** *(n.)* beaeɛ
silt *(v.)* yɛ ma	**situation** *(n.)* ɔhaw
silt *(n.)* anwea	**six** *(n.)* nsia
silver *(n.)* dwetɛ	**sixteen** *(n., adj.)* dunsia
silver *(adj.)* dwetɛ	**sixteenth** *(adj.)* ɛtɔso dunsia
silver *(v.)* nya dwetɛ	**sixth** *(adj.)* ɛtɔso asia
similar *(adj.)* ɛyɛ pɛ	**sixtieth** *(adj.)* ɛtɔso aduosia
similarity *(n.)* ɛsesɛ	**sixty** *(n., adj.)* aduosia
simile *(n.)* asesɛsɛm	**sizable** *(adj.)* ɛfata
similitude *(n.)* sɛso	**size** *(n.)* nsusueɛ

size *(v.)* susu
sizzle *(n.)* ahufohew
sizzle *(v.)* nwenenwene
skate *(n.)* skate
skate *(v.)* skate
skater *(n.)* skater
skein *(n.)* asaawa
skeleton *(n.)* nkranpan
sketch *(v.)* dwi
sketch *(n.)* ɛnkyerɛw
sketchy *(adj.)* sketchy
skid *(n.)* patre
skid *(v.)* pa
skilful *(adj.)* ahokokwaw
skill *(n.)* nimdeɛ
skin *(v.)* honam
skin *(n.)* honam
skip *(n.)* ahuri
skip *(v.)* huri
skipper *(n.)* skipper
skirmish *(v.)* ko ntɔkwa
skirmish *(n.)* ntɔkwa
skirt *(v.)* hyɛ sekɛɛte
skirt *(n.)* sekɛɛte
skit *(n.)* skit
skull *(n.)* etire
sky *(v.)* hwɛ hwiem
sky *(n.)* hwiem
skyscraper *(n.)* skyscraper
slab *(n.)* ɛbopono
slack *(adj.)* ɛgo
slacken *(v.)* gogo
slacks *(n.)* slacks
slake *(v.)* menn
slam *(n.)* nkahwem
slam *(v.)* ka hwem
slander *(n.)* nanti twitwa
slander *(v.)* twitwa nantini
slanderous *(adj.)* ɛtorɔ
slang *(n.)* kasaa
slant *(n.)* nkyia
slant *(v.)* kyia
slap *(v.)* bɔ asom
slap *(n.)* asombɔ
slash *(n.)* slash
slash *(v.)* slash
slate *(n.)* slate
slather *(v.)* fa fam
slattern *(n.)* efi baa

slatternly *(adj.)* sekɛtuu
slaughter *(v.)* twitwa
slaughter *(n.)* twitwa
slave *(v.)* yɛ akowa
slave *(n.)* akowa
slavery *(n.)* nkowayɛ
slavish *(adj.)* sɛtie
slay *(v.)* di awu
sleek *(adj.)* hyɛnheɛn
sleep *(n.)* nna
sleep *(v.)* da
sleeper *(n.)* nnafoɔ
sleepy *(adj.)* anikum
sleeve *(n.)* ataadeɛ msa
sleight *(n.)* nnaadaa
slender *(adj.)* teaa
slice *(v.)* twetwa
slice *(n.)* ɛtwetwa
slick *(adj.)* mmotoo
slide *(n.)* patere
slide *(v.)* pa
slight *(n.)* atɛmdie
slight *(v.)* di atɛm
slight *(adj.)* atɛmdideɛ
slim *(v.)* yɛ teatea
slim *(adj.)* teatea
slime *(n.)* tototro
slimy *(adj.)* torotorotoro
sling *(n.)* akuturuku
slip *(n.)* npatere
slip *(v.)* pa
slip road *(n.)* kwan totorotoro
slipper *(n.)* mpaboa
slippery *(adj.)* torotorotoro
slipshod *(adj.)* slipshod
slit *(v.)* twa
slit *(n.)* kotwa
slogan *(n.)* ɛfene
slope *(v.)* sane
slope *(n.)* sianeeɛ
slot *(n.)* tokuro
slot. *(v.)* hyɛ mu
sloth *(n.)* sloth
slothful *(n.)* ɔkwadwofoɔ
slough *(v.)* tu ku
slough *(n.)* atɛkyɛ
slovenly *(adj.)* tantan
slow *(v.)* yɛ bɔkɔɔ
slow *(adj.)* bɔkɔɔ

slow motion *(n.)* brεewoo
slowly *(adv.)* brεewoo
slowness *(n.)* bɔtibɔti
sluggard *(n.)* onihani
sluggish *(adj.)* εniha
sluice *(n.)* nsamfro
slum *(n.)* ghetto
slumber *(n.)* nna
slumber *(v.)* da
slump *(v.)* hwe ase
slump *(n.)* ahweaseε
slur *(n.)* atεnnidie
slush *(n.)* atenka
slushy *(adj.)* εmmɔbɔ
slut *(n.)* gyantranii
sly *(adj.)* onitefoɔ
smack *(v.)* bɔ asom
smack *(n.)* asombɔ
small *(n.)* ketewa
small *(adj.)* ketekete
smallness *(adv.)* nketewa
smallpox *(n.)* akisikuro nketewa
smart *(v.)* ben
smart *(n.)* wεwε
smart *(adj.)* waben
smartly *(adv.)* anifere kwanso
smash *(n.)* apaapae
smash *(v.)* bɔ
smear *(n.)* asra
smear *(v.)* ka
smell *(v.)* hwa
smell *(n.)* nka
smelt *(v.)* hweaε
smile *(v.)* weenween
smile *(n.)* nweennewen
smith *(n.)* dadeε adwumayεfo
smock *(n.)* batakari
smog *(n.)* wisie
smoke *(v.)* pu wisie
smoke *(n.)* wisie
smoking *(n.)* sigaretnom
smoky *(adj.)* tumm
smooth *(v.)* yε nahanaha
smooth *(adj.)* nahanaha
smoothie *(n.)* smoothie
smother *(v.)* dum
smoulder *(v.)* pu wisie
smug *(adj.)* ahomasoɔ
smuggle *(v.)* di nnukurodwa

smuggler *(n.)* sumase dwadefo
snack *(n.)* adɔkɔdɔkɔde
snag *(n.)* akwansideε
snail *(n.)* nwa
snake *(v.)* dane ɔwɔ
snake *(n.)* ɔwɔ
snap *(n.)* mfoni twa
snap *(adj.)* efonin twa
snap *(v.)* twa
snapshot *(n.)* mfonin
snare *(v.)* som afidie
snare *(n.)* afidie
snarl *(v.)* po
snarl *(n.)* ɔpo
snatch *(n.)* εhwimhwim
snatch *(v.)* hwim
sneak *(n.)* awiawiaho
sneak *(v.)* wia kɔ
sneer *(n.)* animtiabuo
sneer *(v.)* yi ahi
sneeze *(n.)* enwansi
sneeze *(v.)* wansi
sniff *(n.)* ahuahua
sniff *(v.)* hua
sniper *(n.)* sniper
snob *(n.)* ahomasoɔnii
snobbery *(n.)* ahomasoɔ
snobbish *(v.)* yε ahomasoɔ
snoop *(v.)* yε nhwehwεmu
snoot *(n.)* amuna
snooze *(v.)* da
snore *(n.)* nkorɔmu
snore *(v.)* hwa nkorɔmu
snort *(n.)* home
snort *(v.)* gu ahome
snout *(n.)* hwene
snow *(v.)* tɔ sukyerεma
snow *(n.)* sukyerεma
snow boot *(n.)* sukɔkyea mpaboa
snowfall *(n.)* sukyerεma etɔ
snowy *(adj.)* sukyerεma etɔ
snub *(adj.)* ntwefasoɔ
snub *(n.)* animtiabu
snub *(v.)* bu animtia
snuff *(n.)* asra
snug *(n.)* botrobodwo
so *(adv.)* nti
so *(conj.)* enti
soak *(n.)* εdondɔn

soak *(v.)* fɔ
soap *(v.)* yɛ samina
soap *(n.)* samina
soapy *(adj.)* ɛyɛ samina
soar *(v.)* tu
sob *(n.)* nisuo
sob *(v.)* su
sober *(adj.)* anidahɔ
sobriety *(n.)* ahosedi
sociability *(n.)* fekubɔ ayɔnkofa
sociable *(adj.)* ɔpɛ nipa
social *(n.)* asetenam
socialism *(n.)* asetenam nsɛm
socialist *(n.)* dodoɔ manyɛfoɔ
socialite *(n.)* ɔmama
society *(n.)* ekuo
sociology *(n.)* asetraho adesua
sock *(n.)* nantabono bɔha
socket *(n.)* socket
sod *(n.)* ɛserɛ
sodomite *(n.)* adintrumu
sodomy *(n.)* adintrumuni
sofa *(n.)* sofa
soft *(adj.)* mmrɛ
soft copy *(n.)* soft copy
soften *(v.)* yɛ mmrɛ
softener *(n.)* dea ɛmmrɛ
soggy *(adj.)* dea afɔ
soil *(v.)* yɛ fi
soil *(n.)* dɔteaɛ
sojourn *(n.)* ateneaɛ
sojourn *(v.)* tena baabi
solace *(v.)* kyekyererɛ
solace *(n.)* abotɔyam
solar *(adj.)* solar
solar panel *(n.)* solar panel
solder *(v.)* solder
solder *(n.)* solder
soldier *(v.)* yɛ ɔsraanii
soldier *(n.)* ɔsraanii
sole *(v.)* yɛ koro
sole *(adj.)* ankorokro
sole *(n.)* nan mu
solemn *(adj.)* nokwa
solemnity *(n.)* nokwaseɛm
solemnize *(v.)* hyɛmu kena
solicit *(v.)* bisa
solicitation *(n.)* abisabisa
solicitor *(n.)* mmranimfoɔ

solicitous *(adj.)* ahiasɛm
solicitude *(n.)* dadwene
solid *(n.)* ase tim
solid *(adj.)* den
solidarity *(n.)* nkabom
solidify *(v.)* ka
soliloquy *(n.)* soliloquy
solitaire *(n.)* solitaire
solitary *(adj.)* ankonam
solitude *(n.)* ankonam
solo *(adj.)* kɔntɛnkoro
solo *(adv.)* ankasa
solo *(n.)* ennkoa
soloist *(n.)* dwomtonii
solubility *(n.)* afrayieɛ
soluble *(adj.)* tumi nane
solution *(n.)* anoyie
solve *(v.)* ma emmuaeɛ
solvency *(n.)* ananedeɛ
solvent *(n.)* enane
solvent *(adj.)* dea ɛnane
sombre *(adj.)* kusuu
some *(pron.)* bi
some *(adj.)* ebi
somebody *(n.)* obi
somebody *(pron.)* obi
somehow *(adv.)* biribi sa
someone *(pron.)* obi
somersault *(v.)* bufa so
somersault *(n.)* afuni
something *(adv.)* biribi
something *(pron.)* biibi
sometime *(adv.)* berɛ
sometimes *(adv.)* ɛtɔ daa
somewhat *(adv.)* kwanbi so
somewhere *(adv.)* baabi
somnambulism *(n.)* nnamu nanteɛ
somnambulist *(n.)* nnamu nantefo
somnolence *(n.)* anikum
somnolent *(adj.)* ani kum
son *(n.)* ɔbabarima
song *(n.)* nwom
songster *(n.)* songster
sonic *(adj.)* apɛsɛ
sonnet *(n.)* sonnet
sonography *(n.)* sonography
sonority *(n.)* pɛtea
soon *(adv.)* anim-anim
soot *(v.)* pu wisia

soot *(n.)* wisiapunu	**Spanish** *(n.)* spanish
soothe *(v.)* dwodwo	**Spanish** *(adj.)* spanish
sophism *(n.)* kuntannyɛ	**spanner** *(n.)* akadeɛ
sophist *(n.)* ɔdaadasɛm	**spare** *(adj.)* berɛ
sophisticate *(n.)* kyenkyerɛnkye	**spare** *(n.)* foforɔ
sophisticated *(adj.)* kuntann	**spare** *(v.)* nya adaagyeɛ
sophistication *(n.)* kuntannyɛ	**spark** *(v.)* pu
sorcerer *(n.)* bayifoɔ	**spark** *(n.)* hyew
sorcery *(n.)* abayisɛm	**sparkle** *(n.)* ɛhyerɛn
sordid *(adj.)* efi	**sparkle** *(v.)* hyerɛn
sore *(n.)* ekuro	**sparrow** *(n.)* akasanoma
sore *(adj.)* ɛyɛ ya	**sparse** *(adj.)* ahwete
sorrow *(v.)* di awerɛhoɔ	**spasm** *(n.)* awosoɔ
sorrow *(n.)* awerɛhoɔ	**spasmodic** *(adj.)* ɛnsisiso
sorry *(adj.)* kafra	**spate** *(n.)* nnidisoɔ
sort *(n.)* su	**spatial** *(adj.)* ntam kwan
sort *(v.)* hyehyɛ	**spawn** *(v.)* to kosua
soul *(n.)* ɔkra	**spawn** *(n.)* nsuomnam nkosua
sound *(v.)* gyegye	**speak** *(v.)* kasa
sound *(n.)* ɛnne	**speaker** *(n.)* ɔkasafo
sound *(adj.)* dedeyɛ	**spear** *(v.)* wɔ
sound system *(n.)* ngyegyeɛ nhyehyɛ	**spear** *(n.)* pea
soundproof *(adj.)* ɛngyegye den	**spearhead** *(v.)* di anim
soundtrack *(n.)* nnwom ngyegyeiɛ	**spearhead** *(n.)* ɔkandifo
soup *(n.)* nkwan	**special** *(adj.)* soronko
sour *(v.)* keka	**specialist** *(n.)* ɔnimdefo
sour *(adj.)* ɛkeka	**speciality** *(n.)* ahoɔden
source *(n.)* etire	**specialization** *(n.)* ahoɛden
south *(n.)* anaafoɔ	**specialize** *(v.)* di akotene
south *(adj.)* anaafoɔ	**species** *(n.)* nkyekyɛmu ahodoɔ
south *(adv.)* anaafoɔ	**specific** *(adj.)* pɔtee
southerly *(adj.)* anaafo fam	**specification** *(n.)* pɔtee deɛ
southern *(adj.)* anaafoɔ	**specify** *(v.)* kyerɛ mu
souvenir *(n.)* nkaedeɛ	**specimen** *(n.)* nhwesode
sovereign *(adj.)* ɔkuta tumi	**speck** *(n.)* ntɛtɛ
sovereign *(n.)* ohene	**speckle** *(n.)* nsensanee
sovereignty *(n.)* tumideɛ	**spectacle** *(n.)* ahwehwɛniwa
sow *(v.)* gu	**spectacular** *(adj.)* ɛyɛ nwanwa
sow *(n.)* prako debeɛ	**spectator** *(n.)* bɛhwadifoɔ
space *(v.)* ma kwan	**spectre** *(n.)* ɔsaman
space *(n.)* kwan	**spectrum** *(n.)* spectrum
spacecraft *(n.)* ahunmu hyɛn	**speculate** *(v.)* susu
spacious *(adj.)* ɛkwan	**speculation** *(n.)* bɔsrɛmuka
spade *(v.)* fa sofi	**speech** *(n.)* ɔkasa
spade *(n.)* sofi	**speed** *(v.)* yɛ ntɛm
span *(v.)* hunu	**speed** *(n.)* ntɛɛmtɛm
span *(n.)* dea akɔduro	**speedily** *(adv.)* ntɛm so
Spaniard *(n.)* spaniard	**speedy** *(adj.)* ntɛmtɛm
spaniel *(n.)* ɔkraman	**spell** *(v.)* bobɔ

spell *(n.)* mmako mmako	**sponge** *(v.)* tware
spelling *(n.)* nkyerew mmako	**sponge** *(n.)* sapɔ
spend *(v.)* seɛ	**sponsor** *(v.)* fa ka
spendthrift *(n.)* sikaseɛfoɔ	**sponsor** *(n.)* okyigyinafoɔ
sperm *(n.)* nkwammoa	**spontaneity** *(n.)* berɛ ano
sphere *(n.)* sphere	**spontaneous** *(adj.)* mpofirim
spherical *(adj.)* kurukuruwa	**spoon** *(n.)* atere
spice *(v.)* hyehye	**spoon** *(v.)* tete hyɛ
spice *(n.)* mako	**spoonful** *(n.)* atitiw
spicy *(adj.)* ɛhyehye	**sporadic** *(adj.)* ɛtaa ba
spider *(n.)* ananse	**sport** *(v.)* di agorɔ
spike *(v.)* kɔ soro	**sport** *(n.)* agorɔdie
spike *(n.)* dadewa	**sportive** *(adj.)* agumadinsɛm
spill *(n.)* nhwie gu	**sportsman** *(n.)* agumadifoɔ
spill *(v.)* hwie gu	**spot** *(v.)* hu
spin *(n.)* akyimkyim	**spot** *(n.)* baabi
spin *(v.)* kyim	**spotless** *(adj.)* nkekae nim
spinach *(n.)* spinach	**spotlight** *(n.)* spotlight
spinal *(adj.)* akyire brɛmo	**spousal** *(adj.)* hukanii
spindle *(n.)* abaa	**spouse** *(n.)* ɔhukanii
spine *(n.)* berɛmo	**spout** *(v.)* fefɛ
spinner *(n.)* spinner	**spout** *(n.)* mfefɛeɛ
spinster *(n.)* osigyani baa	**sprain** *(n.)* akisikuro
spiral *(adj.)* dea aboboɔ	**sprain** *(v.)* hwan
spiral *(n.)* aboboɔ	**spray** *(v.)* gugu so
spirit *(n.)* homhom	**spray** *(n.)* ngugusoɔ
spirited *(adj.)* homhom	**spread** *(n.)* ntrɛmu
spiritual *(adj.)* homhom mu	**spread** *(v.)* sɛ
spiritualism *(n.)* ahomhomsɛmdei	**spree** *(n.)* spree
spiritualist *(n.)* homhomu nipa	**sprig** *(n.)* nkorabata
spirituality *(n.)* homhom fam	**sprightly** *(adj.)* ahokeka
spit *(n.)* ntasuo	**spring** *(n.)* ɛhuri
spit *(v.)* te ntasuo	**spring** *(v.)* pue
spite *(n.)* ahi	**sprinkle** *(v.)* petepete
spittle *(n.)* ntasuo	**sprint** *(n.)* mirikatuo
spittoon *(n.)* spittoon	**sprint** *(v.)* tu ammrika
splash *(n.)* mpete	**sprout** *(n.)* mfefɛeɛ
splash *(v.)* bɔ pete	**sprout** *(v.)* fefɛ
spleen *(n.)* tan	**spur** *(v.)* kayan
splendid *(adj.)* fɛɛfɛ	**spur** *(n.)* nkranhyɛ
splendour *(n.)* eho twa	**spurious** *(adj.)* ɛnyɛ
splinter *(v.)* pae	**spurn** *(v.)* po
splinter *(n.)* mpaapaamu	**spurt** *(n.)* apetieɛ
split *(n.)* ntitimu	**spurt** *(v.)* pete
split *(v.)* ti mu	**sputnik** *(n.)* sputnik
spoil *(v.)* seɛ	**sputum** *(n.)* ahorɔ
spoil *(n.)* ɔseeɛ	**spy** *(v.)* tɛ
spoke *(n.)* kasa	**spy** *(n.)* ɔtetɛfoɔ
spokesman *(n.)* ɔkasamafo	**squad** *(n.)* fekuo

squadron *(n.)* squadron
squalid *(adj.)* kankan
squalor *(n.)* efi
squander *(v.)* di
square *(adj.)* ahinanan
square *(v.)* yɛ ahinanan
square *(n.)* ahinanan
squash *(n.)* ɛkyimkyim
squash *(v.)* kyimkyim
squat *(v.)* koto
squeak *(v.)* yɛ dede
squeak *(n.)* dede
squeeze *(v.)* kyim
squint *(n.)* anikyewbuo
squint *(v.)* bu anikyew
squire *(n.)* asaasewura
squirrel *(n.)* opuro
stab *(n.)* nsɔhwɛ
stab *(v.)* wɔ sekan
stability *(n.)* pintinn
stabilization *(n.)* pintinn gyina
stabilize *(v.)* brɛ ase
stable *(n.)* ɔpɔnkɔdan
stable *(v.)* yɔ kom
stable *(adj.)* pintinn
stadium *(n.)* agopramma so
staff *(v.)* poma
staff *(n.)* adwumayɛfoɔ
stag *(n.)* ɔforoteɛ
stage *(v.)* du berɛ
stage *(n.)* berɛ
stagger *(n.)* ɛhinhim
stagger *(v.)* hinhim
stagnant *(adj.)* ɛgyina faako
stagnate *(v.)* taa faako
stagnation *(n.)* gyinabea baako
staid *(adj.)* ma ahodwo
stain *(v.)* yɛ fi
stain *(n.)* efi
stainless *(adj.)* dadeɛ
stair *(n.)* atwreɛ so
staircase *(n.)* staircase
stake *(v.)* twa
stake *(n.)* boa
stale *(v.)* yinya
stale *(adj.)* ayinya
stalemate *(n.)* gyinapintinn
stalk *(v.)* twa ɛmu
stalk *(n.)* dua mu

stall *(v.)* si kwan
stall *(n.)* ɔpono
stallion *(n.)* ɔpɔnkɔnini
stalwart *(adj.)* nokwaredifo
stalwart *(n.)* ɔnokwafo
stamina *(n.)* ahoɔden
stammer *(v.)* po
stammer *(n.)* ɔpo dodoɔ
stamp *(v.)* tim so
stamp *(n.)* ntimtimso
stampede *(v.)* stampede
stampede *(n.)* stampede
stand *(n.)* ngyinahɔ
stand *(v.)* gyina
standard *(adj.)* gyinapɛn
standard *(n.)* gyinabea
standardization *(n.)* ɛhyia
standardize *(v.)* yɛ frinkim
standing *(n.)* ngyinahɔ
standpoint *(n.)* gyinabea
standstill *(n.)* gyina pintinn
stanza *(n.)* stanza
staple *(adj.)* adititiriw
staple *(v.)* tom
staple *(n.)* adititiriiw
star *(v.)* yɛ nsoromma
star *(n.)* nsoromma
starch *(v.)* nya setaakye
starch *(n.)* ataredeɛ
stardom *(n.)* ɛdingyeɛ
stare *(n.)* nhwɛhann
stare *(v.)* hwɛ hann
stark *(adj.)* anuoɔnam
stark *(adv.)* adepa
starry *(adj.)* nsoromma
start *(n.)* ahyɛaseaɛ
start *(v.)* hyɛ ase
startle *(v.)* ma ahodwiriw
starvation *(n.)* ɛkɔmkyerɛ
starve *(v.)* kyere kɔm
state *(v.)* ka
state *(n.)* ɔman
stateliness *(n.)* amanmu
stately *(adj.)* ɔman anidan
statement *(n.)* anodisɛm
statesman *(n.)* ɔmanyɛfoɔ
statewide *(adj.)* ɔmanmu
static *(n.)* pintinn
static *(adj.)* gyina faako

statics *(n.)* faako
station *(n.)* atenaeɛ
station *(v.)* beaɛ pɔtee
stationary *(adj.)* ɛgyina faako
stationer *(n.)* atwerɛhotɔnfo
stationery *(n.)* atwerɛho neama
statistical *(adj.)* nkontabuo nsɛm
statistician *(n.)* nkontabuonii
statistics *(n.)* nkontabuo ahodoɔ
statue *(n.)* ohoni
stature *(n.)* yɔbea
status *(n.)* dibea
statute *(n.)* mmara
statutory *(adj.)* ɛyɛ mmra
staunch *(adj.)* ɔnokwafo
stay *(n.)* atenaseɛ
stay *(v.)* tena
steadfast *(adj.)* pintinn
steadiness *(n.)* frinkyimm
steady *(v.)* tim hɔ
steady *(adj.)* pintinn
steal *(v.)* wia
stealthily *(adv.)* stealthily
steam *(n.)* ntutuo
steam *(v.)* hu ntutuo
steamer *(n.)* steamer
steed *(n.)* ɔpɔnkɔ
steel *(n.)* dadeɛ
steep *(v.)* nante ntɛmtɛm
steep *(adj.)* ntɛmtɛm
steeple *(n.)* abansoro
steer *(v.)* twi
stellar *(adj.)* nsoromma
stem *(v.)* bu aduakɔn
stem *(n.)* aduakɔn
stench *(n.)* nkabɔne
stencil *(v.)* siesie
stencil *(n.)* nsiesie
stenographer *(n.)* stenographer
stenography *(n.)* stenography
step *(v.)* tia
step *(n.)* ananmontuo
steppe *(n.)* steppe
stereotype *(v.)* 0
stereotype *(n.)* 0
stereotyped *(adj.)* 0
sterile *(adj.)* krawa
sterility *(n.)* bonini
sterilization *(n.)* krawatwa

sterilize *(v.)* kom mmoa
sterling *(n.)* sterling
sterling *(adj.)* sterling
stern *(n.)* anibre
stern *(adj.)* anibre
steroid *(n.)* steroid
stethoscope *(n.)* stethoscope
stew *(v.)* di abommu
stew *(n.)* abommu
steward *(n.)* ofiehwɛfoɔ
stick *(v.)* tare
stick *(n.)* abaa
sticker *(n.)* sticker
stickler *(n.)* stickler
sticky *(n.)* tentann
stiff *(n.)* den
stiffen *(v.)* yɛ bawee
stifle *(v.)* si mene
stigma *(n.)* animtiabuo
still *(adv.)* da so
still *(v.)* da so
still *(n.)* dinn
still *(adj.)* komm
stillness *(n.)* kommyɛ
stilt *(n.)* stilt
stimulant *(n.)* nkanyandeɛ
stimulate *(v.)* kayan
stimulus *(n.)* nkanya
sting *(n.)* ɛbɔ
sting *(v.)* bɔ
stingy *(adj.)* pɛɛpɛɛ
stink *(n.)* kankan
stink *(v.)* bɔn
stipend *(n.)* akatua
stipulate *(v.)* bɔ pɔtee
stipulation *(n.)* yɛbea
stir *(v.)* nu mu
stirrup *(n.)* stirrup
stitch *(v.)* pam
stitch *(n.)* ahoma
stock *(v.)* kora
stock *(adj.)* dea ɛwɔhɔ
stock *(n.)* neama
stocking *(n.)* stocking
stoic *(n.)* stoic
stoke *(v.)* sɔ gya
stoker *(n.)* stoker
stomach *(v.)* sɔ yɛfunu
stomach *(n.)* yafunu

stone *(v.)* bɔ boɔ	**stray** *(v.)* yɛ mfomsoɔ
stone *(n.)* boɔ	**stream** *(v.)* dɔ asuwa
stony *(adj.)* aboɔden boɔ	**stream** *(n.)* asuwa
stool *(n.)* adwa	**streamer** *(n.)* streamer
stoop *(n.)* nkoto	**streamlet** *(n.)* asubɔnten ketewa
stoop *(v.)* kotoow	**street** *(n.)* kwantempɔn
stop *(n.)* ɛgyinaeɛ	**strength** *(n.)* ahoɔden
stop *(v.)* gyina	**strengthen** *(v.)* kanyan
stoppage *(n.)* gyinabea	**strenuous** *(adj.)* ɛhia ahoɔden
storage *(n.)* akoraeɛ	**stress** *(v.)* brɛ
store *(v.)* kora	**stress** *(n.)* ɔbrɛ
store *(n.)* sotoɔ	**stretch** *(n.)* ntwemu
storey *(n.)* abansoroso	**stretch** *(v.)* twe
stork *(n.)* ntakraboa	**stretcher** *(n.)* mpa
storm *(v.)* ma ahum	**strew** *(v.)* petepete
storm *(n.)* ahum	**strict** *(adj.)* dea ɛden
stormy *(adj.)* ahum	**stricture** *(n.)* anohyeto ahodoɔ
story *(n.)* anansesɛm	**stride** *(n.)* ananmɔntuo
stout *(adj.)* ɔkɛseɛ	**stride** *(v.)* tutu anan
stove *(n.)* stove	**strident** *(adj.)* anoɔden
stow *(v.)* da nkyɛn	**strife** *(n.)* nitan
straggle *(v.)* seɛ mmrɛ	**strike** *(v.)* pa
straggler *(n.)* bɔtee	**strike** *(n.)* atuate
straight *(adv.)* tee	**striker** *(n.)* ɔbɔfo
straight *(adj.)* ɛtene	**string** *(v.)* sina
straighten *(v.)* tenetene	**string** *(n.)* ahoma
straightforward *(adj.)* ɛyɛ tee	**stringency** *(n.)* dendenden
straightway *(adv.)* ntɛm ara	**stringent** *(adj.)* pampee
strain *(n.)* ekoro	**strip** *(v.)* pa
strain *(v.)* pira	**strip** *(n.)* ntomapa
strait *(n.)* atɛkyɛ	**stripe** *(v.)* biabia
straiten *(v.)* yɛ kumaa	**stripe** *(n.)* mbiabia
strand *(n.)* strand	**strive** *(v.)* pere
strand *(v.)* strand	**stroke** *(v.)* fofa
strange *(adj.)* nwanwa	**stroke** *(n.)* nwodwoeɛ
stranger *(n.)* ɔhɔhoɔ	**stroll** *(n.)* ananteanante
strangle *(v.)* sɛn	**stroll** *(v.)* nante
strangulation *(n.)* amiamiakɔn	**strong** *(adj.)* denden
strap *(v.)* bɔ abɔsoɔ	**stronghold** *(n.)* abankɛseɛ
strap *(n.)* abɔsoɔ	**structural** *(adj.)* nhyehyeɛ
stratagem *(n.)* stratagem	**structure** *(n.)* tebea
strategic *(adj.)* ɔkwanhwea	**struggle** *(n.)* ɔberɛ
strategist *(n.)* hyehyɛfoɔ	**struggle** *(v.)* bɔ adwaman
strategy *(n.)* ɔkwan	**strumpet** *(n.)* odwamanfoɔ
stratum *(n.)* nkyekyɛmu	**strut** *(n.)* ahomasoɔ
straw *(n.)* straw	**strut** *(v.)* yɛ ahomasoɔ
strawberry *(n.)* strawberry	**stub** *(n.)* stub
stray *(adj.)* mfomsoɔ	**stubble** *(n.)* nhinni
stray *(n.)* mfomsoɔ	**stubborn** *(adj.)* asouden

stud *(v.)* yɛ basabasa	**subordinate** *(n.)* abadiakyire
stud *(n.)* basabasa	**subordinate** *(v.)* hyɛ ase
student *(n.)* sukuunii	**subordination** *(n.)* ahyɛaseɛ
studio *(n.)* studio	**subscribe** *(v.)* taa akyi
studious *(adj.)* adesua	**subscription** *(n.)* nkratahyɛ
study *(n.)* adesua	**subsequent** *(adj.)* akyiri
study *(v.)* sua	**subservience** *(n.)* ahobreɛase
stuff *(v.)* tɔ adeaɛ	**subservient** *(adj.)* ahobraseɛni
stuff *(n.)* adeaɛ	**subside** *(v.)* brɛ ase
stuffy *(adj.)* kusuu	**subsidiary** *(adj.)* adwumakuo ketewa
stumble *(n.)* hintudua	**subsidize** *(v.)* boa sikafamso
stumble *(v.)* pori	**subsidy** *(n.)* akyɛdieɛ
stump *(v.)* yɛ nwanwa	**subsist** *(v.)* nya anoaduane
stump *(n.)* dunsini	**subsistence** *(n.)* daadaa aduane
stun *(v.)* ma ahodwri	**substance** *(n.)* neaɛma
stunt *(n.)* ape	**substantial** *(adj.)* ɛho hia
stunt *(v.)* tɔ ape	**substantially** *(adv.)* ɛhia
stupefy *(v.)* yɛ whawha	**substantiate** *(v.)* ma adanseɛ
stupendous *(adj.)* ahodwiride	**substantiation** *(n.)* nokwaredie
stupid *(adj.)* kwasea	**substitute** *(v.)* sesa
stupidity *(n.)* nkwaseasɛm	**substitute** *(n.)* nsiananmu
sturdy *(adj.)* ɔsi pi	**substitution** *(n.)* nsesa
sty *(n.)* prakodan	**subterranean** *(adj.)* asase ase
stye *(n.)* stye	**subtle** *(adj.)* ɛkama
style *(n.)* yɔbea	**subtlety** *(n.)* kamakama
stylish *(adj.)* dea abaso	**subtract** *(v.)* ti firim
subculture *(n.)* amammrɛkuo	**subtraction** *(n.)* ntifrimu
subdivide *(v.)* kyekyɛmu nketewa	**suburb** *(n.)* mantam
subdue *(v.)* di so	**suburban** *(adj.)* suburban
subject *(adj.)* asɛm	**subversion** *(n.)* adane
subject *(n.)* asɛmpɔ	**subversive** *(adj.)* ɛbutu
subject *(v.)* yɛ akoa	**subvert** *(v.)* butu
subjection *(n.)* nhyɛsoɔ	**succeed** *(v.)* di nkunim
subjective *(adj.)* ankasa	**success** *(n.)* nkunim
subjudice *(adj.)* subjudice	**successful** *(adj.)* yie
subjugate *(v.)* hyɛ so	**succession** *(n.)* nnidisoɔ
subjugation *(n.)* nhyɛsoɔ	**successive** *(adj.)* odiadeɛ
sublet *(v.)* dane	**successor** *(n.)* odiadeɛfoɔ
sublimate *(v.)* dane	**succour** *(v.)* boa
sublime *(n.)* adutwame	**succour** *(n.)* mmoa
sublime *(adj.)* ɛkorɔn	**succumb** *(v.)* wu
sublimity *(n.)* kroɔnyɛ	**such** *(pron.)* saa
submarine *(adj.)* poase hyɛn	**such** *(adj.)* ɛnoa
submarine *(n.)* nsuoase hyɛn	**suck** *(n.)* mfeiɛ
submerge *(v.)* dɔ sukɔ	**suck** *(v.)* fe
submission *(n.)* ahobrɛaseɛ	**suckle** *(v.)* ma nufusuo
submissive *(adj.)* ahobrɛaseɛ	**suckling** *(n.)* mfefeɛ
submit *(v.)* brɛ ase	**sudden** *(n.)* mpofrimu
subordinate *(adj.)* abadiakyire	**suddenly** *(adv.)* prɛko pɛ

sue *(v.)* saman
suffer *(v.)* brɛ
suffice *(v.)* yɛ bebree
sufficiency *(n.)* ɛdɔɔso
sufficient *(adj.)* ɛyɛ
suffix *(v.)* si akyire
suffix *(n.)* nsiakyire
suffocate *(v.)* si mene
suffocation *(n.)* menesie
suffrage *(n.)* abatoɔ akwannya
sugar *(v.)* di sikyire
sugar *(n.)* ɛsikyire
suggest *(v.)* susu
suggestion *(n.)* nsusuiɛ
suggestive *(adj.)* nkaho
suicidal *(adj.)* ahokumu
suicide *(n.)* ahokum
suit *(v.)* fata
suit *(n.)* kootu
suitability *(n.)* sɛnea ɛfata
suitable *(adj.)* ɛyɛ
suite *(n.)* adankora
suitor *(n.)* hokafoɔ
sullen *(adj.)* kusuu
sulphur *(n.)* sulphur
sulphuric *(adj.)* sulphuric
sultry *(adj.)* fɔsu
sum *(v.)* boa ano
sum *(n.)* dodoɔ
summarily *(adv.)* ntɛmsu
summarize *(v.)* bɔ tɔfa
summary *(adj.)* mboano
summary *(n.)* tɔfa
summer *(n.)* ahuhurobrɛ
summit *(n.)* atifi
summon *(v.)* saman
summons *(n.)* ɔfrɛ
sumptuous *(adj.)* fɛɛfɛ
sun *(v.)* hyɛ awia
sun *(n.)* awia
sunburn *(n.)* owia hyew
sundae *(n.)* sundae
Sunday *(n.)* kwasiada
sunder *(v.)* te mu
sundry *(adj.)* ahodoɔ
sunlight *(n.)* owia hann
sunny *(adj.)* awiaahyeɛ
sunrise *(n.)* awia puieɛ
sunset *(n.)* owiatɔ

sup *(v.)* nom
sup *(n.)* ɛnom
superabundance *(n.)* mmrosoɔ
superabundant *(adj.)* dea ɛdɔɔso
superb *(adj.)* ɛho twa
superficial *(adj.)* aniani
superficiality *(n.)* ɛwosoro
superfine *(adj.)* ahoɔfɛ mmrosoɔ
superfluity *(n.)* ɛboroso
superfluous *(adj.)* nkaeɛ
superhuman *(adj.)* nipa sronko
superintend *(v.)* hwɛ so
superintendence *(n.)* polisenni panin
superintendent *(n.)* polisenii panin
superior *(adj.)* papapaara
superiority *(n.)* ɛwɔsoro
superlative *(adj.)* ɛdimu
superlative *(n.)* ɛdimu
superman *(n.)* superman
supernatural *(adj.)* ɛboro so
supersede *(v.)* de nsesa
supersonic *(adj.)* supersonic
superstition *(n.)* gyedihunu
superstitious *(adj.)* gyedihunusɛm
supertax *(n.)* toɔ foforɔ
supervise *(v.)* hwɛ so
supervision *(n.)* nhwɛsoɔ
supervisor *(n.)* ɔhwɛsofoɔ
supper *(n.)* anwumerɛ aduane
supple *(adj.)* nkuamu
supplement *(n.)* nkaho
supplement *(v.)* de kaho
supplementary *(adj.)* nkahodie
supplier *(n.)* odwadifoɔ
supply *(n.)* amenadieɛ
supply *(v.)* de ma
support *(n.)* mboa
support *(v.)* boa
suppose *(v.)* susu
supposition *(n.)* gyidie
suppress *(v.)* ka hyɛ
suppression *(n.)* nkahyɛ
supremacy *(n.)* mpaninnie
supreme *(adj.)* okokroko
surcharge *(v.)* twa boɔ
surcharge *(n.)* ɛbootwa
sure *(adj.)* nokorɛtrodoo
surely *(adv.)* ampa
surety *(n.)* agyinamdifoɔ

surf *(n.)* ɛmmrikatuo	**sway** *(v.)* hinhim
surf *(v.)* tu mrika	**swear** *(v.)* ka ntam
surface *(n.)* ani	**sweat** *(v.)* ti mfifire
surface *(v.)* pue	**sweat** *(n.)* mfifire
surfeit *(n.)* mmrosoɔ	**sweater** *(n.)* swɛta
surge *(v.)* bɔ twe	**sweep** *(n.)* aprapra
surge *(n.)* ntomu	**sweep** *(v.)* pra
surgeon *(n.)* opiresan dɔkta	**sweeper** *(n.)* ɔpraprafoɔ
surgery *(n.)* opiresan	**sweet** *(n.)* dɔkɔdɔkɔ
surmise *(v.)* susu	**sweet** *(adj.)* dɔkɔdɔkɔdi
surmise *(n.)* bɔsrɛmuka	**sweeten** *(v.)* yɛ dɛ
surmount *(v.)* di so	**sweetmeat** *(n.)* namdɛɛdɛ
surname *(n.)* abusuadin	**sweetness** *(n.)* dɛdɛɛdɛ
surpass *(v.)* twa	**swell** *(n.)* ahono
surplus *(n.)* mmrosoɔ	**swell** *(v.)* hono
surprise *(v.)* ma ahodwiri	**swift** *(adj.)* ntɛm
surprise *(n.)* nwanwa	**swim** *(n.)* nsuom adwareɛ
surrender *(n.)* nfahoma	**swim** *(v.)* boro
surrender *(v.)* gyae mu	**swimmer** *(n.)* nsuguarefoɔ
surround *(v.)* twa ho	**swindle** *(n.)* bukata
surroundings *(n.)* mpɔtɛnmu	**swindle** *(v.)* bu
surtax *(n.)* surtax	**swindler** *(n.)* apoobɔfoɔ
surveillance *(n.)* nhwehwɛmu	**swine** *(n.)* mprako
survey *(n.)* nhwehwɛmu	**swing** *(n.)* ahimhim
survey *(v.)* yɛ nhwehwɛmu	**swing** *(v.)* him
survival *(n.)* wonya nkwa	**swipe** *(v.)* bɔ
survive *(v.)* nya nkwa	**swirl** *(v.)* di akɔneaba
suspect *(n.)* nsusueɛ	**Swiss** *(adj.)* swiss
suspect *(v.)* susu	**Swiss** *(n.)* swiss
suspect *(adj.)* ɔsusu	**switch** *(v.)* sɔ
suspend *(v.)* twe san	**switch** *(n.)* nsesaeɛ
suspense *(n.)* awɔse	**swoon** *(v.)* twa hwe
suspension *(n.)* ntwesɛn	**swoon** *(n.)* pitibɔ
suspicion *(n.)* anibɔne	**swoop** *(n.)* ɔsa
suspicious *(adj.)* nsusueyɛ	**swoop** *(v.)* tu sa
sustain *(v.)* kuta mu	**sword** *(n.)* akofena
sustenance *(n.)* nkutamu	**sycamore** *(n.)* sycamore
swab *(n.)* swab	**sycophancy** *(n.)* 0
swagger *(n.)* ahomasoɔ	**sycophant** *(n.)* 0
swagger *(v.)* yɛ ahomasoɔ	**syllabic** *(adj.)* nnyigieɛ akyerɛwde
swallow *(n.)* ameneamene	**syllable** *(n.)* nnyigie nkyerɛwde
swallow *(v.)* mene	**syllabus** *(n.)* selaboso
swamp *(v.)* tɔ aforɔm	**sylph** *(n.)* sylph
swamp *(n.)* aforɔm	**sylviculturist** *(n.)* sylviculturist
swan *(n.)* dabodabo	**symbiosis** *(n.)* nkabom
swarm *(v.)* yɛ baako	**symbiote** *(n.)* ɛborɔ
swarm *(n.)* ekuo	**symbol** *(n.)* ahyɛnsodeɛ
swarthy *(adj.)* kyekyere	**symbolic** *(adj.)* nsɛnkyerɛne
sway *(n.)* ahinhim	**symbolism** *(n.)* agyinahyɛdeɛ

symbolize *(v.)* gyina ma
symmetrical *(adj.)* pɛpɛɛpɛ
symmetry *(n.)* ɛhyia
sympathetic *(adj.)* ayamhyehyeɛ
sympathize *(v.)* nya ɛhumɔbrɔ
sympathy *(n.)* mmɔbrɔhunuu
symphony *(n.)* symphony
symposium *(n.)* nhyiamu
symptom *(n.)* nsɛnkyerɛnne
symptomatic *(adj.)* yareɛ nsɛnkyerɛnne
synergy *(n.)* nkabomdie
synonym *(n.)* pɛ
synonymous *(adj.)* nkyerɛaseɛ korɔ
synopsis *(n.)* tɔfa
syntax *(n.)* nsɛmfua nhyehyeɛ
synthesis *(n.)* nkabomu
synthetic *(n.)* ɛnyɛ papa
synthetic *(adj.)* dea enyɛ
syringe *(v.)* wɔ paneaɛ
syringe *(n.)* paneaɛ
syrup *(n.)* dɔkɔdɔkɔdi
system *(n.)* nnipadua
systematic *(adj.)* nnidisoɔ
systematize *(v.)* hyehyɛ

table *(v.)* to pono
table *(n.)* ɛpono
tableau *(n.)* mfonini
tablet *(n.)* ɛbopono
tablet *(v.)* dufa
tabloid *(n.)* krataa
taboo *(adj.)* mmusuo
taboo *(v.)* bɔ musuo
taboo *(n.)* akyiwadeɛ
tabular *(adj.)* tabular
tabulate *(v.)* hyehyɛ
tabulation *(n.)* nhyehyɛ
tabulator *(n.)* hyehyɛfoɔ
tacit *(adj.)* kommyɛ mu
taciturn *(adj.)* kommyɛ
tack *(n.)* dadowa
tack *(v.)* bɔ dadowaso
tackle *(v.)* si ano
tackle *(n.)* anosi
tact *(n.)* nyansa

tactful *(adj.)* nyansa
tactician *(n.)* nyansani
tactics *(n.)* ɛpɔ
tactile *(adj.)* nkekaho
tag *(n.)* ahyɛnsoɔ
tag *(v.)* hyɛ nso
tail *(n.)* dua
tail *(v.)* di akyire
tailor *(v.)* sesa
tailor *(n.)* adepamni
taint *(v.)* yɛ efi
taint *(n.)* nkekae
take *(v.)* gye
takeable *(adj.)* wɔfa
takeaway *(adj.)* fa kɔ
takeaway *(n.)* fa kɔ
taken *(adj.)* afa
take-off *(n.)* tu
takeout *(adj.)* de kɔ
takeout *(n)* wɔde kɔ
takeover *(n.)* gye
taker *(n.)* ɔgyefo
tala *(n.)* tala
talbot *(n.)* talbot
talc *(n.)* talc
tale *(n.)* anansesɛm
talebear *(v.)* anansesɛm ka
talebearer *(n.)* anansesɛm sohwɛfo
talebearing *(n.)* anansesɛm ka
talebook *(n.)* anansesɛm nhoma
talent *(n.)* adom akyɛdeɛ
talisman *(n.)* bansere
talk *(n.)* kasaa
talk *(v.)* kasa
talkative *(adj.)* kasapɛfoɔ
talkatively *(adv.)* pɛ kasa
talkativeness *(n.)* kasapɛfoɔ
talkback *(n.)* talkback
talkboard *(n.)* talkboard
tall *(adj.)* tenten
tallow *(n.)* tallow
tally *(v.)* nhyia
tally *(adj.)* nkontaabu
tally *(n.)* nkontaabu
talon *(n.)* talon
taloned *(adj.)* taloned
tamarind *(n.)* aduaba
tame *(v.)* pua
tame *(adj.)* atiefo

tamper *(v.)* de nsa ka
tamper *(n.)* nsa aka
tamperproof *(adj.)* ntumi sɛe
tampon *(n.)* tampon
tampon *(v.)* tampon
tan *(adj.)* tan
tan *(v.)* tan
tan *(n.)* tan
tanbark *(n.)* abɔntene
tandem *(n.)* dadepɔnkɔ
tandem *(adv.)* sakre
tandem *(adj.)* sakre
tandoor *(n.)* tandoor
tang *(v.)* hua
tang *(n.)* dɛ
tanged *(adj.)* dɛ
tangent *(n.)* tee
tangible *(adj.)* tumi hu
tangle *(v.)* bebare
tangle *(n.)* nwonworann
tango *(n.)* asa
tango *(v.)* sa
tank *(n.)* akoradeɛ
tankard *(n.)* kuruwa
tanker *(n.)* kar
tanner *(n.)* tanner
tannery *(n.)* tannery
tantalize *(v.)* yɛ ayayaɖe
tantamount *(adj.)* bɔne koro
tantamount *(v.)* yɛ koro
tantra *(n.)* tantra
tantric *(adj.)* tantric
tap *(n.)* nka
tap *(v.)* twe
tape *(v.)* abɔ
tape *(n.)* kasɛt
tape player *(n.)* afiri
tapeless *(adj.)* tapeless
tapeline *(n.)* susuhoma
taper *(n.)* kyɛnere
taper *(v.)* te so
tapestry *(n.)* ntama
tar *(v.)* gu tar
tar *(n.)* tar
taramite *(n.)* taramite
tarantism *(n.)* tarantism
tardiness *(n.)* nyaa
tardy *(adj.)* nyaa
target *(n.)* botaeɛ

tariff *(n.)* ɛtoɔ
tarnish *(v.)* gu ho fi
task *(v.)* dwuma hyɛ nsa
task *(n.)* dwuma
taste *(v.)* ka hwɛ
taste *(n.)* dɛ
taste bud *(n.)* nnuhwam
tasteful *(adj.)* ɛyɛ dɛ
tasty *(adj.)* ne dɛ
tatter *(v.)* te te
tatter *(n.)* atheteɛ
tattoo *(v.)* tattoo
tattoo *(n.)* tattoo
taunt *(n.)* agyegyesɛm
taunt *(v.)* gyegye
taunter *(n.)* fɛwdifo
taunting *(adj.)* fewdi
tauntingly *(adv.)* fɛwdi
tauromachy *(n.)* tauromachy
taut *(adj.)* petee
tautly *(adv.)* pampee
tavern *(n.)* nsatɔnbea
taverner *(n.)* nsatɔnbeafo
tavernkeeper *(n.)* nsatɔnbea hwɛfoɔ
taw *(v.)* taw
taw *(n.)* taw
tawer *(n.)* tawer
tax *(v.)* gye tow
tax *(n.)* tow
tax return *(n.)* towtua nkrataa
taxable *(adj.)* tow
taxation *(n.)* towtua
tax-free *(adj.)* wontua tow
taxi *(v.)* twi
taxi *(n.)* taksi
taxibus *(n.)* taksibɔs
taxicab *(n.)* taksi
taxidermal *(adj.)* taxidermal
taxidermic *(adj.)* taxidermic
taxidermist *(n.)* taxidermist
taxidermy *(n.)* taxidermy
taxpayer *(n.)* towtuafo
T-bone *(n.)* T-bone
T-bone *(v.)* T-bone
tchick *(n.)* tchick
tchick *(v.)* tchick
tea *(v.)* nom tii
tea *(n.)* tii
tea maker *(n.)* tii yɛfo

teabag *(n.)* tii bag
teabox *(n.)* tii adaka
teacake *(n.)* keeki
teach *(v.)* kyerɛ
teacheable *(adj.)* wɔkyerɛkyerɛ
teacher *(n.)* ɔkyerɛkyerɛni
teacher centric *(adj.)* kyerɛkyerɛni
teaching *(n.)* adekyerɛ
teacup *(n.)* tii kuruwa
teagle *(n.)* teagle
teahouse *(n.)* tii dan
teak *(n.)* dua
team *(v.)* dɔm
team *(n.)* ekuo
team building *(n.)* ekuo kyekye
teamed *(adj.)* hyɛɛ mu
teammate *(n.)* mfɛfo
teamwise *(adv.)* kuw mu
teamwork *(n.)* kuw adwuma
teapot *(n.)* teapot
tear *(n.)* te
tear *(v.)* anisuo
tear *(n.)* te nisuo
tear gas *(n.)* mframa
teardrop *(n.)* nusu
tearful *(adj.)* ɛresu
tease *(v.)* huro
tease *(n.)* fɛwdie
teaser *(n.)* ɔhaw
teasing *(n.)* fɛwdi
teasingly *(adv.)* fɛwdi so
teat *(n.)* nufoɔ ano
technical *(adj.)* nsaanodwuma
technicality *(n.)* adesuade
technician *(n.)* odwumfo
technique *(n.)* ɔkwan
technological *(adj.)* mfididwumaho nimdeɛ
technologist *(n.)* mfididwuma nimdefo
technology *(n.)* mfidie
technomad *(n.)* technomad
technomania *(n.)* adwinni
technomusic *(n.)* nnwom
technophile *(n.)* pɛ mfididwuma
technophobe *(n.)* ɔmpɛ mfididwuma
techy *(n.)* mfiridwuma nimdeɛ
tect *(n.)* tect
tect *(adj.)* tect
tectonic *(adj.)* asaase

tedious *(adj.)* ɛyɛ den
tedium *(n.)* ɔbrɛ
teem *(v.)* hwie
teenager *(n.)* ɔbabun
teens *(n. pl.)* mmabun
teethe *(v.)* refi se
teetotal *(adj.)* nnom nsa
teetotaller *(n.)* nnom nsa
telebanking *(n.)* telebanking
telecast *(n.)* tɛlɛbihɛn dwumadi
telecast *(v.)* yi dwumadie
telecommunications *(n.)* telefon nkikahodi
telecomputing *(n.)* telecomputing
teleconference *(n.)* telefon nhyiam
telecopier *(n.)* telecopier
telecourse *(n.)* telecourse
telefax *(n.)* telefax
telegram *(n.)* telegram
telegraph *(v.)* fa afiri so
telegraph *(n.)* afiri nkutahodie
telegraphic *(adj.)* afiri so
telegraphist *(n.)* telegraphist
telegraphy *(n.)* telegraphy
teleguide *(n.)* teleguide
telejournalism *(n.)* telejournalism
telekinesis *(n.)* telekinesis
telekinetic *(adj.)* telekinetic
telemark *(v.)* telemark
telemarket *(v.)* telemarket
telemarketing *(n.)* telemarketing
telematic *(adj.)* telematic
telemetry *(n.)* telemetry
teleologic *(adj.)* teleologic
teleologist *(n.)* teleologist
teleology *(n.)* teleology
teleoperator *(n.)* teleoperator
telepathic *(adj.)* telepathic
telepathist *(n.)* telepathist
telepathy *(n.)* nkutahodie
telephone *(n.)* ahomatorofoɔ
telephone *(v.)* frɛ
teleport *(v.)* tu
teleport *(n.)* afiri
teleportation *(n.)* kɔ
teleprint *(v.)* teleprint
teleprinter *(n.)* afiri
teleprompter *(n.)* afiri
telescope *(n.)* nsoromma afiri

telescopic *(adj.)* telescopic
telescopy *(n.)* telescopy
teleshopper *(n.)* aguadifo
teleshopping *(n.)* tɛlɛbihyɛn aguadi
teletext *(n.)* teletext
televise *(v.)* bɔ dawuro
television *(n.)* tɛlɛbihyɛn
tell *(v.)* ka
teller *(n.)* teller
telling *(adj.)* ka
telling *(n.)* ka
telling-off *(n.)* wɔaka
telltale *(adj.)* telltale
telltale *(n.)* telltale
tellural *(adj.)* tellural
telluric *(adj.)* telluric
temeritous *(adj.)* gyidie
temerity *(n.)* gyidie
temper *(v.)* sesa
temper *(n.)* abufuo
temperament *(n.)* suban
temperamental *(adj.)* ɛbufuw
temperance *(n.)* anidahɔ
temperate *(v.)* sesa
temperate *(adj.)* ɔhyew
temperature *(n.)* ɔhyew
tempest *(n.)* ahum
tempestuous *(adj.)* ahum
templar *(n.)* templar
template *(v.)* fa susu
template *(n.)* nsusuwso
temple *(n.)* asɔredan
temporal *(adj.)* berɛtia
temporary *(adj.)* berɛtia
tempt *(v.)* sɔhwɛ
temptation *(n.)* nsɔhwɛ
tempter *(n.)* sɔhwɛfo
ten *(n.)* edu
tenable *(adj.)* nyansa wom
tenacious *(adj.)* den
tenacity *(n.)* ɔyɛ den
tendinitis *(n.)* tendinits
tenancy *(n.)* tumi
tenant *(n.)* ɔhan dan
tend *(v.)* taa
tendency *(n.)* bɛtumi
tender *(v.)* fa ma
tender *(adj.)* mmerɛ
tender *(n.)* krataa

tenderfoot *(n.)* onni osuahu
tender-hearted *(adj.)* ayamye
tenderize *(v.)* yɛ mmrɛe
tenderizer *(n.)* yɛ mmrɛe
tenderly *(adv.)* brɛoo
tenderness *(n.)* ayamye
tendon *(n.)* ntini
tendril *(n.)* hweaa
tenebrose *(adj.)* esum
tenebrosity *(n.)* sum
tenebrous *(adj.)* esum
tenent *(n.)* tenent
tenet *(n.)* nnyinasosɛm
tenfold *(adj.)* mpɛn du
tenfold *(adv.)* mpɛn du
tennis *(n.)* agodie
tenor *(n.)* tenor
tenor *(adj.)* tenor
tense *(v.)* tense
tense *(adj.)* suro
tense *(n.)* ɛbere
tensely *(adv.)* ɔkwan den
tensible *(adj.)* tensible
tensile *(adj.)* trɛw mu
tensility *(adj.)* trɛw mu
tension *(n.)* suro
tension *(v.)* ɔsuro
tensioned *(adj.)* suro
tensor *(n.)* tensor
tensor *(adj.)* tensor
tensor *(v.)* tensor
tent *(n.)* apata
tentative *(n.)* nsi pi
tentativeness *(n.)* nsi pi
tenth *(adj.)* tɔso du
tentmaker *(n.)* ntamadan yɛfo
tentpole *(n.)* tentpole
tentative *(adj.)* nsi pi
tenue *(n.)* tenue
tenuous *(adj.)* mmerɛw
tenuously *(adv.)* mmerɛw
tenure *(v.)* tumi
tenure *(n.)* tumi
tepid *(adj.)* hyew
tepidity *(n.)* hyew
tepidly *(adv.)* hyew
tequila *(n.)* nsa
terabase *(n.)* terabase
terabit *(n.)* terabit

terabyte *(n.)* terabyte
terajoule *(n.)* terajoule
term *(n.)* asɛmfua
term *(v.)* to din
terminable *(adj.)* ɛtwa
terminal *(n.)* ɔfese
terminal *(adj.)* yareɛ
terminate *(v.)* sɛe
termination *(n.)* awieeɛ
terminological *(adj.)* nsɛmfua
terminology *(n.)* nsɛmfua
terminus *(n.)* awiei
termite *(n.)* fɔteɛ
termiticide *(n.)* nnuru
terp *(v.)* terp
terp *(n.)* terp
terrace *(n.)* abantenten
terrace *(v.)* si
terracotta *(n.)* dɔte
terracotta *(adj.)* dodoeɛ
terraforming *(n.)* terraforming
terrain *(n.)* asase
terrestrial *(n.)* asase so
terrestrial *(adj.)* asase so
terrible *(adj.)* nnyɛ
terrier *(n.)* terrier
terrific *(adj.)* ano den
terrify *(v.)* bɔ hu
territorial *(adj.)* ɛhyeɛ mu
territory *(n.)* ɛhyeɛ mu
terror *(n.)* ehu
terrorism *(n.)* atuateɛ
terrorist *(n.)* otuateni
terrorize *(v.)* abɔ hu
terse *(adj.)* tiawa
tersely *(adv.)* tiawa
tertian *(adj.)* tertian
tertian *(n.)* tertian
tertiary *(n.)* toso abiɛsa
tertiary *(adj.)* sukuupɔn
tesseract *(n.)* tesseract
test *(n.)* nsɔhwɛ
test *(v.)* sɔ hwɛ
testament *(n.)* nsamanseɛ
testicle *(n.)* hwoa
testify *(v.)* di adanseɛ
testimonial *(n.)* adansedie krataa
testimony *(n.)* adanseɛ
testosterone *(n.)* testosterone

tete-a-tete *(n.)* nkɔmmɔbɔ
tether *(v.)* kyekyere
tether *(n.)* ahoma
tetra *(n.)* tetra
text *(n.)* atwerɛ
textbook *(n.)* nhoma
textbook *(adj.)* nhwɛso
textbookish *(adj.)* nhoma
textile *(n.)* ntoma
textile *(adj.)* ntoma
textual *(adj.)* nkyerɛwee
texture *(n.)* texture
thank *(v.)* da ase
thankful *(adj.)* aseda
thankless *(adj.)* nni aseda
thanks *(n.)* aseda
that *(dem. pron.)* saa
that *(rel. pron.)* ɛno
that *(adv.)* saa
that *(conj.)* sɛ
thatch *(v.)* kuru so
thatch *(n.)* dan so
thaw *(v.)* nane
thaw *(n.)* anane
theatre *(n.)* agodibea
theatrical *(adj.)* agoruhwɛbea
theft *(n.)* korɔno
their *(adj.)* wɔn
theirs *(pron.)* wɔn dea
theism *(n.)* nyame mu gyidii
theist *(n.)* nyamekyerɛfo
them *(pron.)* wɔn
thematic *(adj.)* asɛmti
theme *(n.)* asɛnti
then *(adj.)* bere
then *(adv.)* bere no
thence *(adv.)* efi hɔ
theocracy *(n.)* asɔfoɔ amammuo
theologian *(n.)* nyamekyerɛfo
theological *(adj.)* nyamekerɛ adesua
theology *(n.)* nyamekyreɛ
theorem *(n.)* asɛm
theoretical *(adj.)* nsusuwii
theorist *(n.)* nsusuwii ɔbenfo
theorize *(v.)* nsusuwii
theory *(n.)* nkyerɛkyerɛ
therapist *(n.)* ɔyaresafo
therapy *(n.)* ayaresa
there *(adv.)* ɛhɔ

thereabouts *(adv.)* ɛno ho
thereafter *(adv.)* ɛno akyi
thereby *(adv.)* ɛnam so
therefore *(adv.)* enti
thermal *(adj.)* ɔhyew
thermometer *(n.)* thermometer
thermos (flask) *(n.)* thermos
thesis *(n.)* asɛmti
thick *(adj.)* pi
thick *(n.)* duru
thick *(adv.)* yɛ duru
thicken *(v.)* ayɛ kusuu
thicket *(n.)* nnua
thief *(n.)* ɔkorɔmfoɔ
thigh *(n.)* ɛserɛ
thimble *(n.)* nsateaa
thin *(v.)* yɛ teaa
thin *(adj.)* teaa
thing *(n.)* adeɛ
think *(v.)* dwene
thinker *(n.)* ɔdwene
third *(n.)* mmiɛnsa
third *(adj.)* mmiɛnsa
thirdly *(adv.)* tɔso abiɛsa
thirst *(v.)* nsukɔm
thirst *(n.)* nsukɔm
thirsty *(adj.)* sukɔm de
thirteen *(n.)* dumiɛnsa
thirteenth *(n.)* tɔso dumiɛnsa
thirteenth *(adj.)* dumiɛnsa
thirtieth *(n.)* aduasa
thirtieth *(adj.)* tɔso aduasa
thirty *(n.)* aduasa
thistle *(n.)* nsɔe
thither *(adv.)* ɛhɔ
thorax *(n.)* thorax
thorn *(n.)* nsɔeɛ
thorny *(adj.)* nsɔeɛ
thorough *(adj.)* ɛhia
thoroughfare *(n.)* ɔkwan
though *(adv.)* ɛwom
though *(conj.)* ɛwom
thought *(n.)* adwene
thoughtful *(adj.)* adwennwene
thousand *(n.)* apem
thousandth *(adj.)* apem
thrall *(n.)* nkoasom
thralldom *(n.)* nkoasom
thrash *(v.)* pere

thread *(v.)* sina
thread *(n.)* ahoma
threadbare *(adj.)* ntama
threat *(n.)* ahunahuna
threaten *(v.)* hunahuna
three *(n.)* miɛnsa
thresh *(v.)* tutu
thresher *(n.)* poro
threshold *(n.)* yɛntra
thrice *(adv.)* mprɛnsa
thrift *(n.)* sikadie ahwɛyie
thrifty *(adj.)* sikadie ahwɛyie
thrill *(v.)* ma anigyeɛ
thrill *(n.)* anigyeɛ
thriller *(n.)* anigyesɛm
thrive *(v.)* tu mpɔn
throat *(n.)* menem
throaty *(adj.)* menem nnyegyeeɛ
throb *(n.)* nnyegyeeɛ
throb *(v.)* bɔ
throe *(n.)* ɛyeaa
throne *(v.)* si
throne *(n.)* ahennwa
throng *(n.)* nnipadɔm
throng *(v.)* nnipadɔm
throttle *(v.)* wobekum
throttle *(n.)* afiri
through *(adv.)* fam
through *(adj.)* edi mu
through *(prep.)* mu
throughout *(prep.)* nyinaa mu
throughout *(adv.)* nyinaa mu
throw *(n.)* to
throw *(v.)* to
thrust *(n.)* sɛnti
thrust *(v.)* pia hyɛ mu
thud *(v.)* yɛ nnyegyeɛ
thud *(n.)* nnyegyeɛ
thug *(n.)* basabasayɛ
thumb *(v.)* yɛ sɛnkyerɛnne
thumb *(n.)* kokuromotie
thumbprint *(n.)* nsateaa
thump *(v.)* pem
thump *(n.)* nnyegyeɛ
thunder *(v.)* dwa
thunder *(n.)* agradaa
thunderous *(adj.)* den
thunderstorm *(n.)* aprannaa
Thursday *(n.)* yawoada

thus *(adv.)* saa nti
thwart *(v.)* si kwan
tiara *(n.)* agude
tick *(v.)* san mu
tick *(n.)* ahyɛnsodeɛ
ticket *(n.)* tekiti
tickle *(v.)* nunu
ticklish *(adj.)* nunu
tidal *(adj.)* asorɔkye
tide *(n.)* asorɔkye
tidiness *(n.)* nsiesie
tidings *(n. pl.)* amanneɛbɔ
tidy *(v.)* siesie
tidy *(adj.)* ɛhote
tie *(v.)* kyekyere
tie *(n.)* tie
tier *(n.)* ahorow
tiger *(n.)* ɔsebɔ
tight *(adj.)* pampee
tighten *(v.)* mia mu
tigress *(n.)* ɔsebɔ bea
tile *(v.)* to tile
tile *(n.)* tile
till *(conj.)* kɔsi sɛ
till *(v.)* dɔ
till *(n.)* till
till *(prep.)* kɔsi
tilt *(v.)* kyea
tilt *(n.)* akyea
timber *(n.)* dua
time *(v.)* hyehyɛ
time *(n.)* berɛ
time limit *(n.)* bere
timeline *(n.)* bere nhyehyɛe
timely *(adj.)* bere a ɛse
timid *(adj.)* bɔtee
timidity *(n.)* ehu
timorous *(adj.)* suro
tin *(v.)* tin
tin *(n.)* tin
tincture *(v.)* tincture
tincture *(n.)* nsa
tinge *(v.)* kakra
tinge *(n.)* kakra
tinker *(n.)* nsakrae
tinsel *(n.)* ɛnhia
tint *(v.)* sesa kɔla
tint *(n.)* kɔla ketewaa
tiny *(adj.)* hweaa

tip *(v.)* kyɛ sika
tip *(n.)* ano
tip-off *(v.)* kɔkɔbɔ
tipsy *(adj.)* waboro
tirade *(n.)* abufuw kasa
tire *(n.)* kɔba
tire *(v.)* brɛ
tired *(adj.)* brɛ
tiresome *(adj.)* ɔbrɛ
tissue *(n.)* tissue
titanic *(adj.)* kokuroo
tithe *(n.)* ntotoso du
title *(n.)* edin
title *(v.)* to din
titular *(adj.)* titular
toad *(n.)* apɔtorɔ
toast *(v.)* toto
toast *(n.)* anigyebere
tobacco *(n.)* tawa
today *(n.)* ɛnne
today *(adv.)* nnɛ
toe *(v.)* gye tum
toe *(n.)* nansoaa
toffee *(n.)* tɔfe
toga *(n.)* toga
together *(adv.)* bom
toil *(v.)* yɛ adwumaden
toil *(n.)* adwumaden
toilet *(n.)* agyananbea
toils *(n. pl.)* tebea den
token *(n.)* agyinamudeɛ
tolerable *(adj.)* tumi sosɔso
tolerance *(n.)* nsosɔsoɔ
tolerant *(adj.)* abodwokyɛre
tolerate *(v.)* sosɔ so
toleration *(n.)* gye tom
toll *(v.)* gye toɔ
toll *(n.)* ɛtoɔ
tomato *(n.)* ntoosi
tomb *(n.)* amena
tomboy *(n.)* ɔbeabarima
tomcat *(n.)* ɔkra
tome *(n.)* nwoma kɛseɛ
tomorrow *(adv.)* kyena
tomorrow *(n.)* ɔkyena
ton *(n.)* ton
tone *(n.)* ɛnne
tone *(v.)* tone
toned *(adj.)* toned

tongs *(n. pl.)* tongs
tongue *(n.)* kɛtrɛma
tonic *(n.)* aduro
tonic *(adj.)* ahoɔden
tonight *(adv.)* anadwo
tonight *(n.)* anadwo
tonne *(n.)* tonne
tonsil *(n.)* tonsil
tonsure *(n.)* tonsure
too *(adv.)* nso
tool *(n.)* akadeɛ
toolkit *(n.)* adwinnade
tooth *(n.)* ɛse
toothache *(n.)* kaka
toothsome *(adj.)* ɛyɛ dɛ
top *(v.)* twa
top *(n.)* ɛsoro
topaz *(n.)* ɛboɔ
topic *(n.)* asɛmti
topical *(adj.)* asɛmti
topographer *(n.)* asase mfoniniyɛfo
topographical *(adj.)* asase ho mfonini
topography *(n.)* asase ho mfonini
topper *(n.)* kyɛw
topple *(v.)* patere
topsy turvy *(adj.)* ɛnteɛ
topsy turvy *(adv.)* ɛnteɛ
torch *(n.)* ogyatɛn
torment *(n.)* ateetee
torment *(v.)* teetee
tornado *(n.)* ahum
torpedo *(v.)* sɛe
torpedo *(n.)* akode
torrent *(n.)* asubɔnten
torrential *(adj.)* nsu ɛtɔ
torrid *(adj.)* atenka
tortoise *(n.)* akyekyedeɛ
tortuous *(adj.)* hwanyann
torture *(v.)* yɛ ayakayakadeɛ
torture *(n.)* ayakayakadeɛ
toss *(n.)* adetoɔ
toss *(v.)* to
total *(n.)* dodoɔ
total *(v.)* ka bom
total *(adj.)* nyinaa
totalitarian *(adj.)* di so
totality *(n.)* ano
touch *(n.)* som
touch *(v.)* su mu

touchy *(adj.)* abufuw
tough *(adj.)* ɛyɛ den
toughen *(v.)* denden
tour *(v.)* kɔ nsrahwɛ
tour *(n.)* nsrahwɛ
tourism *(n.)* nsrahwɛ
tourist *(n.)* nsrahwɛfo
tournament *(n.)* akansie
tout *(v.)* kamfo obi
tow *(n.)* twe
tow *(v.)* twe
towards *(prep.)* biribi so
towboat *(n.)* hyɛmma
towel *(v.)* pepa ho
towel *(n.)* mpepaho
tower *(v.)* yɛ tenten
tower *(n.)* abantenten
town *(n.)* kuro
township *(n.)* kurom
toxaemia *(n.)* awuduru
toxic *(adj.)* ɛboro
toxicity *(n.)* awuduru
toxicologist *(n.)* awuduruho ɔbenfo
toxicology *(n.)* awuduruho adesua
toxification *(n.)* awuduru
toxin *(n.)* awuduru
toy *(v.)* sɔ mu
toy *(n.)* abaduaba
toyhouse *(n.)* agode dan
toymaker *(n.)* agode yɛfo
toyseller *(n.)* agode tɔnfo
toystore *(n.)* agodetɔnbea
trace *(v.)* di akyire
trace *(n.)* akyiredi
traceable *(adj.)* tumi hwehwɛ
trachea *(n.)* trachea
tracheal *(adj.)* tracheal
tracheole *(n.)* tracheole
tracheoscopy *(n.)* tracheoscopy
tracing *(n.)* nhwɛhwɛ
track *(v.)* di akyire
track *(n.)* kwan
trackable *(adj.)* akyiredi
trackback *(n.)* trackback
trackball *(n.)* trackball
tracker *(n.)* afiri
tracklist *(n.)* nnwom ahorow
tracksuit *(n.)* atade
tract *(n.)* asase kɛse

traction *(n.)* twe
tractor *(n.)* tractor
trade *(v.)* di dwa
trade *(n.)* dwadie
trademark *(n.)* ahyɛnsodeɛ
trader *(n.)* aguadifo
tradesman *(n.)* aguadifo
tradition *(n.)* amammerɛ
traditional *(adj.)* tetesɛm
traffic *(v.)* di sumase dwa
traffic *(n.)* esumase dwa
traffic sign *(n.)* sɛnkyerɛnne
tragedian *(n.)* awereɛhosɛm kyerɛwfo
tragedy *(n.)* awerɛhosɛm
tragic *(adj.)* awerɛhosɛm
trail *(v.)* di akyire
trail *(n.)* anammɔn kwan
trailer *(n.)* kar
train *(v.)* tete
train *(n.)* keteke
trainee *(n.)* adesuani
training *(n.)* nteteeɛ
trait *(n.)* suban
traitor *(n.)* oyimafoɔ
tram *(n.)* ɛhyɛn
trample *(v.)* tiatia so
trance *(n.)* adetɔwoso
tranquil *(adj.)* dinn
tranquility *(n.)* dinnyɛ
tranquillize *(v.)* ma obi dwo
tranquillizer *(n.)* aduru
transact *(v.)* di
transaction *(n.)* anodie
transborder *(adj.)* transborder
transboundary *(adj.)* ɛtwam
transceive *(v.)* de mane
transceiver *(n.)* kasafidie
transcend *(v.)* twa
transcendent *(adj.)* ɛboro so
transcendental *(adj.)* mboroso
transcendentalize *(v.)* transcendentalize
transcendentally *(adv.)* ɛboro so
transcendingly *(adv.)* ɛboro so
transcribe *(v.)* twerɛ
transcriber *(n.)* ɔtwerɛfo
transcription *(n.)* nkyerɛwee
transfer *(v.)* mane
transfer *(n.)* mane
transferable *(adj.)* wotumi fa

transfiguration *(n.)* nsesa
transfigure *(v.)* sesa
transform *(v.)* sesa
transformation *(n.)* nsakrae
transgress *(v.)* fom
transgression *(n.)* mmaratoɔ
transit *(n.)* nsakraeɛ
transit *(v.)* sesa mu
transition *(n.)* nsesaeɛ
transitive *(adj.)* transitive
transitory *(adj.)* berɛtia
translate *(v.)* kyerɛ aseɛ
translation *(n.)* nkyerɛaseɛ
transmigration *(n.)* ɔkra akwantuo
transmission *(n.)* transmission
transmit *(v.)* de mena
transmitter *(n.)* afiri
transparent *(adj.)* emu da hɔ
transplant *(v.)* tu tim
transplant *(n.)* ntutim
transplantation *(n.)* ntutim
transplantee *(n.)* nea wɔatu atim
transport *(n.)* nnosoatwe
transport *(v.)* soa kɔ
transportation *(n.)* akwantuo
trap *(v.)* sum afidie
trap *(n.)* afidie
trapdoor *(n.)* pono
trapeze *(n.)* trapeze
trapeze *(v.)* trapeze
trapezist *(n.)* trapezist
trapezoid *(n.)* trapezoid
trapline *(n.)* afiri
trash *(n.)* nwira
trashed *(adj.)* wɔaseɛ
trauma *(n.)* dɛmdie
traumatic *(adj.)* suro
traumatism *(n.)* ɛsuro
traumatology *(n.)* traumatology
traunch *(n.)* ɔfa
traunch *(v.)* fa
traunch *(adj.)* fa
travel *(v.)* tu kwan
travel *(n.)* akwantuo
traveller *(n.)* akwantuni
travelogue *(n.)* akwantuoho nsɛm
traveltime *(n.)* akwantu bere
traversable *(adj.)* tumi twam
traverse *(v.)* bɔ aporɔ

traverse *(n.)* aporɔbɔ
trawl *(n.)* mpataayi asau
trawl *(v.)* hwehwɛ
trawlboat *(n.)* hyɛmma
tray *(v.)* hyehye
tray *(n.)* apampan
treacherous *(adj.)* ɔdaadaafo
treachery *(n.)* nkontompo
tread *(n.)* nanteɛ
tread *(v.)* nante
treader *(n.)* ɔnante
treadmill *(n.)* afiri
treadplate *(n.)* dade mprɛte
treadwheel *(n.)* treadwheel
treason *(n.)* amumuyɔ
treasure *(v.)* ma ɛsom bo
treasure *(n.)* ɛsombo
treasurer *(n.)* sika korafoɔ
treasury *(n.)* sikakorabea
treat *(n.)* ahɔhosom
treat *(v.)* yɛ
treatise *(n.)* nwoma
treatment *(n.)* ayaresa
treaty *(n.)* apam
tree *(n.)* dua
trek *(n.)* akwantuo
trek *(v.)* bɔ aporɔ
tremble *(v.)* popo
tremendous *(adj.)* nwanwasoɔ
tremor *(n.)* ahopopo
trench *(v.)* tu amena
trench *(n.)* amena
trend *(n.)* deɛ ɛkɔ
trespass *(n.)* mmarabu so
trespass *(v.)* ɛnfa hɔ
trial *(n.)* nsɔhwɛ
triangle *(n.)* ahinasa
triangular *(adj.)* ahinanan
tribal *(adj.)* mmusuakuw
tribe *(n.)* abusuakuo
tribulation *(n.)* amanehunu
tribunal *(n.)* asɛnnibea
tributary *(n.)* ɔfasu
tributary *(adj.)* adanse
tribute *(n.)* ayɛyisɛm
trick *(v.)* daadaa
trick *(n.)* nnaadaa
trickery *(n.)* nnaadaa
trickle *(v.)* sosɔ

trickle *(n.)* sosɔ
trickster *(n.)* ɔdaadaafoɔ
tricky *(adj.)* ɛyɛ den
tricolour *(n.)* kɔla abiɛsa
tricolour *(adj.)* kɔla abiɛsa
tricycle *(n.)* sakre
trifle *(v.)* toto ase
trifle *(n.)* ɛho nhia
trigger *(n.)* tuo
trigger *(v.)* kanyan
trim *(n.)* ntwitwasoɔ
trim *(v.)* twitwa
trim *(adj.)* akɔnnɔ
trimester *(n.)* ɔsram abiɛsa
trinity *(n.)* baasakoro
trio *(n.)* abiɛsa
trip *(n.)* akwantuo
trip *(v.)* patere
tripartite *(adj.)* tripatite
triple *(adj.)* mmɔho miɛnsa
triple *(v.)* bɔho miɛnsa
triplicate *(n.)* nsɛsoɔ miɛnsa
triplicate *(v.)* yɛ miɛensa
triplicate *(adj.)* nsɛsoɔ miɛnsa
triplication *(n.)* mprɛnsa
tripod *(n.)* tripod
triumph *(v.)* di nkonim
triumph *(n.)* nkonim
triumphal *(adj.)* nkonimdi
triumphant *(adj.)* nkonimdifo
trivial *(adj.)* ɛho nhia
troop *(v.)* nante
troop *(n.)* asraafoɔ
trooper *(n.)* ɔsraani
trophy *(n.)* abasobɔdeɛ
tropic *(n.)* tropic
tropical *(adj.)* ɛhyew
trot *(n.)* ammirika
trot *(v.)* tu ammirika
trouble *(v.)* ha
trouble *(n.)* ɔhaw
troublesome *(adj.)* ɔhaw
troupe *(n.)* agodifoɔ
trousers *(n. pl.)* trɔsa
trowel *(n.)* trowel
truce *(n.)* asomdwoe apam
truck *(n.)* kar
true *(adj.)* nokorɛ
trump *(v.)* di nkonim

trump *(n.)* agodie
trumpet *(v.)* bɔ totorobɛnto
trumpet *(n.)* totorobɛnto
trunk *(n.)* adaka
trust *(v.)* gyedi
trust *(n.)* awerɛhyɛmu
trustee *(n.)* ɔhwɛfoɔ
trustful *(adj.)* ahotɔsoɔ
trustworthy *(adj.)* anidasoɔ
trusty *(adj.)* ahotɔsoɔ
truth *(n.)* nokware
truthful *(adj.)* nokware
try *(n.)* mmɔdenbɔ
try *(v.)* sɔ hwɛ
trying *(adj.)* mmɔdenbɔ
tryst *(n.)* nhyiamu
tub *(n.)* ade
tube *(n.)* dorobɛn
tuberculosis *(n.)* nsamanwa
tubular *(adj.)* dorobɛn
tug *(v.)* twe
tuition *(n.)* adekyerɛ
tumble *(n.)* ahweaseɛ
tumble *(v.)* te hwe
tumbler *(n.)* tɔmmɛ
tumour *(n.)* ahonhono
tumult *(n.)* dedeyɔ
tumultuous *(adj.)* dedeyɔ
tune *(v.)* sesa
tune *(n.)* nnwom
tunnel *(v.)* tu kwan
tunnel *(n.)* kwan
turban *(n.)* abɔtire
turbine *(n.)* afifie
turbulence *(n.)* basabasayɛ
turbulent *(adj.)* basabasayɛ
turf *(n.)* beaeɛ
turkey *(n.)* kurokuro
turmeric *(n.)* kurkuma
turmoil *(n.)* basabasayɛ
turn *(n.)* ntwaho
turn *(v.)* dane
turner *(n.)* turner
turnip *(n.)* abedua
turn-off *(n.)* ani nnyeho
turnout *(n.)* dodow
turpentine *(n.)* turpentine
turtle *(n.)* nsuom akyekyedeɛ
tusk *(n.)* asommɛn

tussle *(v.)* pere
tussle *(n.)* apereapere
tutor *(n.)* ɔkyerɛkyerɛni
tutorial *(n.)* nkyerɛkyerɛ
tutorial *(adj.)* nkyerɛkyerɛ
twelfth *(n.)* dumienu
twelfth *(adj.)* tɔso dumienu
twelve *(n.)* dummienu
twentieth *(n.)* aduono
twentieth *(adj.)* tɔso aduono
twenty *(n.)* aduono
twice *(adv.)* mprenu
twig *(n.)* nkorabata
twilight *(n.)* anadwo
twin *(adj.)* nta
twin *(n.)* nta
twinkle *(n.)* hyerɛn
twinkle *(v.)* hyerɛnn
twist *(n.)* mmɛsa
twist *(v.)* kyim
twitter *(v.)* twitter
twitter *(n.)* twitter
two *(n.)* mienu
twofold *(adj.)* mmɔho abien
type *(v.)* tintim
type *(n.)* sɛso
typhoid *(n.)* typhoid
typhoon *(n.)* ahum
typhus *(n.)* yareɛ
typical *(adj.)* taa
typify *(v.)* sɛ
typist *(n.)* otintimfo
tyranny *(n.)* atirimuɔden amammuo
tyrant *(n.)* otirimuɔdenfoɔ
tyre *(n.)* kɔba*

uber *(adv.)* uber
uber *(adj.)* uber
ubergeek *(n.)* anigye ho
uberous *(adj.)* uberous
ubersexual *(adj.)* ubersexual
ubersexual *(n.)* ubersexual
ubicity *(n.)* ubicity
ubiquitous *(adj.)* ɛwɔ baabiara
ubiquity *(n.)* baabiara

udder *(n.)* asɛɛ
ufo *(n.)* ufo
ufologist *(n.)* ufologist
ufology *(n.)* ufology
uglify *(v.)* abofono
ugliness *(n.)* ahoɔtan
ugly *(adj.)* tan
ukelele *(n.)* ukelele
ukeleleist *(n.)* ukeleleist
ulcer *(n.)* ayamkuro
ulcerous *(adj.)* ɛyaw
ulterior *(adj.)* deɛ wode atɛ
ultimate *(adj.)* nea etwa to
ultimately *(adv.)* awiei koraa
ultimatum *(n.)* asɛm a etwa to
ultra *(n.)* boro so
ultracasual *(adj.)* ultracasual
ultracompact *(adj.)* ultracompact
ultraconservative *(adj.)* ultraconservative
ultraconservative *(n.)* abrabɔ pa
ultrasecure *(adj.)* ultrasecure
ultrasonic *(adj.)* ultrasonic
ultrasonics *(n.)* ultrasonics
ultrasound *(n.)* ultrasound
ultraviolet *(n.)* ultraviolet
ultraviolet *(adj.)* ultraviolet
ululate *(v.)* ululate
ululation *(n.)* ululation
umbrella *(n.)* kyiniiɛ
umpire *(n.)* otemmuafoɔ
umpire *(v.)* ɔsɛntwafoɔ
unabashed *(adj.)* aniwu nnim
unabashedly *(adv.)* ɛnyɛ aniwu
unable *(adj.)* ɛntumi
unabridged *(adj.)* unabridged
unacceptable *(adj.)* ngye ntom
unaccessible *(adj.)* wontumi nkɔ ho
unaccommodating *(adj.)* ɛnfata
unaccountable *(adj.)* bebree
unaccurate *(adj.)* ɛnyɛ pɛpɛɛpɛ
unachievable *(adj.)* wontumi nnya
unacquainted *(adj.)* wonnim
unadapted *(adj.)* hyu
unadjusted *(adj.)* wɔansiesie no
unaffected *(adj.)* ɛnhaw
unaffectionate *(adj.)* ɔdɔ nnim
unaided *(adj.)* wonni mboa
unambiguous *(adj.)* emu da hɔ
unambivalence *(n.)* unambivalence

unamused *(adj.)* ani nnye ho
unanimity *(n.)* adwene koro
unanimous *(adj.)* bɛnkorɔ mu
unannounced *(adj.)* mmbɔ nkae
unappealing *(adj.)* ani ngye ho
unapproved *(adj.)* wɔmpene so
unarmed *(adj.)* wonni akode
unauthorized *(adj.)* wɔmma ho kwan
unavoidable *(adj.)* wontumi nkwati
unaware *(adj.)* wonnim
unawares *(adv.)* mpofirim
unbearable *(adj.)* wontumi nnyina ano
unbeaten *(adj.)* nni nkogu
unbelievable *(adj.)* wontumi nnye nni
unburden *(v.)* yi adesoa
uncanny *(adj.)* nwanwa
uncertain *(adj.)* wontumi nsi pi
uncivilized *(adj.)* ɛnyɛ anibuei
uncle *(n.)* wɔfa
unclear *(adj.)* emu nnahɔ
uncomfortable *(adj.)* ɛhaw
uncouth *(adj.)* n'ani mmueeɛ
undecided *(adj.)* nsi gyinae
undefeated *(adj.)* wonni nkogu
under *(prep.)* asee
under *(adv.)* hyɛ aseɛ
under *(adj.)* ase
undercurrent *(n.)* undercurrent
underdog *(n.)* onni ahoɔden
undergo *(v.)* fa mu
undergraduate *(n.)* nwiee sukuu
underhand *(adj.)* nnaadaa
underline *(v.)* twa aseɛ
undermine *(v.)* didi aseɛ
underneath *(prep.)* ɛhyɛ aseɛ
underneath *(adj.)* aseɛ
underneath *(adv.)* ɛwɔ ase
underpriviledged *(adj.)* wonni akwannya
understand *(v.)* te aseɛ
undertake *(v.)* gye yɛ
undertone *(n.)* undertone
underwear *(n.)* pieto
underworld *(n.)* asaase ase
undo *(v.)* twam
undue *(adj.)* mmorosoɔ
undulate *(v.)* bɔ asorɔkye
undulation *(n.)* asorɔkye
unearth *(v.)* tu nya
uneasy *(adj.)* ahoyera

uneducated *(adj.)* onnyaa ntetee
uneven *(adj.)* ɛnyɛ pɛpɛɛpɛ
unfair *(adj.)* nea ɛntea
unfold *(v.)* bue mu
unfortunate *(adj.)* tibɔne
ungainly *(adj.)* ɛnyɛ fɛ
unhappy *(adj.)* wonni anigye
unhealthy *(adj.)* ɛnyɛ papa
unification *(n.)* biakoyɛ
uninspired *(adj.)* ɛnhyɛ nkuran
uninstall *(adj.)* yi fi instɔlehyɛn
uninterrupted *(adj.)* wɔantwitware mu
union *(n.)* nkabom
unionist *(n.)* unionist
unique *(adj.)* soronko
unison *(n.)* baakoyɛ
unit *(n.)* ɔfa
unite *(v.)* bom
unity *(n.)* baakoyɛ
universal *(adj.)* wiase nyinaa
universality *(n.)* wiase nyinaa
universe *(n.)* amansan
university *(n.)* suapɔn
unjust *(adj.)* nea ɛnteɛ
unknown *(adj.)* nnim
unless *(conj.)* gye sɛ
unlike *(adj.)* ɛnte sɛ
unlike *(prep.)* ɛnte sɛ
unlikely *(adj.)* ɛnyɛ nea ɛbɛyɛ
unmanned *(adj.)* nnipa nni mu
unmannerly *(adj.)* ɔkwan a ɛnteɛ so
unnecessary *(adj.)* ɛho nhia
unofficial *(adj.)* ɛnyɛ aban de
unplanned *(adj.)* nhyehyeɛ nim
unprincipled *(adj.)* nnyinasosɛm nnim
unquote *(adj.)* unquote
unread *(adj.)* wɔnkenkan
unreliable *(adj.)* ɛnnyɛ nokware
unrest *(n.)* basabasayɛ
unruly *(adj.)* ahantanfo
unsalted *(adj.)* nkyene nnim
unsettle *(v.)* abufuo
unsheathe *(v.)* unsheathe
unsold *(adj.)* wɔantɔn
until *(prep.)* kɔsi sɛ
until *(conj.)* kɔpem sɛ
untoward *(adj.)* ɛnyɛ papa
unwanted *(adj.)* wɔnpɛ
unwell *(adj.)* yare

unwittingly *(adv.)* wonnim
up *(adv.)* soro
up *(prep.)* soro
upbraid *(v.)* kasatia
upgrade *(v.)* foforo
upheaval *(n.)* basabasayɛ
uphold *(v.)* kuramu
upkeep *(n.)* hwɛ so
uplift *(v.)* nkuranhyɛ
uplift *(n.)* anigyeɛ
upload *(v.)* twe
upon *(prep.)* berɛ
upper *(adj.)* soro
upright *(adj.)* tee
uprising *(n.)* atuatew
uproar *(n.)* dede
uproarious *(adj.)* dede
uproot *(v.)* tu
upset *(v.)* ma abufoɔ
upshot *(n.)* nsunsuansoɔ
upstart *(n.)* ahantan
up-to-date *(adj.)* foforo
upward *(adj.)* kɔ soro
upwards *(adv.)* soro
urban *(adj.)* kurom
urbane *(adj.)* urbane
urbanity *(n.)* urbanity
urchin *(n.)* urchin
urge *(v.)* wɔ akɔnnɔ
urge *(n.)* akɔnnɔ
urgency *(n.)* ogya so
urgent *(adj.)* ogya so
urinal *(n.)* dwonso beae
urinary *(adj.)* dwonso
urinate *(v.)* dwonso
urination *(n.)* dwonsɔ
urine *(n.)* dwonsɔ
urn *(n.)* urn
usable *(adj.)* dwumadie
usage *(n.)* dwumadie
use *(n.)* fa di
use *(v.)* di dwuma
used *(adj.)* ɛdi dwuma
useful *(adj.)* papa
usher *(n.)* ɔkyerɛfo
usher *(v.)* kyerɛ
usual *(adj.)* taa si
usually *(adv.)* mpɛm pii
usurer *(n.)* bɔ besea

usurp *(v.)* gye
usurpation *(n.)* gye
usury *(n.)* mfɛntom
utensil *(n.)* nkyɛnsee
uterus *(n.)* awotwaa mu
utilitarian *(adj.)* mfasoɔ
utility *(n.)* mfaso
utilization *(n.)* dwumadie
utilize *(v.)* di dwuma
utmost *(adj.)* esen biara
utmost *(n.)* esen biara
utopia *(n.)* utopia
utopian *(adj.)* utopian
utter *(v.)* ka
utter *(adj.)* nyɛ
utterance *(n.)* asɛm ka
utterly *(adv.)* nyɛ

V

vacancy *(n.)* akwannya
vacant *(adj.)* atɔ mpan
vacate *(v.)* firi
vacation *(n.)* akwamma
vaccinate *(v.)* sɔ aduro
vaccination *(n.)* aduro
vaccinator *(n.)* aduro sɔ fo
vaccine *(n.)* asɔduro
vacillate *(v.)* twitwa
vacuum *(n.)* hwee nni hɔ
vacuum *(v.)* yii mframa
vagabond *(adj.)* kobɔni
vagabond *(n.)* akwantufo
vagary *(n.)* putupuru nsesaeɛ
vagina *(n.)* ɛtwɛ
vague *(adj.)* ɛnsi pi
vagueness *(n.)* kusuu
vain *(adj.)* brɛguo
vainglorious *(adj.)* anuonyam hunu
vainglory *(n.)* anuonyam hunu
vainly *(adv.)* kwa
vale *(n.)* bɔnka
valet *(n.)* ohweɛfo
valiant *(adj.)* akokoɔduro
valid *(adj.)* ɛtɔ asom
validate *(v.)* gye tom
validity *(n.)* ɛtɔ asom

valley *(n.)* amena
valour *(n.)* akokoɔduro
valuable *(adj.)* som bo
valuation *(n.)* ademude
value *(v.)* susu
value *(n.)* ɛboɔ
valve *(n.)* nkanea
van *(n.)* kar
vandalize *(v.)* ɔsɛe ade
vanish *(v.)* yera
vanity *(n.)* ahuhudeɛ
vanquish *(v.)* di so nkonim
vaporize *(v.)* yɛ nwini
vaporous *(adj.)* ntutuo
vapour *(n.)* ntutuo
variable *(adj.)* tumi sesa
variance *(n.)* nsonsonoe
variation *(n.)* nsesaeɛ
varied *(adj.)* nsakra
variety *(n.)* soronko
various *(adj.)* ahodoɔ
varnish *(v.)* varnish
varnish *(n.)* varnish
vary *(v.)* sakra mu
vase *(n.)* nhwiren kukuo
vasectomy *(n.)* vasectomy
vaseline *(n.)* srade
vast *(adj.)* kɛseɛ
vault *(v.)* akorae
vault *(n.)* korabea
vector *(n.)* vector
vector *(v.)* vector
vectorial *(adj.)* vectorial
vegan *(n.)* ɔnwe nam
vegan *(adj.)* vegan
vegetable *(adj.)* nhabannuru
vegetable *(n.)* atosodeɛ
vegetarian *(n.)* ɔnwe nammono
vegetarian *(adj.)* afifide
vegetation *(n.)* mfudeɛ
vehemence *(n.)* ano den
vehement *(adj.)* ano yɛ den
vehicle *(n.)* ɛhyɛn
vehicular *(adj.)* kar
veil *(v.)* kata
veil *(n.)* nkataanim
vein *(n.)* ntini
vein *(v.)* kyekyer
velocity *(n.)* biribi ntɛm

velvet *(n.)* atade
velvety *(adj.)* motoo
venal *(adj.)* anibere
venality *(n.)* anibereasɛm
vendor *(n.)* adetɔnni
venerable *(adj.)* ɔwɔ animuoyam
venerate *(v.)* kyerɛ obuo
veneration *(n.)* obuo
vengeance *(n.)* akatua
venial *(adj.)* venial
venom *(n.)* ɛborɔ
venomous *(adj.)* awuduru
vent *(n.)* tokuro
ventilate *(v.)* gye mframa
ventilation *(n.)* mframa
ventilator *(n.)* mframa afidie
ventriloquism *(n.)* ventriloquism
ventriloquist *(n.)* ventriloquist
ventriloquistic *(adj.)* ventriloquistic
ventriloquize *(v.)* ventriloquize
venture *(v.)* sɔ hwɛ
venture *(n.)* adwuma foforo
venturesome *(adj.)* akokoɔduro
venturous *(adj.)* ɔpɛ adwuma
venue *(n.)* beaeɛ
veracity *(n.)* nokware
veranda *(n.)* abranaa
verb *(n.)* adeyɛ
verbal *(adj.)* anom asɛm
verbally *(adv.)* ano kasa
verbatim *(adj.)* aɛmfua biaa
verbose *(adj.)* nsɛm emu dɔ
verbosity *(n.)* nsɛm a wɔka
verdant *(adj.)* ahabammono
verdict *(n.)* atɛn
verge *(n.)* ano pɛɛ
verification *(n.)* nhwehwɛ mu
verify *(v.)* pɛmu nokorɛ
verisimilitude *(n.)* nokware
veritable *(adj.)* turodoo
vermillion *(adj.)* kɔkɔɔ a ɛhyerɛn
vermillion *(n.)* kɔkɔɔ a ɛhyerɛn
vernacular *(adj.)* ɔmanfo kasa
vernacular *(n.)* obi kurom kasa
vernal *(adj.)* ahohuru bere
versatile *(adj.)* wakwadare nneɛma pii
versatility *(n.)* nneɛma ahodoɔ nimdeɛ
verse *(n.)* nkyekyem
versed *(adj.)* nimdefo

versification *(n.)* nkyerɛase
versify *(v.)* kyerɛ ase
version *(n.)* ɔfa
versus *(prep.)* ne
vertical *(adj.)* tenten mu
verve *(n.)* ahoɔden
very *(adj.)* pa ara
vessel *(n.)* akoradeɛ
vest *(v.)* de tumi hyɛ
vest *(n.)* vest
vested *(adj.)* wɔde ama
vestige *(n.)* ketewa
vestment *(n.)* atade
veteran *(adj.)* waben mu
veteran *(n.)* ɔsraani dadaa
veterinary *(adj.)* mmoa ho aduruyɛ
veto *(v.)* bɔ gyinaeɛ gu
veto *(n.)* tumi
vex *(v.)* hyɛ abufuo
vexation *(n.)* ɛhaw
via *(prep.)* fa
viable *(adj.)* ɛtumi yɛ adwuma
vial *(n.)* toa ketewa
vibrate *(v.)* woso
vibration *(n.)* awosoɔ
vicar *(n.)* sɔfoɔ
vicarious *(adj.)* si ananmu
vice *(n.)* bone
viceroy *(n.)* ɔhene abadiakyiri
vice-versa *(adv.)* abira
vicinity *(n.)* mpɔtam
vicious *(adj.)* anisohyeɛ
vicissitude *(n.)* nsakraɛ
victim *(n.)* deɛ wɔapira
victimize *(v.)* ayayade
victor *(n.)* nkonimdifo
victorious *(adj.)* nkonimdieɛ
victory *(n.)* nkonimdi
victuals *(n. pl)* aduan
video *(n.)* kasa mfoni
video *(v.)* twa bideo
videoblogger *(n.)* videoblogger
videobook *(n.)* kasa mfoni nhoma
videocassette *(n.)* bideo kasɛt
videogaming *(n.)* bideo agoru
videotape *(n.)* bideo kasɛt
videotape *(v.)* videotape
videotelephone *(n.)* videotelephone
vie *(v.)* si akan

view *(n.)* adwene	vitality *(n.)* ahooden
view *(v.)* hwɛ	vitalize *(v.)* ma ahooden
vigil *(n.)* apɛsire	vitamin *(n.)* nnuaneduro
vigilance *(n.)* ani da hɔ	vitiate *(v.)* sɛe
vigilant *(adj.)* ani da hɔ	viva voce *(adj.)* wɔde ano ka
vigorous *(adj.)* ahokeka	viva voce *(n.)* ano ka
vile *(adj.)* ɛnyɛ koraa	viva voce *(adv.)* ano kasa
vilify *(v.)* sɛo no	vivacious *(adj.)* ne ho twa
villa *(n.)* fie	vivacity *(n.)* anigye
village *(n.)* akuraase	vivid *(adj.)* pɛpɛɛpɛ
villager *(n.)* kuraasenii	vixen *(n.)* sakraman ɔbea
villain *(n.)* ɔsatufoɔ	vocabulary *(n.)* nsɛmfua
vindicate *(v.)* bu bem	vocal *(adj.)* ɛnnee ho
vindication *(n.)* bem bu	vocalist *(n.)* odwontofo
vine *(n.)* bobe dua	vocation *(n.)* nsaanodwuma
vinegar *(n.)* nkekarekekare	vogue *(n.)* ɛfene
vintage *(n.)* adepa berɛ	voice *(v.)* kasa
violate *(v.)* bu mmara so	voice *(n.)* ɛnne
violation *(n.)* mmara so bu	void *(v.)* hwee nnim
violence *(n.)* basabasayɔ	void *(n.)* hunu
violent *(adj.)* basabasa	void *(adj.)* hwee
violet *(n.)* kɔkɔɔ	volcanic *(adj.)* ogya bepɔ
violin *(n.)* sanku	volcano *(n.)* ogya bepɔ
violinist *(n.)* sankubɔfo	volition *(n.)* pɛ mu
viral *(adj.)* yare mmoawa	volley *(v.)* volley
virgin *(adj.)* nkaa nsuo	volley *(n.)* agoroɔ
virgin *(n.)* ɔbabunu	volt *(n.)* volt
virginity *(n.)* ɔbaabun	voltage *(n.)* voltage
virile *(adj.)* ho yɛ den	volume *(n.)* anoden
virility *(n.)* ahooden	voluminous *(adj.)* dodoɔ
virtual *(adj.)* afidie so	voluntarily *(adv.)* tuwohoakyɛ
virtue *(n.)* suban pa	voluntary *(adj.)* ɔpɛ mu
virtuous *(adj.)* suban pa	volunteer *(v.)* ho si hɔ
virulence *(n.)* edi awu	volunteer *(n.)* ahofama
virulent *(adj.)* edi awu	voluptuary *(n.)* ahosɛpɛw
virus *(n.)* yare mmoawa	voluptuous *(adj.)* akɔnnɔ bɔne
visage *(n.)* anim	vomit *(n.)* ɛfeɛ
visibility *(n.)* pefee	vomit *(v.)* fe
visible *(adj.)* deɛ ɛnhintaeɛ	voracious *(adj.)* voracious
vision *(n.)* anisoadehunu	vortex *(n.)* ahum
visionary *(n.)* badwemma	votary *(n.)* akyidifo
visionary *(adj.)* ɔwɔ anisoadehunu	vote *(v.)* to aba
visit *(n.)* nsrahwɛ	vote *(n.)* abatoɔ
visit *(v.)* sra	voter *(n.)* abatowfo
visitor *(n.)* nsrahwɛfo	vouch *(v.)* ka ntam
vista *(n.)* hwɛbea a ɛfɛ	voucher *(n.)* adansedie krataa
visual *(adj.)* ani so	vouchsafe *(v.)* vouchsafe
visualize *(v.)* hwɛ	vow *(v.)* ka ntam
vital *(adj.)* ɛsombo	vow *(n.)* ntam

vowel *(n.)* ɛnne nyegyeɛ
voyage *(v.)* tu kwan
voyage *(n.)* akwantuo
voyager *(n.)* ɔkwantuni
voyeur *(n.)* voyeur
voyeurism *(n.)* voyeurism
vulgar *(adj.)* kasafi
vulgarity *(n.)* kasafi
vulnerable *(adj.)* mrɛ
vulture *(n.)* ɔpɛtɛ

wabble *(v.)* hinhim
wabbly *(adj.)* woso
wack *(adj.)* ɛnyɛ papa
wack *(n.)* nwonwa
wacko *(adj.)* yɛ nwonwa
wacko *(n.)* nwonwa
waddle *(v.)* nante afa
wade *(v.)* nante nsuom
waft *(n.)* mframabɔ
waft *(v.)* bɔ fa
wag *(n.)* ɛhinhim
wag *(v.)* woso
wage *(n.)* akatua
wage *(v.)* tu sa
wager *(v.)* kyea
wager *(n.)* nkyea
wagon *(n.)* teaseɛnam
wail *(n.)* osu
wail *(v.)* su
wain *(n.)* wain
waist *(n.)* sisie
waistband *(n.)* abɔso
waistcoat *(n.)* atade
wait *(n.)* ɔtwɛn
wait *(v.)* twɛn
waiter *(n.)* nsatɔnni
waitress *(n.)* ɔbaa adidibeahwɛfo
waive *(v.)* begyae
waiver *(n.)* gyae
wake *(n.)* apɛsire
wake *(v.)* sɔre
wakeful *(adj.)* ntumi nna
walk *(n.)* nanteɛ
walk *(v.)* nante

wall *(v.)* to fasuo
wall *(n.)* fasuo
wallet *(n.)* sika bɔtɔ
wallop *(v.)* bɔ obi
wallow *(v.)* boro
walnut *(n.)* walnut
walrus *(n.)* walrus
wan *(adj.)* hoyaa
wand *(n.)* nnua
wander *(v.)* kyinkyini
wane *(n.)* retew
wane *(v.)* te so
want *(n.)* hia
want *(v.)* pɛ
wanton *(adj.)* odwamanfoɔ
war *(v.)* ko
war *(n.)* ɔko
warble *(n.)* ndwom to
warble *(v.)* to ndwom
warbler *(n.)* anomaa ɔto dwom
ward *(v.)* de siw
ward *(n.)* dan
warden *(n.)* beaeɛ so hwɛfoɔ
warder *(n.)* afiase hwɛsofoɔ
wardrobe *(n.)* ntadekorabea
wardship *(n.)* sohwɛ
ware *(n.)* nneɛma
warehouse *(n.)* akoradan
warfare *(n.)* ɔko
warlike *(adj.)* ɛsɛ ɔko
warm *(adj.)* hyew
warm *(v.)* ka hye
warmth *(n.)* ɔhyew
warn *(v.)* bɔ kɔkɔ
warning *(n.)* kɔkɔbɔ
warrant *(v.)* ma kwan
warrant *(n.)* tumi krataa
warrantee *(n.)* warrantee
warrantor *(n.)* agyinamdifoɔ
warranty *(n.)* akagyinamu
warren *(n.)* warren
warrior *(n.)* ɔkofoɔ
wart *(n.)* akisikuru
wary *(adj.)* ahwɛyie
wash *(n.)* nnoɔmasie
wash *(v.)* si nnoɔma
washable *(adj.)* wotumi hohoro
washer *(n.)* nea ɔhoro
wasp *(n.)* kotokurodu

waspish *(adj.)* waspish
wassail *(n.)* di afahyɛ
wastage *(n.)* wɔsɛɛ
waste *(n.)* deɛ asɛɛ
waste *(v.)* sɛɛ
waste *(adj.)* asɛɛ
wasteful *(adj.)* ɛresɛɛ kwa
watch *(n.)* ɔwɛn
watch *(v.)* hwɛ
watchful *(adj.)* ahwɛyie
watchword *(n.)* nsɛmfua
water *(v.)* gu nsuo
water *(n.)* nsuo
waterfall *(n.)* nsutɔ guo
water-melon *(n.)* wɔtamɛlɔn
waterproof *(n.)* nsu ɛnka
waterproof *(v.)* nsu nka
waterproof *(adj.)* nsu ntumi nkɔm
watertight *(adj.)* nsuo ntumi nkɔm
watery *(adj.)* nsuo
watt *(n.)* watt
wave *(v.)* him nsa
wave *(n.)* asorɔkyeɛ
waver *(v.)* hinhim
wavy *(adj.)* curls
wax *(v.)* wax
wax *(n.)* asom fi
way *(n.)* ɛkwan
wayfarer *(n.)* ɔkwantufo
waylay *(v.)* pira wɔn
wayward *(adj.)* asoɔdenfoɔ
weak *(adj.)* mmerɛ
weaken *(v.)* yɛ mmerɛw
weakling *(n.)* ɔyɛ mmerɛw
weakness *(n.)* mrɛyɛ
weal *(n.)* weal
wealth *(n.)* ahodeɛ
wealthy *(adj.)* ɔdefoɔ
wean *(v.)* twa nufoɔ
weapon *(n.)* akodeɛ
wear *(v.)* hyɛ
weary *(adj.)* brɛ
weary *(v.)* yɛ mmerɛ
weather *(v.)* sesa
weather *(n.)* wiem bɔberɛ
weave *(v.)* nwene
weaver *(n.)* nwenefo
web *(n.)* ntontan
web page *(n.)* wɛbsaɛt krataafa

web store *(n.)* wɛb sotɔɔ
webby *(adj.)* webby
webcam *(n.)* wɛbsaet kamɛra
webcasting *(n.)* wɛbsaet so dwumadibea
webinar *(n.)* webinar
webisode *(n.)* webisode
webmaster *(n.)* wɛbsaet sohwefo
wed *(v.)* ware
wedding *(n.)* ayeforɔ
wedge *(v.)* wedge
wedge *(n.)* wedge
wedlock *(n.)* ayeforohyia
Wednesday *(n.)* wukuada
weed *(v.)* dɔ
weed *(n.)* nwura
week *(n.)* nnawɔtwe
weekly *(adv.)* dapɛn biara
weekly *(n.)* dapɛn biara
weekly *(adj.)* nnawɔtwe-nnawɔtwe
weep *(v.)* su
weevil *(n.)* nwansena
weigh *(v.)* susu
weight *(n.)* emu duru
weightage *(n.)* mu duru
weighty *(adj.)* emu yɛ duru
weir *(n.)* weir
weird *(adj.)* nwanwa
welcome *(n.)* akwaaba
welcome *(v.)* ma akwaaba
welcome *(adj.)* akwaaba
weld *(n.)* nka bom
weld *(v.)* ka bom
welfare *(n.)* yiedie
well *(adv.)* no yie
well *(n.)* abura
well *(v.)* re gu
well *(adj.)* ɛyɛ
well off *(adj.)* yiye
wellington *(n.)* wellington
well-known *(adj.)* wɔnim no
wellness *(n.)* apɔwmuden
well-read *(adj.)* akenkan yiye
well-timed *(adj.)* bere pa mu
well-to-do *(adj.)* wodi yiye
welt *(n.)* welt
welter *(n.)* welter
wen *(n.)* wen
wench *(n.)* ababaa
west *(adj.)* atɔe fam

west *(adv.)* atɔe fam
west *(n.)* atɔeɛ
westerly *(adv.)* atɔe fam
westerly *(adj.)* atɔe fam
western *(adj.)* atɔe fam
wet *(v.)* fɔ
wet *(adj.)* afɔ
wetness *(n.)* afɔ
whack *(v.)* rebɔ
whale *(n.)* bonsu
wharfage *(n.)* hyɛn gyinabea
what *(adj.)* bɛn
what *(pron.)* ɛdeɛn
what *(interj.)* dɛn
whatever *(pron.)* ebiara
wheat *(n.)* hwiiti
wheedle *(v.)* ntwahonan
wheel *(v.)* kyim
wheel *(n.)* ntwahonan
whelm *(v.)* pusa
whelp *(n.)* nkokoaa
when *(conj.)* berɛ a
when *(adv.)* berɛ bɛn
whence *(adv.)* efi hɔ
whenever *(conj.)* berɛ biara
whenever *(adv.)* berɛ biara
where *(conj.)* baabi
where *(adv.)* ɛhe
whereabout *(adv.)* baabi a
whereabout *(n.)* baabi a ɛwɔ
whereas *(conj.)* bere a
whereat *(conj.)* ɛhe na ɛwɔ
wherein *(adv.)* a mu
whereupon *(conj.)* ɛno so
wherever *(adv.)* baabiara
whet *(v.)* se
whether *(conj.)* sɛ
which *(pron.)* deɛhe
which *(adj.)* bɛn
whichever *(pron.)* nea ɛte biara
whiff *(n.)* hu
while *(conj.)* berɛ a
while *(v.)* ho kɔe
while *(n.)* berɛ kakra bi
whim *(n.)* ahokeka
whimper *(v.)* su ehu su
whimsical *(adj.)* deɛ ɛntaa nsi
whine *(n.)* nteam
whine *(v.)* su

whip *(n.)* mpire
whip *(v.)* twa mpire
whipcord *(n.)* mpire nhama
whir *(n.)* gyegyeegye
whirl *(n.)* ntwaho
whirl *(v.)* twa ho
whirligig *(n.)* ɛkyinkyini
whirlpool *(n.)* ahum
whirlwind *(n.)* mmoatia mframa
whisk *(n.)* whisk
whisk *(v.)* twe prɛko pɛ
whisker *(n.)* bɔdwesɛputu
whisky *(n.)* whisky
whisper *(n.)* ka no bɔkɔɔ
whisper *(v.)* ka asonsɛm
whistle *(n.)* aben
whistle *(v.)* bɔ hwerɛma
white *(n.)* fitaa
white *(adj.)* fufuo
whiten *(v.)* yɛ fitaa
whitewash *(v.)* ayɛ fitaa
whitewash *(n.)* aduru fitaa
whither *(adv.)* beaɛ bɛn
whitish *(adj.)* ɛyɛ fitaa
whittle *(v.)* whittle
whiz *(v.)* ɔbɛtu
who *(pron.)* hwan
whoever *(pron.)* obiara
whole *(n.)* mua
whole *(adj.)* nyinaa
whole-hearted *(adj.)* akoma di akyire
wholesale *(adj.)* kɛse
wholesale *(adv.)* tu ma
wholesale *(n.)* atufoɔ dwa
wholesaler *(n.)* adetɔnfo
wholesome *(adj.)* ɛho teɛ
wholly *(adv.)* ne nyinaa
whom *(pron.)* hwan
whore *(n.)* gyantrani
whose *(pron.)* hwan
why *(adv.)* adɛn
wick *(n.)* ntomaban
wicked *(adj.)* atirimuɔden
wicker *(n.)* nnua
wicket *(n.)* wicket
wide *(adv.)* ɛbae
wide *(adj.)* trɛ
widen *(v.)* trɛ mu
widespread *(adj.)* deɛ ahyeta

widow *(v.)* yɛ kunafoɔ
widow *(n.)* ɔbaa kunafoɔ
widower *(n.)* barima kunafoɔ
width *(n.)* tɛtrɛtɛ mu
wield *(v.)* bɛkura akodeɛ
wife *(n.)* ɔyere
wig *(n.)* nwi kyɛ
wigwam *(n.)* ntamadan tenten
wild *(adj.)* nwuram aboa
wilderness *(n.)* ɛserɛ so
wildfire *(n.)* ogyatanaa
wile *(n.)* nnaadaa
will *(v.)* bɛ
will *(n.)* nsamanseɛ
willing *(adj.)* wɔ ɔpɛ
willingness *(n.)* wɔ ɔpɛ
willow *(n.)* abedua
wily *(adj.)* ndaadaa
wimble *(n.)* wimble
win *(n.)* nkunim
win *(v.)* di nkunim
wince *(v.)* ani awu
winch *(n.)* aniwu
wind *(v.)* kyinkyim
wind *(n.)* mframa
windbag *(n.)* kasa dodo
winder *(n.)* winder
windlass *(n.)* nnwinnade
windmill *(n.)* windmill
window *(n.)* mpoma
windscreen *(n.)* ahwehwɛ
windy *(adj.)* mframa
wine *(n.)* bobesa
wing *(n.)* ataban
wink *(v.)* bɔ ani
wink *(n.)* anibɔ
winner *(n.)* nkonimdifo
winnow *(v.)* huhu so
winsome *(adj.)* ɛyɛ fɛ
winter *(v.)* awɔw
winter *(n.)* awɔberɛ
wintry *(adj.)* awɔwbere mu
wipe *(n.)* popa
wipe *(v.)* popa
wire *(v.)* mane sika
wire *(n.)* dadeɛ ahoma
wireless *(n.)* kasafidie
wireless *(adj.)* wireless
wiring *(n.)* nhama

wisdom *(n.)* nyansa
wisdom-tooth *(n.)* nyansa-se
wise *(adj.)* nyansanii
wish *(v.)* ɔpɛ
wish *(n.)* pɛ
wishful *(adj.)* apɛdeɛ
wisp *(n.)* ketewaa
wistful *(adj.)* awerɛhow
wit *(n.)* adwene
witch *(n.)* bayifoɔ
witchcraft *(n.)* abayisɛm
witchery *(n.)* abayisɛm
with *(prep.)* ne
withal *(adv.)* to nkyɛn
withdraw *(v.)* yi firi
withdrawal *(n.)* nyifirimu
withe *(n.)* withe
wither *(v.)* ayow
withhold *(v.)* twe san
within *(adv.)* mu
within *(prep.)* emu
without *(adv.)* nka ho
without *(prep.)* nka ho
withstand *(v.)* gyina ano
witless *(adj.)* gyimie
witness *(v.)* di adanseɛ
witness *(n.)* ɔdanseni
witticism *(n.)* serew asɛm
witty *(adj.)* aniteɛ
wizard *(n.)* obayifoɔ
wobble *(v.)* woso
woe *(n.)* awerɛhoɔ
woebegone *(adj.)* ayɛ basaa
woeful *(adj.)* awerɛhosɛm
wolf *(n.)* pataku
woman *(n.)* ɔbaa
womanhood *(n.)* ɔbeayɛ
womanise *(v.)* yɛ mmasɛm
womaniser *(n.)* mmapɛfoɔ
womanish *(adj.)* ɔyɛ ɔbea
womb *(n.)* awode
wonder *(v.)* dwene
wonder *(n.)* anwonwadeɛ
wonderful *(adj.)* nwanwa
wondrous *(adj.)* nwonwaso
wont *(n.)* su ho biribi
wont *(adj.)* ɔpɛ
wonted *(adj.)* daa daa
woo *(v.)* dɛɛdɛɛ

wood *(n.)* dua
wooden *(adj.)* nnua
woodland *(n.)* kwae mu asaase
woods *(n.)* kwae mu
woof *(n.)* woof
wool *(n.)* asaawa
woollen *(n.)* woollen
woollen *(adj.)* woollen
word *(v.)* ɔbɛka
word *(n.)* asɛmfua
wordy *(adj.)* nsɛmfua
work *(v.)* yɛ adwuma
work *(n.)* adwuma
workable *(adj.)* tumi yɛ adwuma
workaday *(adj.)* adwuma da
worker *(n.)* adwumayɛfo
workman *(n.)* odwumayɛni
workmanship *(n.)* adwumayɛ
workshop *(n.)* adwumayɛbea
world *(n.)* wiase
worldling *(n.)* wiasefo
worldly *(adj.)* wiasefo de
worm *(n.)* sonsono
wormwood *(n.)* nhabannuru nwono
worn *(adj.)* hyɛeɛ
worry *(v.)* ha adwene
worry *(n.)* ɔhaw
worsen *(v.)* sɛe kɛse
worship *(v.)* som
worship *(n.)* ɔsom
worshipper *(n.)* ɔsomfo
worst *(n.)* nyɛ koraa
worst *(adj.)* enyɛ koraa
worst *(v.)* sɛee
worsted *(n.)* ntama torotoro
worth *(adj.)* som bo
worth *(n.)* som bo
worthless *(adj.)* mfaso nni so
worthy *(adj.)* som bo
would-be *(adj.)* anka ɛbɛyɛ
wound *(v.)* pira
wound *(n.)* ekuro
wrack *(n.)* ɔsɛe
wraith *(n.)* abufuw
wrangle *(n.)* ntɔkwa
wrangle *(v.)* ham so
wrap *(n.)* abɔsoɔ
wrap *(v.)* kyekyere ho
wrapper *(n.)* nkyekyereho

wrath *(n.)* abufuhyew
wreath *(n.)* nhwiren
wreathe *(v.)* hyehyɛ
wreck *(v.)* sɛe
wreck *(n.)* ɔsɛeɛ
wreckage *(n.)* aseeeɛ
wrecker *(n.)* ɔsɛe nneɛma
wren *(n.)* anomaa ketewa
wrench *(v.)* twe biribi
wrench *(n.)* dadeɛ
wrest *(v.)* hwim
wrestle *(v.)* tentam
wrestler *(n.)* ɔkofo
wretch *(n.)* mmɔboroni
wretched *(adj.)* mmɔbɔmmɔbɔ
wrick *(n.)* ɔyaw
wriggle *(n.)* kyinkyim
wriggle *(v.)* danedane
wring *(v.)* kyim
wrinkle *(v.)* twimtwam
wrinkle *(n.)* atwimtwam
wrist *(n.)* abakɔn
writ *(n.)* ɔhyɛnwoma
write *(v.)* twerɛ
writer *(n.)* ɔkyerɛwfo
writhe *(v.)* petere
wrong *(adv.)* ɛnyɛ
wrong *(v.)* yɛ bɔne
wrong *(adj.)* fom
wrongful *(adj.)* nea ɛnteɛ
wry *(adj.)* atweetwee

X

xenobiology *(n.)* xenobiology
xenogenesis *(n.)* xenogenesis
xenomania *(n.)* xenomania
xenomorph *(n.)* xenomorph
xenophile *(n.)* ahohoyɛfo
xenophobe *(n.)* tan ahɔho
xenophobia *(n.)* afoforɔ anitan
xerox *(n.)* sɛso
xerox *(v.)* yɛ bi
Xmas *(n.)* buronya
x-ray *(n.)* x-ray
x-ray *(v.)* twa x-ray
xylophilous *(adj.)* xylophilous

xylophone *(n.)* adakabɛn

Y

yacht *(n.)* hyɛmma
yacht *(v.)* twi hyɛmma
yak *(n.)* yak
yak *(v.)* yak
yap *(n.)* nteamu
yap *(v.)* tea mu
yard *(n.)* basafa
yarn *(n.)* asaawa
yawn *(v.)* hram
yawn *(n.)* hram
year *(n.)* afe
yearly *(adj.)* afe afe
yearly *(adv.)* afe biara
yearn *(v.)* pɛ
yearning *(n.)* akɔnnɔ
yeast *(n.)* mmɔreka
yell *(v.)* tea mu
yell *(n.)* nteateamu
yellow *(adj.)* akokɔsradeɛ
yellow *(n.)* akokɔsradeɛ
yellow *(v.)* yɛ akokɔsradeɛ
yellowish *(adj.)* ayɛ akokɔsradeɛ
Yen *(n.)* yen
yen *(v.)* yen
yes *(adv.)* aane
yesterday *(n.)* ɛnnora
yesterday *(adv.)* nnora
yet *(conj.)* nanso
yet *(adv.)* afie
yield *(v.)* so aba
yield *(n.)* mfasoɔ
yodel *(n.)* yodel
yodel *(v.)* yodel
yoga *(n.)* yoga
yoghurt *(n.)* yoghurt
yogi *(n.)* yogani
yoke *(n.)* kɔndua
yoke *(v.)* ka bom
yolk *(n.)* kosua mfimfini
yonder *(adj.)* akyirikyiri
yonder *(adv.)* nohoaa
yonder *(n.)* nohoaa

You Tube *(v.)* kɔ youtube
young *(adj.)* kumaa
young *(n.)* ɔba
youngster *(n.)* akwadaa
yourself *(pr.)* wo ho
youth *(n.)* babunu
youthful *(adj.)* mmrantebremu

Z

zany *(n.)* ɔwawanii
zany *(adj.)* wanwa
zeal *(n.)* ahokeka
zealot *(n.)* ahokeka
zealous *(adj.)* anibere adiyɛho
zeb *(v.)* zeb
zebra *(n.)* ɔsebɔ
zebra crossing *(n.)* kwan twa
zenith *(n.)* atifi
zephyr *(n.)* ahum
zero *(n.)* hwee
zest *(n.)* anigye
zest *(v.)* yiyi
zesty *(adj)* anigye
zig *(n.)* nsakrae
zig *(v.)* yɛ nsakrae
zigzag *(n.)* apompono
zigzag *(adj.)* akontorokontoro
zigzag *(adv.)* moamoa
zigzag *(v.)* pompono no
zinc *(n.)* zinc
zip *(n.)* zip
zip *(v.)* toto mu
ziplock *(adj.)* ziplock
zipper *(n.)* zipper
zodiac *(n.)* nsoroma muhwɛ
zonal *(adj.)* ɔmantam
zone *(n.)* ɔfa
zoo *(n.)* mmoa korabea
zoological *(adj.)* mmoaho adesua
zoologist *(n.)* mmoaho nimdefo
zoology *(n.)* mmoaho nimdeɛ
zoom *(n.)* zoom
zoom *(v.)* zoom
Zorb *(n.)* zorb

Twi-English

A

aane *(adv.)* yes
aanyɛ *(prep.)* barring
aapo *(n.)* app
aba *(n.)* nut
aba *(v.)* nut
aba *(n.)* score
aba *(n.)* seed
abaa *(n.)* rod
abaa *(n.)* spindle
abaa *(n.)* stick
abaa *(n.)* baton
abaa *(n.)* cane
abaawa *(n.)* lackey
abaawa *(n.)* maid
abaawa adwuma *(adj.)* menial
abaawa adwuma *(n.)* menial
abaayewa *(n.)* lass
abaayewa *(n.)* girl
ababaa *(n.)* daisy
ababaa *(n.)* wench
ababaawa *(n.)* damsel
ababaawa *(n.)* maiden
ababaawa *(n.)* belle
ababio *(n.)* reappearance
abadakyiri *(n.)* deputy
abadiakyire *(adj.)* subordinate
abadiakyire *(n.)* subordinate
abaduaba *(n.)* doll
abaduaba *(n.)* effigy
abaduaba *(n.)* puppet
abaduaba *(n.)* toy
abahwɛ *(n.)* childcare
abakɔn *(n.)* wrist
abakɔsɛm *(adj.)* historic
abakɔsɛm *(adj.)* historical
abakɔsɛm *(n.)* history
abakɔsɛm *(n.)* memoir
abakɔsɛm *(n.)* saga
abakɔsɛm *(n.pl.)* annals
abakɔsɛm *(n.)* chronicle
abakɔsɛm kyerɛfo *(n.)* historian
abakɔso *(n.)* abacus
abamubuo *(adj.)* daunting
aban *(n.)* government
aban *(n.)* polity
aban *(n.)* regime
aban de *(n.)* official
aban de *(adj.)* officious
aban dwumayɛbea *(n.)* ministry
aban kwan so *(adv.)* officially
aban mu *(n.)* custody
abanaa *(n.)* portico
abanhwɛfo *(n.)* castellan
abankaba *(n.)* handcuff
abankaba *(n.)* shackle
abankeseɛ *(n.)* fortress
abankɛse *(n.)* bastion
abankɛse *(n.)* chateau
abankɛse *(n.)* fort
abankɛse *(n.)* citadel
abankɛseɛ *(n.)* stronghold
abankɛsɛe *(n.)* shopfront
abansoafo *(v.)* minister
abansoafo *(n.)* minister
abansoro *(n.)* mezzanine
abansoro *(n.)* steeple
abansoro *(n.)* acropolis
abansoro *(n.)* attic
abansoroso *(n.)* storey
abantenten *(n.)* terrace
abantenten *(n.)* tower
abantuguo *(n.)* coup
abarimaa *(n.)* boy
abasa *(n.)* biceps
abasa *(n.)* forearm
abasamtu *(v.)* disillusion
abasobɔ *(adj.)* commendable
abasobɔ *(n.)* commendation
abasobɔ *(v.)* laud
abasobɔ *(n.)* prize
abasobɔ *(v.)* prize
abasobɔ *(v.)* promote
abasobɔ *(n.)* adulation
abasobɔ *(v.)* award
abasobɔ *(n.)* promotion
abasobɔ sika *(n.)* prize money
abasobɔdeɛ *(n.)* award
abasobɔdeɛ *(n.)* jackpot
abasobɔdeɛ *(n.)* memento
abasobɔdeɛ *(n.)* trophy
abasobɔdeɛ *(n.)* laud
abati *(adj.)* scapular
abatire *(n.)* scapula

abatire *(n.)* scapular
abatire *(n.)* shoulder
abatofo *(n.)* electorate
abatoɔ *(n.)* ballot
abatoɔ *(n.)* by-election
abatoɔ *(n.)* election
abatoɔ *(n.)* plebiscite
abatoɔ *(v.)* poll
abatoɔ *(n.)* poll
abatoɔ *(n.)* vote
abatoɔ akwannya *(n.)* suffrage
abatoɔ krataa *(n.)* ballot paper
abatoɔ tumi *(n.)* franchise
abatowfo *(n.)* voter
abatwɛ *(n.)* elbow
abayisɛm *(n.)* sorcery
abayisɛm *(n.)* witchcraft
abayisɛm *(n.)* witchery
abea asɛm *(adj.)* feminine
abebeɛ *(n.)* barnacle
abebeɛ *(n.)* clam
abediakyire *(n.)* assistant
abedua *(n.)* turnip
abedua *(n.)* willow
abeduru *(v.)* land
abeduru *(n.)* landing
abena *(n.)* shell
abɛbuo *(n.)* adage
abɛbuo *(n.)* aphorism
abɛbusɛm *(n.)* parable
abɛbusɛm *(n.)* proverb
abɛbusɛm *(adj.)* proverbial
abɛn *(n.)* drumbeat
abɛn *(n.)* flute
abɛn *(n.)* horn
abɛn *(adj.)* imminent
abɛn *(n.)* neigh
abɛn *(v.)* pipe
abɛn *(n.)* siren
abɛn *(n.)* whistle
abɛn *(n.)* clarinet
abien *(n.)* duality
abien *(n.)* duo
abien *(n.)* duplex
abiɛsa *(n.)* trio
abino *(n.)* albino
abira *(adv.)* vice-versa
abira *(adj.)* opposite
abirabɔ *(n.)* antinomy

abirabɔ *(n.)* antipodes
abirabɔ *(adj.)* contrary
abirabɔ *(n.)* contrast
abirabɔ *(n.)* discrepancy
abirabɔ *(n.)* contradiction
abirabɔdeɛ *(n.)* antithesis
abirabɔdeɛ *(n.)* antonym
abirekyie *(n.)* goat
abisa *(n.)* inquiry
abisabisa *(n.)* interrogation
abisabisa *(n.)* solicitation
abisadeɛ *(n.)* request
aboa *(n.)* ferret
aboa *(n.)* kangaroo
aboa *(n.)* marten
aboa *(n.)* mink
aboa *(n.)* moth
aboa *(n.)* polecat
aboa *(n.)* beast
aboa kumaa *(n.)* cub
aboa apantan *(n.)* maxilla
aboa buo *(n.)* lair
aboa nan *(v.)* paw
aboa nan *(n.)* paw
aboa nhoma *(n.)* lambkin
aboa nhoma *(n.)* leather
aboa wedeɛ *(n.)* fur
aboawa *(n.)* bug
aboawa *(n.)* insect
aboawannuro *(n.)* insecticide
aboboɔ *(n.)* spiral
abodin *(n.)* credential
abodin *(n.)* dub
abodin *(n.)* Messrs
abodin *(n.)* nickname
abodin *(n.)* acclamation
abodin *(n.)* accolade
abodin too *(v.)* nickname
abodinkrataa *(n.)* qualification
aboduaba *(n.)* marionette
abodwo *(n.)* composure
abodwo *(adj.)* congenial
abodwokyɛre *(adj.)* tolerant
abodwoɔ *(adj.)* cordial
abodwoɔ *(adj.)* cozy
abofono *(adj.)* lewd
abofono *(adj.)* nasty
abofono *(n.)* nausea
abofono *(v.)* uglify

abofonode *(v.)* profane
abofonode *(adj.)* profane
abofra *(n.)* minor
abofra foforo *(adj.)* newborn
abohemaa *(n.)* marble
abohia *(n.)* necessity
aboko *(n.)* quail
abommu *(n.)* stew
abomu *(n.)* sauce
abooboo *(n.)* analysis
abooboo *(adj.)* analytical
abooden *(adj.)* costly
abooden *(adj.)* dear
abooden *(adj.)* expensive
abooden boo *(adj.)* stony
abooden foforo *(adj.)* neolithic
aboro *(v.)* dunk
aboro so *(adj.)* excess
aborɔbɛ *(n.)* pineapple
aborɔme *(n.)* riddle
aborɔnoma *(n.)* pigeon
abosea *(n.)* pebble
abosea *(n.)* cobblestone
abosomfie *(n.)* shrine
abotan *(n.)* beech
abotare *(adj.)* patient
abotare *(n.)* patience
abotire *(n.)* bandana
abotɔyam *(n.)* ease
abotɔyam *(adj.)* euphemistic
abotɔyam *(n.)* gratification
abotɔyam *(n.)* solace
abotɔyamu *(adj.)* complacent
abɔ *(v.)* tape
abɔ dam *(adj.)* mad
abɔ dam *(adv.)* mad
abɔ hu *(v.)* terrorize
abɔ tokuro *(v.)* prick
abɔ tokuro *(n.)* prick
abɔaseɛ *(n.)* foundation
abɔdam *(adj.)* crazy
abɔdam *(adj.)* insane
abɔdamfo *(n.)* madness
abɔde *(adj.)* ecological
abɔde nimdefo *(n.)* naturalist
abɔdea adesua *(n.)* ecology
abɔdeɛ *(n.)* creature
abɔdeɛ *(n.)* nature
abɔdeɛmu hwehwɛfoɔ *(n.)* ecologist

abɔdeɛmu nyansapɛ *(n.)* science
abɔdeɛnhwehwɛmufo *(n.)* scientist
abɔdinkyerɛ *(n.)* recommendation
abɔdweɛ *(n.)* chin
abɔdwesɛ *(n.)* beard
abɔeɛ *(n.)* confluence
abɔfra *(n.)* babe
abɔfra *(n.)* kid
abɔfra *(n.)* baby
abɔfra *(n.)* child
abɔfra aburo *(n.)* baby corn
abɔfra dabrɛ *(n.)* cot
abɔfra dabrɛ *(n.)* crib
abɔfra kaa *(n.)* baby carriage
abɔfra mpa *(n.)* cradle
abɔfraaduane *(n.)* baby food
abɔfrahwɛ *(v.)* babysit
abɔfrahwɛ *(n.)* babysitting
abɔm *(n.)* album
abɔnefo *(adj.)* nefarious
abɔnkyinam *(n.)* mutton
abɔnta *(adj.)* dual
abɔnten *(n.)* courtyard
abɔnten *(adj.)* external
abɔnten *(adv.)* extrinsically
abɔnten *(adj.)* outdoor
abɔnten *(n.)* outing
abɔnten *(n.)* outside
abɔnten *(adv.)* outside
abɔnten *(adv.)* outward
abɔnten *(adv.)* outwards
abɔnten dan *(n.)* outhouse
abɔnten nyi *(n.)* outsider
abɔnten so *(n.)* outskirts
abɔntene *(n.)* tanbark
abɔntenfiri *(n.)* fire exit
abɔntenso ni *(n.)* misfit
abɔseɛ *(n.)* origin
abɔso *(n.)* waistband
abɔsoɔ *(n.)* girdle
abɔsoɔ *(n.)* strap
abɔsoɔ *(n.)* wrap
abɔtire *(n.)* turban
abrabɔ *(n.)* lifestyle
abrabɔ ho mmara *(n.)* deontology
abrabɔ pa *(n.)* ultraconservative
abrabɔmu asɛm *(n.)* biography
abrabɔpa *(n.)* ethos
abranaa *(n.)* veranda

abranaa *(n.)* balcony
abrannaa *(n.)* porch
abreaseɛ *(adj.)* sedate
abrewa *(n.)* crone
abrofonkateɛ *(n.)* almond
abrokyire *(adv.)* abroad
abu *(v.)* broken
abu *(adj.)* common
abu so *(adj.)* prevalent
abubro *(n.)* dove
abubu *(v.)* paralyse
abubuafo *(n.)* palsy
abubuafo *(n.)* paralysis
abubuo *(adj.)* paralytic
abufohyew *(n.)* rage
abufuhyew *(adj.)* beserk
abufuhyew *(n.)* fury
abufuhyew *(n.)* wrath
abufuo *(n.)* anger
abufuo *(n.)* angst
abufuo *(adj.)* indignant
abufuo *(n.)* indignation
abufuo *(adj.)* irate
abufuo *(n.)* temper
abufuo *(v.)* unsettle
abufuohyɛ *(n.)* irritation
abufuoshew *(adj.)* hostile
abufuw *(n.)* grudge
abufuw *(adj.)* miffed
abufuw *(v.)* offend
abufuw *(adj.)* offensive
abufuw *(n.)* outrage
abufuw *(v.)* perturb
abufuw *(adj.)* provocative
abufuw *(adj.)* touchy
abufuw *(n.)* wraith
abufuw *(n.)* paddy
abufuw kasa *(n.)* tirade
abura *(n.)* well
aburo *(n.)* corn
aburo *(n.)* grain
aburo *(n.)* maize
aburo esam *(n.)* polenta
aburokyire *(adj.)* foreign
aburu *(n.)* ferment
aburu *(n.)* fermentation
abusua *(n.)* family
abusua ketewa *(n.)* nuclear family
abusua nkyi *(n.)* pedigree

abusuabɔ *(n.)* relation
abusuadin *(n.)* surname
abusuakuo *(n.)* guild
abusuakuo *(n.)* kinship
abusuakuo *(n.)* tribe
abusuani *(n.)* kin
abusuani *(n.)* relative
abusuanyinimu *(n.)* racialism
abususɛm *(n.)* blasphemy
abutobea *(n.)* quarry
abɛɛfo *(adj.)* contemporary
acausal *(adj.)* acausal
acellular *(adj.)* acellular
acene *(n.)* acene
acentric *(adj.)* acentric
acerbic *(adj.)* acerbic
acetate *(n.)* acetate
acetic *(adj.)* acetic
acetic acid *(n.)* acetic acid
acetone *(n.)* acetone
acetylene *(n.)* acetylene
acid *(adj.)* acidic
acrylate *(n.)* acrylate
ada *(adv.)* asleep
adaadaa *(n.)* masquerade
adaadaa *(n.)* quackery
adaadaa *(adj.)* seductive
adaeso *(adj.)* dreamy
adaeso mu *(adv.)* dreamily
adagya *(adj.)* naked
adagyaw *(n.)* nude
adagyaw *(n.)* nudity
adagyaw ho *(adj.)* nude
adaka *(n.)* box
adaka *(n.)* coffer
adaka *(n.)* drop box
adaka *(n.)* gearbox
adaka *(n.)* trunk
adaka *(n.)* ark
adaka *(n.)* casket
adaka *(n.)* cube
adaka *(adj.)* cubical
adakabɛn *(n.)* xylophone
adaman *(n.)* kite
adamantibo *(n.)* diamond
adamfo *(n.)* dude
adamfo *(v.)* mate
adamfo *(n.)* pal
adamfofa *(adj.)* genial

adamfofa su *(adj.)* neighbourly
adamfoɔ *(n.)* friend
adammɔ *(n.)* lunacy
adamugyeɛ *(n.)* extortion
adan *(n.)* estate
adane *(adj.)* flip
adane *(n.)* rick
adane *(n.)* subversion
adane-adane *(n.)* metamorphosis
adaneadane *(n.)* manoeuvre
adaneadane *(n.)* rotation
adaneadene *(adj.)* reciprocal
adaneɛadane *(n.)* fidget
adaneɛadaneɛ *(n.)* flip
adanema *(n.)* refund
adanko *(n.)* hare
adanko *(n.)* rabbit
adankora *(n.)* suite
adannandi *(adv.)* evolutionary
adanntemgyinafoɔ *(n.)* estate agent
adanse *(adj.)* empirical
adanse *(adj.)* tributary
adansedi *(n.)* docket
adansedie *(n.)* demurrage
adansedie *(n.)* deposition
adansedie *(n.)* authentication
adansedie krataa *(n.)* testimonial
adansedie krataa *(n.)* voucher
adanseɛ *(n.)* evidence
adanseɛ *(n.)* proof
adanseɛ *(n.)* testimony
adanseɛ *(adj.)* proof
adanseɛ krataa *(n.)* certificate
adansidie krataa *(n.)* receipt
adansie *(n.)* building
adansie *(n.)* edifice
adansie *(n.)* architecture
adantam *(n.)* indifference
adantam *(adj.)* indifferent
adantam *(adj.)* intermediate
adapta *(n.)* adaptor
adasamma *(n.)* mankind
ade *(n.)* needle
ade *(n.)* tub
ade foforo *(n.)* novelty
ade nyinaa mfonini *(adj.)* omniform
ade nyinaa tumidifo *(adj.)* omnipotent
adeaɛ *(n.)* stuff
adebɔ *(n.)* creation

adebuo nim *(adj.)* insolent
adedie *(n.)* dynasty
adediɛ *(adj.)* hereditary
adeɛ *(n.)* element
adeɛ *(n.)* object
adeɛ *(n.)* thing
adeɛ *(n.)* article
adeɛ akye *(v.)* dawn
adeɛ bi *(n.)* entity
adefo *(n.)* druid
adefoɔ kuo *(n.)* elitism
adehu *(n.)* palmistry
adehwehwɛ *(n.)* search
adehwehwɛ *(n.)* search warrant
adehwere *(n.)* disadvantage
adekorabea *(n.)* depository
adekoradan *(n.)* locker
adekorade *(n.)* deposit
adekoradeɛ *(n.)* container
adekyee *(n.)* daybreak
adekyekanea *(n.)* daylight
adekyerɛ *(n.)* teaching
adekyerɛ *(n.)* tuition
adekyerɛdeɛ *(n.)* curriculum
adekyerɛdeɛ *(n.)* showpiece
ademude *(n.)* valuation
adepa *(adv.)* stark
adepa berɛ *(n.)* vintage
adepam *(n.)* couture
adepamni *(n.)* tailor
adesae *(n.)* dusk
adesei *(n.)* scotch
adesoa *(n.)* albatross
adesoa *(v.)* lade
adesoa *(n.)* load
adesoa *(v.)* load
adesoa *(n.)* luggage
adesoa *(n.)* bane
adesoa *(n.)* burden
adesoa ɛyɛ den *(adj.)* onerous
adesoa pii *(v.)* overburden
adesradeɛ *(n.)* requisition
adesrɛ *(n.)* entreaty
adesrɛ *(n.)* petition
adesrɛdeɛ *(n.)* adjuration
adesrɛdeɛ *(v.)* petition
adesua *(n.)* education
adesua *(v.)* learn
adesua *(n.)* scholarship

adesua *(adj.)* studious
adesua *(n.)* study
adesua *(n.)* learning
adesua aweieɛ *(n.)* graduation ceremony
adesuade *(n.)* diploma
adesuade *(n.)* doctorate
adesuade *(n.)* technicality
adesuadeɛ *(n.)* lesson
adesuani *(n.)* trainee
adetoɔ *(n.)* toss
adetɔfoɔ *(n.)* shopaholism
adetɔn *(n.)* sale
adetɔnfo *(n.)* retailer
adetɔnfo *(n.)* wholesaler
adetɔnfoɔ *(n.)* shopaholic
adetɔnni *(n.)* vendor
adetɔwoso *(n.)* trance
adetwetwa fidie *(n.)* shredder
adewura *(n.)* owner
adeyɛ *(n.)* make
adeyɛ *(n.)* occasion
adeyɛ *(n.)* verb
adeyie *(n.)* discovery
adeyɔ *(n.)* action
adɛfɛdɛfɛ *(n.)* flattery
adɛn *(adv.)* why
adi pefee *(adj.)* overt
adida *(n.)* identity
adida krataa *(n.)* identity card
adideɛ *(n.)* installation
adidi *(n.)* digestion
adidiatɛm *(n.)* insult
adidibea *(n.)* diner
adidibea *(n.)* restaurant
adidibea *(n.)* bistro
adidie *(n.)* communion
adidie *(v.)* diet
adidifo *(n.)* glutton
adiditrasoɔ *(n.)* gluttony
adintrumu *(n.)* faggot
adintrumu *(n.)* gay
adintrumu *(n.)* sodomite
adintrumuni *(n.)* sodomy
adipos *(adj.)* adipose
adititiriiw *(n.)* staple
adititiriw *(adj.)* staple
adiyi *(n.)* dismissal
adiyi *(n.)* display
adiyisɛm *(n.)* revelation

admiral *(n.)* admiral
admiralty *(n.)* admiralty
adoe *(n.)* ape
adoe *(n.)* monkey
adom *(n.)* grace
adom *(adj.)* graceful
adom akyɛdeɛ *(n.)* talent
adom mu *(adj.)* gracious
adɔeɛ *(n.)* favour
adɔeɛ *(n.)* benevolence
adɔkotafo hamma *(n.)* precursor
adɔkɔdɔkɔde *(n.)* snack
adɔma *(n.)* bell
adɔre *(adj.)* fertile
adɔyɛ *(n.)* largesse
adɔyɛ *(adj.)* munificent
adrenal *(adj.)* adrenal
adrɛs *(n.)* address
adrɛse *(n.)* addressee
adua *(n.)* pea
adua *(n.)* peach
adua *(v.)* pickle
adua *(n.)* pickle
adua *(n.)* bean
aduaba *(adj.)* depilatory
aduaba *(n.)* fruit
aduaba *(n.)* plum
aduaba *(n.)* pumpkin
aduaba *(n.)* raspberry
aduaba *(adj.)* raspberry
aduaba *(n.)* tamarind
aduakɔn *(n.)* stem
aduan *(n. pl)* victuals
aduan ho ɔbenfo *(n.)* dietician
aduanan *(n.)* forty
aduane *(n.)* diet
aduane *(n.)* fodder
aduane *(n.)* food
aduane *(n.)* meal
aduane *(n.)* aliment
aduane dɛdɛɛdɛ *(n.)* pudding
aduane noafoɔ *(n.)* caterer
aduane tɔmmɛ *(n.)* jar
aduanehyesoɔ *(n.)* indigestion
aduanetɔnfoɔ *(n.)* grocer
aduankorabea *(n.)* barn
aduannuru a wɔde ma *(n.)* nourishment
aduasa *(n.)* thirtieth
aduasa *(n.)* thirty

adufra *(adj.)* pharmaceutic
adufra *(adj.)* pharmaceutical
aduhuam *(n.)* perfume
aduhuam *(v.)* perfume
aduhwam *(n.)* fragrance
aduhwam *(n.)* alabaster
adum *(prep.)* off
adunnum *(n.)* fifteen
aduokron *(n.)* ninety
aduono *(n.)* twentieth
aduono *(n.)* twenty
aduonum *(n.)* fifty
aduosia *(n., adj.)* sixty
aduɔson *(n.)* seventy
aduɔwɔtwe *(n.)* eighty
adupre *(n.)* aeroplane
aduradeɛ *(n.)* envelope
aduro *(n.)* capsule
aduro *(n.)* medicament
aduro *(n.)* mithridate
aduro *(n.)* morphia
aduro *(n.)* morphine
aduro *(n.)* pill
aduro *(n.)* tonic
aduro *(n.)* vaccination
aduro *(n.)* agrochemical
aduro *(n.)* auspice
aduro *(n.)* chemical
aduro *(adj.)* chemical
aduro mboroso *(n.)* overdose
aduro sɔ fo *(n.)* vaccinator
aduroyɛ *(n.)* detoxication
aduru *(n.)* drug
aduru *(adj.)* laxative
aduru *(adj.)* medicinal
aduru *(n.)* medicine
aduru *(n.)* tranquillizer
aduru *(n.)* laxative
aduru bɔne *(v.)* poison
aduru bɔne *(n.)* poison
aduru bɔne *(adj.)* poisonous
aduru fitaa *(n.)* whitewash
aduru yɛ *(n.)* pharmaceutical
aduru yɛ *(n.)* pharmaceutist
aduto *(adj.)* maleficent
adutwam *(adj.)* extraordinary
adutwame *(n.)* sublime
aduyɛ *(n.)* chemistry
adwa *(n.)* seat

adwa *(n.)* stool
adwabɔ *(n.)* fair
adwadeɛ *(n.)* product
adwamanba *(n.)* bastard
adwareɛ *(n.)* bath
adwareɛ ntoma *(n.)* bathrobe
adwe *(n.)* kernel
adweadwe *(adj.)* rickety
adwemmɔne *(n.)* malignity
adwemmɔne *(n.)* negative
adwempa *(n.)* discretion
adwen *(n.)* cerebellum
adwendwen adesua *(n.)* philosopher
adwendwen adesua *(n.)* philosophy
adwendwen nhwehwɛmu *(adj.)* philosophical
adwendwene *(n.)* rumination
adwene *(n.)* brain
adwene *(n.)* contemplation
adwene *(n.)* intellect
adwene *(v.)* mince
adwene *(n.)* rationale
adwene *(n.)* view
adwene *(n.)* catfish
adwene *(n.)* cognition
adwene *(n.)* psyche
adwene *(n.)* thought
adwene *(n.)* wit
adwene a ɛnteɛ *(adj.)* negative
adwene a wonni *(adj.)* opinionless
adwene bɔne *(adj.)* malicious
adwene bu *(adj.)* imaginary
adwene fa *(n.)* deliberation
adwene foforɔ *(n.)* afterthought
adwene koro *(n.)* unanimity
adwene ma *(adj.)* opinionated
adwene mu *(adj.)* cerebral
adwene mu *(adj.)* cognitive
adwene mu *(adj.)* psychological
adwene mu naayɛ *(adj.)* notional
adwene nhwehwɛmu *(n.)* psychiatry
adwene nhwehwɛmu *(n.)* psychology
adwene nnihɔ *(n.)* laxity
adwene sɛe *(v.)* disorient
adwene yare *(n.)* concussion
adwene yare *(n.)* psychosis
adwenehono *(n.)* imprudence
adwenekyerɛ *(n.)* impression
adwenekyerɛ *(v.)* point

adwenem *(adj.)* dubious
adwenem *(adj.)* mental
adwenem *(n.)* mentality
adwenemhaw *(v.)* discomfit
adwenemu ayaresa *(n.)* psychotherapy
adwenemu haw *(n.)* mania
adwenemu nsusuiɛ *(n.)* illusion
adwenemu yarefoɔ *(n.)* psychopath
adwenemuka *(n.)* delirium
adwenemuka *(n.)* dementia
adwenemuka *(n.)* senility
adwenemupɔ *(n.)* brainchild
adwenetwetwe *(n.)* eyecatcher
adwenkorɔ *(v.)* accord
adwenkorɔ *(n.)* accord
adwenkyerɛ *(n.)* comment
adwenkyerɛ *(n.)* express
adwenkyerɛ *(n.)* opinionnaire
adwenkyerɛ *(n.)* proposition
adwenkyerɛ *(n.)* savour
adwenmpɔ *(n.)* idea
adwennwene *(adj.)* thoughtful
adwenpɔ *(asdj.)* decided
adwenwene *(n.)* consideration
adwie *(n.)* louse
adwindwin *(v.)* meditate
adwindwin *(n.)* meditation
adwini *(n.)* art
adwini *(adj.)* artistic
adwini nkyerɛkyerɛ *(n.)* art direction
adwinnade *(n.)* toolkit
adwinneɛ *(n.)* artefact
adwinneɛ *(adj.)* artificial
adwinni *(n.)* technomania
adwinnidan *(n.)* factory
adwinnie *(n.)* craft
adwinnie *(n.)* handicraft
adwinnie *(n.)* pattern
adwinniɛ *(n.)* art form
adwinnifo *(n.)* designer
adwinnsiananmu *(n.)* pronoun
adwinnsiananmu enim *(n.)* preposition
adwontofoɔ *(n.)* choir
adwuma *(n.)* employment
adwuma *(n.)* job
adwuma *(n.)* labour
adwuma *(n.)* occupation
adwuma *(n.)* work
adwuma *(n.)* career

adwuma *(n.)* livelihood
adwuma *(n.)* profession
adwuma boro so *(n.)* overwork
adwuma boroso *(v.)* overwork
adwuma da *(adj.)* workaday
adwuma den *(adj.)* laborious
adwuma foforo *(n.)* venture
adwuma gyaeɛ *(n.)* resignation
adwuma mboroso *(n.)* overtime
adwuma so hwɛ *(adj.)* managerial
adwuma sohwɛfo *(n.)* manager
adwuma wɔho *(n.)* problem
adwuma wɔho *(adj.)* problematic
adwumaden *(adj.)* laboured
adwumaden *(v.)* moil
adwumaden *(n.)* toil
adwumakuo *(n.)* company
adwumakuo *(adj.)* corporate
adwumakuo *(n.)* corporation
adwumakuo *(n.)* organization
adwumakuo ketewa *(adj.)* subsidiary
adwumamu yɔnkoɔ *(n.)* co-worker
adwumasohwɛfoɔ *(n.)* foreman
adwumawura *(n.)* employer
adwumayɛ *(n.)* implement
adwumayɛ *(adj.)* serviceable
adwumayɛ *(n.)* workmanship
adwumayɛbea *(n.)* workshop
adwumayɛfo *(n.)* worker
adwumayɛfo no *(adj.)* operative
adwumayɛfoɔ *(n.)* functionary
adwumayɛfoɔ *(adj.)* hard-working
adwumayɛfoɔ *(n.)* personnel
adwumayɛfoɔ *(n.)* shopkeep
adwumayɛfoɔ *(n.)* staff
adwumayɛkuo *(n.)* enterprise
adwumayɛni *(n.)* employee
adwumayɛni *(n.)* jobber
ael *(n.)* aisle
aerodynamics *(n.)* aerodynamics
aerofoil *(n)* aerofoil
aeronautics *(n.)* aeronautics
aerosol *(n.)* aerosol
aerostatics *(n.)* aerostatics
aɛmfua biaa *(adj.)* verbatim
afa *(adj.)* taken
afaafa *(prep.)* athwart
afadeɛ *(adj.)* fashionable
afadeɛ *(n.)* gear

afafantɔ *(n.)* butterfly
afafantɔ kosua *(n.)* chrysalis
afahyɛ *(n.)* festival
afahyɛ *(n.)* festivity
afahyɛ *(n.)* pomp
afahyɛ *(n.)* ritual
afahyɛ *(adj.)* ritual
afahyɛ *(n.)* carnival
afahyɛ *(adj.)* ceremonious
afahyɛ *(n.)* party
afahyɛ mu *(adj.)* festive
afanu *(adj.)* bilateral
afanyinaa yɛpɛ *(adj.)* equilateral
afaseduro *(n.)* purgative
afaseduro *(adj.)* purgative
afe *(adj.)* annual
afe *(n.)* year
afe afe *(adj.)* yearly
afe biara *(adv.)* per annum
afe biara *(adv.)* yearly
afebɔɔ *(n.)* eon
afebɔɔ *(adj.)* eternal
afebɔɔ *(adv.)* eternally
afebɔɔ *(n.)* eternity
afebɔɔ *(adj.)* everlasting
afebɔɔ *(adv.)* forever
afebɔɔ *(adj.)* indefinite
afebɔɔ *(n.)* infinity
afeda *(n.)* anniversary
afee *(n.)* comb
Afei nso *(adv.)* moreover
afena *(n.)* sabre
afena *(n.)* servant
afenu *(adv.)* biannually
afenu *(adj.)* biannual
afenu *(adj)* biennial
afɛfɛde *(adj.)* ornamental
affɔn *(adj.)* scraggy
afi mu *(n.)* omission
afi mu *(n.)* omittance
afiase *(n.)* prison
afiase *(n.)* cell
afiase dan *(n.)* dungeon
afiase hwɛsofoɔ *(n.)* warder
afiasehwɛfoɔ *(n.)* jailer
afiboa *(adj.)* domestic
afibɔɔ *(adj.)* imperishable
afidewit *(n.)* affidavit
afidie *(n.)* engine

afidie *(n.)* gadget
afidie *(n.)* instrument
afidie *(n.)* lathe
afidie *(n.)* machine
afidie *(v.)* motor
afidie *(n.)* motor
afidie *(n.)* pitfall
afidie *(n.)* pluviometer
afidie *(n.)* processor
afidie *(n.)* snare
afidie *(n.)* trap
afidie *(n.)* answering machine
afidie *(n.)* apparatus
afidie *(n.)* appliance
afidie *(n.)* life support
afidie adeɛ *(adj.)* machine-made
afidie ho nimdefo *(n.)* machinist
afidie nimdefo *(n.)* mechanic
afidie nimdefo *(adj.)* mechanic
afidie so *(adj.)* virtual
afidisum *(n.)* machination
afie *(adv.)* yet
afiease *(n.)* jail
afieboa *(v.)* domesticate
afiewura *(n.)* landlord
afiewura *(n.)* lessee
afifide *(n.)* flora
afifide *(adj.)* vegetarian
afifideɛ *(n.)* lawn
afifideɛ *(n.)* sap
afifie *(n.)* turbine
afiri *(n.)* tape player
afiri *(n.)* teleport
afiri *(n.)* teleprinter
afiri *(n.)* teleprompter
afiri *(n.)* throttle
afiri *(n.)* tracker
afiri *(n.)* transmitter
afiri *(n.)* trapline
afiri *(n.)* treadmill
afiri nkutahodie *(n.)* telegraph
afiri so *(adj.)* telegraphic
afoforo *(pron.)* other
afoforo *(adj.)* other
afoforɔ anitan *(n.)* xenophobia
afono *(n.)* cheek
afoofida *(n.)* holiday
aforebukyia *(n.)* altar
aforɔm *(n.)* swamp

afotuo *(n.)* advice
afotupa *(n.)* advisability
afɔ *(adj.)* dank
afɔ *(adj.)* moist
afɔ *(v.)* moisten
afɔ *(adj.)* musty
afɔ *(adj.)* wet
afɔ *(n.)* wetness
afɔn *(adj.)* emaciated
afɔrebɔ *(adj.)* sacrificial
afɔrebɔde *(n.)* oblation
afɔrebɔde *(n.)* offering
afɔreɛ *(n.)* sacrifice
afrafra *(n.)* concoction
afrafra *(n.)* confection
afrafra *(adj.)* hybrid
afrafra *(n.)* hybrid
afrafra *(n.)* jumble
afrafra *(n.)* cocktail
afrayieɛ *(n.)* solubility
afrote *(n.)* deer
afrɔ *(n.)* quicksand
afrɔmu *(n.)* bog
afrɔmu *(n.)* bogland
after-party *(n.)* after-party
aftercare *(n.)* aftercare
aftersales *(adj.)* aftersales
aftershave *(n.)* aftershave
afu *(adj.)* bushy
afuni *(n.)* somersault
afuntumfra *(v.)* complicate
afunumu nhwehwɛmu *(adj.)* post-mortem
afunumu nhwehwɛmu *(n.)* post-mortem
afunumu suu *(n.)* bray
afunumuba *(n.)* ass
afuo *(n.)* farm
afuo *(n.)* croft
afuru *(n.)* belly
afurum *(n.)* donkey
afutuo *(n.)* admonition
afuw dan *(n.)* farmhouse
agar *(n.)* agar
agate *(n.)* agate
ageless *(adj.)* ageless
aggradation *(n.)* aggradation
agode dan *(n.)* toyhouse
agode tɔnfo *(n.)* toyseller
agode yɛfo *(n.)* toymaker

agodetɔnbea *(n.)* toystore
agodibea *(n.)* amphitheatre
agodibea *(n.)* theatre
agodibea *(n.)* arcade
agodibea *(n.)* arena
agodibea *(n.)* circus
agodie *(adj.)* gala
agodie *(n.)* gala
agodie *(n.)* game
agodie *(n.)* pantomime
agodie *(n.)* tennis
agodie *(n.)* trump
agodie *(n.)* charade
agodie beaeɛ *(n.)* playground
agodie beaeɛ *(n.)* playhouse
agodie benfoɔ *(v.)* gamemaster
agodie bɔfoɔ *(n.)* gameplayer
agodie ɛfata *(n.)* fair game
agodie kwan *(n.)* gamespace
agodie nsakrae *(n.)* game changer
agodie nsɛm *(n.)* game point
agodiebea *(n.)* pavilion
agodifoɔ *(n.)* troupe
agoprama so *(n.)* pitch
agoprama so *(n.)* playfield
agopramma so *(n.)* stadium
agoraphobia *(n.)* agoraphobia
agoroɔ *(n.)* volley
agorɔ *(adj.)* jovial
agorɔ *(v.)* play
agorɔ *(n.)* play
agorɔdie *(n.)* frolic
agorɔdie *(n.)* joviality
agorɔdie *(n.)* sport
agorɔdie kaade *(n.)* playcard
agoruhwɛbea *(adj.)* theatrical
agradaa *(n.)* thunder
aguadi ɛfata *(n.)* fair trade
aguadifo *(n.)* teleshopper
aguadifo *(n.)* trader
aguadifo *(n.)* tradesman
aguanfo *(n.)* runaway
agude *(n.)* ornament
agude *(n.)* tiara
agudeɛ *(n.)* jewellery
agudeɛ adwumayɛfoɔ *(n.)* jeweller
agudie *(adj.)* mercantile
agumadifoɔ *(n.)* sportsman
agumadinsɛm *(adj.)* sportive

aguro fi *(n.)* foul play	agyinasie *(v.)* avow
agurɔdie *(n.)* romp	agyinatemfoɔ *(adj.)* feminist
agya *(n.)* father	agyirae *(n.)* nag
agya *(n.)* godfather	agyiraehyɛde *(n.)* hallmark
agyakum *(n.)* patricide	agyiraehyɛde *(n.)* marker
agyan *(n.)* dart	aha *(adv.)* hither
agyan *(n.)* sagittary	ahabammono *(adj.)* green
agyan *(n.)* bolt	ahabammono *(n.)* green
agyananbea *(n.)* toilet	ahabammono *(n.)* greenery
agyanka *(n.)* orphan	ahabammono *(adj.)* verdant
agyapade *(n.)* property	ahaban *(adj.)* leafy
agyapadeɛ *(n.)* asset	ahaban *(n.)* leaf
agyapadeɛ *(n.)* endowment	ahaban *(n.)* petal
agyapadeɛ *(n.)* heredity	ahan *(n.)* hire
agyapadeɛ *(n.)* inheritance	ahanmu *(n.)* crotch
agyapadeɛ *(n.)* legacy	ahantan *(n.)* immodesty
agyapadeɛ *(adj.)* paternal	ahantan *(n.)* pride
agyapadeɛ *(n.)* patrimony	ahantan *(n.)* upstart
agyapadeɛ *(n.)* possession	ahantan *(v.)* pride
agyapadeɛ *(n.)* belongings	ahantanfo *(adj.)* unruly
agyapadeɛmu *(adj.)* heritable	ahayɔ *(n.)* hunt
agye dimmɔne *(n.)* notoriety	ahemadakye *(n.)* dawn
agye dimmɔne *(adj.)* notorious	ahemakyekanea *(n.)* dawnlight
agye din *(adj.)* legendary	ahemanakye dummienu *(n.)* midnight
agye din *(n.)* populace	ahemann *(n.)* empire
agye din *(adj.)* popular	ahemfo *(n.)* royalty
agye din *(n.)* popularity	ahemfoho benfo *(n.)* royalist
agye din *(v.)* popularize	ahemman *(adj.)* imperial
agye din *(n.)* renown	ahemman *(n.)* realm
agye din *(adj.)* renowned	ahemman nniso *(n.)* imperialism
agye hɔ *(adj.)* occupied	ahempoma *(n.)* sceptre
agye w'adwene *(n.)* preoccupation	ahenfie *(n.)* palace
agye w'adwene *(v.)* preoccupy	ahenfie *(n.)* castle
agyeegyeemu *(adj.)* abandoned	ahenfie sɛso *(adj.)* palatial
agyegyamu *(n.)* rebuff	ahenkyɛ *(n.)* coronet
agyegyesɛm *(n.)* taunt	ahenkyɛ *(n.)* crown
agyeigyeimu *(n.)* scape	ahennie *(n.)* kingdom
agyenkwa *(n.)* liberator	ahennwa *(n.)* throne
agyenkwa *(n.)* saviour	ahi *(n.)* spite
agyenkwa *(n.)* messiah	ahi *(v.)* begrudge
agyinaeɛ *(n.)* inference	ahiade *(adv.)* needs
agyinahɔma *(n.)* signification	ahiadeɛ *(n.)* requirement
agyinahyɛdeɛ *(n.)* landmark	ahiadeɛ *(n.)* requisite
agyinahyɛdeɛ *(n.)* mark	ahiadeɛ *(adj.)* seminal
agyinahyɛdeɛ *(n.)* symbolism	ahiafo *(adj.)* needy
agyinamdifoɔ *(n.)* surety	ahiafoɔ *(adj.)* destitute
agyinamdifoɔ *(n.)* warrantor	ahiasɛm *(adj.)* solicitous
agyinamudeɛ *(n.)* guarantee	ahimhim *(n.)* swing
agyinamudeɛ *(n.)* token	ahinanan *(adj.)* diagonal

ahinanan *(n.)* octagon
ahinanan *(adj.)* octangular
ahinanan *(n.)* quadrangle
ahinanan *(adj.)* quadrangular
ahinanan *(adj.)* square
ahinanan *(n.)* square
ahinanan *(adj.)* triangular
ahinasa *(n.)* triangle
ahinhim *(n.)* sway
ahinime *(n.)* October
ahinnum *(n.)* pentagon
ahintadeɛ *(adj.)* arcane
ahintadeɛ *(n.)* cache
ahintasɛm *(adj.)* esoteric
ahintasɛm *(adj.)* mysterious
ahintasɛm *(n.)* mystery
ahintasɛm *(n.)* secret
ahintasɛm *(adj.)* secret
ahintaw *(adj.)* latent
aho dwiri *(adj.)* dumbfounded
ahobaa *(n.)* ejaculate
ahobaa *(n.)* convenience
ahobaeɛ *(n.)* semen
ahobammɔ *(n.)* safeguard
ahobammɔ *(n.)* safekeeping
ahobammɔ *(n.)* security
ahobammɔ dan *(n.)* safehouse
ahobammɔ nim *(n.)* insecurity
ahobammɔkyɛ *(n.)* helmet
ahobanbɔ *(n.)* conservation
ahobanbɔ *(n.)* preservation
ahobanbɔ *(n.)* preservative
ahobanbɔ *(adj.)* preservative
ahobanbɔ *(v.)* preserve
ahobanbɔ *(n.)* preserve
ahobanbɔ *(n.)* protection
ahobanbɔ *(n.)* providence
ahobanbɔ *(n.)* safety
ahobanbɔ *(n.)* shield
ahobanbɔ *(adj.)* preventive
ahobanmmɔ *(adj.)* protective
ahoboa *(n.)* readiness
ahobraseɛni *(adj.)* subservient
ahobreaseɛ *(adj.)* humble
ahobreaseɛ *(n.)* humility
ahobreɛase *(n.)* subservience
ahobrɛaseɛ *(adj.)* demure
ahobrɛaseɛ *(n.)* submission
ahobrɛaseɛ *(adj.)* submissive

ahodeɛ *(n.)* wealth
ahodeɛ *(adj.)* autonomous
ahodoɔ *(adj.)* different
ahodoɔ *(adj.)* diverse
ahodoɔ *(n.)* list
ahodoɔ *(adj.)* several
ahodoɔ *(adj.)* sundry
ahodoɔ *(adj.)* various
ahodwiri *(n.)* flabbergast
ahodwiri *(adj.)* flabbergasted
ahodwiri *(adj.)* agog
ahodwiri *(n.)* bewilderment
ahodwiride *(adj.)* stupendous
ahodwiriw *(v.)* disenchant
ahodwiriw *(n.)* dissatisfaction
ahodwo *(adj.)* cosy
ahodwo *(n.)* gentility
ahodwo *(adj.)* gentle
ahoɛden *(n.)* specialization
ahofa *(v.)* accoutre
ahofade *(n.)* costume
ahofadi *(n.)* interdependence
ahofadi *(adj.)* interdependent
ahofadi *(n.)* liberalism
ahofadi *(n.)* liberality
ahofadi *(v.)* liberate
ahofadi *(n.)* liberation
ahofadi *(n.)* libertine
ahofadie *(v.)* parole
ahofadie *(n.)* parole
ahofama *(n.)* commitment
ahofama *(n.)* devotion
ahofama *(n.)* volunteer
ahofom *(n.)* dejection
ahohia *(v.)* concern
ahohia *(adj.)* concerned
ahohia *(adj.)* crucial
ahohiahia *(v.)* distress
ahohoahoa *(n.)* conceit
ahohoahoa *(adj.)* proud
ahohoɔgyebea *(n.)* hostel
ahohora *(n.)* disgrace
ahohoraa *(v.)* annoy
ahohoraa *(n.)* annoyance
ahohoyɛfo *(n.)* xenophile
ahohuru bere *(adj.)* vernal
ahohwi *(v.)* debauch
ahohwibo *(n.)* debauch
ahohwibra *(n.)* obscenity

ahohyɛsoɔ *(n.)* celibacy
ahohyɛsoɔ *(adj.)* celibate
ahohyɛsoɔ *(adj.)* chaste
ahohyɛsoɔ *(n.)* chastity
ahokeka *(adj.)* alacrious
ahokeka *(adj.)* brisk
ahokeka *(n.)* enthusiasm
ahokeka *(adj.)* sprightly
ahokeka *(adj.)* vigorous
ahokeka *(n.)* whim
ahokeka *(n.)* zeal
ahokeka *(n.)* zealot
ahokeka *(adj.)* active
ahokeka *(adj.)* boisterous
ahokeka *(v.)* bustle
ahokokwaw *(adj.)* masterly
ahokokwaw *(adj.)* skilful
ahokum *(n.)* suicide
ahokumu *(adj.)* suicidal
ahokyere *(n.)* disarray
ahokyerɛ *(adj.)* broke
ahokyerɛ *(v.)* depauperate
ahokyerɛ *(n.)* hardship
ahokyerɛ *(adj.)* austere
ahoma *(n.)* cord
ahoma *(n.)* rope
ahoma *(n.)* stitch
ahoma *(n.)* string
ahoma *(n.)* tether
ahoma *(n.)* thread
ahomaso *(n.)* egotism
ahomaso *(adj.)* haughty
ahomaso *(n.)* ostentation
ahomaso *(adj.)* arrogant
ahomaso *(adj.)* ostentatious
ahomaso *(adj.)* pompous
ahomasoɔ *(adj.)* immodest
ahomasoɔ *(n.)* pomposity
ahomasoɔ *(adj.)* smug
ahomasoɔ *(n.)* snobbery
ahomasoɔ *(n.)* strut
ahomasoɔ *(n.)* swagger
ahomasoɔ *(n.)* arrogance
ahomasoɔnii *(n.)* snob
ahomatorofoɔ *(n.)* phone
ahomatorofoɔ *(n.)* telephone
ahomatɔsoɔ *(n.)* relief
ahome *(n.)* respiration
ahomeguo *(n.)* sigh

ahomegye *(adj.)* laid-back
ahomegye *(n.)* leisure
ahomegye *(adj.)* leisurely
ahomegye *(adv.)* leisurely
ahomegye *(adj.)* pensive
ahomegye *(n.)* refreshment
ahomegye *(v.)* laze
ahomegye akatua *(v.)* pension
ahomegye akatua *(n.)* pension
ahomegye beaeɛ *(v.)* lounge
ahomegye beaeɛ *(n.)* parlour
ahomegye beaeɛ *(n.)* perch
ahomegye beaeɛ *(n.)* lounge
ahomegye mmere *(n.)* breaktime
ahomegye nsɛm *(adj.)* recreative
ahomegyebea *(v.)* perch
ahomegyeɛ *(n.)* recreation
ahomegyeɛ *(n.)* relaxation
ahomegyeɛ *(n.)* rest
ahomegyeɛbrɛ *(n.)* retirement
ahomete *(n.)* despair
ahomhomsɛmdei *(n.)* spiritualism
ahomka *(adj.)* rollicking
ahomka *(n.)* sensuality
ahommasoni *(n.)* bighead
ahommerɛ *(n.)* malaise
ahonhono *(n.)* tumour
ahonidie *(n.)* hygiene
ahonidie *(adj.)* sanitary
ahonidie *(n.)* cleanliness
ahono *(n.)* swell
ahono *(adj.)* crude
ahonya *(n.)* affluence
ahonya *(n.)* affluential
ahonya *(adj.)* luxurious
ahonyade *(n.)* enrichment
ahonyade *(n.)* opulence
ahonyade *(adj.)* opulent
ahonyade *(n.)* riches
ahonyade *(adj.)* richness
ahonyadeɛ *(n.)* mammon
ahonyadeɛ *(n.)* luxuriance
ahonyadeɛ *(adj.)* luxuriant
ahonyadeɛ *(n.)* luxury
ahoɔden *(adj.)* agile
ahoɔden *(n.)* agility
ahoɔden *(adj.)* beefy
ahoɔden *(n.)* brawn
ahoɔden *(n.)* current

ahoɔden *(adj.)* energetic
ahoɔden *(n.)* energy
ahoɔden *(n.)* intensity
ahoɔden *(n.)* reach
ahoɔden *(n.)* speciality
ahoɔden *(n.)* stamina
ahoɔden *(n.)* strength
ahoɔden *(adj.)* tonic
ahoɔden *(n.)* verve
ahoɔden *(n.)* virility
ahoɔden *(n.)* vitality
ahoɔden *(n.)* affordability
ahoɔdennuro *(adj.)* immune
ahoɔdennuro *(n.)* immunity
ahoɔdenso *(adj.)* dashing
ahoɔfɛ *(adj.)* charming
ahoɔfɛ *(n.)* glamour
ahoɔfɛ *(adj.)* gorgeous
ahoɔfɛ *(adj.)* handsome
ahoɔfɛ *(n.)* beauty
ahoɔfɛ *(n.)* charm
ahoɔfɛ mmrosoɔ *(adj.)* superfine
ahoɔhare so *(adj.)* hasty
ahoɔhare so *(adv.)* quickly
ahoɔhareso *(adv.)* fast
ahoɔhyeɛ *(n.)* ague
ahoɔtan *(n.)* ugliness
ahoɔyaw *(n.)* jealousy
ahopepre *(n.)* consternation
ahopeprɛ *(n.)* alacrity
ahopeprɛ *(adv.)* amuck
ahopere *(adj.)* eager
ahopere *(n.)* haste
ahopere *(n.)* impetuosity
ahopere *(n.)* inclination
ahopɛ *(n.)* ego
ahopopo *(n.)* shudder
ahopopo *(n.)* tremor
ahopopoɔ *(n.)* convulsion
ahoprepre *(n.)* scuttle
ahoro *(n.)* dibble
ahoro *(adj.)* dingy
ahoro *(n.)* lather
ahorow *(adj.)* manifold
ahorow *(n.)* tier
ahorow-ahorow *(adj.)* miscellaneous
ahorow-ahorow *(adj.)* motley
ahorow-ahorow *(n.)* miscellany
ahorɔ *(n.)* sputum

ahosane *(n.)* ejaculation
ahosane *(adj.)* ejaculatory
ahosedi *(n.)* sobriety
ahosɛpɛ *(adj.)* sensuous
ahosɛpɛw *(n.)* voluptuary
ahosiesie *(n.)* ornamentation
ahosiesie *(n.)* rehearsal
ahosiesie kama *(adj.)* modest
ahosiesie kama *(n.)* modesty
ahosu *(n.)* colour
ahosu *(n.)* complexion
ahosuo *(n.)* appearance
ahotee *(adj.)* decent
ahoteɛ *(n.)* rectification
ahoteɛ *(n.)* sanctity
ahotefoɔ *(n.)* monk
ahotefoɔ *(n.)* monasticism
ahotefoɔ fie *(n.)* monastery
ahotew *(adj.)* hygienic
ahotosoɔ *(n.)* dependant
ahotosoɔ *(n.)* dependence
ahototuo *(n.)* sickle
ahotɔ *(adj.)* comfortable
ahotɔ *(adj.)* comfy
ahotɔ *(n.)* convalescence
ahotɔ *(adj.)* convalescent
ahotɔ *(n.)* recovery
ahotɔ *(n.)* restoration
ahotɔsoɔ *(adj.)* certain
ahotɔsoɔ *(n.)* certainty
ahotɔsoɔ *(n.)* certitude
ahotɔsoɔ *(n.)* confidence
ahotɔsoɔ *(n.)* reliance
ahotɔsoɔ *(adj.)* trustful
ahotɔsoɔ *(adj.)* trusty
ahotɔsoɔ *(adj.)* reliable
ahotɔsoɔ mu *(adv.)* certainly
ahotutuo *(adj.)* rheumatic
ahotutuo *(n.)* rheumatism
ahoyera *(v.)* destress
ahoyera *(adj.)* uneasy
ahɔhodan *(n.)* inn
ahɔhodan *(n.)* motel
ahɔhodan *(n.)* chalet
ahɔhofie *(n.)* hotel
ahɔhoɔ dinn *(n.)* guest list
ahɔhoɔgyeɛ *(n.)* hospitality
ahɔhosom *(n.)* treat
ahɔhoyɛfo *(adj.)* hospitable

ahrawa *(n.)* lung
ahuahua *(n.)* sniff
ahudwuma *(n.)* adventure
ahufohew *(n.)* sizzle
ahuhu *(adj.)* acritical
ahuhudeɛ *(n.)* vanity
ahuhurobrɛ *(n.)* summer
ahum *(n.)* gale
ahum *(n.)* hurricane
ahum *(n.)* storm
ahum *(adj.)* stormy
ahum *(n.)* tempest
ahum *(adj.)* tempestuous
ahum *(n.)* tornado
ahum *(n.)* typhoon
ahum *(n.)* vortex
ahum *(n.)* whirlpool
ahum *(n.)* zephyr
ahummɔbrɔ *(adj.)* considerate
ahummɔbrɔ *(adj.)* humanitarian
ahumɔbrɔ *(adj.)* clement
ahumɔbrɔ *(n.)* compassion
ahunahuna *(n.)* fright
ahunahuna *(n.)* haunt
ahunahuna *(n.)* intimidation
ahunahuna *(n.)* scare
ahunahuna *(n.)* threat
ahunmu hyɛn *(n.)* spacecraft
ahuri *(n.)* skip
ahuriahuri *(n.)* hop
ahuriahuri *(n.)* jump
ahuriahuri *(n.)* rebound
ahurisie *(n.)* cavorting
ahuro *(n.)* bubble
ahuro *(n.)* foam
ahuro *(n.)* scum
ahurusie *(adj.)* jubilant
ahurusie *(n.)* jubilation
ahurututu *(adj.)* foamy
ahwease *(adj.)* droopy
ahwease *(n.)* fall
ahwease *(n.)* fallen
ahweaseɛ *(n.)* derailment
ahweaseɛ *(adj.)* fallen
ahweaseɛ *(n.)* falls
ahweaseɛ *(n.)* slump
ahweaseɛ *(n.)* tumble
ahwehwɛ *(adj.)* bespectacled
ahwehwɛ *(v.)* mirror
ahwehwɛ *(n.)* windscreen
ahwehwɛ *(n.)* mirror
ahwehwɛ yɛfoɔ *(n.)* glassmaker
ahwehwɛdan *(n.)* glasshouse
ahwehwɛdeɛ *(n.)* expectation
ahwehwɛniwa *(n.)* eyeglass
ahwehwɛniwa *(n.)* glasses
ahwehwɛniwa *(n.)* goggles
ahwehwɛniwa *(n.)* spectacle
ahwere *(n.)* forfeit
ahwete *(adj.)* sparse
ahweyiye *(n.)* precaution
ahweyiye *(adj.)* precautionary
ahwɛeɛ *(n.)* observation
ahwɛgorɔ *(n.)* drama
ahwɛgorɔ kyerewfo *(n.)* dramatist
ahwɛgorɔ mu *(adj.)* dramatic
ahwɛyie *(adj.)* cautious
ahwɛyie *(adj.)* frugal
ahwɛyie *(adj.)* scrupulous
ahwɛyie *(adv.)* scrupulously
ahwɛyie *(adj.)* wary
ahwɛyie *(adj.)* watchful
ahwɛyie *(adj.)* careful
ahwɛyie *(n.)* caution
ahwɛyie *(adj.)* cautionary
ahwi *(n.)* lash
ahwi *(adj.)* lank
ahyaseɛ *(n.)* initiative
ahyensodeɛ *(n.)* brooch
ahyeta *(adj.)* rampant
ahyɛ mu *(v.)* obsess
ahyɛaseaɛ *(n.)* start
ahyɛaseɛ *(n.)* commencement
ahyɛaseɛ *(n.)* initial
ahyɛaseɛ *(n.)* subordination
ahyɛde *(n.)* edict
ahyɛde *(n.)* injunction
ahyɛde *(n.)* mandate
ahyɛde *(v.)* ordain
ahyɛde *(n.)* ordinance
ahyɛde *(n.)* ordinance
ahyɛdeɛ *(n.)* commission
ahyɛdeɛ *(n.)* decree
ahyɛmma *(n.)* oar
ahyɛmma *(n.)* boat
ahyɛmmakafo *(n.)* oarsman
ahyɛnsode *(n.)* brand
ahyɛnsode *(n.)* branding

ahyɛnsodeɛ *(n.)* badge
ahyɛnsodeɛ *(n.)* crest
ahyɛnsodeɛ *(n.)* emblem
ahyɛnsodeɛ *(n.)* sign
ahyɛnsodeɛ *(n.)* symbol
ahyɛnsodeɛ *(n.)* tick
ahyɛnsodeɛ *(n.)* trademark
ahyɛnsodeɛ *(n.)* birthmark
ahyɛnsodeɛ *(n.)* bookmark
ahyɛnsodeɛ *(n.)* buoy
ahyɛnsodeɛ *(n.)* cockade
ahyɛnsoɔ *(n.)* label
ahyɛnsoɔ *(v.)* label
ahyɛnsoɔ *(n.)* tag
ahyiadeɛ *(n.)* intercourse
AIDS *(n.)* AIDS
air hostess *(n.)* air hostess
airband *(n.)* airband
airbase *(n.)* airbase
airbrake *(n.)* airbrake
airbus *(n.)* airbus
aircrew *(n.)* aircrew
airdrop *(n.)* airdrop
airfare *(n.)* airfare
airgun *(n.)* airgun
airgun *(n.)* airlift
aka akyi *(adv.)* late
akaatia *(n.)* gorilla
akaatia *(n.)* chimpanzee
akadeɛ *(n.)* equipment
akadeɛ *(n.)* facility
akadeɛ *(n.)* spanner
akadeɛ *(n.)* tool
akagyinamu *(n.)* warranty
akahyia *(n.)* acacia
akakabensɛm *(n.)* bravado
akakye *(n.)* hub
akandi *(n.)* leadership
akandifoɔ *(n.)* elitist
akannie *(n.)* captaincy
akannisɛm *(adj.)* administrative
akano krataa *(n.)* invoice
akansie *(n.)* competition
akansie *(adj.)* competitive
akansie *(n.)* match
akansie *(n.)* race
akansie *(n.)* rivalry
akansie *(n.)* tournament
akansie *(n.)* challenge

akansie *(n.)* contest
akansie *(n.)* pageant
akantant *(n.)* accountant
akasaa *(v.)* rattle
akasafidie *(n.)* radio
akasakasa *(n.)* moot
akasakasa *(adj.)* polemic
akasakasa *(n.)* polemic
akasakasa *(n.)* rattle
akasakasa *(v.)* misunderstand
akasakasa *(n.)* misunderstanding
akasanoma *(n.)* sparrow
akata *(v.)* drape
akatakɔnmu *(n.)* shawl
akatakyire *(n.)* cricket
akatua *(n.)* emolument
akatua *(n.)* payout
akatua *(n.)* reap
akatua *(n.)* reimbursement
akatua *(n.)* remuneration
akatua *(adj.)* remunerative
akatua *(n.)* reward
akatua *(n.)* salary
akatua *(n.)* stipend
akatua *(n.)* vengeance
akatua *(n.)* wage
akatua ketewa *(n.)* pittance
akeka *(v.)* maculate
akekaboa *(n.)* monster
akenkan *(adj.)* novel
akenkan *(n.)* novel
akenkan *(n.)* recital
akenkan yiye *(adj.)* well-read
akeɔlɔgyi *(n.)* archaeology
akeɔlɔgyis *(n.)* archaeologist
akinesia *(n.)* akinesia
akisikuro *(n.)* fracture
akisikuro *(n.)* scab
akisikuro *(n.)* sprain
akisikuro nketewa *(n.)* smallpox
akisikuru *(adj.)* epileptic
akisikuru *(n.)* wart
ako *(v.)* duel
ako *(n.)* parrot
akoa *(n.)* butler
akoa *(n.)* carlock
akoa *(n.)* footman
akoa *(n.)* servitude
akoakoa *(adj.)* crooked

akoayɛ *(adj.)* servile
akode *(n.)* torpedo
akode gyae *(n.)* disarmament
akodeɛ *(n.)* ammunition
akodeɛ *(n.)* armour
akodeɛ *(n.)* arsenal
akodeɛ *(n.)* artillery
akodeɛ *(n.)* munitions
akodeɛ *(n.)* weapon
akodeɛ *(n.)* armament
akodeɛ *(adj.)* armed
akodeɛ korabea *(n.)* armoury
akodieɛ *(n.)* sidearm
akodieɛ *(adj.)* sidearm
akofena *(n.)* rapier
akofena *(n.)* sword
akokoaa *(n.)* infant
akokodro *(n.)* courage
akokoduro *(adj.)* brave
akokoduro *(n.)* bravery
akokoduro *(adj.)* courageous
akokoduro *(adj.)* dauntless
akokoduro *(n.)* gallantry
akokoduro *(adj.)* audacious
akokoduro *(n.)* boldness
akokoduru *(adj.)* daring
akokoduru *(adj.)* flamboyant
akokoduru *(adj.)* manful
akokoduru *(adj.)* mettlesome
akokoduru *(n.)* morale
akokoɔduro *(n.)* fortitude
akokoɔduro *(adj.)* valiant
akokoɔduro *(n.)* valour
akokoɔduro *(adj.)* venturesome
akokɔ *(n.)* chicken
akokɔ *(n.)* hen
akokɔba *(n.)* bantam
akokɔba *(n.)* chick
akokɔnini *(n.)* cock
akokɔsradeɛ *(adj.)* yellow
akokɔsradeɛ *(n.)* yellow
akokuoduro *(n.)* intrepidity
akokwaw *(adj.)* mature
akokwaw *(v.)* mature
akokwaw *(adj.)* professional
akoma *(n.)* heart
akoma bɔ *(v.)* pulsate
akoma bɔ *(v.)* palpitate
akoma bɔ *(n.)* palpitation

akoma bɔ *(n.)* pulsation
akoma di akyire *(adj.)* whole-hearted
akoma ɛrebɔ *(n.)* pulse
akoma ɛrebɔ *(v.)* pulse
akoma mu nhwehwɛmu *(n.)* cardiology
akoma-fa *(adj.)* half-hearted
akomabɔ *(n.)* heartbeat
akomabubuw *(n.)* heartbreak
akomamu *(adj.)* cardiac
akomayadeɛ *(n.)* angina
akonkwan *(n.)* digression
akonnɔ *(adv.)* sexily
akonnwa *(n.)* chair
akonnwa *(n.)* couch
akonnwa *(n.)* armchair
akonnwa nsa *(n.)* armrest
akonnwasie *(n.)* coronation
akono *(n.)* battlefield
akono *(n.)* battlefront
akontaabu adesua *(n.)* mathematics
akontaabu mu asɛm *(adj.)* numerical
akontaabu nimdeɛ *(adj.)* mathematical
akontaabu nimdeɛ *(n.)* mathematician
akontaabufo *(n.)* numerator
akontaahyɛde *(n.)* numeral
akontabuo *(n.)* estimation
akontabuo nhoma *(n.)* ledger
akontahyɛdeɛ *(adj.)* enumerative
akontorokontoro *(adj.)* zigzag
akonwa *(n.)* sawhorse
akoonwa *(n.)* furniture
akoradan *(n.)* warehouse
akoradeɛ *(n.)* rack
akoradeɛ *(n.)* safe
akoradeɛ *(n.)* safebox
akoradeɛ *(prep.)* save
akoradeɛ *(n.)* shelf
akoradeɛ *(n.)* tank
akoradeɛ *(n.)* vessel
akoradieɛ *(n.)* reservoir
akorae *(v.)* vault
akoraeɛ *(n.)* storage
akorɛ *(n.)* angle
akorɛ *(adj.)* angular
akorɔma *(n.)* hawk
akosteke *(adj.)* acoustic
akosteke *(n.)* acoustics
akowa *(n.)* slave
akɔduru *(n.)* extent

akɔnnɔ *(adj.)* alluring
akɔnnɔ *(v.)* crave
akɔnnɔ *(n.)* craving
akɔnnɔ *(adj.)* desirous
akɔnnɔ *(n.)* erotica
akɔnnɔ *(n.)* eroticism
akɔnnɔ *(v.)* eroticize
akɔnnɔ *(adj.)* lascivious
akɔnnɔ *(n.)* lust
akɔnnɔ *(adj.)* sensual
akɔnnɔ *(adj.)* trim
akɔnnɔ *(n.)* urge
akɔnnɔ *(n.)* yearning
akɔnnɔ *(adj.)* amorous
akɔnnɔ *(adj.)* attractive
akɔnnɔ *(adj.)* lustful
akɔnnɔ bɔne *(adj.)* voluptuous
akɔnnɔ nsɛm *(adj.)* phallic
akɔnnɔ nsɛm *(adj.)* phallocentric
akɔre dan *(n.)* owlery
akraman nhoma *(n.)* doeskin
akraman ntɔkwaw *(v.)* dogfight
akraman ɔbaa *(n.)* doe
akratieke *(adj.)* acratic
akreleke *(adj.)* acrylic
akrobat *(n.)* acrobat
akrobateke *(adj.)* acrobatic
akrobatese *(n.)* acrobatics
akrofobia *(n.)* acrophobia
akromat *(n.)* achromat
akromateke *(adj.)* achromatic
akronkronneɛ *(adj.)* sacrosanct
akrosteke *(n.)* acrostic
aksi *(adj.)* axial
aksis *(n.)* axis
akukuduru *(n.)* heroism
akukudurufoɔ *(n.)* heroine
akuma *(n.)* axe
akuma *(n.)* hatchet
akumkumakumkum *(v.)* massacre
akuo mmienu *(adj.)* bipartisan
akuokuo *(n.)* conglomerate
akupɔnkya *(n.)* acupuncture
akupɔnkya dɔkota *(n.)* acupuncturist
akupresa *(n.)* acupressure
akura *(n.)* mouse
akura *(n.)* rodent
akuraa *(n.)* hamlet
akuraa *(n.)* cottage

akuraase *(adj.)* rural
akuraase *(n.)* village
akurutwerɛ *(adj.)* etched
akutia *(adj.)* ironic
akutia *(n.)* sarcasm
akutia *(n.)* satire
akutiabɔfoɔ *(n.)* satirist
akutu *(n.)* citrus
akutupa *(n.)* instigation
akuturuku *(n.)* scythe
akuturuku *(n.)* sling
akuturukubɔ *(n.)* boxing
akuturukubɔni *(n)* boxer
akuw *(n.)* league
akwaa *(n.)* organ
akwaaba *(n.)* welcome
akwaaba *(adj.)* welcome
akwadaa *(n.)* youngster
akwadaa anim *(n.)* babyface
akwadaa bɔne *(n.)* brat
akwadworɔ *(adj.)* indolent
akwadworɔ *(n.)* laziness
akwadworɔ *(adj.)* lazy
akwamma *(n.)* vacation
akwan *(n.)* medium
akwan *(adj.)* medium
akwan ma *(adj.)* indulgent
akwan ma *(adj.)* permissible
akwanhyea *(adj.)* serendipitous
akwanhyea *(n.)* serendipity
akwanhyia *(n.)* hazard
akwankyerɛ *(n.)* direction
akwankyerɛ *(n.)* directive
akwankyerɛ *(n.)* guidance
akwankyerɛ *(n.)* precept
akwankyerɛ *(n.)* preceptor
akwankyerɛ *(n.)* prescription
akwankyerɛ *(n.)* procedure
akwankyerɛ nhoma *(n.)* manual
akwanmma *(n.)* indulgence
akwannya *(n.)* merit
akwannya *(v.)* merit
akwannya *(adj.)* opportune
akwannya *(n.)* opportunity
akwannya *(n.)* vacancy
akwannya *(n.)* chance
akwannya *(n.)* clearance
akwannya kɛseɛ *(adj.)* meritorious
akwanside *(n.)* difficulty

akwanside *(n.)* obstruction
akwansideɛ *(n.)* affront
akwansideɛ *(n.)* hurdle
akwansideɛ *(n.)* impediment
akwansideɛ *(n.)* limitation
akwansideɛ *(n.)* obstacle
akwansideɛ *(n.)* snag
akwansideɛ *(n.)* constraint
akwansie *(n.)* interception
akwansie *(n.)* restriction
akwansie *(n.)* barricade
akwantu *(n.)* pilgrim
akwantu bere *(n.)* traveltime
akwantudeɛ *(n.)* hand luggage
akwantufo *(n.)* vagabond
akwantuni *(n.)* traveller
akwantuo *(n.)* expedition
akwantuo *(n.)* journey
akwantuo *(n.)* transportation
akwantuo *(n.)* travel
akwantuo *(n.)* trek
akwantuo *(n.)* trip
akwantuo *(n.)* voyage
akwantuoho nsɛm *(n.)* travelogue
akwanya *(n.)* privilege
akwasampafoɔ kuo *(n.)* rabble
akyea *(n.)* tilt
akyea *(n.)* catwalk
akyee *(n.)* acer
akyekye *(adj.)* feudal
akyekyedeɛ *(n.)* tortoise
akyɛde *(n.)* donation
akyɛdeɛ *(n.)* grant
akyɛdeɛ *(n.)* parcel
akyɛdie *(n.)* gift
akyɛdieɛ *(n.)* subsidy
akyɛwpa *(n.)* plea
akyi *(n.)* background
akyi *(adj.)* outer
akyi *(prep.)* outside
akyi *(adj.)* outside
akyi *(adj.)* outward
akyi *(adv.)* outwardly
akyi *(adv.)* ago
akyi *(v.)* backdrop
akyi *(adj.)* backward
akyi *(adv.)* backward
akyi berɛmo *(adj.)* dorsal
akyi hwɛbea *(adj.)* rearview

akyiaa *(adj.)* indirect
akyide *(adj.)* loath
akyide *(n.)* odium
akyide ɛyɛ abofono *(adj.)* odious
akyideɛ *(n.)* by-product
akyidie *(n.)* follow-up
akyidie *(n.)* pursuit
akyidifo *(n.)* votary
akyidifoɔ *(n.)* follower
akyidifoɔ *(n.)* minion
akyidɔm *(adj.)* encrypted
akyidɔm *(n.)* encryption
akyidɔm *(adj.)* secure
akyie *(n.)* flashback
akyifa *(adj.)* extramarital
akyigyina *(n.)* setback
akyikɔ *(n.)* retinue
akyimkyim *(n.)* regulation
akyimkyim *(n.)* spin
akyiniakyenkyini *(n.)* ramble
akyinkyim *(n.)* gnarl
akyinnye *(n.)* argument
akyinnye *(n.)* doubt
akyinnye *(n.)* misgiving
akyinnye nni ho *(adj.)* doubtless
akyinnye nnim *(adj.)* indisputable
akyinnyegye *(n.)* disputation
akyinnyegyeɛ *(v.)* misgive
akyinnyi *(n.)* contention
akyire *(n.)* aftermath
akyire *(n.)* consequence
akyire *(adj.)* consequent
akyire *(adj.)* extrinsic
akyire *(n.)* rear
akyire *(adj.)* rear
akyire *(n.)* aft
akyire *(prep.)* after
akyire asɛm *(n.)* fallout
akyire asɛm *(adj.)* adscript
akyire brɛmo *(adj.)* spinal
akyireadeɛ *(n.)* afterbirth
akyiredi *(n.)* trace
akyiredi *(adj.)* trackable
akyiri *(adv.)* aback
akyiri *(adj.)* caudal
akyiri *(adv.)* far
akyiri *(prep.)* past
akyiri *(adj.)* subsequent
akyiri *(adv.)* afterwards

akyiri *(n.)* back
akyiri *(n.)* backbencher
akyiri *(n.)* backstairs
akyiri *(prep.& adv.)* behind
akyiri apa *(adj.)* estranged
akyiri kasɛɛ *(n.)* backbone
akyiriaduane *(n.)* dessert
akyirikanea *(n.)* backlight
akyirikyiri *(adj.)* distant
akyirikyiri *(adj.)* far
akyirikyiri *(adj.)* faraway
akyirikyiri *(adj.)* yonder
akyirisane *(v.)* backslide
akyisan *(n.)* recurrence
akyisan *(adj.)* recurrent
akyisane *(adv.)* anticlockwise
akyisane *(n.)* reversal
akyitaafoɔ *(adj.)* partisan
akyitaafoɔ *(n.)* partisan
akyiwade3 *(n.)* allergy
akyiwadeɛ *(adj.)* abominable
akyiwadeɛ *(n.)* abomination
akyiwadeɛ *(adj.)* forbidden
akyiwadeɛ *(adj.)* obscene
akyiwadeɛ *(n.)* repugnance
akyiwadeɛ *(adj.)* repugnant
akyiwadeɛ *(n.)* taboo
alaam *(n.)* alarm
alaam *(n.)* burglar alarm
alawanse *(n.)* allowance
alchemist *(n.)* alchemist
alchemy *(n.)* alchemy
alcove *(n.)* alcove
alder *(n.)* alder
alegar *(n.)* alegar
alfa *(n.)* alfa
alfa *(n.)* alpha
alfabet *(n.)* alphabet
alfabet *(adj.)* alphabetical
algae *(n.)* algae
algorithm *(n.)* algorithm
alias *(adv.)* alias
alibi *(n.)* alibi
alkali *(n.)* alkali
alkali *(adj.)* alkaline
alley *(n.)* alley
alliterate *(v.)* alliterate
alliteration *(n.)* alliteration
almanak *(n.)* almanac

almirah *(n.)* almirah
aloe *(n.)* aloe
alomi *(v.)* aluminate
alominio *(n.)* aluminium
aloy *(n.)* alloy
alp *(n.)* alp
alp *(adj.)* alpine
altimeter *(n.)* altimeter
altitude *(n.)* altitude
alto *(n.)* alto
alucopta *(n.)* chopper
Alzheimer yareɛ *(n.)* Alzheimer's disease
amadeɛ *(n.)* consignment
amamai *(n.)* mucus
amamann *(n.)* mucilage
amamann *(adj.)* mucous
amamerɛ *(n.)* culture
amamerɛ *(adj.)* cultural
amamerɛ *(n.)* lore
amamfo so *(adj.)* desolate
amammerɛ *(n.)* custom
amammerɛ *(n.)* tradition
amammɔsɛm *(n.)* ecoterrorism
amammrɛkuo *(n.)* subculture
aman *(n.)* birdlime
aman foforo so *(n.)* diaspora
amanaman ntɛm *(adj.)* international
amane *(n.)* disaster
amane *(n.)* distress
amanebɔni *(n.)* correspondent
amaneɛ *(n.)* shipping
amanehunu *(n.)* ordeal
amanehunu *(v.)* peril
amanehunu *(n.)* peril
amanehunu *(n.)* tribulation
amanehunu *(adj.)* perilous
amanehunu *(n.)* plight
amanfrafoɔ *(adj.)* cosmopolitan
amankuo *(n.)* continent
amankuo *(adj.)* continental
amanman kasa *(n.)* lingo
amanmu *(n.)* statelines
amanneɛ *(n.)* convention
amanneɛ *(n.)* debacle
amanneɛbɔ *(n.)* notification
amanneɛbɔ *(n. pl.)* tidings
amanneɛbɔfo *(n.)* informer
amanɔdeɛ *(n.)* export
amansan *(adj.)* global

amansan *(n.)* universe
amansɛm *(n.)* diplomacy
amansɛm *(n.)* citizenship
amantam *(adj.)* provincial
amanyɔni *(n.)* politician
amanyɔsɛm *(adj.)* diplomatic
amanyɔsɛm *(adj.)* politic
amanyɔsɛm *(adj.)* political
amanyɔsɛm *(n.)* politics
amanyɔsɛm *(n.)* civics
amba *(n.)* amber
amba *(n.)* amberite
ambasada *(n.)* ambassador
ambidexter *(n.)* ambidexter
ambulans *(n.)* ambulance
ambulans *(adj.)* ambulant
amemenemfe *(n.)* baulk
amemenemfe *(n.)* dislike
amen *(interj.)* amen
amena *(n.)* canyon
amena *(n.)* manhole
amena *(v.)* pit
amena *(n.)* pit
amena *(n.)* tomb
amena *(n.)* trench
amena *(n.)* valley
amena *(n.)* abyss
amenadieɛ *(n.)* supply
amenatuo *(n.)* excavation
ameneamene *(n.)* swallow
amenity *(n.)* amenity
amerado *(n.)* governess
amerado *(n.)* governor
amfibia *(n.)* amphibian
amiamia *(n.)* fondling
amiamia *(v.)* grope
amiamiakɔn *(n.)* strangulation
amina *(n.)* sandpit
ammamrɛ *(n.)* rite
ammaneɛ *(adj.)* customary
ammaneɛ *(n.)* report
ammaneɛbɔfoɔ *(n.)* reporter
ammanmuo *(n.)* governance
ammansoafoɔ *(adj.)* sectarian
ammirika *(n.)* trot
ammirikatuo *(n.)* run
ammrika *(n.)* relay
amnesia *(n.)* amnesia
amnimahyɛn *(n.)* animation

amo *(n.)* congratulation
amoa *(n.)* animal
amoa *(n.)* den
amoakua *(n.)* beaver
amoakua honam *(n.)* beaverskin
amoamoa *(n.)* recoil
amoamoa *(n.)* ripple
amoamoa *(n.)* ruck
amoamoa *(n.)* shrinkage
amoase *(n.)* diaper
amonia *(n.)* ammonia
amonomhɔ *(adj.)* instantaneous
amɔatoam *(adj.)* axillary
amɔtoamu *(n.)* armpit
amp *(n.)* amplifier
ampa *(adv.)* indeed
ampa *(adv.)* surely
ampa ara *(adv.)* downright
ampaneampaa *(interj.)* alas
ampene so *(v.)* disapprove
ampɛ *(n.)* aversion
ampɛɛ *(n.)* ampere
amphibious *(adj.)* amphibious
amplification *(n.)* amplification
amplify *(v.)* amplify
amputii *(n.)* amputee
amrado *(n.)* mayor
amu *(n.)* cadaver
amu *(adj.)* cadaverous
amuda hɔ *(adj.)* plain
amuda hɔ *(n.)* plain
amumɔyɔ *(n.)* mischief
amumɔyɔ *(adj.)* mischievous
amumuyɛ *(adj.)* forensic
amumuyɛ *(n.)* forensic
amumuyɔ *(n.)* treason
amuna *(n.)* snoot
amunamuna *(n.)* frown
amuniamuni *(n.)* roll
amuonyam *(adj.)* noble
amusie *(n.)* burial
amusiebea *(n.)* cist
amusieɛ *(n.)* cemetery
anaa *(conj.)* nor
anaa sɛ *(pron.)* either
anaafo fam *(adj.)* southerly
anaafoɔ *(n.)* south
anaafoɔ *(adj.)* south
anaafoɔ *(adv.)* south

anaafoɔ *(adj.)* southern
anaasɛ *(adv.)* alternatively
anabolic *(n.)* anabolic
anadwo *(n.)* night
anadwo *(adj.)* overnight
anadwo *(adv.)* tonight
anadwo *(n.)* twilight
anadwo *(n.)* tonight
anadwo adeyɛ *(adj.)* nocturnal
anadwo atade *(n.)* nightie
anadwo biako *(adv.)* overnight
anadwo biara *(adv.)* nightly
anadwo dabere *(n.)* night shelter
analgestic *(n.)* analgestic
anammɔn *(n.)* footprint
anammɔn kwan *(n.)* trail
anammɔntuo *(n.)* march
anammɔntuo *(v.)* motion
anammɔntuo *(n.)* motion
anamorphosis *(adj.)* anamorphosis
anamɔn *(n.)* pace
anamɔntuo *(n.)* operation
anamɔtufo *(n.)* pacemaker
anamusini *(n.)* proxy
anan *(n.)* four
anan *(n.)* quadrilateral
anan *(adj.)* quadrilateral
anan mu *(n.)* behalf
anane *(n.)* thaw
ananedeɛ *(n.)* solvency
ananmontuo *(n.)* step
ananmɔntuo *(n.)* stride
ananmu *(n.)* lieu
ananmunsini *(n.)* embassy
ananmusi *(adj.)* consular
ananmusi adwumayɛbea *(n.)* consulate
ananmusifo *(adj.)* representative
ananmusifo *(n.)* representative
ananmusifoɔ *(n.)* deputation
ananmusini *(n.)* senator
ananmusini *(n.)* agent
ananmusinii *(n.)* consul
ananmusinii *(n.)* assignee
ananse *(n.)* spider
ananses3m *(n.)* allegory
anansesɛm *(n.)* fable
anansesɛm *(n.)* folklore
anansesɛm *(adj.)* folkloric
anansesɛm *(n.)* story

anansesɛm *(n.)* tale
anansesɛm ka *(v.)* talebear
anansesɛm ka *(n.)* talebearing
anansesɛm nhoma *(n.)* talebook
anansesɛm sohwɛfo *(n.)* talebearer
ananteanante *(n.)* stroll
anantwi teaseɛnam *(n.)* oxcart
anantwie *(n.)* cattle
anarchism *(n.)* anarchism
anarchist *(n.)* anarchist
anarchy *(n.)* anarchy
anasesɛm *(adj.)* mythical
anasesɛm *(adj.)* mythological
anasesɛm *(n.)* myth
anasesɛm *(n.)* mythology
anatomi *(n.)* anatomy
android *(n.)* android
anemia *(n.)* anaemia
anemomiita *(n.)* anemometer
anene *(n.)* raven
anestesia *(n.)* anaesthesia
anestesia *(n.)* anaesthetic
angiogram *(n.)* angiogram
anhwɛyie *(n.)* indiscretion
ani *(adv.)* afloat
ani *(n.)* eye
ani *(n.)* screen
ani *(n.)* surface
ani agye *(adj.)* glad
ani agye *(adj.)* happy
ani agyina *(adj.)* homesick
ani awu *(adj.)* abashed
ani awu *(v.)* wince
ani da hɔ *(n.)* vigilance
ani da hɔ *(adj.)* vigilant
ani gye *(adj.)* fond
ani gye *(adj.)* gleeful
ani ku *(n.)* fervour
ani ku ho *(n.)* obsession
ani kum *(adj.)* somnolent
ani ngye ho *(adj.)* unappealing
ani nnye ho *(n.)* discontent
ani nnye ho *(adj.)* unamused
ani nnyeho *(n.)* turn-off
ani nwi *(n.)* mustache
ani si *(n.)* focalization
ani si *(adj.)* oriented
ani so *(adj.)* visual
ani sɔ *(adj.)* grateful

ani-ani *(adj.)* facile
ani3mɔnho *(adj.)* brash
aniammɔn *(n.)* impertinence
aniammɔn *(adj.)* impertinent
aniamɔnho *(n.)* malcontent
aniani *(n.)* facet
aniani *(adj.)* superficial
aniani *(adj.)* cursory
anibere *(n.)* displeasure
anibere *(adj.)* envious
anibere *(v.)* envy
anibere *(n.)* greed
anibere *(adj.)* jealous
anibere *(adj.)* mercenary
anibere *(adj.)* serious
anibere *(adj.)* venal
anibere adiyɛho *(adj.)* zealous
aniberesɛm *(adj.)* earnest
aniberesɛm *(adj.)* enviable
aniberesɛm *(adj.)* fervent
aniberesɛm *(n.)* venality
anibiannaso *(n.)* negligence
anibiannaso *(adj.)* negligent
anibiannaso *(n.)* nonchalance
anibɔ *(n.)* flicker
anibɔ *(n.)* second
anibɔ *(n.)* wink
anibɔne *(n.)* suspicion
anibre *(v.)* covet
anibre *(n.)* stern
anibre *(adj.)* stern
anibu *(n.)* moment
anibu *(adj.)* momentary
anibu *(adj.)* momentous
anibue *(n.)* civilization
anibueɛ *(n.)* eye-opener
anidaho *(adj.)* blatant
anidahɔ *(n.)* awareness
anidahɔ *(adj.)* flagrant
anidahɔ *(n.)* sanity
anidahɔ *(adj.)* sober
anidahɔ *(n.)* temperance
anidahɔ *(n.)* alertness
anidaso *(adj.)* hopeful
anidaso *(n.)* optimism
anidaso *(n.)* outlook
anidaso ni *(n.)* optimist
anidasoɔ *(n.)* hope
anidasoɔ *(n.)* recourse

anidasoɔ *(adj.)* trustworthy
anidasoɔ *(n.)* prospect
anidasoɔnim *(adj.)* hopeless
aniɛden *(n.)* aggression
aniɛden *(adj.)* bellicose
aniɛden *(n.)* daring
aniɛden *(adj.)* assertive
aniɛmonsɛm *(adj.)* actionable
aniɛmɔnsɛm *(adj.)* damnable
anifere *(adj.)* indiscreet
anifere kwanso *(adv.)* smartly
anifra *(adj.)* blind
anifra *(n.)* blindage
anifra *(n.)* blindness
anifrae *(n.)* purblind
anigye *(n.)* ecstasy
anigye *(adj.)* elated
anigye *(v.)* exult
anigye *(adv.)* gladly
anigye *(adv.)* gloatingly
anigye *(n.)* jollity
anigye *(n.)* joy
anigye *(adj.)* joyful
anigye *(n.)* joyous
anigye *(n.)* pleasure
anigye *(n.)* relish
anigye *(n.)* vivacity
anigye *(n.)* zest
anigye *(adj)* zesty
anigye *(n.)* bliss
anigye *(adj.)* jolly
anigye ho *(adj.)* interested
anigye ho *(n.)* passion
anigye ho *(adj.)* passionate
anigye ho *(n.)* ubergeek
anigye mboroso *(adj.)* overjoyed
anigye mmoroso *(adj.)* beatific
anigye mmoroso *(n.)* beatification
anigye mmoroso *(n.)* rapture
anigye mmoroso *(adj.)* blithe
anigye so *(adv.)* delightedly
anigyebea *(n.)* park
anigyebea *(n.)* resort
anigyebea *(n.)* cabaret
anigyebere *(n.)* toast
anigyeberɛ *(n.)* heyday
anigyede *(adj.)* enjoyable
anigyede *(adj.)* exultant
anigyede *(adj.)* orgasmic

anigyede *(n.)* revelry
anigyedeɛ *(n.)* entertainment
anigyedeɛ *(n.)* merriment
anigyedeɛ *(n.)* mirth
anigyedeɛ *(adj.)* mirthful
anigyedeɛ *(adj.)* merry
anigyeɛ *(adj.)* elate
anigyeɛ *(n.)* elation
anigyeɛ *(n.)* enjoyment
anigyeɛ *(n.)* fascination
anigyeɛ *(n.)* felicity
anigyeɛ *(n.)* fun
anigyeɛ *(n.)* gaiety
anigyeɛ *(n.)* glee
anigyeɛ *(adv.)* gleefully
anigyeɛ *(n.)* gloat
anigyeɛ *(n.)* happiness
anigyeɛ *(v.)* perk
anigyeɛ *(n.)* revel
anigyeɛ *(n.)* thrill
anigyeɛ *(n.)* uplift
anigyeɛ dwumadie *(n.)* pastime
anigyekɛse *(adj.)* ecstatic
anigyepɛfoɔ *(n.)* sensualist
anigyesɛm *(n.)* thriller
anigyie dwumadie *(n.)* sideline
aniha *(n.)* idleness
aniha *(n.)* apathy
anihanehane *(n.)* hyperbole
anihunu *(adj.)* sightly
anii *(adj.)* adrift
anika *(v.)* amuse
anika *(n.)* amusement
anika *(adj.)* lovable
anika *(adj.)* lovely
anika *(adj.)* pleasant
anika *(adj.)* remarkable
anika *(n.)* admiration
anika *(v.)* admire
anika *(adj.)* cheerful
anika *(adj.)* delightful
anika *(adj.)* lively
anika *(n.)* pleasantry
anikadeɛ *(n.)* hilarity
anikosua *(n.)* eyeball
aniku *(n.)* interest
aniku *(n.)* intrigue
aniku *(n.)* keenness
anikum *(adj.)* sedative
anikum *(adj.)* sleepy
anikum *(n.)* somnolence
anikum aduro *(n.)* sedative
anikyewbuo *(n.)* squint
anim *(n.)* facade
anim *(n.)* face
anim *(adj.)* facial
anim *(pron.)* former
anim *(adv.)* forth
anim *(adv.)* forward
anim *(n.)* front
anim *(adj.)* front
anim *(n.)* visage
anim *(adv.)* ahead
anim *(adv.)* clockwise
anim abɔnten *(n.)* forecourt
anim foforo *(n.)* facelift
anim nan *(n.)* foreleg
anim nsaa *(n.)* pimple
anim sradeɛ *(n.)* Face cream
anim-anim *(adv.)* soon
anim-anim *(adv.)* instantly
animfa *(adj.)* frontside
animguase *(n.)* disgrace
animguase *(n.)* dishonour
animguase *(n.)* disrepute
animguaseɛ *(adj.)* degrading
animguaseɛ *(n.)* humiliation
animguasesɛm *(adj.)* shameful
animia *(n.)* perseverance
animka *(v.)* lambaste
animka *(n.)* lampoon
animka *(v.)* lampoon
animka *(n.)* rebuke
animka *(n.)* reprimand
animka *(adj.)* censorious
animmuna *(n.)* scowl
animte *(adj.)* affable
animte *(adj.)* approachable
animteɛ *(adj.)* accommodating
animteɛ *(adj.)* amiable
animteɛ *(n.)* amiability
animtia *(n.)* contempt
animtia *(n.)* defiance
animtia *(n.)* scorn
animtiaabu *(adj.)* discourteous
animtiaabu *(v.)* discredit
animtiaabu *(adj.)* downright
animtiabu *(adj.)* malign

animtiabu *(n.)* snub
animtiabuo *(adj.)* contemptuous
animtiabuo *(adj.)* despicable
animtiabuo *(adj.)* despiteful
animtiabuo *(v.)* disdain
animtiabuo *(n.)* sneer
animtiabuo *(n.)* stigma
animtiabuo *(v.)* belittle
animu *(prep.)* afore
animu *(adj.)* aforementioned
animu *(n.)* countenance
animu din *(n.)* screen name
animu mmienu *(adj.)* bifacial
animuonyam *(n.)* honour
animuonyam *(n.)* charisma
animuonyam *(adj.)* charismatic
aninsɔ *(v.)* disregard
anintɔn *(n.)* brow
anintɔn *(n.)* eyelid
aniseed *(n.)* aniseed
anisoadehunu *(n.)* ambition
anisoadehunu *(n.)* pretension
anisoadehunu *(n.)* sight
anisoadehunu *(n.)* vision
anisoadehunu *(n.)* premonition
anisoatɛtɛ *(n.)* eyelash
anisobiri *(n.)* confusion
anisobiri *(adj.)* dazed
anisobirie *(adj.)* giddy
anisohyeɛ *(adj.)* vicious
anisoɔhyeɛ *(adj.)* blowsy
anisɔ *(adj.)* breathtaking
anisɔ *(adj.)* content
anisɔ *(n.)* contentment
anisɔ *(n.)* decency
anisɔ *(n.)* gratitude
anisɔ *(n.)* satisfaction
anisɔ *(adj.)* satisfactory
anisɔ *(n.)* sentience
anisuo *(v.)* tear
anitan *(n.)* rancour
aniteɛ *(n.)* artifice
aniteɛ *(adj.)* witty
aniteɛ *(adj.)* canny
aniwa *(n.)* cornea
aniwa *(adj.)* optic
aniwa aduruyɛ *(adj.)* ophtalmologic
aniwa aduruyɛ *(n.)* ophtalmology
aniwa baako *(adj.)* monocular
aniwa ho ɔbenfo *(n.)* oculist
aniwa hohoro *(n.)* eyewash
aniwa nhwehwɛmu *(adj.)* ophtalmic
aniwa ɔbenfo *(n.)* optician
aniwa ɔyaresafo *(n.)* ophtalmologist
aniwa so *(adj.)* ocular
aniwa so afiri *(n.)* ophtalmoscope
aniwɔsoɔ *(adj.)* keen
aniwu *(v.)* embarrass
aniwu *(n.)* embarrassment
aniwu *(v.)* mortify
aniwu *(n.)* winch
aniwu nnim *(adj.)* unabashed
aniwudeɛ *(n.)* scandal
aniwuo *(adj.)* reticent
aniwuo *(adv.)* scandalously
aniwuo *(n.)* shame
aniwuo *(adj.)* sheepish
aniwusɛm *(adj.)* embarrassing
aniwusɛm *(adj.)* scandalous
aniyareɛ *(n.)* glaucoma
anka *(adj.)* romantic
anka ɛbɛyɛ *(adj.)* would-be
ankaa *(n.)* orange
ankaa *(n.)* aubergine
ankaatwadeɛ *(n.)* lemon
ankaatwadeɛ *(n.)* lime
ankaatwadeɛ nsa *(n.)* lemonade
ankansie *(n.)* pageantry
ankasa *(n.)* original
ankasa *(adj.)* real
ankasa *(n.)* self
ankasa *(adj.)* subjective
ankasa *(adj.)* actual
ankasa *(adv.)* solo
ankasa adwuma *(adj.)* self-employed
ankasa akyinnyege *(n.)* self-doubt
ankasa anidahoo *(adj.)* self-conscious
ankasa nhyɛsoɔ *(adj.)* self-imposed
ankasa- teetee *(n.)* self-abuse
ankasaho nimdeɛ *(n.)* self-awareness
ankonam *(n.)* isolation
ankonam *(adj.)* lone
ankonam *(n.)* loneliness
ankonam *(adj.)* solitary
ankonam *(n.)* solitude
ankonam *(adj.)* lonely
ankonam yɛ *(adj.)* lonesome
ankorɛ *(n.)* barrel

ankorɛ *(n.)* bunker
ankorɛ *(n.)* canister
ankorɛ *(n.)* cylinder
ankorɛ *(n.)* cask
ankorɛ tebea *(adj.)* cylindrical
ankorɛankorɛ *(adj.)* individual
ankorɛankorɛ *(n.)* individualism
ankorɛankorɛ su *(n.)* individuality
ankorokro *(adj.)* sole
ankɔ *(n.)* anchor
ankɔ *(n.)* anchorage
annexation *(n.)* annexation
anni yɛbea *(adj.)* shapeless
anniamɔnhofo *(adj.)* insubordinate
anniamɔnhofo *(n.)* insubordination
annika *(adj.)* interesting
annitɔn nwi *(n.)* eyebrow
anniwu nim *(adj.)* shameless
annonodeɛ *(n.)* confectionery
annyini *(adj.)* anti-ageing
ano *(n.)* edge
ano *(n.)* lip
ano *(n.)* margin
ano *(adj.)* marginal
ano *(v.)* mouth
ano *(n.)* mouth
ano *(n.)* point
ano *(n.)* rim
ano *(n.)* tip
ano *(n.)* totality
ano *(n.)* beak
ano *(n.)* cusp
ano aduro *(n.)* remedy
ano akum *(adj.)* dull
ano awu *(adj.)* blunt
ano baabae *(n.)* parley
ano den *(n.)* momentum
ano den *(adj.)* terrific
ano den *(n.)* vehemence
ano denden *(adj.)* harsh
ano ka *(n.)* oral
ano ka *(n.)* viva voce
ano kasa *(adv.)* verbally
ano kasa *(adv.)* viva voce
ano nhyia *(v.)* disagree
ano ntotɔso *(v.)* lisp
ano ntotɔso *(n.)* lisp
ano nwi *(n.)* moustache
ano pɛɛ *(n.)* verge

ano yɛ den *(adj.)* vehement
ano yɛ nam *(n)* pointedness
ano yɛnam *(adj.)* pointed
ano yɛnam *(adv.)* pointedly
ano yɛnam *(adj.)* potent
anobaebae *(v.)* brangle
anoboa *(n.)* accretion
anoden *(n.)* severity
anoden *(n.)* volume
anodie *(n.)* transaction
anodie *(n.)* bargain
anodisɛm *(n.)* statement
anofeɛ *(n.)* kiss
anohyeto *(n.)* extremity
anohyeto *(n.)* limit
anohyeto *(v.)* limit
anohyeto *(adj.)* limited
anohyeto ahodoɔ *(n.)* stricture
anohyetoɔ *(adj.)* finite
anohyɛto *(adj.)* restrictive
anom aduruyɛ *(n.)* odontology
anom asɛm *(adj.)* verbal
anom ɔbenfo *(n.)* orologist
anom ɔyaresafo *(n.)* odontologist
anomaa *(n.)* jay
anomaa *(n.)* lark
anomaa *(n.)* bird
anomaa ketewa *(n.)* wren
anomaa ɔto dwom *(n.)* warbler
anomaa tuntum *(n.)* blackbird
anonne *(n.)* drink
anonneɛ *(adj.)* fizzy
anoo *(n.)* brink
anoɔden *(adj.)* strident
anoɔden *(n.)* audacity
anopem *(adj.)* conclusive
anorak *(n.)* anorak
anorexia *(n.)* anorexia
anorexia *(adj.)* anorexic
anosi *(n.)* tackle
anoteeɛ *(adj.)* fluent
anoteewa *(adj.)* eloquent
anoteɛ *(adj.)* articulate
anoteɛ *(n.)* eloquence
anototoɔ *(n.)* interview
anoyi *(n.)* defence
anoyie *(n.)* pretext
anoyie *(n.)* retort
anoyie *(n.)* solution

anɔpa *(n.)* morning
anɔpa aduane *(n.)* breakfast
ansa *(prep. &adv.)* before
ansa *(adv.)* beforehand
antacid *(adj.)* antacid
antaktik *(adj.)* antarctic
antecardium *(n.)* antecardium
antem *(n.)* anthem
antena *(n.)* antenna
anthrax *(n.)* anthrax
anthropoid *(adj.)* anthropoid
anti *(pref.)* anti
anti-aircraft *(adj.)* anti-aircraft
antibacterial *(adj.)* antibacterial
antifreeze *(n.)* antifreeze
antioxidant *(n.)* antioxidant
antiseptic *(n.)* antiseptic
antiseptic *(adj.)* antiseptic
antologyi *(n.)* anthology
antropologyi *(n.)* anthropology
antweri *(n.)* escalator
anuanom *(n.)* brotherhood
anuanom mma *(n.)* sisterhood
anumtedeɛ *(n.)* appetizer
anumteɛ *(n.)* appetite
anuonyam *(n.)* glorification
anuonyam *(adj.)* glorious
anuonyam *(n.)* glory
anuonyam *(adj.)* majestic
anuonyam *(n.)* majesty
anuonyam *(n.)* nobility
anuonyam *(n.)* noble
anuonyam *(n.)* poise
anuonyam hunu *(adj.)* vainglorious
anuonyam hunu *(n.)* vainglory
anuonyam hyɛ *(adj.)* laudable
anuonyam hyɛ *(n.)* medallist
anuonyam mu *(adv.)* nobly
anuonyamfo *(n.)* dignitary
anuonyamhyɛde *(n.)* medal
anuoɔnam *(adj.)* stark
anvil *(n.)* anvil
anwanwade *(n.)* miracle
anwanwade *(adj.)* miraculous
anwea *(n.)* sand
anwea *(adj.)* sand
anwea *(n.)* silt
anwea abankɛse *(n.)* sandcastle
anweatɛm *(adj.)* sandy

anwiinwii *(n.)* grievance
anwinnsɛm *(n.)* poem
anwinnsɛm *(n.)* poesy
anwinnsɛm *(n.)* poet
anwinnsɛm *(adj.)* poetic
anwinnsɛm *(n.)* poetics
anwinnsɛm *(n.)* poetry
anwinnsɛm ngyegyee *(n.)* prosody
anwinwii *(adj.)* lamentable
anwonwade *(n.)* marvel
anwonwade *(v.)* marvel
anwonwadeɛ *(n.)* wonder
anwonwasɛm *(adj.)* freak
anwonwasɛm *(n.)* freak
anwumerɛ aduane *(n.)* supper
anwummerɛ *(n.)* evening
anyani *(n.)* resurgence
anyansafo *(n.)* intelligentsia
anyeanie *(adj.)* cynical
anyeanie *(n.)* cynic
anyeannie *(n.)* atheism
anyeannie *(n.)* atheist
anyɛ saa *(conj.)* otherwise
anyɛ saa *(adv.)* otherwise
anyɛyie *(v.)* backfire
anyin asen *(v.)* outgrow
anyinamhoɔden *(adj.)* electric
anyinamhoɔden *(n.)* electricity
anyinnam afidie *(n.)* generator
apa *(n.)* scaffold
apa ho *(v.)* post-date
apaapae *(n.)* smash
apaatai *(n.)* apartheid
apaawa *(n.)* cassette
apae *(n.)* cleft
apae *(n.)* rift
apaeɛ *(n.)* explosive
apaeɛ *(n.)* explosion
apaka *(n.)* palanquin
apam *(n.)* covenant
apam *(n.)* debenture
apam *(n.)* treaty
apamfo *(n.)* juror
apamfo *(n.)* jury
apampam *(n.)* scalp
apampan *(n.)* tray
apantan *(n.)* jaw
apasoɔ *(n.)* scissors
apata *(n.)* hut

apata *(n.)* shack
apata *(n.)* shed
apata *(n.)* tent
apata *(n.)* cabana
apata *(n.)* canopy
apataa *(n.)* cod
ape *(n.)* stunt
apedeɛ *(n.)* hobby
apem *(n.)* thousand
apem *(adj.)* thousandth
apenesie *(n.)* groan
apepadeɛ *(n.)* eraser
apere *(n.)* scramble
apereapere *(adj.)* scrambled
apereapere *(n.)* tussle
apereapere *(n.)* agitation
apete *(adj.)* scattery
apetieɛ *(n.)* spurt
apɛde *(n.)* desire
apɛde pa *(n.)* goodwill
apɛdeɛ *(adj.)* favourite
apɛdeɛ *(n.)* favourite
apɛdeɛ *(adj.)* wishful
apɛko *(adj.)* rude
apɛsɛ *(adj.)* sonic
apɛsire *(n.)* vigil
apɛsire *(n.)* wake
apiapia *(n.)* jostle
apiapia *(n.)* shove
apompono *(n.)* zigzag
apomuden *(n.)* health
aponkeseɛ dan *(n.)* gatehouse
aponkɛse *(n.)* doorknob
apontoɔ *(n.)* feast
apontoɔ *(n.)* banquet
apoobɔfoɔ *(n.)* swindler
aporɛ *(adj.)* addled
aporɔ *(adj.)* rancid
aporɔ *(adj.)* rotten
aporɔbɔ *(n.)* traverse
apotobibire *(v.)* mould
apotobibire *(n.)* mould
apotobibire *(adj.)* mouldy
apɔmuden afiri *(n.)* fitness tracker
apɔmuden nsɔhwɛ *(n.)* fitness test
apɔmuden ntetee *(n.)* fitness training
apɔmutene dan *(n.)* gymnasium
apɔmutene ɔbenfoɔ *(n.)* gymnast
apɔmutenetene *(adj.)* gymnastic

apɔmutenetene *(n.)* gymnastics
apɔnkɔnan *(prep. & adv.)* astride
apɔnkɔsotenafoɔ *(n.)* cavalry
apɔtorɔ *(n.)* toad
apɔtɔyewa *(n.)* grinder
apɔtrɔ *(n.)* frog
apɔwmuden *(n.)* wellness
appendicitis *(n.)* appendicitis
appendis *(n.)* appendix
aprannaa *(n.)* thunderstorm
aprapra *(n.)* sweep
apricot *(n.)* apricot
apro *(n.)* apple
aprɔbɔ *(n.)* circulation
apueeɛ *(n.)* east
apueɛ *(adv.)* east
apueɛ *(adj.)* east
apueɛ *(adj.)* eastern
apuei fam *(n.)* orient
apuei fam *(n.)* oriental
aquarium *(n.)* aquarium
aquarius *(n.)* aquarius
aquatint *(n.)* aquatint
Arabinii *(n.)* Arab
arable *(adj.)* arable
arbour *(n.)* arbour
Arctic *(adj.)* Arctic
aries *(n.)* aries
aristocracy *(n.)* aristocracy
aristocrat *(n.)* aristocrat
armature *(n.)* armature
aromatherapy *(n.)* aromatherapy
arsenic *(n.)* arsenic
artesian *(adj.)* artesian
artichoke *(n.)* artichoke
artificial intelligence *(n.)* artificial intelligence
asa *(adj.)* gelded
asa *(n.)* hall
asa *(n.)* tango
asa *(n.)* ballet
asaabo *(n.)* liver
asaase *(n.)* earth
asaase *(n.)* pasture
asaase *(n.)* plot
asaase *(adj.)* tectonic
asaase adesua *(n.)* geography
asaase agudie *(n.)* mineral
asaase ase *(n.)* underworld

asaase kesee *(n.)* landscape
asaase kesee *(n.)* lea
asaase pradadaa *(n.)* meadow
asaase sua *(adj.)* paleobiological
asaase sua *(n.)* paleobiologist
asaase sua *(n.)* paleobiology
asaase sua *(n.)* paleoecologist
asaase sua *(n.)* paleoecology
asaase sua *(adj.)* paleolithic
asaase sua *(n.)* paleolithic
asaase sua *(n.)* paleontologist
asaase sua *(n.)* paleontology
asaase wosoɔ *(adj.)* seismic
asaasepetee *(n.)* flatland
asaaseso *(adj.)* earthly
asaasewosoɔ *(n.)* earthquake
asaasewura *(n.)* squire
asaawa *(n.)* cotton
asaawa *(n.)* skein
asaawa *(n.)* wool
asaawa *(n.)* yarn
asafodɔm *(n.)* legion
asafodɔm *(n.)* legionary
asafoetida *(n.)* asafoetida
asanka *(n.)* dish
asase *(n.)* land
asase *(n.)* terrain
asase ase *(adj.)* subterranean
asase ho mfonini *(adj.)* topographical
asase ho mfonini *(n.)* topography
asase kɛse *(n.)* tract
asase kwae *(n.)* fallow
asase mfoniniyɛfo *(n.)* topographer
asase mu *(adj.)* inland
asase so *(n.)* terrestrial
asase so *(adj.)* terrestrial
asase wosoɔ *(n.)* seismicity
asaseho adesua *(n.)* geology
asaseho nimdefo *(n.)* geographer
asaseho ɔbenfo *(n.)* geologist
asaseho ɔbenfo *(n.)* geologist
asasehoasɛm *(adj.)* geographical
asau bɛbɔ *(v.)* net
asbestos *(n.)* asbestos
asceptic *(adj.)* aseptic
ascetic *(n.)* ascetic
ascetic *(adj.)* ascetic
ase *(adv.)* down
ase *(n.)* etymology

ase *(adj.)* under
ase tim *(n.)* solid
ase twe *(n.)* drag
aseda *(adj.)* thankful
aseda *(n.)* thanks
aseɛ *(adv.)* afoot
aseɛ *(adj.)* basal
aseɛ *(n.)* bottom
aseɛ *(adj.)* faulty
aseɛ *(n.)* repulsion
aseɛ *(adj.)* repulsive
aseɛ *(adj.)* residual
aseɛ *(n.)* sediment
aseɛ *(n.)* udder
aseɛ *(prep.)* under
aseɛ *(adj.)* underneath
aseɛ *(n.)* basement
aseɛ *(adv.)* beneath
aseɛ ahye *(adj.)* extinct
aseɛeɛ *(n.)* wreckage
aseɛm pa *(n.)* evangel
asefo *(n.)* offspring
asefo *(n.)* progeny
asefo *(n.)* lineage
asefoɔ *(n.)* generation
asefoɔ *(adj.)* racial
aseho asɛm *(n.)* footnote
asekyerɛ *(n.)* import
asem a edi kan *(n.)* preamble
asem tiawa *(n.)* prose
asempatrɛwfo *(n.)* missionary
aseni *(n.)* descendant
asennua *(adj.)* crucified
asennua *(n.)* gallows
aseresɛm *(n.)* comic
aseresɛm *(adj.)* comic
aseresɛm *(adj.)* comical
aseresɛm *(adj.)* humorous
aseresɛm *(n.)* humour
aseresɛm *(adj.)* ironical
aseresɛm *(n.)* irony
aseresɛm *(n.)* pun
aseresɛm *(v.)* pun
aseresɛm *(n.)* sally
aseresɛm *(adj.)* satirical
aseresɛm *(n.)* burlesque
aserisɛm *(adj.)* frivolous
asesɛsɛm *(n.)* simile
asetena pa *(n.)* plush

asetenam *(n.)* social
asetenam nsɛm *(n.)* socialism
asetraho adesua *(n.)* sociology
asewnom *(n.)* in-laws
asexual *(adj.)* asexual
asɛde *(n.)* duty
asɛdeɛ *(n.)* obligation
asɛdeɛ *(n.)* responsibility
asɛe *(adj.)* damned
asɛe *(v.)* obliterate
asɛe *(adj.)* waste
asɛe *(adj.)* perishable
asɛi *(n.)* glitch
asɛlɛreta *(n.)* accelerator
asɛm *(n.)* case
asɛm *(n.)* dictum
asɛm *(n.)* issue
asɛm *(n.)* matter
asɛm *(v.)* matter
asɛm *(n.)* narration
asɛm *(n.)* propaganda
asɛm *(adj.)* subject
asɛm *(n.)* theorem
asɛm a etwa to *(n.)* ultimatum
asɛm a wɔpow *(n.)* negation
asɛm ka *(n.)* interjection
asɛm ka *(n.)* utterance
asɛm pɛ *(adj.)* nosy
asɛm sɛbɛ *(n.)* controversy
asɛm sɛbɛ *(n.)* conundrum
asɛm trɛɛ *(n.)* propagandist
asɛmfua *(n.)* byword
asɛmfua *(n.)* locution
asɛmfua *(n.)* term
asɛmfua *(n.)* word
asɛmfua tiriw *(n.)* keyword
asɛmhia *(adj.)* critical
asɛmka *(n.)* anecdote
asɛmmisa *(n.)* query
asɛmmɔne *(v.)* negative
asɛmpa *(n.)* gospel
asɛmpa *(n.)* sermon
asɛmpɔ *(n.)* motto
asɛmpɔ *(n.)* subject
asɛmti *(n.)* headline
asɛmti *(n.)* letterhead
asɛmti *(adj.)* thematic
asɛmti *(n.)* thesis
asɛmti *(n.)* topic

asɛmti *(adj.)* topical
asɛnka *(adj.)* narrative
asɛnka *(n.)* narrative
asɛnka *(n.)* quotation
asɛnka agua *(n.)* rostrum
asɛnkɛsɛe *(n.)* dilemma
asɛnni baguofoɔ *(n.)* juryman
asɛnnibea *(n.)* court
asɛnnibea *(n.)* judiciary
asɛnnibea *(n.)* tribunal
asɛnnie *(v.)* arbitrate
asɛnnie *(n.)* arbitration
asɛnti *(n.)* theme
asɛyɛde *(v.)* oblige
asɛyɛde *(n.)* onus
asiane *(n.)* danger
asiane *(adj.)* disastrous
asiane *(v.)* endanger
asiane *(adj.)* fatal
asiane *(n.)* misadventure
asiane *(n.)* mischance
asiane *(n.)* misfortune
asiane *(n.)* mishap
asiane *(n.)* odds
asiane asɛm *(n.)* fatalism
asiane wom *(adj.)* risky
asianebɔ *(n.)* dodge
asianemu *(n.)* jeopardy
asid *(n.)* acid
asid nsuo *(n.)* acid rain
asid test *(n.)* acid test
asideɛ *(adj.)* incidental
asie *(n.)* occurrence
asiedeɛ *(n.)* reservation
asiesie *(v.)* ornament
asikyire *(n.)* caramel
asikyiriyare *(n.)* diabetes
asinasini *(n.)* clipping
asiniasin *(n.)* fragment
asiwa *(adj.)* betrothed
asiwa *(v.)* betroth
asiwa *(n.)* betrothal
aso *(n.)* ear
aso popadeɛ *(n.)* aurilave
aso tebea *(adj.)* auriform
asodie *(v.)* mantle
asodie *(adj.)* responsible
asoeɛ *(n.)* institution
asoeɛ *(n.)* quarter

asoeɛ *(n.)* bureau
asoeɛ ano *(n.)* institute
asoɛeɛ *(n.)* agency
asogyafoɔ *(n.)* platoon
asogyafoɔ paati *(n.)* bachelor party
asom fi *(n.)* wax
asombɔ *(n.)* slap
asombɔ *(n.)* smack
asomdwea *(n.)* peace
asomdwea mu *(adj.)* peaceable
asomdwoe *(adj.)* peaceful
asomdwoe *(n.)* armistice
asomdwoe *(n.)* ceasefire
asomdwoe *(n.)* decorum
asomdwoe apam *(n.)* truce
asomdwoe mu *(adj.)* pacific
asomdwoe ni *(n.)* pacifier
asomdwoe nipa *(n.)* pacifist
asomfi *(n.)* cerumen
asommɛn *(n.)* tusk
asommurofi *(n.)* hearth
asonse *(n.)* ivory
asooden *(adj.)* mulish
asooden *(adj.)* adamant
asoodenfoɔ *(adj.)* wayward
asoommerɛ *(adj.)* docile
asoredan *(n.)* abbey
asorepanin *(n.)* abbot
asorɔkye *(adj.)* tidal
asorɔkye *(n.)* tide
asorɔkye *(n.)* undulation
asorɔkyeɛ *(n.)* wave
asosi *(adj.)* deaf
asosi *(adj.)* deafening
asotwe *(n.)* impunity
asotwe *(v.)* mete
asotwe *(adj.)* penal
asotwe *(n.)* penalty
asotwe *(v.)* punish
asotwe *(n.)* punishment
asotwe *(n.)* sanction
asotwe yayaaya *(adj.)* punitive
asouden *(adj.)* stubborn
asɔduro *(n.)* vaccine
asɔfodi *(n.)* priesthood
asɔfoɔ *(n.)* clergy
asɔfoɔ amammuo *(n.)* theocracy
asɔkye *(v.)* billow
asɔre *(n.)* church

asɔredan *(n.)* pagoda
asɔredan *(n.)* temple
asɔredan *(n.)* cathedral
asɔredan kɛseɛ *(n.)* minster
asɔrefie *(n.)* churchyard
asɔrekɔfo *(n.)* parish
asɔrepanin *(n.)* chaplain
asparagus *(n.)* asparagus
asra *(n.)* smear
asra *(n.)* snuff
asraa *(n.)* armed forces
asraa *(n.)* army
asraafo *(n.)* infantry
asraafo tenabea *(n.)* cantonment
asraafoɔ *(n.)* commando
asraafoɔ *(n.)* troop
asraafoɔ beaeɛ *(n.)* garisson
asraafoɔ kuo *(n.)* corps
assibilate *(v.)* assibilate
astatic *(adj.)* astatic
asteris *(n.)* asterisk
asterism *(n.)* asterism
astero *(v.)* asteroid
astigmatism *(n.)* astigmatism
astral *(adj.)* astral
astringent *(adj.)* astringent
astrolabe *(n.)* astrolabe
astronɔt *(n.)* astronaut
asuasua *(n.)* imitation
asuasua *(n.)* impersonation
asuasuafoɔ *(n.)* imitator
asubɔ *(n.)* baptism
asubɔnten *(n.)* torrent
asubɔnten ketewa *(n.)* rivulet
asubɔnten ketewa *(n.)* streamlet
asubura *(n.)* fountain
asukɔkyea *(n.)* ice
asukɔkyea bokiti *(n.)* ice bucket
asukɔnkɔn *(n.)* drumfish
asukɔnkɔn *(n.)* giraffe
asukɔtweaa *(n.)* hailstorm
asukɔtwiadaka *(n.)* refrigerator
asuma *(adj.)* obscure
asumansɛm *(n.)* occult
asumansɛm ho *(adj.)* occult
asutwa *(n.)* banishment
asuwa *(n.)* stream
asymmetrical *(adj.)* asymmetrical
asymmetry *(n.)* asymmetry

ataade *(n.)* dress
ataade *(n.)* attire
ataade *(n.)* coat
ataadeɛ *(n.)* outfit
ataadeɛ *(n.)* shirt
ataadeɛ *(n.)* chemise
ataadeɛ *(n.)* livery
ataadeɛ msa *(n.)* sleeve
ataadepamni *(n.)* dressmaker
ataadepon *(n.)* dressing table
ataban *(n.)* wing
atade *(n.)* bedrobe
atade *(n.)* garment
atade *(n.)* kilt
atade *(n.)* overall
atade *(n.)* tracksuit
atade *(n.)* velvet
atade *(n.)* vestment
atade *(n.)* waistcoat
atade *(n.)* gown
atade kata so *(n.)* overcoat
atade nguguso *(n.)* mantle
atadeɛ *(n.)* frock
atare dua *(n.)* glue stick
ataredeɛ *(n.)* glue
ataredeɛ *(n.)* starch
atea *(n.)* cashew
ateetee *(n.)* frustration
ateetee *(n.)* harassment
ateetee *(v.)* mistreat
ateetee *(n.)* torment
atemmu *(n.)* doom
atemmu *(adj.)* judicial
atemmuadwuma *(n.)* magistracy
atemmuafo kuw *(n.)* magistratur e
atena *(n.)* goalpost
atenae *(n.)* dwelling
atenaeɛ *(adj.)* abiding
atenaeɛ *(n.)* environment
atenaeɛ *(n.)* environmentalism
atenaeɛ *(n.)* environmentalist
atenaeɛ *(n.)* habitat
atenaeɛ *(adj.)* resident
atenaeɛ *(n.)* station
atenaɛ *(n.)* habitation
atenamgyinafoɔ *(n.)* goalkeeper
atenaseɛ *(n.)* settlement
atenaseɛ *(n.)* stay
ateneaɛ *(n.)* sojourn
atenetene *(n.)* criticism
atenka *(n.)* emotion
atenka *(n.)* feeling
atenka *(n.)* hunch
atenka *(n.)* impulse
atenka *(n.)* instinct
atenka *(adj.)* instinctive
atenka *(n.)* intuition
atenka *(n.)* mood
atenka *(adj.)* moody
atenka *(adj.)* palpable
atenka *(adj.)* profound
atenka *(n.)* sensation
atenka *(n.)* sensibility
atenka *(n.)* sensitivity
atenka *(n.)* slush
atenka *(adj.)* torrid
atenka wom *(adj.)* sentimental
atere *(n.)* head
atere *(n.)* spoon
atesɛm *(n.)* hearsay
atesɛm krataa *(n.)* newspaper
ateteɛ *(n.)* tatter
atetesɛm *(n.)* rumour
atew neho *(n.)* hermit
ateyie *(adj.)* plush
atɛkye *(n.)* dumpster
atɛkyɛ *(v.)* mire
atɛkyɛ *(n.)* mire
atɛkyɛ *(n.)* slough
atɛkyɛ *(n.)* strait
atɛkyɛ *(n.)* mud
atɛmdideɛ *(adj.)* slight
atɛmdie *(n.)* slight
atɛmmudwuma *(n.)* judicature
atɛmpa *(adj.)* judicious
atɛn *(n.)* verdict
atɛnkyea *(v.)* misjudge
atɛnmuo *(n.)* judgement
atɛnnidieɛ *(n.)* slur
atɛnnie *(n.)* raillery
atɛntenenee *(n.)* justice
atiefo *(adj.)* tame
atiefoɔ *(n.)* audience
atifi *(n.)* apex
atifi *(n.)* maximum
atifi *(n.)* north
atifi *(n.)* peak
atifi *(n.)* summit

atifi *(n.)* zenith
Atifi *(n.)* pinnacle
atifi asɛm *(n.)* caption
atifi fam *(adj.)* north
atifi fam *(adv.)* north
atifi fam *(adv.)* northerly
atifi fam *(adj.)* northerly
atifi fam *(adj.)* northern
atififam *(adj.)* polar
atim *(adj.)* ingrained
atintim *(n.)* print
atintim *(v.)* print
atintim fidie *(n.)* printer
atipɛnfo *(n.)* peer
atiridii *(n.)* malaria
atiridiinini *(adj.)* feverish
atiridinnini *(adj.)* febrile
atirimɔden asenni *(n.)* inquisition
atirimɔden so *(adv.)* savagely
atirimɔdensɛm *(adj.)* ferocious
atirimɔdensɛm *(adj.)* noxious
atirimɔdensɛm *(n.)* obduracy
atirimɔdensɛm *(n.)* obstinacy
atirimɔdensɛm *(n.)* savagery
atirimpɔw *(n.)* motive
atirimpɔw abien *(adj.)* dual-purpose
atirimuɔden *(adj.)* atrocious
atirimuɔden *(adj.)* cruel
atirimuɔden *(adj.)* wicked
atirimuɔden *(n.)* atrocity
atirimuɔden amammuo *(n.)* tyranny
atirimusɛm *(adj.)* confidential
atitiw *(n.)* spoonful
atlas *(n.)* atlas
atlete *(n.)* athlete
atletik *(adj.)* athletic
atoeɛ *(n.)* bakery
atohoakyɛ *(n.)* servility
atoko *(n.)* millet
atom *(n.)* atom
atomiki *(adj.)* atomic
atommo *(n.)* potato
atonnuane *(n.)* grocery
atopic *(adj.)* atopic
atoro *(n.)* imposture
atorɔ *(adj.)* fictitious
atorɔ *(adj.)* mendacious
atorɔdie *(n.)* calumny
atorɔdie *(n.)* falsification
atorɔsom *(n.)* misbelief
atosɛm *(n.)* fallacy
atosɛm *(n.)* falsehood
atosodeɛ *(n.)* vegetable
atoto *(n.)* roast
atoyerɛnkyɛm *(n.)* catastrophe
atoyerɛnkyɛm *(adj.)* catastrophic
atoyerɛnkyɛm *(n.)* havoc
atoyerɛnkyɛm *(n.)* calamity
atoyerɛnkyɛm *(n.)* calamity
atɔ mpan *(adj.)* vacant
atɔe fam *(n.)* occident
atɔe fam *(adj.)* west
atɔe fam *(adv.)* west
atɔe fam *(adv.)* westerly
atɔe fam *(adj.)* westerly
atɔe fam *(adj.)* western
atɔe fam de *(adj.)* occidental
atɔeɛ *(n.)* west
atrimpɔw *(v.)* plot
attenuance *(n.)* attenuance
atuate *(n.)* strike
atuateɛ *(n.)* insurrection
atuateɛ *(n.)* rebellion
atuateɛ *(n.)* revolt
atuateɛ *(n.)* sedition
atuateɛ *(adj.)* seditious
atuateɛ *(n.)* terrorism
atuatefoɔ *(n.)* rebel
atuatesɛm *(adj.)* rebellious
atuatew *(n.)* uprising
atubrafo *(adj.)* nomadic
atubrafoɔ *(n.)* immigrant
atufoɔ dwa *(n.)* wholesale
atuhoakye *(v.)* devote
atuhoakyɛfo *(n.)* devotee
atumi *(v.)* debilitate
atuo ano *(n.)* gunpoint
atutoɔ *(v.)* cannonade
atutotoɔ *(n.)* crossfire
atutu *(n.)* discord
atuu *(n.)* embrace
atwa *(n.)* outage
atwam *(adj.)* dated
atwam *(adj.)* obsolete
atwam *(adj.)* outdated
atwam *(adj.)* outmoded
atwam *(n.)* retrospect
atwam *(n.)* anachronism

atwam *(adj.)* archaic
atwam *(adj.)* belated
atwam *(adj.)* bygone
atwareɛ *(n.)* ferry
atweetwee *(n.)* hoot
atweetwee *(adj.)* sarcastic
atweetwee *(n.)* scoff
atweetwee *(adj.)* wry
atwere *(n.)* ladder
atwerɛ *(n.)* text
atwerɛ *(n.)* calligraphy
atwerɛho neama *(n.)* stationery
atwerɛhotɔnfo *(n.)* stationer
atwerɛkan *(n.)* draught
atwerɛkwan *(n.)* draft
atwetewete *(adv.)* scatteringly
atwetwa so *(adj.)* schematic
atwiduro *(n.)* ointment
atwimtwam *(n.)* wrinkle
atwreɛ so *(n.)* stair
audiovisual *(adj.)* audiovisual
auspicate *(v.)* auspicate
autobiography *(n.)* autobiography
autocorrect *(n.)* autocorrect
avalanche *(n.)* avalanche
average *(n.)* average
aware dodoɔ *(n.)* polygamy
aware dodoɔ *(adj.)* polygamous
aware dodow *(n.)* polyandry
aware ho nsɛm *(n.)* matrimony
aware mu nsɛm *(adj.)* matrimonial
awareɛ *(n.)* marriage
awareɛ anim *(adj.)* premarital
awareɛ mu *(adj.)* marital
awarefo *(n.)* couple
awaregu *(n.)* divorce
awaresɛeɛ *(n.)* adultery
awareɛ *(adj.)* conjugal
aweieɛ koraa *(n.)* grand finale
aweiɛ *(adj.)* final
awengaa *(n.)* paedophile
awengaa *(n.)* paedophilia
awengaa *(n.)* paedophiliac
awengaa *(adj.)* paedophiliac
awereɛhosɛm kyerɛwfo *(n.)* tragedian
awerehow *(n.)* poignancy
awerehow *(adj.)* poignant
awerehow *(n.)* mournful
awerehowdifo *(n.)* mourner
aweretɔ *(n.)* revenge
awerɛfi *(n.)* oblivion
awerɛfie *(adj.)* forgetful
awerɛfireyareɛ *(adj.)* demented
awerɛhoɔ *(adj.)* despondent
awerɛhoɔ *(n.)* grief
awerɛhoɔ *(adj.)* rueful
awerɛhoɔ *(n.)* sorrow
awerɛhoɔ *(n.)* woe
awerɛhoɔ *(adj.)* cheerless
awerɛhoɔdi *(adj.)* grievous
awerɛhosɛm *(adj.)* melancholy
awerɛhosɛm *(n.)* tragedy
awerɛhosɛm *(adj.)* tragic
awerɛhosɛm *(n.)* woeful
awerɛhow *(adj.)* dismal
awerɛhow *(n.)* melancholia
awerɛhow *(adj.)* melancholic
awerɛhow *(n.)* melancholy
awerɛhow *(v.)* mourn
awerɛhow *(n.)* sadness
awerɛhow *(adj.)* wistful
awerɛhow *(n.)* mourning
awerɛhow dwom *(n.)* monody
awerɛhyɛmu *(n.)* trust
awerɛkyekye *(n.)* comfort
awerɛtɔ *(adj.)* revengeful
awerɛwerɛ *(n.)* scrape
awerɛwerɛadeɛ *(n.)* scraper
awerɛwho *(adj.)* sad
awerɛkyekyerɛ *(n.)* consolation
awia *(n.)* sun
awia *(n.)* afternoon
awia nna *(n.)* siesta
awia puieɛ *(n.)* sunrise
awiaahyeɛ *(adj.)* sunny
awiabere *(n.)* forenoon
awiabere *(n.)* midday
awiabere aduane *(v.)* lunch
awiabere aduane *(n.)* lunch
awiabo *(n.)* bulldozer
awiadeɛ *(n.)* booty
awiadidi *(n.)* dinner
awiawiaho *(n.)* sneak
awieeɛ *(adv.)* eventually
awieeɛ *(n.)* finish
awieeɛ *(n.)* repercussion
awieeɛ *(n.)* termination
awieɛ *(n.)* break point

awieɛ *(n.)* climax
awieɛ *(n.)* closure
awieɛ *(n.)* completion
awieɛ *(n.)* conclusion
awieɛ *(n.)* epilogue
awieɛ *(adj.)* last
awieɛ *(n.)* last
awieɛ *(n.)* result
awiei *(n.)* end
awiei *(n.)* finale
awiei *(v.)* lapse
awiei *(n.)* terminus
awiei koraa *(adv.)* ultimately
awiemhyɛn *(n.)* plane
awirefireyareɛ *(adj.)* senile
awo *(n.)* descent
awo *(adj.)* dried
awo *(adj.)* natal
awo foforɔ *(n.)* rebirth
awo ho *(n.)* maternity
awo ho asɛm *(n.)* nativity
awo ho ɔyaresafo *(n.)* obstetrician
awo nhwehwɛmu *(adj.)* obstetric
awoda *(n.)* birthdate
awoda *(n.)* birthday
awode *(n.)* womb
awodeɛ ano *(adj.)* cervical
awodie *(n.)* parricide
awofoɔ *(adj.)* parental
awoɔ *(n.)* accouchement
awoɔ *(n.)* delivery
awoɔ *(n.)* reproduction
awoɔ *(adj.)* reproductive
awoɔ *(n.)* birth
awoɔ *(n.)* childbirth
awoɔanim *(adj.)* antenatal
awosoawosoɔ *(n.)* jerk
awosoɔ *(n.)* jerkin
awosoɔ *(n.)* quake
awosoɔ *(n.)* quiver
awosoɔ *(n.)* shake
awosoɔ *(n.)* spasm
awosoɔ *(n.)* vibration
awosu *(adj.)* genetic
awosu *(adj.)* inborn
awosu *(adj.)* inherent
awosu benfoɔ *(n.)* geneticist
awosu mu *(adj.)* innate
awosuawosoɔ *(n.)* jolt

awotwaa *(adj.)* embryonic
awotwaa *(adj.)* fetal
awotwaa mu *(n.)* uterus
awotwe *(n.)* octuplicate
awowa *(n.)* lease
awowa *(v.)* lease
awowa *(n.)* collateral
awɔ *(n.)* chill
awɔ *(adj.)* cold
awɔberɛ *(n.)* winter
awɔse *(n.)* goose
awɔse *(n.)* suspense
awɔw *(v.)* winter
awɔwbere mu *(adj.)* wintry
awudie *(n.)* brute
awudie *(adj.)* brutish
awudie *(n.)* garrotte
awudie *(n.)* kill
awudie *(n.)* murder
awudie *(v.)* murder
awudie *(adj.)* murderous
awudifoɔ *(n.)* murderer
awuduro *(adj.)* lethal
awuduru *(n.)* toxaemia
awuduru *(n.)* toxicity
awuduru *(n.)* toxification
awuduru *(n.)* toxin
awuduru *(adj.)* venomous
awuduruho adesua *(n.)* toxicology
awuduruho ɔbenfo *(n.)* toxicologist
awufo *(n.)* parent
awugya *(n.)* bequest
awugyadeɛ *(n.)* heritage
awuo *(adj.)* abiotic
awuraba *(n.)* madam
awuradefo *(adj.)* lordly
awuradeyɛ *(n.)* lordship
axle *(n.)* axle
ayakayakadeɛ *(n.)* torture
ayamhyehyeɛ *(adj.)* sympathetic
ayamkuro *(n.)* ulcer
ayamtim *(n.)* constipation
ayamtim *(n.)* colic
ayamtu *(n.)* diarrhea
ayamye *(n.)* geniality
ayamye *(adv.)* kindly
ayamye *(adj.)* tender-hearted
ayamye *(n.)* tenderness
ayamyɛ kɛse *(n.)* magnanimity

ayaresa *(adj.)* medical
ayaresa *(n.)* therapy
ayaresa *(n.)* treatment
ayaresa *(adj.)* clinical
ayaresa ɛnteɛ *(n.)* mal-treatment
ayaresabea *(n.)* hospital
ayaresabea *(n.)* sanatorium
ayaresabea *(n.)* clinic
ayayade *(v.)* victimize
ayefobaa *(adj.)* bridal
ayefobaa *(n.)* bride
ayefobarima *(n.)* bridegroom
ayeforɛ abaawa *(n.)* bridesmaid
ayeforohyia *(adj.)* nuptial
ayeforohyia *(n.)* wedlock
ayeforohyia ahorow *(n.)* nuptials
ayeforɔ *(n.)* wedding
ayemmoa *(v.)* pet
ayemmoa *(n.)* pet
ayera *(n.)* disappearance
ayera *(n.)* lacuna
ayera *(v.)* lost
ayera *(v.)* misplace
ayera *(adj.)* missing
ayere dan *(n.)* sickbay
ayesɛm *(n.)* antic
ayeyi *(adj.)* effusive
ayeyie *(n.)* praise
ayeyie *(v.)* praise
ayeyie *(n.)* adoration
ayɛ akokɔsradeɛ *(adj.)* yellowish
ayɛ basaa *(adj.)* woebegone
ayɛ dada *(adj.)* ready-made
ayɛ dijitaal *(v.)* digitalize
ayɛ fitaa *(v.)* whitewash
ayɛ kusuu *(v.)* thicken
ayɛ ma *(adj.)* jam-packed
ayɛ ma *(v.)* populate
ayɛ mmerɛw *(adj.)* depleted
ayɛ nyisaa *(v.)* orphan
ayɛmhyehyeɛ *(adj.)* apprehensive
ayɛmuyɛ *(adj.)* charitable
ayɛmyɛfoɔ *(adj.)* kind-hearted
ayɛsɛm *(n.)* fiction
ayɛsɛm *(adj.)* fictional
ayɛsɛm ketewaa bi *(n.)* novelette
ayɛsɛm kyerɛwfo *(n.)* novelist
ayɛyɛsɛm *(n.)* charity
ayɛyie *(n.)* appreciation

ayɛyisɛm *(n.)* tribute
ayie *(n.)* sepulture
ayie *(n.)* shave
ayinya *(adj.)* stale
ayiyɔ *(n.)* cortege
ayiyɔ *(n.)* funeral
ayow *(v.)* wither
ayowa *(n.)* earthenware
ayɔdeɛ *(n.)* invention
ayɔnkofa *(n.)* affiliation
ayɔnkofa *(n.)* affinity
ayɔnkofa *(n.)* allegiance
ayɔnkofa *(n.)* rapport
ayɔnkofa *(n.)* amity
ayɔnkofa *(adj.)* convivial
Ayurveda *(n.)* Ayurveda
azote *(n.)* azote

ba ansa *(v.)* precede
ba ntɛm *(adj.)* premature
ba ntɛm *(adj.)* punctual
ba ntɛm *(n.)* punctuality
baa *(n.)* bar
baabi *(adv.)* somewhere
baabi *(n.)* spot
baabi *(conj.)* where
baabi *(n.)* outlet
baabi a *(adv.)* whereabout
baabi a ɛwɔ *(n.)* whereabout
baabiara *(pron.)* anyplace
baabiara *(adv.)* anywhere
baabiara *(pron.)* everywhere
baabiara *(n.)* omnipresence
baabiara *(n.)* ubiquity
baabiara *(adv.)* wherever
baabiara ayamye *(n.)* omnibenevolence
baabiara nni hɔ *(adv.)* nowhere
baage *(n.)* bag
baage *(n.)* backpack
baage *(v.)* bag
baako *(pron.)* one
baako *(n.)* single
baako *(adj.)* single
baako baako *(adv.)* singularly
baako kabea *(adj.)* singular

baako pɛ *(n.)* singularity
baako tumi *(n.)* monopoly
baakofoɔ adwuma *(adv.)* single-handedly
baakofoɔ tumi *(n.)* monopolist
baakofoɔ tumi *(v.)* monopolize
baakoyɛ *(n.)* unison
baakoyɛ *(n.)* unity
baaman *(n.)* barman
baasakoro *(n.)* trinity
baasibea *(n.)* brothel
babble *(n.)* babble
babble *(v.)* babble
babel *(n.)* babel
babunu *(n.)* youth
babyproof *(babyproof)* babyproof
baccalaureate *(baccalaureate)* baccalaureate
backdate *(v.)* backdate
badger *(n.)* badger
badminton *(n.)* badminton
badwemma *(n.)* visionary
badwemma *(adj.)* clever
badwoa *(n.)* lump
badwoa *(v.)* lump
bae *(adj.)* broad
bae *(interj.)* bye
baebae *(v.)* deconstruct
baebaeɛ *(n.)* deconstruction
baebaeɛ *(adv.)* deconstructively
bagpiper *(n.)* bagpiper
baguam *(adj.)* public
baguam *(n.)* public
baguam kasa *(n.)* panegyric
baguette *(n.)* baguette
bail *(n.)* bail
bailable *(adj.)* bailable
bailey *(n.)* bailey
bailiff *(n.)* bailiff
baka *(n.)* lagoon
bakaano *(adj.)* bayside
baktiria *(n.)* bacteria
balafon *(n.)* balafon
balance sheet *(n.)* balance sheet
bale *(n.)* bale
ballet safoɔ *(n.)* ballerina
ballistics *(n.)* ballistics
balsam *(n.)* balsam
bam *(v.)* embrace
bamma *(n.)* bier

ban *(n.)* cordon
bana *(n.)* banner
banbɔ *(n.)* bulwark
banbɔ *(adj.)* defensive
band *(n.)* band
Band-Aid *(n.)* Band-Aid
bandage *(n.)* bandage
bandwidth *(n.)* bandwidth
bangalo *(n.)* bungalow
banjo *(n.)* banjo
bankinii *(n.)* banker
bankrupt *(adj.)* bankrupt
bankrupt *(n.)* bankruptcy
bannister *(n.)* bannister
bansere *(n.)* amulet
bansere *(n.)* talisman
bantling *(n.)* bantling
banto *(n.)* fencing
banyan *(n.)* banyan
barbed wire *(n.)* barbed wire
barcode *(n.)* barcode
bard *(n.)* bard
barima *(n.)* lad
barima *(adj.)* male
barima *(n.)* man
barima dua *(n.)* loin
barima dua *(n.)* penis
barima dua ho *(n.)* phallus
barima kunafoɔ *(n.)* widower
barima pireman *(n.)* dandy
baritone *(n.)* baritone
barium *(n.)* barium
barley *(n.)* barley
baromiita *(n.)* barometer
baroque *(adj.)* baroque
barouche *(n.)* barouche
barrack *(n.)* barrack
bartender *(n.)* bartender
basaa *(v.)* misappropriate
basaa *(n.)* misappropriation
basaa *(adj.)* rough
basaa *(adj.)* scattered
basaa *(adj.)* scratchy
basaa *(adv.)* absurdly
basaa *(adj.)* amorphous
basaa *(adj.)* carefree
basaabasaa *(adj.)* haphazard
basabasa *(n.)* altercation
basabasa *(adj.)* deranged

basabasa *(n.)* hubbub
basabasa *(adj.)* restive
basabasa *(n.)* riot
basabasa *(adj.)* rowdy
basabasa *(n.)* ruffle
basabasa *(adj.)* shambolic
basabasa *(n.)* stud
basabasa *(adj.)* violent
basabasaye *(n.)* affray
basabasaye *(n.)* commotion
basabasaye *(n.)* fuss
basabasaye *(n.)* road rage
basabasaye *(n.)* thug
basabasaye *(n.)* turbulence
basabasaye *(adj.)* turbulent
basabasaye *(n.)* turmoil
basabasaye *(n.)* unrest
basabasaye *(n.)* upheaval
basabasayɔ *(n.)* cataclysm
basabasayɔ *(n.)* rampage
basabasayɔ *(n.)* ruckus
basabasayɔ *(n.)* violence
basabasayɔfoɔ *(n.)* hooligan
basafa *(n.)* yard
basil *(n.)* basil
basketball *(n.)* basketball
bata *(adj.)* contiguous
bata *(n.)* itinerary
bata *(v.)* attach
bataa *(n.)* clave
batakari *(n.)* robe
batakari *(n.)* smock
batere *(n.)* battery
batɔn *(n.)* button
batsman *(n.)* batsman
battalion *(n.)* battalion
batten *(n.)* batten
bawee *(adj.)* rigid
bawee *(adj.)* crisp
bayifoɔ *(n.)* sorcerer
bayifoɔ *(n.)* witch
bazuka *(n.)* bazooka
bɛ nkaeɛ *(v.)* announce
be to *(v.)* pinch
bea *(n.)* base camp
bea *(n.)* base
beae *(n.)* oasis
beae *(n.)* outpost
beaeɛ *(v.)* locate

beaeɛ *(v.)* place
beaeɛ *(n.)* place
beaeɛ *(n.)* position
beaeɛ *(n.)* province
beaeɛ *(n.)* scene
beaeɛ *(n.)* scenery
beaeɛ *(n.)* site
beaeɛ *(n.)* turf
beaeɛ *(n.)* venue
beaeɛ *(n.)* avenue
beaeɛ bi *(v.)* position
beaeɛ pɔtee *(n.)* location
beaeɛ so hwɛfoɔ *(n.)* warden
beaeɛ titiriw *(n.)* locus
beaɛ bɛn *(adv.)* whither
beaɛ pɔtee *(v.)* station
beaker *(n.)* beaker
beam *(beam)* beam
bearing *(bearing)* bearing
bebare *(v.)* tangle
beberee *(adj.)* quantitative
bebɔ *(n.)* hill
bebɔso *(n.)* hillock
bebrebe *(n.)* adequacy
bebree *(adj.)* adequate
bebree *(adv.)* adequately
bebree *(adj.)* many
bebree *(adj.)* unaccountable
bebree *(adj.)* aplenty
beck *(n.)* beck
bees *(n.)* bass
beet *(n.)* beet
beetroot *(n.)* beetroot
begyae *(v.)* waive
behyia *(v.)* meet
bem bu *(n.)* vindication
ben *(v.)* smart
benefic *(adj.)* benefic
benfo *(n.)* scholar
benkum *(n.)* left
benkum *(n.)* leftist
benzene *(n.)* benzene
bepɔ *(n.)* clive
bepɔso *(n.)* atoll
bepɔw *(n.)* mountain
bepɔw *(adj.)* mountainous
bepue akɔ *(n.)* let-out
bere *(n.)* date
bere *(n.)* duration

bere *(n.)* era
bere *(n.)* phase
bere *(v.)* ripen
bere *(adj.)* seasonable
bere *(adj.)* then
bere *(n.)* time limit
bere a *(conj.)* whereas
bere a ɛse *(adv.)* due
bere a ɛse *(adj.)* timely
bere atwam *(adj.)* overdue
bere bi *(n.)* period
bere nhyehyɛe *(n.)* timeline
bere no *(adv.)* then
bere pa mu *(adj.)* well-timed
bere tenten *(adj.)* long-term
bere tenten *(v.)* prolong
bere tiawa *(n.)* interim
bere-ano *(n.)* periodical
bere-ano *(adj.)* periodical
berebuw *(v.)* nest
beredum *(adj./n.)* purple
berem *(v.)* erect
beretiawa dɔ *(n.)* infatuation
berɛ *(n.)* season
berɛ *(n.)* session
berɛ *(adv.)* sometime
berɛ *(adj.)* spare
berɛ *(n.)* stage
berɛ *(n.)* time
berɛ *(prep.)* upon
berɛ a *(conj.)* when
berɛ a *(conj.)* while
berɛ ano *(adv.)* occasionally
berɛ ano *(n.)* spontaneity
berɛ ase *(v.)* debase
berɛ bɛn *(adv.)* when
berɛ biara *(conj.)* whenever
berɛ biara *(adv.)* whenever
berɛ kakra *(adv.)* awhile
berɛ kakra bi *(n.)* while
berɛ korɔ *(adj.)* simultaneous
berɛ nim *(adj.)* sessionless
berɛ tenten *(n.)* aeon
berɛ tiaa *(adv.)* shortly
berɛ-tiawa *(adj.)* short-term
berɛbiara *(adv.)* anytime
berɛko *(adj.)* concurrent
berɛmo *(n.)* spine
berɛtia *(adj.)* temporal

berɛtia *(adj.)* temporary
berɛtia *(adj.)* transitory
berserker *(n.)* beserker
besea *(n.)* loan
besi kwan *(adj.)* prohibitory
besiw *(v.)* offset
beslaver *(v.)* beslaver
bespoke *(adj.)* bespoke
beta *(adj.)* beta
betue *(n.)* leak
betumi *(n.)* might
betumi *(v.)* may
betumi abɛyɛ *(adj.)* possible
betumi akɔ *(adj.)* mobile
betumi akɔ *(n.)* mobility
betumi akɔ *(adj.)* movable
betumi akɔ *(n.)* movables
betumi asesa *(n.)* polymorphosis
betumi asi *(adj.)* liable
betumi asusuw ho *(adj.)* negotiable
betumi aware *(adj.)* marriageable
betumi ayɛ *(n.)* possibility
bɛ *(v.)* will
bɛ si *(v.)* betide
bɛbɔ amannɛɛ *(v.)* dob
bɛɛluu *(n.)* balloon
bɛhwadifoɔ *(n.)* spectator
bɛkata *(v.)* occult
bɛkura akodeɛ *(v.)* wield
bɛkyere *(v.)* dog
bɛkykyɛ *(v.)* dole
bɛlɛt *(n.)* belt
bɛliya *(n.)* barrier
bɛn *(adj.)* approximate
bɛn *(v.)* associate
bɛn *(adj.)* cognate
bɛn *(prep.)* near
bɛn *(adv.)* near
bɛn *(v.)* near
bɛn *(prep.)* nigh
bɛn *(adj.)* what
bɛn *(adj.)* which
bɛn *(adj.)* close
bɛn *(v.)* gravitate
bɛn ho *(adv.)* nigh
bɛnkorɔ *(adj.)* amicable
bɛnkorɔ mu *(adj.)* unanimous
bɛnkye *(n.)* bench
bɛpam *(v.)* ostracize

bɛtɛɛ *(adj.)* flabby
bɛtɔ *(n.)* patronage
bɛtumi *(v.)* could
bɛtumi *(n.)* tendency
bɛyɛ *(v.)* naturalize
bɛyɛ *(n.)* offing
bɛyɛ *(adv.)* approximately
bɛyɛ yiye *(adj.)* doable
bi *(art.)* a
bi *(art.)* an
bi *(adj.)* An
bi *(pron.)* some
bia *(n.)* beer
biabia *(v.)* stripe
biakoyɛ *(n.)* concord
biakoyɛ *(n.)* oneness
biakoyɛ *(n.)* unification
biangular *(adj.)* biangular
biara *(adj.)* any
biara *(adj.)* each
biara *(adv.)* each
biara *(adj.)* every
biara *(adj.)* respective
biara-biara *(adj.)* random
biarabiara *(adv.)* anyhow
bideo agoru *(n.)* videogaming
bideo kasɛt *(n.)* videocassette
bideo kasɛt *(n.)* videotape
bidet *(n.)* bidet
bidie *(n.)* charcoal
bidie *(n.)* coal
bidie dwumayɛni *(n.)* pitman
bidimension *(adj.)* bidimensional
bifocal *(adj.)* bifocal
biformity *(n.)* biformity
bight *(n.)* bight
biibi *(pron.)* something
bikini *(n.)* bikini
billboard *(n.)* billboard
billiard *(n.)* billiards
billiard table *(n.)* billiard table
billionaire *(n.)* billionaire
bingo *(n.)* bingo
bini *(n.)* feces
binocular *(adj.)* binocular
binoculars *(n.)* binoculars
bio *(adv.)* again
bio *(adv.)* also
bio *(adv.)* further

bioactivity *(n.)* bioactivity
bioagent *(n.)* bioagent
biochemical *(adj.)* biochemical
biochemistry *(n.)* biochemistry
bioclimate *(n.)* bioclimate
biodegradable *(n.)* biodegradation
bioengineering *(n.)* bioengineering
biofuel *(n.)* biofuel
biogas *(n.)* biogas
biohazardous *(adj.)* biohazardous
biological *(adj.)* biological
biologically *(adv.)* biologically
biologist *(n.)* biologist
biology *(n.)* biology
biomass *(n.)* biomass
biometric *(adj.)* biometric
bionic *(adj.)* bionic
biopic *(n.)* biopic
biopsy *(n.)* biopsy
biorhythm *(n.)* biorhythm
bioscope *(n.)* bioscope
bioscopy *(n.)* bioscopy
bipola *(adj.)* bipolar
biracial *(adj.)* biracial
biri ani so *(v.)* confuse
biribi *(adv.)* something
biribi a etumi *(n.)* debilitant
biribi a w'ato *(n.)* pastry
biribi ara *(n.)* aught
biribi basaa *(n.)* misapplication
biribi bɔne *(n.)* misdeed
biribi ketewa *(adj.)* microscopic
biribi ketewa *(adj.)* minuscule
biribi ketewa *(n.)* mote
biribi ketewa *(n.)* modicum
biribi ketewa *(n.)* particle
biribi mfimfini *(adj.)* mid
biribi mmerew *(adj.)* pulpy
biribi ntem *(n.)* proximity
biribi ntem *(adj.)* proximate
biribi ntɛm *(n.)* velocity
biribi pɔtee *(adj.)* peculiar
biribi pɔtee *(n.)* peculiarity
biribi sa *(adv.)* somehow
biribi so *(prep.)* towards
biribi titiriw *(n.)* prominence
biribiara *(pron.)* anything
biribiara *(pron.)* everything
biribiara *(adj.)* general

biribiara *(n.)* omnibus
biribiara a wɔyɛ *(n.)* omniformity
biribiara nimdeɛ *(n.)* omnicompetence
biribiara nni hɔ *(n.)* nought
biribiyɔ *(n.)* reaction
bisa *(v.)* debrief
bisa *(n.)* demand
bisa *(v.)* inquire
bisa *(v.)* query
bisa *(v.)* request
bisa *(v.)* solicit
bisa *(v.)* ask
bisa nsɛm *(v.)* question
bisabisa *(v.)* interrogate
bisexual *(adj.)* bisexual
bishop *(n.)* bishop
bisi basaa *(adj.)* maladroit
bisibasaa *(n.)* complication
bisibisi *(v.)* burble
bisket *(n.)* macaroon
bisket *(n.)* biscuit
bison *(n.)* bison
bisque *(n.)* bisque
bitcoin *(n.)* bitcoin
blade *(n.)* blade
blazer *(n.)* blazer
blazon *(v.)* blazon
blender *(n.)* blender
blip *(n.)* blip
blizzard *(n.)* blizzard
blockbuster *(n.)* blockbuster
blog *(n.)* blog
blog *(v.)* blogging
blogger *(n.)* blogger
blɔgo *(n.)* block
bluetooth *(n.)* bluetooth
blurb *(n.)* blurb
blusher *(n.)* blusher
blusher *(v.)* bluster
bo afu *(adj.)* furious
bo fo *(adj.)* angry
bo nyɛden *(adj.)* inexpensive
boa *(v.)* abet
boa *(n.)* bunch
boa *(n.)* bundle
boa *(v.)* facilitate
boa *(v.)* help
boa *(n.)* stake
boa *(v.)* succour

boa *(v.)* support
boa *(v.)* assist
boa *(n.)* boost
boa *(v.)* boost
boa *(v.)* contribute
boa ano *(v.)* accrue
boa ano *(v.)* accumulate
boa ano *(v.)* coordinate
boa ano *(n.)* muster
boa ano *(v.)* muster
boa ano *(v.)* pile
boa ano *(v.)* sum
boa ano *(v.)* accrete
boa ano *(v.)* centralize
boa bɔne *(v.)* connive
boa sikafamso *(v.)* subsidize
boa woho *(v.)* forearm
boaboa *(v.)* gather
boade *(n.)* package
boade *(n.)* packing
boafo *(adj.)* helpful
boafo *(n.)* partner
boafoɔ *(n.)* abettor
boafoɔ *(n.)* accessory
boafoɔ *(n.)* acolyte
boafoɔ *(n.)* aide
boafoɔ *(adj.)* ancillary
boafoɔ *(n.)* attendant
boafoɔ *(adj.)* auxiliary
boafoɔ *(n.)* benefactor
boafoɔ *(adj.)* benevolent
boafoɔ *(n.)* booster
boafoɔ *(n.)* helpmate
boanim *(n.)* cliff
boano *(v.)* mass
boanoo *(v.)* amass
boapayɔ *(adj.)* deliberate
boapayɔ *(adj.)* intentional
boasetɔ *(n.)* forbearance
boasipem *(v.)* masturbate
bob *(v.)* bob
bobbin *(n.)* bobbin
bobble *(n.)* bobble
bobe aba *(n.)* grape
bobe dua *(n.)* vine
bobesa *(n.)* wine
bobewoeɛ *(n.)* currant
bobom *(v.)* roar
bobɔ *(v.)* enumerate

bobɔ *(adj.)* folding
bobɔ *(n.)* folding
bobɔ *(adj.)* foldup
bobɔ *(v.)* list
bobɔ *(v.)* shatter
bobɔ *(v.)* spell
bobɔ ntoa *(v.)* curdle
bobɔ so *(v.)* rehearse
bodam *(n.)* nutcase
bodam bia *(n.)* nuthouse
boglet *(n.)* boglet
bohemian *(adj.)* bohemian
bokiti *(n.)* bucket
bokiti *(n.)* pail
bolero *(n.)* bolero
bollard *(n.)* bollard
bom *(v.)* adjoin
bom *(v.)* cohere
bom *(adv.)* together
bom *(v.)* unite
bombardier *(n.)* bombardier
bomber *(n.)* bomber
bomu *(v.)* dip
boneboafoɔ *(n.)* accomplice
bonefafiri *(n.)* amnesty
boneyɔ *(adj.)* amoral
bongres *(n.)* ball bearing
bonini *(n.)* sterility
bonniayɛ *(n.)* ingratitude
bonsam *(n.)* devil
bonsam *(n.)* satan
bonsam kwanso *(adv.)* satanically
bonsamgyam *(n.)* hell
bonsamsɛm *(adj.)* satanic
bonsu *(n.)* whale
bonsu kasɛɛ *(n.)* baleen
booboo *(v.)* analyse
boor *(n.)* boor
boɔ *(n.)* brick
boɔ *(n.)* charge
boɔ *(v.)* cost
boɔ *(n.)* embankment
boɔ *(n.)* fare
boɔ *(n.)* stone
borla *(n.)* dump
boro *(v.)* belabour
boro *(v.)* swim
boro *(v.)* wallow
boro *(v.)* assail

boro *(n.)* assault
boro *(v.)* attack
boro *(n.)* batter
boro *(v.)* beat
boro *(v.)* booze
boro *(v.)* lynch
boro so *(v.)* outbid
boro so *(v.)* outnumber
boro so *(adj.)* outstanding
boro so *(v.)* overact
boro so *(n.)* overcharge
boro so *(v.)* overdo
boro so *(adv.)* overtime
boro so *(n.)* ultra
boroso *(v.)* baffle
boroso *(n.)* extreme
boroso *(v.)* glut
borɔ denneennen *(n.)* maul
borɔ denneennen *(v.)* maul
borɔdɔma *(adj.)* orange
borɔfo *(n.)* English
borɔno so ni *(n.)* neighbour
bosaa *(adj.)* bleak
bosea *(n.)* credit
bosea *(v.)* lend
boseabɔfo *(n.)* creditor
bosome *(adv.)* monthly
bosome *(n.)* monthly
bosome *(n.)* month
bosome *(adj.)* monthly
bosomsom *(n.)* fetishism
bossy *(adj.)* bossy
bosu *(n.)* dew
bosuo *(n.)* shower
bosuo ti *(n.)* showerhead
botae *(n.)* concept
botae *(n.)* purpose
botaeɛ *(n.)* goal
botaeɛ *(n.)* intention
botaeɛ *(n.)* objective
botaeɛ *(n.)* sake
botaeɛ *(n.)* scope
botaeɛ *(n.)* target
botaeɛ *(v.)* aim
botan *(n.)* boulder
botanika *(adj.)* botanical
botanmu nam *(n.)* rockfish
botany *(n.)* botany
boto *(v.)* abase

boto *(v.)* down
botrobodwo *(n.)* snug
boulevard *(n.)* boulevard
bouncer *(n.)* bouncer
bouquet *(n.)* bouquet
bourgeois *(adj.)* bourgeois
bourgeois *(n.)* bourgeoise
bout *(n.)* bout
bow nsa *(v.)* intoxicate
bower *(n.)* bower
bowler *(n.)* bowler
bɔ *(v.)* apprise
bɔ *(n.)* bash
bɔ *(v.)* biff
bɔ *(v.)* clap
bɔ *(v.)* crump
bɔ *(n.)* design
bɔ *(v.)* hammer
bɔ *(v.)* hit
bɔ *(v.)* key
bɔ *(v.)* kick
bɔ *(n.)* pump
bɔ *(v.)* pump
bɔ *(v.)* ram
bɔ *(v.)* roof
bɔ *(v.)* smash
bɔ *(v.)* sting
bɔ *(v.)* swipe
bɔ *(v.)* throb
bɔ *(adj.)* bereft
bɔ *(n.)* mention
bɔ abɛn *(v.)* flute
bɔ abɛn *(n.)* beep
bɔ abira *(n.)* paradox
bɔ abira *(v.)* contradict
bɔ abira *(adj.)* paradoxical
bɔ abɔsoɔ *(v.)* strap
bɔ abusua *(v.)* relate
bɔ adagya *(v.)* denude
bɔ adwaman *(v.)* struggle
bɔ afɔreɛ *(v.)* sacrifice
bɔ agoo *(v.)* knock
bɔ akyi *(v.)* bash
bɔ akyi *(v.)* berate
bɔ akyidɔm *(v.)* encrypt
bɔ amanneɛ *(n.)* dob
bɔ amanneɛ *(v.)* inform
bɔ amanneɛ *(v.)* notify
bɔ ammaneɛ *(v.)* report

bɔ ani *(v.)* flicker
bɔ ani *(v.)* wink
bɔ ani *(v.)* blink
bɔ anianii *(v.)* facet
bɔ anim *(v.)* confront
bɔ aporɔ *(v.)* traverse
bɔ aporɔ *(v.)* trek
bɔ aprɔ *(v.)* circulate
bɔ aprɔ *(v.)* circumvent
bɔ asemfua *(v.)* pronounce
bɔ asemfua *(n.)* pronunciation
bɔ asennua *(v.)* crucify
bɔ asesa *(adv.)* astray
bɔ asiane *(v.)* dodge
bɔ asom *(v.)* slap
bɔ asom *(v.)* smack
bɔ asorɔkye *(v.)* undulate
bɔ asu *(v.)* baptize
bɔ atipɛn *(v.)* correspond
bɔ ban *(v.)* immunize
bɔ ban *(v.)* protect
bɔ ban *(v.)* secure
bɔ ban *(v.)* shelter
bɔ besea *(v.)* loan
bɔ besea *(n.)* usurer
bɔ biribi *(adv.)* pat
bɔ biribi *(v.)* mention
bɔ boɔ *(v.)* stone
bɔ bra *(n.)* polarity
bɔ dawuro *(v.)* proclaim
bɔ dawuro *(n.)* proclamation
bɔ dawuro *(v.)* propagate
bɔ dawuro *(n.)* propagation
bɔ dawuro *(v.)* televise
bɔ din *(v.)* refer
bɔ fa *(v.)* waft
bɔ fam *(v.)* fell
bɔ fam *(v.)* floor
bɔ fam *(v.)* ground
bɔ gyeso *(v.)* cheer
bɔ gyinaeɛ gu *(v.)* veto
bɔ ha *(v.)* sheath
bɔ hoban *(v.)* safeguard
bɔ hu *(v.)* petrify
bɔ hu *(v.)* terrify
bɔ huu *(v.)* sicken
bɔ hwerɛma *(v.)* hiss
bɔ hwerɛma *(v.)* whistle
bɔ hyeɛ *(v.)* abut

bɔ ka *(v.)* incur
bɔ ka *(v.)* invest
bɔ korɔno *(v.)* pilfer
bɔ kɔkɔ *(v.)* forewarn
bɔ kɔkɔ *(v.)* portend
bɔ kɔkɔ *(v.)* warn
bɔ kuturuku *(v.)* fist
bɔ kwaadu *(v.)* accuse
bɔ kyerɛ *(v.)* recommend
bɔ mmɔden *(v.)* endeavour
bɔ mmɔden *(v.)* attempt
bɔ mmua *(n.)* precis
bɔ nkɔmpɔ *(v.)* introspect
bɔ nkuro *(v.)* impeach
bɔ nsra *(v.)* parade
bɔ nsra *(n.)* patrol
bɔ nsra *(v.)* patrol
bɔ obi *(n.)* peck
bɔ obi *(n.)* punch
bɔ obi *(v.)* wallop
bɔ paa *(v.)* hire
bɔ pete *(v.)* splash
bɔ piti *(v.)* electrocute
bɔ piti *(v.)* shock
bɔ pɔ *(v.)* collude
bɔ pɔ *(v.)* conspire
bɔ pɔ *(v.)* knot
bɔ pɔtee *(v.)* stipulate
bɔ pusa *(v.)* bewilder
bɔ sesee *(v.)* picket
bɔ sesee *(n.)* picket
bɔ sobooɔ *(n.)* lodging
bɔ sobooɔ *(v.)* quibble
bɔ sobooɔ *(v.)* reproach
bɔ sobooɔ *(v.)* blame
bɔ srɛmka *(v.)* fabricate
bɔ subooɔ *(v.)* recriminate
bɔ tokuro *(v.)* hole
bɔ totorobɛnto *(v.)* trumpet
bɔ tɔfa *(v.)* summarize
bɔ tuutuu *(v.)* prostitute
bɔ twe *(v.)* surge
bɔ wonsa *(n.)* pat
bɔ wonsa *(v.)* pat
bɔani kyerɛ *(v.)* signal
bɔbea *(n.)* gender
bɔbea *(n.)* posture
bɔbɔ obi *(v.)* punch
bɔdamfoɔ *(n.)* lunatic

bɔde *(n.)* palette
bɔdis *(n.)* bodice
bɔdwesɛputu *(n.)* whisker
bɔdwom dawuro *(n.)* share market
bɔfoɔ *(n.)* clapper
bɔfoɔ *(n.)* delegation
bɔga *(n.)* burger
bɔha *(n.)* scabbard
bɔha *(n.)* sheath
bɔho anan *(v.)* quadruple
bɔho ban *(v.)* screen
bɔho ban *(v.)* shield
bɔho miɛnsa *(v.)* triple
bɔho mmienu *(v.)* pair
bɔhoban *(v.)* hedge
bɔhyɛ *(n.)* pact
bɔhyɛ *(v.)* promise
bɔhyɛ *(n.)* promise
bɔkɔɔ *(v.)* lull
bɔkɔɔ *(n.)* lull
bɔkɔɔ *(adj.)* slow
bɔkɔɔ *(adv.)* lightly
bɔm *(n.)* clatter
bɔn *(n.)* canal
bɔn *(v.)* stink
bɔn *(n.)* burrow
bɔn *(adj.)* daft
bɔne *(adj.)* evil
bɔne *(n.)* evil
bɔne *(n.)* harm
bɔne *(n.)* sin
bɔne *(n.)* vice
bɔne *(adj.)* bad
bɔne *(n.)* crime
bɔne *(n.)* pessimism
bɔne fakyɛ *(n.)* remission
bɔne ketewa *(n.)* misdemeanour
bɔne koro *(adj.)* tantamount
bɔne kuo *(n.)* cartel
bɔne kyɛ *(adj.)* placable
bɔne mfoasoɔ *(n.)* condonation
bɔne pɔ *(n.)* connivance
bɔne pɔ *(adj.)* conniving
bɔne so *(adv.)* badly
bɔneka *(n.)* confession
bɔneseɛm *(adj.)* sinful
bɔneyɛfoɔ *(n.)* criminal
bɔnhwa *(n.)* cave
bɔnhwa *(n.)* cavern

bɔnka *(n.)* vale
bɔnka *(n.)* cesspool
bɔnwono *(n.)* bile
bɔɔ *(v.)* nudge
bɔɔbo *(n.)* bulb
bɔɔbo *(adj.)* bulbous
bɔɔdeɛ *(n.)* plantain
bɔɔden *(n.)* boarding
bɔɔden sukuu *(n.)* boarding school
bɔɔl *(n.)* football
bɔɔla adeɛ *(n.)* bin
bɔɔlo *(n.)* ball
bɔɔs *(n.)* bus
bɔɔs apata *(n.)* bus shelter
bɔɔs gyinabea *(n.)* bus stop
bɔso *(v.)* gird
bɔso *(v.)* girdle
bɔsoa *(n.)* barbecue
bɔsremka *(n. & v.)* conjecture
bɔsrɛmu ka *(v.)* guess
bɔsrɛmuka *(n.)* guess
bɔsrɛmuka *(n.)* speculation
bɔsrɛmuka *(n.)* surmise
bɔtee *(v.)* dull
bɔtee *(adj.)* humdrum
bɔtee *(n.)* inaction
bɔtee *(n.)* laggard
bɔtee *(v.)* linger
bɔtee *(adj.)* morose
bɔtee *(adj.)* reluctant
bɔtee *(adj.)* rut
bɔtee *(n.)* rut
bɔtee *(adj.)* sedentary
bɔtee *(n.)* straggler
bɔtee *(adj.)* timid
bɔtee *(adj.)* lacklustre
bɔteefoɔ *(n.)* saunterer
bɔtibɔti *(n.)* slowness
bɔtɔ *(n.)* sack
bɔwa *(v.)* cough
bɔwerɛ *(n.)* fingernail
bra *(n.)* bra
bra *(n.)* brasserie
bra *(v.)* come
bra *(v.)* forbid
bra *(v.)* alleviate
bra *(n.)* alleviation
bra *(v.)* assuage
bra *(v.)* ban

bra *(v.)* delegalize
bra bio *(v.)* reappear
bra mu *(v.)* intervene
bra ntɛm *(v.)* punctuate
bra so *(v.)* curb
braces *(n.)* braces
bracing *(adj.)* bracing
bracken *(n.)* bracken
brackish *(adj.)* brackish
braille *(n.)* braille
braise *(v.)* braise
brake *(n.)* brake
brake *(v.)* brake
brayɛ *(adj.)* menstrual
brayɛ *(n.)* menstruation
braze *(v.)* braze
brcn *(adj.)* brown
breakfront *(n.)* breakfront
breakout *(n.)* breakout
breech *(n.)* breech
breed *(v.)* breed
breviary *(n.)* breviary
brewery *(n.)* brewery
brɛ *(v.)* stress
brɛ *(v.)* suffer
brɛ *(v.)* tire
brɛ *(adj.)* tired
brɛ *(adj.)* weary
brɛ ase *(adj.)* demeaning
brɛ ase *(v.)* sadden
brɛ ase *(v.)* sedate
brɛ ase *(v.)* stabilize
brɛ ase *(v.)* submit
brɛ ase *(v.)* subside
brɛ ase *(v.)* deign
brɛboɔ *(adj.)* intimate
brɛewoo *(n.)* slow motion
brɛewoo *(adv.)* slowly
brɛɛo *(v.)* amble
brɛguo *(adj.)* vain
brɛkorɔ *(adj.)* cotemporal
brɛnyadeɛ *(n.)* acquest
brɛo *(v.)* dally
brɛoo *(n.)* lenience
brɛoo *(n.)* leniency
brɛoo *(adv.)* tenderly
bribe *(v.)* bribe
bridle *(n.)* bridle
briefcase *(n.)* briefcase

brigade *(n.)* brigade
brigadier *(n.)* brigadier
brigand *(n.)* brigand
briquet *(n.)* briquet
bristle *(n.)* bristle
brittle *(adj.)* brittle
broadband *(n.)* broadband
brocade *(n.)* brocade
broccoli *(n.)* broccoli
brodo *(n.)* bread
brodotraa *(n.)* flatbread
broker *(n.)* broker
brokerage *(n.)* brokerage
bromide *(n.)* bromide
bronchial *(adj.)* bronchial
bronchitis *(n.)* bronchitis
Bronya *(n.)* Christmas
bronze *(n.)* bronze
brouge *(n.)* brouge
browser *(n.)* browser
brɔno *(n.)* canton
brɔnoo *(n.)* borough
bru *(n.)* blue
brunch *(n.)* brunch
brunette *(n.)* brunette
brush *(n.)* brush
brustle *(v.)* brustle
bu *(n.)* account
bu *(v.)* administer
bu *(v.)* administrate
bu *(v.)* breach
bu *(v.)* break
bu *(n.)* breakage
bu *(n.)* breaking
bu *(n.)* break-off
bu *(v.)* dupe
bu *(v.)* esteem
bu *(v.)* fleece
bu *(v.)* fracture
bu *(v.)* honour
bu *(v.)* regard
bu *(v.)* respect
bu *(v.)* revere
bu *(v.)* swindle
bu adeɛ *(adj.)* courteous
bu aduakɔn *(v.)* stem
bu ani guso *(v.)* overlook
bu anikyew *(v.)* squint
bu animtia *(v.)* demean

bu animtia *(v.)* demean
bu animtia *(v.)* despise
bu animtia *(v.)* malign
bu animtia *(v.)* scorn
bu animtia *(v.)* snub
bu atɛn *(v.)* judge
bu ban *(v.)* decamp
bu bem *(v.)* discharge
bu bem *(v.)* justify
bu bem *(v.)* vindicate
bu fango *(v.)* refuel
bu fɔ *(v.)* condemn
bu fɔ *(v.)* convict
bu kwasea *(v.)* dummy
bu mmara so *(v.)* violate
bu mmra *(v.)* flaunt
bu nkotodwe *(v.)* kneel
bu nnua *(v.)* deforest
bu nsa *(n.)* menses
bu ɔman *(v.)* govern
bu so *(n.)* compromise
bua *(v.)* retort
bua *(v.)* adjudge
bubble wrap *(n.)* bubble wrap
bubu *(n.)* breakdown
bubu *(v.)* flake
bubu *(adj.)* flaking
bubugu *(v.)* crumble
bubuu mu *(v.)* dismantle
bucket list *(n.)* bucket list
budget *(n.)* budget
bue *(v.)* deploy
bue *(v.)* open
bue *(adv.)* ajar
bue ani *(v.)* civilize
bue ano *(n.)* launch
bue mu *(v.)* unfold
bufa so *(v.)* somersault
buff *(n.)* buff
buffer *(n.)* buffer
buffer zone *(n.)* buffer zone
buffet *(n.)* buffet
bufuo *(n.)* ire
bugle *(n.)* bugle
bukata *(n.)* fraud
bukata *(n.)* swindle
bukyia *(n.)* burner
bulimia *(n.)* bulimia
bulldog *(n.)* bulldog

bullet train *(n.)* bullet train
bulletproof *(adj.)* bulletproof
bullion *(n.)* bullion
bum *(n.)* boom
bun *(n.)* bun
bungee *(n.)* bungee jumping
bunkam fa so *(v.)* overcome
buo *(n.)* administration
buo *(n.)* hive
buo *(n.)* cage
bureaucracy *(n.)* bureacuracy
bureaucrat *(n.)* bureaucrat
burodo *(n.)* loaf
burodo *(v.)* loaf
buronya *(n.)* Xmas
buru *(v.)* ferment
business class *(n.)* business class
business man *(n.)* businessman
business plan *(n.)* business plan
buso *(v.)* disobey
busy *(adj.)* busy
butik *(n.)* boutique
butterhead *(n.)* butterhead
buttermilk *(n.)* buttermilk
butu *(v.)* evert
butu *(v.)* invert
butu *(v.)* reverse
butu *(v.)* subvert
butubutu *(n.)* chaos
butubutu *(adv.)* chaotic
butubutu *(n.)* clamour
buu ani gu so *(v.)* neglect
buutu *(n.)* booth
buzzer *(n.)* buzzer
by *(prep.)* by
bye *(exclam.)* adieu
byte *(n.)* byte
bɛnkorɔ *(n.)* consensus

cable car *(n.)* cable car
cactus *(n.)* cactus
cadmium *(n.)* cadmium
cake *(n.)* cake
cakewalk *(v.)* cakewalk
calcium *(n.)* calcium

calculator *(n.)* calculator
calmative *(adj.)* calmative
calorific *(adj.)* calorific
cameo *(n.)* cameo
camera *(n.)* camera
camlet *(n.)* camlet
camouflage *(n.)* camouflage
camper *(n.)* camper
canard *(n.)* canard
canary *(n.)* canary
canary *(v.)* canary
candidacy *(n.)* candidacy
candidate *(n.)* candidate
canine *(adj.)* canine
cannibal *(n.)* cannibal
cannibalise *(v.)* cannibalise
cape *(n.)* cape
capitalism *(n.)* capitalism
capitalist *(n.)* capitalist
cappuccino *(n.)* cappuccino
caprice *(n.)* caprice
capricious *(adj.)* capricious
capricorn *(n.)* capricorn
capsicum *(n.)* capsicum
captcha *(n.)* captcha
carbide *(n.)* carbide
carbon copy *(n.)* carbon copy
carbonate *(n.)* carbonate
carbonization *(n.)* carbonization
carbonize *(v.)* carbonize
card reader *(n.)* card reader
cardamom *(n.)* cardamom
cardiac arrest *(n.)* cardiac arrest
cardigan *(n.)* cardigan
cardiograph *(n.)* cardiograph
carpool *(n.)* carpool
carrier *(n.)* carrier
carrot *(n.)* carrot
carsick *(adj.)* carsick
cartage *(n.)* cartage
cartograph *(n.)* cartographer
carton *(n.)* carton
cartridge *(n.)* cartridge
casern *(n.)* casern
cashback *(n.)* cashback
cashier *(n.)* cashier
cashmere *(n.)* cashmere
casserole *(n.)* casserole
casting *(n.)* casting

castor *(n.)* castor
castor oil *(n.)* castor oil
casual *(adj.)* casual
catacomb *(n.)* catacomb
catalogue *(n.)* catalogue
catharsis *(n.)* catharsis
cauliflower *(n.)* cauliflower
causality *(n.)* causality
causation *(n.)* causation
causeway *(n.)* causeway
caustic *(adj.)* caustic
caviar *(n.)* caviar
celery *(n.)* celery
cello *(n.)* cello
cellophane *(n.)* cellophane
cellular *(adj.)* cellular
cellulite *(n.)* cellulite
celluloid *(n.)* celluloid
celsius *(adj.)* Celsius
censer *(n.)* censer
censorship *(n.)* censorship
censure *(v.)* censure
centaur *(n.)* centaur
centimita *(n.)* centimetre
central locking *(n.)* central locking
centrical *(adj.)* centrical
centrifugal *(adj.)* centrifugal
cerated *(adj.)* cerated
cereal *(n.)* cereal
cesarean *(n.)* cesarean
cesarean *(adj.)* cesarean
cetin *(n.)* cetin
cetylic *(adj.)* cetylic
chalice *(n.)* chalice
chancery *(n.)* chancery
chapre *(n.)* chapel
charger *(n.)* charger
chartbuster *(n.)* chartbuster
chartered *(adj.)* chartered
chasis *(n.)* chasis
checklist *(n.)* checklist
checkmate *(n.)* checkmate
checkout *(n.)* checkout
checkpoint *(n.)* checkpoint
cheddar *(n.)* cheddar
cheerleader *(n.)* cheerleader
cheese *(n.)* cheese
cheese *(n.)* cheesecake
cheesy *(adj.)* cheesy

chemotherapy *(n.)* chemotherapy
cheroot *(n.)* cheroot
cherry *(n.)* cherry
chess *(n.)* chess
chessboard *(n.)* chessboard
chestnut *(n.)* chestnut
chickpea *(n.)* chickpea
china *(n.)* china
chipping *(n.)* chipping
chloroform *(n.)* chloroform
chocolate *(n.)* chocolate
choleric *(adj.)* choleric
cholesterol *(n.)* cholesterol
chopstick *(n.)* chopstick
chord *(n.)* chord
choreograph *(v.)* choreograph
choreography *(n.)* choreography
chrome *(n.)* chrome
chromosome *(n.)* chromosome
cicada *(n.)* cicada
cider *(n.)* cider
cineplex *(n.)* cineplex
cirrhosis *(n.)* cirrhosis
cirrus *(n.)* cirrus
cisco *(n.)* cisco
cistern *(n.)* cistern
citation *(n.)* citation
cite *(v.)* cite
citric *(adj.)* citric
citrine *(n.)* citrine
clamp *(n.)* clamp
claque *(n.)* claque
classmate *(n.)* classmate
claustrophobia *(n.)* claustrophobia
cleat *(n.)* cleat
clementine *(n.)* clementine
clew *(n.)* clew
clink *(n.)* clink
clipper *(n.)* clipper
cloister *(n.)* cloister
clone *(n.)* clone
coaster *(n.)* coaster
coaxial *(n.)* coaxial
cocaine *(n.)* cocaine
cocker *(v.)* cocker
cockle *(v.)* cockle
cockpit *(n.)* cockpit
cocoon *(n.)* cocoon
code *(n.)* code

coding *(n.)* coding
coeducation *(n.)* co-education
coefficient *(n.)* coefficient
cog *(n.)* cog
coke *(v.)* coke
coleslaw *(n.)* coleslaw
collagen *(n.)* collagen
colonel *(n.)* colonel
colonial *(adj.)* colonial
colony *(n.)* colony
column *(n.)* column
comatose *(adj.)* comatose
comet *(n.)* comet
comfit *(n.)* comfit
commissure *(n.)* commissure
commode *(n.)* commode
commonwealth *(n.)* commonwealth
communism *(n.)* communism
communist *(n.)* communist
compact *(adj.)* compact
compost *(n.)* compost
concentric *(adj.)* concentric
conch *(n.)* conch
concrete *(n.)* concrete
conduction *(n.)* conduction
cone *(n.)* cone
configuration *(n.)* configuration
configure *(v.)* configure
confute *(v.)* confute
congruent *(adj.)* congruent
conical *(adj.)* conical
conjunctivitis *(n.)* conjunctivitis
constable *(n.)* constable
constitute *(v.)* constitute
contact lens *(n.)* contact lens
contingent *(n.)* contingent
contour *(n.)* contour
contra *(pref.)* contra
contraagye *(n.)* contract
contraband *(n.)* contraband
contraception *(n.)* contraception
contraceptive *(n.)* contraceptive
contrata *(n.)* contractor
contuse *(v.)* contuse
contusion *(n.)* contusion
convection *(n.)* convection
convent *(n.)* convent
convention *(adj.)* conventional
conversant *(adj.)* conversant

convince *(v.)* convince
cookie *(n.)* cookie
coolant *(n.)* coolant
cope *(v.)* cope
copier *(n.)* copier
coping *(n.)* coping
coppice *(n.)* coppice
copyright *(n.)* copyright
coral *(n.)* coral
corbel *(n.)* corbel
cordless *(adj.)* cordless
coriander *(n.)* coriander
cormorant *(n.)* cormorant
cornet *(n.)* cornet
cornicle *(n.)* cornicle
correlate *(v.)* correlate
correlation *(n.)* correlation
corrosive *(adj.)* corrosive
corrugated *(adj.)* corrugated
cortisone *(n.)* cortisone
counter *(v.)* counter
counter-attack *(n.)* counter-attack
counterfeit *(adj.)* counterfeit
counterfeit *(n.)* counterfeiter
counterfoil *(n.)* counterfoil
countersign *(v.)* countersign
countess *(n.)* countess
cove *(n.)* cove
crackdown *(n.)* crackdown
crackle *(v.)* crackle
crankle *(v.)* crankle
crasis *(n.)* crasis
crate *(n.)* crate
crater *(n.)* crater
craw *(n.)* craw
crayfish *(n.)* crayfish
crayon *(n.)* crayon
creak *(v.)* creak
credit card *(n.)* credit card
creditable *(adj.)* creditable
credulity *(n.)* credulity
credulous *(adj.)* credulous
creeper *(n.)* creeper
crematorium *(n.)* crematorium
crepe *(n.)* crepe
cretin *(n.)* cretin
crevet *(n.)* crevet
crimp *(n.)* crimp
crochet *(n.)* crochet

croissant *(n.)* croissant
crome *(n.)* crome
crossbar *(n.)* crossbar
crotchet *(n.)* crotchet
crowbar *(n.)* crowbar
cruise *(v.)* cruise
cruiser *(n.)* cruiser
crusade *(n.)* crusade
crusader *(n.)* crusader
crust *(n.)* crust
cryogenics *(n.)* cryogenics
cryptography *(n.)* cryptography
csaman *(n.)* ancestor
cubit *(n.)* cubit
cuckoo *(n.)* cuckoo
cucumber *(n.)* cucumber
cullet *(n.)* cullet
cupid *(n.)* cupid
curcumin *(n.)* curcumin
curfew *(n.)* curfew
curls *(adj.)* wavy
current account *(n.)* current account
cursor *(n.)* cursor
curtain *(n.)* curtain
cushion *(n.)* cushion
custard *(n.)* custard
cutlery *(n.)* cutlery
cutter *(n.)* cutter
cuvette *(n.)* cuvette
cyan *(n.)* cyan
cyanide *(n.)* cyanide
cyberbullying *(n.)* cyberbullying
cyberchat *(n.)* cyberchat
cybercrime *(n.)* cybercrime
cyclops *(n.)* cyclops
cyclostyle *(n.)* cyclostyle
cypher *(n.)* cypher
cypress *(n.)* cypress

D

da *(v.)* congeal
da *(n.)* day
da *(n.)* fixture
da *(v.)* nap
da *(adv.)* never
da *(v.)* repose
da *(v.)* sleep
da *(v.)* slumber
da *(v.)* snooze
da afa *(v.)* side
da afiase *(v.)* remand
da afiease *(v.)* jail
da akomaso *(adj.)* dearest
da ano *(v.)* head
da ase *(v.)* thank
da din *(adj.)* placid
da fam *(adj.)* prostrate
da fam *(n.)* prostration
da hɔ *(n.)* lay
da hɔ *(v.)* lie
da hɔ retwɛn *(prep.)* pending
da hɔ retwɛn *(adj.)* pending
da mpam *(adj.)* bedridden
da mpan *(v.)* hollow
da ne ho adi *(adj.)* manifest
da nkyɛn *(v.)* stow
da no adi *(v.)* divulge
da no adi *(v.)* exhibit
da no adi *(v.)* manifest
da so *(adv.)* still
da so *(v.)* still
daa *(adv.)* always
daa daa *(adv.)* generally
daa daa *(adj.)* normal
daa daa *(n.)* pretence
daa daa *(adj.)* wonted
daabi *(n.)* no
daadaa *(adj.)* everyday
daadaa *(v.)* fake
daadaa *(v.)* gimmick
daadaa *(v.)* hoax
daadaa *(v.)* hoodwink
daadaa *(v.)* manipulate
daadaa *(v.)* misguide
daadaa *(v.)* mislead
daadaa *(v.)* seduce
daadaa *(v.)* sham
daadaa *(v.)* trick
daadaa *(v.)* cajole
daadaa *(adj.)* colloquial
daadaa *(n.)* colloquialism
daadaa *(v.)* delude
daadaa *(v.)* lure
daadaa aduane *(n.)* subsistence
daadaa akra *(v.)* pretend

daadaa akra *(n.)* purport
daadaa akra *(v.)* purport
daadaa dwumadie *(n.)* regularity
daadaa dwumadie *(n.)* routine
daadaafo *(n.)* enticer
daade *(adj.)* barefoot
daakye *(adj.)* forward
daakye *(adj.)* future
daakye *(n.)* future
daakye adesua *(n.)* futurology
daakye asɛm *(adj.)* futuristic
dabi *(adv.)* nay
dabi *(adv.)* no
dabi asɛm *(n.)* contingency
dabiara *(adj. & adv.)* daily
dabiara *(adv.)* ever
dabodabo *(n.)* duck
dabodabo *(n.)* swan
dabodabo *(n.)* coot
dabrɛ *(n.)* accommodation
dabua *(n.)* duvet
dada *(adj.)* former
dada *(n.)* old
dada *(n.)* retrospection
dada naa *(adj.)* regular
dadaa *(n.)* antiquary
dadaa *(v.)* hypnotize
dadaa *(adj.)* antiquated
dade *(n.)* metal
dade *(adj.)* metallic
dade *(n.)* platinum
dade *(adj.)* platinum
dade bebrebe *(adj.)* polymetallic
dade mprɛte *(n.)* treadplate
dadeɛ *(n.)* iron
dadeɛ *(adj.)* stainless
dadeɛ *(n.)* steel
dadeɛ *(n.)* wrench
dadeɛ adwumayɛfo *(n.)* smith
dadeɛ ahoma *(n.)* wire
dadepɔnkɔ *(n.)* bicycle
dadepɔnkɔ *(n.)* tandem
dadesɛn *(n.)* cauldron
dadesɛn *(v.)* pot
dadesɛn *(n.)* boiler
dadesɛn *(n.)* pot
dadetea *(n.)* pier
dadetea *(n.)* pillar
dadewa *(n.)* nail

dadewa *(n.)* spike
dadwene *(n.)* solicitude
dadwumadiho nhoma *(n.)* diary
dae *(n.)* dream
daeɛ *(n.)* reverie
daeso *(v.)* dream
daesoni *(n.)* dreamer
daesowiase *(n.)* dreamworld
daffodil *(n.)* daffodil
dam bɔ *(v.)* dement
dambɔ *(n.)* insanity
dammɔ *(n.)* craze
dammɔ *(adj.)* lunatic
dampan *(adj.)* roomy
damusa *(adj.)* neutral
dan *(v.)* depend
dan *(n.)* hermitage
dan *(n.)* ward
dan a wɔtwetwe *(n.)* drawing-room
dan fɛɛfɛ *(n.)* belvedere
dan ka *(v.)* rein
dan kɛseɛm *(n.)* auditorium
dan kumaa *(n.)* cubicle
dan mu *(adj.)* indoor
dan mu *(n.)* closet
dan so *(n.)* thatch
dandelion *(n.)* dandelion
dane *(v.)* evolve
dane *(v.)* flip
dane *(v.)* reciprocate
dane *(v.)* revert
dane *(v.)* rotate
dane *(v.)* shuffle
dane *(v.)* sublet
dane *(v.)* sublimate
dane *(v.)* turn
dane *(v.)* capsize
dane ɔwɔ *(v.)* snake
danedane *(v.)* fidget
danedane *(n.)* manipulation
danedane *(v.)* manoeuvre
danedane *(v.)* wriggle
danmu *(n.)* cabin
dansifoɔ *(n.)* builder
dantaban *(n.)* diameter
dap *(v.)* dap
dapɛn abien *(n.)* fortnight
dapɛn biara *(adv.)* weekly
dapɛn biara *(n.)* weekly

dare *(n.)* dollar
dartboard *(n.)* dartboard
daseta *(n.)* duster
dashboard *(n.)* dashboard
data *(n.)* data
database *(n.)* database
datakorabea *(n.)* databank
daub *(n.)* daub
dawerɛtwesɛm *(adj.)* arguable
dawubɔ *(v.)* broadcast
dawuro *(n.)* gong
dawuro *(n.)* publicity
dawurobɔ *(n.)* journalism
dawurobɔ krataa *(n.)* journal
dawurubɔ *(v.)* publicize
dawurubɔ *(v.)* publish
dayɛ *(n.)* phantasmagoria
de botae *(adj.)* objective
de fa kwan so *(n.)* navigation
de fam *(v.)* plaster
de ho *(v.)* extricate
de ho *(adj.)* free
de ho *(v.)* free
de ho *(n.)* independence
de ho *(adj.)* independent
de ka *(adj.)* indebted
de ka *(v.)* owe
de kaho *(v.)* supplement
de kɔ *(v.)* export
de kɔ *(adj.)* takeout
de ma *(v.)* bestow
de ma *(v.)* supply
de mane *(v.)* transceive
de mena *(v.)* transmit
de ne ti to fam *(v.)* nod
de ne ti to fam *(n.)* nod
de nsa ka *(v.)* tamper
de nsesa *(v.)* supersede
de siw *(v.)* ward
de sra ho *(n.)* plaster
de sum hɔ *(n.)* pile
de tare *(v.)* paste
de to *(v.)* file
de tom *(v.)* imprison
de tumi hyɛ *(v.)* vest
dea abaso *(adj.)* stylish
dea abere *(adj.)* ripe
dea aboboɔ *(adj.)* spiral
dea adihɔ *(adj.)* second

dea afa *(adj.)* hoarse
dea afɔ *(adj.)* soggy
dea akonnoɔ *(adj.)* sexy
dea akɔduro *(n.)* span
dea atoto *(adj.)* roast
dea dendenden *(adj.)* rigorous
dea enyɛ *(adj.)* synthetic
dea ɛden *(adj.)* strict
dea ɛdɔɔso *(adj.)* superabundant
dea ɛhu *(adj.)* scary
dea ɛmmrɛ *(n.)* softener
dea ɛnane *(adj.)* solvent
dea ɛnnam *(n.)* sharper
dea ɛwɔhɔ *(adj.)* stock
dea ɛyann *(adj.)* grave
dea w'foaso *(n.)* endorser
dea wɔakyere no *(n.)* captive
deactivator *(n.)* deactivator
deadbolt *(n.)* deadbolt
deadline *(n.)* deadline
debit card *(n.)* debit card
debugg *(v.)* debug
debutante *(n.)* debutante
decalcify *(v.)* decalcifiy
decalibrate *(v.)* decalibrate
decibel *(n.)* decibel
deck *(n.)* deck
declassify *(v.)* declassify
decoder *(n.)* decoder
decongest *(v.)* decongest
decontrol *(v.)* decontrol
deda *(adv.)* already
dede *(n.)* noise
dede *(adj.)* noisy
dede *(n.)* racket
dede *(adj.)* raucous
dede *(n.)* squeak
dede *(n.)* uproar
dede *(adj.)* uproarious
dede *(v.)* blare
dede *(n.)* buzz
dede *(adj.)* chirpy
dede enni mu *(adj.)* noiseless
dedeyɛ *(adj.)* sound
dedeyɔ *(n.)* tumult
dedeyɔ *(adj.)* tumultuous
dedɛɛdedɛɛ *(adj.)* lukewarm
deduani *(adj.)* captive
deduani *(n.)* captivity

deeti *(v.)* date
deɛ *(adj.)* own
deɛ ahyeta *(adj.)* widespread
deɛ aseɛ *(n.)* rubble
deɛ asɛe *(n.)* dilapidation
deɛ asɛe *(n.)* waste
deɛ asi *(n.)* incident
deɛ egu fi *(adj.)* derogatory
deɛ ɛden *(adj.)* firm
deɛ ɛdi hɔ *(adj.)* next
deɛ ɛhinta *(adj.)* invisible
deɛ ɛhu *(adj.)* frantic
deɛ ɛhye *(adj.)* hot
deɛ ɛhyerɛn *(n.)* lustre
deɛ ɛkorɔn *(adj.)* paramount
deɛ ɛkɔ *(n.)* trend
deɛ ɛnhintaeɛ *(adj.)* visible
deɛ ɛnso *(n.)* deficiency
deɛ ɛntaa nsi *(adj.)* whimsical
deɛ ɛswa *(adj.)* insufficient
deɛ ɛtotosi *(adj.)* irregular
deɛ ɛyɛfɛ *(adj.)* exquisite
deɛ ɛyɛfɛ *(adj.)* quaint
deɛ hatuhatu *(adj.)* hysterical
deɛ nti *(n.)* reason
deɛ ɔmfahweeho *(adj.)* gay
deɛ ɔsiadan *(n.)* mason
deɛ wadwane *(adj.)* fugitive
deɛ wode atɛ *(adj.)* ulterior
deɛ wonim *(adj.)* familiar
deɛ wɔapira *(n.)* victim
deɛhe *(pron.)* which
deɛkeka ho *(adv.)* etcetera
deflesh *(v.)* deflesh
deflower *(v.)* deflower
defoliant *(n.)* defoliant
defragment *(v.)* defragment
defragmentation *(n.)* defragmentation
defuse *(v.)* defuse
deglutination *(n.)* deglutination
degustation *(n.)* degustation
dehyeɛ *(adj.)* regal
dehyɛ nsa *(v.)* entrust
deka *(n.)* insolvency
deka *(adj.)* insolvent
delegate *(n.)* delegate
delegate *(v.)* delegate
delegate kuo *(n.)* delegacy
delegator *(n.)* delegator
delicatessen *(n.)* delicatessen
delipidate *(adj.)* delipidate
delipidate *(v.)* delipidate
delipidation *(n.)* delipidation
deliriant *(n.)* deliriant
deltoid *(n.)* deltoid
demagnetize *(v.)* demagnetize
demagogy *(n.)* demagogy
demilitarized *(adj.)* demilitarized
demur *(n.)* demur
den *(adj.)* difficult
den *(adv.)* hard
den *(adj.)* rugged
den *(adj.)* solid
den *(n.)* stiff
den *(adj.)* tenacious
den *(adj.)* thunderous
den *(adj.)* arduous
den *(adj.)* callous
den *(adj.)* demanding
denden *(adj.)* emotive
denden *(adj.)* extreme
denden *(n.)* firm
denden *(adj.)* strong
denden *(v.)* toughen
denden *(adj.)* ardent
denden *(n.)* ardour
dendenden *(n.)* rigour
dendenden *(adj.)* severe
dendenden *(n.)* stringency
denen *(adj.)* hard
dengue *(n.)* dengue
denneennen *(adj.)* emphatic
dennen *(adj.)* fierce
dennende *(adj.)* intense
deoxidation *(n.)* deoxidation
depolarize *(v.)* depolarize
dermabrasion *(n.)* dermabrasion
derrick *(n.)* derrick
descrete *(adj.)* descrete
desktop *(n.)* desktop
dɛ *(adj.)* delicious
dɛ *(n.)* tang
dɛ *(adj.)* tanged
dɛ *(n.)* taste
dɛdɛɛdɛ *(n.)* saccharin
dɛdɛɛdɛ *(adj.)* saccharine
dɛdɛɛdɛ *(adj.)* scrumptious
dɛdɛɛdɛ *(n.)* sweetness

dɛɛdɛɛ *(v.)* beguile
dɛɛdɛɛ *(n.)* flirt
dɛɛdɛɛ *(v.)* woo
dɛfɛdɛfɛ *(v.)* coax
dɛfɛdɛfɛ *(v.)* flatter
dɛfɛdɛfɛ *(v.)* flirt
dɛm *(n.)* defect
dɛm *(n.)* handicap
dɛmdi *(n.)* deformity
dɛmdi *(n.)* disability
dɛmdi *(adj.)* disabled
dɛmdie *(n.)* trauma
dɛn *(interj.)* what
dɛnkyɛm *(n.)* crocodile
dɛw *(n.)* delectability
di *(v.)* consume
di *(v.)* deal
di *(v.)* eat
di *(v.)* sex
di *(v.)* squander
di *(v.)* transact
di *(v.)* adjudicate
di abommu *(v.)* stew
di adanse *(v.)* attest
di adanseɛ *(v.)* bespeak
di adanseɛ *(v.)* depose
di adanseɛ *(v.)* testify
di adanseɛ *(v.)* witness
di adanseɛ *(v.)* authenticate
di adanseɛ *(v.)* certify
di adanseɛ *(v.)* prove
di afahyɛ *(n.)* wassail
di agorɔ *(v.)* frolic
di agorɔ *(v.)* game
di agorɔ *(v.)* sport
di agoru *(n.)* orgy
di agurɔ *(v.)* romp
di ahurisie *(v.)* cavort
di ahurusie *(v.)* rejoice
di akotene *(v.)* specialize
di akɔneaba *(v.)* swirl
di akyire *(v.)* follow
di akyire *(v.)* lag
di akyire *(v.)* tail
di akyire *(v.)* trace
di akyire *(v.)* track
di akyire *(v.)* trail
di akyiri *(v.)* pursue
di anim *(v.)* front

di anim *(v.)* spearhead
di ano *(v.)* haggle
di ano *(v.)* negotiate
di asɛm *(n.)* debate
di atɛm *(v.)* insult
di atɛm *(v.)* slight
di atorɔ *(v.)* calumniate
di atorɔ *(v.)* falsify
di awerɛhoɔ *(v.)* grieve
di awerɛhoɔ *(v.)* sorrow
di awerɛhow *(v.)* mope
di awu *(v.)* brutalize
di awu *(v.)* slay
di dɛm *(v.)* disable
di dɛm *(v.)* handicap
di dwa *(v.)* trade
di dwuma *(v.)* execute
di dwuma *(v.)* function
di dwuma *(v.)* harness
di dwuma *(v.)* maximize
di dwuma *(v.)* perform
di dwuma *(v.)* use
di dwuma *(v.)* utilize
di fɛw *(v.)* ridicule
di fɛw *(v.)* satirize
di gua *(v.)* market
di hia *(v.)* impoverish
di kan *(n.)* lead
di kan *(v.)* lead
di kan *(v.)* proceed
di kɔnkɔnsa *(v.)* gossip
di kyerɛ *(v.)* emote
di mu *(adj.)* considerable
di mu *(adj.)* classic
di mu *(adj.)* deluxe
di ni *(adj.)* neat
di nkaeɛ *(v.)* celebrate
di nkitaho *(v.)* communicate
di nkitaho *(v.)* confer
di nkoguo *(v.)* fail
di nkonim *(v.)* reconquer
di nkonim *(v.)* triumph
di nkonim *(v.)* trump
di nkonim *(v.)* prevail
di nkɔmmɔ *(v.)* converse
di nkɔmmɔ *(v.)* chat
di nkunim *(v.)* succeed
di nkunim *(v.)* win
di nkyene *(v.)* salt

di nkyɛnnmu *(v.)* flank
di nnukurodwa *(v.)* smuggle
di nsawɔsoɔ *(n.)* collaboration
di nsesa *(v.)* interchange
di sikyire *(v.)* sugar
di so *(adj.)* dominant
di so *(v.)* rule
di so *(v.)* subdue
di so *(v.)* surmount
di so *(adj.)* totalitarian
di so nkonim *(v.)* vanquish
di sumase dwa *(v.)* traffic
di tumi *(v.)* dominate
di yie *(v.)* prosper
dialysis *(n.)* dialysis
dibea *(n.)* degree
dibea *(adj.)* rank
dibea *(n.)* rank
dibea *(n.)* reinstatement
dibea *(n.)* role
dibea *(n.)* status
dicey *(adj.)* dicey
didɛm *(v.)* deform
didi *(v.)* dine
didi *(n.)* feed
didi aseɛ *(v.)* undermine
didi fuufuu *(v.)* gorge
didi wura *(v.)* encroach
didifo *(n.)* gastronomy
die *(n.)* consumption
dihwamɔ *(v.)* disappoint
dii nkonim *(v.)* outwit
dijitaal *(adj.)* digital
din *(n.)* denomination
din *(n.)* din
din *(n.)* full name
din *(n.)* name
din a wɔde frɛ no *(n.)* nomenclature
din bɔne *(adj.)* infamous
din bɔne *(n.)* infamy
din krataa *(n.)* nameplate
din mu de *(adj.)* nominal
din sɛeɛ *(n.)* blackmail
din sɛefoɔ *(n.)* blackmailer
dinfrɛ homa *(n.)* register
dingyeɛ *(n.)* fame
dinkorɔ *(n.)* namesake
dinn *(adj.)* calm
dinn *(n.)* calmness

dinn *(adv.)* quite
dinn *(n.)* reputation
dinn *(adj.)* silent
dinn *(n.)* still
dinn *(adj.)* tranquil
dinndin *(n.)* serenity
dinnyɛ *(n.)* tranquility
dinseɛ *(n.)* libel
dinseɛ *(v.)* libel
dinsɛɛ *(n.)* defamation
dinsɛɛ *(adj.)* defamatory
dinto *(v.)* name
dintwo *(v.)* defeat
diocese *(n.)* diocese
dioxide *(n.)* dioxide
disk *(n.)* disc
disko *(n.)* discotheque
diso *(v.)* comply
diso *(v.)* conform
dodo *(n.)* deal
dodo *(n.)* dodo
dodoeɛ *(adj.)* terracotta
dodoɔ *(n.)* amount
dodoɔ *(adj.)* ample
dodoɔ *(n.)* bulk
dodoɔ *(adj.)* bulky
dodoɔ *(adj.)* level
dodoɔ *(n.)* majority
dodoɔ *(adj.)* plural
dodoɔ *(n.)* quantity
dodoɔ *(n.)* rate
dodoɔ *(n.)* sum
dodoɔ *(n.)* total
dodoɔ *(adj.)* voluminous
dodoɔ *(n.)* plurality
dodoɔ adeyɔ *(n.)* bandwagon
dodoɔ daberɛ *(n.)* dormitory
dodoɔ manyɛfoɔ *(n.)* socialist
dodoɔɔ *(adj.)* infinite
dodow *(n.)* dosage
dodow *(n.)* dose
dodow *(n.)* turnout
dodow nni ano *(adj.)* numberless
dohoaa *(adv.)* afar
dohoaa *(adv.)* away
dokro *(n.)* buggy
dolman *(n.)* dolman
dolmen *(n.)* dolmen
dolphin *(n.)* dolphin

dom *(v.)* favour
dom *(v.)* grace
dome *(v.)* damn
dome *(n.)* curse
domino *(n.)* domino
dompe *(n.)* bone
dondɔn *(v.)* saturate
donkomi *(n.)* auction
dorobɛn *(n.)* hose
dorobɛn *(n.)* pipe
dorobɛn *(n.)* tube
dorobɛn *(adj.)* tubular
doughnut *(n.)* doughnut
dɔ *(v.)* enamour
dɔ *(v.)* till
dɔ *(v.)* weed
dɔ asukɔ *(v.)* delve
dɔ asukɔ *(v.)* dive
dɔ asukɔ *(v.)* duck
dɔ asuwa *(v.)* stream
dɔ beretiawa *(v.)* infatuate
dɔ sukɔ *(n.)* dive
dɔ sukɔ *(v.)* submerge
dɔba *(n.)* darling
dɔba *(adj.)* darling
dɔfo *(n.)* lover
dɔkota *(n.)* medic
dɔkota *(n.)* psychologist
dɔkɔdɔkɔ *(n.)* sweet
dɔkɔdɔkɔdi *(adj.)* sweet
dɔkɔdɔkɔdi *(n.)* syrup
dɔm *(n.)* crowd
dɔm *(v.)* enlist
dɔm *(v.)* team
dɔmpem *(n.)* armada
dɔmum *(adj.)* addicted
dɔmum *(n.)* addiction
dɔn *(v.)* drench
dɔn *(v.)* infuse
dɔn bɔfoɔ *(n.)* bellboy
dɔn bɔfoɔ *(n.)* bellhop
dɔnbɔ *(n.)* chime
dɔnhwere *(n.)* hour
dɔnwɔtwe *(n.)* eighteen
dɔɔso *(adv.)* enough
dɔɔso *(adj.)* more
dɔɔso *(adj.)* much
dɔte *(adj.)* earthen
dɔte *(n.)* terracotta

dɔte kukuo *(n.)* ceramics
dɔteaɛ *(n.)* soil
dɔteɛ *(n.)* clay
dɔteɛ *(n.)* clod
dragonfly *(n.)* dragonfly
dram *(n.)* dram
drɔd *(n.)* droid
drudrudru *(adv.)* heavily
drudrudu *(adj.)* massy
dryer *(n.)* dryer
du *(adj.)* delectable
du berɛ *(v.)* stage
dua *(v.)* scale
dua *(n.)* lath
dua *(n.)* lattice
dua *(n.)* laurel
dua *(n.)* lentil
dua *(n.)* lilac
dua *(n.)* log
dua *(v.)* log
dua *(adj.)* lush
dua *(n.)* mahogany
dua *(n.)* moss
dua *(n.)* mulberry
dua *(n.)* oaktree
dua *(v.)* pine
dua *(n.)* pine
dua *(n.)* plant
dua *(v.)* plant
dua *(n.)* prop
dua *(n.)* sapling
dua *(n.)* tail
dua *(n.)* teak
dua *(n.)* timber
dua *(n.)* tree
dua *(n.)* wood
dua *(n.)* birch
dua *(n.)* polyander
dua huahuam *(n.)* lavender
dua kɛse *(n.)* maulstick
dua mu *(n.)* stalk
dua tenten *(v.)* pole
dua tenten *(n.)* poplar
dua tenten *(n.)* post
dua tenten *(v.)* prop
dua tenten *(n.)* mast
dua tenten *(n.)* pole
dua(nnua) *(v.)* afforest
duabɔ *(n.)* scourge

duae *(n.)* shrub
dubaako *(n.)* eleven
ducat *(n.)* ducat
duct tape *(n.)* duct tape
dudo *(n.)* decoction
dudo *(n.)* elixir
due *(v.)* irrigate
duet *(v.)* duet
dufa *(v.)* tablet
dufurpɛ *(n.)* avarice
duku *(n.)* kerchief
duku *(n.)* scarf
duku *(n.)* balaclava
dum *(v.)* darken
dum *(v.)* extinguish
dum *(v.)* quench
dum *(v.)* smother
dum *(v.)* blur
dumienu *(n.)* twelfth
dumiɛnsa *(n.)* thirteen
dumiɛnsa *(adj.)* thirteenth
dummienu *(n.)* dozen
dummienu *(n.)* twelve
dune *(n.)* dune
dunkron *(n.)* nineteen
dunkyem *(adj.)* decimal
dunnan *(n.)* fourteen
dunsia *(n., adj.)* sixteen
dunsini *(n.)* stump
dunson *(n.)* seventeen
dup *(v.)* dup
duraho *(v.)* envelop
duru *(v.)* reach
duru *(n.)* thick
duru *(adj.)* absorbent
duru *(v.)* arrive
duru *(adj.)* burdensome
duru *(n.)* gravity
duruduru *(n.)* gravitation
dwa *(n.)* market
dwa *(v.)* thunder
dwa anum *(v.)* brag
dwaatoa *(v.)* appeal
dwaatoafoɔ *(n.)* appellant
dwadi *(n.)* dealership
dwadibea *(n.)* shopping centre
dwadie *(adj.)* commercial
dwadie *(n.)* shopping
dwadie *(n.)* trade

dwadie *(n.)* commerce
dwadie neama *(n.)* shopping list
dwadini *(n.)* entrepreneur
dwamanfoɔ *(n.)* coquette
dwane *(v.)* elope
dwane *(v.)* escape
dwane *(v.)* evade
dwane *(v.)* flee
dwane *(v.)* run
dwane *(v.)* screw
dwane *(v.)* abscond
dwane mboroso *(v.)* overrun
dwanekɔ *(n.)* runback
dwanekɔbea *(n.)* haven
dwanekɔbea *(n.)* shelter
dwankɔbea *(n.)* refuge
dwankɔbea *(n.)* asylum
dware *(v.)* shower
dware *(v.)* bathe
dware po *(v.)* shore
dwaso kyɛfa *(n.)* market share
dwaso nhwehwɛmu *(n.)* market research
dwendwen *(n.)* fret
dwendwene nneɛma *(adj.)* philological
dwene *(v.)* contemplate
dwene *(v.)* idealize
dwene *(adj.)* mindful
dwene *(v.)* reason
dwene *(v.)* reflect
dwene *(v.)* repute
dwene *(v.)* ruminate
dwene *(v.)* think
dwene *(v.)* wonder
dwene biribi *(v.)* presume
dwene biribi *(n.)* presumption
dwene biribi *(v.)* premeditate
dwene biribi *(n.)* premeditation
dwene ho *(v.)* consider
dwene ho *(n.)* mull
dwene ho *(v.)* mull
dwene ho *(v.)* ponder
dwetɛ *(n.)* silver
dwetɛ *(adj.)* silver
dwi *(v.)* sketch
dwiibaadwiibaa *(n.)* scabies
dwindwin ho *(adj.)* meditative
dwira *(v.)* dabble
dwira *(v.)* dash
dwiri *(v.)* demolish

dwiri *(v.)* collapse
dwiri gu *(v.)* raze
dwo *(v.)* abate
dwo *(v.)* deflate
dwo *(n.)* deflation
dwoda *(n.)* Monday
dwodwo *(n.)* abatement
dwodwo *(v.)* ease
dwodwo *(v.)* soothe
dwodwo akoma *(v.)* placate
dwodwo akoma *(adj.)* placative
dwodwo akoma *(adj.)* placatory
dwom *(adj.)* anterior
dwom *(adj.)* musical
dwom *(n.)* carol
dwom *(n.)* lullaby
dwom *(n.)* psalm
dwom mu nsɛm *(n.)* lyric
dwom nsɛm *(adj.)* lyric
dwom nsɛm *(adj.)* lyrical
dwomfoɔ *(n.)* sculpturist
dwomtoni *(n.)* lyricist
dwomtoni *(n.)* musician
dwomtonii *(n.)* singer
dwomtonii *(n.)* soloist
dwonku *(n.)* joint
dwonso *(adj.)* urinary
dwonso *(v.)* urinate
dwonso beae *(n.)* urinal
dwonsɔ *(n.)* urination
dwonsɔ *(n.)* urine
dwonsɔ twaa *(n.)* bladder
dwoo *(adj.)* serene
dwoodwoo *(n.)* bully
dwuma *(n.)* harness
dwuma *(n.)* task
dwuma hyɛ nsa *(v.)* task
dwumadi kratawaa *(n.)* prospectus
dwumadibea *(n.)* department
dwumadie *(n.)* event
dwumadie *(n.)* exercise
dwumadie *(n.)* function
dwumadie *(n.)* mission
dwumadie *(n.)* performance
dwumadie *(n.)* programme
dwumadie *(v.)* programme
dwumadie *(n.)* project
dwumadie *(v.)* project
dwumadie *(adj.)* usable

dwumadie *(n.)* usage
dwumadie *(n.)* utilization
dwumadie *(n.)* activity
dwumadie *(adj.)* applied
dwumadie *(n.)* assignment
dwumadie *(n.)* business
dwumadie *(adj.)* ceremonial
dwumadie *(n.)* ceremony
dwumadie kan *(n.)* premiere
dwumadie krataa *(n.)* business card
dwur *(adj.)* dour
dwura *(v.)* insulate
dynamite *(n.)* dynamite
dynamo *(n.)* dynamo

e-book *(n.)* e-book
e-commerc *(n.)* e-commerce
easter *(n.)* easter
eave *(n.)* eave
ebb *(n.)* ebb
ebb *(v.)* ebb
ebetumi aba *(adj.)* potential
ebetumi aba *(n.)* potentiality
ebetumi esi *(n.)* potential
ebi *(adj.)* some
ebia *(adv.)* perhaps
ebia boɔ *(prep.)* per
ebiara *(pron.)* each
ebiara *(pron.)* whatever
ebin *(adj.)* fecal
ebulliate *(v.)* ebulliate
ebullience *(n.)* ebullience
ebullient *(adj.)* ebullient
echinid *(n.)* echinid
echocardio *(n.)* echocardiogram
eclampsia *(n.)* eclampsia
ecosystem *(n.)* ecosystem
ectopia *(n.)* ectopia
ectoplasm *(n.)* ectoplasm
ecumenic *(adj.)* ecumenic
ecumenical *(adj.)* ecumenical
ede kan *(adj.)* first
edi anim *(n.)* prerequisite
edi awu *(n.)* virulence
edi awu *(adj.)* virulent

edi kan *(adj.)* maiden
edi kan *(n.)* debut
edi kan *(n.)* precedence
edi kan *(n.)* precedent
edi kan *(adj.)* preliminary
edi kan *(n.)* prelude
edi kan *(v.)* prelude
edi kan *(adj.)* premier
edi kan *(n.)* premier
edi kan *(adv.)* primarily
edi kan *(adj.)* primary
edi kan *(n.)* prototype
edi kan *(n.)* preliminary
edi mu *(adj.)* through
edi mu *(adj.)* buoyant
edi tia *(adj.)* damaging
edidiso *(adj.)* direct
edie *(n.)* sex
edin *(n.)* noun
edin *(n.)* title
edin *(v.)* acclaim
edu *(n.)* decade
edu *(n.)* ten
effable *(adj.)* effable
effably *(adv.)* effably
efi *(n.)* dirt
efi *(adj.)* dirty
efi *(n.)* filth
efi *(adj.)* filthy
efi *(n.)* foul
efi *(n.)* mess
efi *(v.)* pollute
efi *(n.)* scruffiness
efi *(n.)* sewage
efi *(adj.)* sordid
efi *(n.)* squalor
efi *(n.)* stain
efi baa *(n.)* slattern
efi hɔ *(adv.)* thence
efi hɔ *(adv.)* whence
efi mu *(n.)* output
efie *(n.)* home
efie *(n.)* house
efiedeɛ *(adj.)* home-made
efifi *(n.)* germination
efiri *(adv.)* since
efiri *(prep.)* since
efirisɛ *(conj.)* because
efisɛ *(conj.)* for

efonin twa *(adj.)* snap
efuno ntoma *(n.)* shroud
efuw *(n.)* plantation
egudie *(n.)* pearl
egyanabea *(n.)* lavatory
egyanabea *(n.)* latrine
ehia *(adj.)* important
ehia *(n.)* relevance
ehia *(n.)* significance
ehimhim *(n.)* imbalance
eho nhia *(adj.)* irrelevant
eho nte *(adj.)* impure
eho sɔnn *(n.)* innocence
eho twa *(n.)* splendour
ehu *(n.)* dread
ehu *(adj.)* dread
ehu *(n.)* dreadful
ehu *(n.)* fear
ehu *(n.)* horror
ehu *(n.)* terror
ehu *(adj.)* alarming
ehudeɛ *(n.)* nightmare
ehwi *(n.)* lanugo
eka *(n.)* acre
eka *(n.)* acreage
ekoro *(n.)* strain
ekuo *(adj.)* factious
ekuo *(n.)* group
ekuo *(n.)* membership
ekuo *(n.)* regiment
ekuo *(n.)* society
ekuo *(n.)* swarm
ekuo *(n.)* team
ekuo *(n.)* faction
ekuo kyekye *(n.)* team building
ekuro *(n.)* sore
ekuro *(n.)* wound
ekuw *(n.)* lot
electrolyte *(n.)* electrolyte
electron *(n.)* electron
elegy *(n.)* elegy
elf *(n.)* elf
elision *(n.)* elision
ellipse *(n.)* ellipse
ellipse *(v.)* ellipse
email *(n.)* email
embodiment *(n.)* embodiment
embroidery *(n.)* embroidery
emittance *(n.)* emittance

emmet *(n.)* emmet
emmire *(n.)* mushroom
emmom *(adv.)* admittedly
emoji *(n.)* emoji
emoticon *(n.)* emoticon
emu *(adv.)* wherein
emu *(adj.)* inmost
emu *(adj.)* inside
emu *(adv.)* inside
emu *(adj.)* intensive
emu *(adj.)* interior
emu *(n.)* interior
emu *(adj.)* internal
emu *(adj.)* inward
emu *(adv.)* inwards
emu *(prep.)* within
emu da hɔ *(adj.)* coherent
emu da hɔ *(adj.)* transparent
emu da hɔ *(adj.)* unambiguous
emu duru *(n.)* weight
emu nnahɔ *(adj.)* unclear
emu nte *(adj.)* doubtful
emu yɛ duru *(adj.)* weighty
emuba *(n.)* essence
emudaho *(adj.)* enunciatory
emudahɔ *(adj.)* elaborate
emudɔ *(n.)* depth
emufi *(n.)* departure
emuhɔ ara *(prep.)* during
emulsifier *(n.)* emulsifier
emum ma *(n.)* mouthful
emutɔnn *(adj.)* innermost
enamel *(n.)* enamel
enane *(n.)* solvent
encapsulate *(v.)* encapsulate
encycloped *(n.)* encyclopedia
endoscopy *(adj.)* endoscopic
endoscopy *(n.)* endoscopy
enfiriaseɛ *(n.)* establishment
enfranchis *(v.)* enfranchise
enginous *(adj.)* enginous
englobe *(v.)* englobe
enka ho *(n.)* exception
enliven *(v.)* enliven
enni ahoɔden *(adj.)* lame
enni ahoɔden *(v.)* lame
enni anigye *(adj.)* miserable
enni awieɛ *(adj.)* endless
enni awiei da *(adj.)* never-ending

enni bobɔ *(adj.)* listless
enni boɔ *(adj.)* priceless
enni dua *(adj.)* pointerless
enni nteaseɛ *(adj.)* meaningless
enni nteaseɛ *(v.)* misapprehend
enni nteaseɛ *(n.)* misapprehension
enni ntini *(adj.)* nerveless
ennkoa *(n.)* solo
ennu *(adj.)* deficient
ennyae *(adj.)* non-stop
enoa *(adv.)* samely
ensi pi *(adj.)* incomplete
enti *(conj.)* so
enti *(adv.)* therefore
entropic *(adj.)* entropic
entropy *(n.)* entropy
entry-level *(adj.)* entry-level
entumi nnyina *(v.)* destabilize
enwansi *(n.)* sneeze
enwie pɛyɛ *(n.)* loose end
enyɛ duru *(adj.)* light
enyɛ koraa *(adj.)* worst
enyɛ mmerɛw *(adj.)* inflexible
enyɛ papa *(adj.)* fake
enyini ntɛm *(v.)* proliferate
enyini ntɛm *(n.)* proliferation
enyirisi *(adj.)* british
enzyme *(n.)* enzyme
enzymic *(adj.)* enzymic
epical *(adj.)* epical
epicene *(adj.)* epicene
epicentre *(n.)* epicentre
epicure *(n.)* epicure
epidural *(n.)* epidural
epikurofo *(adj.)* epicurean
epikurofo *(n.)* epicurean
epilate *(v.)* epilate
epiphany *(n.)* epiphany
epitaph *(n.)* epitaph
epoxy *(n.)* epoxy
equinox *(n.)* equinox
esam *(n.)* flour
escargot *(n.)* escargot
escrow *(n.)* escrow
escrow *(v.)* escrow
esen biara *(adj.)* utmost
esen biara *(n.)* utmost
esiane *(n.)* menace
esiane *(v.)* menace

esiw kwan *(adj.)* obstructive
esophageal *(adj.)* esophageal
espace *(n.)* espace
estragon *(n.)* estragon
estrogen *(n.)* estrogen
estuary *(n.)* estuary
esua *(adj.)* petite
esua *(adj.)* scant
esum *(adj.)* tenebrose
esum *(adj.)* tenebrous
esum *(n.)* blackout
esumase dwa *(n.)* traffic
etire *(n.)* skull
etire *(n.)* source
etire *(adj.)* cephaloid
etue *(v.)* pierce
etue *(adj.)* piercing
etumi *(adj.)* debilitating
etumi san *(adj.)* contagious
etumi sesa *(n.)* polymorph
etuo *(n.)* rifle
etusini *(n.)* pistol
etwa to *(n.)* postscript
etwa toɔ *(adj.)* definitive
etwa tow *(adv.)* last
etwa tow *(adv.)* lastly
etwadeɛ *(n.)* shears
etwerɛ *(n.)* epilepsy
etwirɛ *(n.)* fit
etwitwiyɛ *(adj.)* scratched
eucalypt *(n.)* eucalypt
eunuch *(n.)* eunuch
euphoria *(n.)* euphoria
eureka *(int.)* eureka
eve-teasing *(n.)* eve-teasing
everglade *(n.)* everglade
eweiɛ *(n.)* graduate
ewiase *(n.)* globe
ewiase *(adj.)* cosmic
ewiase *(n.)* cosmos
ewie *(v.)* last
ewiem *(n.)* ether
ewiem *(n.)* firmament
ewiem nsakyeraeɛ *(n.)* global warming
ewom *(adj.)* acceptable
ewom *(conj.)* although
ex parte *(adj.)* ex-parte
ex parte *(adv.)* ex-parte
excise *(n.)* excise

extrajudicia *(adj.)* extrajudicial
extranet *(n.)* extranet
exude *(v.)* exude
eye sen *(adj.)* optimum
eyelet *(n.)* eyelet
eyeliner *(n.)* eyeliner

ɛ bue *(adj.)* open
ɛbae *(adv.)* wide
ɛban *(n.)* fence
ɛban *(n.)* hedge
ɛbantofoɔ *(n.)* fencer
ɛbere *(n.)* tense
ɛbɛn *(adj.)* handy
ɛbɛn *(adj.)* near
ɛbɛyɛ sɛ *(n.)* likelihood
ɛbɛyɛ sɛ *(adj.)* likely
ɛboa *(adj.)* resourceful
ɛboɔ *(n.)* expense
ɛboɔ *(n.)* price
ɛboɔ *(v.)* price
ɛboɔ *(n.)* topaz
ɛboɔ *(n.)* value
ɛboɔ dwomfoɔ *(n.)* sculptor
ɛboɔtwa *(n.)* surcharge
ɛbopono *(n.)* slab
ɛbopono *(n.)* tablet
ɛboro *(adj.)* toxic
ɛboro so *(n.)* flamboyance
ɛboro so *(n.)* flamboyant
ɛboro so *(v.)* outdo
ɛboro so *(adj.)* outsize
ɛboro so *(v.)* outweigh
ɛboro so *(n.)* overload
ɛboro so *(v.)* overload
ɛboro so *(v.)* overrate
ɛboro so *(v.)* overwhelm
ɛboro so *(adj.)* profuse
ɛboro so *(n.)* profusion
ɛboro so *(adj.)* supernatural
ɛboro so *(adj.)* transcendent
ɛboro so *(adv.)* transcendentally
ɛboro so *(adv.)* transcendingly
ɛboroso *(v.)* exaggerate
ɛboroso *(n.)* superfluity

εborɔ *(n.)* symbiote
εborɔ *(n.)* venom
εbɔ *(n.)* fog
εbɔ *(adj.)* foggy
εbɔ *(n.)* mist
εbɔ *(adj.)* misty
εbɔ *(n.)* September
εbɔ *(n.)* sting
εbɔ hu *(adj.)* formidable
εbɔ hu *(adj.)* ghastly
εbɔ yareε *(adj.)* sickened
εbrafam *(v.)* mitigate
εbrafam *(n.)* mitigation
εbrε ano *(adj.)* seasonal
εbufuw *(adj.)* temperamental
εbutu *(adj.)* subversive
εda adi *(adj.)* evident
εda adi *(n.)* manifestation
εda adi *(v.)* materialize
εda faako *(adj.)* dormant
εda nsow *(n.)* notability
εda nsow *(adj.)* notable
εda-fa *(n.)* half-day
εdan *(n.)* room
εdan atifi *(n.)* roof
εdan hwεsofoɔ *(n.)* janitor
εdan ka *(n.)* rent
εdanedane *(n.)* irregularity
εdanmu *(adv.)* indoors
εdeεn *(pron.)* what
εdε *(n.)* flavour
εdε nim *(adj.)* insipid
εdi dwuma *(adj.)* used
εdi mu *(adj.)* formal
εdimu *(adj.)* superlative
εdimu *(n.)* superlative
εdingyeε *(n.)* stardom
εdondɔn *(n.)* soak
εdɔɔso *(adv.)* much
εdɔɔso *(adj.)* multifarious
εdɔɔso *(n.)* multiform
εdɔɔso *(adj.)* numerous
εdɔɔso *(n.)* sufficiency
εdɔɔso *(n.)* plenty
εεbag *(n.)* airbag
εεpɔt *(n.)* aerodrome
εεpɔt *(n.)* airfield
εfa *(adj.)* half
εfa *(v.)* piece

εfa *(n.)* reapplication
εfa *(n.)* sector
εfa baabi *(n.)* aspect
εfa bi *(n.)* piece
εfa bi *(n.)* proportion
εfa bi *(v.)* proportion
εfa bi *(adj.)* proportional
εfa bi *(adj.)* proportionate
εfaa *(n.)* drift
εfam *(n.)* ground
εfata *(adj.)* fit
εfata *(n.)* idealist
εfata *(adj.)* justifiable
εfata *(adj.)* justified
εfata *(adv.)* justly
εfata *(adj.)* sizable
εfata *(adj.)* applicable
εfata *(adj.)* appropriate
εfata ayeyie *(adj.)* praiseworthy
εfeε *(n.)* vomit
εfene *(n.)* fashion
εfene *(n.)* slogan
εfene *(n.)* vogue
εferε *(n.)* gourd
εferε *(n.)* melon
εferi ase *(adj.)* nascent
εfi *(adj.)* sacrilegious
εfifi foforoɔ *(n.)* regeneration
εfɔ *(n.)* guilt
εfɔ-nim *(adj.)* guilt-free
εfrεhya *(n.)* air freshner
εƒata *(adj.)* expedient
εgo *(adj.)* slack
εgye bere *(n.)* prolongation
εgye ntrεha *(adj.)* sensational
εgyina faako *(adj.)* stagnant
εgyina faako *(adj.)* stationary
εgyinaeε *(n.)* stop
εha *(adv.)* hereabouts
εha adwene *(n.)* nuisance
εhann *(n.)* glare
εhann *(n.)* lighter
εhann *(adj.)* luminous
εhann *(n.)* radiance
εhann *(adj.)* radiant
εhaw *(adj.)* uncomfortable
εhaw *(n.)* vexation
εhe *(adv.)* where
εhe na εwɔ *(conj.)* whereat

ɛhi *(adj.)* irksome
ɛhia *(n.)* necessary
ɛhia *(adv.)* substantially
ɛhia *(adj.)* thorough
ɛhia ahɔɔden *(adj.)* strenuous
ɛhimhim *(n.)* flap
ɛhimhim *(n.)* flapping
ɛhinhim *(n.)* instability
ɛhinhim *(n.)* reel
ɛhinhim *(adj.)* shaky
ɛhinhim *(n.)* stagger
ɛhinhim *(n.)* wag
ɛho ɛna *(n.)* rarity
ɛho hia *(n.)* insignificance
ɛho hia *(v.)* necessitate
ɛho hia *(adj.)* needful
ɛho hia *(adv.)* perforce
ɛho hia *(adj.)* pertinent
ɛho hia *(n.)* priority
ɛho hia *(adj.)* substantial
ɛho nhia *(adj.)* needless
ɛho nhia *(adj.)* petty
ɛho nhia *(n.)* trifle
ɛho nhia *(adj.)* trivial
ɛho nhia *(adj.)* unnecessary
ɛho pere *(adj.)* enthusiastic
ɛho teɛ *(adj.)* wholesome
ɛho tew *(v.)* dry-clean
ɛho twa *(adj.)* superb
ɛhoa *(n.)* dandruff
ɛhonniasɛm *(adj.)* innocent
ɛhote *(adj.)* tidy
ɛhɔ *(adv.)* there
ɛhɔ *(adv.)* thither
ɛhɔ-ne-hɔ *(adj.)* mediocre
ɛhɔ-ne-hɔ *(adj.)* middling
ɛhɔ-ne-hɔ *(adj.)* mild
ɛhɔ-ne-hɔ *(adj.)* moderate
ɛhɔ-ne-hɔ *(v.)* moderate
ɛhɔ-ne-hɔ *(n.)* mediocrity
ɛhɔ-ne-hɔ *(n.)* moderation
ɛhummɔbɔ *(n.)* empathy
ɛhunahuna *(adj.)* eerie
ɛhuri *(n.)* spring
ɛhwimhwim *(n.)* snatch
ɛhyeɛ *(n.)* frontier
ɛhyeɛ mu *(adj.)* territorial
ɛhyeɛ mu *(n.)* territory
ɛhyehye *(adj.)* spicy
ɛhyerɛn *(n.)* flasher
ɛhyerɛn *(n.)* gloss
ɛhyerɛn *(adj.)* glossy
ɛhyerɛn *(n.)* glow
ɛhyerɛn *(adj.)* resplendent
ɛhyerɛn *(n.)* shine
ɛhyerɛn *(n.)* sparkle
ɛhyerɛn *(adj.)* lustrous
ɛhyerɛn *(adj.)* lusty
ɛhyerɛnn *(n.)* gleam
ɛhyerɛnn *(n.)* glimmer
ɛhyew *(adj.)* tropical
ɛhyɛ *(adj.)* obsessive
ɛhyɛ abufuo *(adj.)* irritant
ɛhyɛ abufuo *(n.)* irritant
ɛhyɛ aseɛ *(prep.)* underneath
ɛhyɛn *(n.)* rickshaw
ɛhyɛn *(n.)* tram
ɛhyɛn *(n.)* vehicle
ɛhyɛn *(n.)* automobile
ɛhyɛn *(n.)* lorry
ɛhyia *(n.)* standardization
ɛhyia *(n.)* symmetry
ɛka *(n.)* debit
ɛka *(n.)* debt
ɛka *(n.)* deficit
ɛka *(n.)* liability
ɛka *(n.)* bill
ɛka *(adj.)* billable
ɛka bom *(v.)* overlap
ɛka ho *(adj.)* extra
ɛka ɔhaw *(n.)* pose
ɛkaa dɛ *(adv.)* nearly
ɛkaho *(n.)* inclusion
ɛkaho *(adj.)* inclusive
ɛkakeɛ *(adj.)* reminiscent
ɛkama *(adj.)* subtle
ɛkata *(v.)* obscure
ɛkeka *(n.)* itch
ɛkeka *(adj.)* sour
ɛkondihyɛn *(n.)* air conditioning
ɛkoɔ *(n.)* buffalo
ɛkorɔ *(n.)* eczema
ɛkorɔn *(adj.)* sublime
ɛkɔ atwee *(adj.)* scarce
ɛkɔ awieyɛ *(adj.)* latter
ɛkɔ fam *(adj.)* depreciating
ɛkɔ fam *(adv.)* downwards
ɛkɔ so *(v.)* occur

ɛkɔm *(n.)* famine
ɛkɔmkyerɛ *(n.)* starvation
ɛkɔn akyi *(n.)* scruff
ɛkumkum mmoawa *(n.)* germicide
ɛkurɔn *(n.)* eminence
ɛkutwa *(n.)* scar
ɛkwan *(n.)* exit
ɛkwan *(n.)* gap
ɛkwan *(n.)* glade
ɛkwan *(n.)* lane
ɛkwan *(n.)* path
ɛkwan *(n.)* portal
ɛkwan *(n.)* road
ɛkwan *(adj.)* spacious
ɛkwan *(n.)* way
ɛkwan *(n.)* pavement
ɛkwan nantie *(n.)* sidewalk
ɛkwan tee *(v.)* line
ɛkwankeseɛ *(n.)* highway
ɛkwanno *(n.)* entrance
ɛkye dade *(n.)* loadstone
ɛkyerɛ sɛ *(adj.)* indicative
ɛkyerɛ sɛ *(n.)* insinuation
ɛkyerɛkyerɛ *(adj.)* edificant
ɛkyɛ *(n.)* hat
ɛkyɛ *(n.)* leghorn
ɛkyɛ *(n.)* bonnet
ɛkyɛ *(n.)* cap
ɛkyɛn so *(n.)* excellence
ɛkyɛn so *(adv.)* mostly
ɛkyɛnso *(n.)* excellency
ɛkyimkyim *(n.)* squash
ɛkyinkyini *(adj.)* rotary
ɛkyinkyini *(n.)* whirligig
ɛkyinnyeɛ *(n.)* scepticism
ɛlɛctronik *(adj.)* electronic
ɛma ahobanbɔ *(adv.)* safely
ɛma ahoɔden *(n.)* nutrient
ɛma ahoɔden *(adj.)* nutritious
ɛma ahoɔden *(adj.)* nutritive
ɛma ahotɔ *(adj.)* recreational
ɛma atenka *(adj.)* impulsive
ɛmane *(n.)* herring
ɛmee *(adj.)* satiable
ɛmfa kwan *(n.)* perversity
ɛmfa kwan *(adj.)* perverse
ɛmfa kwan *(n.)* perversion
ɛmfata *(adj.)* improper
ɛmfata *(n.)* impropriety

ɛmfata *(n.)* indecency
ɛmfata *(adj.)* indecent
ɛmmɔbɔ *(adj.)* slushy
ɛmmɔre *(n.)* paste
ɛmmrikatuo *(n.)* surf
ɛmo *(n.)* rice
ɛna *(n.)* rareness
ɛna *(adv.)* scarcely
ɛnam *(n.)* meat
ɛnam *(adv.)* sharp
ɛnam pomu *(adj.)* seaborne
ɛnam so *(adv.)* thereby
ɛnan *(n.)* leg
ɛnanom de *(adj.)* maternal
ɛnboro so *(v.)* nonplus
ɛne *(adv.)* namely
ɛnɛ koroara *(n.)* ditto
ɛnfa *(v.)* mismatch
ɛnfa ho *(prep.)* notwithstanding
ɛnfa ho *(conj.)* notwithstanding
ɛnfa ho sɛ *(adv.)* notwithstanding
ɛnfa hɔ *(v.)* trespass
ɛnfata *(adj.)* unaccommodating
ɛnfi asaseso *(n.)* extraterrestrial
ɛnfi asaseso *(adj.)* extraterrestrial
ɛngyegye den *(adj.)* soundproof
ɛnhaw *(adj.)* unaffected
ɛnhia *(adj.)* insignificant
ɛnhia *(n.)* tinsel
ɛnhyɛ nkuran *(adj.)* loathsome
ɛnhyɛ nkuran *(adj.)* uninspired
ɛnhyia *(n.)* non-alignment
ɛniha *(adj.)* sluggish
ɛnkankan *(adv.)* especially
ɛnkari pɛ *(adj.)* off balance
ɛnkekae *(adj.)* maculate
ɛnkɔ yiye *(v.)* malfunction
ɛnkyerɛ ɔdɔ *(adj.)* inhuman
ɛnkyerɛw *(n.)* sketch
ɛnmee *(adj.)* insatiable
ɛnna *(n.)* scarcity
ɛnnahɔ *(adj.)* inaudible
ɛnne *(n.)* falsetto
ɛnne *(adj.)* resonant
ɛnne *(n.)* sound
ɛnne *(n.)* today
ɛnne *(n.)* tone
ɛnne *(n.)* voice
ɛnne nyegyeɛ *(n.)* vowel

ɛnnee ho *(adj.)* vocal
ɛnni nnyinasoɔ *(adj.)* baseless
ɛnni sɛso *(adj.)* incomparable
ɛnnora *(n.)* yesterday
ɛnnɔɔso *(adj.)* inadequate
ɛnnyɛ nokware *(adj.)* unreliable
ɛno *(pron.)* it
ɛno *(rel. pron.)* that
ɛno akyi *(adv.)* thereafter
ɛno ho *(adv.)* thereabouts
ɛno nti *(adv.)* hence
ɛno so *(conj.)* whereupon
ɛnoa *(adj.)* such
ɛnom *(n.)* sup
ɛnsakra *(n.)* inertia
ɛnsesa *(adj.)* inert
ɛnsɛ *(adj.)* matchless
ɛnsɛe *(adj.)* incorruptible
ɛnsi pi *(adj.)* vague
ɛnsisi so *(adj.)* incoherent
ɛnsisiso *(adj.)* spasmodic
ɛnsome bu *(adj.)* invaluable
ɛnsɔ ani *(adj.)* inferior
ɛnsufi *(n.)* sewerage
ɛntaa ho *(adj.)* non-stick
ɛntaa nsi *(adj.)* rare
ɛntaa nsi *(adv.)* rarely
ɛnte *(n.)* impurity
ɛnte sɛ *(adj.)* unlike
ɛnte sɛ *(prep.)* unlike
ɛnteɛ *(adj.)* injudicious
ɛnteɛ *(adj.)* malcontent
ɛnteɛ *(adj.)* topsy turvy
ɛnteɛ *(adv.)* topsy turvy
ɛntumi *(adj.)* unable
ɛnwu *(adj.)* immortal
ɛnyɛ *(adj.)* immoral
ɛnyɛ *(n.)* immorality
ɛnyɛ *(adj.)* incorrect
ɛnyɛ *(adj.)* invalid
ɛnyɛ *(n.)* invalid
ɛnyɛ *(adv.)* not
ɛnyɛ *(adj.)* spurious
ɛnyɛ *(adv.)* wrong
ɛnyɛ aban de *(adj.)* unofficial
ɛnyɛ adwuma *(adj.)* inactive
ɛnyɛ anibuei *(adj.)* uncivilized
ɛnyɛ anigye *(v.)* displease
ɛnyɛ anika *(adj.)* monotonous

ɛnyɛ anika *(n.)* monotony
ɛnyɛ anika *(adj.)* mundane
ɛnyɛ aniwu *(adv.)* unabashedly
ɛnyɛ bawee *(v.)* limber
ɛnyɛ bawee *(adj.)* limber
ɛnyɛ bawee *(n.)* limber
ɛnyɛ biara *(conj.)* neither
ɛnyɛ den *(adj.)* loose
ɛnyɛ den *(adj.)* simple
ɛnyɛ ebiara *(adv.)* none
ɛnyɛ fɛ *(adj.)* ungainly
ɛnyɛ hann *(adj.)* opaque
ɛnyɛ hwee *(adv.)* nothing
ɛnyɛ koraa *(adj.)* vile
ɛnyɛ kwan so *(adv.)* off-road
ɛnyɛ mmɔbɔ *(adj.)* pitiless
ɛnyɛ mmra *(adj.)* illegitimate
ɛnyɛ mmra *(adj.)* illicit
ɛnyɛ na *(n.)* prevalence
ɛnyɛ nea ɛbɛyɛ *(adj.)* unlikely
ɛnyɛ nea ɛwɔ hɔ *(n.)* nonentity
ɛnyɛ nipasu *(adj.)* impersonal
ɛnyɛ nokware *(v.)* disprove
ɛnyɛ nokware *(v.)* invalidate
ɛnyɛ nokware *(v.)* misconceive
ɛnyɛ nokware *(n.)* misconception
ɛnyɛ nsanom *(adj.)* non-alcoholic
ɛnyɛ obiara *(pron.)* nobody
ɛnyɛ ɔhyɛ *(adj.)* optional
ɛnyɛ papa *(n.)* inferiority
ɛnyɛ papa *(n.)* synthetic
ɛnyɛ papa *(adj.)* unhealthy
ɛnyɛ papa *(adj.)* untoward
ɛnyɛ papa *(adj.)* wack
ɛnyɛ pɛpɛɛpɛ *(adj.)* unaccurate
ɛnyɛ pɛpɛɛpɛ *(adj.)* uneven
ɛnyɛyie *(adj.)* intangible
ɛnyini *(n.)* growth
ɛnyunu *(n.)* refrigeration
ɛpa *(n.)* board
ɛpa *(n.)* dais
ɛpa tuntum *(n.)* blackboard
ɛpaakyi *(adv.)* backstage
ɛpae *(n.)* cracker
ɛpae *(n.)* eruption
ɛpae *(n.)* outbreak
ɛpaepae *(n.)* outburst
ɛpaso agorɔ *(n.)* board game
ɛpo *(n.)* sea

ɛpo ano *(n.)* shoreline
ɛpo korɔmfoɔ *(v.)* pirate
Ɛpo korɔmfoɔ *(n.)* pirate
ɛpo korɔnobɔ *(n.)* piracy
ɛpo mu *(adj.)* marine
ɛpoano *(n.)* seashore
ɛpono *(n.)* table
ɛpɔ *(n.)* tactics
ɛreba no *(adv.)* next
ɛrehimhim *(adj.)* flapping
ɛrehyerɛn *(n.)* flashing
ɛresɛe kwa *(adj.)* wasteful
ɛresu *(adj.)* tearful
ɛreworo *(n.)* dribble
ɛreyɛ sum *(adv.)* dimly
ɛrobatis *(n.)* aerobatics
ɛrobis *(n.)* aerobics
ɛse *(n.)* tooth
ɛse kɛseɛ *(adj.)* molar
ɛse kɛseɛ *(n.)* molar
ɛserɛ *(n.)* forage
ɛserɛ *(n.)* sod
ɛserɛ *(n.)* thigh
ɛserɛ so *(n.)* wilderness
ɛserɛnyi *(n.)* forager
ɛsesa *(adj.)* dynamic
ɛsese *(adj.)* estimative
ɛsesɛ *(n.)* similarity
ɛsɛ *(adj.)* identical
ɛsɛ *(adj.)* reflective
ɛsɛ sɛ *(n.)* due
ɛsɛ biribi *(adv.)* likewise
ɛsɛ ɔko *(adj.)* warlike
ɛsɛ sɛ *(adj.)* due
ɛsɛ sɛ *(v.)* need
ɛsɛe *(v.)* perish
ɛshrɛnn *(adj.)* refulgent
ɛsiane *(n.)* glide
ɛsikyire *(n.)* sugar
ɛso ate *(prep.)* less
ɛso ate *(v.)* lessen
ɛso rete *(adj.)* decadent
ɛso te *(v.)* depreciate
ɛso te *(adj.)* depreciatory
ɛsom bo *(adj.)* precious
ɛsombo *(n.)* revaluation
ɛsombo *(n.)* treasure
ɛsombo *(adj.)* vital
ɛsono *(v.)* differ

ɛsoro *(adj.)* high
ɛsoro *(n.)* top
ɛsow ahaban *(v.)* foliate
ɛsuro *(n.)* traumatism
ɛsusuho *(n.)* forethought
ɛta *(n.)* flatulence
ɛta *(adj.)* flatulent
ɛtaa ba *(adj.)* sporadic
ɛtaa si *(adj.)* commonplace
ɛtaa si *(v.)* preponderate
ɛtare hɔ *(adv.)* post
ɛte gya *(n.)* lightening
ɛte se *(adj.)* ostensible
ɛte sɛ *(adv.)* ostensibly
ɛte yerɛwyerɛw *(adj.)* gleaming
ɛtene *(adj.)* straight
ɛtesɛ *(adj.)* seemly
ɛtɛ *(n.)* cataract
ɛto so aduɔkron *(adj.)* ninetieth
ɛto so akron *(adj.)* ninth
ɛto so dunkron *(adj.)* nineteenth
ɛtoɔ *(n.)* tariff
ɛtoɔ *(n.)* toll
ɛtoɔ *(n.)* buttock
ɛtoɔ ntwa *(adj.)* interminable
ɛtorɔ *(adj.)* slanderous
ɛtɔ asom *(adj.)* valid
ɛtɔ asom *(n.)* validity
ɛtɔ daa *(adv.)* sometimes
ɛtɔ mmere bi *(adj.)* occasional
ɛtɔso aduosia *(adj.)* sixtieth
ɛtɔso aduɔson *(adj.)* seventieth
ɛtɔso asia *(adj.)* sixth
ɛtɔso ason *(adj.)* seventh
ɛtɔso dunsia *(adj.)* sixteenth
ɛtɔso dunson *(adj.)* seventeenth
ɛtɔso mienu *(adj.)* secondary
ɛtɔso mienu *(adv.)* secondly
ɛtrɛ *(adj.)* eclectic
ɛtrɛw *(v.)* diffuse
ɛtumi yɛ adwuma *(adj.)* viable
ɛtwa *(adj.)* gashing
ɛtwa *(adj.)* terminable
ɛtwa ho *(adj.)* orbital
ɛtwa yie *(adj.)* excellent
ɛtwam *(adj.)* transboundary
ɛtwerɛ *(n.)* seizure
ɛtwetwa *(n.)* slice
ɛtwetwe adwene *(adj.)* eye-catching

εtwε *(n.)* vagina
εwom *(adv.)* though
εwom *(conj.)* though
εwoɔ *(n.)* honey
εwoso *(adj.)* jerky
εwoso *(n.)* oscillation
εwosoro *(n.)* superficiality
εwɔ ase *(adv.)* underneath
εwɔ asεm *(adj.)* questionable
εwɔ baabiara *(adj.)* omnipresent
εwɔ baabiara *(adj.)* ubiquitous
εwɔ hɔ *(n.)* presence
εwɔ hɔ *(v.)* present
εwɔ hɔ *(adj.)* present
εwɔ nteaseε *(adj.)* pointful
εwɔ sε *(v.)* must
εwɔ sε *(v.)* ought
εwɔ soro *(adj.)* shrill
εwɔhɔ *(n.)* existentialism
εwɔhɔ *(n.)* reality
εwɔsoro *(n.)* superiority
εyaw *(n.)* discomfort
εyaw *(n.)* dystopia
εyaw *(adj.)* ulcerous
εyeaa *(n.)* throe
εyε *(n.)* being
εyε *(adj.)* enough
εyε *(n.)* ideal
εyε *(int.)* okay
εyε *(adj.)* reasonable
εyε *(adj.)* salutary
εyε *(adj.)* sufficient
εyε *(adj.)* suitable
εyε *(adj.)* well
εyε abofono *(adj.)* obnoxious
εyε abɔdeε *(adj.)* natural
εyε ahyεde *(adj.)* obligatory
εyε anika *(adj.)* hilarious
εyε anisɔ *(adj.)* impressive
εyε awerεhoɔ *(adj.)* deplorable
εyε den *(adj.)* obdurate
εyε den *(adj.)* tedious
εyε den *(adj.)* tough
εyε den *(adj.)* tricky
εyε dε *(adj.)* luscious
εyε dε *(adj.)* mellow
εyε dε *(adj.)* savoury
εyε dε *(adj.)* tasteful
εyε dε *(adj.)* toothsome

εyε dε *(adj.)* palatable
εyε εhi *(adj.)* irritable
εyε fε *(adj.)* elegant
εyε fε *(adj.)* glam
εyε fε *(n.)* nicety
εyε fε *(n.)* prettiness
εyε fε *(adj.)* pretty
εyε fε *(adv.)* pretty
εyε fε *(adj.)* winsome
εyε fε *(adj.)* picturesque
εyε fitaa *(adj.)* whitish
εyε hu *(adj.)* dire
εyε hu *(adj.)* dreadful
εyε hu *(adv.)* dreadfully
εyε hu *(adj.)* grim
εyε hu *(adj.)* monstrous
εyε hu *(adj.)* ominous
εyε huam *(adj.)* odorous
εyε hye *(adj.)* muggy
εyε kama *(v.)* meliorate
εyε katee *(n.)* drastic
εyε katee *(n.)* orthodoxy
εyε kεseε *(adj.)* mammoth
εyε kɔkɔɔ *(adj.)* golden
εyε ma *(adv.)* full
εyε mmerεw *(adj.)* malleable
εyε mmɔbɔ *(adj.)* pitiable
εyε mmra *(adj.)* statutory
εyε na *(n.)* paucity
εyε nnam *(adj.)* nimble
εyε nokware *(adj.)* positive
εyε nokware *(adj.)* realistic
εyε nwanwa *(adj.)* spectacular
εyε nwonwa *(adj.)* outlandish
εyε papa *(n.)* idealism
εyε papa *(adj.)* idealistic
εyε pε *(adj.)* homogeneous
εyε pε *(adj.)* similar
εyε samina *(adj.)* soapy
εyε sere *(adj.)* laughable
εyε sere *(adj.)* quirky
εyε sere *(n.)* funny
εyε tee *(adj.)* straightforward
εyε tenten *(adj.)* oblong
εyε ya *(n.)* hurt
εyε ya *(adj.)* sore
εyε yaw *(adj.)* dolorous
εyε yaw *(adj.)* painful
εyεfo *(adj.)* easy-to-use

ɛyie *(n.)* shaving
ɛyie *(n.)* shavings
ɛyifirimu *(adj.)* exempt
ɛyiyi *(n.)* sheading

F

fa *(adv.)* apiece
fa *(v.)* espouse
fa *(n.)* half
fa *(v.)* traunch
fa *(adj.)* traunch
fa *(prep.)* via
fa *(v.)* adopt
fa *(n.)* adoption
fa *(v.)* apply
fa *(v.)* assume
fa *(n.)* chunk
fa *(adj.)* component
fa adamfoɔ *(v.)* befriend
fa ade *(n.)* pick
fa afena *(v.)* sabre
fa afiri so *(v.)* telegraph
fa bi *(v.)* panel
fa bi *(n.)* panel
fa bi *(n.)* portion
fa bi *(v.)* portion
fa biribi *(v.)* pick
fa bra *(v.)* bring
fa di *(n.)* use
fa fam *(v.)* slather
fa ho *(v.)* pertain
fa hyɛ *(v.)* commit
fa hyɛ *(v.)* fuse
fa hyɛ *(v.)* put
fa hyɛ *(n.)* put
fa ka *(v.)* sponsor
fa kaho *(v.)* include
fa kɔ *(adj.)* takeaway
fa kɔ *(n.)* takeaway
fa ma *(v.)* hand
fa ma *(v.)* tender
fa mframa *(v.)* oxygenate
fa mu *(v.)* experience
fa mu *(v.)* seep
fa mu *(v.)* undergo
fa nkorɔfo *(v.)* induct

fa nkorɔfo *(v.)* recruit
fa nsa yɛ *(v.)* manhandle
fa nyinsɛn *(v.)* fertilize
fa po so hyɛn mu *(adj.)* navigable
fa saka *(v.)* ream
fa shampoo *(v.)* shampoo
fa sie *(n.)* elusion
fa sofi *(v.)* shovel
fa sofi *(v.)* spade
fa su *(v.)* habituate
fa susu *(v.)* template
fa toto *(v.)* juxtapose
faafaa *(n.)* flutter
faahodi *(n.)* decolonization
faahodie *(n.)* emancipation
faako *(n.)* statics
faculty *(n.)* faculty
fad *(n.)* fad
fagudeɛ *(n.)* resource
faho *(prep.)* concerning
faho *(v.)* enclose
fahodi *(n.)* liberty
Fahrenheit *(adj.)* Fahrenheit
fahyehyɛ *(v.)* finger
fairground *(n.)* fairground
fakyɛ *(v.)* forgive
fakyɛ *(adj.)* pardonable
falcon *(n.)* falcon
fam *(v.)* cling
fam *(prep.)* down
fam *(adv.)* downward
fam *(n.)* floor
fam *(adv.)* low
fam *(adj.)* low
fam *(n.)* low
fam *(adj.)* lowly
fam *(adv.)* through
fam aseisei *(n.)* ground clearance
fam koraa *(v.)* lower
fambɔ *(n.)* downfall
fango *(n.)* fossil
fango *(n.)* fuel
fango *(n.)* petrol
fango *(n.)* petroleum
fangoo *(n.)* diesel
fangoo *(n.)* gasoline
fann *(adj.)* explicit
fann *(adv.)* sanely
fanyinam *(adj.)* advisable

farmaceutical *(adj.)* farmaceutical
fast food *(n.)* fast food
fasuo *(n.)* railing
fasuo *(n.)* wall
fata *(v.)* deserve
fata *(n.)* eligibility
fata *(v.)* fit
fata *(v.)* qualify
fata *(v.)* suit
fata *(adj.)* apposite
fata *(n.)* appropriation
fata *(adj.)* apt
fata *(v.)* befit
fatwa *(v.)* denounce
fauna *(n.)* fauna
fawohoodie *(n.)* freedom
fe *(v.)* suck
fe *(v.)* vomit
fe ano *(v.)* kiss
feat *(n.)* feat
feefee mu *(v.)* review
feefee mu *(v.)* scrutinize
fefa *(v.)* caress
fefɛ *(v.)* bloom
fefɛ *(v.)* geminate
fefɛ *(v.)* spout
fefɛ *(v.)* sprout
feku *(n.)* club
feku *(n.)* cohort
fekubɔ *(n.)* fellowship
fekubɔ ayɔnkofa *(n.)* sociability
fekubɔfoɔ *(n.)* extrovert
fekuo *(n.)* gang
fekuo *(n.)* squad
feline *(adj.)* feline
felinity *(n.)* felinity
fenenkyemm wɔanowɔano *(adj.)* meticulous
fenfam *(v.)* cuddle
fengshui *(n.)* fengshui
fennel *(n.)* fennel
fern *(n.)* fern
fertilizer *(n.)* fertilizer
fester *(v.)* fester
festoon *(n.)* festoon
fete *(v.)* knead
feudalism *(n.)* feudalism
fewdi *(adj.)* taunting
fɛ *(adj.)* adorable

fɛ *(adj.)* awesome
fɛ *(adj.)* beautiful
fɛ *(adj.)* colourful
fɛ *(adj.)* comely
fɛ *(adj.)* cute
fɛ *(adj.)* dainty
fɛɛfɛ *(adj.)* splendid
fɛɛfɛ *(adj.)* sumptuous
fɛɛfɛ *(n.)* aesthete
fɛɛfɛ *(adj)* aesthetic
fɛɛfɛdeɛ *(adj.)* rosy
fɛfɛɛfɛ *(n.)* elegance
fɛfɛɛfɛ *(adj.)* exquisite
fɛfɛɛfɛ *(n.)* glam
fɛfɛɛfɛ *(adv.)* nicely
fɛfɛɛfɛ *(adj.)* scenic
fɛfo *(n.)* colleague
fɛre *(adj.)* bashful
fɛre *(adj.)* coy
fɛre *(v.)* shy
fɛre *(adj.)* ashamed
fɛre *(v.)* blush
fɛreɛɛ *(n.)* reticence
fɛwdi *(adv.)* tauntingly
fɛwdi *(n.)* teasing
fɛwdi so *(adv.)* teasingly
fɛwdie *(v.)* mock
fɛwdie *(adj.)* mock
fɛwdie *(v.)* parody
fɛwdie *(n.)* parody
fɛwdie *(n.)* ridicule
fɛwdie *(n.)* tease
fɛwdie *(n.)* mockery
fɛwdifo *(n.)* taunter
fi *(adj.)* out
fi apuei fam *(adj.)* oriental
fi ase *(v.)* originate
fi hɔ *(n.)* logout
fi komam *(adv.)* heartily
Fiada *(n.)* Friday
fibre-optic *(adj.)* fibre-optic
fibreglass *(n.)* fibreglass
fibrillate *(v.)* fibrillate
fibroid *(adj.)* fibroid
fibromuscular *(adj.)* fibromuscular
fibrosis *(n.)* fibrosis
fibrosity *(n.)* fibrosity
fibrous *(adj.)* fibrous
fidisum *(n.)* bait

fidua *(n.)* household
fie *(interj.)* fie
fie *(n.)* villa
fie *(n.)* apartment
fiend *(n.)* fiend
fifi *(v.)* sap
fifii mu *(v.)* pry
fig *(n.)* fig
fii *(v.)* gawk
fii *(prep.)* out
fikyiri *(n.)* avulsion
fin *(n.)* fin
fingerpaint *(n.)* fingerpaint
fingerstick *(n.)* fingerstick
fir *(n.)* fir
fira *(adj.)* clad
fireball *(n.)* fireball
fireproof *(v.)* fireproof
firi *(prep.)* from
firi *(prep.)* of
firi *(conj.)* since
firi *(v.)* vacate
firi *(v.)* abstain
firi *(n.)* abstinence
firi mu *(adv.)* out
firi mu *(v.)* secede
firi mu *(v.)* shirk
firi nnɛ *(adv.)* henceforth
firi nnɛrekɔ *(adv.)* henceforward
firimu *(n.)* escape
fistula *(n.)* fistula
fitaa *(adj.)* abject
fitaa *(n.)* pale
fitaa *(n.)* white
fitful *(adj.)* fitful
fiti *(v.)* range
fiti asee *(v.)* emanate
fiti asee *(v.)* begin
fitter *(n.)* fitter
fixer-upper *(n.)* fixer-upper
flambé *(adj.)* flambé
flambé *(n.)* flambé
flambé *(v.)* flambé
flamenco *(n.)* flamenco
flannel *(n.)* flannel
flapper *(n.)* flapper
flashbulb *(n.)* flashbulb
flashcard *(n.)* flashcard
flat screen *(n.)* flat screen

flea market *(n.)* flea market
fleet *(n.)* fleet
floodlight *(n.)* floodlight
floodlight *(v.)* floodlight
floss *(v.)* floss
flow chart *(n.)* flow chart
fo *(adj.)* cheap
fo *(adj.)* easy
fo *(adj.)* effortless
foa *(v.)* confirm
foa *(v.)* approve
foa *(v.)* corroborate
foa bɔne *(v.)* condone
foa so *(v.)* endorse
foa so *(v.)* second
fofa *(v.)* stroke
foforo *(n.)* novice
foforo *(v.)* upgrade
foforo *(adj.)* up-to-date
foforɔ *(v.)* alternate
foforɔ *(adj.)* alternative
foforɔ *(adv.)* anew
foforɔ *(adv.)* else
foforɔ *(adj.)* fresh
foforɔ *(adj.)* new
foforɔ *(n.)* refinery
foforɔ *(adj.)* reformatory
foforɔ *(n.)* spare
foforɔ *(adv.)* afresh
fogbank *(n.)* fogbank
folda *(n.)* folder
folic *(adj.)* folic
folio *(n.)* folio
fom *(adj.)* aberrant
fom *(v.)* err
fom *(v.)* flop
fom *(v.)* goof
fom *(v.)* scramble
fom *(v.)* transgress
fom *(adj.)* wrong
fomfam *(v.)* entangle
fondant *(n.)* fondant
fono *(n.)* disgust
fononoo *(n.)* oven
font *(n.)* font
footloose *(adj.)* footloose
footnote *(v.)* footnote
foray *(n.)* foray
foray *(v.)* foray

forceps *(n.)* forceps
forelock *(n.)* forelock
forfeiture *(n.)* forfeiture
format *(n.)* format
formula *(n.)* formula
foro *(v.)* breast
foro *(v.)* embark
foro *(v.)* ascend
foro *(v.)* clamber
foro *(v.)* climb
fororɔ *(n.)* reformatory
forte *(n.)* forte
forum *(n.)* forum
fotoɔ *(n.)* bursary
fotuo *(adj.)* advisory
foundry *(n.)* foundry
fow *(v.)* maraud
fɔ *(v.)* dampen
fɔ *(adj.)* guilty
fɔ *(v.)* soak
fɔ *(v.)* wet
fɔbuo *(n.)* compunction
fɔbuo *(n.)* condemnation
fɔbuo *(n.)* conviction
fɔdie *(n.)* complicity
fɔdie *(adj.)* culpable
fɔn *(v.)* emaciate
fɔsɔ *(adj.)* humid
fɔsɔ *(n.)* humidity
fɔsu *(adj.)* sultry
fɔteɛ *(n.)* termite
fra *(v.)* concoct
fra *(v.)* emulsify
fra *(v.)* hobnob
fra *(v.)* mingle
fra *(v.)* mix
fra *(v.)* blend
fra mu *(v.)* dilute
fraction *(n.)* fraction
frafra *(v.)* intermingle
fram *(v.)* adulterate
framework *(n.)* framework
frankaa *(n.)* flag
fraught *(adj.)* fraught
fray *(n.)* fray
freak-out *(n.)* freak-out
freelancer *(n.)* freelancer
freewheel *(v.)* freewheel
freight *(n.)* freight

French *(adj.)* French
French *(n.)* French
frɛ *(v.)* call
frɛ *(v.)* denominate
frɛ *(v.)* invite
frɛ *(v.)* telephone
frɛ *(v.)* beckon
frɛbea *(n.)* call centre
frɛfoɔ *(n.)* caller
frɛfrɛ *(v.)* allure
friigi *(n.)* fridge
frill *(n.)* frill
frinkyimm *(n.)* steadiness
frɔeɛ *(adj.)* arrabbiata
frɔmfrɔm *(adj.)* evergreen
fufuo *(adj.)* white
fumtumfra *(v.)* jumble
fungus *(n.)* fungus
funu *(n.)* corpse
funu *(n.)* caracass
funu adaka *(n.)* coffin
furl *(v.)* furl
furlong *(n.)* furlong
furnance *(n.)* furnace
furrow *(n.)* furrow
futufoɔ *(n.)* counsellor
futum asaase *(v.)* plough
fuufuu *(n.)* gorge
fuufuu *(adj.)* gorge
fuzz *(n.)* fuzz
fuzz *(v.)* fuzz

gadfly *(n.)* gadfly
galactic *(adj.)* galactic
galeke *(n.)* garlic
galɔn *(n.)* gallon
galvanize *(v.)* galvanize
galvanoment *(n.)* galvanometer
galvanoscope *(n.)* galvanoscope
gambit *(n.)* gambit
gamepad *(n.)* gamepad
gamma *(n.)* gamma
gander *(n.)* gander
gangrene *(n.)* gangrene
garaagye *(n.)* garage

garlicky *(adj.)* garlicky
garrison *(v.)* garisson
garter *(n.)* garter
gas *(n.)* gas
gasesous *(adj.)* gasesous
gasification *(n.)* gasification
gasified *(adj.)* gasified
gasify *(v.)* gasify
gasmask *(n.)* gasmask
gassy *(adj.)* gassy
gastric *(adj.)* gastric
gatepost *(n.)* gatepost
gaudy *(adj.)* gaudy
gauntlet *(n.)* gauntlet
gazelle *(n.)* gazelle
gazette *(n.)* gazette
gazillion *(n.)* gazillion
gearset *(n.)* gearset
gearwheel *(n.)* gearwheel
geek *(n.)* geek
geek *(v.)* geek
geeksville *(n.)* geeksville
geekwear *(n.)* geekwear
geeky *(adj.)* geeky
geisha *(n.)* geisha
gel *(n.)* gel
gel *(v.)* gel
gelatin *(n.)* gelatin
gelatinize *(v.)* gelatinize
gelatinous *(adj.)* gelatinous
gemimi *(n.)* Gemini
geminal *(adj.)* geminal
generable *(adj.)* generable
genome *(n.)* genome
genteel *(adj.)* genteel
gentryfoɔ *(n.)* gentry
geological *(adj.)* geological
geometrical *(adj.)* geometrical
geometry *(n.)* geometry
geopolitical *(adj.)* geopolitical
geothermal *(adj.)* geothermal
geranium *(n.)* geranium
germin *(n.)* germin
gerund *(n.)* gerund
geyser *(n.)* geyser
ghetto *(n.)* ghetto
ghetto *(n.)* slum
ghostwriter *(n.)* ghostwriter
ghoul *(n.)* ghoul

ghoulish *(adj.)* ghoulish
gib *(n.)* gib
gib *(v.)* gib
gibbon *(n.)* gibbon
gibe *(v.)* gibe
gibe *(n.)* gibe
gig *(n.)* gig
gig *(v.)* gig
gigabit *(n.)* gigabit
gigabyte *(n.)* gigabyte
gild *(v.)* gild
gilt *(adj.)* gilt
ginger ale *(n.)* ginger ale
girder *(n.)* girder
gist *(n.)* gist
gizmo *(n.)* gizmo
glacier *(n.)* glacier
gladiator *(n.)* gladiator
gladiatorial *(adj.)* gladiatorial
gland *(n.)* gland
glass *(n.)* glass
glassify *(v.)* glassify
glaze *(v.)* glaze
glaze *(n.)* glaze
glazier *(n.)* glazier
glider *(n.)* glider
globetrotter *(n.)* globetrotter
glove *(n.)* glove
glovebox *(n.)* glovebox
glucose *(n.)* glucose
gluten nnim *(adj.)* gluten-free
glycerine *(n.)* glycerine
gnome *(n.)* gnome
godown *(n.)* godown
gogo *(v.)* slacken
gogo *(n.)* decompression
gogo mu *(v.)* decompress
golf *(n.)* golf
golf cart *(n.)* golf cart
golf course *(n.)* golf course
gonads *(n.)* gonads
gondola *(n.)* gondola
google *(v.)* google
gooseberry *(n.)* gooseberry
gothic *(adj.)* gothic
gothic *(n.)* gothic
gouda *(n.)* gouda
gout *(n.)* gout
gɔnn *(adj.)* red

gɔtter *(n.)* gutter
graffiti *(v.)* graffiti
gramme *(n.)* gramme
gramo *(n.)* giant
gramofon *(n.)* gramophone
granary *(n.)* granary
graph *(n.)* graph
graphic *(adj.)* graphic
grater *(n.)* grater
greek *(n.)* Greek
greek *(adj.)* Greek
greenhouse *(n.)* greenhouse
gregre *(n.)* cartilage
grenade *(n.)* grenade
grey market *(n.)* grey market
greyhound *(n.)* greyhound
groove *(n.)* groove
groove *(v.)* groove
gu *(v.)* sow
gu ahome *(v.)* sigh
gu ahome *(v.)* snort
gu anim ase *(v.)* beshame
gu animase *(v.)* degrade
gu animase *(v.)* humiliate
gu animase *(v.)* scandalize
gu aware *(v.)* divorce
gu biribi *(v.)* liquidate
gu biribi *(n.)* liquidation
gu fi *(v.)* contaminate
gu fi *(n.)* sacrilege
gu ho fi *(v.)* tarnish
gu nsuo *(v.)* water
gu tar *(v.)* tar
guamutena *(v.)* preside
guankɔ *(n.)* escapism
guankɔbea *(n.)* escapist
guankɔbea *(n.)* lee
guankɔbea adesua *(n.)* escapology
guaso *(n.)* mart
guava *(n.)* guava
guerilla *(n.)* guerilla
gugu so *(v.)* spray
guise *(n.)* guise
gulf *(n.)* gulf
gull *(n.)* gull
gull *(v.)* gull
gum *(n.)* bubblegum
gum *(n.)* gum
gumboot *(n.)* gumboot

guttural *(adj.)* guttural
gya *(v.)* desert
gya *(v.)* exclude
gya *(v.)* bequeath
gya kwan *(v.)* escort
gya si hɔ *(v.)* park
gyaakwan *(adj.)* escorted
gyae *(v.)* abandon
gyae *(v.)* abdicate
gyae *(n.)* abdication
gyae *(n.)* breakup
gyae *(n.)* breakup
gyae *(v.)* desist
gyae *(v.)* discontinue
gyae *(v.)* fallow
gyae *(v.)* forbear
gyae *(v.)* forgo
gyae *(v.)* relent
gyae *(n.)* waiver
gyae *(n.)* cessation
gyae adwuma *(v.)* resign
gyae mu *(v.)* release
gyae mu *(v.)* surrender
gyahyehyeɛ *(n.)* arson
gyakɛte *(n.)* jacket
gyam *(v.)* accompany
gyam obi *(v.)* deplore
gyamfoɔ *(n.)* accompanist
gyanan *(v.)* defecate
gyantofoɔ *(n.)* archer
gyantoɔ *(n.)* archery
gyantrani *(n.)* whore
gyantranii *(n.)* courtesan
gyantranii *(n.)* slut
gyata *(n.)* Leo
gyata *(n.)* lion
gyata *(n.)* lioness
gye *(v.)* admit
gye *(v.)* collect
gye *(v.)* confiscate
gye *(n.)* confiscation
gye *(v.)* defend
gye *(v.)* except
gye *(v.)* occupy
gye *(v.)* receive
gye *(v.)* redeem
gye *(v.)* rescue
gye *(v.)* retrieve
gye *(v.)* salvage

gye *(v.)* take	gyedie *(n.)* chauvinism
gye *(n.)* takeover	gyedie *(adj.& n.)* chauvinist
gye *(v.)* usurp	gyedihunu *(n.)* superstition
gye *(n.)* usurpation	gyedihunusɛm *(adj.)* superstitious
gye *(v.)* accommodate	gyeene *(n.)* leek
gye *(n.)* admittance	gyeene *(n.)* onion
gye *(v.)* claim	gyefoɔ *(n.)* receiver
gye ahome *(v.)* relax	gyegye *(v.)* echo
gye ahome *(v.)* rest	gyegye *(v.)* entice
gye akyini *(v.)* doubt	gyegye *(v.)* foment
gye akyinnye *(v.)* disbelieve	gyegye *(n.)* goad
gye akyinnye *(v.)* argue	gyegye *(v.)* sound
gye ani *(v.)* delight	gyegye *(v.)* taunt
gye ani *(v.)* elate	gyegye *(adj.)* audible
gye ani *(v.)* entertain	gyegye neso *(v.)* pamper
gye ani *(v.)* gloat	gyegyeegye *(n.)* pandemonium
gye ani *(v.)* sally	gyegyeegye *(n.)* whir
gye anim *(v.)* relish	gyegyeegye *(v.)* clatter
gye di *(v.)* believe	gyegyeɛ *(adj.)* enticing
gye din *(adj.)* famous	gyidie *(n.)* supposition
gye ho ban *(v.)* delimit	gyidie *(adj.)* temeritous
gye ho ban *(v.)* delimitate	gyidie *(n.)* temerity
gye mframa *(v.)* ventilate	gyigye *(v.)* resound
gye nkwa *(v.)* deliver	gyimi *(v.)* fool
gye nsam *(v.)* deprive	gyimi *(adj.)* goofy
gye sɛ *(prep.)* except	gyimi *(v.)* joke
gye sɛ *(conj.)* unless	gyimie *(adj.)* witless
gye sika *(v.)* fundraise	gyimifo *(n.)* moron
gye so *(v.)* respond	gyimifoɔ *(n.)* fool
gye to *(v.)* shoulder	gyimifoɔ *(n.)* goof
gye tom *(v.)* accede	gyimifoɔ *(n.)* idiot
gye tom *(v.)* acknowledge	gyimisɛm *(n.)* follies
gye tom *(v.)* concede	gyimisɛm *(adj.)* silly
gye tom *(v.)* concur	gyimisɛm *(adj.)* asinine
gye tom *(v.)* face	gyina *(v.)* grade
gye tom *(v.)* ratify	gyina *(v.)* halt
gye tom *(n.)* recognition	gyina *(n.)* halt
gye tom *(n.)* toleration	gyina *(v.)* orient
gye tom *(v.)* validate	gyina *(v.)* pause
gye toɔ *(v.)* toll	gyina *(n.)* pause
gye tow *(v.)* tax	gyina *(v.)* stand
gye tum *(n.)* reapproval	gyina *(v.)* stop
gye tum *(v.)* toe	gyina ano *(adj.)* endurable
gye yɛ *(v.)* undertake	gyina ano *(v.)* endure
gyedi *(v.)* trust	gyina ano *(v.)* withstand
gyedie *(n.)* creed	gyina faako *(adj.)* static
gyedie *(n.)* faith	gyina hɔ *(adj.)* motionless
gyedie *(adj.)* sanguine	gyina ma *(v.)* symbolize
gyedie *(n.)* belief	gyina pintinn *(adj.)* perpendicular

gyina pintinn *(n.)* perpendicular
gyina pintinn *(n.)* standstill
gyina so *(v.)* mount
gyina so *(n.)* mount
gyinabea *(n.)* foothold
gyinabea *(n.)* prestige
gyinabea *(n.)* standard
gyinabea *(n.)* standpoint
gyinabea *(n.)* stoppage
gyinabea baako *(n.)* stagnation
gyinabea titiriw *(adj.)* prestigious
gyinaeɛ *(n.)* decision
gyinaesi *(adj.)* decisive
gyinahɔ ma *(v.)* connote
gyinapɛn *(n.)* class
gyinapɛn *(n.)* form
gyinapɛn *(n.)* grade
gyinapɛn *(adj.)* standard
gyinapintinn *(n.)* stalemate

ha *(v.)* bother
ha *(v.)* fret
ha *(adv.)* here
ha *(adj.)* inconvenient
ha *(v.)* inflict
ha *(v.)* trouble
ha *(adj.)* annoying
ha adwene *(v.)* worry
habeas *(n.)* habeas corpus
hacker *(n.)* hacker
hahaahayɔ *(n.)* depression
hain *(n.)* charter
hairbrush *(n.)* hairbrush
hairdryer *(n.)* hairdryer
ham so *(v.)* wrangle
hama *(n.)* hammer
hama *(n.)* noose
han *(v.)* rent
han *(n.)* aura
han *(n.)* beacon
hand baggage *(n.)* hand baggage
handbook *(n.)* handbook
handbrake *(n.)* handbrake
handkerchief *(n.)* handkerchief
hann *(adj.)* fluorescent

hann *(n.)* illumination
hann *(n.)* luminary
hann *(n.)* opal
hann *(n.)* refulgence
hann *(n.)* aurora
hardihood *(n.)* hardihood
hardware *(n.)* hardware
hardy *(adj.)* hardy
hare *(adj.)* deft
hare *(adj.)* flimsy
hare/ntɛmtɛm *(v.)* expedite
harmonium *(n.)* harmonium
hat-trick *(n.)* hat-trick
hata *(v.)* dehumidify
hatuhatu *(n.)* frenzy
hatuhatu *(n.)* hysteria
hatuhatu *(adj.)* careless
haw *(n.)* disquiet
haw *(v.)* disturb
haw *(v.)* nag
haw *(n.)* nagging
Hawthorn *(n.)* hawthorn
headlight *(n.)* headlight
headlong *(adv.)* headlong
headquarter *(v.)* headquarter
heat-resistant *(adj.)* heat-resistant
helm *(n.)* helm
herculean *(adj.)* herculean
hey *(interj.)* ahoy
hia *(adj.)* essential
hia *(n.)* importance
hia *(n.)* need
hia *(v.)* require
hia *(adj.)* requisite
hia *(n.)* want
hibernation *(n.)* hibernation
highly *(adv.)* highly
him *(v.)* flap
him *(v.)* swing
him nsa *(v.)* wave
himhim *(v.)* flapping
hinhim *(v.)* fluctuate
hinhim *(v.)* reel
hinhim *(v.)* stagger
hinhim *(v.)* sway
hinhim *(v.)* wabble
hinhim *(v.)* waver
hini *(n.)* decrypt
hini *(n.)* decryption

hini ano *(v.)* decrypt
hintasɛm *(n.)* esoterism
hintudua *(n.)* stumble
hireling *(n.)* hireling
ho *(prep.)* over
ho adwiri *(v.)* dumbfound
ho baa *(adj.)* convenient
ho hia *(adj.)* necessary
ho hia *(adj.)* significant
ho kɔe *(v.)* while
ho mfa *(adj.)* indisposed
ho nhia *(adj.)* immaterial
ho popo *(v.)* convulse
ho si hɔ *(v.)* volunteer
ho te *(adj.)* clean
ho to so *(adj.)* dependent
ho to so *(n.)* deponent
ho tɔ *(v.)* convalesce
ho wɔ asɛm *(adj.)* controversial
ho ye *(v.)* okay
ho ye *(adj.)* okay
ho yɛ den *(adj.)* virile
hoahoa *(v.)* exalt
hoahoa *(v.)* aggrandize
hoahoa *(v.)* boast
hobbyhors *(n.)* hobbyhorse
hockey *(n.)* hockey
hodwohodwo *(adj.)* saggy
hoee *(adj.)* blank
hohoro *(n.)* ablution
hohoro *(v.)* deodrize
hohoro *(v.)* flush
hohoro *(v.)* rinse
hohwini *(adj.)* irresponsible
hohwini *(adj.)* prodigal
hohwini *(n.)* prodigality
hokafo *(n.)* companion
hokafoɔ *(n.)* suitor
hokani *(n.)* consort
hokani *(n.)* attache
hokwan ahorow *(n.)* opportunism
holograph *(n.)* holograph
home *(v.)* breathe
home *(v.)* inhale
home *(v.)* respire
home *(n.)* snort
home hegyahegya *(n.)* pant
home hegyahegya *(v.)* pant
home hegyahegya *(adj.)* panting

homeda *(n.)* sabbath
homeda berɛ *(n.)* sabbatical
homeda berɛ *(adj.)* sabbatical
homee *(n.)* breath
homeopath *(n.)* homeopath
homeopath *(n.)* homeopathy
homesi *(n.)* apnoea
homesi *(n.)* asphyxia
homhom *(n.)* spirit
homhom *(adj.)* spirited
homhom fam *(n.)* spirituality
homhom mu *(adj.)* spiritual
homhomu nipa *(n.)* spiritualist
hon *(n.)* marrow
honam *(v.)* skin
honam *(n.)* skin
honam aduhwam *(n.)* deodorant
honam akwaa *(n.)* limb
honam akwaa *(n.)* lobe
honam akwaa *(adj.)* prosthetic
honam baree *(adj.)* pachidermatous
honam baree *(n.)* pachyderm
honam mu *(adv.)* bodily
honam mu *(adj.)* carnal
honam yare aduryɛ *(n.)* dermatology
honeycomb *(n.)* honeycomb
honeymoon *(n.)* honeymoon
hono *(v.)* swell
horde *(n.)* horde
horizon *(n.)* horizon
hornet *(n.)* hornet
horo bɔkɔɔ *(v.)* simmer
horseshoe *(n.)* horseshoe
horticulture *(n.)* horticulture
hotchpotch *(n.)* hotchpotch
hote fo *(n.)* cleaner
hotwa *(n.)* grandeur
hoyaa *(v.)* pale
hoyaa *(adj.)* pale
hoyaa *(n.)* paleness
hoyaa *(adj.)* pastel
hoyaa *(adj.)* wan
hoyaa *(adj.)* ashen
hoyera *(adj.)* desperate
hɔ daa *(adj.)* lasting
hɔ daa *(v.)* perpetuate
hɔhoɔ *(adj.)* alien
hram *(v.)* yawn
hram *(n.)* yawn

hu *(adj.)* dangerous	hunu ade *(n.)* perspective
hu *(v.)* detect	hunu no *(v.)* engage
hu *(adj.)* endangered	hunuu *(n.)* saw
hu *(v.)* saw	huraeɛ *(n.)* fever
hu *(v.)* spot	huraeɛnini *(n.)* jaundice
hu *(n.)* whiff	huri *(v.)* hop
hu *(v.)* blow	huri *(v.)* skip
hu ntutuo *(v.)* steam	huri *(v.)* bounce
hu sunsum *(v.)* shadow	huri *(v.)* leap
hua *(n.)* odour	hurihuri *(v.)* gallop
hua *(n.)* olfactics	hurihuri *(v.)* jump
hua *(adj.)* olfactory	hurihuri *(v.)* rebound
hua *(adj.)* olfaltive	huro *(v.)* jeer
hua *(v.)* savour	huro *(v.)* tease
hua *(v.)* sniff	hurrah *(interj.)* hurrah
hua *(v.)* tang	huuhuu *(adj.)* rash
hua mu *(adj.)* olfactic	huyi *(n.)* dismay
huan *(v.)* dislocate	hwɜfoɛ *(n.)* breadwinner
hufoɔ *(n.)* alarmist	hwa *(n.)* aroma
huhu *(adj.)* creepy	hwa *(v.)* smell
huhu *(v.)* sight	hwa nkorɔmu *(v.)* snore
huhu so *(v.)* sift	hwam *(adj.)* fragrant
huhu so *(v.)* winnow	hwan *(n.)* musk
huhuru *(v.)* bloat	hwan *(v.)* sprain
huhuuhu *(adj.)* horrible	hwan *(pron.)* who
hukanii *(adj.)* spousal	hwan *(pron.)* whom
hum *(v.)* hum	hwan *(pron.)* whose
hum *(n.)* hum	hwane *(v.)* hatch
hunahuna *(v.)* creep	hwanyann *(adj.)* congested
hunahuna *(v.)* frighten	hwanyann *(n.)* congestion
hunahuna *(v.)* haunt	hwanyann *(n.)* enigma
hunahuna *(v.)* horrify	hwanyann *(adj.)* tortuous
hunahuna *(v.)* intimidate	hwe *(v.)* flog
hunahuna *(v.)* scare	hwe *(v.)* lash
hunahuna *(v.)* threaten	hwe *(v.)* scourge
hunam *(n.)* shaft	hwe ase *(v.)* derail
hunta *(v.)* disguise	hwe ase *(v.)* slump
hunu *(adv.)* abreast	hweaa *(n.)* tendril
hunu *(v.)* engorge	hweaa *(adj.)* tiny
hunu *(v.)* found	hweaɛ *(v.)* smelt
hunu *(v.)* identify	hwee *(adj.)* empty
hunu *(v.)* perceive	hwee *(adj.)* hollow
hunu *(v.)* realize	hwee *(n.)* nothing
hunu *(v.)* recognize	hwee *(adj.)* void
hunu *(v.)* span	hwee *(n.)* zero
hunu *(n.)* void	hwee *(n.)* cipher(or cypher)
hunu *(v.)* acquaint	hwee ase *(v.)* droop
hunu *(v.)* ascertain	hwee nni hɔ *(n.)* vacuum
hunu *(adj.)* bogus	hwee nnim *(v.)* void

hwehwamde *(n.)* cologne
hwehwɛ *(v.)* browse
hwehwɛ *(v.)* diagnose
hwehwɛ *(v.)* find
hwehwɛ *(v.)* fish
hwehwɛ *(v.)* forage
hwehwɛ *(v.)* quest
hwehwɛ *(v.)* scavenge
hwehwɛ *(v.)* scout
hwehwɛ *(v.)* search
hwehwɛ *(v.)* seek
hwehwɛ *(v.)* trawl
hwehwɛ *(v.)* inspect
hwehwɛ asomdwee *(n.)* pacifism
hwehwɛ asomdwoe *(v.)* pacify
hwehwɛ mu *(v.)* explore
hwehwɛ mu *(v.)* investigate
hwehwɛ mu *(v.)* probe
hwehwɛmu *(n.)* quest
hwem *(n.)* sapidity
hwene *(n.)* nasal
hwene *(n.)* nose
hwene *(n.)* snout
hwene mu *(adj.)* nasal
hwene mu *(v.)* nose
hwene mu tokuru *(n.)* nostril
hwere *(v.)* forfeit
hwere *(v.)* lose
hwere *(n.)* loss
hwere *(n.)* miss
hwere *(v.)* lack
hwere biribi *(v.)* miss
hwerɛma *(n.)* hiss
hwete *(v.)* decentre
hwete *(v.)* disperse
hwete *(v.)* ferret
hwete *(v.)* scatter
hwete adwene *(n.)* scatterbrain
hwɛ *(v.)* behold
hwɛ *(v.)* cater
hwɛ *(v.)* glance
hwɛ *(v.)* look
hwɛ *(n.)* look
hwɛ *(v.)* nurture
hwɛ *(n.)* nurture
hwɛ *(v.)* observe
hwɛ *(v.)* see
hwɛ *(v.)* view
hwɛ *(v.)* visualize

hwɛ *(v.)* watch
hwɛ *(adj.)* agaze
hwɛ *(v.)* care
hwɛ ntɛm *(n.)* glance
hwɛ anim *(v.)* envision
hwɛ anim *(adj.)* focusing
hwɛ anim *(v.)* hope
hwɛ beaeɛ *(n.)* panorama
hwɛ haa *(v.)* gaze
hwɛ hann *(v.)* stare
hwɛ hu *(v.)* fend
hwɛ hwiem *(v.)* sky
hwɛ kwan *(v.)* expect
hwɛ kwan *(v.)* foresee
hwɛ kwan *(n.)* probability
hwɛ kwan *(adj.)* probable
hwɛ kwan *(adv.)* probably
hwɛ kwan *(adj.)* prospective
hwɛ kwan *(n.)* longing
hwɛ ntɛmtɛm *(n.)* peep
hwɛ ntɛmtɛm *(v.)* peep
hwɛ sɛ *(v.)* ensure
hwɛ so *(v.)* invigilate
hwɛ so *(v.)* oversee
hwɛ so *(v.)* sample
hwɛ so *(v.)* superintend
hwɛ so *(v.)* supervise
hwɛ so *(n.)* upkeep
hwɛ so *(v.)* concentrate
hwɛ yie *(v.)* beware
hwɛbea a ɛfɛ *(n.)* vista
hwɛɛ anim *(v.)* envisage
hwɛfoɔ *(adj.)* adoptive
hwɛso *(n.)* copy
hwɛso *(v.)* copy
hwɛsofoɔ *(n.)* caretaker
hwɛsofoɔ *(n.)* chaperone
hwɛsofoɔ *(n.)* custodian
hwɛsofoɔ *(n.)* ranger
hwɛsofoɔ *(n.)* role model
hwɛsofoɔ *(n.)* sentinel
hwie *(v.)* pour
hwie *(n.)* cascade
hwie *(v.)* teem
hwie gu *(v.)* spill
hwie mogya *(v.)* gore
hwiem *(n.)* sky
hwiiti *(n.)* wheat
hwim *(v.)* snatch

hwim *(v.)* wrest
hwintia *(n.)* clove
hwoa *(n.)* scrotum
hwoa *(n.)* testicle
hyampee *(n.)* champagne
hydrogen *(n.)* hydrogen
hye *(v.)* accend
hye *(v.)* combust
hye *(adj.)* combustible
hye *(v.)* cremate
hye *(n.)* cremation
hye *(v.)* flame
hye *(v.)* scorch
hye *(v.)* sear
hye *(v.)* singe
hye *(v.)* burn
hye *(adj.)* burning
hye *(n.)* combustion
hye wisihwam *(v.)* incense
hyeɛ *(n.)* boundary
hyeɛ *(n.)* border
hyehye *(v.)* spice
hyehye *(v.)* tray
hyehyeɛ *(n.)* sideburn
hyehyɛ *(v.)* allocate
hyehyɛ *(v.)* build
hyehyɛ *(v.)* compose
hyehyɛ *(v.)* pack
hyehyɛ *(v.)* reconfigurate
hyehyɛ *(v.)* schedule
hyehyɛ *(v.)* scheme
hyehyɛ *(v.)* sort
hyehyɛ *(v.)* systematize
hyehyɛ *(v.)* tabulate
hyehyɛ *(v.)* time
hyehyɛ *(v.)* wreathe
hyehyɛ *(v.)* arrange
hyehyɛ *(v.)* catagorize
hyehyɛ *(v.)* declutter
hyehyɛ foforɔ *(v.)* rearrange
hyehyɛɛ *(v.)* dot
hyehyɛfoɔ *(n.)* strategist
hyehyɛfoɔ *(n.)* tabulator
hyehyɛ *(v.)* construct
hyer3n *(adv.)* aglow
hyerɛmmoɔ *(n.)* emerald
hyerɛmmoɔ *(n.)* sapphire
hyerɛn *(n.)* bling
hyerɛn *(adj.)* bright

hyerɛn *(v.)* brighten
hyerɛn *(n.)* brightness
hyerɛn *(adj.)* dazzling
hyerɛn *(v.)* excel
hyerɛn *(v.)* flare
hyerɛn *(v.)* glow
hyerɛn *(v.)* light
hyerɛn *(v.)* lighten
hyerɛn *(v.)* shine
hyerɛn *(v.)* sparkle
hyerɛn *(n.)* twinkle
hyerɛn *(adj.)* aglare
hyerɛn *(adj.)* lucent
hyerɛn sen *(v.)* outshine
hyerɛnn *(adv.)* dazzlingly
hyerɛnn *(v.)* glare
hyerɛnn *(v.)* glimmer
hyerɛnn *(v.)* glitter
hyerɛnn *(v.)* twinkle
hyew *(adj.)* drafty
hyew *(n.)* spark
hyew *(adj.)* tepid
hyew *(n.)* tepidity
hyew *(adv.)* tepidly
hyew *(adj.)* warm
hyew *(adj.)* blazing
hyɛ *(v.)* affix
hyɛ *(v.)* ascribe
hyɛ *(v.)* command
hyɛ *(v.)* compel
hyɛ *(v.)* dictate
hyɛ *(n.)* enunciation
hyɛ *(v.)* force
hyɛ *(v.)* impose
hyɛ *(v.)* infringe
hyɛ *(v.)* insert
hyɛ *(v.)* instruct
hyɛ *(n.)* observance
hyɛ *(v.)* score
hyɛ *(v.)* set
hyɛ *(v.)* wear
hyɛ *(v.)* authorize
hyɛ *(v.)* clothe
hyɛ ananmu *(n.)* predecessor
hyɛ abankaba *(v.)* shackle
hyɛ abufoɔ *(v.)* infuriate
hyɛ abufuo *(v.)* appal
hyɛ abufuo *(v.)* embitter
hyɛ abufuo *(v.)* enrage

hyɛ abufuo *(v.)* irritate
hyɛ abufuo *(v.)* madden
hyɛ abufuo *(v.)* rage
hyɛ abufuo *(v.)* vex
hyɛ abufuo *(adj.)* maddening
hyɛ abufuw *(n.)* provocation
hyɛ abufuw *(v.)* provoke
hyɛ aduru *(v.)* dye
hyɛ agyinaeɛ *(v.)* mark
hyɛ animuonyam *(v.)* ennoble
hyɛ anioyam *(v.)* knight
hyɛ aniwuo *(v.)* shame
hyɛ annuonyam *(v.)* dignify
hyɛ anuonyam *(v.)* glorify
hyɛ ase *(v.)* launch
hyɛ ase *(n.)* proceeding
hyɛ ase *(v.)* start
hyɛ ase *(v.)* subordinate
hyɛ aseɛ *(v.)* commence
hyɛ aseɛ *(v.)* initiate
hyɛ aseɛ *(adv.)* under
hyɛ atade *(v.)* garb
hyɛ awerɛhoɔ *(v.)* deject
hyɛ awia *(v.)* sun
hyɛ batakari *(v.)* robe
hyɛ bɔ *(v.)* guarantee
hyɛ bɔ *(adj.)* promising
hyɛ bɔ *(v.)* pledge
hyɛ bɔ *(n.)* pledge
hyɛ bɔ *(adj.)* promissory
hyɛ da *(v.)* postpone
hyɛ da *(n.)* postponement
hyɛ da *(v.)* procrastinate
hyɛ da *(v.)* purpose
hyɛ da *(adj.)* pretentious
hyɛ da *(n.)* procrastination
hyɛ da *(adv.)* purposely
hyɛ den *(v.)* enforce
hyɛ den *(v.)* fortify
hyɛ den *(v.)* reconsolidate
hyɛ firigyemu *(v.)* refrigerate
hyɛ kawa *(v.)* ring
hyɛ kena *(v.)* aggravate
hyɛ kena *(n.)* aggravation
hyɛ kena *(v.)* intensify
hyɛ kutupa *(v.)* instigate
hyɛ ma *(n.)* heap
hyɛ ma *(v.)* heap
hyɛ ma *(v.)* replenish
hyɛ ma *(adj.)* besotted
hyɛ mmara *(v.)* canonize
hyɛ mmra *(v.)* enact
hyɛ mpaboa *(v.)* shoe
hyɛ mu *(v.)* encage
hyɛ mu *(adj.)* engaging
hyɛ mu *(v.)* engross
hyɛ mu *(v.)* harbour
hyɛ mu *(v.)* incubate
hyɛ mu *(n.)* participant
hyɛ mu *(v.)* slot.
hyɛ nkɔm *(v.)* forecast
hyɛ nkɔm *(v.)* foretell
hyɛ nkɔm *(v.)* predict
hyɛ nkɔm *(v.)* prophesy
hyɛ nkuran *(v.)* encourage
hyɛ nkuran *(v.)* inspire
hyɛ nkuran *(v.)* assure
hyɛ no nsow *(adj.)* noteworthy
hyɛ nso *(n.)* note
hyɛ nso *(v.)* tag
hyɛ ntɛm *(n.)* quick fix
hyɛ ɔbohene *(v.)* jewel
hyɛ porɔeɛ *(v.)* pervert
hyɛ prɔɛ *(v.)* demoralize
hyɛ sekɛɛte *(v.)* skirt
hyɛ so *(v.)* infest
hyɛ so *(v.)* repress
hyɛ so *(v.)* subjugate
hyɛ tirimu *(n.)* rote
hyɛbrɛ *(n.)* destiny
hyɛden *(n.)* condolence
hyɛeɛ *(adj.)* worn
hyɛɛ abufuw *(v.)* outrage
hyɛɛ mu *(adj.)* teamed
hyɛɛ no nsow *(v.)* notice
hyɛma mu *(adj.)* maritime
hyɛmma *(n.)* ferryboat
hyɛmma *(n.)* towboat
hyɛmma *(n.)* trawlboat
hyɛmma *(n.)* yacht
hyɛmu den *(v.)* entrench
hyɛmu den *(n.)* entrenchment
hyɛmu den *(v.)* reinforce
hyɛmu kena *(v.)* reactivate
hyɛmu kena *(v.)* solemnize
hyɛn *(n.)* shuttle
hyɛn *(n.)* barge
hyɛn gyinabea *(n.)* dock

hyɛn gyinabea *(n.)* dockyard
hyɛn gyinabea *(n.)* wharfage
hyɛn gyinabea dwumayɛfo *(n.)* dockworker
hyɛn gyinabea hwɛfo *(n.)* dockmaster
hyɛn mu *(adj.)* shipboard
hyɛn mu *(n.)* shipboard
hyɛnheɛn *(adj.)* sleek
hyɛnhyɛn *(n.)* glitter
hyɛnkafo *(n.)* sailor
hyɛnkani *(n.)* motorist
hyɛso *(v.)* encumber
hyɛsoɔ ketee *(adj.)* insistent
hyia *(v.)* clash
hyia *(v.)* congregate
hyia *(v.)* converge
hyia *(v.)* encounter
hyia *(n.)* meet
hyia *(v.)* assemble
hyia *(v.)* coincide
hyia *(n.)* coincidence
hyia *(v.)* convene
hyia *(v.)* convoke
hyiadanmu *(n.)* ballroom
hyira *(v.)* consecrate
hyira *(v.)* bless
hyire *(n.)* chalk
hypothesis *(n.)* hypothesis
hypothetical *(adj.)* hypothetical
hyu *(adj.)* unadapted
hyɛ mu den *(v.)* consolidate

I

iambic *(adj.)* iambic
ice *(v.)* ice
ice cream *(n.)* ice cream
iceberg *(n.)* iceberg
iceblock *(n.)* iceblock
iconoclastic *(adj.)* iconoclastic
ignoble *(adj.)* ignoble
impute *(v.)* impute
inbound *(adj.)* inbound
inbox *(n.)* inbox
inch *(n.)* inch
index *(n.)* index
indian *(adj.)* Indian

indigo *(n.)* indigo
induce *(v.)* induce
inducement *(n.)* inducement
influx *(n.)* influx
injection *(n.)* injection
ink *(n.)* ink
inkling *(n.)* inkling
inland *(adv.)* inland
innings *(n.)* innings
insurmountable *(adj.)* insurmountable
intanɛrt *(n.)* internet
intanɛt nyi *(n.)* netizen
intern *(n.)* intern
interplay *(n.)* interplay
intransitive *(adj. (verb))* intransitive
introvert *(n.)* introvert
Irish *(adj.)* Irish
Irish *(n.)* Irish
irradiate *(v.)* irradiate
irruption *(n.)* irruption
isobar *(n.)* isobar
Italian *(adj.)* Italian
Italian *(n.)* Italian
italic *(adj.)* italic
italics *(n.)* italics
ivy *(n.)* ivy

J

jade *(n.)* jade
jam *(n.)* jam
jam *(v.)* jam
javelin *(n.)* javelin
jean *(n.)* jean
jelly *(n.)* jelly
jersey *(n.)* jersey
jet *(n.)* jet
jet engine *(n.)* jet engine
jew *(n.)* jew
jigsaw *(n.)* jigsaw
jog *(v.)* jog
jot *(n.)* jot
jukebox *(n.)* jukebox
Jupiter *(n.)* jupiter
jura *(v.)* giftwrap
jurisprudence *(n.)* jurisprudence
jute *(n.)* jute

K

ka *(v.)* aggrieve
ka *(v.)* becalm
ka *(n.)* contact
ka *(v.)* contact
ka *(v.)* drive
ka *(v.)* enunciate
ka *(v.)* escalate
ka *(v.)* gnaw
ka *(v.)* intimate
ka *(v.)* narrate
ka *(v.)* remain
ka *(v.)* remark
ka *(v.)* say
ka *(v.)* smear
ka *(v.)* solidify
ka *(v.)* state
ka *(v.)* tell
ka *(adj.)* telling
ka *(n.)* telling
ka *(v.)* utter
ka *(v.)* affect
ka *(adj.)* affected
ka *(n.pl.)* arrears
ka *(n.)* bid
ka *(v.)* bite
ka *(v.)* blurt
ka abususɛm *(n.)* blaspheme
ka anim *(v.)* criticize
ka anim *(v.)* rebuke
ka anim *(v.)* reprimand
ka anim *(v.)* castigate
ka anim *(v.)* chastise
ka anim *(v.)* chide
ka asonsɛm *(v.)* whisper
ka bata *(v.)* reattach
ka bom *(v.)* combine
ka bom *(v.)* conjoin
ka bom *(v.)* connect
ka bom *(v.)* incorporate
ka bom *(v.)* integrate
ka bom *(v.)* join
ka bom *(v.)* merge
ka bom *(n.)* overlap
ka bom *(v.)* rally
ka bom *(v.)* total
ka bom *(v.)* weld
ka bom *(v.)* yoke
ka bom *(v.)* collaborate
ka bɔho *(v.)* double
ka ho *(prep.)* among
ka ho *(prep.)* amongst
ka ho *(v.)* involve
ka ho *(adv.)* more
ka ho *(v.)* muffle
ka ho *(v.)* partake
ka ho *(adj.)* plus
ka ho *(v.)* comprise
ka ho *(n.)* plus
ka hwem *(v.)* slam
ka hwɛ *(v.)* taste
ka hye *(v.)* warm
ka hyɛ *(v.)* suppress
ka no bɔkɔɔ *(n.)* whisper
ka nokware *(v.)* profess
ka nsɛmpa *(v.)* sermonize
ka ntam *(v.)* forswear
ka ntam *(v.)* swear
ka ntam *(v.)* vouch
ka ntam *(v.)* vow
ka ntanhunu *(v.)* perjure
ka tohɔ *(v.)* predetermine
ka tom *(v.)* interlock
ka tuntum *(v.)* blacken
ka w'asɛm *(v.)* propound
ka wadwene *(v.)* express
ka wom *(v.)* gimp
kaabɔn *(n.)* carbon
kaankabi *(n.)* autocrat
kaate *(n.)* cart
kaatuu *(n.)* cartoon
kaba *(n.)* blouse
kabegyi *(n.)* cabbage
kabimamenkabi *(n.)* democracy
kabimamenkabi *(adj.)* democratic
kabinet *(n.)* cabinet
kabom *(v.)* amalgamate
kabom *(v.)* compile
kabom *(adj.)* incorporate
kabom *(v.)* add
kabom *(v.)* agglomerate
kabro kasafonin *(n.)* cable television
kad agorɔ *(adj.)* piquant
kadɛt *(n.)* cadet

kae *(v.)* allude
kae *(v.)* recall
kae *(v.)* remember
kae *(v.)* remind
kafe *(n.)* cafeteria
kafee *(n.)* cafe
kafee *(n.)* cybercafé
kaffein *(n.)* caffeine
kaffir *(n.)* kaffir
kafra *(adj.)* sorry
kaho aduro *(n.)* painting
kahwɛ *(v.)* expend
kaka *(n.)* toothache
kakaduro *(adj.)* ginger
kakaduro *(n.)* ginger
kakaduro paano *(n.)* gingerbread
kakae *(n.)* chimera
kaki *(n.)* kaki
kakra *(adv.)* almost
kakra *(adj.)* few
kakra *(n.)* nibble
kakra *(v.)* tinge
kakra *(n.)* tinge
kakra bi *(adv.)* less
kakraa *(adj.)* enormous
kakraa *(adj.)* fat
kakraa *(adj.)* gigantic
kakraa *(adj.)* large
kakraa *(adv.)* barely
kakraa *(adj.)* colossal
kakraka *(adj.)* immense
kakrakaa *(adj.)* hefty
kakrakaa *(adj.)* massive
kalanda *(n.)* calendar
kaleidoscope *(n.)* kaleidoscope
kalori *(n.)* calorie
kama *(adj.)* dapper
kama *(n.)* dope
kama *(n.)* fine
kama *(adj.)* nice
kama *(adv.)* aright
kamakama *(n.)* subtlety
kame *(v.)* confine
kamfo *(v.)* commend
kamfo *(n.)* compliment
kamfo *(v.)* extol
kamfo *(v.)* hail
kamfo *(v.)* adore
kamfo obi *(v.)* tout

kamikaze *(n.)* kamikaze
kampee *(n.)* campaign
kampo *(n.)* camp
kampo bea *(n.)* campsite
kampo gya *(n.)* campfire
kan *(adj.)* advanced
kan *(v.)* count
kan *(n.)* first
kan *(adj.)* foremost
kan *(adj.)* previous
kan no *(adv.)* formerly
kan tete *(adj.)* primeval
kanana *(v.)* contrive
kane *(adv.)* first
kane *(n.)* past
kane *(adj.)* past
kane *(adj.)* prior
kane *(n.)* prior
kanea *(n.)* chandelier
kanea *(n.)* lamp
kanea *(n.)* lantern
kanea *(n.)* light
kanfa *(n.)* camphor
kankabi *(n.)* millipede
kankan *(adj.)* foul
kankan *(adj.)* squalid
kankan *(n.)* stink
kanko *(n.)* circle
kanko *(n.)* cycle
kanko *(adj.)* cyclic
kankofa *(n.)* arc
kankohyia *(n.)* circumference
kankorɔ *(n.)* flow
kankye *(v.)* invoke
kansa *(n.)* cancer
kanyan *(v.)* animate
kanyan *(v.)* excite
kanyan *(v.)* incite
kanyan *(v.)* inflame
kanyan *(v.)* rejuvenate
kanyan *(v.)* restore
kanyan *(v.)* revive
kanyan *(v.)* strengthen
kanyan *(v.)* trigger
kanyan *(v.)* activate
kanyan *(v.)* arouse
kapenta *(n.)* carpenter
kapentadwuma *(n.)* carpentry
kapɛte *(n.)* carpet

kar *(n.)* tanker
kar *(n.)* trailer
kar *(n.)* truck
kar *(n.)* van
kar *(adj.)* vehicular
karat *(n.)* carat
karat *(n.)* karat
kari *(v.)* appraise
kari pɛ *(v.)* out-balance
kasa *(v.)* blab
kasa *(n.)* dialect
kasa *(n.)* language
kasa *(adj.)* lingual
kasa *(adj.)* linguistic
kasa *(n.)* linguistics
kasa *(n.)* parlance
kasa *(adv.)* say
kasa *(v.)* speak
kasa *(n.)* spoke
kasa *(n.)* talk
kasa *(v.)* talk
kasa *(v.)* voice
kasa a wɔka *(n.)* oration
kasa afidie *(n.)* megaphone
kasa afidie *(n.)* microphone
kasa bebree *(v.)* bluff
kasa dodo *(n.)* windbag
kasa horow *(adj.)* multilingual
kasa kakra *(adj.)* laconic
kasa kasa *(v.)* parley
kasa ketewa *(v.)* mumble
kasa ketewa *(v.)* mutter
kasa mfoni *(n.)* video
kasa mfoni nhoma *(n.)* videobook
kasa mmienu *(adj.)* bilingual
kasa mmra *(n.)* grammar
kasa mmra *(n.)* grammarian
kasa mu *(adj.)* oracular
kasa mu asɛm *(adj.)* oratorical
kasa mu nsɛm *(n.)* oratory
kasa ntɛm *(v.)* rave
kasa ntɛmtɛm *(v.)* jabber
kasa nyinaa *(n.)* omnilingual
kasa nyinaa mu *(adj.)* omnilingual
kasa pɛn *(n.)* paragraph
kasa tenten *(v.)* maunder
kasa tenten *(v.)* prattle
kasa tenten *(n.)* prattle
kasa tia *(v.)* decry
kasa tia *(v.)* gainsay
kasa tia *(n.)* invective
kasa tia *(v.)* object
kasaa *(n.)* slang
kasabɛbuo *(adj.)* cryptic
kasafi *(adj.)* vulgar
kasafi *(n.)* vulgarity
kasafidie *(n.)* transceiver
kasafidie *(n.)* wireless
kasafoforɔ *(n.)* creole
kasafoɔ *(n.)* addresser
kasakasa *(v.)* rat
kasakasa *(v.)* chatter
kasakoa *(n.)* idiom
kasakoa *(adj.)* idiomatic
kasakoa *(n.)* jargon
kasakoa *(n.)* rhetoric
kasakoa *(adj.)* rhetorical
kasama *(n.)* advocacy
kasamafoɔ *(n.)* activist
kasamufa *(n.)* clause
kasankyerɛmu *(n.)* commentary
kasanoma *(n.)* cell phone
kasapɛfoɔ *(adj.)* talkative
kasapɛfoɔ *(n.)* talkativeness
kasasin *(v.)* phrase
kasasin *(n.)* phrase
kasasin adesua *(n.)* phraseology
kasatia *(n.)* denunciation
kasatia *(v.)* upbraid
kasatwie *(adj.)* sardonic
kaseɛbɔ *(n.)* bulletin
kaseɛbɔ *(n.)* news
kasɛɛ nnim *(adj.)* boneless
kasɛɛ *(n.)* barb
kasɛt *(n.)* tape
kasi m'anim *(adv.)* point blank
kasino *(n.)* casino
kata *(v.)* cap
kata *(v.)* shroud
kata *(v.)* veil
katananim *(v.)* mask
kataso *(v.)* cover
katasoɔ *(n.)* bedcover
katee *(adj.)* draconic
katee nnipa *(n.)* martinet
katholik ɔsofopanyin *(n.)* pope
kawa *(n.)* bracelet
kawa *(n.)* ring

kawa *(adj.)* armlet
kawa *(n.)* bangle
kayan *(v.)* electrify
kayan *(v.)* evocate
kayan *(v.)* reanimate
kayan *(v.)* spur
kayan *(v.)* stimulate
kebro *(n.)* cable
keeki *(n.)* teacake
keka *(v.)* itch
keka *(v.)* sour
keka *(adj.)* blotted
keka ho *(v.)* hurry
keka mu *(v.)* howl
kekabɔso *(v.)* cram
kekaho *(n.)* boist
kenahyɛ *(n.)* ignition
kenashyɛ *(n.)* reactivation
kenkan *(v.)* read
kenkan *(v.)* recite
kerosene *(n.)* kerosene
kese *(n.)* immensity
kesea mboroso *(adj.)* overweight
keseɛ *(adj.)* grand
keseɛ *(adj.)* heinous
keseɛ *(adj.)* huge
kesiw *(v.)* belch
kesiw *(v.)* burp
ketchup *(n.)* ketchup
keteke *(n.)* locomotive
keteke *(n.)* train
keteke kwan *(n.)* railway
keteke kwan *(n.)* metro
ketekete *(adj.)* scanty
ketekete *(adj.)* small
ketewa *(adj.)* diminutive
ketewa *(adj.)* least
ketewa *(adv.)* least
ketewa *(n.)* less
ketewa *(n.)* little
ketewa *(adj.)* miniature
ketewa *(n.)* miniature
ketewa *(adj.)* minimal
ketewa *(adj.)* minimum
ketewa *(adj.)* minor
ketewa *(adj.)* paltry
ketewa *(adj.)* puny
ketewa *(n.)* scant

ketewa *(adj.)* scrubby
ketewa *(n.)* small
ketewa *(n.)* vestige
ketewa *(adj.)* little
ketewa *(n.)* minimum
ketewa bi *(adv.)* little
ketewaa *(v.)* dwarf
ketewaa *(n.)* wisp
kettle *(n.)* kettle
keyboard *(n.)* keyboard
keypad *(n.)* keypad
keystone *(n.)* keystone
kɛkɛ *(adj.)* ordinary
kɛkɛ *(adj.)* arbitrary
kɛkɛ *(adj.)* mere
kɛnere *(n.)* candle
kɛnere han *(n.)* candlelight
kɛntɛn *(n.)* basket
kɛntii *(n.)* canteen
kɛse *(adj.)* capacious
kɛse *(n.)* cardinal
kɛse *(adj.)* wholesale
kɛse *(n.)* arch
kɛse *(adj.)* big
kɛse *(n.)* capacity
kɛse *(adj.)* chubby
kɛse mmoroso *(n.)* obesity
kɛseɛ *(adj.)* great
kɛseɛ *(adv.)* most
kɛseɛ *(n.)* most
kɛseɛ *(adj.)* vast
kɛseɛ *(adj.)* august
kɛseɛ paa *(adj.)* most
kɛseyɛ *(n.)* dimension
kɛseyɛ *(n.)* magnitude
kɛseyɛ *(adj.)* obese
kɛtɛ *(n.)* mat
kɛtɛ *(n.)* mattress
kɛtɛasehyɛ *(n.)* jobbery
kɛtrɛma *(n.)* tongue
kiln *(n.)* kiln
kilo *(n.)* kilo
kilogram *(n.)* kilogram
kilt *(v.)* kilt
kinetic *(adj.)* kinetic
kiosk *(n.)* kiosk
kit *(n.)* kit
kita *(adj.)* borne
kith *(n.)* kith

klak *(v.)* clack
kleke *(n.)* click
klɔkye *(n.)* clutch
klɔrin *(n.)* chlorine
knockout *(n.)* knockout
ko *(n.)* drop
ko *(v.)* fight
ko *(v.)* war
ko gye *(v.)* retaliate
ko ntɔkwa *(v.)* quarrel
ko ntɔkwa *(v.)* scuffle
ko ntɔkwa *(v.)* skirmish
ko tia *(v.)* rail
ko tia *(adj.)* resistant
koa *(v.)* curl
koala *(n.)* koala
koankɔ *(adj.)* chronic
kobalt *(n.)* cobalt
kobɔni *(adj.)* vagabond
kofie *(n.)* mound
koi *(n.)* koi
koko *(n.)* porridge
koko mu *(n.)* bosom
kokoam *(adj.)* covert
kokoam *(n.)* seclusion
kokoamsɛm *(n.)* secrecy
kokoamunsɛm *(adj.)* secretive
kokoasa *(n.)* ambivalence
kokoasa *(adj.)* ambivalent
kokoduru *(adv.)* boldly
kokodurufoɔ *(adj.)* bold
kokoɔ *(n.)* chest
kokoram ɔyaresafo *(n.)* oncologist
kokorani *(n.)* nun
kokorowa *(adj.)* portable
kokoyere *(n.)* risk
kokroko *(adj.)* elephantine
kokuroko *(adj.)* magnificent
kokuromotie *(n.)* thumb
kokuroo *(adj.)* titanic
kokwa *(v.)* acclimatise
kokwa *(v.)* accustom
kokwaw *(v.)* master
kom *(adj.)* quiet
kom mmoa *(v.)* sterilize
koma *(n.)* coma
komm *(n.)* mute
komm *(adj.)* still
komm *(n.)* attention

komm *(adj.)* attentive
kommyɛ *(n.)* stillness
kommyɛ *(adj.)* taciturn
kommyɛ mu *(adj.)* tacit
komyɛ *(n.)* quiet
komyɛ *(n.)* silence
komyɛ *(adv.)* silently
komyɛ afidie *(n.)* silencer
konkosie *(n.)* retail
konkɔn *(n.)* abeyance
kontibaa *(n.)* cudgel
kontomponi *(n.)* crook
kontromfi *(n.)* baboon
kookoo *(n.)* cocoa
kookoo *(n.)* piles
koom *(n.)* hush
kootu *(n.)* suit
kora *(v.)* bank
kora *(adj.)* conservative
kora *(v.)* conserve
kora *(n.)* containment
kora *(v.)* embalm
kora *(v.)* encase
kora *(v.)* enshrine
kora *(v.)* keep
kora *(v.)* reserve
kora *(v.)* retain
kora *(n.)* rival
kora *(v.)* save
kora *(v.)* shelve
kora *(v.)* stock
kora *(v.)* store
kora kyɛfa *(adj.)* shareholding
kora kyɛfa *(n.)* shareholding
kora so *(v.)* maintain
koraa *(adv.)* entirely
koraa *(adv.)* fully
koraa *(adj.)* arrant
korabea *(n.)* conservatory
korabea *(n.)* depot
korabea *(n.)* drawer
korabea *(n.)* repository
korabea *(n.)* vault
korabea *(n.)* cellar
koraboɔ *(n.)* bullet
koradeɛ *(n.)* archive
korafoɔ *(n.)* conservator
korɔkorɔ *(v.)* dehort
korɔmfoɔ *(n.)* bandit

korɔno *(n.)* dacoity
korɔno *(n.)* theft
korɔnobɔ *(n.)* burglary
korɔnobɔ *(n.)* loot
kosua *(n.)* egg
kosua fitaa *(n.)* albumen
kosua mfimfini *(n.)* yolk
kosuu *(adj.)* indistinct
kot ketewa *(n.)* petticoat
koterɛ *(n.)* lizard
koto *(v.)* squat
kotodwe *(n.)* knee
Kotoko *(n.)* packet
Kotoko *(v.)* pocket
Kotoko *(n.)* paper bag
Kotoko *(n.)* pocket
Kotoko ketewa *(v.)* purse
Kotoko ketewa *(n.)* purse
kotokuo *(n.)* rucksack
kotokuo *(n.)* bursur
kotokurodu *(n.)* wasp
Kotonima *(n.)* May
kotoow *(v.)* stoop
kotow *(n.)* obeisance
kotwa *(n.)* slit
kowensanii *(n.)* alcoholic
kɔ *(v.)* accelerate
kɔ *(n.)* auger
kɔ *(v.)* displace
kɔ *(adj.)* drop-in
kɔ *(v.)* go
kɔ *(n.)* leave
kɔ *(v.)* leave
kɔ *(v.)* mobilize
kɔ *(n.)* move
kɔ *(v.)* move
kɔ *(n.)* teleportation
kɔ ahomegyeɛ *(v.)* retire
kɔ akyi *(v.)* retrace
kɔ akyi *(v.)* backtrack
kɔ anim *(v.)* forward
kɔ anim *(adj.)* further
kɔ anim *(n.)* gradation
kɔ baabiara *(v.)* navigate
kɔ fam *(adj.)* downward
kɔ fam *(n.)* droop
kɔ mpofirim *(n.)* lurch
kɔ mpofirim *(v.)* lunge
kɔ mu *(prep.)* into

kɔ nsrahwɛ *(v.)* tour
kɔ so *(adj.)* onward
kɔ so *(n.)* persistence
kɔ so *(adj.)* persistent
kɔ soro *(v.)* spike
kɔ soro *(adj.)* upward
kɔ soro *(n.)* ascendancy
kɔ sukuu *(v.)* school
kɔ tɔ *(v.)* purchase
kɔ w'anim *(n.)* movement
kɔ w'anim *(v.)* persevere
kɔ w'anim *(v.)* progress
kɔ yɛ *(n.)* goanna
kɔ youtube *(v.)* You Tube
kɔ yɔɔ *(v.)* purr
kɔba *(n.)* tire
kɔba *(n.)* tyre
kɔbea *(n.)* destination
kɔbere *(n.)* brass
kɔdeɛ *(n.)* eagle
kɔdiawuo *(n.)* revolver
kɔdrɔ *(n.)* corduroy
kɔfabae *(v.)* conduce
kɔfabae *(n.)* catalyst
kɔfabae *(n.)* catalyzer
kɔfabae *(adj.)* causal
kɔfabae *(n.)* cause
kɔfabae *(n.)* convener
kɔfe *(n.)* coffee
kɔfe aba *(n.)* coffee bean
kɔfe afidie *(n.)* coffee maker
kɔfe ahomegyeɛ *(n.)* coffee break
kɔkɔbɔ *(n.)* rectum
kɔkɔbɔ *(n.)* caveat
kɔkɔbɔ *(v.)* tip-off
kɔkɔbɔ *(n.)* warning
kɔkɔɔ *(n.)* crimson
kɔkɔɔ *(n.)* red
kɔkɔɔ *(n.)* violet
kɔkɔɔ *(adj.)* auburn
kɔkɔɔ a ɛhyerɛn *(adj.)* vermillion
kɔkɔɔ a ɛhyerɛn *(n.)* vermillion
kɔkɔɔkɔbɔ *(n.)* engagement
kɔla *(n.)* dye
kɔla *(n.)* pastel
kɔla *(n.)* pigment
kɔla *(n.)* collar
kɔla abiɛsa *(n.)* tricolour
kɔla abiɛsa *(adj.)* tricolour

kɔla baako *(adj.)* monochromatic
kɔla bebrebe *(adj.)* polychrome
kɔla ketewaa *(n.)* tint
kɔlera *(n.)* cholera
kɔmɛtii *(n.)* committee
kɔmpass *(n.)* compass
kɔmputa *(n.)* laptop
kɔmpuuta *(n.)* computer
kɔmpuuta *(v.)* computerize
kɔn *(n.)* neck
kɔndua *(n.)* yoke
kɔnkɔnsa *(n.)* gossip
kɔnmuade *(n.)* locket
kɔnmuadeɛ *(n.)* necklace
kɔnmuadeɛ *(n.)* necklet
kɔntenten *(n.)* crane
kɔntɛnkoro *(adj.)* solo
kɔpem sɛ *(conj.)* until
kɔpora *(adj.)* corporal
kɔsi *(prep.)* till
kɔsi *(v.)* culminate
kɔsi sɛ *(conj.)* till
kɔsi sɛ *(prep.)* until
kɔsmeteke *(adj.)* cosmetic
kɔsmɛteke *(n.)* cosmetic
kɔstɔma *(n.)* customer
kɔteɛ *(adj.)* genital
kɔtefeɛ *(n.)* fellatio
kɔterekɔ *(n.)* hiccup
kɔtɔ *(n.)* crab
kɔtɔ *(v.)* douse
kɔtɔ nneɛma *(n.)* procurement
kra *(v.)* import
kra *(v.)* order
krado *(adj.)* alert
krado *(adj.)* ready
krakra *(v.)* daze
krakra *(adj.)* savage
krakrayɛ *(n.)* daziness
krakye *(adj.)* clerical
krakye *(n.)* clerk
kraman ba *(n.)* puppy
kraman baa *(n.)* bitch
kraman tokuru *(n.)* doghole
kramuni *(adj.)* muslim
krataa *(n.)* brochure
krataa *(n.)* flyer
krataa *(n.)* paper
krataa *(n.)* sheat
krataa *(n.)* sheet
krataa *(n.)* tabloid
krataa *(n.)* tender
krataa *(n.)* application
krataa *(n.)* card
krataa *(n.)* cardboard
krataa *(n.)* leaflet
krataa amane *(n.)* postage
krataa kyerew *(n.)* letter
krataa wura *(n.)* cardholder
krataafa edikan *(n.)* front page
krataasini *(n.)* chit
kratafa *(adv.)* overleaf
kratafa *(v.)* page
kratafa *(n.)* page
kratasin *(n.)* entry form
kratawaa *(n.)* pamphlet
krawa *(adj.)* sterile
krawatwa *(n.)* sterilization
krill *(n.)* krill
Kristo *(n.)* Christ
Kristoni *(adj.)* Christian
Kristosom *(n.)* Christendom
Kristosom *(n.)* Christianity
kronkron *(n.)* sacrament
kronkron *(adj.)* sacred
kronkron *(adj.)* saintly
kronkronbea *(n.)* sanctuary
kronkronbea akwantu *(n.)* pilgrimage
kronkronyɛ *(n.)* sanctification
kroonyɛ *(n.)* sublimity
krɔkrɔ *(n.)* lock
krɔkrɔ *(n.)* latch
krɔnfoɔ *(n.)* shoplifter
krɔnkrɔn *(adj.)* holy
kua *(adj.)* agro
kua *(n.)* agrology
kua *(n.)* agronomy
kuayɛ *(n.)* cultivation
kuayɔ *(adj.)* agricultural
kuayɔ *(n.)* agriculture
kuayɔ *(n.)* husbandry
kuayɔ *(adj.)* agrarian
kuayɔ-adwuma *(n.)* agro-industry
kube *(n.)* coconut
kube hono *(n.)* coir
kufuu *(n.)* bulge
kuka *(n.)* cooker
kukoam *(n.)* privacy

kukoam *(adj.)* private
kukoam adeyɛ *(n.)* privation
kukudurofo *(adj.)* heroic
kukudwinni *(n.)* pottery
kukuruoo *(adj.)* fabulous
kula *(n.)* cooler
kum *(v.)* euthanize
kum *(v.)* garrotte
kum *(v.)* kill
kum *(n.)* assassin
kum *(v.)* assassinate
kum *(n.)* assassination
kum *(v.)* brutify
kum nnuanom *(n.)* fratricide
kumaa *(adj.)* junior
kumaa *(n.)* junior
kumaa *(adj.)* young
kumfo *(n.)* garrotter
kumkum *(adj.)* scragged
kuntann *(adj.)* robust
kuntann *(adj.)* sophisticated
kuntannyɛ *(n.)* sophism
kuntannyɛ *(n.)* sophistication
kuntu *(n.)* blanket
kunu *(n.)* husband
kuo *(n.)* batch
kuo *(n.)* caste
kuo *(n.)* community
kuo *(n.)* confederation
kuo *(n.)* convoy
kuo *(n.)* crew
kuo *(n.)* cult
kuo *(n.)* ensemble
kuo *(n.)* flock
kuo *(n.)* association
kupa *(n.)* copper
kupɔn *(n.)* coupon
kupɔn *(n.)* cupon
kura *(v.)* contain
kura *(v.)* cherish
kura mu *(v.)* dandle
kura mu *(v.)* grip
kura mu *(n.)* leverage
kuraasenii *(n.)* villager
kuramu *(v.)* uphold
kuraseni *(n.)* bumpkin
kurasenii *(n.)* bigot
kurasinii *(n.)* barbarian
kurkuma *(n.)* turmeric

kuro *(n.)* town
kuro kɛse *(n.)* city
kuro kɛseɛ *(n.)* metropolis
kuro kɛseɛ *(adj.)* metropolitan
kuro kɛseɛ *(n.)* metropolitan
kuro mu *(adj.)* civic
kurobow *(n.)* myrrh
kurokuro *(n.)* turkey
kurom *(adj.)* native
kurom *(n.)* township
kurom *(adj.)* urban
kuromanii *(adj.)* aboriginal
kuromanii *(n.)* aborigine
kuromanni *(n.)* inhabitant
kurotia *(n.)* outback
Kurɔgyenn *(adj.)* pure
Kurɔgyenn *(n.)* purity
kurɔno *(n.)* robbery
kuru so *(v.)* thatch
kurukuruwa *(adj.)* circular
kurukuruwa *(n.)* demicircle
kurukuruwa *(n.)* dome
kurukuruwa *(n.)* orb
kurukuruwa *(n.)* oval
kurukuruwa *(adj.)* oval
kurukuruwa *(adj.)* round
kurukuruwa *(adv.)* round
kurukuruwa *(n.)* round
kurukuruwa *(adj.)* spherical
kurukyire *(v.)* engrave
kurutwerɛ *(v.)* etch
kurutwerɛ *(adj.)* etching
kuruwa *(n.)* goblet
kuruwa *(n.)* jug
kuruwa *(n.)* mug
kuruwa *(n.)* tankard
kuruwa *(n.)* cup
kusie *(n.)* rat
kusu *(adj.)* dense
kusukusu *(adj.)* damp
kusuu *(n.)* dimness
kusuu *(n.)* drab
kusuu *(adj.)* drab
kusuu *(n.)* gloom
kusuu *(adj.)* gloomy
kusuu *(n.)* illegibility
kusuu *(adj.)* illegible
kusuu *(adj.)* sombre
kusuu *(adj.)* stuffy

kusuu *(adj.)* sullen
kusuu *(n.)* vagueness
kusuu *(adj.)* dim
kuta *(v.)* hold
kuta mu *(v.)* handle
kuta mu *(v.)* sustain
kuturuku *(n.)* fist
kuturuku *(v.)* scythe
kuw *(n.)* pack
kuw adwuma *(n.)* teamwork
kuw mu *(adv.)* teamwise
kwa *(adj.)* futile
kwa *(adv.)* gratis
kwa *(adj.)* prosaic
kwa *(adv.)* vainly
kwa *(adv.)* bluntly
kwaadu *(n.)* accusal
kwaadu *(n.)* accusation
kwaadu *(n.)* accusative
kwaadu *(n.)* allegation
kwaadu *(n.)* complaint
kwaadu *(n.)* prosecution
kwaadu bɔ *(adj.)* accusing
kwaadubɔ *(v.)* allege
kwaadubɔ *(v.)* complain
kwaadubɔfoɔ *(n.)* accuser
kwaadubɔni *(n.)* prosecutor
kwaakwaa *(v.)* caw
kwaakwaadabi *(n.)* crow
kwadare *(n.)* adept
kwadu *(n.)* banana
kwadwom *(n.)* lamentation
kwae mu *(n.)* woods
kwae mu asaase *(n.)* woodland
kwaeɛ *(n.)* forest
kwaeɛ ɔhwɛfo *(n.)* forester
kwaeɛbirentuo *(n.)* forestry
kwaeɛbirituoni *(n.)* sawyer
kwaemu *(n.)* jungle
kwakora *(n.)* ladle
kwamanmanpefo *(n.)* democrat
kwamma *(n.)* cooperation
kwamma *(n.)* decriminalization
kwan *(n.)* concourse
kwan *(v.)* digress
kwan *(n.)* duct
kwan *(n.)* gateway
kwan *(n.)* route
kwan *(n.)* space

kwan *(n.)* track
kwan *(n.)* tunnel
kwan *(n.)* byway
kwan *(n.)* course
kwan *(n.)* crack
kwan a wɔfaso *(n.)* formality
kwan abiɛn *(adj.)* biaxial
kwan biara *(adv.)* anyway
kwan katee *(adj.)* orthodox
kwan kɛse *(n.)* broadway
kwan nnim *(adj.)* impassable
kwan nnim *(adj.)* impenetrable
kwan so *(n.)* propriety
kwan tia *(n.)* shortcut
kwan totorotoro *(n.)* slip road
kwan twa *(n.)* zebra crossing
kwanbi so *(adv.)* somewhat
kwankyerɛ *(n.)* guideline
kwankyerɛfo *(n.)* guide
kwankyerɛfoɔ *(n.)* concordance
kwanso mmirikatu *(n.)* road race
kwantempɔn *(n.)* street
kwantuo *(v.)* migrate
kwantuo *(n.)* migration
kwasafo *(adj.)* communal
kwasafoman *(n.)* republic
kwasea *(n.)* dumbo
kwasea *(n.)* dummy
kwasea *(adj.)* foolish
kwasea *(n.)* gooney
kwasea *(adj.)* ignorant
kwasea *(adj.)* stupid
kwaseakeka *(n.)* gibberish
kwaseasɛm *(adj.)* gibberish
kwasiada *(n.)* Sunday
kwata *(n.)* leper
kwata *(n.)* leprosy
kwata *(adj.)* leprous
kwati *(v.)* eschew
kwati *(n.)* evasion
kwati *(adj.)* evasive
kwati *(v.)* avoid
kwati *(n.)* avoidance
kwatuni *(n.)* passenger
kyakya *(n.)* gamble
kyakyani *(n.)* bettor
kyakyatofoɔ *(n.)* gambler
kyakyatoɔ *(adj.)* betting
kye *(v.)* fry

kye *(v.)* grab
kye *(v.)* handcuff
kyea *(v.)* curve
kyea *(v.)* salute
kyea *(v.)* sidetrack
kyea *(v.)* tilt
kyea *(v.)* wager
kyea *(adj.)* awkward
kyea *(v.)* bend
kyea *(n.)* bent
kyee *(v.)* cheep
kyeɛ *(adj.)* gifted
kyekye *(n.)* alligator
kyekye *(v.)* edify
kyekyer *(v.)* vein
kyekyere *(v.)* bound
kyekyere *(n.)* buckle
kyekyere *(n.)* lace
kyekyere *(adj.)* swarthy
kyekyere *(v.)* tether
kyekyere *(v.)* tie
kyekyere *(v.)* bind
kyekyere ho *(v.)* wrap
kyekyererɛ *(v.)* solace
kyekyewerɛ *(v.)* commiserate
kyekyewerɛ *(v.)* console
kyekyɛ *(v.)* demarcate
kyekyɛ *(v.)* distribute
kyekyɛ mu *(v.)* map
kyekyɛmu *(v.)* classify
kyekyɛmu *(v.)* shard
kyekyɛmu nketewa *(v.)* subdivide
kyemu *(v.)* divide
kyemu anan *(v.)* quarter
kyena *(adv.)* tomorrow
kyene *(n.)* drum
kyene *(n.)* frost
kyene *(n.)* crystal
kyene *(v.)* crystalize
kyene afiri *(n.)* drum kit
kyenkyen *(adj.)* shiny
kyenkyene *(n.)* frosting
kyenkyene *(adj.)* intolerant
kyenkyerekyen *(adj.)* enigmatical
kyenkyerɛn *(adv.)* enigmatically
kyenkyerɛnkye *(n.)* sophisticate
kyenkyerɛnn *(adj.)* enigmatic
kyepe *(n.)* hip
kyere *(v.)* abduct

kyere *(n.)* abduction
kyere *(v.)* arrest
kyere *(v.)* capture
kyere *(v.)* derive
kyere *(v.)* seize
kyere *(v.)* apprehend
kyere *(n.)* apprehension
kyere *(v.)* catch
kyere *(adj.)* catching
kyere adaeso *(n.)* dreamcatcher
kyere adwen *(v.)* captivate
kyere adwene *(v.)* enchant
kyere adwene *(v.)* enthral
kyere adwene *(v.)* fascinate
kyere adwene *(v.)* charm
kyere adwene *(v.)* confound
kyere kɔm *(v.)* fast
kyere kɔm *(v.)* starve
kyere nkurɔfo *(n.)* obduction
kyerebene *(n.)* adder
kyeree *(v.)* nab
kyerefoɔ *(n.)* abductor
kyerew *(v.)* note
kyerɛ *(v.)* brandish
kyerɛ *(v.)* define
kyerɛ *(v.)* denote
kyerɛ *(v.)* depict
kyerɛ *(v.)* determine
kyerɛ *(v.)* establish
kyerɛ *(v.)* herald
kyerɛ *(v.)* illustrate
kyerɛ *(v.)* inculcate
kyerɛ *(v.)* indicate
kyerɛ *(v.)* show
kyerɛ *(v.)* signify
kyerɛ *(v.)* teach
kyerɛ *(v.)* usher
kyerɛ *(v.)* insinuate
kyerɛ ase *(v.)* versify
kyerɛ aseɛ *(v.)* translate
kyerɛ din *(v.)* enrol
kyerɛ kwan *(v.)* duct
kyerɛ kwan *(v.)* orientate
kyerɛ mu *(v.)* explain
kyerɛ mu *(v.)* interpret
kyerɛ mu *(v.)* rationalize
kyerɛ mu *(v.)* specify
kyerɛ obuo *(v.)* venerate
kyerɛ pefee *(v.)* delineate

kyerɛ sɛ *(v.)* implicate
kyerɛ sɛ *(v.)* imply
kyerɛkyerɛ *(v.)* describe
kyerɛkyerɛ *(v.)* educate
kyerɛkyerɛ *(v.)* preach
kyerɛkyerɛm *(v.)* elaborate
kyerɛkyerɛmu *(v.)* clarify
kyerɛkyerɛmu *(v.)* elucidate
kyerɛkyerɛni *(n.)* preacher
kyerɛkyerɛni *(adj.)* teacher centric
kyerɛkyerɛnii *(n.)* schoolteacher
kyerɛn *(v.)* radiate
kyerɛw *(v.)* draft
kyerɛw *(v.)* inscribe
kyerɛwfo dwumadie *(n.)* secretariat
kyerɛwtohɔ *(adj.)* documentary
kyerɛwtohɔ *(n.)* documentary
kyerɛwtohɔ *(n.)* indicator
kyerɛwtohɔ *(n.)* registry
kyesere *(n.)* chisel
kyɛ *(n.)* durability
kyɛ *(v.)* gift
kyɛ *(v.)* serve
kyɛ *(v.)* share
kyɛ *(v.)* apportion
kyɛ *(v.)* coerce
kyɛ ade *(v.)* parcel
kyɛ biribi *(v.)* polarize
kyɛ biribi *(adj.)* polarazing
kyɛ mu *(v.)* halve
kyɛ mu *(n.)* partition
kyɛ mu *(v.)* segment
kyɛ pa *(n.)* pardon
kyɛ sika *(v.)* tip
kyɛade *(v.)* donate
kyɛɛke *(n.)* check
kyɛɛke *(v.)* check
kyɛɛke *(n.)* check-in
kyɛɛke *(n.)* cheque
kyɛfa *(n.)* quota
kyɛfa *(n.)* ration
kyɛfa *(n.)* share
kyɛmu *(v.)* clive
kyɛnere *(n.)* taper
kyɛnsee *(n.)* bowl
kyɛre *(v.)* delay
kyɛre ase *(v.)* prescribe
kyɛw *(n.)* topper
kyi *(v.)* saute

kyi mu *(v.)* dehydrate
kyia *(v.)* greet
kyia *(v.)* slant
kyidom *(n.)* backup
kyim *(v.)* distort
kyim *(v.)* spin
kyim *(v.)* squeeze
kyim *(v.)* twist
kyim *(v.)* wheel
kyim *(v.)* wring
kyim kasafidie *(v.)* radio
kyima *(adj.)* amiss
kyimkyim *(v.)* squash
kyini *(v.)* ramble
kyini *(v.)* roam
kyinifoɔ *(n.)* scavenger
kyiniiɛ *(n.)* umbrella
kyinkyim *(v.)* bewind
kyinkyim *(v.)* gnarl
kyinkyim *(v.)* wind
kyinkyim *(n.)* wriggle
kyinkyini *(v.)* wander
kyiri *(v.)* abhor
kyiri *(adj.)* abhorrent
kyiri *(v.)* abominate
kyiri *(adj.)* allergic
kyiri *(v.)* resent
kyiri *(adj.)* averse
kyirisane *(n.)* about-turn
kyirisane *(n.)* backwash

labial *(adj.)* labial
labyrinth *(n.)* labyrinth
lac *(n.)* lac, lakh
lactometer *(n.)* lactometer
lactose *(n.)* lactose
lacy *(adj.)* lacy
lama *(n.)* lama
laminate *(v.)* laminate
lancer *(n.)* lancer
lancet *(adj.)* lancet
latitude *(n.)* latitude
lava *(n.)* lava
lax *(adj.)* lax
layer *(n.)* layer

lens *(n.)* lens
Life jacket *(n.)* life jacket
lime *(v.)* lime
limelight *(n.)* limelight
limitless *(adj.)* limitless
linaba *(n.)* linseed
lining *(n.)* lining
link *(n.)* link
link *(v.)* link
lintel *(n.)* lintel
lita *(n.)* litre
lobster *(n.)* lobster
logarithm *(n.)* logarithm
longitude *(n.)* longitude
loom *(v.)* loom
loop *(n.)* loop
loop-hole *(n.)* loop-hole
lotto twa *(n.)* lottery
lɔɔya *(n.)* attorney
lɔya *(n.)* barrister
lɔyani *(n.)* counsel
lubricate *(v.)* lubricate
lubrication *(n.)* lubrication
lucerne *(n.)* lucerne

m'akwannya *(v.)* entitle
m'ankasa *(pron.)* myself
ma *(v.)* allot
ma *(n.)* brim
ma *(v.)* embody
ma *(v.)* endow
ma *(prep.)* for
ma *(adj.)* full
ma *(v.)* give
ma *(v.)* grant
ma *(v.)* impart
ma *(v.)* offer
ma *(v.)* provide
ma *(v.)* assign
ma *(v.)* cause
ma abufoɔ *(v.)* upset
ma abufuo *(v.)* seethe
ma abufuw *(v.)* grudge
ma adanseɛ *(v.)* substantiate
ma aduane *(v.)* feed

ma aduannuru *(v.)* nourish
ma adwene *(v.)* opine
ma adwene *(v.)* opinionate
ma adwuma *(v.)* employ
ma afebɔɔ *(v.)* eternalize
ma ahodwiiri *(v.)* flabbergast
ma ahodwiri *(v.)* surprise
ma ahodwiriw *(v.)* startle
ma ahodwo *(adj.)* staid
ma ahodwoɔ *(v.)* refresh
ma ahodwri *(v.)* stun
ma ahoɔden *(v.)* energize
ma ahoɔden *(v.)* vitalize
ma ahosan *(v.)* recuperate
ma ahosɛpɛ *(v.)* enrapture
ma ahum *(v.)* storm
ma akoa ahofadi *(v.)* manumit
ma akwaaba *(v.)* welcome
ma amo *(v.)* congratulate
ma amo *(v.)* felicitate
ma anigyeɛ *(v.)* gladden
ma anigyeɛ *(v.)* thrill
ma aniku *(v.)* intrigue
ma asotwe *(v.)* penalize
ma awerɛkyekyerɛ *(v.)* reassure
ma baabida *(v.)* house
ma dibea *(v.)* rank
ma dibea *(v.)* reinstate
ma due *(v.)* condole
ma emmuaeɛ *(v.)* solve
ma ɛnsɔre *(v.)* detonate
ma ɛnyegye *(v.)* fizz
ma ɛnyɛ *(v.)* catalyse
ma ɛporɔ *(v.)* rot
ma ɛproɔ *(v.)* rancidify
ma ɛsa *(v.)* exhaust
ma ɛsi *(v.)* effect
ma ɛsi *(v.)* happen
ma ɛsom bo *(v.)* treasure
ma ɛtrɛ *(v.)* dilate
ma faahodi *(v.)* decolonize
ma hann *(v.)* illuminate
ma kwan *(v.)* capitulate
ma kwan *(v.)* excuse
ma kwan *(v.)* gap
ma kwan *(v.)* gape
ma kwan *(v.)* indulge
ma kwan *(v.)* pave
ma kwan *(v.)* permit

ma kwan *(n.)* permit
ma kwan *(v.)* space
ma kwan *(v.)* warrant
ma kwan *(v.)* cooperate
ma kwan *(v.)* decriminalize
ma kwan *(v.)* let
ma kwan *(n.)* permission
ma mmuayɛ *(v.)* reply
ma mu nnɔ *(v.)* deepen
ma nɔma *(v.)* number
ma nsɛm *(adj.)* informative
ma nufusuo *(v.)* suckle
ma nufusuo *(v.)* lactate
ma obi dwo *(v.)* tranquillize
ma ɔbrɛ *(v.)* enervate
ma ɔkasa *(v.)* lecture
ma sika *(v.)* finance
ma tumi *(v.)* empower
ma wonhu *(v.)* demystify
ma yareɛ *(v.)* infect
maame *(n.)* dame
maame *(n.)* mother
maame *(adj.)* motherlike
maame *(adj.)* motherly
maame *(adj.)* mum
maame *(n.)* mummy
maame *(v.)* mother
maame *(n.)* mum
maame awudie *(n.)* matricide
maame kum *(adj.)* matricidal
maame wata *(n.)* fairy
maame wata *(n.)* mermaid
maame yɛ *(n.)* motherhood
mabrɛ *(adj.)* enervated
macadamia *(n.)* macadamia
mace *(v.)* mace
mack *(n.)* mack
mack *(v.)* mack
macro *(adj.)* macro
macro *(n.)* macro
macrobiotic *(adj.)* macrobiotic
macrocephaly *(n.)* macrocephaly
macrofibre *(n.)* macrofibre
macrosphere *(n.)* macrosphere
magma *(n.)* magma
magnate *(n.)* magnate
magnetic *(adj.)* magnetic
magnetism *(n.)* magnetism
magpie *(n.)* magpie

mail *(n.)* mail
mako *(n.)* spice
makwan *(v.)* allow
makwan *(v.)* enable
malaadjustment *(n.)* maladjustment
maladministration *(n.)* maladministration
malmsey *(n.)* malmsey
malt *(n.)* malt
mamma *(n.)* mamma
man *(v.)* deviate
man *(v.)* divert
mane *(v.)* consign
mane *(v.)* deflect
mane *(v.)* fax
mane *(v.)* transfer
mane *(n.)* transfer
mane sika *(v.)* remit
mane sika *(v.)* wire
manes *(n.)* manes
manganese *(n.)* manganese
mango *(n.)* mango
mani *(n.)* native
manicure *(n.)* manicure
manifesto *(n.)* manifesto
mankyere *(n.)* coil
mankyere *(v.)* convolve
mann *(n.)* goo
manna *(n.)* manna
mannequin *(n.)* mannequin
mano difɔ *(v.)* incriminate
manor *(n.)* manor
manorial *(adj.)* manorial
manso *(n.)* feud
mansotwe *(v.)* litigate
mansotwe *(v.)* agitate
mansotwe *(n.)* litigation
mansotweni *(n.)* litigant
mantam *(n.)* provincialism
mantam *(n.)* region
mantam *(n.)* suburb
mantam *(n.)* county
mantel *(n.)* mantel
map *(n.)* map
margarine *(n.)* margarine
marigold *(n.)* marigold
mariner *(n.)* mariner
marl *(n.)* marl
marmalade *(n.)* marmalade
maroon *(v.)* maroon

maroon *(n.)* maroon
maroon *(adj.)* maroon
marsh *(n.)* marsh
marshy *(adj.)* marshy
marsupial *(n.)* marsupial
masalakyi *(n.)* mosque
mascot *(n.)* mascot
masculine *(adj.)* masculine
masseur *(n.)* masseur
master adesuakuw *(n.)* master class
master copy *(n.)* master copy
masterpiece *(n.)* masterpiece
mastery *(n.)* mastery
matador *(n.)* matador
matriarch *(n.)* matriarch
matriculate *(v.)* matriculate
matriculation *(n.)* matriculation
matrix *(n.)* matrix
matron *(n.)* matron
mattock *(n.)* mattock
maudlin *(adj.)* maudlin
mawkish *(adj.)* mawkish
maze *(n.)* maze
mbere *(n.)* recess
mbere *(n.)* recession
mbiabia *(n.)* stripe
mboa *(n.)* facilitation
mboa *(n.)* support
mboano *(adj.)* summary
mboroso *(n.)* exaggeration
mboroso *(n.)* excess
mboroso *(adj.)* transcendental
mborosoɔ *(adj.)* excessive
mbubɔ *(n.)* hit
mbubueɛ *(n.)* flake
me *(pron.)* I
me *(pron.)* me
me *(adj.)* my
measureless *(adj.)* measureless
mechanical *(adj.)* mechanical
mechanics *(n.)* mechanics
medea *(n.)* mine
medea *(pron.)* mine
median *(adj.)* median
mee *(v.)* satiate
megalith *(n.)* megalith
megalithic *(adj.)* megalithic
melodrama *(n.)* melodrama
melodramatic *(adj.)* melodramatic

mem *(v.)* drown
mem *(v.)* sink
membrane *(n.)* membrane
memen *(adj.)* pink
memen *(n.)* pink
memen *(adj.)* pinkish
memeneda *(n.)* Saturday
memudua *(n.)* cross
memudua *(n.)* crucifix
mena nkrataa *(v.)* mail
menasepɔw *(n.)* malice
mene *(v.)* devour
mene *(v.)* engulf
mene *(v.)* gulp
mene *(v.)* swallow
mene ntɛmtɛm *(n.)* gobble
menem *(n.)* throat
menem nnyegyeeɛ *(adj.)* throaty
menemene *(n.)* gulp
menemu *(n.)* epiglottis
menesie *(n.)* suffocation
meni *(n.)* menu
menigitis *(n.)* meningitis
menn *(v.)* slake
mente-me-hoase *(n.)* loggerhead
mercerise *(v.)* mercerise
mercurial *(adj.)* mercurial
mercury *(n.)* mercury
meridian *(n.)* meridian
mesh *(n.)* mesh
mesh *(v.)* mesh
mesmerize *(n.)* mesmerism
mesmerize *(v.)* mesmerize
metabolism *(n.)* metabolism
metallurgy *(n.)* metallurgy
metaphysical *(adj.)* metaphysical
metaphysics *(n.)* metaphysics
metrical *(adj.)* metrical
mfaso *(n.)* utility
mfaso nni so *(adj.)* worthless
mfasodeɛ *(adj.)* beneficial
mfasodeɛ *(n.)* boon
mfasonyafoɔ *(n.)* beneficiary
mfasoɔ *(n.)* gain
mfasoɔ *(adj.)* gainful
mfasoɔ *(adj.)* gainly
mfasoɔ *(n.)* gross
mfasoɔ *(n.)* income
mfasoɔ *(adj.)* lucrative

mfasoɔ *(v.)* profit
mfasoɔ *(n.)* revenue
mfasoɔ *(adj.)* utilitarian
mfasoɔ *(n.)* yield
mfasoɔ *(v.)* benefit
mfasoɔ *(n.)* profit
mfasoɔ nniso *(n.)* junk
mfasoɔ wɔ *(adj.)* profitable
mfasoɔnnim *(adj.)* impracticable
mfatoho *(n.)* analogy
mfatoho *(prep.)* considering
mfatoho *(adj.)* juxtaposed
mfatoho *(n.)* juxtaposition
mfatoho *(adj.)* comparative
mfe aduɔwɔtwe *(adj.)* octogenarian
mfe aduɔwɔtwe *(n.)* octogenarian
mfe apem *(n.)* millennium
mfe mpadeɛ *(n.)* rib
mfedie *(n.)* jubilee
mfedu *(n.)* decennary
mfeefeemu *(n.)* curiosity
mfeefeemu *(n.)* examination
mfeefeemu *(adj.)* inquisitive
mfeefeemu *(n.)* scrutiny
mfeefemu ni *(n.)* examinee
mfeesoɔ *(n.)* deadlock
mfeɛ *(n.)* age
mfeɛ *(adj.)* aged
mfeɛ *(adj.)* old
mfeɛ ahannu *(adj.)* bicentenary
mfeɛ ɔha *(adj.)* biantennary
mfeɛ ɔha *(n.)* centenarian
mfeɛ ɔha *(n.)* centennial
mfeɛ ɔha *(n.)* century
mfefeɛ *(adj.)* geminate
mfefeɛ *(n.)* suckling
mfefɛeɛ *(n.)* spout
mfefɛeɛ *(n.)* sprout
mfefɛeɛ *(n.)* bud
mfefɛeɛ *(adj.)* budding
mfeiɛ *(n.)* suck
mfɛfo *(n.)* teammate
mfɛnsere *(n.)* pane
mfɛntom *(n.)* usury
mfiase *(n.)* inception
mfiase *(n.)* onset
mfiase *(adj.)* original
mfiase *(n.)* outset
mfiase *(n.)* prologue

mfididwuma *(n.)* engineering
mfididwuma *(n.)* industry
mfididwuma mu *(adj.)* industrial
mfididwuma nimdefo *(n.)* technologist
mfididwumaho nimdeɛ *(adj.)* technological
mfididwumayɛfoɔ *(n.)* engineer
mfidie *(n.)* machinery
mfidie *(n.)* technology
mfifire *(n.)* sweat
mfikyifuo *(n.)* garden
mfimfin *(n.)* centre
mfimfini *(adj.)* focal
mfimfini *(adj.)* middle
mfimfini *(n.)* midst
mfimfini *(n.)* pivot
mfimfini *(v.)* pivot
mfimfini *(v.)* mean
mfimfini *(adj.)* mean
mfimfini *(n.)* middle
mfimfini bebree *(adj.)* polycentric
mfimfini bebree *(n.)* polycentrism
mfinfin *(n.)* center
mfinfin *(adj.)* central
mfiridwuma nimdeɛ *(n.)* techy
mfitiase *(adj.)* initial
mfitiaseɛ *(n.)* rudiment
mfitiaseɛ *(n.)* beginning
mfitiasesɛm *(n.)* originality
mfitiasesɛm *(adj.)* rudimentary
mfoaso *(n.)* confirmation
mfoasoɔ *(n.)* approval
mfoasoɔ *(adj.)* corroborative
mfomso *(adj.)* erroneous
mfomso *(v.)* miscalculate
mfomso *(n.)* miscalculation
mfomso *(v.)* misdiagnose
mfomso *(v.)* mistake
mfomso *(n.)* mistake
mfomso *(n.)* offence
mfomsoɔ *(n.)* aberration
mfomsoɔ *(n.)* bloomer
mfomsoɔ *(n.)* blunder
mfomsoɔ *(adj.)* blundering
mfomsoɔ *(adj.)* defective
mfomsoɔ *(n.)* error
mfomsoɔ *(n.)* fault
mfomsoɔ *(n.)* gaffe
mfomsoɔ *(n.)* lapse

mfomsoɔ *(adj.)* stray
mfomsoɔ *(n.)* stray
mfomsoɔ nniho *(adj.)* impeccable
mfoni *(n.)* image
mfoni ahorow *(n.)* imagery
mfoni twa *(n.)* snap
mfonin *(n.)* figure
mfonin *(n.)* photograph
mfonin *(v.)* photograph
mfonin *(v.)* picture
mfonin *(n.)* portrait
mfonin *(n.)* snapshot
mfonin *(n.)* photo
mfonin *(n.)* picture
mfonin fɛfɛɛfɛ *(adj.)* photogenic
mfonin krabea *(n.)* gallery
mfonin ɔyɛkyerɛ *(adj.)* pictorial
mfonin twa *(n.)* photography
mfonin twafoɔ *(n.)* photographer
mfonin twafoɔ *(adj.)* photographic
mfonini *(n.)* caricature
mfonini *(n.)* clip
mfonini *(n.)* depiction
mfonini *(n.)* diagram
mfonini *(n.)* tableau
mfonini *(v.)* chart
mfonini ahorow *(n.)* footage
mfoniniyɛfo *(adj.)* draftsman
mframa *(n.)* breeze
mframa *(n.)* gust
mframa *(n.)* oxygen
mframa *(adj.)* oxygenated
mframa *(n.)* oxygenation
mframa *(n.)* radiation
mframa *(n.)* tear gas
mframa *(n.)* ventilation
mframa *(n.)* wind
mframa *(adj.)* windy
mframa *(v.)* aerate
mframa *(n.)* air
mframa *(adj.)* airy
mframa afidie *(n.)* ventilator
mframa den *(v.)* puff
mframa denden *(n.)* cyclone
mframa huu *(n.)* puff
mframa mpa *(n.)* airbed
mframabɔ *(n.)* waft
mframamu *(n.)* airborne
mfrofrowa *(n.)* residue

mfude3 *(n.)* agriproduct
mfudeɛ *(n.)* crop
mfudeɛ *(n.)* vegetation
mfutuma *(n.)* haze
mfutuma *(adj.)* hazy
mfuturo *(n.)* dust
mfuturo *(n.)* sawdust
mfuturo *(n.)* chalkdust
mia *(v.)* knuckle
mia *(n.)* press
mia *(v.)* compress
mia biribi *(v.)* press
mia mu *(v.)* fasten
mia mu *(v.)* tighten
mia so *(v.)* depress
miamia *(v.)* fondle
mica *(n.)* mica
microfilm *(n.)* microfilm
micrology *(n.)* micrology
micrometer *(n.)* micrometer
microprint *(n.)* microprint
microprocessor *(n.)* microprocessor
microscope *(n.)* microscope
microwave *(n.)* microwave
mid-off *(n.)* mid-off
mid-on *(n.)* mid-on
midriff *(n.)* midriff
midsummer *(n.)* midsummer
mienu *(n.)* two
miɛnsa *(n.)* three
mildew *(n.)* mildew
mile *(n.)* mile
mile *(n.)* mime
mile *(v.)* mime
mileage *(n.)* mileage
milestone *(n.)* milestone
miller *(n.)* miller
mim *(v.)* sag
mimesis *(n.)* mimesis
minaret *(n.)* minaret
mineral *(adj.)* mineral
mineralogist *(n.)* mineralogist
mineralogy *(n.)* mineralogy
minim *(n.)* minim
ministrant *(adj.)* ministrant
mint *(n.)* mint
mint *(v.)* mint
minx *(n.)* minx
mirage *(n.)* mirage

mirikatufoɔ *(n.)* runner
mirikatuo *(n.)* sprint
mirror-image *(n.)* mirror image
misalliance *(n.)* misalliance
miscall *(v.)* miscall
misfire *(v.)* misfire
mismanagement *(n.)* mismanagement
misnomer *(n.)* misnomer
misperception *(n.)* misperception
misprint *(n.)* misprint
misprint *(v.)* misprint
misrepresent *(v.)* misrepresent
misrepresentation *(n.)* misrepsentation
misrule *(n.)* misrule
mistletoe *(n.)* mistletoe
mita *(n.)* metre
mita *(adj.)* metric
mitre *(n.)* mitre
mitre *(n.)* mitten
mixture *(n.)* mixture
mma *(n.)* brood
mma *(adj.)* replete
mma kwan *(adj.)* impermissible
mma mu *(n.)* fulfilment
mmaa *(n.)* bevy
mmaa asɛmpakafoɔ *(n.)* feminist
mmaa ntɔkwa *(n.)* catfight
mmaasɛm *(adj.)* girlish
mmabun *(n. pl.)* teens
mmabun berɛɛ *(n.)* puberty
mmadwoa kotoku *(n.)* carpel
mmaeɛ *(n.)* arrival
mmagum *(n.)* reinforcement
mmako mmako *(n.)* spell
mmama *(n.)* fullness
mman *(n.)* bough
mmaneɛ *(n.)* deflection
mmaninsɛm *(n.)* exploit
mmapa *(adj.)* appreciable
mmapa *(adj.)* bonafide
mmapa *(n.)* delicacy
mmapɛfoɔ *(n.)* womaniser
mmara *(n.)* bylaw, bye-law
mmara *(n.)* commandment
mmara *(adj.)* conditional
mmara *(n.)* law
mmara *(n.)* statute
mmara *(n.)* canon
mmara kwan *(n.)* protocol

mmara kwan so *(adj.)* legitimate
mmara kwanso *(adj.)* lawful
mmara kwanso *(n.)* legal action
mmara mu *(adj.)* legal
mmara mu *(n.)* legality
mmara mu *(v.)* legalize
mmara mu *(n.)* legitimacy
mmara nhoma *(n.)* constitution
mmara so bu *(n.)* violation
mmarabu so *(n.)* trespass
mmarahyɛ *(n.)* parliament
mmarahyɛ *(v.)* legislate
mmarahyɛ *(n.)* legislation
mmarahyɛ badwa *(adj.)* legislative
mmarahyɛ bagua *(adj.)* parliamentary
mmarahyɛ bagua *(n.)* legislature
mmarahyɛ baguafoɔ *(n.)* parliamentarian
mmarahyɛfo *(n.)* legislator
mmarahyɛfoɔ *(n.)* regulator
mmaranimfoɔ *(n.)* lawyer
mmaratofo *(adj.)* lawless
mmaratoɔ *(n.)* transgression
mmarimasɛm *(adj.)* boyish
mmarimayɛ *(n.)* manhood
mmarimayɛ *(n.)* manliness
mmasoɔ *(n.)* advent
mmataho *(adj.)* conjunct
mmataho *(n.)* adjunct
mmataho *(n.)* attachment
mmataho *(adj.)* clingy
mmatofo *(n.)* outlaw
mmboa *(adj.)* insupportable
mmbɔ nkae *(adj.)* unannounced
mmea kyɛ *(n.)* millinery
mmea pɛ *(n.)* philander
mmea pɛ *(v.)* philander
mmea pɛ *(n.)* philandry
mmebusɛm *(n.)* maxim
mmena *(n.)* bark
mmeranteberɛ *(n.)* adolescence
mmeranteberɛ *(n.)* boyhood
mmeresanten *(n.)* perennial
mmeresanten *(adj.)* perpetual
mmeresɛefo *(n.)* dawdler
mmerew *(adj.)* meek
mmerɛ *(adj.)* defenceless
mmerɛ *(adj.)* delicate
mmerɛ *(n.)* epoch
mmerɛ *(adj.)* faint

mmerɛ *(adj.)* feeble
mmerɛ *(adj.)* frail
mmerɛ *(adj.)* impotent
mmerɛ *(n.)* incapacity
mmerɛ *(adj.)* tender
mmerɛ *(adj.)* weak
mmerɛw *(n.)* decalcification
mmerɛw *(n.)* simplification
mmerɛw *(adj.)* tenuous
mmerɛw *(adv.)* tenuously
mmerɛwyɛ *(n.)* impotence
mmerɛwyɛ *(n.)* infirmity
mmerɛwyɛ *(n.)* sageness
mmerɛyɛ *(adj.)* debile
mmerɛyɛ *(n.)* debility
mmerɛyɛ *(n.)* debilitation
mmɛn *(n.)* antler
mmɛnsɛm *(adj.)* chivalrous
mmɛnsɛm *(n.)* chivalry
mmɛsa *(n.)* twist
mmienu *(adj & pron.)* both
mmienu *(adj.)* double
mmienu *(adj.)* bi
mmienu *(adj.)* binary
mmienu *(n.)* couplet
mmienu awareɛ *(adj.)* bigamous
mmienu awareɛ *(n.)* bigamy
mmiɛnsa *(n.)* third
mmiɛnsa *(adj.)* third
mmirika *(n.)* acceleration
mmirika *(n.)* canter
mmirika *(n.)* gallop
mmirika *(adv.)* pell-mell
mmirikatɛntɛ *(n.)* darting
mmirikatu *(v.)* outrun
mmirikatuo *(n.)* marathon
mmoa *(n.)* alms
mmoa *(n.)* help
mmoa *(n.)* reptile
mmoa *(n.)* succour
mmoa *(n.)* advantage
mmoa *(adj.)* advantageous
mmoa *(n.)* aegis
mmoa *(n.& v.)* aid
mmoa *(n.)* assistance
mmoa *(n.)* backing
mmoa *(n.)* benefaction
mmoa *(adj.)* cooperative
mmoa adididaka *(n.)* manger

mmoa adidie *(v.)* pasture
mmoa ho aduruyɛ *(adj.)* veterinary
mmoa homa *(n.)* reference
mmoa korabea *(n.)* zoo
mmoa ntɛm *(n.)* first aid
mmoaduro *(n.)* antibiotic
mmoaho adesua *(adj.)* zoological
mmoaho nimdeɛ *(n.)* zoology
mmoaho nimdefo *(n.)* zoologist
mmoakuo *(n.)* herd
mmoakuo hwɛsofoɔ *(n.)* herdsman
mmoano *(n.)* accumulation
mmoano *(n.)* accumulator
mmoano *(n.)* backlog
mmoano *(n.)* cluster
mmoano *(n.)* collection
mmoano *(adj.)* comprehensive
mmoano *(adj.)* concerted
mmoano *(n.)* coordination
mmoano *(adj.)* cumulative
mmoasɛm *(adj.)* beastly
mmoasɛm *(adj.)* bestial
mmoasoɔ *(n.)* lid
mmoatia mframa *(n.)* whirlwind
mmoawa *(n.)* germ
mmoawa adesua *(n.)* entomology
mmoawammoawa bebree *(adj.)* polymicrobial
mmoayɛn *(n.)* animal husbandry
mmobɔeɛ *(n.)* scroll
mmobɔmu *(n.)* croak
mmofra *(adj.)* juvenile
mmofra adesua *(n.)* paedologist
mmofra adesua *(n.)* paedology
mmofra hwɛ *(adj.)* paediatric
mmofra nneɛma *(adj.)* puerile
mmoguo *(n.)* anticlimax
mmom *(adv.)* however
mmom *(adv.)* rather
mmonaatoɔ *(n.)* rape
mmonato *(v.)* molest
mmonato *(n.)* molestation
mmono *(n.)* evergreen
mmoroso *(n.)* abundance
mmoroso *(adj.)* abundant
mmoroso *(adv.)* abundantly
mmoroso *(n.)* glut
mmoroso *(n.)* binge
mmoroso *(adj.)* copious

mmorosoɔ *(adj.)* undue
mmotafowa sukuu *(n.)* kindergarten
mmotia *(n.)* dwarf
mmotoo *(adj.)* slick
mmɔboroni *(n.)* wretch
mmɔborɔhunu *(adj.)* lenient
mmɔborɔhunu *(adj.)* merciful
mmɔborɔhunu *(v.)* pity
mmɔborɔhunu *(n.)* pity
mmɔbɔ *(adj.)* emotional
mmɔbɔ *(n.)* mercy
mmɔbɔ *(adj.)* piteous
mmɔbɔ *(adj.)* pitiful
mmɔbɔmmɔbɔ *(adj.)* wretched
mmɔbrɔhunuu *(n.)* sympathy
mmɔden *(n.)* effort
mmɔden *(adj.)* forceful
mmɔdenbɔ *(n.)* try
mmɔdenbɔ *(adj.)* trying
mmɔdenbɔ nkabomu *(n.)* joint effort
mmɔdenmmɔ *(n.)* efficiency
mmɔdenmmɔ *(n.)* endeavour
mmɔdenmɔ *(adj.)* diligent
mmɔfra hwɛ *(n.)* foster care
mmɔfrabremu *(n.)* infancy
mmɔguo *(n.)* cliché
mmɔho *(n.)* double
mmɔho *(n.)* multiple
mmɔho *(adj.)* multiple
mmɔho *(n.)* multiplication
mmɔho *(v.)* multiply
mmɔho *(v.)* octuple
mmɔho *(adj.)* octuple
mmɔho *(n.)* octuple
mmɔho abien *(adj.)* twofold
mmɔho miɛnsa *(adj.)* triple
mmɔho nan *(n.)* quadruped
mmɔho nan *(adj.)* quadruple
mmɔho ɔha *(adj.)* centuple
mmɔre *(n.)* dough
mmɔreka *(n.)* yeast
mmɔtoso *(n.)* aspersion
mmɔtra berɛ *(n.)* childhood
mmɔwuramu *(n.)* intrusion
mmra *(n.)* ethics
mmra *(v.)* rule
mmra homa *(n.)* rulebook
mmra tia *(adj.)* illegal
mmranimfoɔ *(n.)* jurist

mmranimfoɔ *(n.)* solicitor
mmrantebremu *(adj.)* youthful
mmrasobunii *(n.)* rulebraker
mmrasobuo *(n.)* infringement
mmratonii *(n.)* flaunter
mmratonii *(n.)* gangster
mmrewyɛ *(n.)* simplicity
mmrɛ *(adj.)* helpless
mmrɛ *(adj.)* silken
mmrɛ *(adj.)* soft
mmrɛwyɛ *(n.)* sag
mmrikatufoɔ *(n.)* roadrunner
mmrosoɔ *(n.)* superabundance
mmrosoɔ *(n.)* surfeit
mmrosoɔ *(n.)* surplus
mmu *(n.)* disrespect
mmu adeɛ *(n.)* insolence
mmu adieɛ *(adj.)* impolite
mmu ani ngu so *(adj.)* negligible
mmuade *(n.)* flippancy
mmuaeɛ *(n.)* answer
mmuaeɛ *(n.)* response
mmuanefoɔ *(n.)* respondent
mmuayɛ *(n.)* rejoinder
mmuayɛ *(n.)* reply
mmuduru *(n.)* density
mmusuakuo *(adj.)* ethnic
mmusuakuw *(adj.)* tribal
mmusuo *(adj.)* taboo
mnemonic *(adj.)* mnemonic
mnemonic *(n.)* mnemonic
mnemonization *(n.)* mnemonization
moa *(v.)* cower
moa *(n.)* crease
moa *(v.)* ripple
moa *(v.)* clench
moa *(n.)* contraction
moa *(v.)* cringe
moamoa *(v.)* fold
moamoa *(v.)* recoil
moamoa *(v.)* ruck
moamoa *(adv.)* zigzag
moamoa *(v.)* crimple
moamoa *(v.)* crumple
moat *(n.)* moat
moat *(v.)* moat
modality *(n.)* modality
model *(v.)* model
model *(n.)* model

modular *(adj.)* modular
module *(n.)* module
mogya *(n.)* haemoglobin
mogya *(n.)* blood
mogya dansefo *(n.)* martyr
mogya hwieguo *(n.)* gore
mogyahwiegu *(n.)* bloodshed
mogyasɛm *(adj.)* bloody
mogyatoa *(n.)* embryo
mogyatoa *(n.)* foetus
mogyatu *(v.)* bleed
moko *(n.)* pepper
moko *(v.)* pepper
moko-ne-nkyene *(adj.)* pepper-and-salt
molasses *(n.)* molasses
molecular *(adj.)* molecular
molecule *(n.)* molecule
mollusc *(n.)* mollusc
molluscous *(adj.)* molluscous
molten *(adj.)* molten
moma *(n.)* forehead
money laundering *(n.)* money laundering
monger *(n.)* monger
mongoose *(n.)* mongoose
mongrel *(n.)* mongrel
mono *(adj.)* raw
monocle *(n.)* monocle
monoestrous *(adj.)* monoestrous
monogram *(n.)* monogram
monograph *(n.)* monograph
monolith *(n.)* monolith
monorail *(n.)* monorail
monosyllabic *(adj.)* monosyllabic
monosyllable *(n.)* monosyllable
monsoon *(n.)* monsoon
monument *(n.)* monument
monumental *(adj.)* monumental
moonlight *(n.)* moonlight
moor *(v.)* moor
moor *(n.)* moor
moorings *(n.)* moorings
morbid *(adj.)* morbid
morbidity *(n.)* morbidity
morganatic *(adj.)* morganatic
morgue *(n.)* morgue
morse *(n.)* morse
morsel *(n.)* morsel
mortgage *(v.)* mortgage
mortgage *(n.)* mortgage

mortgagee *(n.)* mortgagee
mortgagor *(n.)* mortgagor
mortuary *(n.)* mortuary
mosaic *(n.)* mosaic
motif *(n.)* motif
motoo *(adj.)* velvety
mottle *(n.)* mottle
moult *(v.)* moult
mountaineer *(n.)* mountaineer
mɔbɔ *(adj.)* forlorn
mɔbrɔhunu *(n.)* clemency
mɔkwaa *(v.)* borrow
mɔwerɛ *(n.)* claw
mpa *(n.)* bunk bed
mpa *(n.)* stretcher
mpa *(n.)* bed
mpa *(n.)* bedding
mpa *(n.)* bunk
mpa nkatasoɔ *(n.)* bed sheet
mpa traa *(adj.)* flatbed
mpaapaamu *(n.)* splinter
mpaapaemu *(n.)* fissure
mpaapaemu *(n.)* schism
mpaboa *(n.)* footwear
mpaboa *(n.)* sandal
mpaboa *(n.)* shoe
mpaboa *(n.)* slipper
mpaboa *(n.)* boot
mpaboa *(n.)* loafer
mpaebɔ *(v.)* pray
mpaebɔ *(n.)* prayer
mpaemu *(n.)* cleavage
mpaemu *(n.)* dissection
mpaepaemu *(n.)* branch
mpaepaemu *(n.)* segregation
mpagya *(n.)* elevation
mpagya *(adj.)* erotic
mpagya *(n.)* rise
mpagya *(n.)* shrug
mpagyamu *(n.)* increase
mpanimfoɔ *(n.)* council
mpanin *(adj.)* elderly
mpanin *(n.)* executive
mpaninnie *(n.)* supremacy
mpanyinyɛ *(n.)* old age
mpasokuro *(n.)* bedsore
mpasua *(n.)* constituency
mpata *(n.)* apology
mpata *(n.)* compensation

mpata *(n.)* recompense
mpata dan *(adj.)* shanty
mpataayi asau *(n.)* trawl
mpatadeɛ *(n.)* indemnity
mpatasika *(n.)* ransom
mpatrataa *(n.)* flatbed
mpem du *(adj.)* myriad
mpem du *(n.)* myriad
mpen pii *(adv.)* often
mpena *(n.)* concubine
mpena *(n.)* fiancé
mpena *(n.)* mistress
mpenatwe *(n.)* courtship
mpene *(n.)* refusal
mpene *(v.)* refuse
mpenesoɔ *(adj.)* consensual
mpenesoɔ *(n.)* consent
mpepaho *(n.)* towel
mpereho *(n.)* rush
mpete *(n.)* splash
mpɛ *(n.)* intolerance
mpɛ gya *(adj.)* fire-resistant
mpɛm pii *(adv.)* usually
mpɛmpɛnso *(n.)* highlight
mpɛn dodoɔ *(n.)* frequency
mpɛn du *(adj.)* tenfold
mpɛn du *(adv.)* tenfold
mpɛn pii *(adv.)* ordinarily
mpɛn pii no *(adv.)* oft
mpɛnsenpɛnsenmu *(n.)* rummage
mpɛsɛmpɛsɛ *(adj.)* curly
mpɛsɛmpɛsɛ *(n.)* dreadlock
mpɛsɛmpɛsɛ *(v.)* dreadlock
mpire *(n.)* whip
mpire nhama *(n.)* whipcord
mpo *(adv.)* even
mpoano *(adj.)* costal
mpoano *(adj.)* littoral
mpoano *(n.)* seabeach
mpoano *(n.)* shore
mpoano *(adv.)* ashore
mpoano *(n.)* bay
mpoano *(n.)* beach
mpoano *(adj.)* beachfront
mpoano *(adj.)* beachside
mpoano *(n.)* coast
mpoano *(adj.)* coastal
mpoano *(n.)* coastline
mpoano banbɔfoɔ *(n.)* coastguard

mpoano bɔɔlo *(n.)* beach ball
mpoano wura *(n.)* shoreweed
mpofirim *(v.)* lurch
mpofirim *(adj.)* spontaneous
mpofirim *(adv.)* unawares
mpofrimu *(n.)* sudden
mpoma *(n.)* window
mpotam *(adv.&prep.)* around
mpɔnmpɔnsoɔ *(n.)* apotheosis
mpɔnpɔnsoɔ *(n.)* epic
mpɔtam *(n.)* hood
mpɔtam *(adj.)* local
mpɔtam *(n.)* locale
mpɔtam *(n.)* locality
mpɔtam *(n.)* milieu
mpɔtam *(n.)* neighbourhood
mpɔtam *(n.)* vicinity
mpɔtam *(n.)* area
mpɔtam hɔ *(v.)* localize
mpɔtɛnmu *(n.)* surroundings
mprako *(n.)* swine
mprempren *(n.)* modernization
mprempren *(v.)* modernize
mprenpren *(adj.)* acute
mprenpren *(adj.)* current
mprenpren *(n.)* incumbent
mprenpren *(n.)* instant
mprenpren *(adj.)* instant
mprenu *(adv.)* twice
mprenu bosome *(adj.)* bimonthly
mprenu nawɔtwe *(adj.)* bi-weekly
mprɛnsa *(adv.)* thrice
mprɛnsa *(n.)* triplication
mproprowa *(n.)* breadcrumb
mproprowa *(n.)* crumb
mprɔɛ *(n.)* decay
mprɔɛ *(n.)* decomposition
mpumpunnya *(n.)* inflammation
mpumpunnya *(adj.)* inflammatory
mpunpunya *(n.)* bleb
mpunpunya *(n.)* blister
mpuntufo *(n.)* developer
mpuntuo *(n.)* development
mrɛ *(adj.)* flexible
mrɛ *(adj.)* fragile
mrɛ *(adj.)* vulnerable
mrɛyɛ *(n.)* weakness
mu *(adv.)* aboard
mu *(prep.)* in

mu *(prep.)* inside
mu *(n.)* inside
mu *(prep.)* through
mu *(adv.)* within
mu dɔ *(n.)* resonance
mu duru *(n.)* weightage
mu nnɔ *(adj.)* shallow
mua *(v.)* gag
mua *(adj.)* intact
mua *(adj.)* ruddy
mua *(adj.)* sheer
mua *(n.)* whole
mua ani *(n.)* blindfold
muamua *(v.)* crinkle
muck *(n.)* muck
mudie *(n.)* acme
mudie *(n.)* cachet
mudie *(n.)* calibre
mudɔ *(adj.)* deep
mudɔ *(adv.)* deeply
mukaase *(n.)* kitchen
mukaase *(n.)* pantry
mullah *(n.)* mullah
mullion *(n.)* mullion
multicand *(n.)* multiplicand
multilateral *(adj.)* multilateral
multiped *(n.)* multiped
multiplex *(adj.)* multiplex
multiplicity *(n.)* multiplicity
mum *(n.)* aphasia
mum *(adj.)* dumb
mummer *(n.)* mummer
mumps *(n.)* mumps
muna *(v.)* frown
muna *(v.)* scowl
muni *(v.)* roll
mununkum *(n.)* cloud
mununkum kusuu *(adj.)* overcast
mural *(n.)* mural
mural *(adj.)* mural
muscle *(n.)* muscle
muscovite *(n.)* muscovite
muscular *(adj.)* muscular
muse *(v.)* muse
muse *(n.)* muse
muse *(n.)* mush
musket *(n.)* musket
musketeer *(n.)* musketeer
muslin *(n.)* muslin

mustang *(n.)* mustang
mustard *(n.)* mustard
musuo *(v.)* taboo
mutidisciplinary *(adj.)* mutidisciplinary
muzzle *(v.)* muzzle
muzzle *(n.)* muzzle
myalgia *(n.)* myalgia
myopia *(n.)* myopia
myopic *(adj.)* myopic
myosis *(n.)* myosis
myrtle *(n.)* myrtle
mystic *(n.)* mystic
mystic *(adj.)* mystic
mystify *(v.)* mystify
myticism *(n.)* mysticism

N

n'ani mmueeɛ *(adj.)* uncouth
n'anni nnye *(adj.)* disgruntled
na ɛyɛ *(adj.)* okayish
naa *(n.)* ambiguity
naa *(adj.)* ambiguous
nabob *(n.)* nabob
nacho *(n.)* nacho
nack *(v.)* nack
nacre *(n.)* nacre
nadger *(n.)* nadger
nadir *(n.)* nadir
nahanaha *(adj.)* smooth
naivete *(n.)* naivete
naivety *(n.)* naivety
nam *(n.)* flesh
nam *(adj.)* sharp
Nam wefo *(n.)* carnivore
namdɛɛdɛ *(n.)* sweetmeat
nampa *(n.)* fillet
namyɛ *(adj.)* bullish
nan *(v.)* defrost
nan *(v.)* dissolve
nan mu *(n.)* sole
nan ntiasoɔ *(n.)* pedal
nan ntiasoɔ *(v.)* pedal
nan trataa *(n.)* flatfoot
nanaengineer *(n.)* nanoengineer
nananom *(adj.)* ancestral
nanase agyiraehyɛde *(n.)* footmark

nane *(v.)* ablate
nane *(v.)* melt
nane *(v.)* thaw
nane *(n.)* ablation
nane *(adj.)* ablative
nanhini *(n.)* shin
nanism *(n.)* nanism
nanite *(n.)* nanite
nankwaaseni *(n.)* butcher
nankwansere *(n.)* bat
nanny *(n.)* nanny
nano *(n.)* nano
nanobiology *(n.)* nanobiology
nanobot *(n.)* nanobot
nanochip *(n.)* nanochip
nanocircuit *(n.)* nanocircuitry
nanocomponent *(n.)* nanocomponent
nanohertz *(n.)* nanohertz
nanokɔmputa *(n.)* nanocomputer
nanomechanics *(n.)* nanomechanics
nanoparticle *(n.)* nanoparticle
nanoplasma *(n.)* nanoplasma
nanotransistor *(n.)* nanotransistor
nanso *(conj.)* however
nanso *(conj.)* yet
nanso *(conj.)* albeit
nanso *(conj.)* but
nansoaa *(n.)* toe
nantabono *(n.)* foot
nantabono bɔha *(n.)* hosiery
nantabono bɔha *(n.)* sock
nante *(v.)* pace
nante *(v.)* stroll
nante *(v.)* tread
nante *(v.)* troop
nante *(v.)* walk
nante afa *(v.)* waddle
nante bɔkɔɔ *(v.)* shamble
nante brɛoo *(v.)* saunter
nante nsuom *(v.)* wade
nante ntɛmtɛm *(v.)* steep
nante yie *(interj.)* good-bye
nantɛɛ *(n.)* footwork
nantɛɛ *(n.)* tread
nantɛɛ *(n.)* walk
nantekwan *(n.)* footpath
nantew *(n.)* gait
nantew bɔkɔɔ *(n.)* perambulator
nantew brɛoo *(v.)* plod

nantɛm kuro *(adj.)* footsore
nanti twitwa *(n.)* slander
nantie brɛobrɛoo *(n.)* saunter
nantini *(n.)* heel
nantini *(n.)* ankle
nantwi *(adj.)* milch
nantwi *(n.)* ox
nantwi nne *(v.)* moo
nantwiba *(n.)* calf
nantwibuo *(n.)* byre
nantwie *(n.)* cow
nantwiha *(n.)* hay
nantwinam *(n.)* beef
nantwinini *(n.)* bullock
nantwinini *(n.)* bull
nantwinini ani *(n.)* bull's eye
nantwinini anomaa *(n.)* oxbird
nantwiyɛnbea *(n.)* ranch
nape *(n.)* nape
naphthalene *(n.)* naphthalene
narcissism *(n.)* narcissism
narcissus *(n.)* narcissus
narcosis *(n.)* narcosis
natant *(adj.)* natant
natmɛɛge *(n.)* nutmeg
nave *(n.)* nave
nbobomu *(n.)* roar
ndaadaa *(n.)* fake
ndaadaa *(n.)* seduction
ndaadaa *(adj.)* wily
ndadaa aduru *(n.)* hypnotism
ndanee *(n.)* evolution
ndidiso *(adj.)* informal
ndɔnnon *(n.)* infusion
nduradeɛ *(n.)* envelopment
ndwiriɛ *(n.)* demolition
ndwom to *(n.)* warble
ndwuraho *(n.)* insulation
ndwuraho *(n.)* insulator
ne *(conj.)* and
ne *(adj.)* her
ne *(prep.)* versus
ne *(prep.)* with
ne bere *(adj.)* modern
ne bere *(n.)* modernity
ne dea *(pron.)* his
ne dɛ *(adj.)* tasty
ne fam *(adj.)* down and out
ne ho twa *(adj.)* vivacious

ne kwan *(adj.)* proper
ne kwan *(adv.)* properly
ne nyinaa *(adv.)* wholly
ne nyinaa mu *(conj.)* nevertheless
ne nyinaa mu *(adj.)* overall
ne nyinaa mu no *(adv.)* nonetheless
ne nyinaakyi *(adj.)* irrespective
ne papa *(adj.)* qualitative
ne titiriw *(adj.)* main
ne werɛ afi *(adj.)* oblivious
ne werɛ aho *(adj.)* pathetic
ne wura *(adj.)* proprietary
ne yɛ *(n.)* pursuance
nea atwam *(adj.)* retrospective
nea awo *(adj.)* dry
nea efi mu *(adj.)* derivative
nea ehia *(v.)* prime
nea ekosie *(n.)* delimitation
nea ekurum *(adj.)* concave
nea emia *(n.)* compressor
nea etwa to *(adj.)* ultimate
nea eye *(n.)* optimum
nea ɛfata *(n.)* normalization
nea ɛfata *(v.)* normalize
nea ɛnsɛ *(n.)* disproportion
nea ɛntea *(adj.)* unfair
nea ɛnteɛ *(adj.)* unjust
nea ɛnteɛ *(adj.)* wrongful
nea ɛte biara *(pron.)* whichever
nea ɛwɔ ho *(n.)* norm
nea ɛwɔm *(adj.)* intrinsic
nea odi biribiara *(adj.)* omnivorous
nea odi so *(n.)* conformist
nea onim biribiara *(adj.)* omniscient
nea ɔboa ano *(n.)* collector
nea ɔhoro *(n.)* washer
nea ɔhyehyɛ *(n.)* compositor
nea ɔhyehyɛɛ *(n.)* originator
nea ɔretwe *(n.)* contender
nea ɔte hɔ *(n.)* occupier
nea ɔyɛ *(n.)* manufacturer
nea ɔyi fi mu *(n.)* omitter
nea w'asamanno *(n.)* defendant
nea wabo *(adj.)* drunk
nea wawu *(adj.)* dead
nea wawu *(adj.)* defunct
nea woakyere no *(n.)* abductee
nea wɔabɔnokwaadu *(n.)* accused
nea wɔakyere *(n.)* capture

nea wɔatu atim *(n.)* transplantee
nea wɔpɛ *(adj.)* desirable
neaɛma *(n.)* substance
neama *(n.)* stock
neama maneɛ *(n.)* shipmate
neamamanea *(n.)* shipment
neap *(adj.)* neap
nebula *(n.)* nebula
necromancer *(n.)* necromancer
necropolis *(n.)* necropolis
negress *(n.)* negress
negro *(n.)* negro
nemesis *(n.)* nemesis
neon *(n.)* neon
nepotism *(n.)* nepotism
neptune *(n.)* Neptune
nescience *(n.)* nescience
nestling *(n.)* nestling
nether *(adj.)* nether
neuter *(adj.)* neuter
neuter *(n.)* neuter
neutralize *(v.)* neutralize
neutron *(n.)* neutron
nɛɛseni *(n.)* nurse
nɛtwɛke *(n.)* network
nfaho *(adj.)* inapplicable
nfahoma *(n.)* surrender
nfatoso *(v.)* stereotype
nfeefeemu *(n.)* review
nfidiesum *(n.)* entrapment
nfitiaseɛ *(n.)* emanation
nfoaso *(n.)* endorsement
nfoasofoɔ *(n.)* seconder
ngo *(n.)* lubricant
ngo *(n.)* oil
ngo *(n.)* paraffin
ngo paint *(n.)* oil paint
ngo regu *(v.)* oil
ngodua *(n.)* olive
ngongorann *(adj.)* abstruse
ngugusoɔ *(n.)* spray
ngyae *(adj.)* inexorable
ngyaemu *(n.)* release
ngye ahohoɔ *(adj.)* inhospitable
ngye ndi *(v.)* distrust
ngye ntom *(adj.)* unacceptable
ngyeɛ foforɔ *(n.)* reclamation
ngyegeɛ *(adj.)* rhythmic
ngyegyeɛ hunu *(adj.)* raspy

ngyegyeɛ nhyehyɛ *(n.)* sound system
ngyetom *(n.)* refutation
ngyinahɔ *(n.)* stand
ngyinahɔ *(n.)* standing
ngyinamuma *(n.)* intervention
nhaban *(n.)* foliage
nhaban *(adj.)* foliate
nhaban *(n.)* foliation
nhabannuro *(n.)* herb
nhabannuru *(adj.)* vegetable
nhabannuru nwono *(n.)* wormwood
nhama *(n.)* filament
nhama *(n.)* filamentation
nhama *(n.)* wiring
nhama ayɛ *(adj.)* filamented
nhini *(n.)* root
nhini *(n.)* arrowroot
nhinni *(n.)* stubble
nhoma *(n.)* textbook
nhoma *(adj.)* textbookish
nhoma *(n.)* literature
nhoma *(n.)* publication
nhoma anim *(adj.)* prerequisite
nhoma kyerɛwfo *(n.)* lexicography
nhoma sohwɛfo *(n.)* librarian
nhoma sua *(n.)* literacy
nhomakorabea *(n.)* library
nhomanimfo *(n.)* laureate
nhomanimfo *(adj.)* scholarly
nhomanimfo *(adj.)* literate
nhomanimfo *(n.)* litterateur
nhomasua *(adj.)* laureate
nhomasua *(adj.)* scholastic
nhomasua ɛkɔakyiri *(n.)* higher education
nhomawa *(n.)* directory
nhomawa *(n.)* magazine
nhumu *(adj.)* perceptive
nhumu *(n.)* prescience
nhumu *(n.)* profundity
nhumu *(adj.)* provident
nhumu *(adj.)* providential
nhumu *(n.)* realization
nhunu sie *(n.)* foreknowledge
nhunumu *(adj.)* adept
nhunumu *(adj.)* creative
nhunumu *(n.)* foresight
nhunumu *(n.)* insight
nhunuyɛ hunu *(n.)* hallucination

nhwehwɛ *(n.)* foraging
nhwehwɛ mu *(n.)* verification
nhwehwɛmu *(n.)* diagnosis
nhwehwɛmu *(n.)* empiricism
nhwehwɛmu *(n.)* enquiry
nhwehwɛmu *(n.)* exploration
nhwehwɛmu *(n.)* inquest
nhwehwɛmu *(n.)* inspection
nhwehwɛmu *(n.)* investigation
nhwehwɛmu *(n.)* perusal
nhwehwɛmu *(v.)* peruse
nhwehwɛmu *(n.)* research
nhwehwɛmu *(n.)* surveillance
nhwehwɛmu *(n.)* survey
nhwehwɛmu *(n.)* audit
nhwehwɛmu *(n.)* probe
nhwehwɛmu bia *(n.)* laboratory
nhwehwɛmu nhoma *(n.)* lexicon
nhwehwɛmufo *(n.)* examiner
nhwehwɛmufoɔ *(n.)* sage
nhwerɛn *(n.)* jasmine, jessamine
nhwesode *(n.)* specimen
nhwɛ *(n.)* gawk
nhwɛ *(adj.)* gawky
nhwɛ *(n.)* gesture
nhwɛhann *(n.)* gaze
nhwɛhann *(n.)* stare
nhwɛhwɛ *(n.)* tracing
nhwɛso *(adj.)* textbook
nhwɛsodeɛ *(n.)* paragon
nhwɛsodeɛ *(n.)* scapegoat
nhwɛsodensɛm *(n.)* sampling
nhwɛsoɔ *(n.)* example
nhwɛsoɔ *(n.)* exemplar
nhwɛsoɔ *(n.)* instance
nhwɛsoɔ *(n.)* invigilation
nhwɛsoɔ *(n.)* sample
nhwɛsoɔ *(n.)* supervision
nhwɛsoɔ *(n.)* concentration
nhwi *(n.)* mane
nhwie gu *(n.)* spill
nhwiren *(n.)* flower
nhwiren *(adj.)* flowery
nhwiren *(n.)* garland
nhwiren *(n.)* parsley
nhwiren *(n.)* wreath
nhwiren *(n.)* lily
nhwiren *(n.)* lotus
nhwiren kukuo *(n.)* vase

nhwirentonfo *(n.)* florist
nhyehyeɛ *(n.)* formation
nhyehyeɛ *(adj.)* routine
nhyehyeɛ *(n.)* scenario
nhyehyeɛ *(n.)* scheme
nhyehyeɛ *(adj.)* set
nhyehyeɛ *(n.)* set
nhyehyeɛ *(n.)* singe
nhyehyeɛ *(adj.)* structural
nhyehyeɛ nim *(adj.)* unplanned
nhyehyeɛfo *(n.)* schemer
nhyehyɛ *(n.)* tabulation
nhyehyɛe *(n.)* array
nhyehyɛe *(n.)* orderly
nhyehyɛe *(v.)* organize
nhyehyɛe *(v.)* outline
nhyehyɛe *(n.)* permutation
nhyehyɛe *(n.)* provision
nhyehyɛe *(n.)* policy
nhyehyɛe *(adj.)* provisional
nhyehyɛe a wɔyɛ *(adj.)* designing
nhyehyɛeɛ *(n.)* agenda
nhyehyɛeɛ *(n.)* allocation
nhyehyɛeɛ *(n.)* arrangement
nhyehyɛeɛ *(n.)* composition
nhyehyɛeɛ *(n.)* criterion
nhyehyɛeɛ *(n.)* outline
nhyehyɛeɛ *(n.)* schedule
nhyehyɛeɛ *(adj.)* constructive
nhyemu *(n.)* input
nhyemu *(adj.)* orientational
nhyenye *(n.)* sear
nhyɛ *(adj.)* imperative
nhyɛ *(n.)* imposition
nhyɛ *(n.)* instruction
nhyɛ mu *(n.)* insertion
nhyɛaseɛ *(v.)* append
nhyɛaseɛ *(n.)* appendage
nhyɛmu *(n.)* fuse
nhyɛso *(v.)* oppress
nhyɛso *(n.)* oppression
nhyɛsofo *(adj.)* oppressive
nhyɛsofo *(n.)* oppressor
nhyɛsoɔ *(n.)* force
nhyɛsoɔ *(n.)* insistence
nhyɛsoɔ *(n.)* repression
nhyɛsoɔ *(n.)* subjection
nhyɛsoɔ *(n.)* subjugation
nhyɛsoɔ *(n.)* autocracy

nhyɛsoɔ *(adj.)* autocratic
nhyia *(v.)* tally
nhyiaeɛ *(adj.)* confluent
nhyiaeɛ *(n.)* convergence
nhyiaeɛ *(adj.)* convergent
nhyiamu *(n.)* conference
nhyiamu *(n.)* congregation
nhyiamu *(n.)* congress
nhyiamu *(n.)* convocation
nhyiamu *(v.)* copulate
nhyiamu *(n.)* encounter
nhyiamu *(n.)* fusion
nhyiamu *(n.)* junction
nhyiamu *(n.)* sessional
nhyiamu *(adj.)* sessional
nhyiamu *(n.)* symposium
nhyiamu *(n.)* tryst
nhyiamu *(n.)* meeting
nhyiamubea *(n.)* rendezvous
nhyiamudie *(n.)* concert
nhyiamudie *(n.)* assembly
nhyiemu keseɛ *(n.)* rally
nhyira *(n.)* benediction
nhyira *(adj.)* blessed
nhyira *(n.)* blessing
nhyira mmoroso *(n.)* beatitude
nib *(n.)* nib
niche *(n.)* niche
nick *(n.)* nick
nickel *(n.)* nickel
nicotine *(n.)* nicotine
nidie *(n.)* dignity
nifa *(adv.)* right
nifa so *(n.)* right
niggard *(n.)* niggard
niggardly *(adj.)* niggardly
nigger *(n.)* nigger
nightingale *(n.)* nightingale
nihilism *(n.)* nihilism
nil *(n.)* nil
nim *(v.)* know
nim *(adj.)* sentient
nim *(adj.)* aware
nim biribiara *(n.)* omniscience
nimbus *(n.)* nimbus
nimdeɛ *(n.)* brilliance
nimdeɛ *(n.)* knowledge
nimdeɛ *(adj.)* knowledgeable
nimdeɛ *(n.)* proficiency

nimdeɛ *(adj.)* sagacious
nimdeɛ *(n.)* skill
nimdeɛ *(n.)* aptitude
nimdeɛ *(adj.)* proficient
nimdeɛ *(n.)* prowess
nimdeɛ bebree *(n.)* polymath
nimdefo *(adj.)* brainy
nimdefo *(adj.)* brilliant
nimdefo *(adj.)* versed
nimdefoɔ *(n.)* analyst
nimdepɛ *(n.)* edification
nimdesɛm *(n.)* sagacity
nip *(v.)* nip
nipa *(adj.)* human
nipa sronko *(adj.)* superhuman
nipa teateafo *(n.)* pigmy
nipaban *(n.)* character
nipabɔnefo *(adj.)* antisocial
nipabɔnefoɔ *(n.)* scoundrel
nipadɔm *(adj.)* crowded
nipadua *(n.)* physique
nipadua *(n.)* body
nipadua niho *(v.)* disembody
nipadua twitwie *(n.)* massage
nipakom *(n.)* execution
nipakomfo *(n.)* executioner
nipakonkom *(adj.)* executive
nipakum *(n.)* homicide
nisuo *(n.)* sob
nitan *(n.)* strife
nitrogen *(n.)* nitrogen
nka *(n.)* scent
nka *(n.)* smell
nka *(n.)* tap
nka bom *(n.)* weld
nka ho *(adv.)* without
nka ho *(prep.)* without
nkaa nsuo *(adj.)* virgin
nkaanim *(n.)* reproof
nkabom *(adj.)* allied
nkabom *(n.)* amalgam
nkabom *(n.)* cohesion
nkabom *(n.)* combination
nkabom *(n.)* commune
nkabom *(n.)* compilation
nkabom *(n.)* federation
nkabom *(adj.)* harmonious
nkabom *(n.)* harmony
nkabom *(n.)* incorporation

nkabom *(adj.)* joint
nkabom *(n.)* resolution
nkabom *(n.)* solidarity
nkabom *(n.)* symbiosis
nkabom *(n.)* union
nkabom *(n.)* agglomerate
nkabom *(n.)* alliance
nkabom *(n.)* bond
nkabom kuo *(n.)* bloc
nkabomdeɛ *(n.)* conjunction
nkabomdie *(n.)* synergy
nkabomu *(n.)* amalgamation
nkabomu *(n.)* connection
nkabomu *(n.)* synthesis
nkabomu *(n.)* coalition
nkabomu nnim *(adj.)* irreconcilable
nkabɔmu *(n.)* addition
nkabɔne *(n.)* stench
nkaeada *(n.)* mausoleum
nkaebɔ *(v.)* advertise
nkaebɔ *(n.)* advertisement
nkaebɔ *(n.)* announcement
nkaebɔ *(n.)* intimation
nkaebɔ *(n.)* notice
nkaedeɛ *(n.)* keepsake
nkaedeɛ *(n.)* reminder
nkaedeɛ *(n.)* souvenir
nkaedi *(n.)* memorial
nkaedi *(adj.)* memorial
nkaedie *(n.)* celebration
nkaeɛ *(n.)* addendum
nkaeɛ *(adj.)* additional
nkaeɛ *(n.)* allusion
nkaeɛ *(adj.)* allusive
nkaeɛ *(n.)* cue
nkaeɛ *(n.)* memory
nkaeɛ *(n.)* recall
nkaeɛ *(n.)* recollection
nkaeɛ *(n.)* remainder
nkaeɛ *(n.)* remembrance
nkaeɛ *(n.)* reminiscence
nkaeɛ *(n.)* requiem
nkaeɛ *(adj.)* superfluous
nkaeɛ *(n.)* anamnesis
nkaeɛ *(n.)* cognizance
nkaeɛ *(n.)* commemoration
nkaesɛm *(adj.)* memorable
nkaeɛ *(adj.)* conscious
nkaho *(n.)* accompaniment

nkaho *(n.)* additive
nkaho *(prep. &adv.)* along
nkaho *(prep.)* alongside
nkaho *(n.)* complement
nkaho *(adj.)* complementary
nkaho *(adv.)* extra
nkaho *(adj.)* suggestive
nkaho *(n.)* supplement
nkaho *(n.)* add-in
nkahodie *(adj.)* supplementary
nkahwem *(n.)* slam
nkahyemde *(n.)* bracket
nkahyɛ *(n.)* suppression
nkahyɛmu *(n.)* confinement
nkakamu *(n.)* shout
nkakrankra *(adj.)* gradual
nkamfo *(int.)* felicitations
nkamfo *(n.)* hail
nkamfo *(n.)* reappraisal
nkamfoɔ *(adj.)* complimentary
nkamfoɔ *(n.)* approbation
nkanea *(n.)* valve
nkanka *(n.)* centipede
nkankɔ *(v.)* advance
nkankɔ *(n.)* improvement
nkankyeɛ *(n.)* recitation
nkanya *(n.)* stimulus
nkanyan *(n.)* reanimation
nkanyan *(n.)* rejuvenation
nkanyan *(n.)* revival
nkanyan *(n.)* activation
nkanyandeɛ *(n.)* stimulant
nkasaeɛ *(n.)* expression
nkasɛɛnkasɛɛ *(adj.)* barbed
nkataanim *(n.)* apron
nkataanim *(n.)* face mask
nkataanim *(n.)* mask
nkataanim *(n.)* veil
nkataho *(n.)* enclosure
nkataho *(adj.)* encrusted
nkataho *(n.)* coating
nkatasoɔ *(n.)* cladding
nkatasoɔ *(n.)* cover
nkatasoɔ *(n.)* coverlet
nkatasoɔ *(n.)* excuse
nkatasoɔ *(n.)* bib
nkatasoɔ *(n.)* ceiling
nkatasoɔ *(n.)* concealer
nkate *(n.)* sentiment

nkayan *(n.)* evocation
nkayan *(adj.)* reanimate
nkayandeɛ *(adj.)* evocative
nkayɛ *(n.)* leftover
nkekaawa *(n.)* blot
nkekaawa *(n.)* blemish
nkekae *(v.)* taint
nkekae *(n.)* taint
nkekae nim *(adj.)* spotless
nkekaho *(n.)* modification
nkekaho *(adj.)* tactile
nkekaho *(v.)* modify
nkekamu *(n.)* howl
nkekarekekare *(n.)* vinegar
nketenkete *(adj.)* beady
nketewa *(adj.)* dwarf
nketewa *(adv.)* smallness
nkɛntɛnso *(adj.)* influential
nkisikuru *(n.)* epileptic
nkitahodi *(n.)* negotiation
nkitahodie *(n.)* affair
nkitahodie *(n.)* communication
nkitahodie *(n.)* dealings
nkitahodie *(n.)* correspondence
nkitahodifo *(n.)* negotiator
nko ara *(adj.)* exclusive
nko ara *(adv.)* only
nkoa *(v.)* enslave
nkoa ahofadi *(n.)* manumission
nkoaa *(adj.)* alone
nkoasom *(n.)* exile
nkoasom *(n.)* thrall
nkoasom *(n.)* thralldom
nkoasom *(n.)* bondage
nkoguo *(n.)* fail
nkoguo *(n.)* fiasco
nkokoaa *(adj.)* infantile
nkokoaa *(n.)* whelp
nkokoaa dan *(n.)* nursery
nkokoaa kum *(n.)* infanticide
nkokorafo atrae *(n.)* nunnery
nkokwaw *(n.)* layman
nkokwaw *(adj.)* lay
nkonim *(n.)* triumph
nkonim tumi *(v.)* overpower
nkonimdi *(adj.)* triumphal
nkonimdi *(n.)* victory
nkonimdiɛ *(adj.)* victorious
nkonimdifo *(adj.)* triumphant

nkonimdifo *(n.)* victor
nkonimdifo *(n.)* winner
nkonimdifoɔ *(n.)* conquerer
nkonimdifoɔ *(adj.)* invincible
nkonkonsa *(n.)* scutllebutt
nkontaabu *(adj.)* tally
nkontaabu *(n.)* tally
nkontabuo *(n.)* accountability
nkontabuo *(n.)* accountancy
nkontabuo *(n.)* accounting
nkontabuo *(n.)* scorekeeping
nkontabuo *(n.)* arithmetic
nkontabuo *(n.)* calculation
nkontabuo *(n.)* computation
nkontabuo adaka *(n.)* scorebox
nkontabuo ahodoɔ *(n.)* statistics
nkontabuo krataa *(n.)* scorecard
nkontabuo kyerɛwpɔn *(n.)* scoreboard
nkontabuo nnwoma *(n.)* scorebook
nkontabuo nsɛm *(adj.)* statistical
nkontabuonii *(n.)* scorekeeper
nkontabuonii *(n.)* statistician
nkontompo *(n.)* deviation
nkontompo *(n.)* dishonesty
nkontompo *(n.)* duplicity
nkontompo *(n.)* treachery
nkontompodeyɔ *(n.)* forgery
nkonyaayi *(n.)* magic
nkonyaayifo *(n.)* mage
nkonyaayifo *(n.)* magician
nkorabata *(n.)* offshoot
nkorabata *(n.)* sprig
nkorabata *(n.)* twig
nkorabata *(v.)* annex
nkorakora *(n.)* embalming
nkorɔfofa *(n.)* induction
nkorɔfofa *(n.)* recruit
nkorɔfokuo *(adj.)* shortlisted
nkorɔmu *(n.)* snore
nkoto *(n.)* stoop
nkotɔ *(n.)* doze
nkowayɛ *(n.)* slavery
nkɔ soro *(n.)* notch
nkɔanim *(n.)* progress
nkɔanim *(adj.)* progressive
nkɔanim *(n.)* leap
nkɔm *(n.)* prediction
nkɔmhyɛ *(n.)* forecast
nkɔmhyɛ *(n.)* omen

nkɔmhyɛ *(n.)* prophecy
nkɔmhyɛ mu *(adj.)* prophetic
nkɔmmɔ dwumadie *(n.)* chat show
nkɔmmɔbɔ *(n.)* tete-a-tete
nkɔmmɔdi *(n.)* dialogue
nkɔmmɔdibea *(n.)* chat room
nkɔmmɔdie *(n.)* conversation
nkɔmpɔ *(n.)* introspection
nkɔnsɔnkɔnsɔn *(n.pl.)* bonds
nkɔnsɔnkɔnsɔn *(n.)* chain
nkɔnsɔnkɔnsɔn *(n.)* cuff
nkɔnsɔnkɔnsɔn *(n.)* dilaceration
nkɔnsɔnkɔnsɔn *(n.)* fetter
nkɔso *(n.)* dynamics
nkɔsoɔ *(n.)* posterity
nkɔsuoɔ *(n.)* enhancement
nkra *(n.)* memorandum
nkra *(n.)* message
nkra *(n.)* missive
nkraa *(n.)* mite
nkrabea *(v.)* fate
nkrabea *(n.)* fate
nkraman ako *(n.)* dogfight
nkranhyɛ *(n.)* spur
nkranpan *(n.)* skeleton
nkrataa *(n.)* file
nkratahyɛ *(n.)* subscription
nkrato *(n.)* communique
nkratobea *(n.)* post-office
nkron *(n.)* nine
nkrɔfoɔ *(v.)* people
nkrɔfoɔ *(n.)* people
nku *(n.)* balm
nku *(n.)* cream
nku *(n.)* hand lotion
nku *(n.)* lotion
nku *(n.)* butter
nkuamu *(adj.)* supple
nkuguodie *(n.)* rout
nkukuo *(n.)* crockery
nkunim *(n.)* success
nkunim *(n.)* win
nkunimdie *(n.)* conquest
nkunimdie *(adj.)* auspicious
nkunimdifoc *(n.)* achiever
nkunimdifoɔ *(n.)* champion
nkuramu *(n.)* grip
nkuramu *(n.)* hold
nkuran *(n.)* overture

nkuranhyɛ *(n.)* assurance
nkuranhyɛ *(n.)* encouragement
nkuranhyɛ *(n.)* inspiration
nkuranhyɛ *(v.)* motivate
nkuranhyɛ *(v.)* uplift
nkuranhyɛ *(n.)* motivation
nkurasesɛm *(n.)* barbarism
nkurasesɛm *(n.)* barbarity
nkurasesɛm *(adj.)* barbarous
nkurasesɛm *(adj.)* barbaric
nkurasesɛm *(n.)* bigotry
nkurasesɛm *(adj.)* churlish
nkurobɔ *(n.)* impeachment
nkuruma *(n.)* okra
nkutahodie *(adj.)* interactive
nkutahodie *(n.)* telepathy
nkutamu *(n.)* sustenance
nkutoo *(conj.)* only
nkwa *(n.)* existence
nkwa *(n.)* life
nkwa *(n.)* mortality
nkwa *(adj.)* live
nkwa *(adv.)* live
nkwa *(n.)* living
nkwa abɔde *(n.)* organism
nkwa mu *(adj.)* living
nkwa mu *(v.)* live
nkwa mu *(n.)* present
nkwa nnim *(adj.)* inanimate
nkwa nnim *(adj.)* lifeless
nkwaadɔm *(n.)* genitalia
nkwadaa *(n.)* immortality
nkwadaasɛm *(adj.)* childish
nkwagyeɛ *(n.)* salvation
nkwammoa *(n.)* antibody
nkwammoa *(n.)* antigen
nkwammoa *(n.)* sperm
nkwan *(n.)* broth
nkwan *(n.)* soup
nkwan na *(adj.)* lifelong
nkwanhyia *(n.)* accidence
nkwanhyia *(adj.)* accidental
nkwanhyia *(n.)* accident
nkwanhyia *(adv.)* accidentally
nkwanhyia *(n.)* carnage
nkwanhyia *(n.)* crisis
nkwanta *(n.)* intersection
nkwantanan *(n.)* crossroads
nkwasea *(adj.)* crass

nkwaseafo *(adj.)* dorky
nkwaseafo *(n.)* dunce
nkwaseasɛm *(adj.)* dopey
nkwaseasɛm *(n.)* folly
nkwaseasɛm *(n.)* foolscap
nkwaseasɛm *(n.)* idiocy
nkwaseasɛm *(adj.)* idiotic
nkwaseasɛm *(n.)* nonsense
nkwaseasɛm *(adj.)* ridiculous
nkwaseasɛm *(n.)* stupidity
nkwati *(n.)* eschewment
nkwati *(n.)* evitability
nkwoe *(n.)* hernia
nkye *(n.)* fry
nkyea *(n.)* sidetrack
nkyea *(n.)* wager
nkyeaeɛ *(n.)* curvature
nkyeaɛ *(n.)* curve
nkyekyem *(n.)* verse
nkyekyem ɔha *(adv.)* per cent
nkyekyemu *(n.)* division
nkyekyemu anan *(adj.)* quarterly
nkyekyere *(n.)* screw
nkyekyereɛ *(n.)* binding
nkyekyereho *(n.)* wrapper
nkyekyɛmu *(n.)* classification
nkyekyɛmu *(adj.)* classified
nkyekyɛmu *(n.)* compartment
nkyekyɛmu *(n.)* demarcation
nkyekyɛmu *(n.)* departmentalization
nkyekyɛmu *(n.)* distribution
nkyekyɛmu *(n.)* reallocation
nkyekyɛmu *(n.)* segment
nkyekyɛmu *(n)* shard
nkyekyɛmu *(n.)* stratum
nkyekyɛmu *(n.)* category
nkyekyɛmu ahodoɔ *(n.)* species
nkyemade *(n.)* dividend
nkyen mframa *(n.)* sidewind
nkyene *(n.)* salt
nkyene nnim *(adj.)* unsalted
nkyene nsuo *(n.)* brine
nkyene nsuo *(adj.)* saline
nkyenenkyene *(adj.)* salty
nkyerew mmako *(n.)* spelling
nkyerewde tiawa *(n.)* shorthand
nkyerɛase *(n.)* versification
nkyerɛaseɛ *(n.)* justification
nkyerɛaseɛ *(n.)* translation

nkyerɛaseɛ korɔ *(adj.)* synonymous
nkyerɛde *(n.)* digit
nkyerɛw *(n.)* inscription
nkyerɛkyerɛ *(adj.)* didactic
nkyerɛkyerɛ *(n.)* dogma
nkyerɛkyerɛ *(n.)* show
nkyerɛkyerɛ *(n.)* theory
nkyerɛkyerɛ *(n.)* tutorial
nkyerɛkyerɛ *(adj.)* tutorial
nkyerɛkyerɛmu *(n.)* adjective
nkyerɛkyerɛmu *(n.)* adverb
nkyerɛkyerɛmu *(adj.)* adverbial
nkyerɛkyerɛmu *(n.)* clarification
nkyerɛkyerɛmu *(n.)* context
nkyerɛkyerɛmu *(v.)* decipher
nkyerɛkyerɛmu *(n.)* definition
nkyerɛkyerɛmu *(adj.)* descriptive
nkyerɛkyerɛmu *(n.)* detail
nkyerɛkyerɛmu *(adj.)* dogmatic
nkyerɛkyerɛmu *(n.)* explanation
nkyerɛkyerɛmu *(adj.)* express
nkyerɛkyerɛmu *(n.)* identification
nkyerɛkyerɛmu *(n.)* illustration
nkyerɛkyerɛmu nnim *(adj.)* inexplicable
nkyerɛmu *(n.)* description
nkyerɛmu *(adj.)* expressive
nkyerɛmuni *(n.)* interpreter
nkyerɛw *(n.)* imprint
nkyerɛwde *(n.)* notation
nkyerɛwde akɛseɛ *(adj.)* legible
nkyerɛwde akɛseɛ *(adv.)* legibly
nkyerɛwee *(adj.)* textual
nkyerɛwee *(n.)* transcription
nkyerɛweɛ *(n.)* registration
nkyɛ *(n.)* serve
nkyɛmu *(v.)* partition
nkyɛn *(adv.)* aside
nkyɛn *(n.)* side
nkyɛn *(adj.)* adjacent
nkyɛn *(adj.)* adscititious
nkyɛn *(prep.)* beside
nkyɛn hyehyeɛ *(n.)* sideburns
nkyɛn hyɛn *(n.)* sidecar
nkyɛn nkyɛn *(v.)* parallel
nkyɛn nkyɛn *(adj.)* parallel
nkyɛn nkyɛn *(n.)* parallelism
nkyɛn nkyɛn *(n.)* periphery
nkyɛn ɔfasu *(n.)* sidewall
nkyɛnkyɛn *(n.)* fringe

nkyɛnkyɛn *(v.)* fringe
nkyɛnkyɛn *(n.)* sideway
nkyɛnmu *(adj.)* sideway
nkyɛnmu *(adv.)* sideway
nkyɛnnmu *(adj.)* flank
nkyɛnnmu *(n.)* flank
nkyɛnsedan so *(n.)* rooftop
nkyɛnsee *(n.)* utensil
nkyi *(n.)* ancestry
nkyia *(n.)* salutation
nkyia *(n.)* slant
nkyininkyini *(n.)* salinity
nkyirioo *(interj.)* farewell
nna *(n.)* nap
nna *(n.)* repose
nna *(n.)* sleep
nna *(n.)* slumber
nna boro so *(v.)* oversleep
nna mu dɛ *(n.)* orgasm
nna nsɛm *(adj.)* sexual
nna nsɛm *(n.)* sexuality
nnaa no *(n.)* heading
nnaadaa *(adj.)* deceitful
nnaadaa *(n.)* deception
nnaadaa *(adj.)* deceptive
nnaadaa *(v.)* decoy
nnaadaa *(n.)* enticement
nnaadaa *(n.)* gimmick
nnaadaa *(n.)* gimmickry
nnaadaa *(n.)* hoax
nnaadaa *(n.)* prank
nnaadaa *(n.)* ruse
nnaadaa *(adj.)* sham
nnaadaa *(n.)* sham
nnaadaa *(n.)* sleight
nnaadaa *(n.)* trick
nnaadaa *(n.)* trickery
nnaadaa *(adj.)* underhand
nnaadaa *(n.)* wile
nnaadaa *(v.)* belie
nnaadaa *(n.)* delusion
nnaadaa *(adj.)* delusional
nnaadaa *(n.)* lure
nnaadaasɛm *(n.)* guile
nnaakyene *(n.)* rust
nnaakyene *(adj.)* rusty
nnadeɛ *(n.)* rail
nnadewa *(v.)* nail
nnafoɔ *(n.)* sleeper

nnam *(adj.)* confident
nnamu nanteɛ *(n.)* somnambulism
nnamu nantefo *(n.)* somnambulist
nnanmu *(v.)* conjugate
nnano *(adv.)* recently
nnano yi *(adj.)* recent
nnansa yi *(adv.)* lately
nnarekahoma *(n.)* rein
nnawɔtwe *(n.)* week
nnawɔtwe-nnawɔtwe *(adj.)* weekly
nne *(n.)* melody
nne brɛo *(v.)* moan
nne brɛo *(n.)* moan
nne dɛdɛɛdɛ *(adj.)* melodious
nne ka *(adj.)* debt-free
nne ngyegyee *(adj.)* palatal
nne ngyegyee *(adj.)* phonetic
nne ngyegyee *(n.)* phonetics
nnebɔnyɛ *(adj.)* delinquent
nneduaban *(n.)* detention
nneɛma *(n.)* commodity
nneɛma *(n.)* merchandise
nneɛma *(n.)* ware
nneɛma *(adj.)* material
nneɛma a wɔayɛ *(n.)* manufacture
nneɛma ahodoɔ nimdeɛ *(n.)* versatility
nneɛma bag *(n.)* duffel bag
nneɛma bebree *(n. pl)* paraphernalia
nneɛma boɔ *(n.)* price list
nneɛma ɛboroso *(n.)* excess baggage
nneɛma nhwehwɛmu *(n.)* philology
nneɛma nhwehwɛmu *(n.)* philologist
nneɛma sɛe *(n.)* dematerialisation
nneɛma sɛe *(n.)* deturpation
nneɛma si *(n.)* laundry
nneyɛ pa *(adj.)* ethical
nneyɛe *(n.)* deed
nneyɛe *(n.)* mannerism
nneyɛe pa *(adj.)* moral
nneyɔe *(n.)* conduct
nneyɔeɛ *(n.)* behaviour
nnɛ *(adv.)* today
nni *(adj.)* devoid
nni *(n.)* lack
nni (hɔ) *(n.)* absence
nni (hɔ) *(adj.)* absent
nni aboterɛ *(n.)* impatience
nni aboterɛ *(adj.)* impatient
nni aduane pa *(adj.)* malnourished

nni akwannya *(adj.)* inopportune
nni aseda *(adj.)* thankless
nni atenka *(n.)* insensibility
nni atipɛnfo *(adj.)* peerless
nni bambɔ *(adj.)* indefensible
nni bammɔ *(adj.)* insecure
nni bi *(pron.)* none
nni ɛkyimgye *(adj.)* irrefutable
nni hɔ *(n.)* absentee
nni hɔ *(adj.)* no
nni intanɛt so *(adj.)* offline
nni mfaso *(n.)* futility
nni mfasoɔ *(n.)* impracticability
nni mfomsoɔ *(adj.)* infallible
nni mmɔborɔhunu *(adj.)* merciless
nni nkogu *(adj.)* unbeaten
nni nteteeɛ *(n.)* indiscipline
nni suahuno *(n.)* inexperience
nnianim *(n.)* antecedent
nnianim *(n.)* preface
nnianim *(v.)* preface
nnianim *(v.)* antecede
nnianim *(n.)* antedate
nnianim asɛm *(adj.)* introductory
nnianimu *(n.)* foreword
nnidi mu *(adj.)* honorary
nnidi yie *(n.)* malnutrition
nnidiso *(n.)* heed
nnidiso *(n.)* hierarchy
nnidiso *(n.)* order
nnidisoɔ *(n.)* chronology
nnidisoɔ *(adj.)* consecutive
nnidisoɔ *(adj.)* continuous
nnidisoɔ *(n.)* sequence
nnidisoɔ *(n.)* spate
nnidisoɔ *(n.)* succession
nnidisoɔ *(adj.)* systematic
nnidisoɔ *(adj.)* chronological
nnim *(adj.)* unknown
nnim *(adj.)* clueless
nnim ahosuo *(adj.)* colour-blind
nnim akenkan *(n.)* illiteracy
nnim akenkan *(adj.)* illiterate
nnim hwee *(adj.)* callow
nnim hwee *(adj.)* callow
nnim hwee *(adj.)* naive
nnim nyansa *(adj.)* imprudent
nnim nyansa *(adj.)* insensible
nnimdeɛ nnim *(n.)* ignorance

nnipa *(n.)* mortal
nnipa *(adj.)* mortal
nnipa *(n.)* person
nnipa bebree *(n.)* multitude
nnipa biara *(pron.)* everybody
nnipa bɔne *(n.)* miscreant
nnipa dodoɔ *(adj.)* demographic
nnipa dodoɔ *(adj.)* populous
nnipa dodoɔ *(n.)* quorum
nnipa ko *(n.)* personage
nnipa nni mu *(adj.)* unmanned
nnipa ntam *(adj.)* mutual
nnipa su *(n.)* personification
nnipa teateafo *(n.)* midget
nnipa teateafo *(n.)* pygmy
nnipa titriw *(adj.)* elite
nnipaban *(n.)* ethnicity
nnipadɔm *(n.)* scattergun
nnipadɔm *(n.)* throng
nnipadɔm *(v.)* throng
nnipadɔm kum *(n.)* genocide
nnipadua *(n.)* system
nnipakan *(n.)* census
nnipakuw *(n.)* mob
nnipakuw *(v.)* mob
nnipakuw adwenemɔne *(n.)* prejudice
nnipakuw ketewa *(n.)* minority
nnipasu *(n.)* epitome
nniso *(n.)* discipline
nnisoɔ *(n.)* accordance
nnisoɔ *(adv.)* accordingly
nnisoɔ *(n.)* compliance
nnisoɔ *(adj.)* compliant
nnisoɔ *(n.)* corollary
nnisoɔ *(n.)* reign
nnokommoa *(n.)* maggot
nnom nsa *(adj.)* teetotal
nnom nsa *(n.)* teetotaller
nnoma *(n.)* fowl
nnomaa adesua *(n.)* ornithology
nnomaa ɔbenfo *(n.)* ornithologist
nnome *(n.)* malediction
nnommuom *(n.)* hostage
nnompe aduruyɛ *(adj.)* orthopaedical
nnompe aduruyɛ *(n.)* orthopaedics
nnompe yare *(n.)* orthopaedia
nnoɔma *(n.)* accoutrement
nnoɔma *(n.)* baggage
nnoɔma *(n.)* bounty

nnoɔma *(n.)* item
nnoɔma *(n.)* cargo
nnoɔma *(n.)* clobber
nnoɔma dadaa *(n.)* antiquity
nnoɔma sakatuu *(v.)* clutter
nnoɔmasie *(n.)* wash
nnora *(adv.)* yesterday
nnosoatwe *(n.)* transport
nnɔbaeɛ *(n.)* harvest
nnɔmum *(adj.)* addictive
nnua *(n.)* thicket
nnua *(n.)* wand
nnua *(n.)* wicker
nnua *(adj.)* wooden
nnua dwumayɛfo *(n.)* joiner
nnuaba turo *(n.)* orchard
nnuabu *(n.)* deforestation
nnuabu *(n.)* deforestation
nnuane *(n.)* eatable
nnuane *(n.)* cuisine
nnuaneduro *(n.)* vitamin
nnuanennuro *(n.)* nutrition
nnuanenoa *(adj.)* culinary
nnubɔne *(v.)* dope
nnubɔne *(n.)* narcotic
nnuho *(adj.)* aplogetic
nnuho *(n.)* rue
nnuhoo *(n.)* regret
nnuhoo *(n.)* remorse
nnuhwam *(n.)* taste bud
nnum *(n.)* five
nnuraho *(n.)* casing
nnuro sotɔɔ *(n.)* pharmacy
nnuru *(n.)* termiticide
nnuruyɛbea *(n.)* dispensary
nnuruyɛfo *(n.)* druggist
nnwan buo *(n.)* fold
nnwanam *(n.)* incentive
nnwinadeɛ *(adj.)* instrumental
nnwinadeɛ *(n.)* instrumentalist
nnwinnade *(n.)* windlass
nnwom *(n.)* hymn
nnwom *(n.)* music
nnwom *(n.)* technomusic
nnwom *(n.)* tune
nnwom ahorow *(n.)* tracklist
nnwom mmienu *(n.)* duet
nnwom ngyegyee *(adj.)* pentatonic
nnwom ngyegyeiɛ *(n.)* soundtrack

nnwontofo kuw *(n.)* orchestra
nnwontofo kuw *(adj.)* orchestral
nnwumapa *(n.)* accomplishment
nnwumapa *(n.)* achievement
nnye ntom *(adj.)* inadmissible
nnyegyeeɛ *(n.)* fizz
nnyegyeeɛ *(n.)* throb
nnyegyeɛ *(n.)* echo
nnyegyeɛ *(n.)* rhythm
nnyegyeɛ *(n.)* thud
nnyegyeɛ *(n.)* thump
nnyegyesoɔ *(n.)* antiphony
nnyesoɔ *(n.)* chorus
nnyetom *(n.)* repudiation
nnyetom *(n.)* repulse
nnyetomu *(adj.)* inaugural
nnyetomu *(n.)* inauguration
nnyɛ *(adj.)* terrible
nnyɛ hu *(adj.)* harmless
nnyɛ na *(n.)* preponderance
nnyɛ saa *(adj.)* else
nnyigie nkyerɛwde *(n.)* syllable
nnyigieɛ akyerɛwde *(adj.)* syllabic
nnyina pintinn *(n.)* destabilization
nnyinahɔma *(n.)* metaphor
nnyinaso *(n.)* mainstay
nnyinasoɔ *(n.)* basis
nnyinasoɔ *(adj.)* elemental
nnyinasoɔ *(n.)* emphasis
nnyinasoɔ *(adj.)* fundamental
nnyinasosɛm *(n.)* principle
nnyinasosɛm *(n.)* tenet
nnyinasosɛm nnim *(adj.)* unprincipled
no *(pron.)* her
no *(n.)* over
no abɛn *(v.)* neigh
no de *(v.)* occasion
no guu *(v.)* dibble
no nufu *(v.)* nurse
no yaw *(v.)* nettle
no yie *(adv.)* well
noa *(v.)* brew
noa *(n.)* condensate
noa *(v.)* condense
noa *(v.)* cook
noa *(v.)* boil
node *(n.)* node
nohoa *(prep.& adj.)* beyond
nohoaa *(adv.)* yonder
nohoaa *(n.)* yonder
nokorɛ *(adj.)* honest
nokorɛ *(adj.)* right
nokorɛ *(adj.)* true
nokorɛ nim *(adj.)* insincere
nokorɛdie *(n.)* fidelity
nokorɛdie *(n.)* integrity
nokorɛtrodoo *(adj.)* sure
nokowrɛdie nim *(n.)* insincerity
nokwa *(adj.)* solemn
nokwafo *(adj.)* faithful
nokwafoɔ *(adj.)* credible
nokware *(adj.)* correct
nokware *(adj.)* genuine
nokware *(n.)* realist
nokware *(n.)* truth
nokware *(adj.)* truthful
nokware *(n.)* veracity
nokware *(n.)* verisimilitude
nokware *(adj.)* candid
nokware *(n.)* candour
nokwaredi *(n.)* fealty
nokwaredi *(n.)* honesty
nokwaredi *(n.)* sincerity
nokwaredie *(n.)* loyalist
nokwaredie *(adj.)* patriotic
nokwaredie *(n.)* patriotism
nokwaredie *(n.)* substantiation
nokwaredie *(n.)* loyalty
nokwaredifo *(adj.)* loyal
nokwaredifo *(n.)* patriot
nokwaredifo *(adj.)* stalwart
nokwaseɛm *(adj.)* sincere
nokwaseɛm *(n.)* solemnity
nokwasɛm *(n.)* fact
nokwasɛm *(n.)* realism
nokwasɛm *(adv.)* actually
nokwasɛm ni *(adv.)* really
nom *(v.)* carouse
nom *(v.)* drink
nom *(v.)* sip
nom *(v.)* sup
nom bi *(v.)* exploit
nom tii *(v.)* tea
nomad *(n.)* nomad
nomination *(n.)* nomination
nomnom *(n.)* sip
nonom *(v.)* absorb
nonom *(n.)* absorption

nonom *(n.)* adsorb
nonpareil *(n.)* nonpareil
nonpareil *(adj.)* nonpareil
noodle *(v)* noddle
noodle *(n.)* noodle
nook *(n.)* nook
noɔmanoɔma *(n.)* ingredient
nordic kasa mu *(adj.)* Nordic
nosegay *(n.)* nosegay
nostalgia *(n.)* nostalgia
nostrum *(n.)* nostrum
nosy *(adj.)* nosey
nozzle *(n.)* nozzle
nɔma *(n.)* number
npaapae mu *(n.)* disjunction
npatere *(n.)* slip
nsa *(n.)* hand
nsa *(n.)* handle
nsa *(n.)* intoxicant
nsa *(n.)* lever
nsa *(n.)* liquor
nsa *(n.)* mead
nsa *(n.)* mocktail
nsa *(n.)* tequila
nsa *(n.)* tincture
nsa *(n.)* arm
nsa *(n.)* armhole
nsa *(n.)* beverage
nsa aka *(n.)* tamper
nsa mu *(n.)* handful
nsa pɔ *(n.)* knuckle
nsa wom *(v.)* initial
nsa yem *(n.)* palm
nsa yem *(v.)* palm
nsa yɛ *(n.)* microbrewery
nsaahyɛ aseɛ *(n.)* signatory
nsaano krataa *(n.)* handbill
nsaano nkyerɛwee *(n.)* manuscript
nsaanodinn *(n.)* signature
nsaanodwuma *(adj.)* technical
nsaanodwuma *(n.)* vocation
nsaborow *(n.)* intoxication
nsaborɔ *(adj.)* bacchanal
nsaborɔ *(n.)* bacchanal
nsadan *(n.)* distillery
nsaden *(n.)* brandy
nsaden *(n.)* gin
nsaden *(adj.)* rum
nsaden *(n.)* alcohol

nsaden *(n.)* rum
nsadwean *(n.)* dunk
nsahohoroadeɛ *(n.)* sink
nsakra *(adj.)* repentant
nsakra *(adj.)* varied
nsakrae *(adj.)* fickle
nsakrae *(n.)* overhaul
nsakrae *(n.)* tinker
nsakrae *(n.)* transformation
nsakrae *(n.)* zig
nsakraeɛ *(n.)* makeover
nsakraeɛ *(n.)* repentance
nsakraeɛ *(n.)* transit
nsakraɛ *(n.)* vicissitude
nsakramu *(n.)* innovation
nsakramu *(n.)* revision
nsakyeraeɛ *(n.)* change
nsakyeraeɛ *(n.)* continuum
nsakyeraeɛ *(n.)* conversion
nsakyiri *(n.)* backhand
nsaman kuro *(n.)* ghost town
nsamanseɛ *(n.)* testament
nsamanseɛ *(n.)* will
nsamanwa *(n.)* tuberculosis
nsambɔ *(n.)* applause
nsambɔ *(v.)* applaud
nsamerɛ *(n.)* ale
nsamfoni *(n.)* drawing
nsamfro *(n.)* sluice
nsamsoɔ *(n.)* bridge
nsaneeɛ *(n.)* line
nsanehina *(n.)* parallelogram
nsaneyareɛ *(adj.)* infectious
nsaneyareɛ *(n.)* sepsis
nsanhɔ *(n.)* apostrophe
nsanhɔ *(n.)* comma
nsania *(n.)* scale
nsano adwuma *(n.)* handiwork
nsanom *(n.)* alcoholism
nsanonkyrɛw *(n.)* script
nsanyareɛ *(n.)* epidemic
nsapan *(adj.)* empty-handed
nsateaa *(n.)* finger
nsateaa *(n.)* forefinger
nsateaa *(n.)* thimble
nsateaa *(n.)* thumbprint
nsateaa nkyerɛwee *(n.)* fingerprint
nsatofrɛ *(n.)* invitation
nsatɔnbea *(n.)* tavern

nsatɔnbea hwɛfoɔ *(n.)* tavernkeeper
nsatɔnbeafo *(n.)* taverner
nsatɔnni *(n.)* waiter
nsawa *(n.)* rash
nseɛnkae *(n.)* say
nseisei dan *(n.)* fitting room
nsensanee *(n.)* dot
nsensanee *(n.)* eyespot
nsensanee *(n.)* speckle
nsesa *(n.)* exchange
nsesa *(n.)* forge
nsesa *(n.)* interchange
nsesa *(n.)* juggler
nsesa *(n.)* replacement
nsesa *(n.)* substitution
nsesa *(n.)* transfiguration
nsesa *(v.)* barter
nsesa dodoɔ *(n.)* exchange rate
nsesae3 *(n.)* adjustment
nsesaeɛ *(n.)* alteration
nsesaeɛ *(n.)* renewal
nsesaeɛ *(n.)* revolution
nsesaeɛ *(adj.)* revolutionary
nsesaeɛ *(n.)* revolutionary
nsesaeɛ *(n.)* switch
nsesaeɛ *(n.)* transition
nsesaeɛ *(n.)* variation
nsesamu *(n.)* reform
nsesamu *(n.)* reformation
nseseɛ *(n.)* estimate
nsɛ *(adj.)* dissimilar
nsɛ *(adj.)* incarnate
nsɛ *(n.)* incarnation
nsɛm *(n.)* diction
nsɛm *(n.)* profile
nsɛm *(v.)* profile
nsɛm a wɔka *(n.)* verbosity
nsɛm bɔ *(n.)* ovation
nsɛm emu dɔ *(adj.)* verbose
nsɛmasekyerɛ nhoma *(n.)* dictionary
nsɛmfua *(n.)* epigram
nsɛmfua *(n.)* information
nsɛmfua *(n.)* questionnaire
nsɛmfua *(adj.)* terminological
nsɛmfua *(n.)* terminology
nsɛmfua *(n.)* vocabulary
nsɛmfua *(n.)* watchword
nsɛmfua *(adj.)* wordy
nsɛmfua nhyehyeɛ *(n.)* syntax

nsɛmfua nkyerɛkyerɛmu *(n.)* glossary
nsɛmhunu *(adj.)* absurd
nsɛmhunu *(n.)* absurdity
nsɛmhunu *(n.)* bollocks
nsɛmka penpen *(adj.)* outspoken
nsɛmkwaa *(n.)* comedy
nsɛmkwaayifo *(n.)* comedian
nsɛmmisa *(adj.)* interrogative
nsɛmmisa *(n.)* interrogative
nsɛmmisa *(n.)* question
nsɛmmɔne *(n.)* delinquency
nsɛmmɔnedi *(n.)* felony
nsɛmtwerɛni *(n.)* journalist
nsɛnhunu *(adj.)* reckless
nsɛnkwa *(n.)* jest
nsɛnkwaa *(n.)* farce
nsɛnkwaa *(adj.)* jocular
nsɛnkwaa *(n.)* joke
nsɛnkwaa *(n.)* levity
nsɛnkwaayifoɔ *(n.)* clown
nsɛnkwaayifoɔ *(n.)* humorist
nsɛnkwayifo *(n.)* joker
nsɛnkyerɛne *(adj.)* symbolic
nsɛnkyerɛnne *(n.)* symptom
nsɛnnahɔ *(n.)* hint
nsɛpɛɛ *(n.)* enjoyability
nsɛso *(n.)* dice
nsɛsoɔ *(adj.)* compatible
nsɛsoɔ *(n.)* likeness
nsɛsoɔ miɛnsa *(n.)* triplicate
nsɛsoɔ miɛnsa *(adj.)* triplicate
nshyeyeɛ *(n.)* reconfiguration
nsi gyinae *(n.)* indecision
nsi gyinae *(adj.)* undecided
nsi pi *(n.)* tentative
nsi pi *(n.)* tentativeness
nsi pi *(adj.)* tentative
nsia *(n.)* six
nsiakyi *(v.)* insure
nsiakyibaa *(n.)* insurance
nsiakyire *(n.)* suffix
nsiakyire *(n.)* backbiting
nsianamu *(n.)* representation
nsiananmu *(n.)* prefix
nsiananmu *(v.)* prefix
nsiananmu *(n.)* substitute
nsiano *(adj.)* combative
nsiano *(n.)* gasket
nsiano *(n.)* cut-off

nsianodeɛ *(n.)* antidote	**nsoo** *(n.)* ash
nsiesie *(n.)* amendment	**nsoroma kuo** *(n.)* constellation
nsiesie *(n.)* decoration	**nsoroma muhwɛ** *(n.)* zodiac
nsiesie *(adj.)* decorative	**nsoromanimfoɔ** *(n.)* astrologer
nsiesie *(n.)* dressing	**nsoromasɛm** *(n.)* astrology
nsiesie *(n.)* fix	**nsoromma** *(n.)* star
nsiesie *(n.)* garnish	**nsoromma** *(adj.)* starry
nsiesie *(n.)* garnishment	**nsoromma** *(adj.)* stellar
nsiesie *(n.)* make-up	**nsoromma afiri** *(n.)* telescope
nsiesie *(v.)* prepare	**nsoromma kuo** *(n.)* galaxy
nsiesie *(n.)* reconciliation	**nsorommatuadua** *(n.)* meteor
nsiesie *(n.)* rehabilitation	**nsorommatuadua** *(adj.)* meteoric
nsiesie *(n.)* renovation	**nsosoasoɔ** *(n.)* purview
nsiesie *(n.)* repair	**nsosɔsoɔ** *(n.)* tolerance
nsiesie *(n.)* retread	**nsɔano** *(n.)* seal
nsiesie *(n.)* stencil	**nsɔano** *(n.)* sealability
nsiesie *(n.)* tidiness	**nsɔe** *(n.)* thistle
nsiesie *(n.)* augmentation	**nsɔeɛ** *(n.)* thorn
nsiesie *(n.)* correction	**nsɔeɛ** *(adj.)* thorny
nsiesie *(n.)* damage control	**nsɔhwɛ** *(n.)* experiment
nsiesie *(n.)* decor	**nsɔhwɛ** *(n.)* quiz
nsisa *(n.)* refinement	**nsɔhwɛ** *(n.)* stab
nsisaeɛ *(n.)* recondensation	**nsɔhwɛ** *(n.)* temptation
nsisi *(n.)* deceit	**nsɔhwɛ** *(n.)* test
nsisi *(adj.)* fraudulent	**nsɔhwɛ** *(n.)* trial
nsisie *(n.)* maintenance	**nsɔhwɛ** *(n.)* pathos
nsisiso *(adj.)* irrational	**nsɔni** *(n.)* filter
nsisiso *(adj.)* scatterbrained	**nsɔreɛ** *(n.)* erection
nsisoɔ *(n.)* reiteration	**nsrabɔ** *(n.)* parade
nsiyɛ *(n.)* diligence	**nsrahwɛ** *(n.)* excursion
nsiyɛ *(n.)* fanatic	**nsrahwɛ** *(n.)* tour
nsiyɛfo *(adj.)* industrious	**nsrahwɛ** *(n.)* tourism
nsiyɛfoɔ *(adj.)* fanatic	**nsrahwɛ** *(n.)* visit
nso *(adv.)* too	**nsrahwɛfo** *(n.)* tourist
nso a wɔde yɛ adwuma *(n.)* oil rig	**nsrahwɛfo** *(n.)* visitor
nsoae *(n.)* edema	**nsroma** *(n.)* loadstar
nson *(adj.)* seven	**nsu** *(n)* drool
nson *(n.)* seven	**nsu** *(n.)* moisture
nsono *(n.)* entrails	**nsu dɛ** *(n.)* nectar
nsono *(n.)* intestine	**nsu ɛnka** *(n.)* waterproof
nsono mu *(adj.)* intestinal	**nsu ɛtɔ** *(adj.)* torrential
nsonso *(adj.)* grey	**nsu nka** *(v.)* waterproof
nsonsoneɛ *(n.)* semblance	**nsu ntumi nkɔm** *(adj.)* waterproof
nsonsonoe *(adj.)* disparate	**nsu wini** *(adj.)* ice-cold
nsonsonoe *(n.)* disparity	**nsuano** *(n.)* dam
nsonsonoe *(n.)* distinction	**nsuasua** *(n.)* emulation
nsonsonoe *(n.)* variance	**nsuboɔ** *(adj.)* frozen
nsonsonoeɛ *(n.)* difference	**nsubɔ** *(n.)* drip
nsonsonoeɛ *(adj.)* perceptible	**nsudeɛ** *(n.)* juice

nsudeɛ *(adj.)* juicy
nsudeɛ *(adj.)* liquid
nsudeɛ *(n.)* liquid
nsuguarefoɔ *(n.)* swimmer
nsuka *(n.)* ditch
nsuka *(n.)* drain
nsuka *(n.)* sewer
nsukɛse *(n.)* cloudburst
nsukɔm *(v.)* thirst
nsukɔm *(n.)* thirst
nsukwan *(n.)* culvert
nsukyenee *(n.)* icecap
nsukyenee *(n.)* icicle
nsukyenee *(adj.)* icy
nsukyeneeɛ sese *(n.)* igloo
nsumuna *(adj.)* cloudy
nsunam *(n.)* fish
nsunsuansoɔ *(n.)* affectation
nsunsuansoɔ *(n.)* after-effect
nsunsuansoɔ *(n.)* brunt
nsunsuansoɔ *(n.)* impact
nsunsuansoɔ *(n.)* implication
nsunsuansoɔ *(n.)* influence
nsunsuansoɔ *(n.)* outcome
nsunsuansoɔ *(n.)* upshot
nsuo *(n.)* fluid
nsuo *(n.)* water
nsuo *(adj.)* watery
nsuo a ɛyɛ den *(v.)* ooze
nsuo den *(n.)* ooze
nsuo fi *(n.)* pus
nsuo gugu *(adj.)* showery
nsuo ketewa *(n.)* pond
nsuo ketewa *(n.)* puddle
nsuo ketewa *(v.)* puddle
nsuo kwan *(v.)* meander
nsuo nim *(adj.)* showerless
nsuo nkorobata *(n.)* side-stream
nsuo nnimu *(n.)* dehydration
nsuo ntumi nkɔm *(adj.)* watertight
nsuo-nsuo *(v.)* liquefy
nsuoase hyɛn *(n.)* submarine
nsuodue *(n.)* irrigation
nsuoho ahobanbɔ *(adj.)* showerproof
nsuom *(adj.)* aquatic
nsuom adwareɛ *(n.)* swim
nsuom akyekyedeɛ *(n.)* turtle
nsuomnam *(n.)* carp
nsuomnam nkosua *(n.)* spawn

nsuonsuo *(adj.)* fluid
nsupɔw *(adj.)* insular
nsupɔw so *(n.)* insularity
nsusɔmu *(n.)* grapple
nsusuanso *(n.)* effect
nsusueɛ *(n.)* imagination
nsusueɛ *(adj.)* imaginative
nsusueɛ *(adj.)* implicit
nsusueɛ *(n.)* sail
nsusueɛ *(n.)* size
nsusueɛ *(n.)* suspect
nsusueyɛ *(adj.)* suspicious
nsusuieɛ *(adj.)* intent
nsusuiɛ *(adj.)* abstract
nsusuiɛ *(n.)* abstraction
nsusuiɛ *(n.)* assessment
nsusuiɛ *(n.)* notion
nsusuiɛ *(n.)* opinion
nsusuiɛ *(n.)* suggestion
nsusuiɛ *(n.)* assumption
nsusuiɛ *(n.)* measurement
nsusuiɛhunu *(n.)* stereotype
nsusuiɛhunu *(adj.)* stereotyped
nsusuwii *(adj.)* theoretical
nsusuwii *(v.)* theorize
nsusuwii hunu *(n.)* fantasy
nsusuwii hunu *(adj.)* fanciful
nsusuwii ɔbenfo *(n.)* theorist
nsusuwso *(adj.)* sculptural
nsusuwso *(n.)* sculpture
nsusuwso *(n.)* template
nsutene *(n.)* brook
nsutene *(n.)* creek
nsutene *(n.)* river
nsutɔ guo *(n.)* waterfall
nsutɔ ho *(adj.)* pluvial
nsutɔ ho *(n.)* pluvial
nsuyiri *(n.)* deluge
nsuyiri *(n.)* flood
nsuyiri pon *(n.)* flood gate
nta *(n.)* pair
nta *(adj.)* twin
nta *(n.)* twin
ntaa *(adv.)* seldom
ntaa *(v.)* couple
ntaa nsi *(adv.)* hardly
ntaade *(n.)* clothes
ntaade *(n.)* clothing
ntaadeɛ tia *(n. pl.)* shorts

ntaafoɔ *(adj.)* siamese
ntaataa *(n.)* bombardment
ntaban *(adj.)* aliferous
ntade *(n.)* garb
ntadekorabea *(n.)* wardrobe
ntakraboa *(n.)* stork
ntam *(n.)* oath
ntam *(n.)* vow
ntam a wobu so *(adj.)* oathbreaking
ntam bu *(n.)* oathbreaker
ntam kwan *(adj.)* spatial
ntama *(n.)* drape
ntama *(adj.)* drapery
ntama *(v.)* lace
ntama *(n.)* napkin
ntama *(v.)* patch
ntama *(n.)* tapestry
ntama *(adj.)* threadbare
ntama *(n.)* apparel
ntama *(n.)* cloth
ntama *(n.)* linen
ntama *(n.)* poplin
ntama den *(n.)* organza
ntama ketewa *(n.)* patch
ntama torotoro *(n.)* worsted
ntamadan tenten *(n.)* wigwam
ntamadan yɛfo *(n.)* tentmaker
ntamgyina *(v.)* mediate
ntamgyina *(n.)* mediation
ntamgyinafoɔ *(n.)* dealmaker
ntamgyinafoɔ *(n.)* intermediary
ntamgyinafoɔ *(n.)* middleman
ntamgyinafoɔ *(n.)* liaison
ntamgyinafoɔ *(n.)* mediator
ntamkwan *(n.)* distance
ntamte *(v.)* estrange
ntamu *(adv.)* apart
ntamu *(prep.)* between
ntamu *(prep.)* betwixt
ntanɛte *(adj.)* online
ntanhunu ka *(n.)* perjury
ntanta *(n.)* quandary
ntasuo *(n.)* saliva
ntasuo *(n.)* spit
ntasuo *(n.)* spittle
ntatia *(n.)* ant
nteam *(n.)* whine
nteamu *(n.)* exclamation
nteamu *(n.)* scream

nteamu *(n.)* shriek
nteamu *(n.)* yap
nteamu *(n.)* bellowing
nteamu *(n.)* bellows
ntease nnim *(adj.)* nonsensical
nteaseɛ *(n.)* complaisance
nteaseɛ *(n.)* fathom
nteaseɛ *(n.)* grasp
nteaseɛ *(n.)* logic
nteaseɛ *(adj.)* logical
nteaseɛ *(adj.)* lucid
nteaseɛ *(n.)* lucidity
nteaseɛ *(n.)* mean
nteaseɛ *(n.)* meaning
nteaseɛ *(n.)* perception
nteaseɛ *(n.)* rationality
nteaseɛ *(n.)* comprehension
nteaseɛ bebree *(n.)* polysemia
nteaseɛ nnim *(adj.)* intuitive
nteasepem *(adj.)* equivocal
nteateamu *(n.)* yell
nteeso *(n.)* gasp
nteɛm *(adj.)* outcry
nteɛmtɛm *(n.)* speed
ntefrimu *(v.)* deduct
ntefrimu *(n.)* deduction
nteho *(n.)* clue
ntehyeewa *(n.)* asthma
ntemtie *(n.)* equator
ntentan *(n.)* cobweb
ntentɛnso *(n.)* range
nteso *(n.)* deceleration
nteso *(adv.)* decreasingly
ntesoɔ *(n.)* decrement
ntesoɔ *(n.)* reduction
nteteeɛ *(n.)* training
ntetemu *(n.)* farewell
ntetewmu *(n.)* secession
ntetɛ *(n.)* hide
ntetɛtie *(n.)* eavesdrop
ntɛm *(adj.)* abrupt
ntɛm *(adv.)* early
ntɛm *(adj.)* early
ntɛm *(adj.)* fast
ntɛm *(n.)* frequent
ntɛm *(n.)* interval
ntɛm *(adj.)* prompt
ntɛm *(v.)* prompt
ntɛm *(n.)* punctuation

ntɛm *(adj.)* swift
ntɛm ara *(adv.)* forthwith
ntɛm ara *(adv.)* readily
ntɛm ara *(adv.)* straightway
ntɛm so *(adj.)* rapid
ntɛm so *(adv.)* speedily
ntɛmntɛm *(adj.)* impetuous
ntɛmpaara *(adj.)* immediate
ntɛmpɛ *(n.)* hurry
ntɛmso *(adj.)* seared
ntɛmso *(adv.)* apace
ntɛmso *(n.)* celerity
ntɛmsoɔ *(adv.)* abruptly
ntɛmsu *(adv.)* summarily
ntɛmtɛm *(n.)* fast
ntɛmtɛm *(n.)* quick
ntɛmtɛm *(adj.)* quick
ntɛmtɛm *(n.)* rapidity
ntɛmtɛm *(adj.)* speedy
ntɛmtɛm *(adj.)* steep
ntɛmtɛn *(adv.)* actively
ntɛnkyea *(n.)* injustice
ntɛnkyɛm *(n.)* rubeola
ntɛtɛ *(n.)* bran
ntɛtɛ *(n.)* fibre
ntɛtɛ *(n.)* husk
ntɛtɛ *(n.)* speck
nti *(adv.)* so
ntiantiamu *(n.)* shortening
ntiantiamu *(adj.)* shortish
ntiatia *(adv.)* short
ntietia *(n.)* ephemera
ntifrimu *(n.)* subtraction
ntimtim *(n.)* reprint
ntimtimso *(n.)* stamp
ntimu *(n.)* repetition
ntini *(n.)* nerve
ntini *(adj.)* sciatic
ntini *(n.)* tendon
ntini *(n.)* vein
ntini *(n.)* aorta
ntini *(n.)* artery
ntini *(n.)* capillary
ntini mu ɔyaresafo *(n.)* neurologist
ntini yare *(n.)* neurosis
ntini yareho adesua *(n.)* neurology
ntinimuhaw *(n.)* sciatica
ntisoɔ *(n.)* retrenchment
ntitimu *(adj.)* separate

ntitimu *(n.)* separation
ntitimu *(n.)* split
ntoantoa *(n.)* curd
ntoaso *(n.)* continuation
ntoaso *(n.)* sequel
ntoasoɔ *(adj.)* ceaseless
ntoasoɔ *(adj.)* continual
ntoasoɔ *(n.)* resume
ntoasoɔ-ntoasoɔ *(n.)* serial
ntoasoɔ-ntoasoɔ *(adj.)* serial
ntoatoa *(n.)* gibber
ntoatoa *(n.)* blabber
ntoatoaso *(adj.)* relentless
ntoatoaso *(n.)* series
ntoatoasoɔ *(n.)* genealogy
ntoatoasoɔ *(adj.)* genealogical
ntoboa *(n.)* contribution
ntoboa *(n.)* crowdfunding
ntoboa dwadie *(n.)* bazaar
ntoburo *(n.)* measles
ntoho *(n.)* comparison
ntohyɛso *(n.)* blitz
ntoma *(n.)* canvas
ntoma *(n.)* damask
ntoma *(n.)* fabric
ntoma *(n.)* gag
ntoma *(n.)* material
ntoma *(n.)* textile
ntoma *(adj.)* textile
ntoma *(n.)* cloak
ntoma kɔkɔ *(n.)* samite
ntoma ntaataasoɔ *(n.)* quilt
ntomaban *(n.)* wick
ntomadan *(n.)* cloakroom
ntomago *(n.)* rag
ntomago *(n.)* rug
ntomapa *(n.)* strip
ntomapam *(n.)* seam
ntomatɔnfoɔ *(n.)* draper
ntomu *(n.)* increment
ntomu *(n.)* surge
ntontan *(n.)* web
ntontom *(n.)* mosquito
ntoosi *(n.)* tomato
ntorɔ *(n.)* fabrication
ntorɔ *(adj.)* false
ntorɔ *(n.)* figment
ntosoɔ *(n.)* discount
ntosoɔ *(n.)* bonus

ntotoeɛ *(n.)* management
ntotoso du *(n.)* tithe
ntɔgusoɔ *(n.)* gimp
ntɔgusoɔ *(n.)* shambles
ntɔkwa *(n.)* brawl
ntɔkwa *(n.)* conflict
ntɔkwa *(n.)* fight
ntɔkwa *(n.)* quarrel
ntɔkwa *(n.)* retaliation
ntɔkwa *(n.)* scuffle
ntɔkwa *(n.)* skirmish
ntɔkwa *(n.)* wrangle
ntɔkwapɛ *(n.)* offensive
ntɔkwaw *(n.)* melee
ntɔn *(n.)* clan
ntrɛmu *(n.)* spread
ntropo *(n.)* brinjal
ntua a wɔde hyɛ nkurɔfo so *(n.)* onslaught
ntuaseɛ *(n.)* eradication
ntubra *(n.)* immigration
ntukɔ *(n.)* emigration
ntumi *(n.)* inability
ntumi gyinano *(adj.)* intolerable
ntumi kyekyɛmu *(adj.)* indivisible
ntumi ndawne *(adj.)* scapeless
ntumi nkwati *(adj.)* indispensable
ntumi nkyerɛmu *(adj.)* indescribable
ntumi nna *(adj.)* wakeful
ntumi nwo *(adj.)* infertile
ntumi nyam *(adj.)* indigestible
ntumi nyɛyie *(adj.)* irrecoverable
ntumi sɛe *(adj.)* tamperproof
ntumi sikwan *(adj.)* inevitable
ntummoa *(n.)* pest
ntunhy3da *(n.)* adjournment
ntuo *(n.)* evacuation
ntusan *(n.)* repatriate
ntusɛn *(n.)* rustication
ntutim *(n.)* graft
ntutim *(n.)* transplant
ntutim *(n.)* transplantation
ntutummɛ *(n.)* locust
ntutuo *(n.)* steam
ntutuo *(adj.)* vaporous
ntutuo *(n.)* vapour
ntwa *(n.)* gash
ntwaho *(n.)* carousel
ntwaho *(n.)* turn

ntwaho *(n.)* whirl
ntwahohyiafa *(n.)* hemisphere
ntwahonan *(v.)* wheedle
ntwahonan *(n.)* wheel
ntwam *(n.)* crossing
ntwam *(n.)* deactivation
ntwamu *(n.)* abolition
ntwamu *(n.)* repeal
ntwamu *(n.)* revocation
ntwamu *(n.)* scrap
ntwaremu *(n.)* interlude
ntwasoɔ *(n.)* abrogation
ntwatosoɔ *(n.)* frame
ntwe *(n.)* faucet
ntweaseɛ *(n.)* shuffle
ntwefasoɔ *(adj.)* snub
ntweho *(n.)* refrain
ntweiɛ *(n.)* rasp
ntwemu *(n.)* extrapolation
ntwemu *(n.)* stretch
ntwentwensoɔ nnim *(adj.)* scrupleless
ntwentwɛnso *(adj.)* hesitant
ntwentwɛnso *(n.)* hesitation
ntwentwɛnsoɔ *(n.)* scruple
ntwerɛ *(n.)* scribble
ntwerɛeɛ *(adj.)* cursive
ntwerɛntɛmtɛm *(n.)* scrawl
ntwerɛtohɔ *(n.)* record
ntwerɛtohɔ afiri *(n.)* recorder
ntwerɛwyɛ *(n.)* calibration
ntwesane *(n.)* holdback
ntwesɛn *(n.)* suspension
ntwetwamu *(n.)* shred
ntwetwananmu *(n.)* interruption
ntwi *(n.)* ride
ntwie *(n.)* scrub
ntwie *(adj.)* scrub
ntwitwananmu *(n.)* interference
ntwitwasoɔ *(n.)* trim
ntwitwawa *(n.)* cutlet
ntwitwawa *(n.)* cutting
ntwitwie *(v.)* scratch
ntwitwie *(adj.)* scratch
ntwitwiho *(n.)* friction
ntwo *(n.)* failure
ntwoma *(n.)* adobe
ntwomma *(n.)* argil
nu ho *(v.)* regret
nu ho *(v.)* rue

nu mu *(v.)* stir
nuabaa *(n.)* sister
nuance *(n.)* nuance
nuanom *(n.)* sibling
nubile *(adj.)* nubile
nucleus *(n.)* nucleus
nufo *(n.)* breast
nufoɔ ano *(n.)* teat
nufukyibea *(n.)* dairy
nufunsuadeɛ *(n.)* dairy product
nufuɔ *(adj.)* mammary
nufusu *(n.)* nipple
nufusuo *(adj.)* lactic
nufusuo *(v.)* milk
nufusuo *(n.)* milk
nufusuo *(adj.)* milky
nufusuo pɔɔda *(n.)* milk powder
nugget *(n.)* nugget
nuklea *(adj.)* nuclear
nullification *(n.)* nullification
nullify *(v.)* nullify
num *(v.)* breastfeed
nunu *(v.)* tickle
nunu *(adj.)* ticklish
nuraho *(v.)* encrust
nusu *(n.)* teardrop
nutty *(adj.)* nutty
nuzze *(v.)* nuzzle
nwa *(n.)* snail
nwammɔdie *(n.)* perfidy
nwansena *(n.)* fly
nwansena *(n.)* weevil
nwanwa *(v.)* amaze
nwanwa *(n.)* amazement
nwanwa *(adj.)* eccentric
nwanwa *(adj.)* incredible
nwanwa *(adj.)* phenomenal
nwanwa *(n.)* phenomenon
nwanwa *(adj.)* strange
nwanwa *(n.)* surprise
nwanwa *(adj.)* uncanny
nwanwa *(adj.)* weird
nwanwa *(adj.)* wonderful
nwanwa *(v.)* astonish
nwanwa *(n.)* astonishment
nwanwa *(v.)* astound
nwanwa *(adj.)* bemused
nwanwaa *(n.)* abnormality
nwanwasoɔ *(adj.)* abnormal

nwanwasoɔ *(adv.)* abnormally
nwanwasoɔ *(adj.)* tremendous
nweennewen *(n.)* smile
nwene *(v.)* weave
nwenefo *(n.)* weaver
nwenenwene *(v.)* sizzle
nwenneɛ *(n.)* braid
nwetasoɔ *(n.)* determination
nwewe *(adj.)* erosive
nweweɛ *(n.)* erosion
nwhɛsoɔ *(n.)* sentry
nwi *(n.)* hair
nwi kyɛ *(n.)* wig
nwiee sukuu *(n.)* undergraduate
nwiinwii *(v.)* cavil
nwiinwii *(v.)* grumble
nwiinwii *(n.)* lament
nwiinwii *(v.)* lament
nwiinwii *(v.)* murmur
nwiinwii *(n.)* murmur
nwiinwii *(v.)* bicker
nwinade *(n.)* loom
nwini *(v.)* evaporate
nwini *(adj.)* frigid
nwini *(adj.)* iced
nwira *(n.)* litter
nwira *(n.)* refuse
nwira *(n.)* rubbish
nwira *(n.)* trash
nwodwoeɛ *(n.)* stroke
nwom *(n.)* jingle
nwom *(n.)* samba
nwom *(n.)* song
nwoma *(n.)* document
nwoma *(n.)* treatise
nwoma *(n.)* bibliographer
nwoma *(n.)* bibliography
nwoma *(n.)* book
nwoma *(n.)* booklet
nwoma kɛseɛ *(n.)* tome
nwomanimfoɔ *(n.)* academician
nwomapɛ *(adj.)* bookish
nwomapɛfoɔ *(n.)* bibliophile
nwomapɛfoɔ *(n.)* bookish
nwomapɛfoɔ *(n.)* bookworm
nwomasua *(n.)* academia
nwomasua mu *(adj.)* academic
nwomasua mu *(adv.)* academically
nwomatɔnbea *(n.)* bookshop

nwomatɔnfoɔ *(n.)* bookseller
nwomayɛfoɔ *(n.)* bookie
nwomayɛfoɔ *(n.)* bookmaker
nwonasibea *(n.)* bookstall
nwonkorɔ *(n.)* ballad
nwono *(adj.)* acrid
nwono *(adj.)* bitter
nwonwa *(adj.)* bizarre
nwonwa *(adj.)* magical
nwonwa *(n.)* oddity
nwonwa *(n.)* wack
nwonwa *(n.)* wacko
nwonwaso *(adj.)* marvellous
nwonwaso *(adj.)* wondrous
nwonwonan *(adj.)* complex
nwonworann *(n.)* tangle
nwonworran *(adj.)* intricate
nwɔtwe *(n.)* eight
nwunu *(adj.)* cool
nwunu *(adj.)* chilly
nwura *(n.)* debris
nwura *(n.)* garbage
nwura *(n.)* weed
nwuram aboa *(adj.)* wild
nwuramu *(n.)* entry
nwuramu *(n.)* immersion
nya *(n.)* accessibility
nya *(adj.)* accessible
nya *(v.)* achieve
nya *(v.)* adduce
nya *(v.)* earn
nya *(v.)* gain
nya *(v.)* get
nya *(v.)* have
nya *(v.)* inherit
nya *(v.)* obtain
nya *(n.)* access
nya *(n.)* accession
nya *(v.)* acquire
nya *(n.)* acquisition
nya *(adj.)* acquisitive
nya *(v.)* attain
nya *(n.)* attainment
nya *(v.)* clinch
nya adaagyeɛ *(v.)* spare
nya ahohyɛsoɔ *(n.)* self-control
nya ahotɔ *(v.)* recoup
nya ahotɔ *(v.)* recover
nya ahotɔsoɔ *(adj.)* self-centered

nya akatua *(v.)* reward
nya anoaduane *(v.)* subsist
nya asɛm *(v.)* issue
nya ayie *(adj.)* bereaved
nya ayie *(n.)* bereavement
nya beaeɛ *(v.)* scene
nya dwetɛ *(v.)* silver
nya ɛhumɔbrɔ *(v.)* sympathize
nya faahodie *(v.)* emancipate
nya huraeɛnini *(v.)* jaundice
nya kuro *(v.)* scab
nya kutwa *(v.)* scar
nya kwan *(v.)* capitalize
nya nkwa *(v.)* immortalize
nya nkwa *(v.)* survive
nya nsunsuansoɔ *(v.)* counteract
nya ɔhaw *(v.)* hazard
nya setaakye *(v.)* starch
nya tirimupɔ *(v.)* ideate
nyaa *(n.)* tardiness
nyaa *(adj.)* tardy
nyaatwom *(n.)* hypocrisy
nyaatwom *(n.)* sycophancy
nyaatwom *(n.)* sycophant
nyaatwomfo *(adj.)* hypocritical
nyaatwomfoɔ *(n.)* hypocrite
nyam *(v.)* mash
nyam *(n.)* mash
nyam *(n.)* mill
nyam ade *(v.)* mill
nyame *(n.)* god
nyame *(n.)* deity
nyame baako *(n.)* monolatry
nyame baako *(n.)* monotheism
nyame baako *(n.)* monotheist
nyame bebree *(n.)* polytheism
nyame bebree *(n.)* polytheist
nyame bebree *(adj.)* polytheistic
nyame mu gyidii *(n.)* theism
nyamefrɛ *(adj.)* devout
nyamekerɛ adesua *(adj.)* theological
nyamekyerɛfo *(n.)* theist
nyamekyerɛfo *(n.)* theologian
nyamekyreɛ *(n.)* theology
nyamesom *(n.)* pantheism
nyamesom *(adj.)* religious
nyamesom fo *(n.)* pantheist
nyamesu *(n.)* divinity
nyan *(adj.)* clammy

nyane *(v.)* rouse
nyanee *(n.)* awakening
nyankanko *(adj.)* elliptic
nyankontɔn *(n.)* rainbow
nyansa *(n.)* intelligence
nyansa *(adj.)* intelligent
nyansa *(n.)* sense
nyansa *(n.)* tact
nyansa *(adj.)* tactful
nyansa *(n.)* wisdom
nyansa nnim *(adj.)* illogical
nyansa nnim *(adj.)* pointless
nyansa wom *(adj.)* pragmatic
nyansa wom *(n.)* pragmatism
nyansa wom *(adj.)* sensible
nyansa wom *(adj.)* tenable
nyansa-se *(n.)* wisdom-tooth
nyansafoɔ *(adj.)* rational
nyansahu *(adj.)* scientific
nyansani *(n.)* tactician
nyansanii *(adj.)* wise
nyansanim *(adj.)* scatty
nyanyankyerɛ *(n.)* scorpion
nyareɛ koankorɔ *(n.)* malignancy
nyarewa nhwehwɛmu *(n.)* pathology
nyaso tumi *(v.)* influence
nyeano *(n.)* remark
nyegyeɛ *(n.)* accent
nyegyeɛ *(v.)* accent
nyegyeɛ *(n.)* accentor
nyegyeɛ *(adv.)* aloud
nyegyeɛ *(n.)* amplitude
nyegyeɛ *(n.)* bang
nyegyeɛ *(n.)* audio
nyegyeɛ *(n.)* cadence
nyegyeɛ *(n.)* consonance
nyegyeɛ *(n.)* consonant
nyem *(v.)* conceive
nyerɛn *(n.)* flare
nyetomu *(adj.)* admissible
nyetomu *(n.)* concession
nyetomu *(n.)* admission
nyɛ *(adj.)* utter
nyɛ *(adv.)* utterly
nyɛ adwuma *(adj.)* ineffective
nyɛ koraa *(n.)* worst
nyɛ nokware *(adj.)* inaccurate
nyɛ nyiyimu *(adj.)* impartial
nyɛ nyiyimu *(n.)* impartiality

nyɛ pɛ *(adj.)* imperfect
nyɛ pɛ *(adj.)* inexact
nyɛ pɛpɛɛpɛ *(n.)* imperfection
nyɛn nkokɔ *(n.)* poultry
nyɛyie *(n.)* impossibility
nyɛyie *(adj.)* impossible
nyɛyie *(adj.)* incapable
nyifirim *(n.)* excerpt
nyifirimu *(n.)* elimination
nyifirimu *(adj.)* eliminatory
nyifirimu *(n.)* expulsion
nyifirimu *(n.)* flush
nyifirimu *(n.)* withdrawal
nyifirimufoɔ *(n.)* eliminator
nyifrimu *(adj.)* removable
nyikyerɛ *(n.)* demonstration
nyim *(adj.)* pregnant
nyima *(n.)* betrayal
nyima *(n.)* dedication
nyin kyɛ *(n.)* longevity
nyin kyin *(v.)* outlive
nyinaa *(adj.)* all
nyinaa *(adv.)* altogether
nyinaa *(adj.)* entire
nyinaa *(adj.)* total
nyinaa *(adj.)* whole
nyinaa *(adj.)* collective
nyinaa mu *(prep.)* throughout
nyinaa mu *(adv.)* throughout
nyinahɔma *(n.)* acronym
nyinam *(v.)* dazzle
nyineyɛ *(adj.)* immature
nyini *(v.)* grow
nyini *(n.)* ageing
nyini *(n.)* ageism
nyini *(v.)* burgeon
nyinsɛn *(n.)* baby bump
nyinsɛn *(n.)* conception
nyinsɛn *(n.)* pregnancy
nyipie *(n.)* secretion
nyipue *(n.)* showup
nyisaa atrae *(n.)* orphanage
nyiyiano *(n.)* banter
nyiyim *(n.)* racism
nyiyim *(adj.)* racist
nyiyimu *(adj.)* assorted
nyiyimu *(n.)* assortment
nyiyimu *(n.)* discrimination
nyiyimu *(adj.)* select

nyiyimu *(adj.)* selective
nyiyimu *(n.)* bias
nyiyimu *(adj.)* biased
nyiyimu *(adj.)* choosy
nylon *(n.)* nylon
nymph *(n.)* nymph
nymphet *(n.)* nymphet
nymphomaniac *(adj.)* nymphomaniac
nymphomaniac *(n.)* nymphomaniac

O

oaf *(n.)* oaf
oafish *(adj.)* oafish
oak *(n.)* oak
oat *(n.)* oat
oat aduan *(n.)* oatmeal
oat aduan ho *(adj.)* oatmeal
obayifoɔ *(n.)* wizard
obi *(n.)* somebody
obi *(pron.)* somebody
obi *(pron.)* someone
obi a ofuntum asaase *(n.)* ploughman
obi a otumi yɛ biribiara *(adj.)* omnicompetent
obi afonoho *(v.)* peck
obi da fam *(v.)* prostrate
obi kurom kasa *(n.)* vernacular
obi yere *(n.)* missis, missus
obiara *(pron.)* anybody
obiara *(pron.)* anyone
obiara *(pron.)* everyone
obiara *(pron.)* whoever
oblique *(adj.)* oblique
obon *(n.)* dale
obonini *(adj.)* barren
oboodede *(n.)* shark
obtuse *(adj.)* obtuse
obu *(n.)* deference
obu *(adj.)* respectful
obubuafo *(n.)* cripple
obubuo *(n.)* November
obuo *(n.)* esteem
obuo *(n.)* homage
obuo *(adj.)* liberal
obuo *(n.)* regard
obuo *(n.)* respect

obuo *(n.)* reverence
obuo *(adj.)* reverential
obuo *(n.)* self-esteem
obuo *(n.)* veneration
obuo *(n.)* courtesy
obuo kɛseɛ *(adj.)* pro forma
obuo kwan *(adj.)* polite
obuo kwan *(n.)* politeness
obuo nnim *(adj.)* gross
obuo soronko *(adj.)* reverent
oburoni pɛtɛ *(n.)* mulatto
occipital *(adj.)* occipital
occipital *(n.)* occipital
octane *(n.)* octane
octave *(n.)* octave
octonionic *(n.)* octonionics
octopede *(n.)* octopede
octopussy *(n.)* octopussy
octyne *(n.)* octyne
ode *(n.)* ode
odi agorɔ *(adj.)* playful
odi biribiara *(n.)* omnivore
odi dwuma *(n.)* performer
odiadeɛ *(adj.)* successive
odiadeɛfoɔ *(n.)* successor
odideɛfo *(n.)* heir
odidefo *(n.)* heiress
odikanfo *(n.)* forefather
odiyifo *(n.)* prophet
odiyifoɔ *(adj.)* psychic
odiyifoɔ *(n.)* seer
odometer *(n.)* odometer
oduafo *(n.)* grower
odufudepɛni *(n.)* debauchery
odumgya *(n.)* fire extinguisher
odumgyafo *(n.)* firefighter
odumgyafo bea *(n.)* fire station
odumgyafoɔ afiri *(n.)* fire engine
odumgyafoɔ ataare *(n.)* firesuit
odumgyafoɔ lɔre *(n.)* firetruck
oduruyɛfo *(n.)* doctor
oduyɛfoɔ *(n.)* chemist
odwadifoɔ *(n.)* dealer
odwadifoɔ *(n.)* supplier
odwadini *(n.)* merchant
odwamanfoɔ *(n.)* strumpet
odwamanfoɔ *(adj.)* wanton
odwan *(n.)* sheep
odwan bedeɛ *(n.)* ewe

odwan nwi *(n.)* fleece
odwanefoɔ *(n.)* fugitive
odwanhwɛfo *(n.)* shepherd
odwannini *(n.)* ram
odwifoɔ *(n.)* cartoonist
odwinfoɔ *(n.)* artist
odwinfoɔ *(n.)* craftsman
odwinfoɔ *(n.)* artisan
odwontofo *(n.)* vocalist
odwumayɛni *(n.)* labourer
odwumayɛni *(n.)* peon
odwumayɛni *(n.)* practitioner
odwumayɛni *(n.)* workman
odwumfo *(n.)* technician
offbeat *(adj.)* offbeat
ofi kɛseɛ *(n.)* penthouse
ofie *(n.)* domestic
ofie *(adj.)* domiciliary
ofie kɛse *(n.)* mansion
ofie nneɛma *(adj.)* domestical
ofiehwɛfo *(n.)* domesticator
ofiehwɛfoɔ *(n.)* steward
Oforisuo *(n.)* April
ofotufoɔ *(n.)* mentor
ogle *(n.)* ogle
oguanfo *(n.)* escapee
oguanma *(n.)* lamb
ogya *(adj.)* fiery
ogya *(n.)* fire
ogya *(n.)* blaze
ogya *(n.)* bonfire
ogya amena *(n.)* firepit
ogya bepɔ *(adj.)* volcanic
ogya bepɔ *(n.)* volcano
ogya dan *(n.)* firehouse
ogya dorobɛn *(n.)* firehose
ogya nka *(adj.)* fireproof
ogya so *(n.)* urgency
ogya so *(adj.)* urgent
ogyadum *(n.)* firefight
ogyadwuma *(n.)* fireworks
ogyaframa *(n.)* flame
ogyamfo *(n.)* courtier
ogyatanaa *(adj.)* infernal
ogyatanaa *(n.)* wildfire
ogyatɛn *(n.)* flashlight
ogyatɛn *(n.)* torch
ogyefo *(n.)* recipient
ogyina basaa *(v.)* loll

ohema *(n.)* queen
ohene *(n.)* sovereign
ohia *(adj.)* poor
ohia *(n.)* dearth
ohia *(n.)* poverty
ohiani *(n.)* peasantry
ohiani *(n.)* pauper
ohiatorɔ *(n.)* shift
ohohwini *(n.)* prodigy
ohoni *(n.)* idol
ohoni *(n.)* statue
ohu *(n.)* cowardice
ohu *(adj.)* craven
ohufo *(n.)* coward
ohufoɔ *(adj.)* fearful
ohunu *(adj.)* null
ohwɛɛfo *(n.)* valet
oink *(v.)* oink
oink *(n.)* oink
oinker *(n.)* oinker
okandifo *(n.)* scout
okisibiri *(n.)* ebony
okokodurufoc *(adj.)* adventurous
okokroko *(adj.)* almighty
okokroko *(adj.)* supreme
okuani *(n.)* agriculturist
okuani *(n.)* farmer
okuani hiani *(n.)* peasant
okukudam *(n.)* ace
okukudwinnifoɔ *(n.)* potter
okunini *(adj.)* accomplished
okunini *(adj.)* eminent
okunkɛse *(n.)* massacre
okwansie *(n.)* roadblock
okyidifo *(n.)* henchman
okyigyinafoɔ *(n.)* sponsor
okyinnegye *(adj.)* sceptical
okyinnegyefoɔ *(n.)* sceptic
okyinsromma *(n.)* planet
okyinsromma *(adj.)* planetary
oleaceous *(adj.)* oleaceous
oleaginous *(adj.)* oleaginous
oleochemical *(n.)* oleochemical
oligarch *(n.)* oligarch
oligarchal *(adj.)* oligarchal
olugarchy *(n.)* oligarchy
olympiad *(n.)* olympiad
omega *(n.)* omega
omelette *(n.)* omelette

omiamiafo *(n.)* fondler
omophagia *(n.)* omophagia
omumuyɛfoɔ *(n.)* culprit
oncogene *(n.)* oncogene
oncogenic *(adj.)* oncogenic
oncology *(n.)* oncology
oniɛdenfo *(adj.)* belligerent
oniɛdenfoɔ *(adj.)* aggressive
oniɛdenfoɔ *(n.)* aggressor
onigyefo *(n.)* reveller
onihafo *(n.)* drone
onihafoɔ *(n.)* idler
onihani *(n.)* sluggard
onimdefo *(n.)* connoisseur
onimdefo *(n.)* expert
onimdefo *(n.)* savant
onimonyamfoɔ *(adj.)* debonaire
onimuonyamfo *(n.)* gentleman
onimuonyamfoɔ *(adj.)* honourable
onimuonyanfoɔ *(adj.)* admirable
onini *(n.)* python
onini *(n.)* boa
onipa *(n.)* sapiens
onipa asɛm *(adj.)* personal
onipa kɛseɛ *(adj.)* podgy
onipa titiriw *(adj.)* prominent
onitefo *(adj.)* artful
onitefoɔ *(adj.)* crafty
onitefoɔ *(adj.)* cunning
onitefoɔ *(adj.)* sly
onitefoɔ *(adj.)* astute
onni abotare *(n.)* petulance
onni abotare *(adj.)* petulant
onni ahooden *(adj.)* lethargic
onni ahooden *(n.)* lethargy
onni ahooden *(n.)* underdog
onni nokware *(adj.)* disloyal
onni osuahu *(n.)* tenderfoot
onni sika *(adj.)* penniless
onnidin *(adv.)* anon
onnidin *(n.)* anonymity
onnidin *(n.)* anonymosity
onnidin *(adj.)* anonymous
onnyaa ntetee *(adj.)* uneducated
onology ho adesua *(n.)* onology
onomancy *(n.)* onomancy
onomast *(n)* onomast
onomastic *(adj.)* onomastic
onomatologist ɔbenfo *(n.)* onomatologist

onomatology adesua *(n.)* onomatology
onomatope *(n.)* onomatope
onomatopoeia *(n.)* onomatopoeia
onsuro hwee *(adj.)* defiant
ontogenic *(adj.)* ontogenic
ontogeny *(n.)* ontogeny
ontologic ho asɛm *(adj.)* ontologic
ontological *(adj.)* ontological
ontologist ho ɔbenfo *(n.)* ontologist
ontology ho adesua *(n.)* ontology
ontology ho nimdeɛ *(n.)* ontologism
onua barima *(n.)* brother
onua kuo *(n.)* fraternity
onuawa *(adj.)* sisterly
onuayɛ/ntaafoɔ *(adj.)* fraternal
onumdwafoɔ *(n.)* braggart
onwunu *(n.)* shade
onyame akyede *(n.)* godsend
onyamesom pa *(adj.)* godly
onyamewa *(n.)* goddess
Onyankopɔn *(n.)* godhead
onyansafo *(n.)* genius
onyini *(n.)* maturity
opacity *(n.)* opacity
opanin *(n.)* captain
opanyin *(n.)* principal
opera *(n.)* opera
operetta *(n.)* operetta
opia biribi *(n.)* poker
opiate *(adj.)* opiate
opiate *(n.)* opiate
opiate *(v.)* opiate
opinator *(n.)* opinator
opira *(n.)* injury
opirafoɔ *(n.)* casualty
opiresan *(n.)* surgery
opiresan dɔkta *(n.)* surgeon
opium *(n.)* opium
opolisini tetɛfoɔ *(n.)* detective
opuro *(n.)* squirrel
orbituary *(n.)* orbituary
orca *(n.)* orca
ore *(n.)* ore
organograph *(n.)* organography
orifice *(n.)* orifice
orificial *(adj.)* orificial
origami *(n.)* origami
orl *(n.)* orl
orn *(v.)* orn

ornithoscopy *(n.)* ornithoscopy
orogen *(n.)* orogen
orogenic *(adj.)* orogenic
orthograph *(n.)* orthograph
orthographer *(n.)* orthographer
orthographic *(adj.)* orthographic
oscillograph *(n.)* oscillograph
oscillometric *(adj.)* oscillometric
oscilloscope *(n.)* oscilloscope
osculant *(adj.)* osculant
oscular *(adj.)* oscular
osculate *(v.)* osculate
osetie *(n.)* obedience
osetie *(adj.)* passive
osetiefo *(adj.)* obedient
osi *(adj.)* lachrymose
osi nneɛma *(n.)* laundress
osiakwan *(n.)* hindrance
osiakwan *(n.)* impasse
osiakwan *(n.)* inhibition
osiakwan *(n.)* resistance
osiakwanmmra *(n.)* embargo
osiesie torobɛn *(n.)* plumber
osigyani baa *(n.)* spinster
osiprenu *(n.)* colon
osiweiɛ *(n.)* full stop
osiwieɛ *(n.)* decimal point
osmobiosis *(n.)* osmobiosis
osmobiotic *(adj.)* osmobiotic
osmose *(v.)* osmose
osmosis *(n.)* osmosis
ostension *(n.)* ostension
ostrich *(n.)* ostrich
osu *(n.)* wail
osu pete *(v.)* drizzle
osu tɔ *(adj.)* rainy
osu tɔe *(n.)* downpour
osua *(adj.)* lesser
osuafoɔ *(n.)* apprentice
osuahu nimdefo *(n.)* empiricist
osuani *(n.)* disciple
osuani *(n.)* learner
osuani *(n.)* amateur
osuani *(n.)* apostle
osuani *(n.)* beginner
osuboni *(n.)* babtist
osukɔm *(n.)* drought
osuo tɔ *(v.)* rain
osuro *(n.)* timidity

osuro *(n.)* panic
osuro *(v.)* panic
osutɔ *(n.)* rain
otemmuafo *(n.)* magistrate
otemmuafoɔ *(n.)* judge
otemmuafoɔ *(n.)* umpire
otiefoɔ *(n.)* listener
otifoɔ *(n.)* chaser
otintimfo *(n.)* typist
otirimuɔdenfo *(n.)* mafia
otirimuɔdenfoɔ *(n.)* tyrant
otofokɔs *(n.)* autofocus
otomatik *(v.)* automate
otomatik *(adj.)* automatic
otomatik *(adv.)* automatically
otopailot *(n.)* autopilot
otopsi *(n.)* autopsy
otoscope *(n.)* otoscope
otoscopis *(adj.)* otoscopis
otoscopy *(n.)* otoscopy
otter *(n.)* otter
ottoman *(n.)* ottoman
otu *(v.)* oust
otua *(n.)* payee
otuatefoɔ *(n.)* insurgent
otuatefoɔ *(adj.)* insurgent
otuateni *(n.)* terrorist
otufoɔ *(n.)* evictor
otuhye *(n.)* disposal
otuo *(n.)* eviction
otusa *(n.)* roguery
otwafo *(n.)* harvester
otwitwi *(n.)* rubbing
ouch *(int.)* ouch
ouch *(n.)* ouch
ounce *(n.)* ounce
outbound *(adj.)* outbound
ouzo *(n.)* ouzo
ovary *(n.)* ovary
oviferous *(adj.)* oviferous
ovular *(adj.)* ovular
ovulate *(v.)* ovulate
ovum *(n.)* ovum
owia hann *(n.)* sunlight
owia hyew *(n.)* sunburn
owiadon *(n.)* dial
owiatɔ *(n.)* sunset
owiatɔe *(n.)* eclipse
owiatɔe *(n.)* eclipsis

owifo *(n.)* dacoit
owifoɔ *(n.)* abactor
owifoɔ *(n.)* burglar
owu *(n.)* decease
owu *(adj.)* deceased
owu *(n.)* demise
owuduro *(n.)* pesticide
owufo *(n.)* dead
owuo *(n.)* death
owuo *(n.)* fatality
owuo adeɛ *(adj.)* deathly
owuo yayaaya *(n.)* martyrdom
owura *(n.)* boss
owura *(n.)* lord
owura *(n.)* master
owura *(n.)* proprietor
owura *(n.)* baron
owurayere *(n.)* baroness
owurayɛ *(n.)* ownership
owuyareɛ *(adj.)* deadly
oxidant *(n.)* oxidant
oxidate *(n.)* oxidate
oxidate *(v.)* oxidate
oxidation *(n.)* oxidation
oxide *(n.)* oxide
oxidization *(n.)* oxidization
oxyacid *(n.)* oxyacid
oyikyerɛ *(n.)* exhibition
oyikyerɛ *(n.)* introduction
oyikyerɛ *(n.)* showcase
oyikyerɛdan *(n.)* showroom
oyimafoɔ *(n.)* traitor
oyoyo *(n.)* eel
oyster *(n.)* oyster
oyster *(adj.)* oyster
oyster *(v.)* oyster
oystering *(n.)* oysterling
oystetman *(n.)* oysterman
ozonate *(n.)* ozonate
ozonate *(v.)* ozonate
ozonation *(n.)* ozonation
ozone *(n.)* ozone
ozone layer *(n.)* ozone layer

ɔba *(n.)* young

ɔbaa *(adj.)* female
ɔbaa *(n.)* female
ɔbaa *(n.)* woman
ɔbaa *(adj.)* chic
ɔbaa adidibeahwɛfo *(n.)* waitress
ɔbaa gramo *(n.)* giantess
ɔbaa kunafoɔ *(n.)* widow
ɔbaa panyin *(n.)* prioress
ɔbaabun *(n.)* virginity
ɔbaako *(adj.)* another
ɔbabaa *(n.)* daughter
ɔbabarima *(n.)* son
ɔbabun *(n.)* teenager
ɔbabunu *(n.)* virgin
ɔbabunu *(adj.)* adolescent
ɔbanbɔfoɔ *(n.)* bodyguard
ɔbarima *(n.)* emasculation
ɔbarima *(pron.)* he
ɔbarima *(n.)* male
ɔbarima abodin *(n.)* mister
ɔbarima no sɛe *(n.)* demasculinization
ɔbea *(n.)* lady
ɔbea asɛm *(n.)* feminism
ɔbea ɔnwininfo *(n.)* poetess
ɔbeabarima *(n.)* tomboy
ɔbeayɛ *(n.)* womanhood
ɔbenfo *(adj.)* adroit
ɔbenfo *(n.)* doc
ɔbenfoɔ *(adj.)* expert
ɔberɛ *(n.)* struggle
ɔbɛka *(v.)* word
Ɔbɛnem *(n.)* March
ɔbɛtu *(v.)* whiz
ɔboafo *(n.)* consultant
ɔboafoɔ *(n.)* prompter
ɔboafoɔ *(n.)* contributor
ɔboafoɔ *(n.)* partnership
ɔbohene *(n.)* gem
ɔbohene *(n.)* jewel
ɔbohene adesua *(n.)* gemmology
ɔbonsam *(n.)* demon
ɔbonsam *(n.)* devilry
ɔbosom *(n.)* fetish
ɔbosonsomfoɔ *(n.)* idolater
ɔbotan *(n.)* rock
ɔbɔ *(n.)* rung
ɔbɔdammni *(n.)* retardation
ɔbɔfo *(n.)* striker
ɔbɔfoɔ *(n.)* angel

ɔbɔfoɔ *(n.)* protector
ɔbɔmmɔfoɔ *(n.)* fowler
ɔbɔmmɔfoɔ *(n.)* hunter
ɔbɔmmɔfoɔ *(n.)* huntsman
ɔbɔpɔn *(n.)* savage
ɔbrasɛɛ *(n.)* depravation
ɔbrɛ *(n.)* fatigue
ɔbrɛ *(v.)* fatigue
ɔbrɛ *(adj.)* haggard
ɔbrɛ *(v.)* languish
ɔbrɛ *(n.)* languor
ɔbrɛ *(n.)* stress
ɔbrɛ *(n.)* tedium
ɔbrɛ *(adj.)* tiresome
ɔbrɛfo *(adj.)* dutiful
ɔda afiase *(n.)* prisoner
ɔdaadaa *(n.)* knavery
ɔdaadaafo *(n.)* dupe
ɔdaadaafo *(adj.)* treacherous
ɔdaadaafoɔ *(n.)* decoy
ɔdaadaafoɔ *(n.)* impostor
ɔdaadaafoɔ *(n.)* knave
ɔdaadaafoɔ *(n.)* trickster
ɔdaadasɛm *(n.)* sophist
ɔdamena *(n.)* grave
ɔdanfo *(n.)* client
ɔdanseni *(n.)* witness
ɔdansifoɔ *(n.)* architect
ɔdansinimdefo *(n.)* masonry
ɔdaseni *(n.)* humanity
ɔdawurubɔfo *(n.)* publisher
ɔdebɔneyɛfo *(n.)* malefactor
ɔdebɔneyɛfo *(n.)* offender
ɔdebɔneyɛfoɔ *(n.)* sinner
ɔdebɔnyɛfo *(n.)* delinquent
ɔdeduani *(n.)* inmate
ɔdefoɔ *(n.)* elite
ɔdefoɔ *(adj.)* wealthy
ɔdefoɔ *(adj.)* affluent
ɔdefrini *(n.)* debtor
ɔdehufo *(n.)* palmist
ɔdehyeɛ *(n.)* nobleman
ɔdehyeɛ *(adj.)* royal
ɔdemafo *(n.)* donor
ɔdetɔfo *(n.)* patron
ɔdetɔnfo *(n.)* salesman
ɔditɔnfo *(n.)* seller
ɔditɔnfoɔ *(n.)* hawker
ɔdodoɔ *(n.)* mass

ɔdɔ *(adj.)* enamoured
ɔdɔ *(n.)* enamourment
ɔdɔ *(n.)* endearment
ɔdɔ *(n.)* liking
ɔdɔ *(n.)* love
ɔdɔ *(v.)* love
ɔdɔ *(adj.)* loving
ɔdɔ *(n.)* affection
ɔdɔ *(n.)* affection
ɔdɔ *(adj.)* affectionate
ɔdɔ *(adj.)* amatory
ɔdɔ *(n.)* amour
ɔdɔ kann *(adj.)* platonic
ɔdɔ nnim *(adj.)* unaffectionate
ɔdɔdie *(n.)* romance
ɔdɔfoɔ *(n.)* paramour
ɔdɔfoɔ *(adj.)* beloved
ɔdɔn *(n.)* clock
ɔdwene *(n.)* thinker
ɔdwumayɛfo *(n.)* operator
ɔfa *(n.)* domain
ɔfa *(n.)* edition
ɔfa *(n.)* episode
ɔfa *(n.)* genre
ɔfa *(n.)* instalment
ɔfa *(n.)* juncture
ɔfa *(v.)* part
ɔfa *(n.)* part
ɔfa *(n.)* sect
ɔfa *(n.)* section
ɔfa *(n.)* traunch
ɔfa *(n.)* unit
ɔfa *(n.)* version
ɔfa *(n.)* zone
ɔfa a wɔtowgu *(n.)* dropzone
ɔfa biako *(adj.)* one-sided
ɔfaa aduro mboroso *(v.)* overdose
ɔfareni *(n.)* fisherman
ɔfasu *(n.)* drawbridge
ɔfasu *(n.)* rampart
ɔfasu *(n.)* tributary
ɔferɛɛ *(n.)* shy
ɔfesa *(adj.)* official
ɔfese *(n.)* office
ɔfese *(n.)* terminal
ɔfɛrɛ adeɛ *(adj.)* diffident
ɔforofoɔ *(n.)* climber
ɔforote *(n.)* elk
ɔforoteɛ *(n.)* stag

ɔfowfo *(n.)* marauder
ɔfra *(n.)* adulteration
ɔfrɛ *(n.)* invocation
ɔfrɛ *(n.)* summons
ɔfrɛ *(n.)* call
ɔfrɛ *(n.)* calling
ɔgebra *(n.)* algebra
ɔgo *(adj.)* infirm
ɔgye awoɔ *(n.)* midwife
ɔgyeawoɔ barima *(n.)* accoucheur
ɔgyeɛ *(n.)* deliverance
ɔgyeɛ *(n.)* reception
ɔgyeɛ *(n.)* redemption
ɔgyeɛ *(n.)* rescue
ɔgyeɛ *(n.)* salvage
ɔgyeɛ *(adj.)* savable
ɔgyefo *(n.)* taker
ɔgyefoɔ *(n.)* claimant
Ɔgyefuo *(n.)* February
ɔha *(n.)* hundred
ɔha *(n.)* centenary
ɔha nkyekyɛmu *(n.)* cent
ɔha nkyekyɛmu *(adj.)* centigrade
ɔha nkyɛmu *(n.)* parentage
ɔha nkyɛmu du *(n.)* percentage
ɔhan dan *(n.)* tenant
ɔhaw *(n.)* botheration
ɔhaw *(n.)* demerit
ɔhaw *(n.)* drawback
ɔhaw *(n.)* hitch
ɔhaw *(n.)* misery
ɔhaw *(adj.)* nagging
ɔhaw *(adj.)* plague
Ɔhaw *(n.)* predicament
ɔhaw *(n.)* predicate
ɔhaw *(n.)* situation
ɔhaw *(n.)* teaser
ɔhaw *(n.)* trouble
ɔhaw *(adj.)* troublesome
ɔhaw *(n.)* worry
ɔhaw *(n.)* affliction
ɔhaw *(v.)* plague
ɔhaw foforɔ *(v.)* recondition
ɔhaw niho *(adj.)* safe
ɔhemaa *(n.)* monarch
ɔhemaa *(n.)* monarchy
ɔhemmaa *(n.)* duchess
ɔhemmaa *(n.)* empress
ɔhene *(n.)* king

ɔhene *(adj.)* chief
ɔhene *(n.)* chieftain
ɔhene abadiakyiri *(n.)* viceroy
ɔhene ba *(adj.)* princely
ɔhene babarima *(n.)* prince
ɔhene babea *(n.)* princess
ɔheneba *(n.)* duke
ɔhenpon *(n.)* emperor
ɔhobammɔfoɔ *(n.)* escort
ɔhodomfo *(adj.)* effeminate
ɔhohwini *(n.)* debauchee
ɔhonam mu *(adj.)* physical
ɔhɔ nehɔ *(adj.)* partial
ɔhɔ nehɔ *(n.)* partiality
ɔhɔhoɔ *(n.)* foreigner
ɔhɔhoɔ *(n.)* guest
ɔhɔhoɔ *(n.)* stranger
ɔhɔhoɔ dan *(n.)* guest room
ɔhukanii *(n.)* spouse
ɔhw3foc *(n.)* administrator
ɔhwɛ *(n.)* glimpse
ɔhwɛ *(adj.)* observant
ɔhwɛ *(n.)* care
ɔhwɛ nkrataatobea *(n.)* postmaster
ɔhwɛ no *(n.)* on-looker
ɔhwɛ so *(n.)* oversight
ɔhwɛfo *(n.)* observatory
ɔhwɛfo *(n.)* overseer
ɔhwɛfoɔ *(n.)* checker
ɔhwɛfoɔ *(n.)* monitor
ɔhwɛfoɔ *(v.)* monitor
ɔhwɛfoɔ *(adj.)* monitory
ɔhwɛfoɔ *(n.)* trustee
ɔhwɛfoɔ *(n.)* carer
ɔhwɛsofo *(n.)* incharge
ɔhwɛsofo *(adj.)* incharge
ɔhwɛsofoɔ *(n.)* inspector
ɔhwɛsofoɔ *(n.)* supervisor
ɔhye *(n.)* scorch
ɔhyehyɛ awaereɛ *(n.)* matchmaker
ɔhyehyɛfoɔ *(n.)* founder
ɔhyew *(n.)* heat
ɔhyew *(adj.)* temperate
ɔhyew *(n.)* temperature
ɔhyew *(adj.)* thermal
ɔhyew *(n.)* warmth
ɔhyew yareɛ *(n.)* heatstroke
ɔhyewso *(adj.)* ad hoc
ɔhyewso *(adj.)* ad hoc

ɔhyɛ *(n.)* compulsion
ɔhyɛ *(adj.)* compulsory
ɔhyɛ *(adj.)* mandatory
ɔhyɛ *(n.)* behest
ɔhyɛɛ *(v.)* outfit
ɔhyɛfo *(n.)* dictator
ɔhyɛfo *(n.)* scorer
ɔhyɛnkafoɔ *(n.)* boatman
ɔhyɛnkafoɔ *(n.)* chauffeur
ɔhyɛnsibea *(n.)* boathouse
ɔhyɛnwoma *(n.)* writ
ɔka bom *(n.)* merger
ɔka ho *(n.)* member
ɔka ho *(n.)* muffler
ɔkafo *(n.)* driver
ɔkakyerɛw *(n.)* dictation
ɔkame *(n.)* denial
ɔkan *(n.)* countdown
ɔkandifo *(n.)* spearhead
ɔkandifoɔ *(n.)* senior
ɔkanne *(n.)* counter
ɔkannifo *(n.)* forerunner
ɔkannifoɔ *(n.)* leader
ɔkansifoɔ *(n.)* competitor
ɔkansifoɔ *(n.)* contestant
ɔkaprɛko *(adj.)* definite
ɔkasa *(n.)* discourse
ɔkasa *(n.)* elocution
ɔkasa *(n.)* lecture
ɔkasa *(n.)* speech
ɔkasafo *(n.)* oracle
ɔkasafo *(n.)* orator
ɔkasafo *(n.)* speaker
ɔkasafo baako *(n.)* monologue
ɔkasafoɔ *(n.)* announcer
ɔkasafoɔ *(n.)* commentator
ɔkasafoɔ *(n.)* host
ɔkasamafo *(n.)* spokesman
ɔkasamu *(n.)* sentence
ɔkasatiafo *(n.)* detractor
ɔkatakyie *(n.)* gallant
ɔkenkanfo *(n.)* reader
ɔkɛseɛ *(n.)* fat
ɔkɛseɛ *(adj.)* stout
ɔko *(n.)* battle
ɔko *(n.)* duel
ɔko *(n.)* ground attack
ɔko *(adj.)* martial
ɔko *(n.)* war

ɔko *(n.)* warfare
ɔkofo *(n.)* combatant
ɔkofo *(n.)* wrestler
ɔkofoɔ *(n.)* warrior
ɔkokodurufoɔ *(n.)* daredevil
ɔkokodurufoɔ *(n.)* hero
ɔkokudurofoɔ *(adj.)* indomitable
ɔkokuodurofoɔ *(adj.)* intrepid
ɔkorɔmfoɔ *(n.)* thief
ɔkɔm *(n.)* hunger
ɔkɔm *(adj.)* hungry
ɔkra *(n.)* cat
ɔkra *(n.)* pneuma
ɔkra *(n.)* soul
ɔkra *(n.)* tomcat
ɔkra adesua *(n.)* pneumology
ɔkra akwantuo *(n.)* transmigration
ɔkra ba *(n.)* kitten
ɔkra nne *(n.)* purr
ɔkra nsɛm *(n.)* pneumatic
ɔkra nsɛm *(adj.)* pneumatic
ɔkra su *(n.)* mew
ɔkra su *(v.)* mew
ɔkraman *(n.)* dog
ɔkraman *(n.)* hound
ɔkraman *(n.)* spaniel
ɔkraman ahome *(n.)* dogbreath
ɔkraman dan *(n.)* kennel
ɔkramandan *(n.)* doghouse
ɔkramandwie *(n.)* flea
ɔkronkroni *(n.)* saint
ɔkuronfo *(n.)* robber
ɔkuta tumi *(adj.)* sovereign
ɔkwa danho *(n.)* painter
ɔkwaadonto *(n.)* cad
ɔkwaadonto *(n.)* cuckold
ɔkwadwofoɔ *(n.)* slothful
ɔkwampaefo *(v.)* pioneer
ɔkwampaefo *(n.)* pioneer
ɔkwan *(n.)* means
ɔkwan *(n.)* method
ɔkwan *(adj.)* methodical
ɔkwan *(n.)* strategy
ɔkwan *(n.)* technique
ɔkwan *(n.)* thoroughfare
ɔkwan *(n.)* passage
ɔkwan a ɛnteɛ so *(adj.)* unmannerly
ɔkwan bi *(n.)* mode
ɔkwan biako *(adj.)* one-way

ɔkwan biara *(n.)* omnidirectionality
ɔkwan biaraso *(adj.)* omnidirectional
ɔkwan bɔne *(v.)* misdirect
ɔkwan bɔne *(n.)* misdirection
ɔkwan den *(adv.)* tensely
ɔkwanhwea *(adj.)* strategic
ɔkwankyerɛfo *(n.)* director
ɔkwankyerɛfo *(n.)* navigator
ɔkwankyerɛfoɔ *(n.)* conductor
ɔkwankyerɛfoɔ panin *(n.)* commissioner
ɔkwansie *(adj.)* adverse
ɔkwanso *(adv.)* en route
ɔkwanso nnipakum *(n.)* roadkill
ɔkwantufo *(n.)* wayfarer
ɔkwantufoɔ *(n.)* rover
ɔkwantuni *(n.)* migrant
ɔkwantuni *(n.)* voyager
ɔkwantuni *(n.)* backpacker
ɔkwasea *(n.)* buffoon
ɔkwasea *(n.)* dum-bell
ɔkwasea *(n.)* maniac
ɔkwasea *(adj.)* naughty
ɔkwasea *(n.)* shirker
ɔkwasea *(n.)* simpleton
ɔkwasea *(n.)* blockhead
ɔkwerɛfo *(n.)* registrar
ɔkyeame *(n.)* linguist
ɔkyena *(n.)* morrow
ɔkyena *(n.)* tomorrow
ɔkyerɛ *(n.)* doctrine
ɔkyerɛfo *(n.)* usher
ɔkyerɛkyerɛfo *(n.)* docent
ɔkyerɛkyerɛfo *(adj.)* docent
ɔkyerɛkyerɛfoɔ *(n.)* instructor
ɔkyerɛkyerɛni *(n.)* pedagogue
ɔkyerɛkyerɛni *(n.)* pedagogy
ɔkyerɛkyerɛni *(n.)* professor
ɔkyerɛkyerɛni *(n.)* teacher
ɔkyerɛkyerɛni *(n.)* tutor
ɔkyerɛkyerɛni *(n.)* lecturer
ɔkyerɛsua *(n.)* seminar
ɔkyerɛw kratawaa *(n.)* pamphleteer
ɔkyerɛwfo *(n.)* narrator
ɔkyerɛwfo *(n.)* notary
ɔkyerɛwfo *(n.)* secretary
ɔkyerɛwfo *(n.)* writer
ɔkyɛ *(adj.)* durable
ɔkyɛ ade *(n.)* philanthropy
ɔkyɛ krataa *(n.)* postman

ɔkyrere *(v.)* obduct
ɔma *(n.)* allotment
ɔma *(adj.)* endowed
ɔma *(n.)* offer
ɔma nufusuo *(n.)* mammal
ɔmama *(n.)* celebrity
ɔmama *(n.)* socialite
ɔman *(n.)* country
ɔman *(n.)* nation
ɔman *(adj.)* national
ɔman *(n.)* state
ɔman a wofiri mu *(n.)* nationality
ɔman a wɔde bɛhyɛ mu *(n.)* nationalization
ɔman anidan *(adj.)* stately
ɔman asotifo *(n.)* demagogue
ɔman mfimfini *(n.)* midland
ɔman nanmuaifo *(n.)* diplomat
ɔman nipa *(n.)* population
ɔman sɛe *(v.)* denationalize
ɔman wɔde hyɛ ɔman mu *(v.)* nationalize
ɔmanba *(n.)* citizen
ɔmanfo kasa *(adj.)* vernacular
ɔmanfoɔ *(adj.)* folk
ɔmanfoɔ *(n.)* folk
ɔmanfoɔ *(n.)* resident
ɔmanmu *(adj.)* statewide
ɔmanni *(adj.)* indigenous
ɔmanpanin *(adj.)* federal
ɔmanpanyin *(n.)* president
ɔmanpanyin nneɛma *(adj.)* presidential
ɔmanpayin *(n.)* republican
ɔmanpayin *(adj.)* republican
ɔmanpɛ *(n.)* nationalism
ɔmanpɛfo *(n.)* nationalist
ɔmansin *(n.)* district
ɔmantam *(adj.)* municipal
ɔmantam *(n.)* municipality
ɔmantam *(adj.)* regional
ɔmantam *(adj.)* zonal
ɔmanyɛfoɔ *(n.)* statesman
ɔmee *(n.)* satiety
ɔmfata *(n.)* disqualification
ɔmfata *(adj.)* licentious
ɔmpe *(adj.)* disinclined
ɔmpɛ mfididwuma *(n.)* technophobe
ɔmpɛ nnipa *(n.)* desocialization
ɔmpɛ nnipa *(n.)* misanthrope
ɔnanmusifo *(n.)* envoy

ɔnante *(n.)* treader
ɔnantefo *(n.)* pedestal
ɔnantefo *(n.)* pedestrian
ɔnimdefo *(n.)* specialist
ɔnioyamfoɔ *(n.)* knight
ɔnni adwen *(adj.)* mindless
ɔnni botaeɛ *(adj.)* aimless
ɔnni gyedi *(n.)* pessimist
ɔnni gyedi *(adj.)* pessimistic
ɔnni gyidie *(v.)* mistrust
ɔnni gyidie *(n.)* mistrust
ɔnnyɛ bɔne *(adj.)* benign
ɔno *(pron.)* him
ɔno *(pron.)* she
ɔnoa ahotɔsoɔ *(adj.)* self-confident
ɔnoafoɔ *(n.)* cook
ɔnokwafo *(n.)* stalwart
ɔnokwafo *(adj.)* staunch
ɔnom nnubɔne *(n.)* drug addict
ɔnte apɔ *(adj.)* sickly
ɔnwe nam *(n.)* vegan
ɔnwe nammono *(n.)* vegetarian
ɔnwini nsɛm *(n.)* poetaster
ɔnwono *(n.)* insipidity
ɔnyɛ adɔyɛ *(n.)* meanness
ɔnyi mfaso *(adj.)* non-profit
ɔɔdihyɛn *(n.)* audition
ɔɔdihyɛn *(adj.)* auditive
ɔɔdita *(n.)* auditor
ɔɔtograf *(n.)* autograph
ɔpaeɛ *(n.)* rupture
ɔpaefo *(adj.)* pagan
ɔpaɛadeɛ *(adj.)* ambitious
ɔpamfoɔ *(n.)* cobbler
ɔpanin *(n.)* dean
ɔpanin *(n.)* elder
ɔpaw *(v.)* opt
ɔpawfoɔ *(n.)* abjurer
ɔpepem *(n.)* million
ɔpepepe *(n.)* billion
ɔpɛ *(n.)* aspiration
ɔpɛ *(n.)* option
ɔpɛ *(n.)* proposal
ɔpɛ *(n.)* secessionist
ɔpɛ *(v.)* wish
ɔpɛ *(adj.)* wont
ɔpɛ *(adj.)* avid
ɔpɛ *(n.)* choice
ɔpɛ adwuma *(adj.)* venturous

ɔpɛ berɛ *(n.)* autumn
ɔpɛ kasa *(adj.)* polyloquent
ɔpɛ mmea *(n.)* philanderer
ɔpɛ mu *(adj.)* voluntary
ɔpɛ nipa *(adj.)* sociable
ɔpɛ nokwaredie *(n.)* philalethist
ɔpɛfoɔ *(n.)* aspirant
ɔpɛnimaa *(n.)* december
ɔpɛpɔn *(n.)* January
ɔpɛso *(adv.)* avidly
ɔpɛtɛ *(n.)* condor
ɔpɛtɛ *(n.)* vulture
ɔpo *(n.)* renunciation
ɔpo *(n.)* snarl
ɔpo dodoɔ *(n.)* stammer
ɔpon *(n.)* door
ɔpono *(n.)* stall
ɔpɔnkɔ *(n.)* steed
ɔpɔnkɔ atɛ *(n.)* saddle
ɔpɔnkɔ ba *(n.)* mule
ɔpɔnkɔbere *(n.)* mare
ɔpɔnkɔdan *(n.)* stable
ɔpɔnkɔnini *(n.)* stallion
ɔpɔnkɔsotefoɔ *(n.)* rider
ɔpramire *(n.)* cobra
ɔpraprafo *(n.)* sweeper
ɔregye n'ahome *(n.)* pensioner
ɔrepa kyɛw *(n.)* pleader
ɔrewu *(adj.)* moribund
ɔsa *(n.)* swoop
ɔsabofo *(n.)* drunkard
ɔsadweam *(n.)* bibber
ɔsafo *(n.)* rocker
ɔsafoɔ *(n.)* dancer
ɔsaman *(adj.)* phantasmal
ɔsaman *(n.)* phantom
ɔsaman *(n.)* spectre
ɔsamufoɔ *(n.)* curator
ɔsan *(n.)* return
Ɔsanaa *(n.)* August
ɔsatufoɔ *(n.)* rogue
ɔsatufoɔ *(adj.)* roguish
ɔsatufoɔ *(n.)* villain
ɔsatuo *(n.)* invasion
ɔsatuo *(n.)* siege
ɔsebɔ *(n.)* cheetah
ɔsebɔ *(n.)* leopard
ɔsebɔ *(n.)* panther
ɔsebɔ *(n.)* tiger

ɔsebɔ *(n.)* zebra
ɔsebɔ bea *(n.)* tigress
ɔseɛ *(n.)* ravage
ɔseɛ *(n.)* sabotage
ɔseifoɔ *(n.)* eradicator
ɔsesafoɔ *(n.)* rascal
ɔsesafoɔ *(n.)* ruffian
ɔsesewfoɔ *(n.)* reformer
ɔsɛ *(n.)* resemblance
ɔsɛ biribi *(v.)* liken
ɔsɛe *(n.)* damnation
ɔsɛe *(v.)* decimation
ɔsɛe *(n.)* destruction
ɔsɛe *(n.)* detriment
ɔsɛe *(n.)* distraction
ɔsɛe *(v.)* doom
ɔsɛe *(adj.)* doomsday
ɔsɛe *(n.)* wrack
ɔsɛe ade *(v.)* devastate
ɔsɛe ade *(v.)* vandalize
ɔsɛe nneɛma *(n.)* wrecker
ɔsɛeda *(n.)* doomsday
ɔsɛeɛ *(adv.)* abusively
ɔsɛeɛ *(n.)* annihilation
ɔsɛeɛ *(n.)* holocaust
ɔsɛeɛ *(n.)* ruin
ɔsɛeɛ *(n.)* severance
ɔsɛeɛ *(n.)* spoil
ɔsɛeɛ *(n.)* wreck
ɔsɛefoɔ *(n.)* destroyer
ɔsɛnkafo *(n.)* ecclesiast
ɔsɛnkafo *(adj.)* ecclesiastical
ɔsɛnnifoɔ *(n.)* arbiter
ɔsɛntwafoɔ *(v.)* umpire
ɔsi pi *(adj.)* sturdy
ɔsisifoɔ *(n.)* quack
ɔso *(n.)* podge
ɔso *(adj.)* podiatric
ɔso *(n.)* podiatrist
ɔsoa nneɛma *(n.)* porter
ɔsofodie *(adj.)* pastoral
ɔsom *(adj.)* pious
ɔsom *(n.)* religion
ɔsom *(n.)* service
ɔsom *(n.)* worship
ɔsom *(n.)* attendance
ɔsom *(n.)* deism
ɔsom gyidi *(n.)* piety
ɔsom nkyerɛkyerɛ *(adj.)* liturgical

ɔsom nkyerɛkyerɛ *(n.)* predestination
ɔsoma *(n.)* errand
ɔsomafo *(n.)* emissary
ɔsomafo *(n.)* messenger
ɔsomafoɔ *(n.)* herald
ɔsomfo *(n.)* groom
ɔsomfo *(n.)* worshipper
ɔsomfoɔ *(n.)* deist
ɔsomfoɔ *(n.)* beadle
ɔsomtrafoɔ *(n.)* extremist
ɔsono *(n.)* elephant
ɔsono sohwɛfo *(n.)* mahout
ɔsoro *(adj.)* divine
ɔsoro *(n.)* heaven
ɔsoro *(adj.)* celestial
ɔsoro de *(adj.)* heavenly
ɔsɔfo *(n.)* priest
ɔsɔfo *(n.)* parson
ɔsɔfo bea *(n.)* priestess
ɔsɔfo dwumadibea *(n.)* benefice
ɔsɔfo panyin *(n.)* prelate
ɔsɔfokuma *(n.)* deacon
ɔsɔfopani *(adj.)* reverend
ɔsɔn paipu *(n.)* drainpipe
ɔsɔretia *(v.)* mutiny
ɔsɔretia *(n.)* objection
ɔsɔretia *(n.)* opposition
ɔsɔretia *(n.)* mutiny
ɔsɔretiafo *(n.)* opponent
ɔsraani *(n.)* trooper
ɔsraani *(n.)* lieutenant
ɔsraani dadaa *(n.)* veteran
ɔsraani panin *(n.)* commandant
ɔsraani panin *(n.)* commander
ɔsraani panyin *(n.)* officer
ɔsraanii *(n.)* soldier
ɔsram *(n.)* full moon
ɔsram *(adj.)* lunar
ɔsram *(n.)* moon
ɔsram abiɛsa *(n.)* trimester
ɔsranee *(n.)* crescent
ɔsrɛ *(n.)* beseeching
ɔsrɛ ade *(n.)* petitioner
ɔsrɛfoɔ *(n.)* beggar
ɔsuro *(v.)* tension
ɔsusu *(adj.)* suspect
ɔtaa *(v.)* persecute
ɔtaa *(v.)* prosecute
ɔtaa *(n.)* persecution

ɔtamfo *(n.)* foe
ɔtan *(n.)* animosity
ɔtan *(n.)* enmity
ɔtan *(n.)* hostility
ɔtan *(v.)* loathe
ɔtan *(n.)* resentment
ɔtan *(n.)* animus
ɔtan *(n.)* antagonism
ɔtan *(n.)* antipathy
ɔtanfo *(n.)* antagonist
ɔtare ano *(n.)* lakefront
ɔte hɔ *(n.)* occupant
ɔtenetenefoɔ *(n.)* coach
ɔtetɛfo *(n.)* mole
ɔtetɛfoɔ *(n.)* spy
ɔtɛmmufoɔ *(n.)* arbitrator
ɔtirimuodenfoɔ *(adj.)* ruthless
ɔtisim *(n.)* autism
ɔtisim yareni *(adj.)* autistic
ɔto bɔɔl *(n.)* pitcher
ɔtofoɔ *(n.)* baker
ɔtofoɔ *(n.)* caster
ɔtomfoɔ *(n.)* blacksmith
ɔtorofo *(n.)* liar
ɔtorofo *(adj.)* shifty
ɔtɔfoɔ *(n.)* bidder
ɔtɔn aduru *(n.)* pharmacist
ɔtɔn kyɛ *(n.)* milliner
ɔtreneeni dodo *(n.)* prude
ɔtreneeni dodo *(n.)* puritan
ɔtreneeni dodo *(adj.)* puritanical
ɔtu mmrika *(n.)* runs
ɔtubrafoɔ *(n.)* settler
ɔtumfoɔ *(n.)* Highness
ɔtwe barima *(n.)* buck
ɔtwe odwumayɛni *(n.)* poacher
ɔtweaseɛ *(n.)* dragon
ɔtwerɛfo *(n.)* transcriber
ɔtwerɛfoɔ *(n.)* applicant
ɔtwerɛfoɔ *(n.)* author
ɔtwerɛfoɔ *(n.)* columnist
ɔtwerɛfoɔ *(n.)* annalist
ɔtwerɛfoɔ *(n.)* biographer
ɔtwɛn *(n.)* anticipation
ɔtwɛn *(n.)* delay
ɔtwɛn *(n.)* wait
ɔware mmienu *(n.)* bigamist
ɔwaresɛefo *(n.)* adulterer
ɔwawanii *(n.)* zany

ɔwɛmfo *(n.)* invigilator
ɔwɛmfo *(n.)* keeper
ɔwɛn *(n.)* watch
ɔwɛnfoɔ *(n.)* guard
ɔwɔ *(v.)* own
ɔwɔ *(n.)* serpent
ɔwɔ *(n.)* snake
ɔwɔ animuoyam *(adj.)* venerable
ɔwɔ anisoadehunu *(adj.)* visionary
ɔwɔ fam *(v.)* low
ɔwɔ nteaseɛ *(n.)* logician
ɔwɔ nteaseɛ *(adj.)* meaningful
ɔwɔ soro *(adj.)* lofty
ɔwɔ sukuupɔn *(adj.)* postgraduate
ɔwɔ tumi *(n.)* predominance
ɔwɔhɔ *(adj.)* existential
ɔyamuyɛni *(adj.)* bighearted
ɔyamyefo wo baabiara *(adj.)* omnibenevolent
ɔyamyɛfoɔ *(adj.)* kind
ɔyamyɛfoɔ *(adj.)* magnanimous
ɔyansafo *(adj.)* sage
ɔyansafo *(adj.)* sapient
ɔyansafoɔ *(adj.)* intellectual
ɔyansafoɔ *(n.)* intellectual
ɔyarefo *(n.)* patient
ɔyaresafo *(n.)* therapist
ɔyaresafoɔ *(n.)* physician
ɔyaw *(n.)* agony
ɔyaw *(n.)* anguish
ɔyaw *(n.)* cramp
ɔyaw *(v.)* pain
ɔyaw *(n.)* wrick
ɔyaw *(n.)* adversity
ɔyaw *(n.)* pang
ɔyaw mu *(adj.)* painstaking
ɔyere *(n.)* wife
ɔyere baako *(adj.)* monogynous
ɔyɛ adwuma no *(v.)* officiate
ɔyɛ ahwɛyie *(adj.)* discreet
ɔyɛ bi *(n.)* player
ɔyɛ den *(n.)* diehard
ɔyɛ den *(n.)* tenacity
ɔyɛ mmerew *(adj.)* prone
ɔyɛ mmerɛw *(n.)* weakling
ɔyɛ nwonwa *(adj.)* mind-blowing
ɔyɛ ɔbea *(adj.)* womanish
ɔyɛ pɛ *(adj.)* perfect
ɔyɛ-asaase-yie *(n.)* manure

ɔyɛfo *(n.)* doer
ɔyɛfoɔ *(n.)* creator
ɔyɛfoɔ *(n.)* innovator
ɔyɛfoɔ *(n.)* inventor
ɔyɛfoɔ *(n.)* maker
ɔyɛkyerɛ *(n.)* protest
ɔyɛkyerɛ *(n.)* presentation
ɔyɛkyerɛ *(v.)* protest
ɔyɛkyerɛ *(n.)* protestation
ɔyɛkyerɛ taaboo *(n.)* placard
ɔyɛkyerɛfo *(n.)* showstopper

pa *(v.)* fade
pa *(n.)* fecundation
pa *(v.)* renounce
pa *(v.)* skid
pa *(v.)* slide
pa *(v.)* slip
pa *(v.)* strike
pa *(v.)* strip
pa aba *(v.)* cede
pa akyɛw *(v.)* please
pa akyɛw *(adv.)* please
pa ani *(v.)* blanch
pa ara *(adj.)* very
pa kyɛw *(v.)* pardon
pa kyɛw *(v.)* plead
pa ntoma *(v.)* expose
paa *(adj.)* absolute
paa *(n.)* absolution
paa ara *(adv.)* absolutely
paakyeso *(adv.)* afield
paano *(adj.)* breaded
paanoo *(n.)* bagel
paapa *(n.)* dad (or daddy)
paara *(int.)* really
pad *(v.)* pad
pad *(n.)* pad
padding *(n.)* padding
paddle *(n.)* paddle
paddle *(v.)* paddle
pae *(v.)* cleave
pae *(v.)* crack
pae *(n.)* crepitation
pae *(v.)* explode

pae *(v.)* rupture
pae *(v.)* segregate
pae *(v.)* splinter
pae *(n.)* bifurcation
pae *(n.)* blast
pae *(n.)* blowout
pae *(v.)* burst
pae abuba *(v.)* quarry
pae mmienu *(v.)* bifurcate
pae mu *(v.)* dissect
pae mu *(v.)* intersect
pae mu *(v.)* bisect
pae mu ka *(v.)* confess
paeɛ *(adj.)* explosive
paemuka *(n.)* declaration
paemuka *(v.)* declare
paepae *(v.)* crepitate
paepae *(n.)* decrepitation
pagya *(v.)* elevate
pagya *(v.)* heave
pagya *(v.)* raise
pagya *(v.)* reamplify
pagya *(v.)* shrug
pagya fidie *(n.)* elevator
pagya mu *(v.)* heighten
pagya mu *(v.)* increase
pagyadadeɛ *(n.)* jack
pagyamu *(v.)* enhance
paint *(v.)* paint
paint *(n.)* paint
paintbrush *(n.)* paintbrush
pam *(v.)* dislodge
pam *(v.)* dismiss
pam *(v.)* knit
pam *(v.)* parry
pam *(v.)* seam
pam *(v.)* sew
pam *(v.)* stitch
pam *(n.)* cobble
pam *(n.)* parry
pamo *(v.)* deport
pamo *(v.)* evict
pamo *(v.)* excommunicate
pamo *(v.)* exile
pamo *(v.)* repatriate
pamo *(n.)* repatriation
pamo *(v.)* repel
pamo *(v.)* repulse
pamo *(v.)* sack

pampee *(adj.)* stringent
pampee *(adv.)* tautly
pampee *(adj.)* tight
pampuro *(n.)* bamboo
pamu *(n.)* redundance
pamu *(adj.)* redundant
pan *(n.)* basin
paneaɛ *(n.)* syringe
paneɛ *(v.)* pin
paneɛ *(n.)* pin
paneɛwɔ *(n.)* inoculation
panin *(adj.)* elder
panin *(adj.)* senior
panin *(n.)* seniority
panin *(n.)* adult
panin *(n.)* chancellor
panin *(n.)* councillor
pansam *(v.)* ransack
papa *(n.)* fan
papa *(adj.)* favourable
papa *(adj.)* fecund
papa *(adj.)* fine
papa *(adj.)* good
papa *(n.)* good
papa *(adj.)* ideal
papa *(n.)* quality
papa *(adj.)* useful
papa wata *(n.)* merman
papaapa *(n.)* goodness
papapaa *(adj.)* authentic
papapaa *(adj.)* best
papapaara *(adj.)* fantastic
papapaara *(adj.)* superior
papayɛ *(n.)* generosity
papayɛ *(n.)* kindness
papu *(n.)* influenza
parachute *(n.)* parachute
parachutist *(n.)* parachutist
paradise *(n.)* paradise
parasite *(n.)* parasite
parenthesis *(n.)* parenthesis
paso *(n.)* corridor
passport *(n.)* passport
pata *(v.)* apologize
pata *(v.)* compensate
pata *(v.)* conciliate
pata *(v.)* recompense
pata *(v.)* appease
pataku *(n.)* hyaena, hyena

pataku *(n.)* wolf
patch test *(n.)* patch test
patere *(n.)* slide
patere *(v.)* topple
patere *(v.)* trip
patia *(n.)* anklet
patre *(n.)* skid
patu *(v.)* feign
patuo *(n.)* owl
paw *(v.)* abjure
paw *(v.)* boycott
paw *(v.)* deny
paw *(v.)* elect
paw *(v.)* forsake
paw *(v.)* nominate
paw *(v.)* appoint
paw *(n.)* appointment
paw *(v.)* betray
paya *(n.)* pear
paya *(n.)* avocado
pe *(v.)* ejaculate
pea *(n.)* spear
peaa *(n.)* bow
peacock *(n.)* peacock
peahen *(n.)* peahen
pefee *(n.)* clarity
pefee *(adv.)* clearly
pefee *(adj.)* conspicuous
pefee *(adv.)* decidedly
pefee *(adj.)* obvious
pefee *(adv.)* obviously
pefee *(adv.)* openly
pefee *(adj.)* outright
pefee *(adv.)* outright
pefee *(n.)* visibility
pefee *(adj.)* apparent
pefee *(adj.)* artless
pefee *(adj.)* categorical
pegya *(n.)* lift
pegya *(v.)* lift
pegya biribi *(v.)* pose
pem *(n.)* bump
pem *(v.)* collide
pem *(n.)* collision
pem *(v.)* debar
pem *(v.)* thump
pem *(v.)* butt
pem biribi *(n.)* percussion
pempem *(v.)* jiggle

pen *(adv.)* frankly
pendulum *(n.)* pendulum
pene *(v.)* accept
pene *(v.)* acquiesce
pene *(adj.)* agreeable
penee *(adj.)* acceptant
penee *(adj.)* accepted
penee *(n.)* acknowledgement
penee *(n.)* conformity
penee *(n.)* acceptability
penee *(adj.)* affirmative
penee *(v.)* agree
penee *(n.)* agreement
penee *(n.)* assent
penpen *(adj.)* frank
pepa *(v.)* erase
pepa *(v.)* mop
pepa ho *(v.)* towel
pere *(v.)* rush
pere *(v.)* scurry
pere *(v.)* strive
pere *(v.)* thrash
pere *(v.)* tussle
pere aba *(v.)* canvass
pete *(n.)* drizzle
pete *(v.)* spurt
petee *(adj.)* taut
petee *(adj.)* bare
petepete *(v.)* sprinkle
petepete *(v.)* strew
petere *(v.)* writhe
pɛ *(v.)* court
pɛ *(v.)* desire
pɛ *(adj.)* equal
pɛ *(n.)* fancy
pɛ *(v.)* fancy
pɛ *(adj.)* fancy
pɛ *(v.)* hanker
pɛ *(v.)* like
pɛ *(v.)* match
pɛ *(adj.)* relative
pɛ *(n.)* synonym
pɛ *(v.)* want
pɛ *(n.)* wish
pɛ *(v.)* yearn
pɛ *(v.)* aspire
pɛ a *(adj.)* only
pɛ akasakasa *(adj.)* quarrelsome
pɛ kasa *(adv.)* talkatively

pɛ kwan *(v.)* remedy
pɛ mfididwuma *(n.)* technophile
pɛ mu *(n.)* volition
pɛ sene *(v.)* prefer
pɛ sene *(n.)* preference
pɛ sene *(adj.)* preferential
pɛ yɛ *(n.)* prefect
pɛɛ *(adj.)* same
pɛɛpɛɛ *(adj.)* sane
pɛɛpɛɛ *(adj.)* stingy
pɛɛwa *(n.)* peg
pɛhunu *(v.)* discover
pɛmu nokorɛ *(v.)* verify
pɛnsen mu *(v.)* rummage
pɛnsere *(v.)* pencil
pɛnsere *(n.)* pencil
pɛnsɛnpɛnsɛn *(v.)* examine
pɛpɛ *(adj.)* distinct
pɛpɛ *(n.)* assimilation
pɛpɛɛ *(n.)* miser
pɛpɛɛ *(adj.)* miserly
pɛpɛɛpɛ *(adj.)* accurate
pɛpɛɛpɛ *(adv.)* accurately
pɛpɛɛpɛ *(n.)* balance
pɛpɛɛpɛ *(v.)* balance
pɛpɛɛpɛ *(n.)* equality
pɛpɛɛpɛ *(adj.)* equitable
pɛpɛɛpɛ *(adv.)* evenly
pɛpɛɛpɛ *(adj.)* exact
pɛpɛɛpɛ *(adv.)* fairly
pɛpɛɛpɛ *(n.)* fax
pɛpɛɛpɛ *(adj.)* just
pɛpɛɛpɛ *(n.)* par
pɛpɛɛpɛ *(adj.)* symmetrical
pɛpɛɛpɛ *(adj.)* vivid
pɛpɛɛpɛ *(adj.)* balanced
pɛpɛɛpɛ yɛ *(n.)* parity
pɛpɛɛpɛ yɛ *(n.)* pedant
pɛpɛɛpɛ yɛ *(n.)* pedantic
Pɛpɛɛpɛ yɛ *(n.)* pedantry
pɛpɛɛpɛyɛ *(n.)* accuracy
pɛrepɛre *(adj.)* fair
pɛsɛhunu *(adj.)* curious
pɛsɛmenkomenya *(adj.)* egocentric
pɛsɛmenkomenya *(adj.)* greedy
pɛsɛmenkomenya *(n.)* scrooge
pɛsɛmenkomenya *(adj.)* selfish
pɛtea *(n.)* sonority
pɛyɛ *(v.)* perfect

pɛyɛ *(n.)* perfection
pɛyɔ *(n.)* equation
pɛyɔ *(adv.)* exactly
phagic *(adj.)* phagic
phosphate *(n.)* phosphate
phosphorus *(n.)* phosphorus
photocopy *(n.)* photocopy
physicist *(n.)* physicist
physics *(v.)* physic
physics *(n.)* physic
physics *(n.)* physics
physiognomy *(n.)* physiognomy
pi *(adj.)* thick
pi *(n.)* affirmation
pi biribi *(v.)* pop
pi biribi *(n.)* pop
pia *(v.)* jab
pia *(n.)* poke
pia *(v.)* propel
pia *(v.)* push
pia *(n.)* push
pia *(v.)* shove
pia *(v.)* shunt
pia hyɛ *(v.)* poke
pia hyɛ mu *(v.)* thrust
piaa *(n.)* arrow
pianist *(n.)* pianist
piano *(n.)* piano
piapia *(v.)* jostle
pie *(n.)* atrium
pie *(n.)* bedroom
pie *(n.)* chamber
pieto *(n.)* underwear
pii *(adj.)* bountiful
pii *(n.)* bumper
pii *(adv.)* galore
pii *(n.)* barrage
pii *(adj.)* countless
piknik *(v.)* picnic
piknik *(n.)* picnic
pimpos *(n.)* acne
pinkyɛn *(v.)* approach
pintinn *(n.)* stability
pintinn *(adj.)* stable
pintinn *(n.)* static
pintinn *(adj.)* steadfast
pintinn *(adj.)* steady
pintinn gyina *(n.)* stabilization
pintinnyɛ *(n.)* firmness

pira *(n.)* bruise
pira *(v.)* harm
pira *(v.)* hurt
pira *(v.)* injure
pira *(v.)* strain
pira *(v.)* wound
pira *(v.)* afflict
pira wɔn *(v.)* waylay
pirebuo *(n.)* aviary
piston *(n.)* piston
pitibɔ *(n.)* electrocution
pitibɔ *(n.)* shock
pitibɔ *(n.)* swoon
pitri *(v.)* blench
pixel *(n.)* pixel
pixelate *(v.)* pixelate
pizza *(n.)* pizza
pizzeria *(n.)* pizzeria
placebic *(adj.)* placebic
placebo *(n.)* placebo
placenta *(n.)* placenta
plateau *(n.)* plateau
playdate *(n.)* playdate
ply *(n.)* ply
ply *(v.)* ply
plyer *(n.)* plyer
pneudralics *(n.)* pneudraulics
pneumatological *(adj.)* pneumatological
pneumatology *(n.)* pneumatology
pneumogastric *(adj.)* pneumogastric
pneumotherapy *(n.)* pneumotherapy
po *(n.)* ocean
po *(v.)* reject
po *(v.)* relinquish
po *(v.)* repudiate
po *(v.)* shun
po *(v.)* snarl
po *(v.)* spurn
po *(v.)* bark
po *(v.)* stammer
po anim *(n.)* oceanfront
po anim *(n.)* shorefront
po anim ho *(adj.)* oceanfront
po ho adesua *(n.)* oceanology
po ho ɔbenfo *(n.)* oceanographer
po ho ɔbenfo *(n.)* oceanologist
po kraman *(n.)* sea dog
po mu nneɛma *(adj.)* oceanic
po no mu *(adv.)* overboard

po so *(adj.)* nautic(al)
po so asraafo *(adj.)* naval
po so asraafo *(n.)* navy
po so nhwehwɛmu *(adj.)* oceanographic
poase hyɛn *(adj.)* submarine
pod *(n.)* pod
pod *(v.)* pod
podcast *(n.)* podcast
podcast *(v.)* podcast
podcast *(n.)* podcaster
pointillism *(n.)* pointillism
pointillist *(n.)* pointillist
pointwork *(n.)* pointwork
polaroid *(n.)* polaroid
polary *(adj.)* polary
pole dancer *(n.)* pole dancer
polearm *(n.)* polearm
police beat *(n.)* police beat
polisenii panin *(n.)* superintendent
polisenni panin *(n.)* superintendence
polisifoɔ *(n.)* phalange
polisifoɔ *(n.)* phalanx
polisifoɔ *(v.)* police
polisifoɔ hyɛn *(n.)* policeboat
polisifoɔ nni *(adj.)* policeless
polisini *(n.)* police
polisini *(n.)* policeman
pollen *(n.)* pollen
polubutene *(n.)* polybutene
polyacetylene *(n.)* polyacetylene
polyandrianis *(n.)* polyandrianism
polybutylene *(n.)* polybutylene
polycarbonate *(n.)* polycarbonate
polyene *(n.)* polyene
polyene *(n.)* polymer
polyform *(n.)* polyform
polyglot *(n.)* polyglot
polyglot *(adj.)* polyglot
polymerize *(v.)* polymerize
polymethine *(n.)* polymethine
polymethylen *(n.)* polymethylene
polymolecular *(adj.)* polymolecular
polynucleate *(adj.)* polynucleate
polypharmacal *(adj.)* polypharmacal
polypropylen *(n.)* polypropylene
polyprotein *(n.)* polyprotein
poma *(n.)* mace
poma *(v.)* staff
poma *(n.)* crutch

pompono no *(v.)* zigzag
pomu abotan *(n.)* seacliff
pomu anomaa *(n.)* seabird
pomu nnuane *(n.)* seafood
pomu nwira *(n.)* seaweed
pomu pɔnkɔ *(n.)* seahorse
pon ano dɔn *(n.)* doorbell
pon ano ntama *(n.)* doormat
pono *(n.)* gate
pono *(n.)* trapdoor
pono *(n.)* cupboard
ponohwɛfo *(n.)* gatekeeper
popa *(v.)* delete
popa *(v.)* efface
popa *(n.)* wipe
popa *(v.)* wipe
popa ho *(v.)* dust
pope *(adj.)* papal
pope *(n.)* papacy
popo *(v.)* shudder
popo *(v.)* tremble
porcelin *(n.)* porcelain
pore *(n.)* pore
pori *(v.)* fumble
pori *(v.)* stumble
poro *(n.)* thresher
porɔ *(v.)* decay
porɔ *(v.)* decompose
porɔ *(n.)* rot
porɔeɛ *(adj.)* seamy
portfolio *(n.)* portfolio
posinam *(n.)* octopus
poso ahwɛyiye *(n.)* seakeeping
poso akwatufo *(n.)* seafarer
poso nanteɛ *(adj.)* sailing
posonanteɛ *(n.)* sailing
posthumous *(adj.)* posthumous
posu *(v.)* gargle
potash *(n.)* potash
potassium *(n.)* potassium
potii *(adj.)* erect
pouch *(n.)* pouch
pow *(v.)* negate
pow *(n.)* outcast
pow no *(v.)* disown
pɔ *(v.)* bleach
pɔ *(n.)* knot
pɔ *(v.)* rumble
pɔ bɔ *(n.)* conspiracy

pɔbɔ *(n.)* collusion
pɔbɔfoɔ *(n.)* conspirator
pɔmpɔ *(n.)* cabuncle
pɔmpɔ *(n.)* abscess
pɔmpɔ *(n.)* cyst
pɔn *(v.)* miscarry
pɔn yafunu *(n.)* miscarriage
pɔnkɔ *(n.)* horse
pɔnkɔ akansie *(n.)* polo
pɔnkɔ ba *(n.)* foal
pɔnkɔ ketewa *(n.)* pony
pɔnkɔkafoɔ *(n.)* jockey
pɔɔda *(v.)* powder
pɔɔda *(n.)* powder
pɔtee *(n.)* focus
pɔtee *(adj.)* focused
pɔtee *(n.)* main
pɔtee *(n.)* particular
pɔtee *(adj.)* particular
pɔtee *(adj.)* specific
pɔtee deɛ *(n.)* specification
pɔtɔ *(v.)* grind
pra *(adj.)* inimical
pra *(v.)* sweep
pradade *(adj.)* rustic
pradade *(n.)* rustic
praeɛ *(n.)* broom
prako debeɛ *(n.)* sow
prako su *(n.)* grunt
prako-nini *(n.)* boar
prakodan *(n.)* sty
prakonam *(n.)* bacon
pram *(n.)* pram
prama *(n.)* field
pre *(v.)* scuttle
prebuo *(n.)* nest
predator *(n.)* predator
preen *(n.)* preen
preen *(v.)* preen
premium *(n.)* premium
prenpren *(adj.)* incumbent
preview *(v.)* preview
prɛko *(n.)* automation
prɛko *(adv.)* once
prɛko *(n.)* pig
prɛko nam *(n.)* pork
prɛko pɛ *(adv.)* suddenly
prɛko sradeɛ *(n.)* lard
prɛkopɛ *(adj.)* brusque

prɛmoo *(n.)* cannon
prɛmtoberɛ *(n.)* noon
prɛsha *(n.)* pressure
prɛsha *(v.)* pressurize
prɛte *(n.)* plate
prɛte *(v.)* plate
prima facie *(adv.)* prima facie
primer *(n.)* primer
printout *(n.)* printout
procession *(n.)* procession
proclivity *(n.)* proclivity
proctor *(n.)* proctor
proctor *(v.)* proctor
projectile *(n.)* projectile
projectile *(adj.)* projectile
projector *(n.)* projector
protagonist *(n.)* protagonist
protein *(n.)* protein
proviso *(n.)* proviso
prɔ *(adj.)* carious
prɔ *(adj.)* corrupt
prɔeɛ *(n.)* corruption
prudence *(n.)* prudence
prudent *(adj.)* prudent
prudential *(adj.)* prudential
prune *(v.)* prune
psychiatrist *(n.)* psychiatrist
pu *(v.)* emit
pu *(v.)* spark
pu wisia *(v.)* soot
pu wisie *(v.)* smoke
pu wisie *(v.)* smoulder
pua *(v.)* tame
pue *(v.)* emerge
pue *(v.)* exit
pue *(v.)* germinate
pue *(v.)* spring
pue *(v.)* surface
pue *(v.)* appear
pulb *(v.)* pulp
pulley *(n.)* pulley
pulp *(n.)* pulp
pumpuni *(n.)* capital
pungency *(n.)* pungency
pungent *(adj.)* pungent
punu *(v.)* cense
purusenn *(n.)* salute
pusa *(v.)* whelm
pusa *(adj.)* aghast

pusu *(v.)* budge
putupuru *(n.)* emergency
putupuru nsesaeɛ *(n.)* vagary
pyorrhoea *(n.)* pyorrhoea
pyramid *(n.)* pyramid
pyromantic *(adj.)* pyromantic
pyromantic *(n.)* pyromantic
pɛpɛɛpɛyɛ *(n.)* consistency

quantum *(n.)* quantum
queer *(adj.)* queer
queer *(v.)* queer
queer *(n.)* queer
quicksilver *(n.)* quicksilver
quinine *(n.)* quinine
quintessence *(n.)* quintessence
quintessential *(adj.)* quintessential
quixotic *(adj.)* quixotic
quotient *(n.)* quotient

rabbi *(n.)* rabbi
rabies *(n.)* rabies
radical *(adj.)* radical
radioactive *(adj.)* radioactive
radiogram *(n.)* radiogram
radiography *(n.)* radiography
radiolocation *(n.)* radiolocation
radiology *(n.)* radiology
radiomercury *(n.)* radiomercury
radiommunology *(n.)* radiommunology
radion *(n.)* radion
radiophone *(n.)* radiophone
radioscan *(n.)* radioscan
radiotelegraphy *(n.)* radiotelegraphy
radious *(adj.)* radious
radish *(n.)* radish
radium *(n.)* radium
radius *(n.)* radius
raisin *(n.)* raisin
rapt *(adj.)* rapt
rasta *(n.)* rasta

rasure *(n.)* rasure
ratio *(n.)* ratio
ravine *(n.)* ravine
ray *(n.)* ray
re *(abbr.)* am
re gu *(v.)* well
reactionary *(adj.)* reactionary
reactionist *(n.)* reactionist
reactive *(adj.)* reactive
reactor *(n.)* reactor
reak *(n.)* reak
realtor *(n.)* realtor
realty *(n.)* realty
reamer *(n.)* reamer
reannex *(v.)* reannex
reannexation *(n.)* reannexation
reba *(adj.)* forthcoming
rebɔ *(n.)* kick
rebɔ *(v.)* whack
recipe *(n.)* recipe
recluse *(n.)* recluse
reconductor *(n.)* reconductor
recrudency *(n.)* recrudency
rectangle *(n.)* rectangle
rectangular *(adj.)* rectangular
referee *(n.)* referee
referendum *(n.)* referendum
refi se *(v.)* teethe
reflector *(n.)* reflector
reflex *(adj.)* reflex
reflex *(n.)* reflex
reflexive *(adj.)* reflexive
refugee *(n.)* refugee
regicide *(n.)* regicide
rehwɛ *(v.)* ogle
rehyɛ *(adj.)* imposing
rehyɛ *(n.)* goalscoring
rekɔ *(adv.)* onwards
rekɔ so *(adj.)* ongoing
relic *(n.)* relic
remand *(n.)* remand
remedial *(adj.)* remedial
remote *(adj.)* remote
renaissance *(n.)* renaissance
repartee *(n.)* repartee
repellent *(adj.)* repellent
repellent *(n.)* repellent
repertoire *(n.)* repertoire
resa *(adj.)* dancing

resa *(n.)* gelding
resene *(n.)* carving
resi *(n.)* happening
retew *(n.)* wane
retina *(n.)* retina
rewe *(v.)* nibble
rhinoceros *(n.)* rhinoceros
rhyme *(n.)* rhyme
rhyme *(v.)* rhyme
rhymester *(n.)* rhymester
ribbon *(n.)* ribbon
ricket *(n.)* rickets
ridge *(n.)* ridge
ringlet *(n.)* ringlet
rivet *(n.)* rivet
rivet *(v.)* rivet
roach *(n.)* roach
roadhouse *(n.)* roadhouse
roadshow *(n.)* roadshow
roadster *(n.)* roadster
robot *(n.)* robot
rock climber *(n.)* rock climber
rock-bottom *(v.)* rock-bottom
rocketeer *(n.)* rocketeer
rocketman *(n.)* rocketman
rockfall *(n.)* rockfall
roe *(n.)* roe
roll-call *(n.)* roll-call
roller *(n.)* roller
romafoɔ *(n.)* catholicism
roman *(adj.)* catholic
rood *(n.)* rood
rook *(n.)* rook
rook *(v.)* rook
roost *(n.)* roost
roost *(v.)* roost
rosary *(n.)* rosary
rose *(n.)* rose
roseate *(adj.)* roseate
rouble *(n.)* rouble
rɔba *(n.)* plastic
rɔba *(adj.)* plastic
rubber *(n.)* rubber
rubber bullet *(n.)* rubber bullet
rubber duck *(n.)* rubber duck
rubber tree *(n.)* rubber tree
rubberneck *(n.)* rubberneck
rubberneck *(v.)* rubberneck
rubblework *(n.)* rubblework

rubian *(n.)* rubian
rubican *(adj.)* rubican
rubicon *(n.)* rubicon
rubify *(v.)* rubify
rubric *(n.)* rubric
rubricate *(v.)* rubricate
ruby *(n.)* ruby
rudder *(n.)* rudder
rudderpost *(n.)* rudderpost
ruminant *(adj.)* ruminant
ruminant *(n.)* ruminant
rummy *(n.)* rummy
runabout *(n.)* runabout
runcation *(n.)* runcation
rundown *(n.)* rundown
rune *(n.)* rune
rupee *(n.)* rupee
rusticity *(n.)* rusticity
rye *(n.)* rye

sa *(v.)* cure
sa *(n.)* dance
sa *(v.)* emasculate
sa *(v.)* fetch
sa *(v.)* geld
sa *(v.)* heal
sa *(v.)* samba
sa *(v.)* tango
sa ade *(v.)* ladle
sa anwea *(v.)* sand
sa tuo *(v.)* raid
saa *(pron.)* such
saa *(dem. pron.)* that
saa *(adv.)* that
saa *(v.)* attaint
saa bereyi *(adv.)* hitherto
saa nti *(adv.)* thus
saa pɛpɛɛpɛ *(adj.)* precise
saa pɛpɛɛpɛ *(n.)* precision
sabre *(adj.)* cyber
sachet *(n.)* sachet
sadism *(n.)* sadism
sadist *(n.)* sadist
sadweam *(n.)* addict
sadweam *(v.)* addict

safari *(n.)* safari
safe harbour *(n.)* safe harbour
safe tokuro *(n.)* keyhole
safe-conduct *(n.)* safe-conduct
safe-deposit *(n.)* safe-deposit
safebraker *(n.)* safebraker
safecracker *(n.)* safecracker
saffron *(n.)* saffron
saffron *(adj.)* saffron
safoa *(n.)* key
safoa *(adj.)* key
safoayɛfo *(n.)* keysmith
sage-green *(n.)* sage-green
sagebush *(n.)* sagebush
sahib *(n.)* sahib
sailboard *(n.)* sailboard
sailboard *(v.)* sailboard
sailboarder *(n.)* sailboarder
sailboat *(n.)* sailboat
sailboater *(n.)* sailboater
sailboating *(n.)* sailboating
sailcraft *(n.)* sailcraft
saka *(n.)* ream
sakasaka *(n.)* madhouse
sakasakayɛ *(n.)* disorder
sakere *(n.)* bike
sakere twifoɔ *(n.)* biker
sakere twifoɔ *(n.)* cyclist
sakra *(v.)* rarefy
sakra *(v.)* repent
sakra mu *(v.)* reassign
sakra mu *(v.)* revise
sakra mu *(v.)* vary
sakraman *(n.)* fox
sakraman *(n.)* jackal
sakraman ɔbea *(n.)* vixen
sakre *(adv.)* tandem
sakre *(adj.)* tandem
sakre *(n.)* tricycle
sakyeramu *(v.)* forge
salad *(n.)* salad
salamander *(n.)* salamander
salamander *(v.)* salamander
salebrosity *(n.)* salebrosity
salesforce *(n.)* salesforce
salon *(n.)* Salon
saloon *(n.)* saloon
saman *(n.)* ghost
saman *(v.)* sue
saman *(v.)* summon
saman *(v.)* arraign
samariani *(n.)* samaritan
sambuca *(n.)* sambuca
samina *(n.)* seak
samina *(n.)* soap
samina pɔɔda *(n.)* detergent
samovar *(n.)* samovar
sampler *(n.)* sampler
samsonite *(n.)* samsonite
samu *(v.)* alienate
samu *(n.)* censor
samufoɔ *(n.)* editor
samufoɔ asɛm *(adj.)* editorial
samufoɔ asɛm *(n.)* editorial
samurai *(n.)* samurai
san *(n.)* contagion
san *(v.)* disengage
san *(v.)* return
san *(v.)* sign
san ba *(v.)* recur
san bɛnhɔ *(v.)* reapproach
san bɔ *(v.)* replay
san bɔ bio *(n.)* playback
san bra *(v.)* relapse
san bra *(n.)* resumption
san fa *(v.)* reappoint
san fa *(v.)* reuse
san gye *(v.)* reaccept
san gye *(v.)* reclaim
san gye *(v.)* recollect
san hyɛ *(n.)* redress
san kamfo *(v.)* reappraise
san kan *(v.)* recount
san kyim *(v.)* rearticulate
san mu *(v.)* tick
san siesie *(v.)* readjust
san timtim *(v.)* reprint
san tua *(v.)* repay
san twa *(n.)* reamputation
san twerɛ *(v.)* rewrite
san twetwe *(v.)* reabsorb
sanakyi *(adj.)* reverse
sanakyi *(n.)* reverse
sanba *(n.)* relapse
sanba *(adj.)* resurgent
sandalwood *(n.)* sandalwood
sandbank *(n.)* sandbank
sandboard *(n.)* sandboard

sandboard *(v.)* sandboard
sandbox *(n.)* sandbox
sandfish *(n.)* sandfish
sandglass *(n.)* sandglass
sandhill *(n.)* sandhill
sandpaper *(n.)* sandpaper
sandpaper *(v.)* sandpaper
sandscape *(n.)* sandscape
sandstone *(n.)* sandstone
sandstorm *(n.)* sandstorm
sandwich *(n.)* sandwich
sandwich *(v.)* sandwich
sane *(v.)* retreat
sane *(v.)* rout
sane *(v.)* slope
sane *(v.)* abseil
sane *(v.)* absolve
sane *(v.)* loosen
saneɛ so *(n.)* declivity
sanku *(n.)* harp
sanku *(n.)* violin
sankubɔfo *(n.)* violinist
sankuo *(n.)* fiddle
sankuo *(n.)* guitar
sann *(adj.)* bleary
santene *(n.)* queue
santene *(n.)* row
sapɔ *(n.)* mop
sapɔ *(adj.)* net
sapɔ *(n.)* net
sapɔ *(n.)* sponge
sare *(n.)* grass
sare asase *(n.)* grassland
sareso *(n.)* desert
sasabrɔ *(n.)* arthritis
satellite *(n.)* satellite
satin *(n.)* satin
satin *(adj.)* satin
satuo *(n.)* raid
saucer *(n.)* saucer
saucy *(adj.)* saucy
sauna *(n.)* sauna
sauna *(v.)* sauna
sausage *(n.)* sausage
saw pit *(n.)* saw pit
sawa *(n.)* kidney
sawbench *(n.)* sawbench
sawbill *(n.)* sawbill
sawbones *(n.)* sawbones

sawbuck *(n.)* sawbuck
sawfish *(n.)* sawfish
sawgrass *(n.)* sawgrass
sawmill *(n.)* sawmill
sawtooth *(n.)* sawtooth
saxophone *(n.)* saxophone
saxophonist *(n.)* saxophonist
scambling *(n.)* scambling
scamper *(v.)* scamper
scamper *(n.)* scamper
scan *(n.)* scan
scanner *(n.)* scanner
scarab *(n.)* scarab
schematically *(adv.)* schematically
schematist *(n.)* schematist
schizophrenia *(n.)* schizophrenia
schizophrenia *(adj.)* schizophreniac
schizophrenia *(n.)* schizophreniac
schoolfellow *(n.)* schoolfellow
schoolfie *(n.)* schoolhouse
schooner *(n.)* schooner
scooter *(n.)* scooter
scorepad *(n.)* scorepad
Scot *(n.)* Scot
scrapbook *(n.)* scrapbook
scratchboard *(n.)* scratchboard
scratchbush *(n.)* scratchbush
scratchpad *(n.)* scratchpad
screenable *(adj.)* screenable
screencast *(n.)* screencast
screendoor *(n.)* screendoor
screenprint *(n.)* screenprint
screensaver *(n.)* screensaver
screenshot *(n.)* screenshot
screenwork *(n.)* screenwork
scrumble *(n.)* scrumble
scumbag *(n.)* scumbag
se *(v.)* whet
se *(v.)* bid
sea bass *(n.)* sea bass
seae *(v.)* sequester
seafloor *(n.)* seafloor
seafoam *(n.)* seafoam
seagull *(n.)* seagull
seajack *(v.)* seajack
seajack *(n.)* seajack
seajacker *(n.)* seajacker
seajacking *(n.)* seajacking
sealab *(n.)* sealab

sealant *(n.)* sealant
sealion *(n.)* sealion
sealskin *(n.)* sealskin
seamless *(adj.)* seamless
searchlight *(n.)* searchlight
second-hand *(adj.)* second-hand
sedan *(n.)* sedan
seesei *(conj.)* now
seesei *(adv.)* now
seɛ *(n.)* depletion
seɛ *(v.)* deprave
seɛ *(v.)* deprecate
seɛ *(v.)* dissipate
seɛ *(v.)* dissuade
seɛ *(v.)* ravage
seɛ *(v.)* sabotage
seɛ *(v.)* spend
seɛ *(v.)* spoil
seɛ biribi *(n.)* pollution
seɛ mmrɛ *(v.)* straggle
seɛ suhyɛn *(v.)* shipwreck
seɛ woho *(v.)* self-destruct
sehwɛfoɔ *(n.)* dentist
sei *(v.)* entomb
sei *(adj.)* scotch
seiesmogram *(n.)* seismogram
seisei *(v.)* groom
seisei de *(adv.)* meanwhile
seismograph *(n.)* seismograph
seismography *(n.)* seismography
seismologist *(n.)* seismologist
seismology *(n.)* seismology
seismoscope *(n.)* seismoscope
sekammoa *(n.)* lance
sekan *(n.)* knife
sekanmaa *(n.)* dagger
sekɛɛte *(n.)* skirt
sekɛtuu *(adj.)* slatternly
selaboso *(n.)* syllabus
selfie *(n.)* selfie
semester *(n.)* semester
semi-amusing *(adj.)* semi-amusing
semi-finalist *(n.)* semi-finalist
semi-formal *(adj.)* semi-formal
sen biara *(n.)* bestseller
senability *(n.)* sanability
senate *(n.)* senate
senatorial *(adj.)* senatorial
sene *(v.)* carve

sene nyaa *(v.)* drift
senku *(n.)* lute
senku *(n.)* lyre
sensan *(v.)* annotate
sensɛn *(adj.)* dangling
sensɛn *(v.)* hang
sepulchre *(n.)* sepulchre
sere *(v.)* cackle
sere *(v.)* deride
sere *(v.)* chuckle
serekye *(n.)* silk
serekyee *(adj.)* silky
serew asɛm *(n.)* witticism
serɛ dompe *(n.)* femur
serge *(n.)* serge
sergeant *(n.)* sergeant
serpentine *(n.)* serpentine
sesa *(v.)* adjust
sesa *(v.)* doctor
sesa *(v.)* exchange
sesa *(v.)* juggle
sesa *(n.)* morph
sesa *(v.)* renew
sesa *(v.)* replace
sesa *(v.)* revamp
sesa *(v.)* revolve
sesa *(v.)* shapeshift
sesa *(v.)* substitute
sesa *(v.)* tailor
sesa *(v.)* temper
sesa *(v.)* temperate
sesa *(v.)* transfigure
sesa *(v.)* tune
sesa *(v.)* weather
sesa *(v.)* adapt
sesa *(adj.)* adaptable
sesa *(n.)* adaptation
sesa *(v.)* change
sesa *(v.)* convert
sesa *(v.)* transform
sesa ahosuo *(v.)* discolour
sesa biribi *(n.)* morphology
sesa kɔla *(v.)* tint
sesa mu *(v.)* reform
sesa mu *(v.)* transit
sesa nsemfua *(v.)* paraphrase
sesa nsemfua *(n.)* paraphrase
sesa yɛ *(v.)* morph
sesame *(n.)* sesame

sesamin *(n.)* sesamin
sesamu *(v.)* emend
sese *(v.)* aggregate
sese *(v.)* estimate
sese *(v.)* evaluate
sese *(v.)* calculate
sese *(v.)* collate
sese *(v.)* compute
setlist *(n.)* setlist
sewaa *(n.)* aunt
sɛ *(adj.)* akin
sɛ *(adj.)* alike
sɛ *(adv.)* as
sɛ *(v.)* assimilate
sɛ *(conj.)* if
sɛ *(v.)* resemble
sɛ *(v.)* spread
sɛ *(conj.)* that
sɛ *(v.)* typify
sɛ *(conj.)* whether
sɛ *(adj.)* analogous
sɛ aduane *(adj.)* mealy
sɛ anaa *(adv.)* either
sɛ fata *(adj.)* eligible
sɛ gyata *(adj.)* leonine
sɛbe *(n.)* dung
sɛdeɛ *(adv.)* according
sɛe *(v.)* abort
sɛe *(adv.)* abortive
sɛe *(v.)* annihilate
sɛe *(v.)* botch
sɛe *(v.)* crash
sɛe *(n.)* damage
sɛe *(v.)* debunk
sɛe *(v.)* decimate
sɛe *(v.)* deface
sɛe *(n.)* defile
sɛe *(v.)* descale
sɛe *(v.)* desolvate
sɛe *(v.)* destroy
sɛe *(n.)* detachment
sɛe *(v.)* disband
sɛe *(v.)* disrupt
sɛe *(n.)* drop-off
sɛe *(v.)* jeopardize
sɛe *(v.)* mar
sɛe *(n.)* obliteration
sɛe *(v.)* ruin
sɛe *(v.)* terminate

sɛe *(v.)* torpedo
sɛe *(v.)* vitiate
sɛe *(v.)* waste
sɛe *(v.)* wreck
sɛe *(v.)* abuse
sɛe *(v.)* bungle
sɛe *(n.)* bungle
sɛe (obi din) *(v.)* besmirch
sɛe akode *(v.)* disarm
sɛe ani *(v.)* disfigure
sɛe biribi *(n.)* misuse
sɛe biribi *(n.)* mutation
sɛe biribi *(adj.)* mutative
sɛe biribi *(v.)* mutilate
sɛe biribi *(n.)* mutilation
sɛe biribi *(n.)* Mars
sɛe biribi *(v.)* misuse
sɛe biribi *(adj.)* mutinous
sɛe din *(v.)* defame
sɛe din *(v.)* defame
sɛe kɛse *(v.)* worsen
sɛe koraa *(v.)* deteriorate
sɛe koraa *(v.)* deteriorate
sɛe mmara *(v.)* deregulate
sɛe mmerɛ *(v.)* dawdle
sɛe nhyehyɛe *(v.)* disorganize
sɛe nneɛma *(v.)* dematerialize
sɛe nneɛma *(v.)* disarrange
sɛe no *(v.)* demonize
sɛe sika *(v.)* demonetize
sɛe wɔn *(v.)* demobilize
sɛee *(v.)* depredate
sɛee *(v.)* worst
sɛeɛ *(n.)* abortion
sɛefoɔ *(n.)* abortionist
sɛefoɔ *(adj.)* abusive
sɛɛ ade *(adj.)* pernicious
sɛɛ sika *(v.)* lavish
sɛɛ sika *(adj.)* lavish
sɛi *(v.)* glitch
sɛmpaka *(adj.)* evangelic
sɛn *(adv.)* how
sɛn *(v.)* strangle
sɛn hɔ *(v.)* dangle
sɛnea ɛfata *(adv.)* duly
sɛnea ɛfata *(n.)* suitability
sɛnea ɛte daa *(n.)* normalcy
sɛnea ɛteɛ *(adj.)* literal
sɛnea ɛteɛ *(adj.)* literary

sɛnea wotumi yɛ *(n.)* operability
sɛnkyerenin *(adj.)* figurative
sɛnkyerɛnne *(n.)* traffic sign
sɛnnahɔ *(n.)* indication
sɛnnahɔ *(adj.)* signal
sɛnnahɔ *(n.)* signal
sɛnti *(n.)* factor
sɛnti *(n.)* thrust
sɛo no *(v.)* vilify
sɛpɛ *(v.)* enjoy
sɛso *(adj.)* duplicate
sɛso *(n.)* duplicate
sɛso *(adj.)* equivalent
sɛso *(n.)* facsimile
sɛso *(n.)* reflection
sɛso *(n.)* replica
sɛso *(n.)* similitude
sɛso *(n.)* type
sɛso *(n.)* xerox
sɛtie *(adj.)* slavish
shaman *(n.)* shaman
shampoo *(n.)* shampoo
sharebeam *(n.)* sharebeam
sharecrop *(n.)* sharecrop
sharpener *(n.)* sharpener
shawarma *(n.)* shawarma
sheaf *(n.)* sheaf
shearwall *(n.)* shearwall
sheathe *(v.)* sheathe
shɛasɛɛ *(v.)* kick-start
shɛf *(n.)* chef
shide *(n.)* shide
shipborne *(adj.)* shipborne
shiplap *(n.)* shiplap
shipshape *(adj.)* shipshape
shipyard *(n.)* shipyard
shire *(n.)* shire
shitɔ *(n.)* chilli
shive *(n.)* shive
shoal *(n.)* shoal
shoopbook *(n.)* shopbook
shopping cart *(n.)* shopping cart
shoreward *(adv.)* shoreward
shoreward *(adj.)* shoreward
shortbread *(n.)* shortbread
shortcake *(n.)* shortcake
shotgun *(n.)* shotgun
shotproof *(adj.)* shotproof
shrew *(n.)* shrew

shrewd *(adj.)* shrewd
shutter *(n.)* shutter
shuttlecock *(n.)* shuttlecock
si *(v.)* alight
si *(n.)* brace
si *(v.)* choke
si *(n.)* construction
si *(v.)* embank
si *(v.)* install
si *(v.)* instil
si *(v.)* terrace
si *(v.)* throne
si *(n.)* blockage
si adwenpi *(v.)* decide
si ahoma *(v.)* rope
si akan *(v.)* compete
si akan *(v.)* race
si akan *(n.)* showdown
si akan *(v.)* vie
si akwan *(conj.)* lest
si akwan *(v.)* prevent
si akwan *(n.)* prevention
si akwan *(adj.)* prohibitive
si akwan *(v.)* prohibit
si akyire *(v.)* ensue
si akyire *(v.)* suffix
si anan *(v.)* represent
si ananmu *(adj.)* vicarious
si ano *(n.)* combat
si ano *(v.)* foil
si ano *(v.)* tackle
si ano *(v.)* avert
si ano kwan *(v.)* forestall
si apene *(v.)* groan
si apene *(v.)* bemoan
si aso *(v.)* deafen
si bio *(v.)* refurbish
si fam *(v.)* descend
si foforɔ *(v.)* rebuild
si frankaa *(v.)* hoist
si hene *(v.)* enthrone
si homee *(v.)* asphyxiate
si konko *(v.)* retail
si kwan *(n.)* blacklist
si kwan *(v.)* cease
si kwan *(v.)* constrain
si kwan *(v.)* constrict
si kwan *(v.)* detain
si kwan *(v.)* disallow

si kwan *(v.)* hinder
si kwan *(v.)* hurdle
si kwan *(v.)* impede
si kwan *(v.)* inhibit
si kwan *(v.)* intercept
si kwan *(v.)* militate
si kwan *(v.)* preclude
si kwan *(adj.)* preemptive
si kwan *(n.)* prohibition
si kwan *(v.)* resist
si kwan *(v.)* restrict
si kwan *(v.)* roadblock
si kwan *(v.)* stall
si kwan *(v.)* thwart
si mene *(v.)* stifle
si mene *(v.)* suffocate
si nneɛma *(v.)* launder
si nnoɔma *(v.)* wash
si ntomago *(v.)* rag
si pi *(v.)* focalize
si pi *(v.)* focus
si pɔ *(v.)* infer
si sa *(v.)* recondense
si so *(v.)* insist
si so *(v.)* quote
si so *(v.)* reiterate
si so *(v.)* repeat
si w'ananmu *(v.)* depute
siane *(v.)* glide
sianeeɛ *(n.)* slope
sianim *(n.)* ambush
sianka *(v.)* restrain
sianka *(adj.)* retentive
sibilant *(adj.)* sibilant
sibilate *(v.)* sibilate
sibilating *(n.)* sibilating
sich *(n.)* sich
sickbag *(n.)* sickbag
sida *(n.)* cedar
side-saddle *(n.)* side-saddle
side-saddle *(adv.)* side-saddle
sideband *(n.)* sideband
sidebar *(n.)* sidebar
sideboard *(n.)* sideboard
sidebox *(n.)* sidebox
sideɛ *(n.)* laugh
sideɛ *(v.)* laugh
sideɛ *(n.)* laughter
sidereal *(adj.)* sidereal

sideshow *(n.)* sideshow
sidestroke *(n.)* sidestroke
sie *(v.)* conceal
sie *(v.)* bury
siesie *(v.)* ameliorate
siesie *(n.)* amelioration
siesie *(v.)* amend
siesie *(v.)* decorate
siesie *(v.)* dress
siesie *(v.)* edit
siesie *(v.)* embellish
siesie *(v.)* emendate
siesie *(v.)* equip
siesie *(v.)* fix
siesie *(v.)* furnish
siesie *(adv.)* presently
siesie *(v.)* reconcile
siesie *(v.)* redress
siesie *(v.)* rehabilitate
siesie *(v.)* renovate
siesie *(v.)* repair
siesie *(adj.)* resolute
siesie *(v.)* resolve
siesie *(v.)* retread
siesie *(v.)* settle
siesie *(v.)* stencil
siesie *(v.)* tidy
siesie *(v.)* adorn
siesie *(v.)* augment
siesie *(v.)* beautify
siesie *(v.)* mend
siesie ho *(v.)* garnish
siesie kwan *(n.)* preparation
siesie nhwiren *(v.)* garland
sigaa *(n.)* cigar
sigaretnom *(n.)* smoking
sigretti *(n.)* cigarette
sihene *(adj.)* crowned
sii hyɛn gyinabea *(v.)* dock
sika *(n.)* cash
sika *(n.)* currency
sika *(n.)* fund
sika *(n.)* lucre
sika *(n.)* pelf
sika *(n.)* penny
sika *(n.)* pound
sika *(n.)* proceeds
sika *(n.)* banknote
sika *(n.)* coin

sika *(n.)* coinage
sika *(n.)* lump sum
sika *(n.)* money
sika akyɛdeɛ *(n.)* gratuity
sika boro so *(n.)* overdraft
sika bɔtɔ *(n.)* wallet
sika korafoɔ *(n.)* treasurer
sika kwammɔne *(n.)* profiteer
sika kwammɔne *(v.)* profiteer
sika sɛe *(n.)* profligacy
sika sɛe *(adj.)* profligate
sikaboten *(n.)* capitation
sikadie ahwɛyie *(n.)* thrift
sikadie ahwɛyie *(adj.)* thrifty
sikadwinnifoɔ *(n.)* goldsmith
sikakorabea *(n.)* treasury
sikakorabea *(n.)* bank holiday
sikakɔkɔɔ *(n.)* gold
sikamaneɛ *(n.)* remit
sikamaneɛ *(n.)* remittance
sikani *(n.)* millionaire
sikani *(adj.)* plutocrat
sikani *(adj.)* rich
sikanibre *(n.)* cupidity
sikanya *(n.)* fortune
sikapuduo *(n.)* bonanza
sikaseɛfoɔ *(n.)* extravagance
sikaseɛfoɔ *(n.)* spendthrift
sikasese *(n.)* expenditure
sikasɛeɛ *(adj.)* extravagant
sikasɛm *(adj.)* economic
sikasɛm *(adj.)* economical
sikasɛm *(n.)* economics
sikasɛm *(n.)* economy
sikasɛm *(n.)* finance
sikasɛm *(adj.)* financial
sikasɛm *(adj.)* fiscal
sikasɛm *(adj.)* monetary
sikasɛm *(adj.)* pecuniary
sikasɛm benfo *(n.)* financier
sikatua *(n.)* fee
sikatua *(n.)* honorarium
sikatua *(n.)* investment
sikatua *(n.)* payment
sikatua *(n.)* annuity
silica *(n.)* silica
silicene *(n.)* silicene
silicon *(n.)* silicon
sima *(adj.)* minute

sima *(n.)* minute
sima biara *(adv.)* minutely
simɛnti *(n.)* cement
sina *(v.)* string
sina *(v.)* thread
sinamɔn *(n.)* cinnamon
sinapi *(n.)* acorn
sini *(n.)* chip
sini *(adj.)* cinematic
sini *(n.)* movies
sini awiabere *(n.)* matinee
sinihwɛbea *(n.)* cinema
sinii *(n.)* film
sinister *(adj.)* sinister
sinitwa *(n.)* acting
sinitwa *(n.)* cinematography
sinitwani *(n.)* actress
sinitwani *(n.)* actor
sinitwerɛfo *(n.)* scenarist
siniyɛfo *(n.)* filmmaker
sinous *(adj.)* sinuous
sintɔ *(n.)* default
sintɔ *(n.)* flaw
sintɔ *(n.)* shortfall
sintɔ *(n.)* blight
sintɔ ahorow *(n.)* shortcoming
sintɔ nniho *(adj.)* flawless
sipi *(v.)* affirm
sir *(n.)* sir
sisi *(v.)* deceive
sisi *(v.)* quack
sisi *(v.)* cheat
sisie *(n.)* waist
sisifoɔ *(n.)* cheat
sisifoɔ *(n.)* cheater
sisire *(n.)* bear
sisu dua *(v.)* emphasize
siw *(v.)* occlude
siw *(n.)* offset
siw *(v.)* sharpen
siw ano *(adj.)* occlusive
siw kwan *(v.)* obstruct
skate *(n.)* skate
skate *(v.)* skate
skater *(n.)* skater
sketchy *(adj.)* sketchy
skipper *(n.)* skipper
skit *(n.)* skit
skyscraper *(n.)* skyscraper

slacks *(n.)* slacks
slash *(n.)* slash
slash *(v.)* slash
slate *(n.)* slate
slipshod *(adj.)* slipshod
sloth *(n.)* sloth
smoothie *(n.)* smoothie
sniper *(n.)* sniper
so *(prep.)* on
so *(adj.)* on
so *(adv.)* on
so *(adv.)* over
so aba *(v.)* seed
so aba *(v.)* yield
so die *(n.)* control
so gu *(v.)* distil
so huan *(v.)* drop
so nsa *(v.)* lever
so tew *(v.)* detract
so tew *(n.)* diminution
so tew *(v.)* dwindle
soa *(v.)* bear
soa *(v.)* carry
soa *(v.)* convey
soa *(n.)* conveyance
soa biribi *(n.)* portage
soa kɔ *(v.)* transport
soafoɔ *(n.)* conveyor
sobo *(v.)* indict
soboɔ *(adj.)* answerable
soboɔ *(n.)* indictment
soboɔ *(n.)* lodge
soboɔ *(v.)* lodge
soboɔbɔ *(n.)* reproach
soboɔhunu *(n.)* quibble
sobɔfoɔ *(n.)* plaintiff
socket *(n.)* socket
sodie *(adj.)* accountable
sodifoɔ *(n.)* controller
sofa *(n.)* settee
sofa *(n.)* sofa
sofi *(n.)* shovel
sofi *(n.)* spade
sofopɔn *(n.)* archbishop
soft copy *(n.)* soft copy
sogya *(adj.)* militant
sogya *(n.)* militia
sogyafoɔ *(adj.)* military
sogyafoɔ *(n.)* military

sogyani *(n.)* militant
sogyanipanin *(n.)* marshal
sogyanipanin *(v.)* marshal
sohuan *(v.)* decline
sohwɛ *(n.)* wardship
solar *(adj.)* solar
solar panel *(n.)* solar panel
solder *(v.)* solder
solder *(n.)* solder
soliloquy *(n.)* soliloquy
solitaire *(n.)* solitaire
som *(n.)* hook
som *(v.)* service
som *(n.)* touch
som *(v.)* worship
som *(v.)* attend
som *(v.)* clutch
som *(v.)* deify
som afidie *(v.)* snare
som bo *(adj.)* relevant
som bo *(adj.)* valuable
som bo *(adj.)* worth
som bo *(n.)* worth
som bo *(adj.)* worthy
soma *(v.)* dispatch
soma *(v.)* send
somafoɔ *(n.)* courier
songster *(n.)* songster
sonnet *(n.)* sonnet
sonography *(n.)* sonography
sonsono *(n.)* leech
sonsono *(n.)* ringworm
sonsono *(n.)* worm
sonsono *(n.)* caterpillar
sopa *(n.)* backlash
sopa *(n.)* backlash
soro *(prep. & adv.)* above
soro *(n.)* loft
soro *(adv.)* up
soro *(prep.)* up
soro *(adj.)* upper
soro *(adv.)* upwards
soro kɔ *(n.)* ascent
sorokɔ *(n.)* inflation
soronko *(adj.)* distinctive
soronko *(adj.)* exceptional
soronko *(adj.)* exotic
soronko *(adj.)* extraspecial
soronko *(adj.)* inimitable

soronko *(adj.)* odd
soronko *(adj.)* special
soronko *(adj.)* unique
soronko *(n.)* variety
soronko *(adj.)* anomalous
soronko *(n.)* anomaly
soronko *(adj.)* atypic
sorosoro *(adv.)* aloft
sosɔ *(v.)* dribble
sosɔ *(v.)* drip
sosɔ *(v.)* trickle
sosɔ *(n.)* trickle
sosɔ mu *(v.)* fiddle
sosɔ so *(v.)* tolerate
sotie *(n.)* adherence
sotiefoɔ *(n.)* adherent
sotɔɔ *(n.)* shop
sotɔɔ *(n.)* store
sotɔɔ kɛse *(n.)* megastore
sotɔɔ wura *(n.)* shopowner
sotɔɔmu *(n.)* shopfloor
sotɔɔmu hwɛsofoɔ *(n.)* shopkeeper
sotɔɔmu krɔnoo *(v.)* shoplift
sɔ *(adv.)* ablaze
sɔ *(adv.)* aflame
sɔ *(v.)* ignite
sɔ *(v.)* kindle
sɔ *(v.)* switch
sɔ aduro *(v.)* vaccinate
sɔ ani *(v.)* impress
sɔ ani *(v.)* satisfy
sɔ ano *(v.)* seal
sɔ gya *(v.)* fire
sɔ gya *(n.)* lignite
sɔ gya *(v.)* stoke
sɔ hwɛ *(v.)* decree
sɔ hwɛ *(v.)* quiz
sɔ hwɛ *(v.)* risk
sɔ hwɛ *(v.)* test
sɔ hwɛ *(v.)* try
sɔ hwɛ *(v.)* venture
sɔ mu *(v.)* grasp
sɔ mu *(v.)* toy
sɔ ne *(v.)* leach
sɔ yɛfunu *(v.)* stomach
sɔfoɔ *(n.)* vicar
sɔhwɛ *(n.)* aptitude test
sɔhwɛ *(n.)* probation
sɔhwɛ *(n.)* probationer

sɔhwɛ *(v.)* tempt
sɔhwɛfo *(n.)* tempter
sɔn *(v.)* drain
sɔn *(n.)* drainage
sɔne so *(v.)* sieve
sɔneeɛ *(n.)* sieve
sɔni *(v.)* filter
sɔnn *(adj.)* scot-free
sɔre *(v.)* rise
sɔre *(v.)* wake
sɔre *(v.)* arise
sɔre *(v.)* awake
sɔre tia *(v.)* oppose
sɔreɛ *(adj.)* erectile
spaniard *(n.)* Spaniard
spanish *(n.)* Spanish
spanish *(adj.)* Spanish
spectrum *(n.)* spectrum
sphere *(n.)* sphere
spinach *(n.)* spinach
spinner *(n.)* spinner
spittoon *(n.)* spittoon
spotlight *(n.)* spotlight
spree *(n.)* spree
sputnik *(n.)* sputnik
squadron *(n.)* squadron
sra *(v.)* anoint
sra *(v.)* grease
sra *(v.)* visit
sra foforɔ *(v.)* revisit
srade *(n.)* vaseline
srade *(adj.)* low-fat
srade wom *(adj.)* greasy
srade wɔmu *(adj.)* oily
sradeɛ *(n.)* grease
srɛ *(v.)* adjure
srɛ *(v.)* beg
srɛ *(v.)* cadge
srɛ *(v.)* implore
srɛ *(n.)* lap
srɛ *(v.)* requisition
srɛ *(v.)* beseech
srɛsrɛ *(v.)* entreat
staircase *(n.)* staircase
stampede *(v.)* stampede
stampede *(n.)* stampede
stanza *(n.)* stanza
stealthily *(adv.)* stealthily
steamer *(n.)* steamer

stenographer *(n.)* stenographer
stenography *(n.)* stenography
steppe *(n.)* steppe
sterling *(n.)* sterling
sterling *(adj.)* sterling
steroid *(n.)* steroid
stethoscope *(n.)* stethoscope
sticker *(n.)* sticker
stickler *(n.)* stickler
stilt *(n.)* stilt
stirrup *(n.)* stirrup
stocking *(n.)* stocking
stoic *(n.)* stoic
stoker *(n.)* stoker
stove *(n.)* stove
strand *(n.)* strand
strand *(v.)* strand
stratagem *(n.)* stratagem
straw *(n.)* straw
strawberry *(n.)* strawberry
streamer *(n.)* streamer
stub *(n.)* stub
studio *(n.)* studio
stye *(n.)* stye
su *(v.)* bewail
su *(v.)* bleat
su *(v.)* cry
su *(n.)* feature
su *(v.)* feature
su *(n.)* gene
su *(v.)* grunt
su *(n.)* kind
su *(n.)* personality
su *(v.)* sob
su *(n.)* sort
su *(v.)* wail
su *(v.)* weep
su *(v.)* whine
su *(v.)* chirp
su ehu su *(v.)* whimper
su ho biribi *(n.)* wont
su mu *(v.)* touch
sua *(adj.)* learned
sua *(v.)* study
suadan *(n.)* classroom
suahunu *(n.)* experience
suahunu *(n.)* sapience
suani *(n.)* pupil
suapɔn *(n.)* university

suasua *(v.)* emulate
suasua *(v.)* imitate
suasua *(v.)* impersonate
suasua *(adj.)* mimic
suasua *(n.)* mimic
suasua obi *(v.)* mimic
suasua obi *(n.)* mimicry
suban *(n.)* habit
suban *(n.)* repute
suban *(n.)* temperament
suban *(n.)* trait
suban bɔne *(v.)* misbehave
suban bɔne *(n.)* misbehaviour
suban bɔne *(n.)* misconduct
suban pa *(adj.)* mannerly
suban pa *(n.)* virtue
suban pa *(adj.)* virtuous
subjudice *(adj.)* subjudice
suboɔbɔ *(n.)* recrimination
suburban *(adj.)* suburban
sugyani *(n.)* bachelor
sugyani baa *(n.)* bachelorette
suhyɛn *(n.)* carrack
suhyɛn *(n.)* icebreaker
suhyɛn *(n.)* sea boat
suhyɛn *(n.)* ship
suhyɛn gyinabea *(n.)* harbour
suhyɛn gyinabea *(n.)* port
suhyɛn panin *(n.)* shipmaster
suhyɛn sɛeɛ *(n.)* shipwreck
suhyɛn wura *(n.)* shipowner
suhyɛnsifoɔ *(n.)* shipbuilder
suhyɛnso neama *(n.)* shipload
suhyia *(n.)* delta
sukɔkyea mpaboa *(n.)* snow boot
sukɔm *(adj.)* athirst
sukɔm de *(adj.)* thirsty
sukuu *(n.)* academy
sukuu *(adj.)* preparatory
sukuu *(n.)* school
sukuu baage *(n.)* satchel
sukuu mu *(n.)* campus
sukuu panin *(n.)* schoolmaster
sukuuafikyiri *(n.)* schoolyard
sukuuni yɔnkoɔ *(n.)* schoolmate
sukuunii *(n.)* student
sukuupɔn *(n.)* college
sukuupɔn *(adj.)* polytechnic
sukuupɔn *(n.)* polytechnic

sukuupɔn *(adj.)* tertiary
sukwan *(n.)* aqueduct
sukwan *(n.)* channel
sukyerɛma *(n.)* snow
sukyerɛma etɔ *(n.)* snowfall
sukyerɛma etɔ *(adj.)* snowy
sulphur *(n.)* sulphur
sulphuric *(adj.)* sulphuric
sum *(n.)* darkness
sum *(n.)* tenebrosity
sum *(v.)* benight
sum afidie *(v.)* entrap
sum afidie *(v.)* machinate
sum afidie *(v.)* trap
sum kabii *(n.)* obscurity
sumase *(adj.)* clandestine
sumase dwadefo *(n.)* smuggler
sumiiɛ *(v.)* pillow
sumiiɛ *(n.)* pillow
sumsika *(n.)* alimony
sundae *(n.)* sundae
sunsum *(n.)* shadow
sunsum *(n.)* silhouette
sunsum *(n.)* genie
sunsuma *(adj.)* shadowy
sunsuma nkataso *(v.)* overshadow
superman *(n.)* superman
supersonic *(adj.)* supersonic
supɔ *(n.)* island
supɔ so *(n.)* isle
suro *(v.)* dread
suro *(v.)* fear
suro *(v.)* overawe
suro *(adj.)* tense
suro *(n.)* tension
suro *(adj.)* tensioned
suro *(adj.)* timorous
suro *(adj.)* traumatic
suro *(adj.)* afraid
suro *(n.)* anxiety
suro *(adj.)* anxious
suro *(adv.)* anxiously
suro-fɛreɛ *(adj.)* nervous
surtax *(n.)* surtax
susu *(v.)* calibrate
susu *(v.)* deem
susu *(v.)* devise
susu *(v.)* figure
susu *(v.)* imagine

susu *(v.)* intend
susu *(n.)* measure
susu *(v.)* reckon
susu *(v.)* sculpt
susu *(v.)* size
susu *(v.)* speculate
susu *(v.)* suggest
susu *(v.)* suppose
susu *(v.)* surmise
susu *(v.)* suspect
susu *(v.)* value
susu *(v.)* weigh
susu *(v.)* assess
susu *(v.)* attribute
susu *(v.)* rate
susu ade *(v.)* measure
susu bio *(v.)* reconsider
susu bɔɔs *(n.)* piggy bank
susu deɛ *(adj.)* measurable
susu fidie *(n.)* meter
susu ho *(v.)* discuss
susu twerɛ *(v.)* essay
susufidie *(n.)* gauge
susuhoma *(n.)* tapeline
susutwerɛ *(n.)* essay
susutwerɛni *(n.)* essayist
sutadeɛ *(n.)* lake
swab *(n.)* swab
swɛta *(n.)* sweater
swiss *(adj.)* Swiss
swiss *(n.)* Swiss
sycamore *(n.)* sycamore
sylph *(n.)* sylph
sylviculturist *(n.)* sylviculturist
symphony *(n.)* symphony

T

T-bone *(v.)* T-bone
T-bone *(n.)* T-bone
taa *(v.)* incline
taa *(v.)* tend
taa *(adj.)* typical
taa akyi *(v.)* subscribe
taa faako *(v.)* stagnate
taa si *(adj.)* usual
taa yɛ *(n.)* practice

taa yɛ *(v.)* practise
taaboo *(v.)* plank
taaboo *(n.)* plank
taaboo nnyinaso *(n.)* podium
taaboo nnyinaso *(v.)* podium
taaboo nnyinaso *(adj.)* pulpit
taaboo nnyinasoɔ *(n.)* platform
taaboo traa *(n.)* plywood
taataa *(adj.)* beleaguered
taataa *(v.)* bombard
taazii *(n.)* cab
taazii drɔba *(n.)* cabby
tabular *(adj.)* tabular
tack *(n.)* tack
tack *(v.)* tack
tafere *(n.)* lick
tafere *(v.)* lick
takra *(n.)* feather
taksi *(n.)* taxi
taksi *(n.)* taxicab
taksibɔs *(n.)* taxibus
tala *(n.)* tala
talbot *(n.)* talbot
talc *(n.)* talc
talkback *(n.)* talkback
talkboard *(n.)* talkboard
tallow *(n.)* tallow
talon *(n.)* talon
taloned *(adj.)* taloned
tamfo *(n.)* enemy
tamfo *(n.)* adversary
tampe *(n.)* hemp
tampon *(n.)* tampon
tampon *(v.)* tampon
tan *(v.)* detest
tan *(n.)* hag
tan *(n.)* hate
tan *(v.)* hate
tan *(n.)* spleen
tan *(adj.)* tan
tan *(v.)* tan
tan *(n.)* tan
tan *(adj.)* ugly
tan *(v.)* antagonize
tan ahɔho *(n.)* xenophobe
tandoor *(n.)* tandoor
tanner *(n.)* tanner
tannery *(n.)* tannery
tantaantan *(adj.)* hideous

tantan *(adj.)* grotesque
tantan *(adj.)* shabby
tantan *(adj.)* slovenly
tantan *(adj.)* clumsy
tantra *(n.)* tantra
tantric *(adj.)* tantric
tapeless *(adj.)* tapeless
tar *(n.)* tar
taramite *(n.)* taramite
tarantism *(n.)* tarantism
tare *(v.)* glue
tare *(v.)* stick
tare *(n.)* adhesion
taretare *(n.)* adhesive
tatahwe *(n.)* efficacy
tatahwe *(n.)* potency
tattoo *(v.)* tattoo
tattoo *(n.)* tattoo
tauromachy *(n.)* tauromachy
taw *(v.)* taw
taw *(n.)* taw
tawa *(n.)* tobacco
tawer *(n.)* tawer
taxidermal *(adj.)* taxidermal
taxidermic *(adj.)* taxidermic
taxidermist *(n.)* taxidermist
taxidermy *(n.)* taxidermy
taya *(n.)* catapult
tchick *(n.)* tchick
tchick *(v.)* tchick
te *(v.)* detach
te *(v.)* dwell
te *(v.)* form
te *(v.)* hear
te *(n.)* pluck
te *(v.)* pluck
te *(v.)* shed
te *(n.)* tear
te (ho) *(v.)* clean
te (ho) *(v.)* cleanse
te abɔfra *(v.)* foster
te ani *(v.)* enlighten
te apɔ *(adj.)* hale
te ase *(v.)* decode
te ase *(v.)* exist
te asɛɛ *(v.)* fathom
te asɛɛ *(adj.)* intelligible
te asɛɛ *(v.)* understand
te atua *(v.)* rebel

te atua *(v.)* revolt
te dibea so *(v.)* demote
te firi *(adj.)* secluded
te firim *(adj.)* minus
te firim *(n.)* minus
te frimu *(v.)* deduce
te ho *(v.)* disinfect
te ho *(v.)* rectify
te ho *(v.)* refine
te ho *(v.)* rid
te ho *(v.)* sanctify
te ho *(v.)* seclude
te hwe *(v.)* tumble
te kuo *(v.)* flock
te kuo *(v.)* group
te mfifiri *(n.)* perspiration
te mfifiri *(v.)* perspire
te mu *(n.)* occupancy
te mu *(v.)* separate
te mu *(v.)* sunder
te nisuo *(n.)* tear
te nka *(v.)* feel
te nka *(v.)* sense
te nsɛm *(v.)* rumour
te ntam *(v.)* disconnect
te ntasuo *(v.)* spit
te sɛ *(adj.)* like
te sɛ *(n.)* like
te sɛ *(prep.)* like
te sɛ *(n.)* ostensibility
te sɛ barima *(adj.)* manly
te sɛ nipa *(adj.)* manlike
te sɛ nnipa *(v.)* personify
te so *(v.)* diminish
te so *(v.)* minimize
te so *(v.)* reduce
te so *(v.)* reign
te so *(v.)* taper
te so *(v.)* wane
te so *(v.)* curtail
te te *(v.)* tatter
te tɛ *(v.)* lurk
te w'asem *(n.)* persuasion
te w'asem *(v.)* persuade
te yerɛwyerɛw *(v.)* flash
te yerɛwyerɛw *(v.)* gleam
te yerɛwyerɛw *(v.)* scintillate
tea *(v.)* bawl
tea aborɔme *(v.)* riddle
tea bɔɔferɛ *(v.)* carabine
tea mu *(v.)* exclaim
tea mu *(v.)* scream
tea mu *(v.)* shout
tea mu *(v.)* shriek
tea mu *(v.)* yap
tea mu *(v.)* yell
teaa *(v.)* narrow
teaa *(adj.)* narrow
teaa *(adj.)* slender
teaa *(adj.)* thin
teagle *(n.)* teagle
team *(v.)* bellow
team *(n.)* chant
teapot *(n.)* teapot
tease *(adj.)* alive
teaseɛ *(v.)* comprehend
teaseɛbam *(n.)* carriage
teaseɛnam *(n.)* car
teaseɛnam *(n.)* chaise
teaseɛnam *(n.)* wagon
teaseɛnam *(n.)* chariot
teasefoɔ *(adj.)* complaisant
teaseɛ *(v.)* construe
teatea *(adj.)* meagre
teatea *(adj.)* slim
teatea *(n.)* lean
teatea *(v.)* lean
tebea *(n.)* condition
tebea *(n.)* structure
tebea *(n.)* ambience
tebea *(adj.)* ambient
tebea *(n.)* circumstance
tebea *(adj.)* circumstantial
tebea den *(n. pl.)* toils
technomad *(n.)* technomad
tect *(n.)* tect
tect *(adj.)* tect
tee *(adv.)* straight
tee *(n.)* tangent
tee *(adj.)* upright
tee so *(v.)* gasp
teetee *(v.)* drill
teetee *(v.)* frustrate
teetee *(v.)* harass
teetee *(v.)* irk
teetee *(v.)* rack
teetee *(v.)* torment
teetee *(v.)* bedevil

tehɔ kwa *(adj.)* idle
tekiti *(n.)* parking ticket
tekiti *(n.)* ticket
telebanking *(n.)* telebanking
telecomputing *(n.)* telecomputing
telecopier *(n.)* telecopier
telecourse *(n.)* telecourse
telefax *(n.)* telefax
telefon ahoma *(n.)* landline
telefon nhyiam *(n.)* teleconference
telefon nkikahodi *(n.)* telecommunications
telegram *(n.)* telegram
telegraphist *(n.)* telegraphist
telegraphy *(n.)* telegraphy
teleguide *(n.)* teleguide
telejournalism *(n.)* telejournalism
telekinesis *(n.)* telekinesis
telekinetic *(adj.)* telekinetic
telemark *(v.)* telemark
telemarket *(v.)* telemarket
telemarketing *(n.)* telemarketing
telematic *(adj.)* telematic
telemetry *(n.)* telemetry
teleologic *(adj.)* teleologic
teleologist *(n.)* teleologist
teleology *(n.)* teleology
teleoperator *(n.)* teleoperator
telepathic *(adj.)* telepathic
telepathist *(n.)* telepathist
teleprinter *(v.)* teleprint
telescopic *(adj.)* telescopic
telescopy *(n.)* telescopy
teletext *(n.)* teletext
teller *(n.)* teller
telltale *(adj.)* telltale
telltale *(n.)* telltale
tellural *(adj.)* tellural
telluric *(adj.)* telluric
tema *(n.)* empath
tema *(adj.)* empathic
tema *(adj.)* humane
tema *(adj.)* selfless
tema nnim *(adj.)* insensitive
temanmuni *(n.)* civilian
temanmunii *(n.)* commoner
temanmusɛm *(adj.)* civil
templar *(n.)* templar
tena *(v.)* abide

tena *(v.)* bestride
tena *(v.)* inhabit
tena *(v.)* reside
tena *(v.)* stay
tena *(v.)* bide
tena apatamu *(v.)* shack
tena ase *(v.)* seat
tena baabi *(v.)* sojourn
tena bom *(v.)* cohabit
tena suhyɛnso *(v.)* ship
tenabea *(n.)* abode
tenabea *(n.)* domicile
tenabea *(adj.)* habitable
tenabea *(adj.)* inhabitable
tenabea *(n.)* lobby
tenabea *(n.)* residence
tenabia *(adj.)* environmental
tenabom *(v.)* coexist
tenabomu *(n.)* coexistence
tenase daa *(n.)* permanence
tendinits *(n.)* tendinitis
tene *(v.)* align
tene *(v.)* correct
tene *(v.)* flow
tene *(v.)* right
tenee *(n.)* alignment
tenent *(n.)* tenent
tenetene *(v.)* guide
tenetene *(v.)* regulate
tenetene *(v.)* straighten
tenetene *(n.)* critique
tenetene *(v.)* modulate
tenetene apɔmu *(v.)* exercise
tenetenefoɔ *(n.)* critic
tenor *(n.)* tenor
tenor *(adj.)* tenor
tense *(v.)* tense
tensible *(adj.)* tensible
tensor *(adj.)* tensor
tensor *(v.)* tensor
tensor *(n.)* tensor
tentam *(v.)* grapple
tentam *(v.)* wrestle
tentann *(n.)* sticky
tenten *(v.)* level
tenten *(n.)* oblong
tenten *(adj.)* tall
tenten *(adv.)* aloof
tenten *(n.)* length

tenten *(adj.)* lengthy
tenten *(n.)* level
tenten *(adv.)* long
tenten *(v.)* long
tenten *(adj.)* long
tenten mu *(adj.)* vertical
tentene *(n.)* height
tentpole *(n.)* tentpole
tenue *(n.)* tenue
terabase *(n.)* terabase
terabit *(n.)* terabit
terabyte *(n.)* terabyte
terajoule *(n.)* terajoule
terɛmu *(v.)* decentralize
terp *(v.)* terp
terp *(n.)* terp
terraforming *(n.)* terraforming
terrier *(n.)* terrier
tertian *(adj.)* tertian
tertian *(n.)* tertian
teso *(v.)* decelerate
teso *(v.)* decrease
teso *(v.)* devalue
teso *(v.)* cheapen
tesseract *(n.)* tesseract
testosterone *(n.)* testosterone
tete *(adj.)* ancient
tete *(adj.)* immemorial
tete *(adj.)* medieval
tete *(adj.)* prehistoric
tete *(adv.)* rear
tete *(v.)* train
tete *(adj.)* antiquarian
tete *(adj.)* antique
tete *(adj.)* classical
tete *(v.)* defoliate
tete *(adj.)* primitive
tete akoraeɛ *(n.)* museum
tete hyɛ *(v.)* spoon
tete mu *(v.)* rip
tete sono *(n.)* mammoth
tetee *(v.)* henpeck
tetesɛm *(adj.)* traditional
tetew pasaa *(v.)* mangle
tetɛ *(v.)* hide
tetɛ tie *(v.)* eavesdrop
tetra *(n.)* tetra
tew ho *(v.)* isolate
tew ho *(n.)* purgation

tew mu *(n.)* dilution
texture *(n.)* texture
tɛ *(v.)* saddle
tɛ *(v.)* spy
tɛ ani *(v.)* float
tɛ ani *(v.)* sail
tɛfrɛ *(n.)* cockroach
tɛlɛbihɛn dwumadi *(n.)* telecast
tɛlɛbihyɛn *(n.)* television
tɛlɛbihyɛn aguadi *(n.)* teleshopping
tɛtrɛtɛ *(n.)* eclectic
tɛtrɛtɛ *(n.)* expansion
tɛtrɛtɛ *(n.)* breadth
tɛtrɛtɛ mu *(n.)* width
thermometer *(n.)* thermometer
thermos *(n.)* thermos (flask)
thorax *(n.)* thorax
ti *(v.)* accost
ti *(v.)* chase
ti *(n.)* cork
ti *(n.)* pinch
ti den *(adj.)* headstrong
ti firim *(v.)* subtract
ti kuo *(v.)* regiment
ti mfifire *(v.)* sweat
ti mu *(v.)* split
ti nhwi *(n.)* headband
ti payɛ *(n.)* migraine
ti so *(v.)* retrench
tia *(v.)* step
tia *(prep.)* against
tia mmara *(n.)* malpractice
tiade *(n.)* dowery
tiatia *(adj.)* gaunt
tiatia *(adj.)* short
tiatia *(n.)* short
tiatia so *(v.)* trample
tiatwa *(n.)* abbreviation
tiawa *(adj.)* brief
tiawa *(adj.)* concise
tiawa *(adj.)* ephemeral
tiawa *(adj.)* ephemeric
tiawa *(n.)* schematic
tiawa *(adj.)* terse
tiawa *(adv.)* tersely
tiawa *(n.)* brevity
tiawa *(adj.)* curt
tibɔne *(adj.)* unfortunate
tibua *(n.)* conscience

tie *(v.)* heed
tie *(v.)* listen
tie *(v.)* overhear
tie *(n.)* tie
tie *(v.)* adhere
tiefoɔ *(adj.)* amenable
tii *(n.)* tea
tii adaka *(n.)* teabox
tii bag *(n.)* teabag
tii dan *(n.)* teahouse
tii kuruwa *(n.)* teacup
tii yɛfo *(n.)* tea maker
tile *(n.)* tile
till *(n.)* till
tim *(v.)* peg
tim faako *(adj.)* inoperative
tim hɔ *(v.)* steady
tim so *(v.)* stamp
timhɔ *(adj.)* inviolable
timtim *(v.)* imprint
tin *(v.)* tin
tin *(n.)* tin
tina ase *(v.)* sit
tincture *(v.)* tincture
tintim *(v.)* type
tipa *(adj.)* bald
tipayɛ *(n.)* headache
tipɛn *(n.)* equal
tire *(n.)* chapter
tiri nyɛ *(adj.)* inauspicious
tiri nyɛ *(adj.)* luckless
tiri yɛ *(adj.)* fortunate
tiri yɛ *(n.)* luck
tiri yɛ *(adv.)* luckily
tiri yɛ *(adj.)* lucky
tirimpɔ *(n.)* device
tirimpɔ *(n.)* intent
tirimpɔw *(v.)* plan
tirimpɔw *(n.)* plan
tirimpɔw *(v.)* propose
tirimuden *(n.)* cruelty
tirimudenfoɔ *(n.)* despot
tirimudie *(n.)* endurance
tirimuɔmmerɛ *(adj.)* generous
tiso *(v.)* accentuate
tissue *(n.)* tissue
titenani *(n.)* chairman
titire *(adj.)* elementary
titire *(adj.)* major

titire *(n.)* major
titire *(adj.)* salient
titiriw *(adj.)* especial
titiriw *(adj.)* integral
titiriw *(adv.)* particularly
titiriw *(n.)* prime
titiriw *(adj.)* prime
titiriw *(adj.)* principal
titiriw no *(adv.)* mainly
titriw *(adv.)* chiefly
titriw *(adj.)* basic
titriw *(adv.)* basically
titriw *(n.)* core
titular *(adj.)* titular
tiyɛfo *(n.)* coiffure
tiyifoɔ *(n.)* barber
to *(v.)* erupt
to *(v.)* fling
to *(v.)* hurl
to *(v.)* pitch
to *(adj.)* shot
to *(v.)* sidearm
to *(v.)* sing
to *(n.)* throw
to *(v.)* throw
to *(v.)* toss
to *(v.)* bake
to *(v.)* bask
to *(v.)* befall
to *(v.)* cast
to aba *(v.)* vote
to abodin *(v.)* dub
to agyegyamu *(v.)* rebuff
to ape *(v.)* degenerate
to ban *(v.)* fence
to din *(v.)* term
to din *(v.)* title
to dwom *(v.)* croon
to fasuo *(v.)* wall
to gu *(v.)* dump
to gu *(v.)* recycle
to hɔ *(v.)* lay
to hyɛ *(n.)* pounce
to hyɛ *(v.)* pounce
to hyɛ *(v.)* savage
to kosua *(v.)* spawn
to kyakya *(v.)* gamble
to kyakya *(v.)* bet
to mmonaa *(v.)* rape

to ndwom *(v.)* warble
to nkɔnsɔnkɔnsɔn *(v.)* fetter
to nkyea *(v.)* dare
to nkyɛn *(adv.)* withal
to nnoɔma *(v.)* iron
to nwom *(v.)* jingle
to paso *(v.)* table
to pono *(v.)* feast
to pono *(v.)* revel
to sa *(v.)* siege
to santene *(v.)* queue
to santene *(v.)* row
to tile *(v.)* tile
to tuo *(v.)* shoot
to twene *(v.)* discard
toa *(n.)* bottle
toa *(v.)* consult
toa *(n.)* consultation
toa *(v.)* invade
toa *(n.)* phial
toa *(v.)* rejoin
toa *(v.)* resort
toa *(n.)* blob
toa *(n.)* clot
toa bɔ *(n.)* briefing
toa ketewa *(n.)* vial
toa so *(v.)* continue
toa so *(v.)* further
toa so *(v.)* persist
toa so *(v.)* resume
toatoa *(v.)* gabble
toatoa *(v.)* gibber
toatoa adwene *(n.)* brainstorm
toga *(n.)* toga
togyefoɔ *(n.)* chamberlain
tohyɛso *(v.)* embush
tokuro *(n.)* corner
tokuro *(n.)* hole
tokuro *(n.)* hollow
tokuro *(n.)* slot
tokuro *(n.)* vent
tokuro *(n.)* aperture
tokuro *(n.)* cavity
tokuro *(n.)* chink
tom *(v.)* shut
tom *(v.)* staple
tomtom *(v.)* magnify
tomu *(v.)* lock
ton *(n.)* ton

tone *(v.)* tone
toned *(adj.)* toned
tongs *(n. pl.)* tongs
tonne *(n.)* tonne
tonsil *(n.)* tonsil
tonsure *(n.)* tonsure
tontɔn *(v.)* hustle
tontraa *(n.)* can
too *(v.)* nestle
toonoo *(n.)* beetle
toɔ foforɔ *(n.)* supertax
topaeɛ *(adj.)* capsular
topaeɛ *(n.)* rocket
topaeɛ *(n.)* rocket scientist
topaeɛ *(n.)* shrapnel
topaeɛ *(n.)* bomb
topaeɛ kɛseɛ *(n.)* missile
torotorotoro *(adj.)* slimy
torotorotoro *(adj.)* slippery
torɔ *(n.)* lie
toso abiɛsa *(n.)* tertiary
toto *(v.)* manage
toto *(v.)* roast
toto *(v.)* toast
toto *(v.)* crispen
toto ano *(v.)* interview
toto ase *(v.)* trifle
toto biribi *(v.)* parch
toto ho *(v.)* compare
toto mu *(v.)* zip
totoɔ *(int.)* shot
totorobɛnto *(n.)* trumpet
tototro *(n.)* slime
tow *(v.)* levy
tow *(n.)* levy
tow *(n.)* tax
tow *(adj.)* taxable
tow nsu *(v.)* drool
towtua *(n.)* taxation
towtua nkrataa *(n.)* tax return
towtuafo *(n.)* taxpayer
tɔ *(v.)* buy
tɔ *(n.)* purchase
tɔ ade *(v.)* patronize
tɔ adeaɛ *(v.)* stuff
tɔ aforɔm *(v.)* swamp
tɔ ape *(v.)* stunt
tɔ asainemu *(v.)* imperil
tɔ asom *(adj.)* cogent

tɔ fam *(v.)* fall
tɔ gu *(n.)* drib
tɔ mu *(n.)* plunge
tɔ mu *(v.)* plunge
tɔ nɛɛma *(v.)* shop
tɔ nko *(v.)* doze
tɔ nnɛɛma *(v.)* procure
tɔ sukyerɛma *(v.)* snow
tɔ werɛ *(v.)* revenge
tɔfa *(v.)* abridge
tɔfa *(n.)* conspectus
tɔfa *(n.)* summary
tɔfa *(n.)* synopsis
tɔfabɔ *(n.)* abridgement
tɔfabɔ *(adj.)* compendious
tɔfe *(n.)* lollipop
tɔfe *(n.)* toffee
tɔfe *(n.)* candy
tɔfoɔ *(n.)* consumer
tɔfoɔ *(n.)* buyer
tɔgusoɔ *(adj.)* gimp
tɔma *(n.)* bead
tɔmmɛ *(n.)* tumbler
tɔn *(v.)* sell
tɔn *(n.)* sell-out
tɔso abiɛsa *(adv.)* thirdly
tɔso aduasa *(adj.)* thirtieth
tɔso aduono *(adj.)* twentieth
tɔso du *(adj.)* tenth
tɔso dumienu *(adj.)* twelfth
tɔso dumiɛnsa *(n.)* thirteenth
tɔte *(n.)* hoof
tɔtɔn *(adj.)* retail
tra so *(v.)* overcharge
traa *(adj.)* even
trachea *(n.)* trachea
tracheal *(adj.)* tracheal
tracheole *(n.)* tracheole
tracheoscopy *(n.)* tracheoscopy
trackback *(n.)* trackback
trackball *(n.)* trackball
tractor *(n.)* tractor
transborder *(adj.)* transborder
transcendentalize *(v.)* transcendentalize
transitive *(adj.)* transitive
transmission *(n.)* transmission
trapeze *(n.)* trapeze
trapeze *(v.)* trapeze
trapezist *(n.)* trapezist

trapezoid *(n.)* trapezoid
tratra *(n.)* flat
tratratra *(adj.)* flat
traumatology *(n.)* traumatology
treadwheel *(n.)* treadwheel
trenee *(n.)* moral
trenee yɛ *(n.)* morality
trenee yɛ *(v.)* moralize
treneefo *(adj.)* righteous
treneeni *(n.)* moralist
trɛ *(adj.)* wide
trɛ mu *(v.)* pervade
trɛ mu *(v.)* widen
trɛ/bie *(v.)* expand
trɛw mu *(adj.)* tensile
trɛw mu *(adj.)* tensility
tripatite *(adj.)* tripartite
tripod *(n.)* tripod
trofe *(v.)* atrophy
tropic *(n.)* tropic
trowel *(n.)* trowel
trɔko *(n.)* caravan
trɔmoa *(n.)* bit
trɔsa *(n. pl.)* trousers
trɔsa *(n.)* pantaloon
trɔtrɔ *(n.)* public transport
trumu *(adj.)* anal
trumu *(n.)* anus
tu *(v.)* choose
tu *(v.)* dispose
tu *(n.)* drill
tu *(v.)* eject
tu *(v.)* emigrate
tu *(v.)* evacuate
tu *(v.)* fly
tu *(v.)* immigrate
tu *(n.)* overthrow
tu *(v.)* soar
tu *(n.)* take-off
tu *(v.)* teleport
tu *(v.)* uproot
tu ade *(v.)* dethrone
tu agyeigyeimu *(v.)* scape
tu amena *(v.)* trench
tu ammirika *(v.)* trot
tu ammrika *(v.)* relay
tu ammrika *(v.)* sprint
tu anammɔn *(v.)* march
tu anamom *(v.)* reallocate

tu ase *(v.)* eradicate	tue *(n.)* piercing
tu aseɛ *(v.)* deplete	tue *(v.)* perforate
tu bo *(v.)* dishearten	tue ho *(n.)* puncture
tu faafaa *(v.)* flutter	tue ho *(v.)* puncture
tu fo *(v.)* admonish	tuhoaky3 *(n.)* altruism
tu fo *(v.)* advise	tuhoakyɛ *(n.)* altruist
tu fɔm *(v.)* excavate	tuhoakyɛ *(adj.)* altruistic
tu hyɛ da *(v.)* adjourn	tum *(n.)* close
tu hyɛ nsa *(v.)* designate	tumi *(n.)* ability
tu hyɛda *(v.)* defer	tumi *(adj.)* able
tu ku *(v.)* slough	tumi *(adj.)* abled
tu kwan *(v.)* depart	tumi *(adv.)* ably
tu kwan *(v.)* journey	tumi *(adj.)* accredited
tu kwan *(v.)* rove	tumi *(n.)* ambit
tu kwan *(v.)* travel	tumi *(v.)* can
tu kwan *(v.)* tunnel	tumi *(n.)* capability
tu kwan *(v.)* voyage	tumi *(n.)* exponent
tu ma *(adv.)* wholesale	tumi *(adj.)* mighty
tu mpasa *(v.)* commute	tumi *(n.)* power
tu mpɔn *(v.)* improve	tumi *(adj.)* powerful
tu mpɔn *(v.)* thrive	tumi *(n.)* tenancy
tu mrika *(v.)* surf	tumi *(v.)* tenure
tu nya *(v.)* unearth	tumi *(n.)* tenure
tu sa *(v.)* swoop	tumi *(n.)* acumen
tu sa *(v.)* wage	tumi *(n.)* authority
tu sɛn *(v.)* rusticate	tumi *(adj.)* capable
tu so sa *(v.)* conquer	tumi *(n.)* licensee
tu tim *(v.)* graft	tumi *(n.)* veto
tu tim *(v.)* transplant	tumi de di dwuma *(adj.)* operable
tu tokuro *(v.)* bore	tumi diho dwuma *(adj.)* manageable
tu tuo *(v.)* rifle	tumi dɔɔso *(n.)* polycracy
tua *(v.)* foot	tumi duru *(adj.)* reachable
tua *(n.)* pay	tumi guan *(adj.)* escapable
tua *(v.)* pay	tumi hu *(adj.)* tangible
tua *(n.)* rebate	tumi hwehwɛ *(adj.)* traceable
tua *(v.)* refund	tumi hyɛ *(adj.)* forcible
tua *(v.)* afford	tumi kɔ *(n.)* mover
tua *(v.)* atone	tumi krataa *(n.)* lien
tua *(n.)* atonement	tumi krataa *(n.)* patent
tua ano *(v.)* plug	tumi krataa *(v.)* patent
tua ano *(n.)* plug	tumi krataa *(adj.)* patent
tua ka *(v.)* reimburse	tumi krataa *(n.)* warrant
tua ka *(v.)* remunerate	tumi krataa *(n.)* licence
tua ka *(v.)* requite	tumi krataa *(v.)* license
tua ka *(v.)* avenge	tumi kyɛmu *(adj.)* separable
tua sika *(v.)* disburse	tumi nane *(adj.)* soluble
tubo *(v.)* discourage	tumi nhyɛ *(n.)* insoluble
tue *(v.)* leak	tumi nsusu *(adj.)* immeasurable
tue *(n.)* leakage	tumi nyinaa *(n.)* omnipotence

tumi pira *(adj.)* harmful
tumi pira *(adj.)* injurious
tumi popa *(adj.)* deletable
tumi sesa *(adj.)* reversible
tumi sesa *(adj.)* variable
tumi sesa *(adj.)* polymorphic
tumi sesa *(n.)* polymorphism
tumi siesie *(adj.)* repairable
tumi so *(adj.)* magisterial
tumi sosɔso *(adj.)* tolerable
tumi sɔ *(adj.)* inflammable
tumi tɔn *(adj.)* marketable
tumi twam *(adj.)* traversable
tumi twamu *(adj.)* revocable
tumi wo *(n.)* fertility
tumi yɛ adwuma *(adj.)* workable
tumi yɔ *(adj.)* inventive
tumideɛ *(n.)* sovereignty
tumidi *(n.)* domination
tumidi *(n.)* dominion
tumidi *(n.)* jurisdiction
tumidi *(n.)* ruling
tumidie *(n.)* absolutism
tumidifoɔ *(n.)* ruler
tumiso *(adj.)* authoritative
tumm *(adj.)* smoky
tumpan *(n.)* flask
tuntum *(adj.)* black
tuntum *(adj.)* dark
tuntum *(n.)* dark
tuntum *(n.)* plough
tuntum *(adj.)* leaden
tuo *(n.)* gun
tuo *(n.)* scot
tuo *(n.)* trigger
tuo toɔ *(n.)* shottie
tuo tufo *(n.)* marksman
tuosekan *(n.)* bayonet
tuotoɔ *(n.)* shoot
tuotoɔ *(n.)* shot
tuotoɔtoɔ *(n.)* shooting
turner *(n.)* turner
turodoo *(adj.)* veritable
turoyɛfo *(n.)* gardener
turpentine *(n.)* turpentine
tutu *(v.)* dig
tutu *(v.)* thresh
tutu anan *(v.)* stride
tutu fam *(n.)* miner

tutu gui *(v.)* overthrow
tuutuu *(n.)* prostitution
tuutuuni *(n.)* prostitute
tuwohoakyɛ *(adv.)* voluntarily
tw hyɛn *(v.)* shuttle
twa *(v.)* abbreviate
twa *(v.)* amputate
twa *(n.)* amputation
twa *(n.)* coverage
twa *(v.)* exceed
twa *(v.)* gash
twa *(v.)* harvest
twa *(v.)* overtake
twa *(n.)* pass
twa *(v.)* reap
twa *(v.)* shear
twa *(v.)* slit
twa *(v.)* snap
twa *(v.)* stake
twa *(v.)* surpass
twa *(v.)* top
twa *(v.)* transcend
twa *(n.)* ablactation
twa *(n.)* cancellation
twa *(v.)* chop
twa *(v.)* cultivate
twa *(n.)* cut
twa ahuro *(v.)* foam
twa ano *(v.)* interrupt
twa aseɛ *(v.)* underline
twa asu *(v.)* banish
twa asuo *(v.)* ferry
twa bideo *(v.)* video
twa boɔ *(v.)* charge
twa boɔ *(v.)* surcharge
twa bɔ *(v.)* refute
twa bra *(n.)* menopause
twa dua *(v.)* circumcise
twa ɛmu *(v.)* stalk
Twa ho *(n.)* orbit
twa ho *(n.)* orbital
twa ho *(v.)* surround
twa ho *(v.)* whirl
twa ho *(v.)* besiege
twa honam *(v.)* lance
twa hwe *(v.)* faint
twa hwe *(v.)* swoon
twa hyia *(v.)* encompass
twa mfonin *(n.)* portraiture

twa mpire *(v.)* whip	twe *(v.)* tap
twa mu *(v.)* expire	twe *(n.)* tow
twa mu *(v.)* lacerate	twe *(v.)* tow
twa mu *(v.)* repeal	twe *(n.)* traction
twa mu *(v.)* revoke	twe *(v.)* tug
twa mu *(v.)* scrap	twe *(v.)* upload
twa nhini *(v.)* root	twe *(v.)* assert
twa nkontompo *(adj.)* dishonest	twe *(v.)* pull
twa nufoɔ *(v.)* ablactate	twe ase *(v.)* drag
twa nufoɔ *(v.)* wean	twe aso *(v.)* fine
twa poa *(v.)* defy	twe aso *(v.)* sanction
twa scan *(v.)* scan	twe aso *(v.)* chasten
twa so *(v.)* abnegate	twe ba *(v.)* evoke
twa so *(n.)* abnegation	twe biribi *(v.)* wrench
twa so *(v.)* quell	twe bra *(n.)* pullover
twa te *(v.)* sever	twe firimu *(v.)* elicitate
twa tiawa *(v.)* simplify	twe ho *(n.)* polish
twa tire *(v.)* decapitate	twe ho *(v.)* polish
twa tire *(v.)* behead	twe ho *(v.)* refrain
twa to *(v.)* frame	twe kora *(v.)* rival
twa twene *(v.)* lop	twe kɔ *(v.)* reschedule
twa twene *(n.)* lop	twe kɔ *(v.)* shift
twa x-ray *(v.)* x-ray	twe manso *(v.)* feud
twafoɔ *(n.)* reaper	twe mu *(v.)* extend
twaho *(v.)* encircle	twe mu *(v.)* extrapolate
twahyia *(n.)* circuit	twe mu *(v.)* lengthen
twam *(v.)* abolish	twe odwumayɛni *(adj.)* poached
twam *(v.)* annul	twe prɛko pɛ *(v.)* whisk
twam *(n.)* annulment	twe san *(v.)* recede
twam *(v.)* cross	twe san *(v.)* suspend
twam *(adj.)* cross	twe san *(v.)* withhold
twam *(v.)* deactivate	twe sane *(v.)* retard
twam *(v.)* elapse	tweboɔ *(n.)* magnet
twam *(n.)* expiry	tweetwee *(v.)* hoot
twam *(v.)* undo	tweetwee *(v.)* scoff
twam *(prep.)* across	tweɛn *(v.)* shilly-shally
twam *(n.)* bypass	twene sɛ *(v.)* reassume
twam *(v.)* cancel	twentwann *(n.)* elasticity
twam *(v.)* countermand	twentwen so *(v.)* prorogue
twann *(adj.)* elastic	twentwen so *(v.)* scruple
tware *(v.)* sponge	twentwenso *(n.)* shilly-shally
twaso *(v.)* abrogate	twentwɛn so *(v.)* falter
twate *(n.)* serf	twentwɛn so *(v.)* hesitate
twawoho *(v.)* bumble	tweŋ *(n.)* extract
twe *(v.)* contend	twere *(v.)* confide
twe *(v.)* download	twere *(v.)* rely
twe *(v.)* draw	twerɛ *(v.)* dapple
twe *(n.)* pull	twerɛ *(n.)* grate
twe *(v.)* stretch	twerɛ *(v.)* jot

twerɛ (v.) record
twerɛ (v.) scribble
twerɛ (v.) transcribe
twerɛ (v.) write
twerɛ (v.) book
twerɛ (v.) chalk
twerɛ dinn (v.) register
twerɛ kronkron (n.) scripture
twerɛ kronkron (n.) bible
twerɛ ntɛm (v.) scrawl
twerɛdua (v.) pen
twerɛdua (n.) pen
twerɛpono (n.) desk
twerɛtwerɛfoɔ (n.) book-keeper
twetwa (v.) mow
twetwa (v.) shred
twetwa (v.) slice
twetwe (adj.) absorbable
twetwe (v.) attract
twetwe (n.) attraction
twetwe sika boroso (v.) overdraw
twɛdeɛ (n.) biff
twɛn (v.) anticipate
twɛn (v.) wait
twɛn (v.) await
twi (n.) drive
twi (v.) grate
twi (v.) ride
twi (v.) rub
twi (v.) shade
twi (v.) steer
twi (v.) taxi
twi anim (v.) scold
twi hyɛmma (v.) yacht
Twi Translation (article) English
twia sika (v.) ransom
twimtwam (v.) shrink
twimtwam (v.) wrinkle
twitter (v.) twitter
twitter (n.) twitter
twitwa (v.) hack
twitwa (v.) hew
twitwa (v.) slaughter
twitwa (n.) slaughter
twitwa (v.) trim
twitwa (v.) vacillate
twitwa nantini (v.) slander
twitwi (v.) rasp
twitwi (n.) scratch
twitwi (v.) scrub
twitwi nipadua (v.) massage
twitwiri (n.) abrasion

uber (adv.) uber
uber (adj.) uber
uberous (adj.) uberous
ubersexual (adj.) ubersexual
ubersexual (n.) ubersexual
ubicity (n.) ubicity
ufo (n.) ufo
ufologist (n.) ufologist
ufology (n.) ufology
ukelele (n.) ukelele
ukeleleist (n.) ukeleleist
ultracasual (adj.) ultracasual
ultracompact (adj.) ultracompact
ultraconservative (adj.) ultraconservative
ultrasecure (adj.) ultrasecure
ultrasonic (adj.) ultrasonic
ultrasonics (n.) ultrasonics
ultrasound (n.) ultrasound
ultraviolet (n.) ultraviolet
ultraviolet (adj.) ultraviolet
ululate (v.) ululate
ululation (n.) ululation
unabridged (adj.) unabridged
unambivalence (n.) unambivalence
undercurrent (n.) undercurrent
undertone (n.) undertone
unionist (n.) unionist
unquote (adj.) unquote
unsheathe (v.) unsheathe
urbane (adj.) urbane
urbanity (n.) urbanity
urchin (n.) urchin
urn (n.) urn
utopia (n.) utopia
utopian (adj.) utopian

varnish (v.) varnish

varnish *(n.)* varnish
vasectomy *(n.)* vasectomy
vector *(n.)* vector
vector *(v.)* vector
vectorial *(adj.)* vectorial
vegan *(adj.)* vegan
venial *(adj.)* venial
ventriloquism *(n.)* ventriloquism
ventriloquist *(n.)* ventriloquist
ventriloquistic *(adj.)* ventriloquistic
ventriloquize *(v.)* ventriloquize
vest *(n.)* vest
videoblogger *(n.)* videoblogger
videotape *(v.)* videotape
videotelephone *(n.)* videotelephone
volley *(v.)* volley
volt *(n.)* volt
voltage *(n.)* voltage
voracious *(adj.)* voracious
vouchsafe *(v.)* vouchsafe
voyeur *(n.)* voyeur
voyeurism *(n.)* voyeurism

w'adwene *(n.)* mindset
W'agye din *(n.)* legend
w'ahaw *(v.)* muddle
w'ahaw *(n.)* muddle
w'akɔ nkan *(adj.)* prosperous
w'ani bu *(n.)* projection
w'anum *(n.)* palate
w'anya nteaseɛ *(v.)* misconstrue
w'apɔso *(n.)* ligament
w'atintim *(v.)* post
waben *(adj.)* smart
waben mu *(adj.)* veteran
wabom *(adv.)* jointly
waboro *(adj.)* tipsy
wadondɔn *(n.)* saturation
wagye din *(n.)* icon
wagye din *(adj.)* iconic
wain *(n.)* wain
wakra *(adj.)* shipped
wakwadare nneɛma pii *(adj.)* versatile
wakyɛ *(adj.)* late
walnut *(n.)* walnut

walrus *(n.)* walrus
wann *(adj.)* clear
wansane *(n.)* antelope
wansi *(v.)* sneeze
wantwiwantwi *(adj.)* acrimonious
wantwiwantwi *(n.)* acrimony
wanwa *(adj.)* zany
ware *(v.)* marry
ware *(v.)* wed
ware baako *(n.)* monogamy
warrantee *(n.)* warrantee
warren *(n.)* warren
wasa *(adj.)* incompetent
wasɔw ano *(adj.)* sealed
waspish *(adj.)* waspish
wate ho *(v.)* purge
wate ho *(n.)* purification
wate ho *(v.)* purify
wate ho *(n.)* purist
watt *(n.)* watt
wax *(v.)* wax
we *(v.)* masticate
we nnaakyene *(v.)* rust
we nwura *(v.)* graze
wea *(v.)* crawl
wea *(v.)* scrump
weal *(n.)* weal
weawea *(v.)* crouch
webby *(adj.)* webby
webinar *(n.)* webinar
webisode *(n.)* webisode
wedge *(v.)* wedge
wedge *(n.)* wedge
wee *()* cannabis
weenwee *(v.)* giggle
weenween *(v.)* smile
weɛ *(adj.)* banal
weɛ *(adj.)* bland
wei *(v.)* end
wei *(v.)* graduate
weim nsakraeɛfo *(n.)* meteorologist
weimhyɛn *(n.)* flight
weir *(n.)* weir
wellington *(n.)* wellington
welt *(n.)* welt
welter *(n.)* welter
wen *(n.)* wen
wene foforɔ *(v.)* remould
wenwene *(n.)* rumble

werɛ *(v.)* scrape	wiatɔ *(v.)* eclipse
werɛ firi *(v.)* forget	wicket *(n.)* wicket
wesa *(v.)* munch	wie *(adj.)* complete
wesa *(v.)* chew	wie *(v.)* conclude
wesee *(adj.)* arid	wie *(v.)* finish
weserewesere *(adj.)* husky	wie *(v.)* result
wesrawesra *(adj.)* abrasive	wiem *(n.)* climate
wesrawesra *(adj.)* coarse	wiem *(n.)* climate control
wewe *(v.)* erode	wiem *(n.)* aerial
wɛb sotɔɔ *(n.)* web store	wiem *(n.)* aerospace
wɛbsaet kamɛra *(n.)* webcam	wiem *(n.)* atmosphere
wɛbsaet so dwumadibea *(n.)* webcasting	wiem *(adj.)* atmospheric
wɛbsaet sohwefo *(n.)* webmaster	wiem adesua *(n.)* astronomy
wɛbsaɛt krataafa *(n.)* web page	wiem bɔberɛ *(n.)* weather
wɛmfoɔ *(adj.)* brutal	wiem nnooma *(n.)* air freight
wɛmfoɔ *(adj.)* biting	wiem nsakraeɛ *(n.)* meteorology
wɛn *(v.)* guard	wiem nsakyeraeɛ *(n.)* climate change
wɛnfoɔ *(n.)* guardian	wiemhyɛn *(n.)* aviation
wɛwɛ *(n.)* smart	wiemhyɛn *(v.)* plane
whisk *(n.)* whisk	wiemhyɛn *(n.)* aircraft
whisky *(n.)* whisky	wiemhyɛn *(adj.)* plane
whittle *(v.)* whittle	wiemhyɛn hyɛnkani *(v.)* pilot
wia *(v.)* jack	wiemhyɛn hyɛnkani *(n.)* pilot
wia *(v.)* kidnap	wiemhyɛn pono *(n.)* hatch
wia *(v.)* loot	wiemnimfoɔ *(n.)* astronomer
wia *(n.)* plunder	wimble *(n.)* wimble
wia *(v.)* rob	winder *(n.)* winder
wia *(v.)* rustle	windmill *(n.)* windmill
wia *(v.)* steal	wireless *(adj.)* wireless
wia ade *(v.)* plunder	wisiapunu *(n.)* soot
wia kɔ *(v.)* sneak	wisie *(n.)* emission
wia obi *(v.)* poach	wisie *(n.)* smog
wiase *(n.)* world	wisie *(n.)* smoke
wiase *(adv.)* globally	wisihwam *(n.)* incense
wiase akyi *(n.)* outworld	wisikwan *(n.)* chimney
wiase foforo *(n.)* otherworld	wisiwisi *(adj.)* fuzzy
wiase foforo *(n.)* otherworldliness	withe *(n.)* withe
wiase nyinaa *(adj.)* universal	wo *(v.)* dry
wiase nyinaa *(n.)* universality	wo *(v.)* father
wiasefo *(n.)* worldling	wo *(v.)* foal
wiasefo de *(adj.)* worldly	wo *(v.)* reproduce
wiasefoɔ *(n.)* paganism	wo *(v.)* beget
wiasefoɔ *(adj.)* paganistic	wo *(adj.)* born
wiasefoɔ *(n.)* pagan	wo bebree *(adj.)* multiparous
wiasemu afɛɛfɛdeɛ dodowpɛ *(n.)* materialism	wo benkum *(adj.)* left
	wo dea *(v.)* possess
wiasenii *(n.)* agnostic	wo ho *(pr.)* yourself
wiases3m *(n.)* agnosticsm	wo mma *(adj.)* fruitful
wiasesɛm *(n.)* secularism	wo yɛbea *(v.)* shape

woaduro *(v.)* mortar
woayi *(adj.)* shaven
wobekum *(v.)* throttle
wobetumi anya *(adj.)* obtainable
wobetumi ayɛ *(adj.)* feasible
wobɛfa so *(n.)* process
wobɛkyerɛ sɛ *(v.)* presuppose
wobɛkyerɛ sɛ *(n.)* presupposition
wobo so *(v.)* overrule
wobue *(n.)* opening
wodi yiye *(adj.)* well-to-do
wogye tom *(adj.)* receptive
wonhwɛ kwan *(n.)* pseudonym
wonni adwuma *(adj.)* jobless
wonni ahotoso *(n.)* distrust
wonni akode *(adj.)* unarmed
wonni akwannya *(adj.)* underpriviledged
wonni anigye *(adj.)* unhappy
wonni gyidi *(n.)* disbelief
wonni mboa *(adj.)* unaided
wonni nkogu *(adj.)* undefeated
wonnim *(adj.)* unacquainted
wonnim *(adj.)* unaware
wonnim *(adv.)* unwittingly
wonnye tow *(adj.)* duty-free
wonsusuw *(adj.)* inconsiderate
wontua tow *(adv.)* duty-free
wontua tow *(adj.)* tax-free
wontumi ngyae *(adj.)* irresistible
wontumi nhu *(adj.)* elusive
wontumi nkan *(adj.)* innumerable
wontumi nkɔ ho *(adj.)* unaccessible
wontumi nkwati *(adj.)* unavoidable
wontumi nnantew *(adj.)* polymiotic
wontumi nnya *(adj.)* unachievable
wontumi nnye nni *(adj.)* unbelievable
wontumi nnyina ano *(adj.)* unbearable
wontumi nsa *(adj.)* incurable
wontumi nsi pi *(adj.)* uncertain
wontumi nsiesie *(adj.)* incorrigible
wontumi ntetew *(adj.)* inseparable
wonya nkwa *(n.)* survival
wonyinii *(n.)* immaturity
woof *(n.)* woof
woollen *(n.)* woollen
woollen *(adj.)* woollen
woro so *(v.)* growl
woroso *(n.)* growl
woso *(v.)* quake
woso *(v.)* quiver
woso *(v.)* shake
woso *(v.)* shiver
woso *(v.)* vibrate
woso *(adj.)* wabbly
woso *(v.)* wag
woso *(v.)* wobble
wosow *(v.)* oscillate
wosu *(v.)* jolt
wotua *(adj.)* payable
wotumi fa *(adj.)* transferable
wotumi guan *(n.)* escapability
wotumi hohoro *(adj.)* washable
wowa *(n.)* bee
wowa hwɛfoɔ *(n.)* beekeeper
wowa korabea *(n.)* apiary
wowa yɛn *(n.)* apiculture
wowadan *(n.)* beehive
wɔ *(prep.)* amid
wɔ *(prep.)* at
wɔ *(v.)* belong
wɔ *(v.)* consist
wɔ *(v.)* inject
wɔ *(v.)* inoculate
wɔ *(v.)* pound
wɔ *(v.)* spear
wɔ adwene *(n.)* mind
wɔ ahoɔden *(adj.)* healthy
wɔ ahopere so *(n.)* onrush
wɔ akokoduru *(n.)* mettle
wɔ akɔnnɔ *(v.)* urge
wɔ atenka *(adj.)* sensitive
wɔ awerehyɛmu *(adj.)* optimistic
wɔ awosu mu *(adv.)* naturally
wɔ fam *(adj.)* downstairs
wɔ fam *(n.)* lowliness
wɔ hokwan *(n.)* prerogative
wɔ hɔ *(v.)* avail
wɔ hɔ *(adj.)* available
wɔ hɔ daa *(adj.)* permanent
wɔ kwan so *(adj.)* on-road
wɔ nkwa *(n.)* preexistence
wɔ nyansa *(v.)* mind
wɔ ɔpɛ *(adj.)* willing
wɔ ɔpɛ *(n.)* willingness
wɔ paneaɛ *(v.)* syringe
wɔ pii *(v. & prep.)* abound
wɔ screen so *(adj.)* on-screen
wɔ sekan *(v.)* stab

wɔ sɛ *(n.)* must
wɔ sɛ *(v.)* should
wɔ soro *(adj.)* maximum
wɔ tumi *(n.)* mystique
wɔ tumi *(adj.)* predominant
wɔ tumi *(v.)* predominate
wɔ tumi *(adj.)* pre-eminent
wɔ tumi sene *(n.)* pre-eminence
wɔ yɛbea *(adj.)* shapely
wɔabom *(adj.)* composite
wɔagyae *(n.)* dropout
wɔagyae sraadi *(n.)* demobilization
wɔahaw *(adj.)* distraught
wɔahyehyɛ *(adj.)* orderly
wɔahyehyɛ *(n.)* layout
wɔahyɛ no *(adj.)* ordained
wɔahyɛ no den *(n.)* consolidation
wɔaka *(n.)* telling-off
wɔakyekyre mmra *(adj.)* rulebound
wɔankasa gua *(adj.)* self-proclaimed
wɔansiesie no *(adj.)* unadjusted
wɔantɔn *(adj.)* unsold
wɔantwitware mu *(adj.)* uninterrupted
wɔapow *(adj.)* outcast
wɔasɛe *(adj.)* trashed
wɔasɛe no *(adj.)* doomed
wɔatwa *(v.)* pass
wɔayi *(adj.)* designated
wɔayi no *(n.)* nominee
wɔbɛbara *(v.)* outlaw
wɔbɛsakra *(v.)* diversify
wɔbɛtwetwe *(v.)* doodle
wɔde ama *(adj.)* vested
wɔde ano ka *(adj.)* oral
wɔde ano ka *(adv.)* orally
wɔde ano ka *(adj.)* viva voce
wɔde biribi ato *(n.)* placement
wɔde hama *(v.)* noose
wɔde kɔ *(n)* takeout
wɔde mane *(adj.)* postal
wɔde nnubɔne *(adj.)* doped
wɔde nsa yɛ *(adj.)* manual
wɔdehye afunu *(n.)* pyre
wɔdi *(adj.)* edible
wɔdɔ *(v.)* endear
wɔdɔɔso dodo *(v.)* overcrowd
wɔfa *(adj.)* takeable
wɔfa *(n.)* uncle
wɔfa ba *(n.)* cousin

wɔfaase *(n.)* nephew
wɔfaasewa *(n.)* niece
wɔha akyi *(n.)* hereafter
wɔha akyi *(adv.)* hereafter
wɔhɔ daa *(adj.)* perennial
wɔhɔ dada *(adj.)* ever-ready
wɔhwehwɛ *(n.)* searching
wɔhwehwɛ *(adj.)* searching
wɔkae *(n.)* retention
wɔkasa tia *(adj.)* objectionable
wɔkyere no *(v.)* prey
wɔkyere no *(n.)* prey
wɔkyerɛkyerɛ *(adj.)* teacheable
wɔmfa nnuru *(adj.)* organic
wɔmma ho kwan *(adj.)* unauthorized
wɔmpene so *(adj.)* disagreeable
wɔmpene so *(adj.)* unapproved
wɔmpɛyɛ *(n.)* reluctance
wɔn *(adj.)* their
wɔn *(pron.)* them
wɔn dea *(pron.)* theirs
wɔnankasa adwuma *(adj.)* self-service
wɔnda no adi *(n.)* non-disclosure
wɔnim no *(adj.)* well-known
wɔnkan *(adj.)* incalculable
wɔnkenkan *(adj.)* unread
wɔnom kyokolate *(n.)* drinking chocolate
wɔnom nsu *(n.)* drinking water
wɔnpɛ *(adj.)* unwanted
wɔntei *(adj.)* inattentive
wɔntumi mpiaa *(adj.)* immovable
wɔnyɛ hwee *(adj.)* nonchalant
wɔnyɛ nyiyimu *(adj.)* indiscriminate
wɔpaw *(n.)* selection
wɔpoɔ *(n.)* rejection
wɔsesa *(v.)* desalt
wɔsɛe *(n.)* wastage
wɔsow *(adj.)* rocking
wɔtamɛlɔn *(n.)* water-melon
wɔte hɔ *(adj.)* domiciled
wɔtere *(n.)* graze
wɔto dwom *(n.)* signing
wɔtɔn *(adv.)* retail
wɔtɔn *(adj.)* salable
wɔtɔn krataa *(n.)* poster
wɔtumi kan *(adj.)* countable
wɔtumi kan *(adj.)* enumerable
wɔtumi sa *(adj.)* curable
wɔtumi sesa *(n.)* convertible

wɔtumi sesa *(adj.)* convertible
wɔtumidi *(adj.)* eatable
wɔtwetwe *(n.)* reabsorption
wɔwɔ kyɛfa *(n.)* shareholder
wɔyɛ ayaayade *(n.)* purgatory
wɔyɛ biribi *(n.)* mechanism
wu *(v.)* die
wu *(adj.)* numb
wu *(v.)* succumb
wu ho krataa *(adj.)* obituary
Wubetumi ayɛ *(n.)* practicability
Wubetumi ayɛ *(adj.)* practicable
Wubetumi ayɛ *(adj.)* practical
Wubetumi ayɛ *(adv.)* practically
wubo mmraso *(n.)* rulebreaking
wukuada *(n.)* Wednesday
wumu *(adj.)* inner
wura *(v.)* immerse
wura mu *(v.)* interfere
wura mu *(v.)* intrude
wura mu *(v.)* penetrate
wura mu *(n.)* penetration
wuram *(v.)* enter
wuram *(n.)* bush
wurawura mu *(v.)* meddle
wusantua *(n.)* repayment

x-ray *(n.)* x-ray
xenobiology *(n.)* xenobiology
xenogenesis *(n.)* xenogenesis
xenomania *(n.)* xenomania
xenomorph *(n.)* xenomorph
xylophilous *(adj.)* xylophilous

y'ahonyade *(v.)* enrich
y'akokuduro *(v.)* embolden
yaaya *(adj.)* awful
yadeɛ *(n.)* ailment
yafunu *(n.)* abdomen
yafunu *(adj.)* abdominal
yafunu *(n.)* bowel
yafunu *(n.)* stomach

yak *(n.)* yak
yak *(v.)* yak
yam *(v.)* crush
yam *(v.)* digest
yam *(v.)* churn
yam *(v.)* crunch
yamtu *(n.)* dysentery
yan kyene *(v.)* drum
yansa nnim *(adj.)* senseless
yare *(adj.)* ailing
yare *(n.)* disease
yare *(adj.)* ill
yare *(adv.)* ill
yare *(adj.)* unwell
yare *(v.)* ail
yare anoaduru *(n.)* panacea
yare mmoawa *(adj.)* viral
yare mmoawa *(n.)* virus
yaredom nimdefo *(n.)* endemiology
yaredɔm *(n.)* pestilence
yareɛ *(adj.)* endemic
yareɛ *(n.)* endemic
yareɛ *(n.)* ill
yareɛ *(n.)* illness
yareɛ *(n.)* infection
yareɛ *(n.)* malady
yareɛ *(n.)* pneumonia
yareɛ *(n.)* pneumoniac
yareɛ *(adj.)* pneumonic
yareɛ *(adj.)* septic
yareɛ *(adj.)* sick
yareɛ *(adj.)* terminal
yareɛ *(n.)* typhoid
yareɛ *(n.)* typhus
yareɛ koankorɔ *(adj.)* malignant
yareɛ nsɛnkyerɛnne *(adj.)* symptomatic
yareɛmpaso *(n.)* sickbed
yarefo da abɔnten *(n.)* outpatient
yarewaa *(n.)* sickness
yaw *(n.)* ache
yaw *(v.)* ache
yaw *(n.)* nettle
yaw *(n.)* bitterness
yaw yi *(n.)* pain relief
yawdie *(v.)* agonize
yawoada *(n.)* Thursday
yeaw *(n.)* pain
yefi *(v.)* mess
yen *(n.)* Yen

yen *(v.)* yen
Yenya aboɔ *(adj.)* plutonic
yenya aboɔ *(n.)* plutonium
yera *(v.)* disappear
yera *(v.)* elude
yera *(v.)* vanish
yere *(v.)* clasp
yerɛwyerɛw *(n.)* flash
yerɛwyerɛw *(n.)* scintillation
yɛ *(v.)* be
yɛ *(v.)* become
yɛ *(v.)* bewitch
yɛ *(n.)* debuff
yɛ *(v.)* do
yɛ *(v.)* doating
yɛ *(v.)* formulate
yɛ *(v.)* fulfil
yɛ *(v.)* generate
yɛ *(v.)* implement
yɛ *(v.)* make
yɛ *(v.)* man
yɛ *(v.)* manufacture
yɛ *(v.)* reapply
yɛ *(v.)* render
yɛ *(v.)* treat
yɛ *(v.)* behave
yɛ *(v.)* equal
yɛ abomu *(v.)* sauce
yɛ adwuma *(adj.)* effective
yɛ adwuma *(v.)* labour
yɛ adwuma *(v.)* operate
yɛ adwuma *(adj.)* productive
yɛ adwuma *(n.)* productivity
yɛ adwuma *(v.)* work
yɛ adwumaden *(v.)* toil
yɛ ahinanan *(v.)* square
yɛ ahomasoɔ *(v.)* snobbish
yɛ ahomasoɔ *(v.)* strut
yɛ ahomasoɔ *(v.)* swagger
yɛ akoa *(v.)* subject
yɛ akokɔsradeɛ *(v.)* yellow
yɛ akowa *(v.)* slave
yɛ asaase yie *(v.)* manure
yɛ atirimɔdenfo *(adj.)* obstinate
yɛ ayakayakadeɛ *(v.)* torture
yɛ ayayade *(v.)* ill-treat
yɛ ayayade *(v.)* tantalize
yɛ baako *(v.)* single
yɛ baako *(v.)* swarm

yɛ basaa *(n.)* perplexity
yɛ basabasa *(v.)* fuss
yɛ basabasa *(v.)* rampage
yɛ basabasa *(v.)* riot
yɛ basabasa *(v.)* ruffle
yɛ basabasa *(v.)* stud
yɛ bawee *(v.)* stiffen
yɛ bebree *(v.)* suffice
yɛ bi *(v.)* participate
yɛ bi *(n.)* participation
yɛ bi *(v.)* xerox
yɛ biarabiara *(v.)* randomise
yɛ biribi *(n.)* production
yɛ biribi *(v.)* react
yɛ biribi sɛso *(v.)* duplicate
yɛ bɔkɔɔ *(v.)* slow
yɛ bɔne *(v.)* sin
yɛ bɔne *(v.)* wrong
yɛ dede *(v.)* squeak
yɛ den *(v.)* freeze
yɛ den *(v.)* harden
yɛ den *(adj.)* loud
yɛ den *(v.)* rock
yɛ dɛ *(v.)* sweeten
yɛ dinn *(v.)* quit
yɛ dompe *(v.)* ossify
yɛ duru *(adj.)* heavy
yɛ duru *(adv.)* thick
yɛ efi *(v.)* loiter
yɛ fi *(v.)* foul
yɛ fi *(v.)* scum
yɛ fi *(v.)* soil
yɛ fi *(v.)* stain
yɛ fitaa *(v.)* whiten
yɛ foforo *(v.)* facelift
yɛ foforɔ *(v.)* innovate
yɛ foforɔ *(v.)* invent
yɛ foforɔ *(v.)* regenerate
yɛ foforɔ *(v.)* sideline
yɛ frinkim *(v.)* standardize
yɛ frɔmfrɔm *(v.)* flourish
yɛ gɔnn *(v.)* redden
yɛ gɔnn *(adj.)* reddish
yɛ ha *(v.)* hunt
yɛ hwam *(v.)* scent
yɛ hwam *(v.)* season
yɛ hwanyan *(v.)* perplex
yɛ hwanyan *(n.)* puzzle
yɛ hwanyan *(v.)* puzzle

yɛ hye *(v.)* heat
yɛ kama *(adj.)* dope
yɛ kama *(v.)* shape up
yɛ ketewa *(v.)* scant
yɛ kɛseɛ *(v.)* enlarge
yɛ kom *(v.)* quiet
yɛ kom *(v.)* silence
yɛ komm *(v.)* burke
yɛ komm *(adj.)* mute
yɛ koom *(v.)* hush
yɛ koro *(v.)* sole
yɛ koro *(v.)* tantamount
yɛ krado *(v.)* poise
yɛ kronkron *(v.)* hallow
yɛ kumaa *(v.)* straiten
yɛ kunafoɔ *(v.)* widow
yɛ kurukuruwa *(v.)* round
yɛ kusuu *(v.)* drab
yɛ ma *(v.)* silt
yɛ mann *(v.)* goo
yɛ mfomsoɔ *(v.)* stray
yɛ mieɛnsa *(v.)* triplicate
yɛ mienu *(v.)* redouble
yɛ mmasɛm *(v.)* womanise
yɛ mmerɛ *(v.)* decrepitate
yɛ mmerɛ *(v.)* enfeeble
yɛ mmerɛ *(v.)* weary
yɛ mmerɛw *(v.)* weaken
yɛ mmrɛ *(v.)* soften
yɛ mmrɛɛ *(v.)* tenderize
yɛ mmrɛɛ *(n.)* tenderizer
yɛ nahanaha *(v.)* smooth
yɛ ne sɛ *(v.)* incarnate
yɛ nhwehwɛmu *(v.)* research
yɛ nhwehwɛmu *(v.)* snoop
yɛ nhwehwɛmu *(v.)* survey
yɛ nkaeɛ *(v.)* commemorate
yɛ nneɛma *(n.)* produce
yɛ nneɛma *(adj.)* prolific
yɛ nnipa *(v.)* humanize
yɛ nnɔbae *(v.)* produce
yɛ nnyegyeɛ *(v.)* thud
yɛ nsakrae *(v.)* zig
yɛ nsakrae *(v.)* overhaul
yɛ nshwɛsodeɛ *(v.)* scapegoat
yɛ nsoromma *(v.)* star
yɛ ntɛm *(v.)* hasten
yɛ ntɛm *(v.)* speed
yɛ nwanwa *(v.)* stump

yɛ nwini *(v.)* vaporize
yɛ nwira *(v.)* litter
yɛ nwonwa *(adj.)* wacko
yɛ ɔkraman *(adj.)* owly
yɛ ɔsraanii *(v.)* soldier
yɛ pɛ *(v.)* equalize
yɛ pɛ *(v.)* equate
yɛ saa *(n.)* remains
yɛ samina *(v.)* soap
yɛ setie *(v.)* obey
yɛ sɛ *(v.)* seem
yɛ sɛnkyerɛnne *(v.)* thumb
yɛ teaa *(v.)* thin
yɛ teatea *(v.)* slim
yɛ tenten *(v.)* tower
yɛ tia *(v.)* shorten
yɛ tumm *(v.)* darkle
yɛ whawha *(v.)* stupefy
yɛ wonwa *(v.)* freak
yɛ yie *(v.)* reappropriate
yɛ yie *(v.)* retouch
yɛbea *(n.)* manner
yɛbea *(n.)* shape
yɛbea *(n.)* stipulation
yɛbea *(n.)* attitude
yɛduru *(adj.)* gallant
yɛn *(pron.)* our
yɛn *(v.)* rear
yɛn nantwie *(v.)* ranch
yɛno foforo *(adj.)* doctored
yɛntra *(n.)* threshold
yɛpa *(n.)* competence
yɛpa *(adj.)* competent
yɛpɛ *(v.)* even
yɛsɛ obi *(v.)* portray
yɛsɛ obi *(n.)* portrayal
yi *(v.)* acquit
yi *(n.)* acquittal
yi *(v.)* act
yi *(v.)* allay
yi *(n.)* cast
yi *(n.)* draw
yi *(v.)* empty
yi *(v.)* eviscerate
yi *(v.)* remove
yi *(v.)* secrete
yi *(v.)* shave
yi *(n.)* bailout
yi *(v.)* select

yi abena *(v.)* shell
yi ade *(n.)* lay-off
yi adesoa *(v.)* unburden
yi adesua *(v.)* relieve
yi adi *(v.)* develop
yi adi *(v.)* disclose
yi adi *(v.)* expel
yi ahi *(v.)* dissatisfy
yi ahi *(v.)* sneer
yi ani *(v.)* ignore
yi ani ama *(n.)* neglect
yi ankasa *(adj.)* self-appointed
yi apra *(v.)* hint
yi atɛn *(v.)* sentence
yi ayɛ *(v.)* appreciate
yi ayɛ *(v.)* adulate
yi baako *(adj.)* one
yi dompe *(v.)* fillet
yi dwumadie *(v.)* telecast
yi fi instɔlehyɛn *(adj.)* uninstall
yi fi mu *(v.)* omit
yi firi *(v.)* withdraw
yi firi mu *(v.)* disqualify
yi firim *(v.)* decommission
yi firim *(v.)* eliminate
yi firim *(v.)* extract
yi firim *(prep.)* minus
yi ho *(n.)* peel
yi ho *(v.)* peel
yi kyerɛ *(v.)* demonstrate
yi kyerɛ *(v.)* evince
yi ma *(v.)* disclaim
yi mpasotam *(v.)* sheet
yi nkonyaa *(v.)* conjure
yi nkorɔfo *(v.)* shortlist
yi nsɛnkwa *(v.)* jest
yi sini *(v.)* film
yi'asum *(n.)* earbud
yie *(adj.)* successful
yie *(adj.)* better
yiedie *(n.)* prosperity
yiedie *(n.)* welfare
yieyɔ *(n.)* betterment
yifirimu *(v.)* exempt
yifrimu *(v.)* removal
yihu *(v.)* daunt
yii mframa *(v.)* vacuum
yikyerɛ *(n.)* exhibit
yikyerɛ *(v.)* introduce

yikyerɛ *(v.)* reveal
yima *(v.)* dedicate
yimu *(v.)* dispense
yinya *(v.)* stale
yiri *(v.)* flood
yiri kɔn *(v.)* scruff
yiwan *(n.)* razor
yiye *(adj.)* efficient
yiye *(adv.)* okay
yiye *(adj.)* well off
yiyedi *(n.)* dole
yiyi *(v.)* distinguish
yiyi *(n.)* evisceration
yiyi *(v.)* exfoliate
yiyi *(v.)* zest
yiyi *(v.)* assort
yiyiano *(v.)* dispute
yiyimu *(v.)* discriminate
yodel *(v.)* yodel
yodel *(n.)* yodel
yoga *(n.)* yoga
yogani *(n.)* yogi
yoghurt *(n.)* yoghurt
yoo *(n.)* okay
yɔ *(v.)* accomplish
yɔ *(n.)* ado
yɔ *(v.)* create
yɔ kom *(v.)* stable
yɔbea *(n.)* etiquette
yɔbea *(n.)* stature
yɔbea *(n.)* style
yɔma *(n.)* camel
yɔnko *(n.)* comrade
yɔnko *(n.)* room-mate
yɔnkoɔ *(v.)* affiliate
yɔnkoɔ *(n.)* ally
yɔnkoɔ *(n.)* buddy
yɔnkoɔ *(n.)* chum
yɔnkoɔ *(n.)* confidant
yɔnkoɔ *(n.)* counterpart
yɔnkoɔ *(n.)* fellow
yɔnkoɔ *(n.)* mate
yɔnkoɔ *(n.)* acquaintance
yɔnkoɔ brɛboɔ *(n.)* intimacy
yɛ pɛ *(adj.)* consistent

Z

zeb *(v.)* zeb
zinc *(n.)* zinc
zip *(n.)* zip

ziplock *(adj.)* ziplock
zipper *(n.)* zipper
zoom *(n.)* zoom
zoom *(v.)* zoom
zorb *(n.)* Zorb
ɛka ho *(adj.)* constituent
ɛnsesa *(adj.)* constant